●収録内容一覧

■2025年度中学受験用

日本女子大学附属中学校

5年間スーパー過去問

入試問題と解説・解答の収録内容

2024年度　１回	算数・社会・理科・国語	実物解答用紙DL
2024年度　２回	算数・社会・理科・国語	実物解答用紙DL
2023年度　１回	算数・社会・理科・国語	実物解答用紙DL
2023年度　２回	算数・社会・理科・国語	実物解答用紙DL
2022年度　１回	算数・社会・理科・国語	実物解答用紙DL
2022年度　２回	算数・社会・理科・国語	実物解答用紙DL
2021年度　１回	算数・社会・理科・国語	
2021年度　２回	算数・社会・理科・国語	
2020年度　１回	算数・社会・理科・国語	

～本書ご利用上の注意～　以下の点について，あらかじめご了承ください。

★別冊解答用紙は巻末にございます。実物解答用紙は，弊社サイトの各校商品情報ページより，一部または全部をダウンロードできます。

★編集の都合上，学校実施のすべての試験を掲載していない場合がございます。

★当問題集のバックナンバーは，弊社には在庫がございません（ネット書店などに一部在庫あり）。

合格を勝ち取るための
『スーパー過去問』の使い方

本書に掲載されている過去問をご覧になって，「難しそう」と感じたかもしれません。でも，多くの受験生が同じように感じているはずです。なぜなら，中学入試で出題される問題は，小学校で習う内容よりも高度なものが多く，たくさんの知識や解き方のコツを身につけることも必要だからです。ですから，初めて本書に取り組むさいには，点数を気にしすぎないようにしましょう。本番でしっかり点数を取れることが大事なのです。

過去問で重要なのは「まちがえること」です。自分の弱点を知るために，過去問に取り組むのです。当然，まちがえた問題をそのままにしておいては意味がありません。

本書には，長年にわたって中学入試にたずさわっているスタッフによるていねいな解説がついています。まちがえた問題はしっかりと解説を読み，できるようになるまで何度も解き直しをしてください。理解できていないと感じた分野については，参考書や資料集などを活用し，改めて整理しておきましょう。

このページも参考にしてみましょう！

◆どの年度から解こうかな　「入試問題と解説・解答の収録内容一覧」

本書のはじめには収録内容が掲載されていますので，収録年度や収録されている入試回などを確認できます。

※著作権上の都合によって掲載できない問題が収録されている場合は，最新年度の問題の前に，ピンク色の紙を差しこんでご案内しています。

◆学校の情報を知ろう!!「学校紹介ページ」

このページのあとに，各学校の基本情報などを掲載しています。問題を解くのに疲れたら息ぬきに読んで，志望校合格への気持ちを新たにし，再び過去問に挑戦してみるのもよいでしょう。なお，最新の情報につきましては，学校のホームページなどでご確認ください。

◆入試に向けてどんな対策をしよう？「出題傾向＆対策」

「学校紹介ページ」に続いて，「出題傾向＆対策」ページがあります。過去にどのような分野の問題が出題され，どのように対策すればよいかをアドバイスしていますので，参考にしてください。

◇別冊「入試問題解答用紙編」

本書の巻末には，ぬき取って使える別冊の解答用紙が収録してあります。解答用紙が非公表の場合などを除き，（注）が記載されたページの指定倍率にしたがって拡大コピーをとれば，実際の入試問題とほぼ同じ解答欄の大きさで，何度でも過去問に取り組むことができます。このように，入試本番に近い条件で練習できるのも，本書の強みです。また，データが公表されている学校は別冊の１ページ目に過去の「入試結果表」を掲載しています。合格に必要な得点の目安として活用してください。

本書がみなさんの志望校合格の助けとなることを，心より願っています。

株式会社　声の教育社　編集部

日本女子大学附属中学校

所在地	〒214-8565 神奈川県川崎市多摩区西生田1-1-1
電　話	044-952-6705（入試事務室）
ホームページ	https://www.jwu.ac.jp/jhsc/
交通案内	小田急小田原線「読売ランド前駅」より徒歩10分，京王相模原線「京王稲田堤駅」よりバス10分，「京王よみうりランド駅」よりバス15分

くわしい情報はホームページへ

トピックス

★2025年度入試より，2月1日午後に算数1教科入試が新設されます。
★2025年度入試より，一般入試すべての入試回で面接を行いません。

創立年 明治34年　女子校　高校募集あり

応募状況

年度	募集数	応募数	受験数	合格数	倍率
2024	①約110名	231名	199名	126名	1.6倍
	②約 40名	282名	118名	53名	2.2倍
2023	①約100名	245名	213名	120名	1.8倍
	②約 40名	336名	163名	59名	2.8倍
2022	①約100名	248名	221名	120名	1.8倍
	②約 40名	355名	183名	48名	3.8倍
2021	①約100名	274名	235名	112名	2.1倍
	②約 40名	384名	195名	47名	4.1倍
2020	①約 90名	248名	235名	97名	2.4倍
	②約 40名	369名	209名	68名	3.1倍

入試情報（参考：昨年度）

【第１回・第２回共通】
選抜方法：国語・算数(各50分，60点満点)
　　　　　理科・社会(各30分，40点満点)
　　　　　個人面接(約４分，参考程度)
※第１回受験者は，第２回での面接なし。
【第１回】
選抜期日：2024年２月１日　８:00集合
合格発表：2024年２月１日　21:30～(HP)
【第２回】
選抜期日：2024年２月３日　８:00集合
合格発表：2024年２月３日　21:30～(HP)

日本女子大学の附属校として

日本女子大学は５学部15学科を擁する総合大学であり，例年約75～80％の生徒が自分の希望に合う学科を選び，進学しています。各学科が附属高校の生徒のために用意する推薦枠の総数は，１学年の生徒数を大きく上回っています。希望が特に集中してしまう場合を除けば，自分の好きな学科を選択することができます。

医学や芸術など，自分の目標のために日本女子大学以外の大学を希望する生徒は例年20～25％前後です。本校はそのような生徒に対しても支援を惜しみません。選択科目には大学受験に役立つ講座もあり，質問や相談にも随時対応しています。また，優秀な卒業生の活躍により，多くの大学から指定校推薦枠もいただいています。

日本女子大学にない８学部(医・歯・薬・看護・獣医・法・芸術・体育)を第一志望とする生徒(推薦入試を除く)については，他大学の学部に不合格になったとき，第二志望として事前に希望を出していた日本女子大学のいずれかの学部学科に入学を認める併願制度を設けています。

2023年度の主な他大学合格実績

<国公立大学>
北海道大，東京外国語大，横浜国立大，東京農工大，お茶の水女子大，東京学芸大，東京都立大

<私立大学>
慶應義塾大，早稲田大，上智大，国際基督教大，東京理科大，明治大，青山学院大，立教大，中央大，法政大，学習院大，昭和大

編集部注一本書の内容は2024年3月現在のものであり，変更されている場合があります。正確な情報は，学校のホームページ等で必ずご確認ください。

算数　出題傾向＆対策

◆基本データ（2024年度１回）

試験時間／満点	50分／60点
問題構成	・大問数…６題 計算問題１題（４問）／応用小問１題（８問）／応用問題４題 ・小問数…24問
解答形式	必要な単位などはあらかじめ印刷されている。式をかく設問や作図問題もある。
実際の問題用紙	Ｂ５サイズ，小冊子形式
実際の解答用紙	Ａ４サイズ

◆過去５年間の出題率トップ５

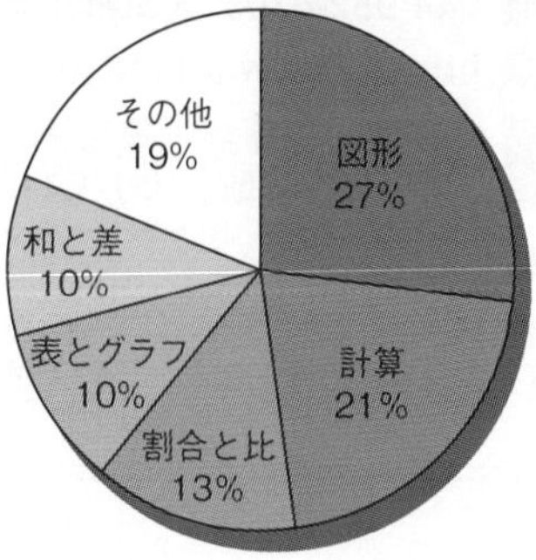

※　配点（推定ふくむ）をもとに算出

◆近年の出題内容

【　2024年度１回　】			【　2023年度１回　】		
大問	Ⅰ	四則計算，計算のくふう，逆算，単位の計算	大問	Ⅰ	四則計算，逆算，単位の計算
	Ⅱ	分数の性質，相当算，売買損益，植木算，速さ，つるかめ算，角度，長さ，水の深さと体積		Ⅱ	場合の数，比の性質，年令算，割合と比，相当算，集まり，角度，相似，面積，図形の移動，長さ，条件の整理
	Ⅲ	数列		Ⅲ	グラフ－流水算，旅人算
	Ⅳ	グラフ－旅人算		Ⅳ	数列
	Ⅴ	グラフ－水の深さと体積		Ⅴ	グラフ－水の深さと体積
	Ⅵ	平面図形－構成			

◆出題傾向と内容

本校の算数は，**「論理」を問う問題が出される**という特ちょうがあります。

計算問題は，単位の計算のほか，小数と分数の混ざったもの，還元法を用いるもの，計算のくふうが必要なものなどが出されます。また，応用小問は，各分野からはば広く出題されます。最近取り上げられたものは，逆算，数の性質，場合の数，割合，グラフ，面積，容積，展開図と投影図，相当算，平均算，速さなどです。**計算問題と応用小問で設問の半数以上をしめるので，ここを確実に解くことがポイント**といえます。

応用問題を分野別に見ると，数量分野では，規則性に関する問いが好んで取り上げられ，数の性質，場合の数なども出されます。図形分野では，角度・長さ・面積・体積を求めさせる問題のほか，相似などの図形の性質を使ったものや展開図を考えさせるもの，点を移動させたり回転させたりするものなどもよく出題されます。特殊算では，旅人算，相当算などがたびたび登場します。また，グラフを利用した問題が多く，注意が必要です。

◆対策～合格点を取るには？～

本校の入試対策としては，**計算力の養成と応用小問の克服**があげられます。まず，正確ですばやい計算力を毎日の計算練習でモノにしましょう。また，文章題は例題にあたって解法を身につけ，問題集で演習して解法を確認しましょう。

算数の学力を一朝一夕でつけることはできません。毎日コツコツと学習するのが大切です。ふだんからノートに自分の考え方，線分図，式をしっかりと書く習慣をつけておきましょう。答え合わせをしてマルやバツをつけるだけではなかなか進歩しません。解説をよく読んで答えまでの道筋を理解し，同じまちがいを二度とくり返さないよう，**自分の弱点をそのつど発見するように心がけましょう。**

算数 出題分野分析表

年度 分野		2024		2023		2022		2021		2020
		1回	2回	1回	2回	1回	2回	1回	2回	
計算	四則計算・逆算	◎	◎	●	◎	●	◎	●	◎	●
	計算のくふう	○	○		○		○		○	○
	単位の計算	○	◎	○	○	○	○	○	○	○
和と差	和差算・分配算				◎			○		
	消去算						○			
	つるかめ算	○							○	
	平均とのべ		○		○	○		○		○
	過不足算・差集め算					○			○	
	集まり		○	○						
	年齢算			○			○			
割合と比	割合と比		○	○		○	○		○	○
	正比例と反比例									
	還元算・相当算	○		○	○			○	○	
	比の性質			○		○				
	倍数算									○
	売買損益	○					○	○		
	濃度		○		○	○		○		○
	仕事算					○				○
	ニュートン算									
速さ	速さ	○	○		○		○	○	○	
	旅人算	○		○		○		○	○	◎
	通過算				○					
	流水算			○						
	時計算					○				
	速さと比					○			○	
図形	角度・面積・長さ	◎	●	●	◎	●	●	◎	◎	●
	辺の比と面積の比・相似		○	○			○	○		○
	体積・表面積				○		○			○
	水の深さと体積	◎	◎	○	○	○		○	◎	
	展開図		○			○				
	構成・分割	○				○				
	図形・点の移動		○	○			○	○	○	
表とグラフ		◎	●	◎	○	◎	○	●	○	◎
数の性質	約数と倍数					○				○
	N進数				○					
	約束記号・文字式									
	整数・小数・分数の性質	○	◎		○		◎		○	
規則性	植木算	○								
	周期算									
	数列	○		○						
	方陣算									
	図形と規則					○	○		○	
場合の数				○			○	○	○	
調べ・推理・条件の整理				○						
その他										

※ ○印はその分野の問題が１題，◎印は２題，●印は３題以上出題されたことをしめします。

社会　出題傾向＆対策

◆基本データ（2024年度１回）

試験時間／満点	30分／40点
問題構成	・大問数…３題 ・小問数…23問
解答形式	択一式の記号選択がほとんどだが，正誤問題や用語の記入，記述問題も見られる。記述問題に字数の制限はなく，１行程度で書かせるものが数問出されている。
実際の問題用紙	Ｂ５サイズ，小冊子形式
実際の解答用紙	Ａ４サイズ

◆過去５年間の分野別出題率

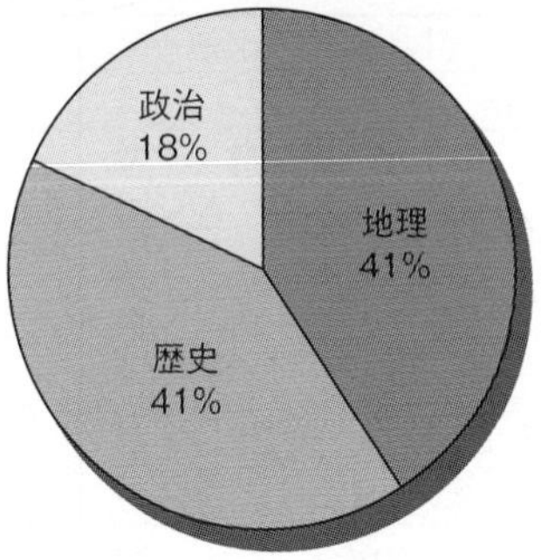

※　配点（推定ふくむ）をもとに算出

◆近年の出題内容

【　2024年度１回　】			【　2023年度１回　】		
大問	1	〔歴史〕各時代の歴史的なことがら	大問	1	〔総合〕山口県の歴史や自然，産業についての問題
	2	〔総合〕東北地方を題材とした問題		2	〔地理〕日本の盆地についての問題
	3	〔政治〕2023年の新聞記事を題材とした問題		3	〔歴史〕九州地方の歴史についての問題
				4	〔総合〕京都で行われる三大祭りを題材とした問題
				5	〔政治〕基本的人権についての問題

◆出題傾向と内容

グラフ・地図・年表などを検討したうえで解答する問題が多く出されています。**総合的な知識を多角的に検討し，的確に解答する力が問われている**といえるでしょう。記述問題も毎年出題されますので，正確な知識とともに記述力が必要となります。また，試験時間に対して問題数が多いことも，特ちょうといえます。

●**地理**…統計・グラフ・分布図の読図問題を中心に，各地方の地勢・気候・産業などを問うものが多いようです。

●**歴史**…総合問題の形で問われる場合と，外交史や文化史のようにテーマを決めて問われる場合の２通りがあります。

●**政治**…三権のしくみ，基本的人権，社会保障制度，国際政治などの基本的なことがらを問うものが多く，時事的な問題も見受けられます。

◆対策～合格点を取るには？～

地理では，白地図を使った学習が大切です。それも，ただ地名や地勢図をかきこむだけでなく，産業の特色・立地条件や，地勢との結びつき，あるいはその地方の特殊な産業とその中心地など，**自然条件と産業との結びつきを重要視して取り組む**ようにしましょう。

歴史では，重要事件名，人物，事項などを**漢字で正確に書けるようにしておいてください。**また，自分で年表を作りながらまとめておく必要もあるでしょう。そのさい，資料集などで史料や建築物，絵画などを確認しておくのも大切です。

政治では，**基礎的な知識をマスターしておいてください。**余裕があれば，テレビなどのニュースに注意するよう心がけ，基礎知識と現実の問題との関連を考えてみましょう。

社会 出題分野分析表

分野＼年度			2024		2023		2022		2021		2020
			1回	2回	1回	2回	1回	2回	1回	2回	
日本の地理		地図の見方									○
		国土・自然・気候	○	○	○	○	○	★	○	○	★
		資源	○		○						
		農林水産業	○	○	○	★	○	○	○	○	○
		工業		○	○	○		○		○	○
		交通・通信・貿易	○	○			○			○	
		人口・生活・文化	○	○	○				○		
		各地方の特色			○	○	★	★	★	○	○
		地理総合			★					★	
世界の地理			○	○					○	○	
日本の歴史	時代	原始～古代	○	○	○	○	○	○	○	○	○
		中世～近世	○	○	○	○	○	○	○	○	○
		近代～現代		○	○	○	○	○	○	○	○
	テーマ	政治・法律史								★	
		産業・経済史				★			★	★	
		文化・宗教史									
		外交・戦争史					★				★
		歴史総合	★	★	★	★	★	★	★		★
世界の歴史											
政治		憲法		○	★						
		国会・内閣・裁判所	○	○		○	○	★	○	○	○
		地方自治									
		経済				○					
		生活と福祉	○	○			○	○			
		国際関係・国際政治	○				○			○	
		政治総合		★							★
環境問題			○					○			
時事問題			★								○
世界遺産											
複数分野総合			★	★	★	★	★	★	★	★	★

※　原始～古代…平安時代以前，中世～近世…鎌倉時代～江戸時代，近代～現代…明治時代以降

※　★印は大問の中心となる分野をしめします。

理科　出題傾向＆対策

◆基本データ（2024年度１回）

試験時間／満点	30分／40点
問　題　構　成	・大問数…８題 ・小問数…33問
解　答　形　式	記号選択や適語の記入のほかに，計算結果の数値記入，作図，グラフの完成など解答形式は多彩である。記号選択は，択一式だけでなく複数選択のものもある。
実際の問題用紙	Ｂ５サイズ，小冊子形式
実際の解答用紙	Ａ４サイズ

◆過去５年間の分野別出題率

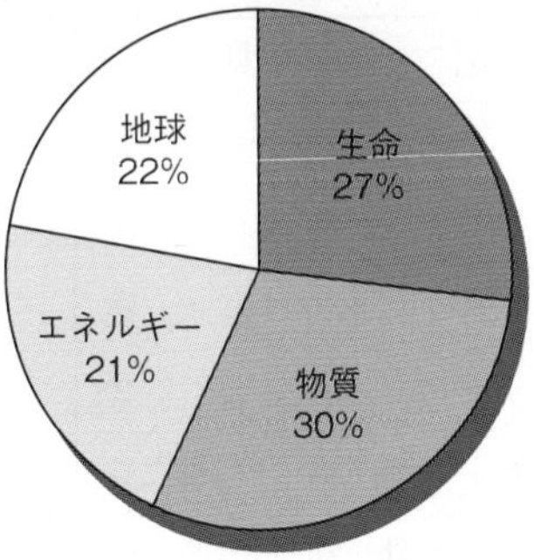

※　配点（推定ふくむ）をもとに算出

◆近年の出題内容

【　2024年度１回　】		【　2023年度１回　】	
大問	1 **〔生命〕** 植物のつくりとはたらき	大問	1 **〔生命〕** ヘチマの受粉
	2 **〔生命〕** 人体		2 **〔生命〕** 昆虫
	3 **〔地球〕** 地層と岩石		3 **〔地球〕** 太陽と影の動き
	4 **〔地球〕** 月，日食		4 **〔地球〕** 星座
	5 **〔エネルギー〕** 糸電話		5 **〔物質〕** ものの溶け方
	6 **〔物質〕** 物質の性質		6 **〔エネルギー〕** 電気の利用
	7 **〔物質〕** ものの溶け方		7 **〔物質〕** 水溶液の判別
	8 **〔総合〕** 森林火災		8 **〔物質〕** 水のふっとう

◆出題傾向と内容

問題の多くは実験や観察に関連したもので，**知識量よりは理解力や推理力などを重視したもの**となっています。

「生命」では，動植物のからだと成長（花と実，動物やヒトのからだのつくりなど）の出題が多く見られます。また，春と冬の生物のようすなどが出題されています。

「物質」では，水の状態変化，ものの燃え方，気体や水溶液の性質，金属の性質などが出ています。グラフを読み取らせたり，作成させたりすることもあります。実験器具などが出題されることもあります。

「エネルギー」では，力のつり合いと電気がよくみられるほか，磁石，熱など幅広い内容から出題されています。計算問題もあるので注意が必要です。

「地球」では，天体とその動き（太陽・月・星と星座のようすなど）が頻出です。そのほかでは，地層のでき方，岩石の分類，気象の変化などが出されています。

◆対策～合格点を取るには？～

各分野からまんべんなく出題されていますから，**基礎的な知識をはやいうちに身につけ，そのうえで問題集で演習をくり返しながら実力アップをめざしましょう。**

「生命」は，身につけなければならない基本知識の多い分野ですが，楽しみながら確実に学習する心がけが大切です。「物質」では，気体や水溶液，金属などを重点的に学習しましょう。「エネルギー」は，かん電池のつなぎ方や磁力の強さなどの出題が予想される単元ですから，学習計画から外すことのないようにしましょう。「地球」では，太陽・月・地球の動き，季節と星座の動き，天気と気温・湿度の変化，地層のでき方などが重要なポイントとなっています。身近な生物や現象を題材にした出題も多いため，日ごろから科学に興味を持つことが大切です。

理科　出題分野分析表

分野 ＼ 年度		2024 1回	2024 2回	2023 1回	2023 2回	2022 1回	2022 2回	2021 1回	2021 2回	2020
生命	植物	★	★	★	★	★	★	★		★
	動物			★				★	★	
	人体	★	★		★		★		★	★
	生物と環境								★	
	季節と生物					★				
	生命総合									
物質	物質のすがた		★	★	★	★	○		★	
	気体の性質									
	水溶液の性質		★	★			○			★
	ものの溶け方	★	★	★	★	○	○	★		★
	金属の性質	○			★					
	ものの燃え方					★				
	物質総合	★					★	★		
エネルギー	てこ・滑車・輪軸				★	○		★		★
	ばねののび方									
	ふりこ・物体の運動		★				★			★
	浮力と密度・圧力									
	光の進み方								★	
	ものの温まり方									
	音の伝わり方	★								
	電気回路			★			○			
	磁石・電磁石		★			○			★	
	エネルギー総合						★	★		
地球	地球・月・太陽系	★		★	★		★	★		
	星と星座		★	★		★			★	★
	風・雲と天候		★							
	気温・地温・湿度							★		
	流水のはたらき・地層と岩石	★			★	★	★			★
	火山・地震									★
	地球総合									
実験器具					★				★	○
観察										
環境問題									○	
時事問題									★	
複数分野総合		★				★				

※　★印は大問の中心となる分野をしめします。

国語 出題傾向＆対策

◆基本データ(2024年度１回)

試験時間／満点	50分／60点
問題構成	・大問数…２題 　文章読解題２題 ・小問数…13問
解答形式	記号選択，書きぬき，適語の記入，記述問題など，バラエティーに富んでいる。記述問題はすべて字数制限のないものとなっている。
実際の問題用紙	Ｂ５サイズ，小冊子形式
実際の解答用紙	Ｂ４サイズ

◆過去５年間の分野別出題率

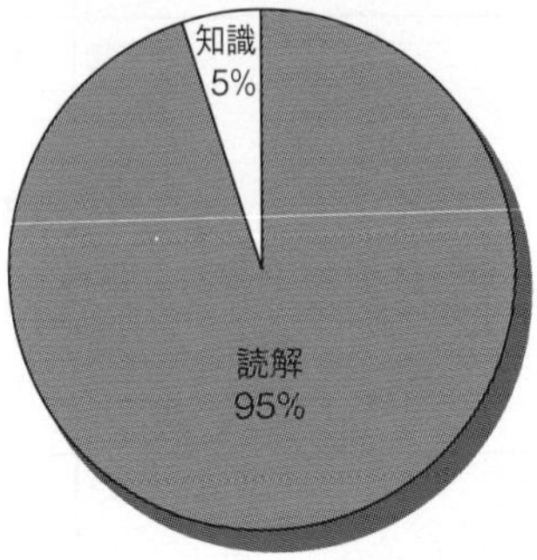

※　配点(推定ふくむ)をもとに算出

◆近年の出題内容

【　2024年度１回　】			【　2023年度１回　】		
大問	一	〔**小説**〕ささきあり『天地ダイアリー』(約9500字)	大問	一	〔**小説**〕草野たき『Q→A』(約8100字)
	二	〔**随筆**〕石井光太『世界の美しさをひとつでも多く見つけたい』(約2900字)		二	〔**随筆**〕ささきあり『ぼくらがつくった学校』(約5600字)

◆出題傾向と内容

本校の国語は出題数が１～３題ですが，**１題あたりの問題文がかなり長いのが特ちょう**です。

内容的には，小説・物語文や随筆の文章読解が主体で，これに漢字やことばに関する知識問題がつけ加えられています。設問自体は標準的なものが多いのですが，問題文の文章量を考えると，かなりのスピードが要求されます。ある程度読書に慣れていないと，読むのに苦労するかもしれません。すばやく読み，てきぱきと問題を解き進めないと，時間切れになるおそれもあります。

設問としては，内容の説明，登場人物の心情・性格の理解などを求めるものが主体ですが，接続詞や副詞などの品詞について問うものや，その他の文法に関連するものも見られます。また，漢字やことばの知識についての出題も少なくありません。

全体的には，一定レベル以上の実力があれば解けるものがほとんどですが，限られた時間内に文章を読み取ることと漢字や知識問題を解ききること，つまり，バランスのとれた国語力が必要といえるでしょう。

◆対策～合格点を取るには？～

本校の国語は，読解力と表現力をみる問題がバランスよく出題されていますから，**まず読解力をつけ，そのうえで表現力を養う**ことをおすすめします。

読解力をつけるためには読書が必要ですが，長い作品よりも短編のほうが主題が読み取りやすいので，特に国語の苦手な人は短編から入るとよいでしょう。

次に表現力ですが，これには内容をまとめるものと自分の考えを述べるものとがあります。内容をまとめるものは，数多く練習することによってコツがわかってきます。自分の考えを述べるものは，問題文のどの部分がどのように問われるのかを予想しながら文章を読むとよいでしょう。また，答えとして必要な要点を書き出し，それらをつなげるような練習を心がけましょう。

なお，ことばのきまり・知識に関しては，参考書を１冊仕上げましょう。また，漢字や熟語については，読み書きのほか，同音(訓)異義語，その意味についても辞書で調べ，ノートにまとめておくとよいでしょう。

国語 出題分野分析表

分野		年度	2024		2023		2022		2021		2020
			1回	2回	1回	2回	1回	2回	1回	2回	
読	文章の種類	説明文・論説文							★		★
		小説・物語・伝記	★	★	★	★	★	★	★		
		随筆・紀行・日記	★	★	★	★	★	★		★	★
		会話・戯曲									
		詩									
		短歌・俳句									
解	内容の分類	主題・要旨	○	○	○	○	○	○	○	○	○
		内容理解	○	○	○	○	○	○	○	○	○
		文脈・段落構成		○							
		指示語・接続語			○			○			
		その他	○	○	○	○	○	○	○	○	○
知	漢字	漢字の読み									
		漢字の書き取り	○	○	○	○	○		○	○	○
		部首・画数・筆順									
	語句	語句の意味		○							
		かなづかい									
		熟語		○	○	○	○	○			○
		慣用句・ことわざ									
	文法	文の組み立て									
		品詞・用法									
		敬語									
識	形式・技法										
	文学作品の知識										○
	その他				○						
	知識総合										
表現	作文										
	短文記述										
	その他										
放送問題											

※　★印は大問の中心となる分野をしめします。

2025 年度 中学受験用

日本女子大学附属中学校　5 年間スーパー過去問

をご購入の皆様へ

お詫び

本書、日本女子大学附属中学校の入試問題につきまして、誠に申し訳ございませんが、以下の問題は著作権上の都合により掲載することができません。設問と解説、解答は掲載してございますので、ご必要とされる方は原典をご参照くださいますよう、お願い申し上げます。

記

2024 年度〈第 2 回試験〉　国語　一　の問題文

2023 年度〈第 2 回試験〉　国語　一　の問題文

以上

株式会社　声の教育社　編集部

2024年度 日本女子大学附属中学校

【算　数】〈第１回試験〉（50分）〈満点：60点〉

○円周率は3.14とします。

Ⅰ　次の(1)～(4)の□をうめなさい。

(1)　$2.8\times43+1.2\times43+83\times4-4\times26=$□

(2)　$3\frac{7}{9}\div\left(1.25-0.2\times3\frac{1}{3}+0.125\right)=$□

(3)　$\left\{2\frac{2}{3}-\left(1\frac{3}{4}-\square\right)\div\frac{3}{4}\right\}\times5=3$

(4)　0.6日＝□時間□分

Ⅱ　次の(1)～(8)の問いに答えなさい。

(1)　大小２つのさいころを同時に投げ，大きいさいころの出た目の数を分母に，小さいさいころの出た目を分子とする分数を作ります。できた数が1.5以上になる場合は何通りありますか。

(2)　姉は妹の２倍のおこづかいを持っていて，姉と妹はそれぞれおこづかいの $\frac{3}{4}$，$\frac{2}{5}$ を出し合って，2280円のプレゼントを買いました。はじめに姉はいくら持っていましたか。

(3)　１個300円の桃を100個仕入れて，２割の利益を見込んで定価をつけました。60個売ったあと，残りは定価の２割引きで全部売りました。利益はいくらになりますか。式を書いて求めなさい。

(4)　長さ８mの道に50cmの間隔《かく》で花を植えていくことにしました。１つ植えるのに３分かかり，５つ植え終わるたびに１分休みます。花を植え終わるのに全部で何分かかりますか。ただし，道の両端《はし》には花は植えないこととします。

(5)　さくらさんは3.3km離《はな》れた駅まで行くのに，途《と》中まで自転車で行き，残りは歩いたところ全部で15分かかりました。自転車の速さを分速300m，歩く速さを分速60mとするとき，自転車に何分乗りましたか。

(6)　右の〔図１〕は点Oを中心とする半円です。あの角の大きさは何度ですか。

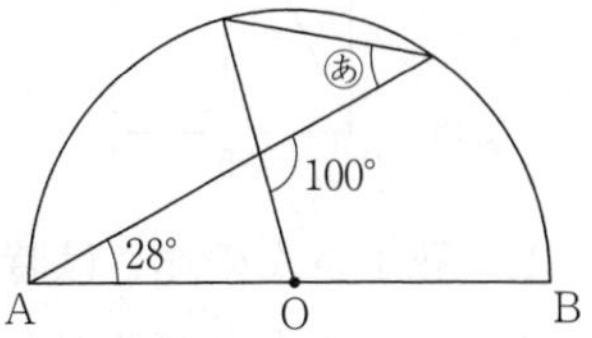

〔図１〕

(7)　半径５cmの円がすき間なく並んでいます。右の〔図２〕のように外側を囲んだとき，周りの長さは何cmですか。式を書いて求めなさい。

(8)　右の〔図３〕のような底面が１辺

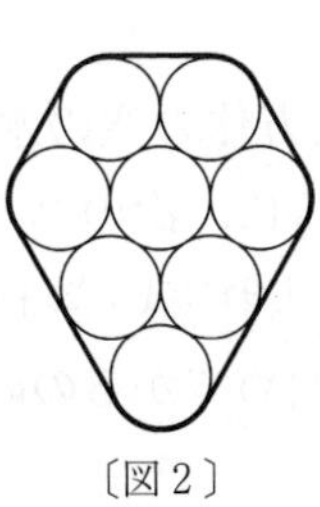
〔図２〕

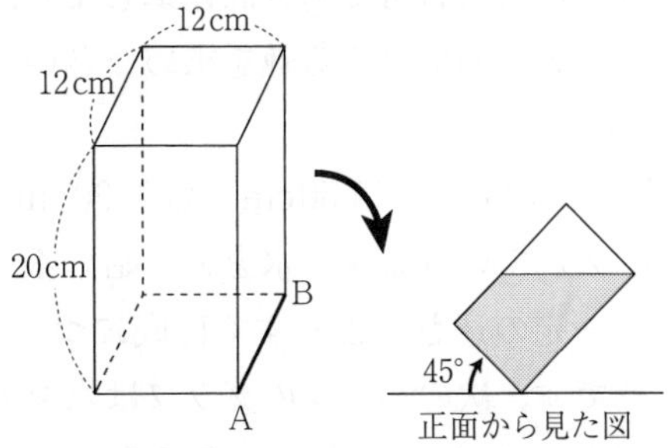

〔図３〕

12cm の正方形で高さが 20cm である四角柱の水そうに，いっぱいに水が入っています。辺AB を床《ゆか》につけて矢印の方向に水そうを45度傾《かたむ》けて水をこぼします。こぼれた水の体積は何 cm³ ですか。

Ⅲ　ある規則に従って次のように数が並んでいます。あとの(1)，(2)の問いに答えなさい。

2，3，5，8，12，17，…

(1)　11番目の数を求めるのに次のように考えます。次の①～④にあてはまる数を答えなさい。ただし，同じ番号のところは同じ数が入ります。

となりの数との差は１から始まって　①　ずつ増えています。11番目の数は，10番目の数との差が　②　になります。１番目から11番目の数までの差の合計は(1＋　②　)×　②　÷2 で求められるので　③　になります。

これらのことから，11番目の数は　④　になります。

(2)　30番目の数を求めなさい。

Ⅳ　A町とB町を往復するバスが走っています。バスがA町を出発して５分後に花子さんは自転車でB町からA町に向かって出発し，B町から 1.5km 進んだところでA町から来るバスとすれ違《ちが》いました。グラフはそのときのバスと花子さんの様子を表しています。あとの(1)～(4)の問いに答えなさい。

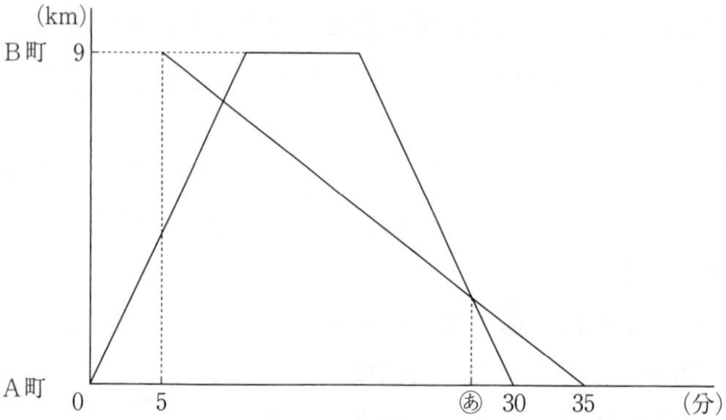

(1)　花子さんの速さは時速何 km ですか。

(2)　花子さんとバスがすれ違うのは，花子さんが出発してから何分後ですか。

(3)　バスはB町で何分間停車しましたか。式を書いて求めなさい。

(4)　あにあてはまる数を求めなさい。

Ⅴ　縦 30cm，横 50cm，高さ 90cm の直方体の空の水そうに蛇《じゃ》口から毎分 7.5L の割合で水を入れていきます。水を入れ始めると同時に，次のページの〔図１〕の位置から四角柱のおもりを一定の速さでまっすぐに底につくまで入れていきます。おもりは底面積 300cm²，高さ 90cm です。次のページのグラフは水を入れ始めてからの時間と水面の高さの関係を表したものです。あとの(1)～(3)の問いに答えなさい。

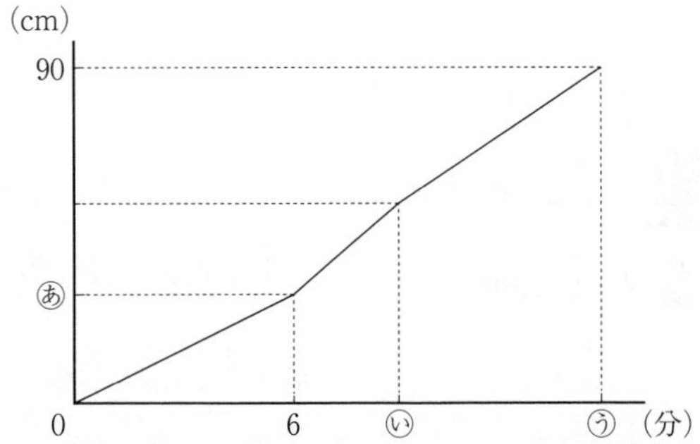

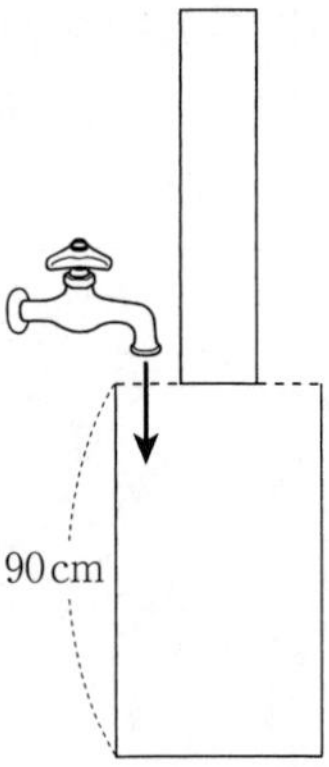

〔図1〕

⑴　空の水そうに水を入れるとき，水面の高さは毎分何cm上がりますか。

⑵　おもりを入れる速さは毎分何cmですか。

⑶　右のA～Eは水そうとおもりの様子を表しています。グラフの(あ)～(う)のときの図をA～Eの中から選びなさい。また，(あ)～(う)にあてはまる数を求めなさい。(う)は式を書いて求めなさい。

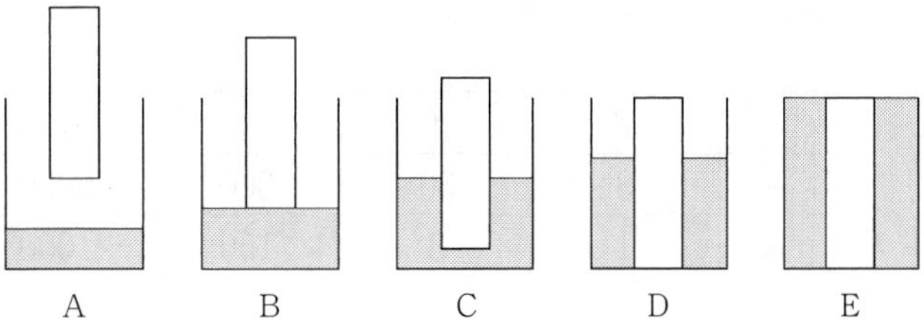

Ⅵ　大きな正方形をできるだけ多く用いて，長方形を正方形でしきつめることを考えます。例えば右の図は，縦28cm，横64cmの長方形を正方形でしきつめたものです。次の⑴～⑶の問いに答えなさい。

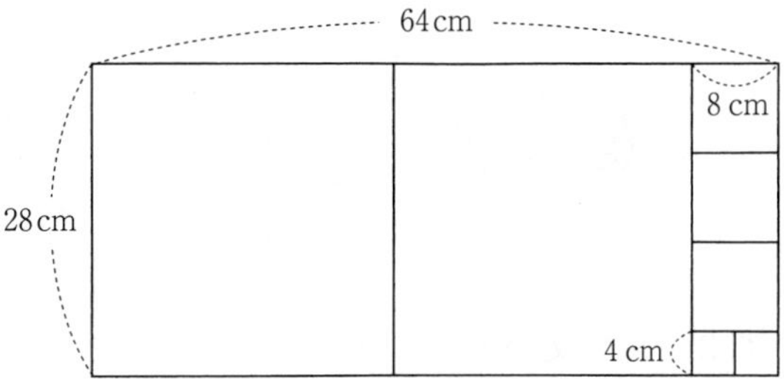

⑴　縦21cm，横72cmの長方形は，3種類の大きさの正方形でしきつめられます。次の(あ)～(か)にあてはまる数を答えなさい。

「この長方形は，

1辺が［(あ)］cmの正方形が［(い)］個，

1辺が［(う)］cmの正方形が［(え)］個，

1辺が［(お)］cmの正方形が［(か)］個でしきつめられます。」

⑵　右の図は，ある長方形を正方形でしきつめたものです。この長方形の横の長さは何cmですか。

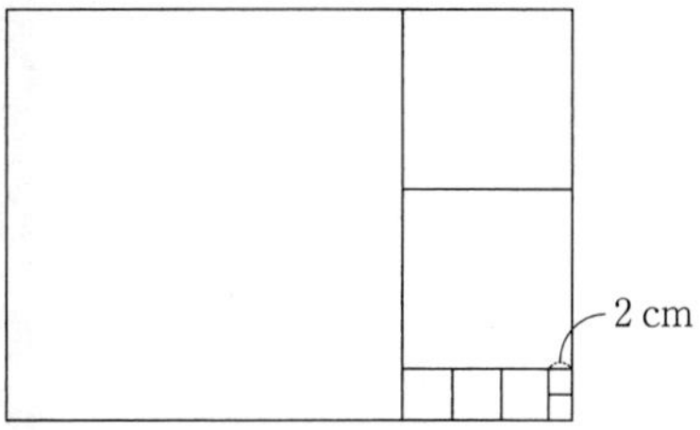

⑶　下の①～③の条件をすべて満たす長方形は，3通り考えられます。3通りの長方形を，正方形でしきつめた図を答案用紙にかきなさい。ただし，方眼の1ますは1cmです。

①　横の長さが縦の長さより長い。

②　3種類の正方形を全部で5個用いてしきつめられる。

③　しきつめた正方形のうち最も小さい正方形の1辺は1cmである。

【社　会】〈第１回試験〉（30分）〈満点：40点〉

1　資料 1 ～ 4 について，あとの問いに答えなさい。

資料 1 　前方後円墳の県ごとの分布数

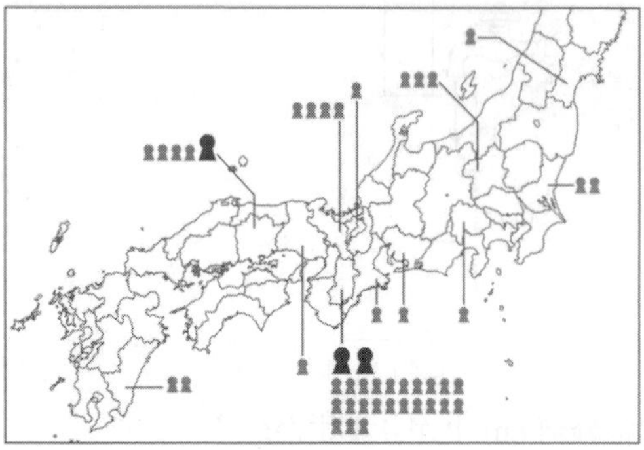

前方後円墳の長さが

 [A] m 以上の古墳

 [B] m 以上～ [A] m 未満の古墳

＊ [B] m 未満は省略

問１　[A] と [B] にあてはまる数字の組み合わせを，次のア～エから１つ選び，記号で答えなさい。

	ア	イ	ウ	エ
A	3	30	300	3000
B	1	3	150	1000

問２　大阪府にある古墳の数の組み合わせとして正しいものを，次のア～エから１つ選び，記号で答えなさい。

	ア	イ	ウ	エ
	0	4	12	20
	8	16	3	35

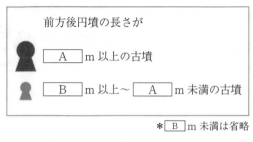

問３　次の文が正しくなるように，①と②にあてはまる語句を，それぞれ記号で答えなさい。

古墳の①{ア：地中　　イ：まわり}には，たくさんの②{ウ：土偶　　エ：はにわ}が並べられていた。

資料 2 　鎌倉時代の武士の館

問４　この絵からわかる戦いに備えた「武士の館」の特徴を１つ挙げなさい。

問５　この館に関する説明として正しいものを，次のア～ウから１つ選び，記号で答えなさい。

ア：館を鎌倉に建て，主人は基本的にそこで生活していた。

イ：館を鎌倉と自分の領地に建て，主人は１年ごとに行き来していた。

ウ：館を自分の領地に建て，主人は基本的にそこで生活していた。

問６　この館の周辺で行っていた主人の行動①と②が，正しければ「○」を，間違《ちが》っていれば「×」を解答らんに書きなさい。

①　家来や農民に指図して農業をしていた。

②　日頃から武芸に励《はげ》んでいた。

資料 3 　16世紀後半の検地

問７　「16世紀後半の検地」を行った人物について，次の⑴と⑵に答えなさい。

⑴　この人物が行ったことを，次のア～カから２つ選び，記号で答えなさい。

ア：朝鮮に大軍を送り込《こ》んだ。

イ：室町幕府を滅《ほろ》ぼした。

ウ：武家諸法度を制定した。

エ：関ケ原の戦いに勝利した。

オ：安土城を築いた。

カ：大阪城を築いた。

⑵　この人物は，検地とともに刀狩も行いました。これらの政策によって世の中はどのように変化したか，説明しなさい。

問８　「16世紀後半の検地」によって検地帳が作られました。この検地帳に書いていないことを，次のア～エから１つ選び，記号で答えなさい。

ア：田畑の広さ

イ：とれる米の量

ウ：耕作している人

エ：年貢《ぐ》の量

資料 4
江戸時代の
都市で起きた暴動

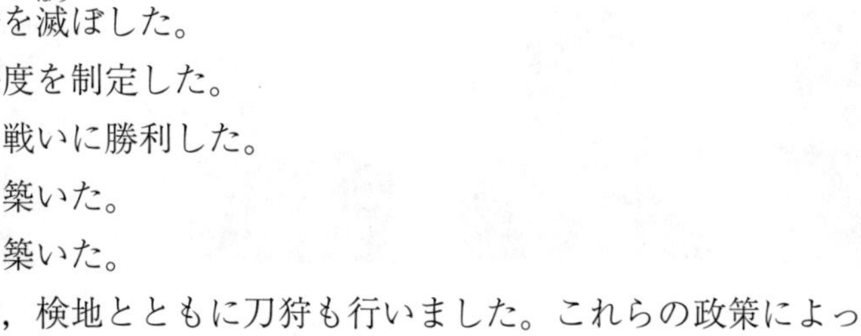

問９　「都市で起きた暴動」を何と言うか答えなさい。また，この暴動の数を表しているのは，グラフの ア ・ イ のどちらか，答えなさい。

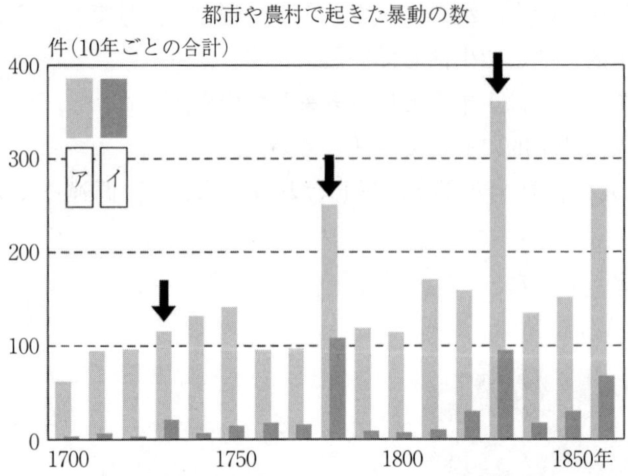

問10　次の文は ↓ の時期に起きた共通の事柄《がら》について述べたものです。□にあてはまる語句をひらがなで答えなさい。また，{　}にあてはまることばを選び，記号で答えなさい。

> □が起きたことにより物価が大きく{ア：上　　イ：下}がった。

問11　1837年，幕府の元役人が人々を救うために反乱を起こしました。この人物を次のア～エから１人選び，記号で答えなさい。

ア

イ

ウ

エ

2　日本女子大学附属中学校の２年生は，校外学習で，**図１**の東北地方３県を訪《おとず》れます。●**あ**～**う**はそれぞれの県庁所在地で，そこを通る点線の断面図が，**図２**と**図３**です。あとの問いに答えなさい。

図１
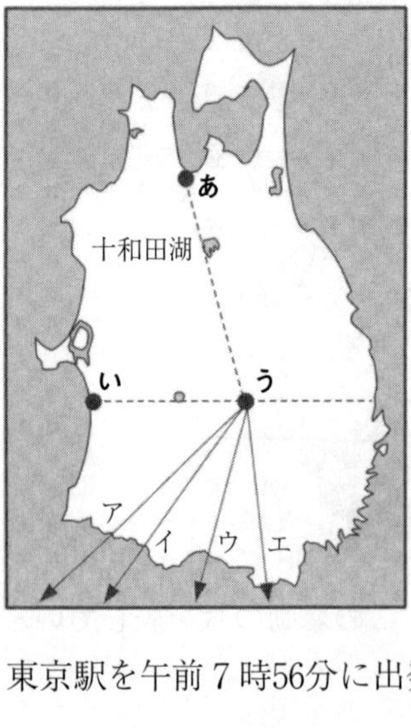

図２
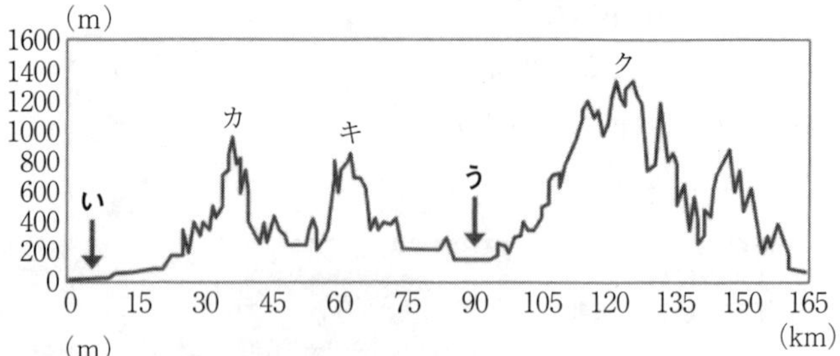

図３
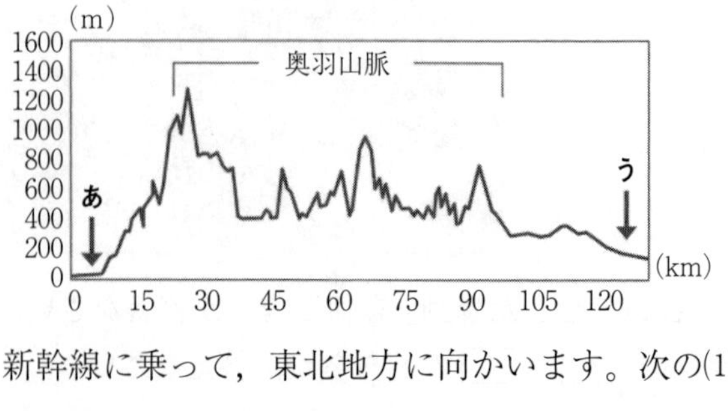

問１　東京駅を午前７時56分に出発する新幹線に乗って，東北地方に向かいます。次の(1)～(3)に

答えなさい。

(1)　**図１**のア～エの矢印のうち，東京駅の方角を正しく指しているものを１つ選び，記号で答えなさい。

(2)　太陽がまぶしいと感じることが多かった生徒の座席について，次の①と②にあてはまる語句を，それぞれ語群から選んで答えなさい。

> 窓から，①(東／西／南／北)側の景色《けしき》がよく見える，進行方向に向かって，②(左／右)の窓際《ぎわ》の座席

(3)　新幹線は，午前９時30分に仙台駅に到《とう》着しました。この新幹線が利根川を渡《わた》るおよその時刻を，次のア～エから１つ選び，記号で答えなさい。

ア：午前８時　　イ：午前８時30分　　ウ：午前９時　　エ：午前９時20分

問２　１日目には，奥州藤原氏が治めていた平泉の中尊寺と毛越寺《もうつうじ》を訪れます。次の(1)と(2)に答えなさい。

(1)　中尊寺や毛越寺と同じような考えに基《もと》づいて建てられたものを，次のア～エから１つ選び，記号で答えなさい。

ア：平等院鳳凰堂　　イ：法隆寺　　ウ：正倉院　　エ：日光東照宮

(2)　毛越寺には，新渡戸稲造が英訳した「夏草や　兵《つわもの》どもが　夢の跡《あと》」の句碑《ひ》があります。次の①と②に答えなさい。

①　この句の作者と，作者が平泉を訪れた時代の組み合わせとして正しいものを，次のア～エから１つ選び，記号で答えなさい。

ア：松尾芭蕉・室町時代　　イ：松尾芭蕉・江戸時代

ウ：雪舟・室町時代　　エ：雪舟・江戸時代

②　新渡戸稲造は，国連の重職を務めた人物です。次のア～エの出来事を起きた順に並べかえ，記号で答えなさい。ただし，「国連」のうち，３つは「国際連盟」を，１つは「国際連合」を指しています。

ア：新渡戸稲造が，国連の事務局次長を務めた。

イ：日本が，国連から脱《だっ》退した。

ウ：第一次世界大戦の反省をもとに，国連が発足《ほっそく》した。

エ：アメリカと平和条約を結んだ後，日本は国連に加盟した。

問３　２日目には，奥羽山脈を越《こ》えて，２つ目の県に入ります。次の(1)～(3)に答えなさい。

(1)　奥羽山脈を，**図２**のカ～クから１つ選び，記号で答えなさい。

(2)　奥羽山脈には地熱発電所が多くあります。蒸気で発電タービンを回すしくみは火力発電と同じですが，水を熱する方法が異なります。火力発電と比べて地熱発電が優《すぐ》れた点を説明した文として正しくないものを，次のア～エから１つ選び，記号で答えなさい。

ア：化石燃料を用いないので，二酸化炭素の排《はい》出量が少なくてすむ。

イ：日本は火山や温泉が多い国なので，場所を選ばずに発電所が建設できる。

ウ：燃料を海外から輸入しなくてよいので，日本で自給できる電力が得られる。

エ：地熱は，太陽光や風力と同じく再生可能エネルギーであり，なくならない。

(3)　２つ目の県では，銅の鉱山跡を見学します。次の①と②に答えなさい。

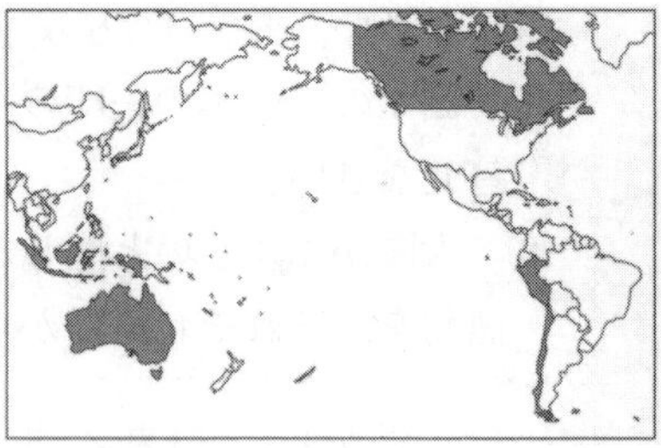

① 現在の日本は，右図に示した５か国から多くの銅鉱石を輸入しています。この５か国について正しく説明した文を次のア～エから１つ選び，記号で答えなさい。

ア：オーストラリアからは鉄鉱石と石炭も多く輸入している。

イ：南アメリカの２か国は，銅を飛行機で輸出している。

ウ：アメリカ合衆国は，日本の最大の貿易相手国である。

エ：インドネシアは，日本と同じ北半球の国である。

② 銅は機械製品に欠かせない金属です。自動車産業では，新しい自動車への変化にともなって，これまで以上に多くの銅が必要になると言われています。その理由を説明しなさい。

（ヒント：理科の実験で使う「銅線」の素材が銅であるのは，銅にはある長所があるからです。）

問４ ３日目には，十和田湖を見学しながら，３つ目の県に入ります。次の(1)と(2)に答えなさい。

(1) **図１**と**図３**を見て，十和田湖が県庁所在地**あ**から約何kmの位置にあるか，次のア～エから１つ選び，記号で答えなさい。

ア：15km　イ：40km　ウ：60km　エ：100km

(2) 小学校で使う『地図帳』にはその地域の特産物がイラストで描《えが》かれています。次のア～エのうち，「りんご」とともに，３つ目の県に描かれている特産物を１つ選び，記号で答えなさい。

ア：のり　イ：茶　ウ：ぶどう　エ：ながいも

問５ ４日目には，2021年に世界遺産に登録された三内丸山遺跡を見学します。次の(1)～(5)に答えなさい。

(1) 縄文時代は，平均気温が現在より高かったと考えられています。それについて説明した①と②が，正しければ「○」を，間違っていれば「×」を解答らんに書きなさい。

① 三内丸山遺跡から海岸線までの距離《きょり》は，現在よりも縄文時代の方が近かった。

② 気温の上昇《しょう》をもたらす二酸化炭素の排出量は，現在よりも縄文時代の方が多かった。

(2) 縄文時代の人々が，シカやイノシシなどの狩《か》りをしていたのはおもにどの季節か，次のア～エから１つ選び，記号で答えなさい。

ア：春　イ：夏　ウ：秋　エ：冬

(3) 縄文時代の人々が作った土器にはおもな使い方が２つありました。その使い方を答えなさい。

(4) 次の文章の空らん①と②にあてはまる語句を，下の語群ア～オからそれぞれ１つずつ選び，記号で答えなさい。また，空らん③にあてはまる語句を，漢字二字で答えなさい。

UNESCO［＝国連（ ① ）科学文化機関］は，世界遺産を“人類共通の遺産”として守っていくための国際的な協力体制を築くために，1972年の総会で「世界の文化遺産及《およ》び（ ② ）遺産の保護に関する（ ③ ）」［通称《しょう》：世界遺産（ ③ ）］を採択《たく》しました。

①・②の語群 ｛ア：環境　イ：自然　ウ：教育　エ：平和　オ：児童｝

⑸ 世界遺産となった各地で起きている「オーバーツーリズム」という現象を正しく説明した文を，次のア～エから１つ選び，記号で答えなさい。

ア：観光客がたくさん買い物をして，企《き》業や住民の収入が大幅《はば》に増えること。

イ：さまざまな国から観光客が来ることで，文化をこえた交流ができること。

ウ：観光客の増加によって，地元住民の生活や自然環境に悪影響《えいきょう》がおよぶこと。

エ：観光客を増やすために，正しくない行き過ぎた宣伝活動を行うこと。

問６ この校外学習で見学する３県を，４日間の行程にあてはめました。①～③の県名を漢字で答えなさい。

<table>
<tr><td colspan="2">1日目</td><td colspan="2">2日目</td><td colspan="2">3日目</td><td colspan="2">4日目</td></tr>
<tr><td>新幹線</td><td colspan="2">（ ① ）県</td><td colspan="2">（ ② ）県</td><td colspan="2">（ ③ ）県</td><td>新幹線</td></tr>
</table>

3 2023年の新聞記事の見出しを読んで，あとの問いに答えなさい。

80歳《さい》以上（ あ ）人に１人　65歳以上人口 初めて減少

問１ （あ）にあてはまる数字を次のア～エから１つ選び，記号で答えなさい。

ア：5　イ：10　ウ：20　エ：40

問２ 下線部について，前年に比べて65歳以上の人口が減ったが，総人口に占《し》める割合は増えています。その理由を説明しなさい。

問３ この見出しについて述べた次の文の（い）にあてはまる数字を答えなさい。また，（う）にあてはまる語句をあとのア～エから１つ選び，記号で答えなさい。

これは，（ い ）月18日の「敬老の日」にあわせて，（ う ）省が65歳以上の高齢《れい》者の人口推計を公表した時のものです。

ア：法務　イ：総務　ウ：経済産業　エ：文部科学

問４ 全就業者数に占める高齢者の割合が半数を超《こ》えている業種を，次のア～エから１つ選び，記号で答えなさい。

ア：農業・林業　イ：教育・学習支援《えん》

ウ：建設業　エ：医療《りょう》・福祉《し》

水俣病原告　全128人認定　国などに賠償《ばいしょう》命令　大阪地裁判決

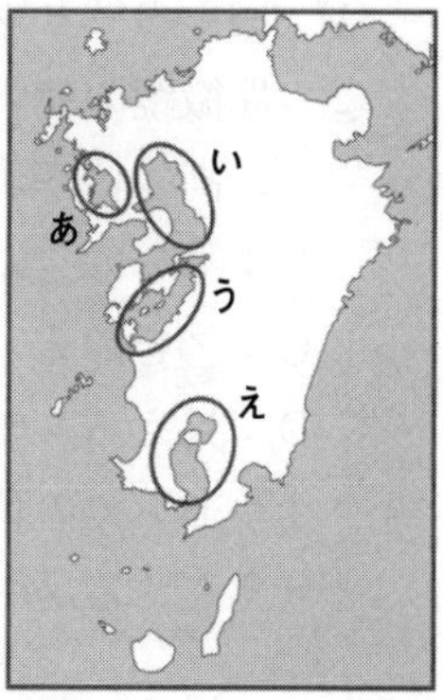

問５ 「水俣病」のおもな原因として正しいものを，次のア～エから１つ選び，記号で答えなさい。また，発生した地域を地図の**あ～え**から１つ選び，記号で答えなさい。

ア：大気汚染《おせん》　イ：水質汚濁《おだく》

ウ：騒《そう》音　エ：悪臭《しゅう》

問６ このような判決が出たが，まだ賠償金を支払《はら》うかどうか決まっていません。この理由を説明しなさい。

【理　科】〈第１回試験〉（30分）〈満点：40点〉

1　植物の中の水の通り道を調べるために，次のような実験をしました。

＜実験①＞
1　ホウセンカを土からほり出し，水の中で土を洗い落とす。
2　食用色素を溶《と》かした色水にさし，くきや葉のようすを調べる。
3　くきや葉に色がついたらくきを縦に切って，切り口を観察する。

くきを縦に切ったようす

(1)　＜実験①＞の３の結果はどのようになりましたか。色のついたところをぬりつぶしなさい。

(2)　植物から水が水蒸気となって出ていくことを何といいますか。

＜実験②＞
1　ホウセンカの葉の裏側のうすい皮をピンセットではがす。
2　はがした皮を顕微《けんび》鏡で観察する。

(3)　顕微鏡の使い方について答えなさい。

図１
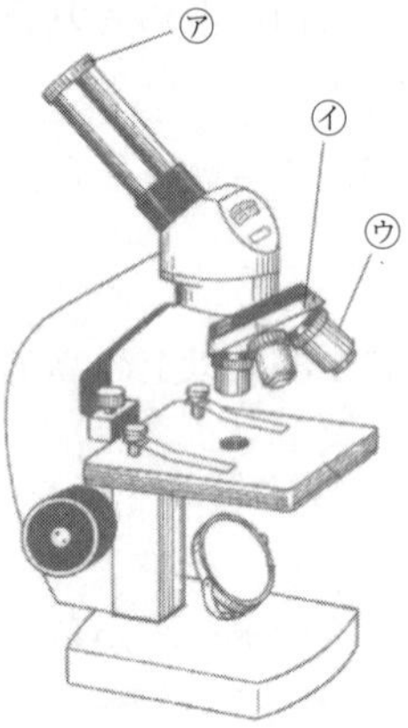

図２
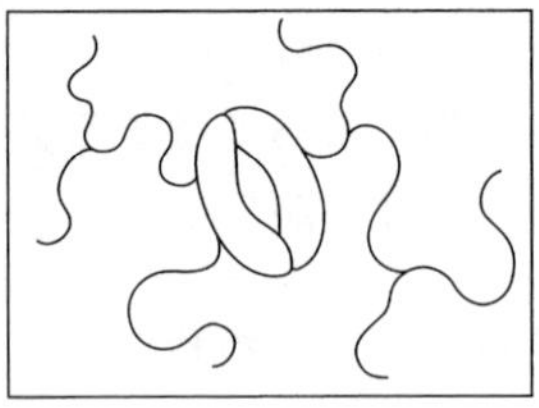

①　図１の㋑と㋒の名前を答えなさい。

②　顕微鏡の使い方として正しいものを選び，記号で書きなさい。

Ａ：高い倍率から観察をはじめる。
Ｂ：㋐をのぞいて明るく見えるようにしたあとで，プレパラートを乗せる。
Ｃ：㋐をのぞいたまま，ステージを上げながらピントを合わせる。
Ｄ：見えるものが小さくて見にくいときには倍率を下げる。

(4)　ホウセンカの葉の裏側を顕微鏡で観察すると，図２のように見えました。水蒸気が出ていくと考えられる場所を黒くぬりつぶしなさい。

2　図は人の体のようすを表しています。あとの問いに答えなさい。

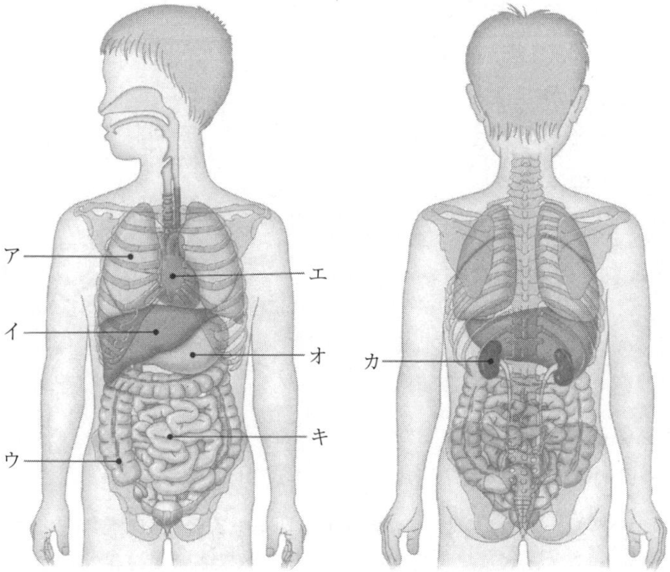

(1)　呼吸による空気の出入りに関係する臓器をア～キから選び，記号と名前を書きなさい。

(2)　口からこう門までの食べ物の通り道を何といいますか。

(3)　(2)にあてはまるものを選び記号で書きなさい。ただし，食べ物が通る順番に並べること。

(4)　(2)のうち，消化液を出している臓器をすべて選び，記号で書きなさい。

(5)　体の中で不要になったものを血液中からこし出し，尿《にょう》をつくっているのはア～キのどれですか。記号と名前を書きなさい。

3　地層が見えるがけを観察しそのようすを記録しました。しま模様は全部で３種類ありました。

	地層のようす	
①	・赤い茶色	・さわるとざらざらした
②	・うすい茶色 ・さわるとさらさらした	・つぶが非常に細かい ・貝の化石があった
③	・こい茶色 ・れきの周りはさわるとざらざらした	・大きいれきが目立つ

(1)　①は火山灰でできていました。少しとってよく洗ってから，双《そう》眼実体顕微鏡で観察しました。その結果としてあてはまるものを選び記号で書きなさい。

ア：白や黒の丸いつぶが観察できた。

イ：赤い茶色の小さい角ばったつぶだけでできていた。

ウ：黒，白，とう明などの角ばったつぶが観察できた。

エ：黒，白，とう明な丸いつぶが規則正しく並んでいた。

オ：赤い茶色の丸いつぶだけでできていた。

(2)　火山に関係する地形やようすを表しているものをすべて選びなさい。

ア：火山が噴《ふん》火することで津波が起こることが多い。

イ：火山が噴火すると火山のふもとでは液状化現象が起こる。

ウ：日本に見られる断層は火山が噴火したときにできたものである。

エ：温泉や地熱発電などは火山活動に関係している。

オ：海にある火山が噴火すると新たな島ができることもある。

(3)　②のようすから，何でできていると考えられますか。

ア：泥《どろ》　　イ：砂　　ウ：火山灰　　エ：れき

(4)　化石といわれるものの組み合わせとして正しいものを選び記号で書きなさい。

A　恐竜《きょうりゅう》の歯

B　恐竜の足あと

C　魚の骨

D　植物の葉

ア：Ａ　　　イ：ＡとＢ　　ウ：ＡとＣとＤ

エ：ＣとＤ　　オ：ＡとＢとＣとＤ

(5)　③の層は流れる水の働きによってできたものです。この中に見られるれきの特ちょうを簡単に書きなさい。

4　９月のある日，川崎市で日没《ぼつ》のとき空の観察を行ったところ，Ａの位置に月がありました。

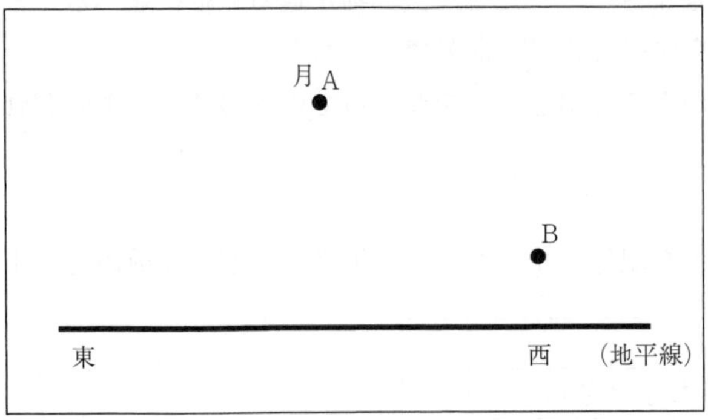

(1)　Ａの月の形を次から選び記号を書きなさい。

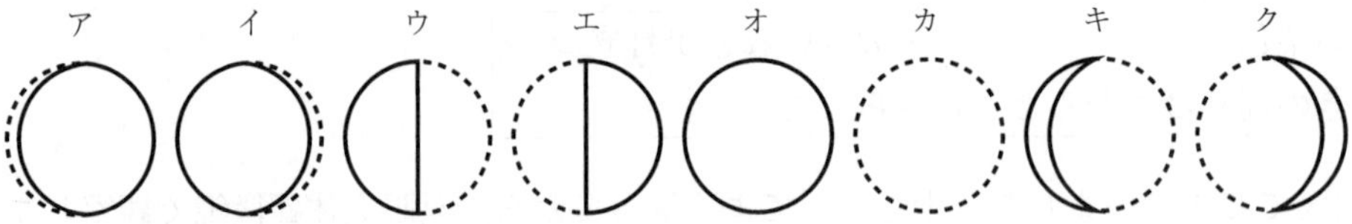

(2)　１週間後の真夜中にも空を観察しました。

①　月はどの方向に見えますか。

ア：東　　イ：西　　ウ：南

エ：北　　オ：見えない

②　この日の月の形を(1)から選びなさい。

(3)　月がＢの位置に見える時間と形の組み合わせで正しいものを次から選び記号で書きなさい。

ア：日の出の頃《ころ》，形は(1)のク

イ：日の入りの頃，形は(1)のイ

ウ：真夜中頃，形は(1)のキ

エ：正午頃，形は(1)のウ

(4)　昨年の４月20日に川崎市では観測できませんでしたが，太陽が月に隠《かく》される現象がありました。これを何といいますか。またこのときの地球から見た月の形を(1)から選び記号で書きなさい。

5　糸電話をつくり，１人が声を出し，もう１人がそれを聞いて音の聞こえ方を調べる実験をしました。

(1)　次の３つの方法を，音が大きく聞こえる順に並べ変えなさい。

ア：ぴんと張った糸の途中にふれながら話す

イ：ぴんと張った糸の途中をつまみながら話す

ウ：糸をぴんと張って話す

(2)　糸電話で話す声の大きさが大きいときと小さいときでは，糸のようすが変わりました。糸のようすがどのようにちがうのか，次の(　)にあてはまるように書きなさい。

声が大きいときのほうが，糸の(　　)が(　　)。

6　次のＡ～Ｊについてあとの問いに答えなさい。

Ａ　くぎ(鉄)10ｇ

Ｂ　くぎ(銅)７ｇ

Ｃ　Ａをつぶして形を変えたもの(鉄)

Ｄ　アルミニウム板１ｇ

Ｅ　Ｄと同じ形で同じ大きさの鉄板

Ｆ　Ｄと同じ形で同じ大きさの段ボール紙

Ｇ　Ｄと同じ形で同じ大きさのプラスチック板

Ｈ　Ｄと同じ形で同じ大きさのガラス板

Ｉ　アルミニウムはくを丸めたもの１ｇ

Ｊ　小さく切ったわりばし(木)１ｇ

(1)　ＡとＢをそれぞれ実験用ガスコンロで熱したとき体積はどうなりますか。次から選び記号で書きなさい。

ア：大きくなる　　イ：小さくなる　　ウ：変わらない

(2)　磁石につくのはどれですか。すべて選び記号で書きなさい。

(3)　形を変えても重さが変わらないことを確かめるにはどれとどれを比べますか。組み合わせを２つ選び記号で書きなさい。

(4)　電流が流れるものはどれですか。すべて選び記号で書きなさい。

(5)　２本の試験管にそれぞれ塩酸５mLを入れます。２種類の金属を入れて，それぞれの金属からあわの出るようすのちがいを比べます。もっともよい組み合わせを１つ選び記号で書きなさい。

(6)　(5)であわの出るようすのちがいを比べるために，選んだ組み合わせがもっともよいと考えた理由を簡単に説明しなさい。

7　食塩とミョウバンが水にどのくらい溶《と》けるのかを調べる実験をしました。

手順１：ビーカーA・Bに水100mLを入れた。

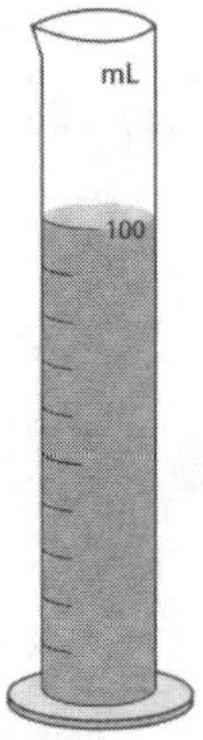

手順２：２つのビーカーの水が60℃になるまで温めた。

手順３：ビーカーAに食塩30g，Bにミョウバン30gを入れ，よくかきまぜて粒《つぶ》をすべて溶かした。

手順４：２つのビーカーにラップでおおいをして，しばらく置いておいた。

(1)　手順１でビーカーに入れる水をはかるために右の図のような器具を使いました。この器具の名前は何ですか。

(2)　(1)の使い方として正しいものを選び記号で書きなさい。

ア：中身がこぼれても大丈夫なようにトレイの中に置いて使う。

イ：目もりを正しく読むために水平な机の上に置いて使う。

ウ：中身が目に入ると危険なので少し上から目もりを見る。

(3)　食塩やミョウバンをはかるために，右の図のような器具を使いました。この器具の名前は何ですか。

(4)　次の文章は(3)を使って食塩をはかる方法を説明しています。下線部は何のために行うのか説明しなさい。

電源を入れて表示が０になったのを確認して空の容器を乗せる。そのあとボタンを押し，再び表示が０になったのを確認してから，食塩30gをはかりとった。

(5)　手順４のあと，ビーカーBは底に白い粒が出てきたが，ビーカーAは変化がありませんでした。なぜAでは白い粒が出てこなかったのか説明しなさい。

(6)　温度のちがう水100mLに溶けるミョウバンの量を調べると次の表のようになりました。答案用紙に折れ線グラフを書きなさい。ただし，横じくを水温，縦じくを溶けるミョウバンの量とし，(　)に単位を書き入れること。

水温(℃)	0	20	40	60
溶けるミョウバンの量(g)	5.7	11.4	23.8	57.4

(7)　40℃の水100mLにミョウバンを30g入れてよくかきまぜました。

①　溶け残ったミョウバンの粒は何gですか。

②　このビーカーを20℃まで冷やしたとき，ビーカーに溶け残る粒は何gですか。

8　近年，世界各国で森林火災による森林焼失が問題になっています。人の活動が原因ではなく，自然に火がつくきっかけとなる現象を次にあてはまるように２つ書きなさい。

＿＿＿＿＿＿＿＿＿＿火がついた。

なく、より多くの人間の輝《かがや》きを発見できるからこそ赴くのです。

（石井光太『世界の美しさをひとつでも多く見つけたい』より）

㈠ □**a**～**c**に入る最もふさわしいことばを、つぎの語群から選び、番号で書きなさい。

1　多面性　　2　無限　　3　安楽
4　極限　　5　必然性　　6　絶望

㈡ ――線アとありますが、それはどのような様子だったのですか。文中のことばを使って書きなさい。

㈢ ……線イとありますが、マドゥにとって薬草売りはどのような人だったのですか。解答らんに続くように、文中から十四字と九字でそれぞれ探して書きなさい。

㈣ 〰〰線ウとありますが、「大切なこと」とはどのようなことですか。薬草売りのことばから考えて、自分のことばで書きなさい。

チャイで一緒に食べたいですね」

彼は薬草を与《あた》えるだけでなく、下の世話をしてあげたり、手を握《にぎ》りしめて歌をうたって聞かせてあげたりしていました。イマドゥも彼が一日一回やって来るのを楽しみにしている様子でした。元気な時には、薬草売りがうたう歌を一緒になって口ずさんだこともありました。印象に残っているのは、お祭りの日のことです。薬草売りは、首から花輪を下げて知り合いのストリートチルドレンたちとともにやって来ました。そしてストリートチルドレンたちにマドゥの前で流行《はや》っている映画の主題歌を熱唱させ、自分はまるで俳優のように踊《おど》ってみせたのです。この日のマドゥは意識がはっきりしていたこともあり、嬉《うれ》しそうに涙ぐんで踊りを見つづけていました。私はその場にいあわせて、マドゥにとって薬草売りは死の恐怖《きょうふ》と孤《こ》独を埋《う》めてくれる存在なのだなと思いました。家もなければ、手術費用もない彼女にとって、薬草売りは自分を支えてくれる存在だったのです。

数日後、マドゥは静かに息を引き取りました。その半日前から薬草売りがやって来て彼女の手を握りしめていました。近くの路上生活者がマドゥが瀕死の状態に陥《おちい》っているのに気づいて彼を呼んだのです。亡《な》くなったマドゥはやつれてはいましたが、安らかな顔でした。後日、私はこの薬草売りに会ってこう尋《たず》ねました。なぜマドゥが死ぬまで世話をしつづけたのですか、と。彼自身、路上生活をしており、他人にかまっている余裕《ゆう》などなかったはずだからです。薬草売りは私の質問にこう答えました。

「私は薬売りだ。薬売りは、病気の人の苦しみを和《やわ》らげるためにいるものだ。ただし人はいずれ死ぬし、薬ですべての病気を治せるわけではない。もし治せないのならば、手を握って励《はげ》ましてあげればいい。そうすれば苦しみは和らぐから」彼の真っ直《す》ぐな言葉が、私の胸に突《つ》き刺《さ》さりました。

薬草売りはこうも言っていました。

「この町の路上で暮らしていたら、なかなか医者の助けを得ることはできない。だから、一人ひとりが仲良く励まし合っていけたらいいと思う。私自身も、死が差し迫《せま》ったら、そうしてもらいたいから」

これは路上の良心とでも呼べるものでしょう。路上で暮らす人々は政治や権力から見放されているからこそ、良心で支えあっているのです。

もし「病院で治療《りょう》を受けられない貧しい路上生活者が死んでいった」という目線で見れば、とてもつらいことです。私自身、悲しみこそ感じるものの、「これを本にして人に伝えたい」とは思わないかもしれません。でも現実にはかならずしも一面しかないわけではないのです。実際にその現場に足を運んで一部始終を見れば、いろんな面があることがわかります。マドゥの場合であれば、「薬草売りが必死になって励まして安らかに最期《ご》を迎《むか》えた路上生活の女性」という面も見えてくるのです。そして、こうした面からマドゥの最期を考えれば、彼女は路上に生きる人々の良心に囲まれて幸せに逝《い》くことができたということがわかるでしょう。薬草売りが最期までマドゥの手を握って励ます姿と、マドゥの安らかな死に顔に感動し、なんとか人に伝えたいと思った。ウそこにこそ、私たちが目を向けなければならない大切なことがあると直感的に確信した。だから活字にしようと思ったのです。

では、なぜ過酷《こく》で壮《そう》絶だったりする現場に赴《おもむ》くのか。それは過酷な現場であればあるほど、「人間の美しさ」が見やすいからです。コルカタの路上では人間が裸《はだか》同然でうごめくように生きています。薬草売りのマドゥに対する善意がはっきりと目に見え、それが泣きたくなるほど温かな行為《い》として感じられる。そして、薬草売りとしての美しさが鮮《せん》明に浮《う》き上がるのです。つまり過酷な現場を見たいから行くのでは

② 「停滞《たい》した空気を押《お》しだす」ことによって、「ぼく」が気づけたことを書きなさい。

(九) Ga、Gbとありますが、栽培《さいばい》委員会の活動を通して「ぼく」はどのように変わりましたか。「ぼく」の成長を文章全体から考えて、自分のことばで書きなさい。

二　つぎの文章を読んで、あとの問題に答えなさい。

私が二十代の時に最初に出した本は、アジア各国のスラムや路上で寝《ね》泊《と》まりし、そこで暮らしている障害者や物乞《ご》いたちと一緒《しょ》に暮らして、彼《かれ》らの生活を内面から描《えが》いていくというルポルタージュです。路上で物乞いをしている地雷《らい》で足を失った元兵士、マフィアによって手足を切断されて物乞いをさせられているストリートチルドレン。そんな人たちが織りなす人生ドラマが描かれています。他の作品においても、一般《ぱん》に危険だとかつらいといわれる場所が舞《ぶ》台となっています。いわゆる、日本の日常で生活をしている限りはほとんど接することのない［ a ］の世界で生きる人々のドラマを描いているのです。

みなさんの中にはこう考える方もいらっしゃるのではないでしょうか。

「そんな悲しい場所へ行ったところで、つらいだけではないですか。そもそもそんなところに感動するものなどあるのでしょうか」

しかし、それはあくまで決まりきった角度からのみ現実を見ているからなのです。ここではっきりと申し上げておきたいのが、現実はかならず［ b ］を持っているということです。一つの出来事にも様々な面がある。一つの側面から見れば直視にたえないほど悲惨《さん》な光景であっても、別の面には愛《いと》おしくて涙《なみだ》を流したくなるような光景があったりするのです。

インドのコルカタという町にいた時のことです。この町には数万人の人が路上で寝起きしているといわれています。日本全国のホームレスを合わせた数の何倍もの路上生活者が一つの町で暮らしているのです。この中の一人に、マドゥという六十代の女性がいました。彼《かの》女はずいぶん前から体調を崩《くず》しており、病院で調べてもらったところ、手術をしなければ数カ月で死んでしまうと告げられました。ですが、路上で暮らすマドゥには手術費用などありません。保険にも入っていなければ、国が高額な手術費を負担してくれることもないのです。コルカタの夏は、気温が四十度をゆうに上回り、すさまじい湿《しっ》気が町を覆《おお》いつくします。彼女は路上にゴザを敷《し》いて横たわり、骨と皮ばかりに痩《や》せ細って死を待っていました。彼女はもうほとんどしゃべることすらできない状態で、一瞥《べつ》した(ちらりと見た)だけでは生きているのか死んでいるのかさえわかりませんでした。貧しい国では、お金がないとアこんなふうに死んでいかなければならないのか。私は路上生活者の不幸な境遇《ぐう》を目にしてやりきれない思いにとらわれました。路上には［ c ］だけが広がっていると感じました。

しかし、毎日のようにマドゥのところへ行っているうちに、彼女の元に男性が一人、毎日会いに来ていることがわかりました。路上の薬草売りです。路上生活者はお金がなく、薬が買えません。彼はそんな人たちに雑草をすりつぶしただけの薬草を売ったり、物々交換《かん》をしたりして暮らしていたのです。最初、私はこの薬草売りが瀕《ひん》死のマドゥをだまして金を取ろうとしているのだと疑っていました。ですが、薬草売りはマドゥからお金をもらうことはしていませんでした。それどころか、無償《しょう》で薬草をあげていた。彼はマドゥに対してこう言っていました。

「この薬草を飲めば治りますからね。お金は要《い》りません。その代わり、もし病気が治ったらご飯でもご馳《ち》走してください。温かいナンを甘《あま》いった。みんなが、どっと笑う。ふとまゆセンパイが笑いながら、ぼくに言った。

「ネーミングセンス抜《ばっ》群のキミ。キミの下の名前はなんというの？」

「広葉、広い葉っぱと書いて、広葉です」

「ひろはー？」ふとまゆセンパイが、目をまるくした。

「木下広葉って、栽培委員会の申し子のような名前だねえ」ほんわかせんぱいが、うなずく。

「うん、いい名前だよね。これからは、広葉くんって呼ばせてもらおうかな」

「わたしも」と、菊池さんも続いた。「そう呼んでいいよね、広葉くん」

ドキッと、胸が弾《はず》む。幼稚園以来、はじめてだ。親や親せき以外で、下の名前で呼ばれたのは。なんか、こそばゆくて、うれしい。

たぶんぼくは、日なたというより日陰《かげ》で咲く花なんだと思う。だけど、日なただろうと日陰だろうと、知りあった全員に好かれることなんて、ないはずだ。これまで、ぼくは傷つかないようにびくびくしてきた。人を傷つけないようにと気を付けてきたのも、結局は傷つけたことで嫌われるのが怖《こわ》かっただけだ。菊池さんは傷つくのも傷つけてしまうことも、すべて引き受けると決めているのだと思う。阪田は好かれるために、人に合わせようとはしない。自分のペースでやっている。

心に影《かげ》を落としていた気持ちが、さぁっと晴れていく。なんで息苦しく思っていたんだろう。もともとぼくは自由だったのに。どうするかを決める権利は、ぼくにあったのに。ほかのだれでもない、ぼくが「上層」とか「下層」とか、人を層で分けていたんだ。他人も自分もきゅうくつな枠組みに入れて、なにを守ろうとしていたのだろう。結果を引き受ける覚悟《ご》があれば、自由になれる。うまくいかなければ、方向を変えればいいんだ。

もうマスクはいらない。これからはぼくを知ってもらえるよう、もっと話そう。みんなを知るために、もっと話を聞こう。Gbなにもかもがまだまだこれから、ぼくが伸びていくのはここからだ。

ぼくはみんながいる正門に向かって、かけだした。

（ささきあり『天地ダイアリー』より）

㈠ ――線Aとありますが、この気持ちと同じことを表している最もふさわしい一文を探し、はじめの六字を書きなさい。

㈡ ――線①～③を漢字に直しなさい。必要なら送りがなも書きなさい。

㈢ ……線Bとありますが、入学当初に感じていた「菊池《きくち》さん」と「阪田《さかた》」の「色」は、どのようなものでしたか。文中からそれぞれ十字で探して書きなさい。

㈣ 〰〰線Cとありますが、このとき「ぼく」は菊池さんの内面に気づきました。［C］にふさわしいことばを考えて書きなさい。

㈤ ══線Dとありますが、なぜそう感じたのですか。理由がわかる最もふさわしい一文を探し、はじめの六字を書きなさい。

㈥ ┄┄線Eとありますが、それはなぜですか。自分のことばで書きなさい。

㈦ ［　］ア～エに最もふさわしいことばを、つぎの1～4から選び、番号で書きなさい。

1 はりつめていた気持ち　2 申し訳ない気持ち

3 くすぐったい気持ち　4 ほほえみたくなる気持ち

㈧ 〰〰線Fについてつぎの問いに答えなさい。

① 「阪田の注いだ水」とはどのようなことを表しているのか、書きなさい。

を受けとると、菊池さんは口をとがらせた。

「なんであやまったりするの？　わたしたちが勝手に手伝ったんだし、楽しんでたんだよ。だいたい園芸に正解なんてあるの？　本によってもちがうし、やって失敗したら、それを次に生かせばいいんだよ。最初は枯らしちゃいけないって責任を感じていたけど、わたし当たって砕《くだ》けることしかできないから、なんでも経験だって思うことにしたの」

　なんという前向き思考。すごいな、菊池さんって。信号が青になり、菊池さんが手をあげた。

「じゃあね」

「あっ傘、ありがと」ぼくが傘を持ちあげると、菊池さんの表情がふわっと、やわらかくなった。

「木下さん、顔出しているほうがいいね。なんか安心する」ドキッと、胸が跳ねあがった。そうだ、マスクをはずしたままだった。鼓《こ》動がさざ波のように全身に伝わっていく。ぼくはふわふわした足取りで、横断歩道をかけ抜《ぬ》けた。

　翌朝、ぼくは少し迷ったものの、マスクをつけるのはやめた。不安が強くなったらいつでもつけられるように、ジャージのズボンのポケットにつっこむ。マスクをはずして登校する気になったのは、菊池さんの言うとおり、表情が見えないのは、とっつきにくいだろうと思ったからだ。マンガによくある、仲間と強い友情で結ばれるという世界に憧《あこが》れていた。でも、どうしたら、そんな友だち関係が築けるのかわからなかった。自分には無理だと、あきらめていた。でも、そうじゃなかった。いまでもぼくは、自分を守ることで精一杯《ぱい》だ。菊池さんみたいに、当たって砕ける勢いで友だち関係を築くのは、ぼくには難しい。けど、Ga一歩だけ、自分の枠《わく》から外に出てみたいと思った。植物栽培は、相手を知らなければ育めない。たぶん友だち関係も同じだろう。相手を知ろうとすることと、心を開いて自分を知ってもらう努力をしないと、親しい関係なんて築けない。

　エレベーターのドアが開くと、ぱあっと、明るい日射《ざ》しに包まれた。深夜まで降っていた雨が上がり、雲の間から日が射している。ポケットに手を入れてマスクに触れた。大丈《じょう》夫、まだ行ける。横断歩道を渡ると、フェンスの向こうにグラウンドが見えた。

　下校時、ぼくは剪定バサミを持って、正門の花壇に行った。正門を出ていくクラスの男子数人に「おつかれー」と声をかけられ、ぼくは軽く手をふり返した。クラスメイトとふつうにあいさつを交《か》わせるようになったことが、うれしかった。下のほうの葉を切っていると、菊池さんとほんわかせんぱいがやってきた。

「花の具合はどう？」菊池さんが心配そうに聞く。

「大丈夫だけど、泥《どろ》がついたところは、のぞいたほうがいいかなと思って切ってる」ぼくの返答に、ほんわかせんぱいがうなずいた。

「いまのところは元気だけど、土は湿っている。根っこがダメにならないといいんだけど……」

　このまま水が抜けなかったら、根は腐《くさ》る……。そのとおりなんだけど、なんか気持ちが引っかかった。園芸の楽しみは、植物が育っていく姿を見ること。楽しいから、もっと世話しようと思うのに、枯れるかもしれないとビクビクしていたら、つまらないよな。

「あの、ほんわかせんぱい」ぼくは、ほんわかせんぱいをまっすぐに見た。

「もしも枯れたら、冬を待たずに土壌《じょう》改良しましょう。そこに挿し芽を植えましょう」みんながぽかんと口を開けた。

「ほんわかせんぱいだって、涼音《すずね》にぴったりー」ぼっと顔が熱くなった。とっさに口もとに手をやり、マスクがないことに気がついた。

わー、無意識に言ってしまった。心の中のあだ名を口に出してしまなんだろう、心の中がふわふわしたものに満ちて[イ]。花をかわいいと思うなんて。そういえば、笑ったの、ひさしぶりかもしれない。花のおかげで、[ウ]が少しゆるんだのかな。ぼくは挿し芽の土を触《さわ》った。しっとり湿っている。昨日、だれかが水をやったんだ。ぼくが知らないだけで、必要なときに手を差しのべているのかもしれない。ぼくが感じたり、思ったりしたことだけがすべてじゃないんだろうな。ぼくは指先についた土を払《はら》って、立ちあがった。

翌朝は、霧雨《きりさめ》だった。帰りがけに正門の花壇を見ると、ところどころに水たまりができていた。少しでも、水をのぞいたほうがいいよな。ぼくはたまった水を両手ですくって、側溝《そっこう》に流した。けれど帰宅して三十分後、雨風が激しくなり、間もなくバケツをひっくりかえしたようなどしゃ降りになった。まずいな。花壇、水浸《びた》しになっているかも。ぼくはブルーシートとガムテープをつかんで、玄《げん》関に急いだ。

正門の花壇は、予想以上に浸《しん》水していた。下のほうの葉がすべて、水につかっている。ブルーシートで花壇に屋根をつくるつもりだったけど、ここまでつかっていたら手遅《おく》れだろう。ぼくは花壇の前に、立ちつくした。激しい雨に打たれて、花や葉がふるえている。いまにもダウンしそうだ。もしも花が話せたら、何て言うだろう。ぼくは傘《かさ》を閉じて足元に置くと、花壇を囲うコンクリートの縁《ふち》に立った。ブルーシートを広げて、正門の塀《へい》の上からななめにかけようとしたが、うまく届かない。ぼくは正門の塀に手をかけて、よじのぼろうとした。だが、壁《へき》面タイルに足がすべってのぼれない。ぼくはマスクを引っぺがして、ポケットにねじこんだ。

「木下さん？」呼ばれてふり返ると、ジャージ姿の菊池さんとほんわかせんぱいが、傘をさして立っていた。

「なるほど。花壇にシートをかけて、雨を防ぐのね？　ひとりじゃ、無理だよ」菊池さんが、ぼくの手にあるブルーシートを見る。傘を閉じて、足元に置いた。「とりあえず、水をくみ出そう」菊池さんがすたすたと歩きだす。

ぼくもあとに続いて、手洗い場に向かった。バケツを持って正門に戻《もど》り、右側の花壇の水をくみ始める。菊池さんは左側の花壇の水をくみ始めた。水は減らない。側溝の水はうねるように流れ、いまにもあふれだしそうだ。ぼくは、なにもできない自分にいらだった。

ほんわかせんぱいが、数人引き連れてやってきた。阪田と早川先生がシートを、花のぎりぎりのところまで下ろした。カッターで、ちょうど花があるあたりに十字を切っていく。シートをかぶせながら、十字から花が出るようにして花壇全体をシートで覆《おお》った。どんどん空の闇《やみ》が濃《こ》くなっていく。風に飛ばされないようシートに石やレンガをのせたころには、すっかり夜になっていた。校舎の上に設置された照明から、白い光が正門に向かって伸びていた。菊池さんがぼくを見た。

「これで、枯れるのを防げるといいね」ぬれそぼった菊池さんを見て、ぼくは急に[エ]になった。

「ごめん……」ぼくはぼそっと、つぶやいた。続けて、みんなの背中に向かってさけんだ。

「勝手にこんなことして、みんなを巻きこんで、ごめんなさい！」

みんながふり返る前に、ぼくは踵《きびす》を返してかけだした。またやってしまった。空回りしてしまった。雨のなかで園芸作業なんて、青春ごっこかよ。みんなをずぶぬれにさせるほど、意味のある作業だったのかよ。だれかが風邪《かぜ》でもひいたら、どうすんだよ。これで花が枯れたら、どう責任とるんだよ！　歩道を走るぼくの横を、ザザーッと波のような音をたてて車が通りすぎていく。赤信号に立ち止まると、雨音に交じってさけび声が聞こえた。

「木下さーん！」菊池さんが、畳《たた》んだ傘をふってかけてくる。ぼくのそばまで来ると、ハアハア息を切らして、傘を差しだした。ぼくが傘といいのだろう。そんなことを考えながらページをめくって、「水やり三年」という見出しに手がとまった。「植物への水やりのコツは、三年かかって、やっとつかめる」とある。水やりって、そんなに難しいの？

どの植物にも故郷があり、乾燥《かんそう》地で自生していたものがあれば、湿《しっ》地で自生していたものもあり、その環境に応じて水を多く欲《ほ》しがるものと、そうでないものがある。「植物の顔を見ながら水やりをしなければならない」ということが、つらつらと書かれていた。ぼくは、はっとした。浮《う》かんだ疑問が口をついて出る。

「ペチュニアとペンタスの原産地って、どこだっけ？」菊池さんと阪田が「急になに言ってんの？」という顔をした。ぼくはふたりの視線をさけて、うつむいた。

「いや……、なんでもない」なにを言おうとしてんだ。へたなこと言って、空回りしたくないだろ。はっきり、それが原因だと断定できたわけでもないのに、言って人を動かしてちがったら、責任を取れないだろ。だまって聞いていればいいんだ。そう自分に言い聞かせたものの、抑《おさ》えきれない思いが心の中でくすぶる。ぼくは本から顔を上げた。

「あの、さ、もしかして枯れたのは水やりが原因ってことはないかな？　原産地によって、たくさん水がいるのか、いらないのかがわかるみたいなんだけど……」E言い終えたら、手がふるえた。こぶしをにぎって、ごまかす。

菊池さんが、読んでいた本を脇によけ、テーブルに積んであった『草花図鑑《かん》』をめくる。

「えっと、ペチュニアの原産地は亜《あ》熱帯から温帯。雨が続くと、灰色かび病が発生する。ペンタスの原産地は、熱帯。水はけが悪いと、灰色かび病や立枯病になる」菊池さんの声のトーンが下がった。「今朝、花壇の土、湿《しめ》ってた……」

放課後、ぼくたちは正門の花壇を見に行った。黒褐《かっ》色の土に触れると、じっとり湿っている。水は足りていたんだ。なのに、機械的に毎日水をやっていた。ぼくは水さえやれば、植物は育つと思いこんでいた。「育たなかったら、ぼくたちのせいだ」とか思っていたくせに、植物について知ろうとしなかった。相手を知らなければ、健康に育てることなんてできないのに――。

栽培委員会の活動日。菊池さん、阪田、ぼくの三人で、チームの先輩たちに花壇の水はけが悪いことと、対策方法について話した。ほんわかせんぱいが、感心したように言った。

「そっかあ。花に元気がないから気になっていたんだけど、水はけね。気づかなかった。対策まで調べてくれて、ありがとう」

阪田が「いや」と、照れくさそうに頭をかく。ぼくもちょっと［ア］になった。

軒《のき》下にペチュニアとペンタスの挿し芽の入ったビニールポットが並んでいる。

「少し伸びたね」

「うん。ポットとかプランターこそ、水やりにメリハリが必要なんだって。根には空気も必要だから、窒《ちっ》息しないように土を乾《かわ》かすことも大事。その代わり乾いたら、たっぷり水をあげて、古い空気を外に押しだすといいんだって」

古い空気を外に押しだす――。ぼくはちらっと、阪田を見た。なんとなくF阪田の注いだ水が、停滞《たい》した空気を押しだしてくれたように思えた。

翌朝、正門のペンタスとペチュニアは、だいぶ元気になっていた。家から持ってきた剪定バサミで咲き終わった花を切りながら、様子を見る。奥《おく》のペンタスは上に伸び、手前のペチュニアは葉が増えて横に広がり、花数も増えていた。ピンク、青紫《むらさき》、白がやさしく目に映る。

バサミでペチュニアの枝を五センチメートルほど切った。

「つぼみも切っておいたほうがいいんだって」

あっと思った瞬間、パチンッと挿し芽のつぼみが切られた。Dぼくの背中にひやっとしたものが走る。ほんわかせんぱいは同じようにいくつか枝を切ると、ビニールポットに枝を挿して、ジョウロでたっぷり水をかけた。花壇は夕焼けのオレンジ色に染まっていた。全体的に土の面積が広くて、花はちょぼちょぼっという感じだけど、こんな状《じょう》態でいいんだろうか？

ほんわかせんぱいは花壇を眺《なが》めて、満足そうにうなずいた。「育つのが、楽しみだね」

本当に見栄《ば》えがよくなるほど育つの？　育たなかったら、ぼくたちのせいだよな。さみしげに植わっている花に、どうも気持ちがすっきりしない。心の中でどんどん、もやもやしたものがふくらんでいく。たかが植物なのに、そう思えない。どこか自分に似ているような気がして、ぼくは花を単なるモノとして見ることができなかった。

ぼくがマスクをつけ始めたのは、小五の終わりころ。マスクをつけると、人と接する緊《きん》張が少し楽になるようだった。ぼくみたいにマスクをつけると安心できる状態についてインターネットで検索《さく》したら、「マスク依《い》存」という言葉がヒットした。社会との間に壁《かべ》をつくって、自分を守ろうとしている心理状態なんだとか。菊池さんはミニバスケのチームでどうしていたんだろう？　上層メンバーの阪田は教室では、体育会系のやつら四、五人と話していることが多かった。阪田はメンバーのなかでもどこか冷めた感じで、仲間とはつかず離《はな》れずの距離《きょり》を保ちつつ、自分のペースで動いているように見えた。なんとか、クラスでの居場所を維《い》持しようとしているぼくとはちがう。阪田のマイペースぶりが、少しうらやましかった。

夕べまで降っていた雨は上がり、空はすっきり晴れわたっている。

「え……」花壇の前で足が止まった。一部のペチュニアとペンタスの葉に水がしみたような茶色い斑《はん》点が出ている。これ、まずいんじゃない？

ちょうどろうかの向こうから、菊池さんがやってきた。ぼくに気づいて口を開く。

「花壇の花、見た？」うなずくと、菊池さんは顔をしかめた。

「おっ、どっかいくの？」阪田の声がした。

「どっかって……のんきだな。正門の花が枯《か》れそうなの、見なかった？」

「ああ、しかたがないよな」

「しかたがない？　って、水やりにも来ない人に、言われたくない。こんなに早く枯れちゃうのは、わたしたちの世話のしかたが悪いからでしょ。香取先輩に相談して、なんとかしなきゃ」横を通りすぎようとした菊池さんの腕《うで》を、阪田がつかんだ。

「なに熱くなってんだよ？」菊池さんがはっと、顔を上げる。

「枯らしたくないだけだよ」

「それはわかったけど、少し落ちつけって。勢いで行動する前に、ひと呼吸おけよ。解決策はひとつじゃないんだからさ。図書室に園芸の本があった。あれを見たら、少しは参考になるんじゃないか？　マニュアルどおりにはいかないこともあるだろうけど、手探《さぐ》りでやるよりはマシだと思う」

あっと、ぼくの口から声がもれた。盲《もう》点を突《つ》かれたような気がした。園芸の本を見るなんて、考えもしなかった。

昼休み、ぼくたち三人は図書室に行った。壁に近い本棚《だな》に、園芸関係の本がある。ぼくは『園芸入門』を持って、テーブル席についた。ペチュニアやペンタスが枯れたのは、必要な栄養分が足りないせいだろうか。だとしたら、なにが足りないんだろう。どんな肥料をあげる笑《しょう》した。すると、ごつい体格で眉《まゆ》毛の太い三年生の先輩が立ちあがった。

「おお、放送委員会の諸君、運がいい。手伝わせてあげよう。逃《に》がさないわよ！」ふとまゆセンパイが正門を出ていく。

　ぼくは、目をぱちくりさせた。この人、何者？　さえない見た目はいかにも「下層」なのに、一瞬《しゅん》で垣《かき》根を越《こ》えて「上層」連中とふざけ始めた。

　ふんわりボブの香取《かとり》先輩が、口に手をあててさけぶ。

「山田さーん。遊んでばかりいないで、作業してね」ほんわか、やわらかい口調。注意している感じがまったくしない。なんかいいなあ、ほんわかせんぱい。

　栽培委員には日曜日を除く毎日、水やり当番がある。当番の順番はクラス順で、だいたい二週間に一回まわってくるようになっていた。スタートは、ぼくたち一年A組からだ。ぼくはスクールバッグをベンチに置くと、手洗い場でジョウロに水を入れた。まもなく菊池さんがバタバタと、正門を入ってきた。ぼくのそばに来ると、右手で②おがむしぐさをした。

「遅《おそ》くなって、ごめん」ぼくは、菊池さんがあやまったことにおどろいた。菊池さんみたいな強気なタイプは、かんたんには自分の非を認めないと思ってた。手洗い場の横を、登校してきた生徒が通りすぎていく。女子三人がこちらを、ちらちら見た。

「菊池玲奈じゃん。相変わらず、ナマイキそー。もう正義の説教、聞きたくないんですけどぉ」

　なんだ、あいつら。まわりに聞こえるよう、わざと大声で言ってるな。菊池さんはぎゅっと口を結んで、蛇《じゃ》口をひねった。サーッと水が音をたて、ジョウロの口から跳《は》ねあがる。三人がキャハハハッと、耳につく笑い声をあげて二年生の昇降口に消えると、菊池さんは蛇口を閉めて、ジョウロを持ちあげた。

「あれね、小学生のときにやってたミニバスケの先輩。いろいろあって、わたし、嫌《きら》われてんの」C嫌われてんの、だけ早口になった。

　ぼくも嫌われているなって思うことはあるけど心の中で思うのと、口に出すのはちがう。言ったら、嫌われているのが本当になってしまう。本当になったら、ぼくはきっと、学校に行けなくなる。なのに菊池さんはあえて言った。なんで言えるんだ？　菊池さんはふーっと肩《かた》で息をすると、正門の花壇に向かった。ぼくはなんて言っていいかわからず、菊池さんのあとをのろのろ追った。菊池さんは難なく③しゅどうけんをにぎっているような人に見えたけど、［　C　］。阪田が現れたのは、水やりを終えたあとだった。

　学校からホームセンターまでは、歩いて十八分ほどだった。外の木製デッキに、黒いビニールポットに入った植物が並んでいる。植物ってみんな同じ場所と季節で育つわけじゃないんだよな。ふと、ぼくたちに重なるように思えた。どんな環《かん》境でも順応《のう》できる人もいれば、ぼくみたいに、うまく順応できないやつもいる。きっと、菊池さんもそうだ。これまで菊池さんみたいに意見をはっきり言うタイプは、どこでも自分の居場所をつくっていけるものだと思ってきた。けど、そうでもないようだ。

「木下さん、これ持ってくれる？」ほんわかせんぱいに渡《わた》されたのは、二つのビニール袋《ぶくろ》。

　ぴらぴらしたペチュニアの花びらは頼《たよ》りなく、ちょっと触《ふ》れただけで傷つきそうだ。弱々しくても、がんばって咲《さ》いたんだな……。

「ペチュニアもペンタスも挿《さ》し芽で増やせるんだよ。摘《てき》心っていって、脇《わき》芽が出ている枝を切ると、本体の枝が増えて花が多く咲くようになるんだって。その切った枝は、挿し芽にするの」と言いながら、剪《せん》定

2024年度

日本女子大学附属中学校

【国　語】〈第一回試験〉（五〇分）〈満点：六〇点〉

一　つぎの文章を読んで、あとの問題に答えなさい。

校舎の階段を一段上がるごとに、心臓の音が大きくなっていく。詰《つ》め襟《えり》のカラーが首にあたって息苦しい。Ａ制服って体に合うものを着るというより、体を制服に合わせなきゃいけないんだな。ぼくはスクールバッグを机に置くと、鼻から落ちたマスクを上げ直した。

「木下広葉《きのしたひろは》さんは、花粉症《ふんしょう》？」

話しかけてきたのは、となりの席の、菊池玲奈《きくちれな》。あごまでのショートボブを耳にかけ、ハキハキ話す。こういうタイプは意見を押《お》しつけてくるやつが多いから、つい①みがまえてしまう。ぼくは、菊池さんから目をそらした。

「アレルギー性鼻炎《びえん》なんだ」本当はちがうけど、いつもマスクをつけている理由として用意した答えだ。

マスクをしないと、家から出られない――。そうなったのは、一年ほど前だった。自分の居場所を確保するためには、まわりを見て動かないとならない。上層とか下層とかに分かれるのを見て思うのだけど、人はそれぞれＢ目に見えない色みたいなものをまとっているんじゃないかな。その色を初対面で感じとって、こいつとは仲よくなれる気がするって、無意識に判断しているんじゃないだろうか。

教室に入ってきたのは、担任の早川先生。

「今日は委員会決めをします。潮風一中は、委員会活動が盛《さか》んです。全員参加ですので、みなさん、やりたいものに手をあげて立候補してください」

部活動ならわかるけど、委員会活動が盛んって、そんな学校もあるんだ。どうしてもやらなきゃいけないなら、ぼくは目立たない役をやりたい。立候補する人が少なくて、委員になっても注目されないのはどれだろう？　板書される委員会名を目で追っていく。リーダー役の学級委員はありえない。人前に出るもの、だれかと面と向かって接する場面があるものもパス。淡々《たんたん》と作業をすればよさそうなのは、清掃《そう》をする美化委員会とか、花壇《だん》の花を育てる栽培《さいばい》委員会あたりか？　ぼくは目星をつけつつ、みんなの出方を見た。

「次、栽培委員をやりたいひとー」そろそろと、手をあげる。となりで、すっとブレザーの袖《そで》が伸《の》びた。なんと、菊池さんが手をあげていた。学級委員みたいなのをやりそうなのに、どうしてこんな地味な委員会に？

「三人、決まりですね」

定員ジャスト。もう一人は阪田寛大《さかたかんだい》という背が高くて、細面《おもて》に四角い黒縁《ぶち》メガネをかけた、まさしく優等生タイプだった。ふたりとも、ぼくとは色がちがう。なるべく人と目を合わせないようにしているぼくとちがって、ふたりは背筋を伸ばして、まっすぐ前を見る。

五時限目は、委員会ごとのミーティング。外に出ると、カッとまぶしい日差しが目に刺《さ》さった。こんな中で作業するのか？

「栽培委員会の顧《こ》問、早川です。今日は、ここの天地返しをやります。天地返しというのは、表面の土と深いところの土を入れかえて、土を再生することです。こうすると、土に空気が送りこまれて微《び》生物が活発に動き始めるので、いい土になるんです。植物栽培で一番大事なのは、土作りです」

えー、土って作るものなの？　植物って土に植えれば、勝手に育つものじゃないのか。

三年生の昇降《しょう》口から出てきた先輩《ぱい》たちが、ぼくたちの作業を見て苦

2024年度

日本女子大学附属中学校 ▶解説と解答

算 数 ＜第１回試験＞（50分）＜満点：60点＞

解 答

Ⅰ (1) 400 (2) $5\frac{1}{3}$ (3) $\frac{1}{5}$ (4) 14時間24分 Ⅱ (1) 12通り (2) 2400円 (3) 3120円 (4) 47分 (5) 10分 (6) 36度 (7) 101.4cm (8) $864cm^3$ Ⅲ (1) ① 1 ② 10 ③ 55 ④ 57 (2) 437 Ⅳ (1) 時速18km (2) 5分後 (3) 6分間 (4) $26\frac{2}{3}$ Ⅴ (1) 毎分５cm (2) 毎分10cm (3) ㋐ **記号**…B，**数**…30／㋑ **記号**…D，**数**…９／㋒ **記号**…E，**数**…14.4 Ⅵ (1) (例) ㋐ 21 ㋑ 3 ㋒ 9 ㋓ 2 ㋔ 3 ㋕ 3 (2) 46cm (3) 解説の図３を参照のこと。

解 説

Ⅰ 四則計算，計算のくふう，逆算，単位の計算

(1) $A\times C+B\times C=(A+B)\times C$となることを利用すると，$2.8\times43+1.2\times43+83\times4-4\times26=(2.8+1.2)\times43+83\times4-4\times26=4\times43+83\times4-4\times26=(43+83-26)\times4=100\times4=400$

(2) $3\frac{7}{9}\div\left(1.25-0.2\times3\frac{1}{3}+0.125\right)=\frac{34}{9}\div\left(1\frac{1}{4}-\frac{1}{5}\times\frac{10}{3}+\frac{1}{8}\right)=\frac{34}{9}\div\left(\frac{5}{4}-\frac{2}{3}+\frac{1}{8}\right)=\frac{34}{9}\div\left(\frac{30}{24}-\frac{16}{24}+\frac{3}{24}\right)=\frac{34}{9}\div\frac{17}{24}=\frac{34}{9}\times\frac{24}{17}=\frac{16}{3}=5\frac{1}{3}$

(3) $\left\{2\frac{2}{3}-\left(1\frac{3}{4}-\square\right)\div\frac{3}{4}\right\}\times5=3$より，$2\frac{2}{3}-\left(1\frac{3}{4}-\square\right)\div\frac{3}{4}=3\div5=\frac{3}{5}$，$\left(1\frac{3}{4}-\square\right)\div\frac{3}{4}=2\frac{2}{3}-\frac{3}{5}=2\frac{10}{15}-\frac{9}{15}=2\frac{1}{15}$，$1\frac{3}{4}-\square=2\frac{1}{15}\times\frac{3}{4}=\frac{31}{15}\times\frac{3}{4}=\frac{31}{20}$　よって，$\square=1\frac{3}{4}-\frac{31}{20}=1\frac{15}{20}-1\frac{11}{20}=\frac{4}{20}=\frac{1}{5}$

(4) １日は24時間だから，0.6日は，24×0.6＝14.4(時間)である。また，１時間は60分なので，0.4時間は，60×0.4＝24(分)となる。よって，0.6日は14時間24分とわかる。

Ⅱ 分数の性質，相当算，売買損益，植木算，速さ，つるかめ算，角度，長さ，水の深さと体積

(1) 分母が１の場合は$\left\{\frac{2}{1},\ \frac{3}{1},\ \frac{4}{1},\ \frac{5}{1},\ \frac{6}{1}\right\}$の５通り，分母が２の場合は$\left\{\frac{3}{2},\ \frac{4}{2},\ \frac{5}{2},\ \frac{6}{2}\right\}$の４通り，分母が３の場合は$\left\{\frac{5}{3},\ \frac{6}{3}\right\}$の２通り，分母が４の場合は$\left\{\frac{6}{4}\right\}$の１通りある。分母が５，６の場合はないから，全部で，５＋４＋２＋１＝12(通り)となる。

(2) はじめに妹が持っていたお金を$\boxed{1}$とすると，はじめに姉が持っていたお金は，$\boxed{1}\times2=\boxed{2}$となる。すると，姉が出したお金は，$\boxed{2}\times\frac{3}{4}=\boxed{\frac{3}{2}}$，妹が出したお金は，$\boxed{1}\times\frac{2}{5}=\boxed{\frac{2}{5}}$となるので，２人が出したお金の合計は，$\boxed{\frac{3}{2}}+\boxed{\frac{2}{5}}=\boxed{\frac{19}{10}}$とわかる。これが2280円にあたるから，(はじめに妹が持っていたお金)$\times\frac{19}{10}=2280$(円)と表すことができる。よって，はじめに妹が持っていたお金は，2280÷

$\frac{19}{10}$=1200(円)と求められるので，はじめに姉が持っていたお金は，1200×2＝2400(円)とわかる。

(3)　定価は，300×(1＋0.2)＝360(円)だから，定価の2割引きは，360×(1－0.2)＝288(円)である。また，定価の2割引きで売った個数は，100－60＝40(個)なので，100個の売り上げの合計は，360×60＋288×40＝33120(円)となる。次に，100個の仕入れ値の合計は，300×100＝30000(円)だから，利益は，33120－30000＝3120(円)と求められる。

(4)　8mは800cmなので，50cmの間隔《かんかく》は，800÷50＝16(か所)になり，花の数は，16－1＝15とわかる。よって，植えるのにかかる時間の合計は，3×15＝45(分)となる。また，5つ植え終わるたびに休み，最後に植え終わった後は休まないので，休む回数は，15÷5－1＝2(回)となる。したがって，休む時間の合計は，1×2＝2(分)だから，かかる時間は全部で，45＋2＝47(分)と求められる。

(5)　3.3kmは3300mである。15分すべて歩いたとすると，60×15＝900(m)しか進まないので，実際に進んだ道のりよりも，3300－900＝2400(m)短くなる。歩くかわりに自転車で進むと，1分あたり，300－60＝240(m)長く進むことができるから，自転車で進んだ時間は，2400÷240＝10(分)と求められる。

(6)　下の図①で，OAとOCは半円の半径で長さが等しいので，三角形OCAは二等辺三角形である。よって，角OCAの大きさは28度だから，角CODの大きさは，180－(28＋100)＝52(度)とわかる。また，三角形OCDも二等辺三角形なので，角OCDの大きさは，(180－52)÷2＝64(度)となる。したがって，㋐の角の大きさは，64－28＝36(度)と求められる。

図①

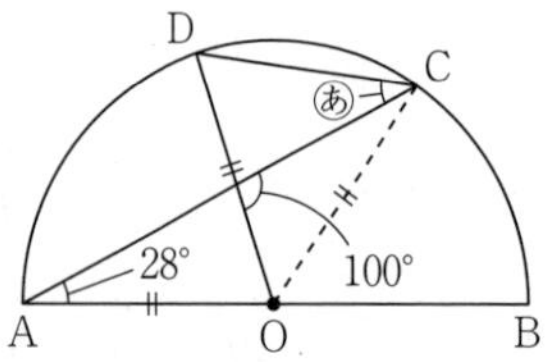

図②

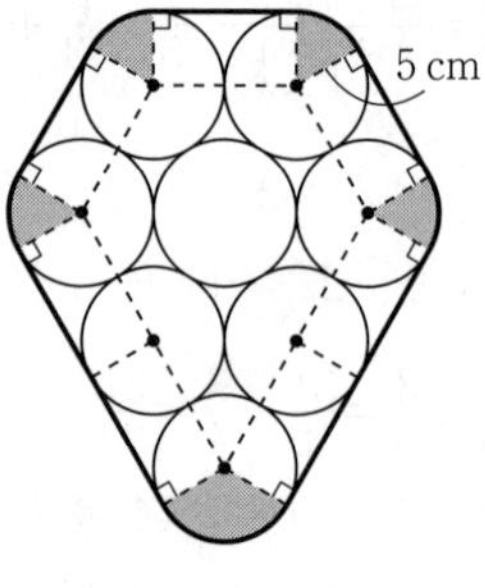

図③

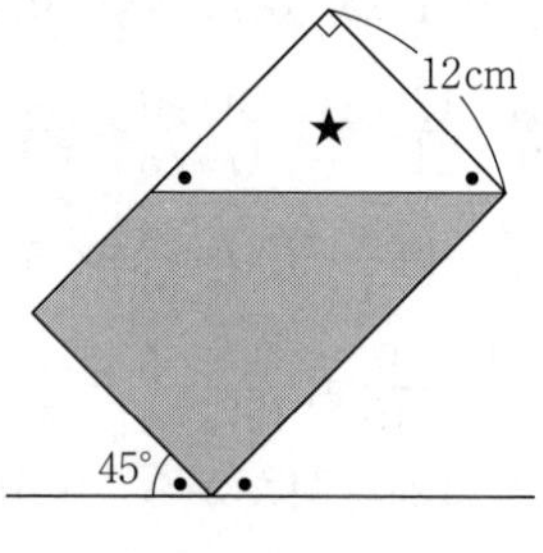

(7)　上の図②の太線部分の長さを求める。長さが，5×2＝10(cm)の直線が7か所あるから，直線部分の長さの和は，10×7＝70(cm)になる。また，かげをつけたおうぎ形を1か所に集めると1つの円になるので，弧《こ》の部分の長さの和は，5×2×3.14＝31.4(cm)とわかる。よって，太線部分の長さは，70＋31.4＝101.4(cm)である。

(8)　上の図③で，床と水面は平行だから，●印をつけた角の大きさはすべて45度である。よって，★印をつけた三角形は直角二等辺三角形なので，面積は，12×12÷2＝72(cm^2)とわかる。また，水そうの奥行《おくゆ》きも12cmだから，こぼれた水の体積は，72×12＝864(cm^3)と求められる。

Ⅲ　数列

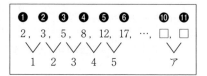

(1)　右のように，となり合う数の差は1から始まって1(…①)ずつ増えている。すると，10番目の数と11番目の数の差(ア)は10(…②)になる。また，1から10までの合計は，

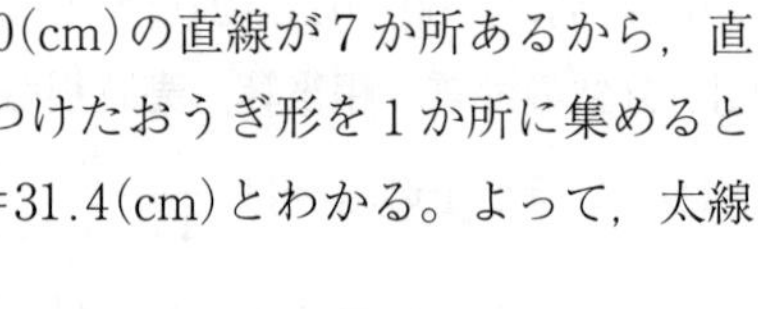

１＋２＋…＋10＝(１＋10)×10÷２＝55(…③)だから，11番目の数は，２＋55＝57(…④)と求められる。

(2)　(1)と同様に考える。29番目の数と30番目の数の差は29である。また，１から29までの合計は，１＋２＋…＋29＝(１＋29)×29÷２＝435なので，30番目の数は，２＋435＝437と求められる。

Ⅳ　グラフ―旅人算

(1)　右のグラフで，花子さんがＢ町からＡ町まで進むのにかかった時間は，35－５＝30(分)だから，花子さんの速さは時速，$9\div\frac{30}{60}=18$(km)とわかる。

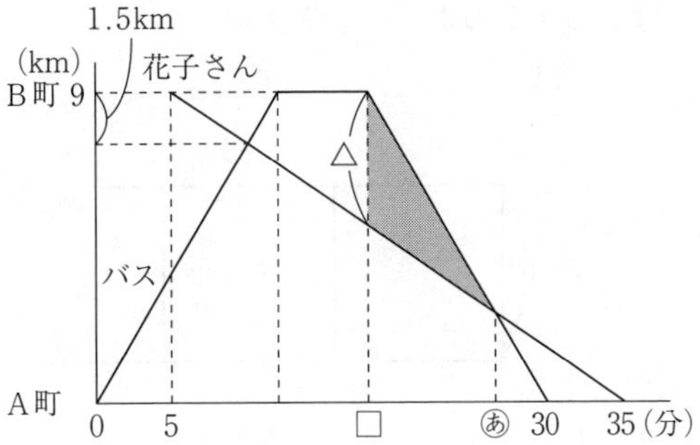

(2)　花子さんが1.5km進むのにかかる時間は，$1.5\div18=\frac{1}{12}$(時間)，$60\times\frac{1}{12}=5$(分)と求められる。よって，花子さんとバスがすれ違《ちが》うのは，花子さんが出発してから５分後である。

(3)　バスと花子さんがすれ違うのは，バスが出発してから，５＋５＝10(分後)である。また，その間にバスが走った距離《きょり》は，９－1.5＝7.5(km)なので，バスの速さは時速，$7.5\div\frac{10}{60}=45$(km)とわかる。よって，バスがAB間の片道にかかる時間は，$9\div45=\frac{1}{5}$(時間)，$60\times\frac{1}{5}=12$(分)だから，バスがＢ町で停車した時間は，30－12×２＝６(分間)と求められる。

(4)　(3)より，□＝12＋６＝18(分)とわかる。よって，花子さんがＢ町を出発してからバスがＢ町を出発するまでの時間は，18－５＝13(分)なので，その間に花子さんが進んだ距離(グラフの△)は，$18\times\frac{13}{60}=\frac{39}{10}$(km)となる。また，かげをつけた部分では，バスと花子さんの間の距離は１時間に，45－18＝27(km)の割合で縮まるから，かげをつけた部分の時間は，$\frac{39}{10}\div27=\frac{13}{90}$(時間)，$60\times\frac{13}{90}=8\frac{2}{3}$(分)と求められる。したがって，㋐にあてはまる数は，$18+8\frac{2}{3}=26\frac{2}{3}$(分)である。

Ⅴ　グラフ―水の深さと体積

(1)　水そうの底面積は，30×50＝1500(cm^2)である。また，１分間に水そうに入れる水の量は，7.5×1000＝7500(cm^3)だから，空の水そうに水を入れるとき，水面の高さは毎分，7500÷1500＝５(cm)上がる。

(2)　右の図のように，６分後におもりの底面と水面が重なり，㋑分後におもりの底面が水そうの底につき，㋒分後に水そうが満水になる。この図で，㋐＝５×６＝30(cm)なので，おもりは６分で，90－30＝60(cm)下がることがわかる。よって，おもりを入れる速さは毎分，60÷６＝10(cm)である。

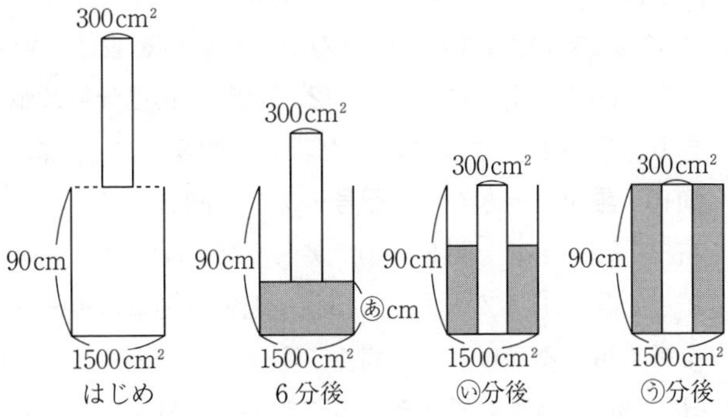

(3)　(2)より，㋐のときの図はＢであり，㋐にあてはまる数は30となる。また，㋑のときの図はＤであり，㋑にあてはまる数は，90÷10＝９(分)とわかる。次に，㋒のときの図はＥである。さらに，㋒のときに水そうに入っている水の量は，

(1500－300)×90＝108000(cm³)だから，㋒＝108000÷7500＝14.4(分)と求められる。

Ⅵ 平面図形―構成

⑴ 72÷21＝３余り９より，１辺が21cmの正方形を３個しきつめると９cm余る。次に，21÷９＝２余り３より，１辺が９cmの正方形を２個しきつめると３cm余る。さらに，９÷３＝３より，１辺が３cmの正方形を３個しきつめると，ちょうどしきつめることができる。なお，このときの図は下の図１のようになる。

図１

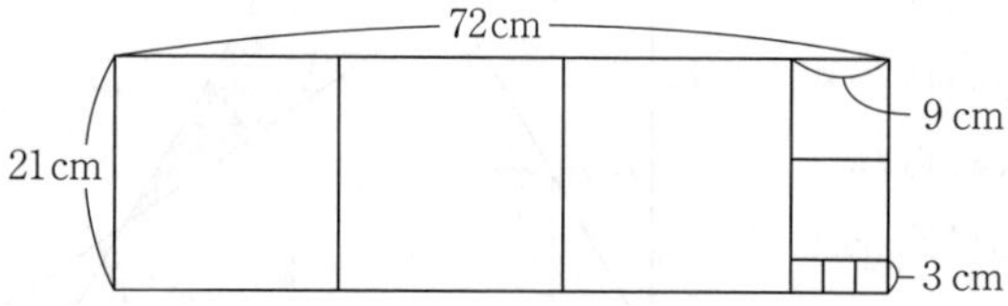

図２

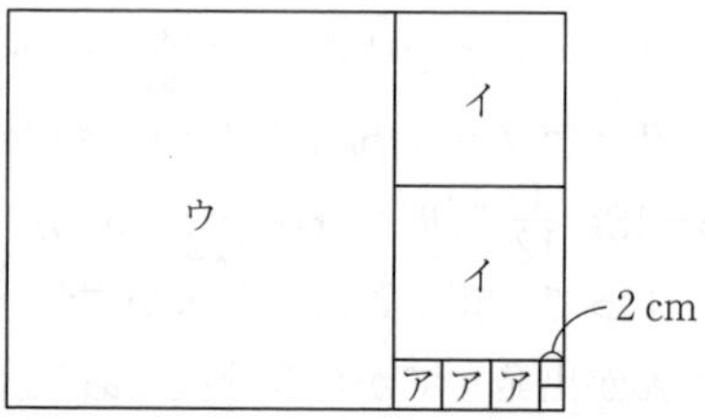

⑵ 上の図２で，アの正方形の１辺の長さは，２×２＝４(cm)だから，イの正方形の１辺の長さは，４×３＋２＝14(cm)である。よって，ウの正方形の１辺の長さは，14×２＋４＝32(cm)とわかるので，この長方形の横の長さは，32＋14＝46(cm)と求められる。

⑶ 下の図３の３通りが考えられる。

図３

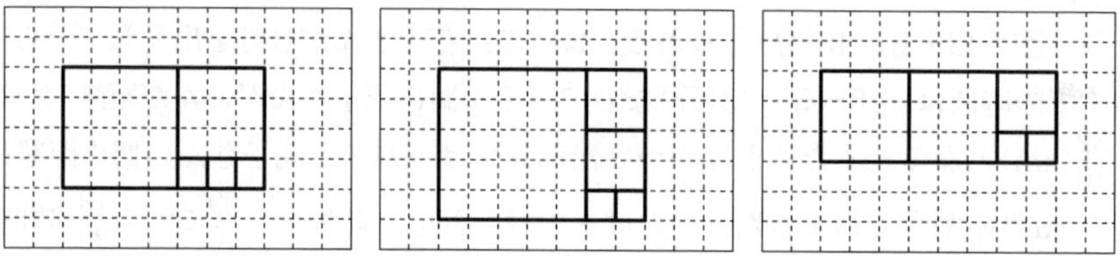

社　会　＜第１回試験＞（30分）＜満点：40点＞

解　答

[1] **問１** ウ　**問２** イ　**問３** ① イ　② エ　**問４** (例) 館のまわりに柵と堀をめぐらしている。(入口の門の上にやぐらを設けている。)　**問５** ウ　**問６** ① ○　② ○　**問７** ⑴ ア，カ　⑵ (例) 兵農分離政策により，武士と農民の身分のちがいがはっきり区別されるようになった。　**問８** エ　**問９** **暴動名**…打ちこわし　**記号**…イ　**問10** **語句**…ききん　**記号**…ア　**問11** イ　[2] **問１** ⑴ ウ　⑵ ① 東　② 右　⑶ イ　**問２** ⑴ ア　⑵ ① イ　② ウ→ア→イ→エ　**問３** ⑴ キ　⑵ イ　⑶ ① ア　② (例) 電気自動車はモーターやバッテリーなどに電気をよく通す銅線を多く用いるから。　**問４** ⑴ イ　⑵ エ　**問５** ⑴ ① ○　② ×　⑵ エ　⑶ (例) 食料を煮炊きすること。／食料を保存すること。　⑷ ① ウ　② イ　③ 条約　⑸ ウ　**問６** ① 岩手　② 秋田　③ 青森　[3] **問１** イ　**問２** (例) 少子化が進み，総人口が減少したから。　**問３** **い** ９　**う** イ　**問４** ア　**問**

5　原因…イ　　**地域**…う　　**問６**　（例）　国や県が大阪地裁の判決を不服として，高等裁判所に控訴したから。

解　説

[1] 各時代の歴史的なことがらについての問題

問１　資料[1]の「前方後円墳の県ごとの分布数」には，大阪府が入っていないことに注意する。奈良県には全長300ｍをこえる前方後円墳が２基，岡山県には１基あり，大きな記号は長さが300ｍ以上の古墳，小さな記号は長さが150ｍ以上300ｍ未満の古墳とわかる（ウ…○）。

問２　大阪府には，長さが300ｍ以上の前方後円墳が４基あるので，表のイが当てはまる。なお，最大の前方後円墳は，長さが486ｍにおよぶ大仙古墳（仁徳天皇陵《りょう》古墳）で，誉田御廟山《こんだごびょうやま》古墳（425ｍ）がこれに次ぐが，400ｍを超えるのはこの２基だけである。

問３　古墳のまわりや頂上には，「はにわ（埴輪）」と呼ばれる素焼きの土製品が並べられていた。埴輪には，土留め用と考えられる円筒《えんとう》埴輪と，家や人，動物などをかたどった形象埴輪がある。

問４　資料[2]の「鎌倉時代の武士の館」を見ると，外敵の侵入《しんにゅう》を防ぐため，館のまわりを柵《さく》と堀《ほり》で囲み，入口にあたる門の上にやぐらが設けられている。

問５　この館は自分の領地に建てられていたので，ウが正しい。武士（御家人）はふだんは領地に住み，「いざ鎌倉」という一大事が起こったときには，いつでも幕府が置かれた鎌倉に駆《か》けつけられるようにしていた。

問６　①　武士はふだん，家来や農民を指図して農業を営んでいた（…○）。　②　武士は自分の領地を守り，「いざ鎌倉」という緊急事態に備えるため，常日頃から武芸に励《はげ》んでいた（…○）。

問７　(1)　資料[3]の「16世紀後半の検地」を行ったのは，豊臣秀吉である。秀吉は石山本願寺の跡地に大阪城を築き，全国支配の根拠《こんきょ》地とした。また，明（中国）の征服《せいふく》をたくらみ，朝鮮に出兵した（ア，カ…○）。なお，イの室町幕府を滅ぼし，オの安土城を築いたのは織田信長。ウの武家諸法度を初めて制定したのは徳川秀忠《ひでただ》，エの関ヶ原の戦い（1600年）に勝利したのは徳川家康。　(2)　秀吉は1588年に刀狩令を出し，農民から武器を取り上げて一揆が起こるのを防ぐとともに，農民を農業に専念させることで，武士と農民を区別する兵農分離政策を行った。

問８　秀吉の検地（太閤《たいこう》検地）では，検地を行った村ごとに「検地帳」としてまとめたが，そこには耕地の等級・面積・石高（収穫高）・耕作者の名前などが記入された（エ…×）。

問９　資料[4]の「江戸時代の都市で起きた暴動」とは，打ちこわしのことである。凶作《きょうさく》や米の買い占めで苦しむ都市の貧しい人々が，高利貸や米屋などの富商を襲《おそ》って家や家財をこわし，お金や米などを強奪することがたびたび起こった。また，ききんのときには，農村では農民が年貢を減らすことなどを要求する百姓一揆が各地で数多く起こった。グラフのアは百姓一揆，イが打ちこわしの件数を表す。

問10　グラフの⬇の時期には，享保のききん（1732年），天明のききん（1781〜89年），天保のききん（1833〜39年）が起こった（三大ききん）。この時期には米などの物価が上昇し，生活に苦しむ人々が増え，百姓一揆や打ちこわしが多発した。

問11　イの大塩平八郎は大阪町奉行所元役人の陽明学者で，天保のききんで苦しむ人々の救済を町奉行に願い出たが拒否《きょひ》されたことを不満として，1837年に大阪で反乱を起こした。乱そのものは１

日で平定され，その後大塩も自殺したが，幕府の元役人が反乱を起こしたことで，幕府や諸藩にあたえた衝撃は大きかった。なお，アは全国を測量して正確な日本地図をつくった伊能忠敬《ただたか》，ウはオランダ語の解剖《かいぼう》医学書を翻訳《ほんやく》し，『解体新書』として出版した杉田玄白，エは国学を大成した本居《もとおり》宣長《のりなが》。

2 **東北地方３県の地理と歴史についての問題**

問１　(1)　図１の「う」は盛岡市(岩手県)で，ここから東京駅はおよそ南南西の方角になる(ウ…○)。　　(2)　東京駅を朝に出発した東北新幹線はおおむね北に向かって走行するので，東からの朝日を浴びることになる。よって，太陽をまぶしいと感じることの多かった生徒は，東側の景色がよく見える右の窓際の座席に座っていたことになる。　　(3)　東北新幹線は東京駅を出発すると，上野駅，大宮駅を経て埼玉県と茨城県の県境の近くを流れる利根川を渡ることになるが，この間の所要時間は約40分である。よって，利根川を渡る時間は午前８時30分ごろになる。

問２　(1)　平泉(岩手県)は，平安時代後半に東北地方一帯を勢力範囲としていた奥州藤原氏の根拠地で，この地方で生産される金や馬により大いに栄えた。その財力をもとに建てられた中尊寺や毛《もう》越《つうじ》寺は，当時貴族をはじめ多くの人々の間に広まっていた浄《じょう》土《ど》教信仰にもとづく寺で，同じ信仰にもとづいて建てられたのは平等院鳳凰《ほうおう》堂(京都府宇治市)である。なお，イの法隆寺は聖徳太子(厩《うまや》戸《と》王)が建てたもの，ウの正倉院は東大寺の宝物殿，エの日光東照宮は徳川家康をまつった神社。　(2)　①　「夏草や……」の句は，江戸時代の俳人・松尾芭蕉が平泉を訪れたさいに残したもので，俳諧《はいかい》紀行文『奥の細道』に収められている(イ…○)。なお，雪舟は室町時代に日本の水墨《すいぼく》画を大成した画僧。　　②　ア・イ・ウは国際連盟，エは国際連合が当てはまる。国際連盟は第一次世界大戦(1914～18年)の反省をもとに1920年に発足した国際平和機関で，日本は常任理事国として参加し，新《に》渡《と》戸《べ》稲造《いなぞう》が事務局次長として活躍した。しかし，日本は満州事変(1931～32年)をきっかけに1933年に連盟を脱退した。また，日本が国際連合に加盟したのは1956年のことである。よって，年代の古い順にウ→ア→イ→エとなる。

問３　(1)　図２は，図１の「い」(秋田市)と「う」(盛岡市)を結ぶ緯線に沿った断面図で，奥羽山脈は東北地方の中央部を南北にのびる山脈で，「う」の盛岡市の西側に連なるから，キが当てはまる。カは出羽山地，クは北上高地。　　(2)　地熱発電は地下から噴出《ふんしゅつ》する熱水や水蒸気を利用した発電方法で，火山地帯に立地する。しかし，火山や温泉があっても，自然環境や地元住民の生活などへの配慮から，発電所が建設される場所は限られている(イ…×)。　　(3)　①　地図に示された日本の銅鉱石の輸入先は，多い順にチリ・インドネシア・オーストラリア・ペルー・カナダである(2022年)。オーストラリアは日本の鉄鉱石・石炭の最大の輸入先でもあるから，アが正しい。なお，イの銅鉱石の輸入には船舶《せんぱく》が用いられる。ウのアメリカ合衆国は，現在日本にとって中国(中華人民共和国)に次ぐ貿易相手国。エのインドネシアは赤道直下に位置し，国土の多くは南半球にある。　　②　現在，自動車産業では，電気を動力とする自動車の生産が増えている。銅は電気をよく通すことから，電気自動車の電気モーターやバッテリーの配線などに多く使用されている。

問４　(1)　図１の「あ」の青森市から，「う」の盛岡市までの距離は，図３の断面図から約120kmとわかる。「あ」から十和田湖までは，「あ」から「う」の約３分の１の長さなので，イの40kmが当てはまる。　　(2)　青森県は，りんごとにんにくの収穫量が全国一であるほか，エのながいももも北海道とならぶ産地として知られる。

問５ (1) ① 青森市郊外にある三内丸山遺跡は，縄文時代の大規模集落跡として知られ，現在の陸奥湾の海岸線から４km以上も内陸に入ったところに位置する。縄文時代には氷河期が終わって温暖化し，現在よりも気温が高く海水面が高かったとされるので，当時は海岸に近かったと考えられている。 ② 当時の気温の上昇は，現在問題になっている二酸化炭素の大量排出によるものではない。 (2) 縄文時代には，春から秋にかけては野草や木の実などの植物性の食料や，海などで魚介類などをとって暮らし，冬になって植物が少なくなり，海に入ることができなくなると，シカやイノシシなどの狩《か》りをしていたと考えられている。 (3) 縄文土器は，おもに食料の煮炊《にた》きや食料の貯蔵・保存・盛りつけに使われた。 (4) 世界遺産の登録は，UNESCO(ユネスコ，国連教育科学文化機関)が，1972年の総会で採択した「世界の文化遺産及《およ》び自然遺産の保護に関する条約」にもとづいて行われる。なお，日本の世界遺産登録地は，文化遺産が20件，自然遺産が５件の合計25件となっている(2023年末現在)。 (5) 「オーバーツーリズム」とは，観光客の増加により，地元住民の生活環境や自然環境に悪影響をおよぼすことをいう(ウ…○)。

問６ 今回の旅行は，北東北の岩手県→秋田県→青森県の順にまわった。

3 2023年のできごとについての問題

問１ 2022年度の総人口に占める65歳以上の高齢者の割合は29.0%で，中でも70歳代の人口が多く，80歳以上の割合は約10%である(イ…○)。

問２ 65歳以上人口が減っても，総人口に占める割合が増えているのは，少子化が進み総人口が減少しているからである。

問３ **い** 国民の祝日の「敬老の日」は，９月の第３月曜日である。2023年は９月18日であった。
う 2023年の「敬老の日」に総務省が発表した人口推計によれば，65歳以上の高齢者は3623万人で，2022年と比べて１万人減り，比較可能な1950年以降ではじめて減少した。なお，総務省は情報通信や地方自治体の連絡，郵便，統計などの業務を行う中央行政機関である。

問４ 2022年度の就業者数は約6723万人で，農業・林業従事者数の割合は2.9%(約192万人)である。このうち，自営農業を主とする年齢別基幹的農業従業者の割合では，65歳以上の割合が70.2%を占める(ア…○)。

問５ 水俣病は熊本県水俣市で発生した公害病で，被害が発生した地域は図の「う」，原因は有機水銀によるイの水質汚濁《おだく》である。なお，水俣病は，新潟県阿賀野川流域で有機水銀を原因として発生した第二水俣病，富山県神通川流域でカドミウムを原因として発生したイタイイタイ病，三重県四日市市で亜硫酸《ありゅうさん》ガスを原因として発生した四日市ぜんそくとともに，「四大公害病」に数えられる。

問６ 水俣病が発生したとき，被害発生地域に住んでいたのに，水俣病被害者救済法にもとづく救済を受けられなかったとして，大阪府などに住む128人が国と熊本県，原因企業のチッソに損害賠《ばい》償《しょう》を求めた訴訟《そしょう》を起こした。その結果，2023年９月に大阪地方裁判所で判決が下り，原告128人全員が勝訴した。しかし，被告の国と熊本県，原因企業のチッソは，この判決を不服として高等裁判所に控訴《こうそ》した。そのため，賠償金の支払いは先送りとなったばかりか，裁判の結果しだいで賠償金を受けられなくなる。

理科 ＜第１回試験＞（30分）＜満点：40点＞

解答

1 (1) 右の図A (2) 蒸散 (3) ① ㋑ レボルバー ㋒ 対物レンズ ② B (4) 右の図B 2 (1) ア，肺 (2) 消化管 (3) オ，キ，ウ (4) オ，キ (5) カ，じん臓 3 (1) ウ (2) エ，オ (3) ア (4) オ (5) （例） 角がとれて丸みをおびている。 4 (1) エ (2) ① ウ ② オ (3) エ (4) 日食，カ 5 (1) ウ，ア，イ (2) （例） （声が大きいときのほうが，糸の）しんぷく(が)大きい(。) 6 (1) A ア B ア (2) A，C，E (3) AとC／DとI (4) A，B，C，D，E，I (5) DとE (6) （例） 同じ形で同じ大きさなので，塩酸とふれる面積が同じだから。 7 (1) メスシリンダー (2) イ (3) 電子てんびん (4) （例） 表示される数値が容器に入れた食塩の重さとなるようにするため。 (5) （例） 食塩は水の温度によって溶ける量があまり変わらないから。 (6) 右の図C (7) ① 6.2g ② 18.6g 8 （例） かみなりが落ちて(火がついた。)／かわいた枝や葉がこすれ合い，まさつで(火がついた。)

図A

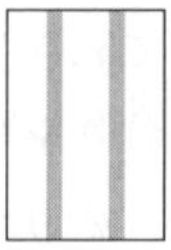

図B

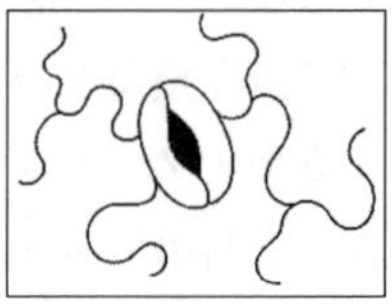

図C

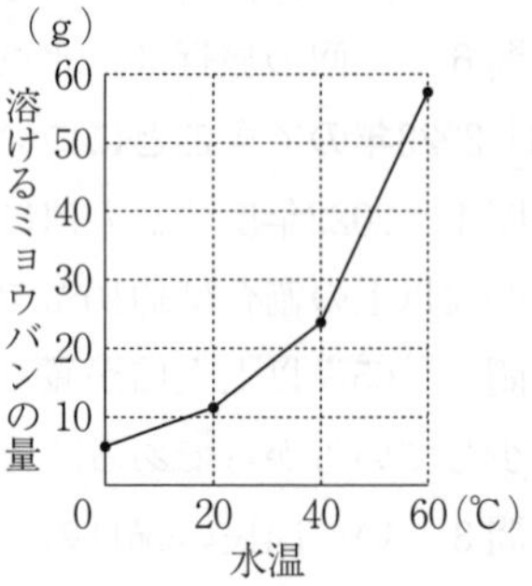

解説

1 植物のつくりとはたらきについての問題

(1) ホウセンカが根から吸収した色水は，道管を通って葉などに運ばれる。そのため，くきを通る道管が色づく。ホウセンカは発芽のときに子葉を２枚出す双《そう》子葉類であり，双子葉類では道管をふくむ維《い》管束《かんそく》が輪状に並んでいる。よって，くきを縦に切ると，解答の図Aのような２本の色のついた線を観察することができる。

(2) 植物は，体内の水を葉などから水蒸気として放出している。このはたらきを蒸散といい，体温を調節したり，根からの水の吸収をうながしたりするのに役立っている。

(3) ① 図１で，㋐は接眼レンズ，㋑はレボルバー，㋒は対物レンズという。 ② Aについて，はじめは観察するものが見つけやすいように低倍率で観察する。Cについて，ピントを合わせるときは，あらかじめ対物レンズとプレパラートを近づけておいてから，それらが離《はな》れていくような操作をする。図１の顕《けん》微《び》鏡《きょう》は調節ねじを回すとステージが動くタイプなので，ステージを下げながらピントを合わせることになる。Dについて，対象物が小さくて見えにくいときには，レボルバーを回して対物レンズをかえ，倍率を上げる。

(4) 図２に見られるくちびるのようなつくりは，２つの孔辺細胞《こうへんさいぼう》によってつくられており，真ん中にあるすき間を気孔という。気孔は，光合成や呼吸，蒸散を行うために気体が出入りするところである。

2　人のからだについての問題

(1)　図で，アは肺，イはかん臓，ウは大腸，エは心臓，オは胃，カはじん臓，キは小腸である。肺は呼吸器官であり，吸いこんだ空気から酸素を取りこみ，同時に体内の二酸化炭素を排出《はいしゅつ》するはたらきをしている。

(2)，(3)　食べたものは，口→食道→胃→小腸→大腸→こう門の順に通過する。これらの器官は１本の管のようにつながっており，まとめて消化管とよばれる。

(4)　胃はタンパク質を分解する消化液を出し，小腸はデンプンやタンパク質が分解されてできたものをさらに細かくするための消化液を出している。

(5)　じん臓では，血液中の不要物をこし出して，余計な水分とともに尿《にょう》をつくっている。尿は一時的にぼうこうにためられ，やがてまとめて排出される。

3　地層と岩石についての問題

(1)　火山灰を観察すると，マグマにふくまれているさまざまな色の鉱物《こうぶつ》が見られる。鉱物には黒色のクロウンモ，白色のチョウセキ，とう明なセキエイなどがあり，いずれのつぶも角ばっている。

(2)　アにある津波《つなみ》，イにある液状化現象，ウにある断層はいずれも，火山の噴火《ふんか》ではなく大きな地《じ》震《しん》に関係することがらである(津波は火山の噴火で発生することもある)。エについて，火山の地下にはマグマがたまっているところがあり，そのそばでは地下水が熱せられている。その熱い地下水が温泉となってわき出たり，地熱発電として利用されたりする。オについて，たとえば2013年には，東京から南に約1000km離れた西之島《にしのしま》の近くの海域で噴火が起こって新しい島ができ，やがて西之島と一体化した。

(3)　つぶが非常に細かく，手ざわりが“さらさら”とあるので，最も小さいつぶである泥《どろ》でできていると考えられる。一般《いっぱん》に，泥岩《でいがん》の手ざわりは“さらさら”しているが，砂岩やれき岩の手ざわりは“ざらざら”している。

(4)　化石とは，大昔の生物の遺がいや生活のあとなどが地層に残されたもののことをいう。Ａ，Ｃ，Ｄは遺がい，Ｂは生活のあとにあてはまるので，ここではいずれも化石となる。

(5)　地層をつくるつぶが川などに流されると，その間にしだいに角がけずられていく。そのため，流れる水のはたらきによってできた地層においては，その層にふくまれるつぶが丸みをおびている。

4　月の見え方の変化，日食についての問題

(1)　日没《にちぼつ》時に太陽は西にあり，Ａの位置(南)は太陽からおよそ90度東側の方向にあたる。よって，このときの月は右側半分が光って見える上弦《じょうげん》の月である。

(2)　上弦の月の１週間後に，月はさらに90度東側に移動して，太陽から180度離れた方向(つまり太陽と正反対の方向)にある。よって，このときの月は満月である。満月は真夜中頃《ころ》に南中する。

(3)　月がＢの位置に見える場合，日の出の頃なら(1)のイまたはオのような形，日の入りの頃なら(1)のクのような形，真夜中頃なら(1)のエのような形，正午頃なら(1)のウのような形となる。

(4)　地球から見て太陽と月がまったく同じ方向にあると，太陽が月に隠《かく》されることで欠けて見えることがある。この現象を日食という。このときの月は，太陽と同じ方向にあるので新月である。

5　音の伝わり方についての問題

(1)　糸電話は，発せられた声によるしん動を糸が伝えることで相手に声が聞こえる。したがって，糸がぴんと張っていてしん動しやすい状態のときに，音が大きく聞こえる。糸にものが軽くふれる

と，そこでしん動が小さくなってしまうので，聞こえる音は小さくなり，糸をしっかりつまむと，そこでしん動が止まってしまうので，聞こえる音はかなり小さくなる。

⑵　声が大きいほど，発せられた声によるしん動が大きくなり，糸のしんぷく(ふるえ)が大きくなる。

6　物質の性質についての問題

⑴　鉄や銅のような金属を熱すると，その体積は大きくなる。

⑵　磁石につくのは，鉄やニッケルなどの限られた金属である。ここでは鉄でできているものを選ぶとよい。

⑶　同じ素材でできていて，同じ重さであるものどうしを比べるとよい。したがって，Ａと，それをつぶして形を変えたＣとで比べる。また，形がちがうが，同じアルミニウム１ｇでできたＤとＩでも比べられる。

⑷　形に関係なく，鉄や銅，アルミニウムなどの金属でできたものには電流が流れる。紙，プラスチック，ガラス，木には電流が流れない。

⑸，⑹「２種類の金属を入れて」とあるので，ここでは鉄，銅，アルミニウムのいずれか２種類を入れることになる。それぞれの金属の塩酸との反応のようすを観察するのだから，塩酸とふれる面積が同じになるように，同じ形で同じ大きさのものどうしを選ぶ。

7　ものの溶《と》け方についての問題

⑴　メスシリンダーは，おもに水などの液体の体積をはかりとるための器具である。

⑵　メスシリンダーは水平でじょうぶな台(机など)の上に置いて使い，目もりは正面から見るようにする。

⑶　薬品の重さなどをはかる図のような器具を電子てんびんという。

⑷　下線部の操作によって，食塩を入れる容器の重さを除いた状態の重さを表示することができる。よって，この操作のあと容器に食塩を入れたとき，たとえば表示が30ｇを示したら，容器内に食塩が30ｇ入っていることになる。

⑸　ミョウバンは水の温度によって溶ける量が大きく変化するが，食塩は水の温度によって溶ける量があまり変わらない。このため，しばらく置いておくことで水の温度が下がったとき，食塩を溶かしたＡでは，食塩は溶けたままで，白いつぶが出てくることがなかったが，ミョウバンを溶かしたＢでは，一部が溶けきれなくなって白いつぶが出てきたと考えられる。

⑹　表の最大値が枠《わく》内に収まるように縦じく，横じくの１目もりの数値を決め，単位を書き表し，表の数値にしたがって各点を打ち，それらを直線で結ぶと，解答の図Ｃに示したようなグラフとなる。

⑺　①　40℃の水100mLに溶けるミョウバンの量は23.8ｇなので，溶け残ったミョウバンは，30－23.8＝6.2(ｇ)となる。　②　20℃の水100mLに溶けるミョウバンの量は11.4ｇなので，20℃まで冷やしたときに溶け残るミョウバンは，30－11.4＝18.6(ｇ)である。

8　森林火災のきっかけについての問題

森林火災の原因には，人の活動によるものと，自然に起こるものとがある。前者には火の不始末や放火などが考えられる。後者には落雷《らくらい》や火山の噴火，また，強風などによって樹木のかわいた枝や葉がこすれ合い，まさつによって発火することなどがある。

国 語 ＜第１回試験＞（50分）＜満点：60点＞

解 答

□一 ⑴ 自分の居場所　⑵ 下記を参照のこと。　⑶ **菊池さん**…意見を押しつけてくる　**阪田**…まさしく優等生タイプ　⑷ （例） 本当は苦労してきたのかな　⑸ どこか自分に　⑹ （例） 人と接することが苦手な「ぼく」は，阪田たちに意見を伝えることに大きな緊張と勇気を必要としたが，その気持ちをさとられたくなかったから。　⑺ **ア** ３　**イ** ４　**ウ** １　**エ** ２　⑻ ① （例） 園芸の本で調べるという提案。　② （例） 相手を知る大切さや，自分の感じたこと，思ったことがすべてではないということ。　⑼ （例） 傷つく不安からマスクが手放せなかった「ぼく」は，仲間と友情を育むことをあきらめていた。だが，栽培委員会の人たちと交わるうち，相手を知り，心を開いて自分も知ってもらう大切さに気づき，マスクを外す。そして，自由に自分らしさを肯定し，他の人と親しい関係を築いていこうという前向きな気持ちに変わった。　□二 ⑴ **a** ４　**b** １　**c** ６　⑵ （例） 治療も受けられずに，やせ細って路上に横たわり，死を待つ様子。　⑶ 死の恐怖と孤独を埋めてくれる（人）／自分を支えてくれる（人）　⑷ （例） 政治や権力から見放された貧しく苦しい生活の中でも，温かな善意で支え合い，仲良く励まし合うことで，相手に安らかな幸せを与えられる美しさや輝きを人間は持っているということ。

●漢字の書き取り

□一 ⑵ ① 身構える　② 拝む　③ 主導権

解 説

□一 **出典：ささきあり『天地ダイアリー』**。他人と接することが苦手だった「ぼく」は，栽培《さいばい》委員会の活動でさまざまな人たちと交流し，おたがいを知って親しい関係を築きたいと思うようになる。

⑴ 「制服」は学校が指定したものなので，ここでは学校という環境《かんきょう》を象徴《しょうちょう》するものだと考えられる。つまり，ぼう線Ａの「制服って体に合うものを着るというより，体を制服に合わせなきゃいけないんだな」とは，“人は自分に合った環境を選ぶというより，自分がいる環境を知り，自分自身を適応させる必要がある”という意味を表す。「人と接する緊張《きんちょう》が少し楽になる」マスクをかけながら，「ぼく」は学校のなかで自分のあるべきところを探しているので，少し後にある，「自分の居場所を確保するためには，まわりを見て動かないとならない」という一文がぬき出せる。

⑵ ① 「身構える」は，“せまってくる相手に対し，対応するために姿勢を整える”という意味。　② 音読みは「ハイ」で，「拝見」などの熟語がある。　③ 主となって物事を進める力。

⑶ 人がまとう「色」とは，その人の特性や持ち味，タイプのこと。前後で，「ぼく」は菊池さんのことを「意見を押《お》しつけてくる」タイプ，阪田を「まさしく優等生タイプ」だと考えている。

⑷ 菊池さんから「小学生のときにやってたミニバスケの先輩《せんぱい》」たちに「嫌《きら》われてんの」と打ち明けられた「ぼく」は，その事実を意外に思っている。「ハキハキ」としており，「難なく主導権をにぎっているような人に見え」ていたが，案外，今までたいへんな思いをしてきたのかもしれないと考えたのである。これをふまえ，「これまで苦労してきたのかな」のようにまとめる。

⑸ 「同じ場所と季節で育つわけじゃない」植物を自分たちに重ねていたなか，挿《さ》し芽のつぼみが

切られたのを見た「ぼく」は背中に冷水を浴びせられたような感覚を抱《いだ》いている。つまり，「ぼく」は，「どこか自分に似ている」花を，「単なるモノとして見ることができな」くなっていたのである。

⑹　花の枯《か》れた原因を本で調べた「ぼく」は，植物が原産地によって必要とする水分量がちがうことを知り，枯れた花の原産地のことを菊池さんたちに聞いたものの，「急になに言ってんの？」という顔をされている。そんななか，人と接することが苦手な「ぼく」は勇気をふりしぼり，緊張しながらも意見を何とか伝えきったが，自分の揺《ゆ》れ動く気持ちをさとられないよう，ふるえる手を握《にぎ》りしめることでごまかしたのである。

⑺　**ア**　花が枯れた原因をつき止め，対策を調べたことについて先輩に感心され，礼を言われた場面である。阪田は照れくさそうにしているが，「ぼく」も照れくさく感じたものと考えられる。よって，何となくはずかしいような気がするようすを表す「くすぐったい気持ち」が入る。

イ　「ぼく」は元気を取りもどした花を見て「かわいい」と思い，「心の中がふわふわしたものに満ちて」ひさしぶりに「笑っ」たのだから，「ほほえみたくなる気持ち」が合う。　**ウ**　花を見てやさしい気持ちになり，笑った「ぼく」が，「少しゆるんだ」と考えているのは，緊張して「はりつめていた気持ち」だと考えられる。　**エ**　花壇《かだん》を雨から守るため，シートをかけるのを手伝ってくれた菊池さんがすっかり雨にぬれたのを見て，「ぼく」は謝《あやま》ったのだから，「申し訳ない気持ち」になったといえる。

⑻　①　枯れた花を何とかしようとやみくもに行動するより，園芸の本で調べることを阪田は菊池さんに提案したが，それは「ぼく」の思いもよらない方法だったのである。この行為《こうい》が，「阪田の注いだ水」にあたる。　②　「ぼく」が持っていた，水さえやれば植物は育つというこり固まった考えが「停滞《ていたい》した空気」にたとえられている。阪田の提案を受けて本で調べ，水やりにもメリハリが必要だと知った「ぼく」は，相手を知る大切さや，自分の感じたこと，思ったことがすべてではないことに気づいている。

⑼　人と接することが苦手で，自分を守るためのマスクを手放せなかった「ぼく」は，仲間と友情を育むことに憧《あこが》れながら自分には無理だとあきらめていた。だが，栽培委員会でさまざまな人と交わるうち，植物を知らなければ育てられないように，相手を知り，自分も知ってもらわないと親しい関係は築けないと気づき，マスクを外している。そして，人を層で分けて区別することをせず，自由にのびのびと自分らしさを肯定《こうてい》し，心を開いて人間関係を広げていこうと前向きな気持ちになったのである。

二　**出典：石井光太《いしいこうた》『世界の美しさをひとつでも多く見つけたい』**。治療《ちりょう》も受けられず路上で死んだ女性を最期《さいご》まで励《はげ》まし続けた薬草売りと，安らかな女性の死に顔に感動した筆者が，過酷《かこく》な現場ほど人間の美しさが見えると語っている。

⑴　**a**　筆者は「アジア各国のスラムや路上」といった，「一般《いっぱん》に危険だとかつらいといわれる場所」で暮らす「障害者や物乞《ものご》いたち」を題材とした本を書いている。つまり，ぎりぎりの「世界で生きる人々のドラマを描《えが》いている」ので，４の「極限」が入る。　**b**　「一つの出来事にも様々な面がある」のだから，「現実はかならず多面性を持っている」といえる。　**c**　過酷な環境のなかで，ただ死を待つばかりの「路上生活者の不幸な境遇《きょうぐう》」を前に，筆者は「やりきれない思い」を抱いている。筆者はマドゥの横たわるその路上に「絶望」の広がりを感じたはずである。

⑵　「こんなふうに」とあるので，前の部分に注目する。ずいぶん前から体調を崩《くず》してはいるもの

の，手術費用のないマドゥは治療も受けられず，やせ細って路上に横たわり，ただ死を待つばかりである。「お金がない」ばかりに悲惨な死を迎《むか》えなければならない彼女《かのじょ》のありさまに，筆者がやりきれなさを感じたことをおさえ，「病気でも手術を受けられず，しだいにやせ細り，ただ死を待つだけである様子」のようにまとめる。

⑶　筆者は，毎日のようにマドゥの元に来て「無償《むしょう》で薬草をあげ」るだけでなく，「下の世話をしてあげたり，手を握りしめて歌をうたって聞かせてあげたりして」いた男性のようすや，その男性に心を許しているマドゥの姿を見ている。同じ段落の最後で筆者が語っているとおり，マドゥにとって彼は「死の恐怖《きょうふ》と孤独《こどく》を埋《う》めてくれる」存在であり，「自分を支えてくれる」存在だったのである。

⑷　「私たち」が目を向けるべき「そこ」とは，薬草売りが最期までマドゥの手を握って励ます姿と，彼女の安らかな死に顔を指す。薬で病気が「治せないのならば，手を握って励ましてあげればいい。そうすれば苦しみは和らぐ」だとか，「この町の路上で暮らしていたら，なかなか医者の助けを得ることはできない。だから，一人ひとりが仲良く励まし合っていけたらいいと思う」と薬草売りが言うのを聞いた筆者は，そこに温かな善意を感じ，人間の持つ美しさや輝きを見出《みいだ》したのである。

Dr.福井の 入試に勝つ！脳とからだのウルトラ科学

勉強が楽しいと，記憶力も成績もアップする！

みんなは勉強が好き？　それとも嫌い？——たぶん「好きだ」と答える人はあまりいないだろうね。「好きじゃないけど，やらなければいけないから，いちおう勉強してます」という人が多いんじゃないかな。

だけど，これじゃダメなんだ。ウソでもいいから「勉強は楽しい」と思いながらやった方がいい。なぜなら，そう考えることによって記憶力がアップするのだから。

脳の中にはいろいろな種類のホルモンが出されているが，どのホルモンが出されるかによって脳の働きや気持ちが変わってしまうんだ。たとえば，楽しいことをやっているときは，ベーターエンドルフィンという物質が出され，記憶力がアップする。逆に，イヤだと思っているときには，ノルアドレナリンという物質が出され，記憶力がダウンしてしまう。

要するに，イヤイヤ勉強するよりも，楽しんで勉強したほうが，より多くの知識を身につけることができて，結果，成績も上がるというわけだ。そうすれば，さらに勉強が楽しくなっていって，もっと成績も上がっていくようになる。

でも，そうは言うものの，「勉強が楽しい」と思うのは難しいかもしれない。楽しいと思える部分は人それぞれだから，一筋縄に言うことはできないけど，たとえば，楽しいと思える教科・単元をつくることから始めてみてはどうだろう。初めは覚えることも多くて苦しいときもあると思うが，テストで成果が少しでも現れたら，楽しいと思えるきっかけになる。また，「勉強は楽しい」と思いこむのも一策。勉強が楽しくて仕方ない自分をイメージするだけでもちがうはずだ。

Dr.福井(福井《ふくい》一成《かずしげ》)…医学博士。開成中・高から東大・文Ⅱに入学後，再受験して翌年東大・理Ⅲに合格。同大医学部卒。さまざまな勉強法や脳科学に関する著書多数。

2024年度 日本女子大学附属中学校

【算　数】〈第２回試験〉（50分）〈満点：60点〉

○円周率は3.14とします。

Ⅰ　次の(1)～(4)の□をうめなさい。

(1)　$1.75 \div 2.625 + \left(2\frac{1}{3} - 1.5\right) \times 0.4 = \square$

(2)　$\{195 - 91 \div 13 - (35 - \square) \div 8\} \div 93 = 2$

(3)　$\frac{6}{5 \times 7} + \frac{5}{3 \times 7} - \frac{4}{3 \times 5} = \square$

(4)　$8.6\text{dL} + 1.2\text{L} - 1380\text{cm}^3 = \square\ \text{mL}$

Ⅱ　次の(1)～(8)の問いに答えなさい。

(1)　ある駅から電車は６分おきに，バスは９分おきに発車します。午前７時に電車とバスが同時に発車しました。午前７時半から午前９時半までに，電車とバスが同時に駅を発車するのは何回ありますか。

(2)　水の入った水そうに，A，B２本の棒をまっすぐに立てると，Aの棒は $\frac{4}{5}$ の高さまで，Bは $\frac{5}{8}$ の高さまで水の中に入りました。Bの長さがAより3.5cm長いとき，Bの棒の長さは何cmですか。

(3)　６％の食塩水300gから50gを取り出し，代わりに水50gを加えると，濃度は何％になりますか。式を書いて求めなさい。

(4)　A，Bの２題のテストを35人が受けました。Aが正解だった人は17人，A，Bともに正解だった人は10人でした。１問正解すると５点で，35人の平均点は６点でした。１問も正解しなかった人は何人でしたか。

(5)　〔図１〕は，ABとACの長さが等しい二等辺三角形ABCをDCを折り目として折ったものです。㋐の角の大きさは何度ですか。

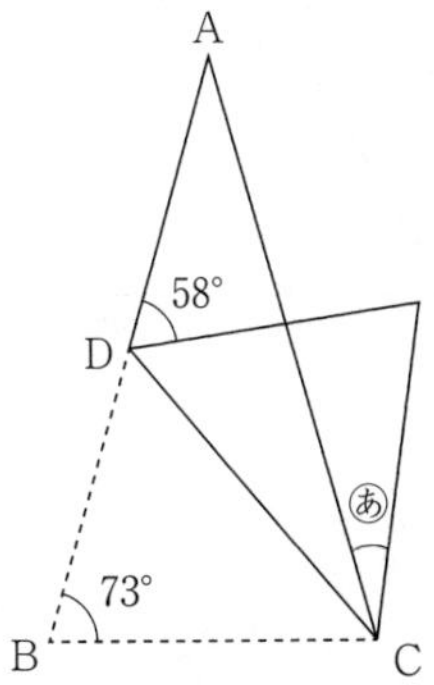

〔図１〕

(6)　立方体に〔図２〕のように線をひきました。頂点Ｇ以外はすべて辺のまん中を通っています。下の展開図には面BFGCの部分だけかいてあります。答案用紙の展開図に残りの線をかき入れなさい。

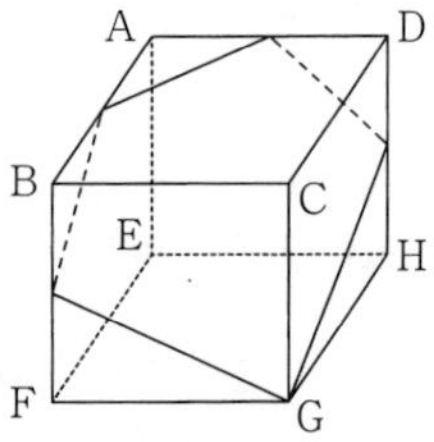

〔図２〕

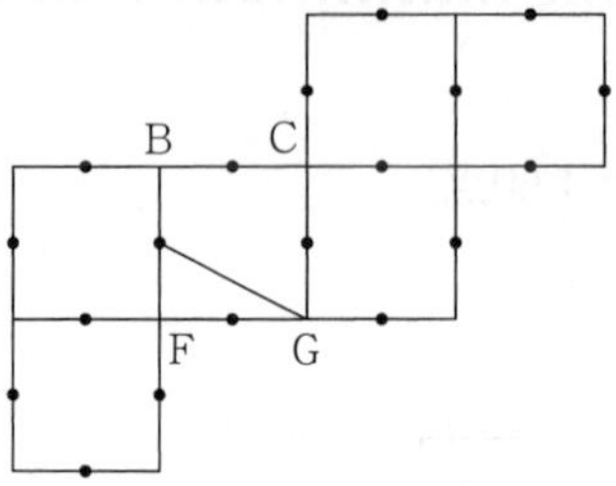

(7)〔図３〕はある土地の5000分の１の縮図を１ます１cmの方眼にかいたものです。実際の土地の面積は何m^{2}ですか。

(8)　高さが等しい四角柱と円柱の容器があります。四角柱の底面は１辺40cmの正方形で，円柱の底面の直径も40cmです。円柱の容器いっぱいに水を入れ，それを四角柱の容器に移したら，水面の高さが21.98cmになりました。四角柱の容器の高さは何cmですか。式を書いて求めなさい。

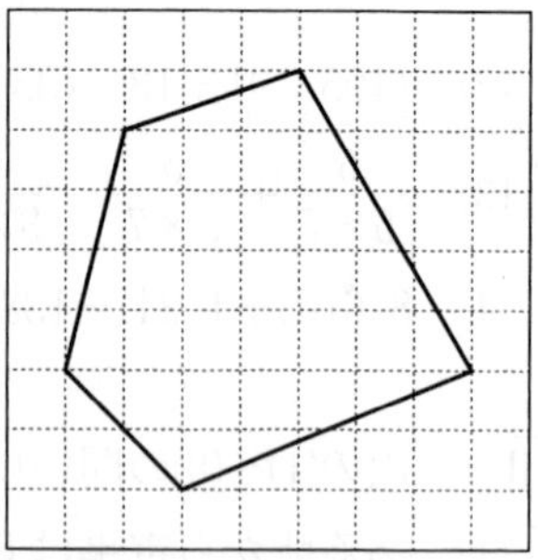

〔図３〕

Ⅲ　1×2×3×4×5を２でくり返しわると，４回目でわり切れなくなります。
1×2×3×4×5×6×……×100について，次の(1)，(2)の問いに答えなさい。

(1)　５でくり返しわっていくとき，何回目でわり切れなくなりますか。式や考え方を書いて求めなさい。

(2)　３でくり返しわっていくとき，何回目でわり切れなくなりますか。

Ⅳ　台形ABCDの辺上を点Ｐは秒速３cmの速さでＡ→Ｂ→Ｃ→Ｄ→Ａの順に１周します。下のグラフは点Ｐが点Ａを出発してからの時間と三角形PCDの面積の関係を表したものです。辺ABの長さが17cmのとき，あとの(1)〜(3)の問いに答えなさい。

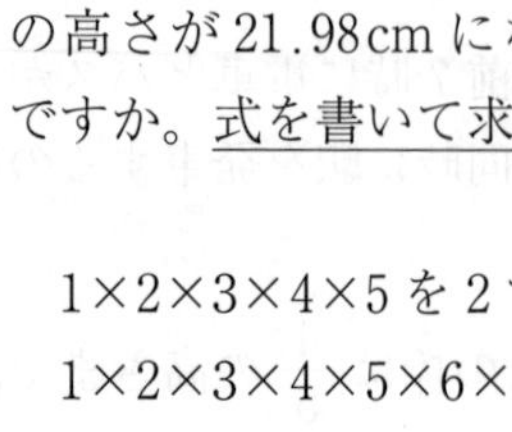

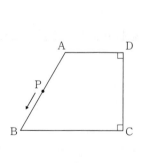

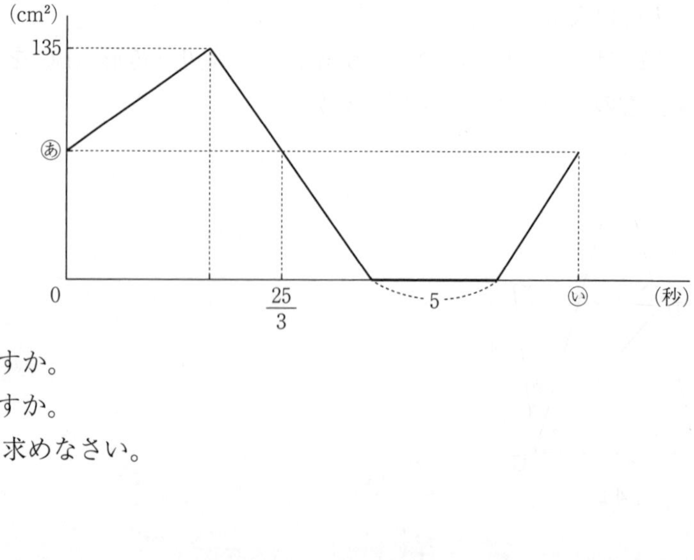

(1)　辺DCの長さは何cmですか。

(2)　辺BCの長さは何cmですか。

(3)　あ，いにあてはまる数を求めなさい。

V　夏子さんの家とおばさんの家は8km離《はな》れています。午前8時に夏子さんは家を出発し，おばさんの家に向かいました。グラフはそのときの夏子さんの様子を表したものです。次の(1)～(3)の問いに答えなさい。

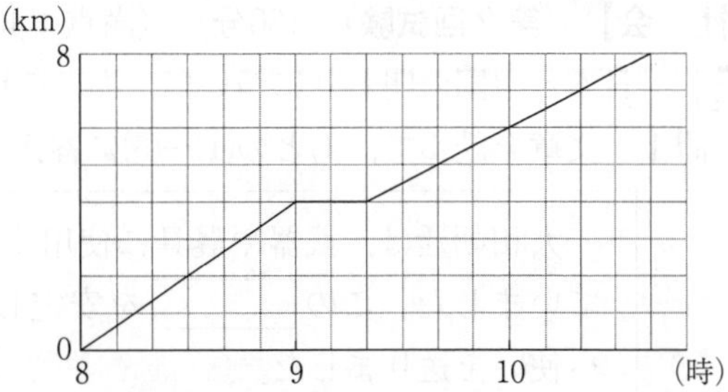

(1)　夏子さんが4kmの地点からおばさんの家まで歩いたときの速さは時速何kmですか。

(2)　お兄さんが8時40分に家を出発して，自転車で時速10kmの速さでおばさんの家に向かいました。お兄さんの様子を表すグラフを答案用紙に定規を使ってかきなさい。また，夏子さんに追いつくのは何時何分ですか。

(3)　お母さんが9時に家を出発して歩いておばさんの家に向かったところ，9時50分に夏子さんに追いつきました。お母さんの歩く速さは時速何kmですか。

VI　直方体の形をした水そうがあり，高さ20cmの仕切りによって底面積が400cm²であるAの部分と，底面積が160cm²であるBの部分に分けられています。さらに，Aの部分には底面積100cm²の円柱のコップを置きます。蛇《じゃ》口からAの部分に一定の割合で水を入れ続け，Bの部分の水面の高さが15cmになったときに，Aに置かれていたコップを中の水ごと取り出し，さらに水を入れ続けてBの部分の水面が仕切りの高さに達したところで水を止めました。グラフは水を入れ始めてからの時間とA，Bの部分の水面の高さの様子を表したものです。あとの(1)～(3)の問いに答えなさい。ただし，仕切りとコップの厚さは考えないものとします。

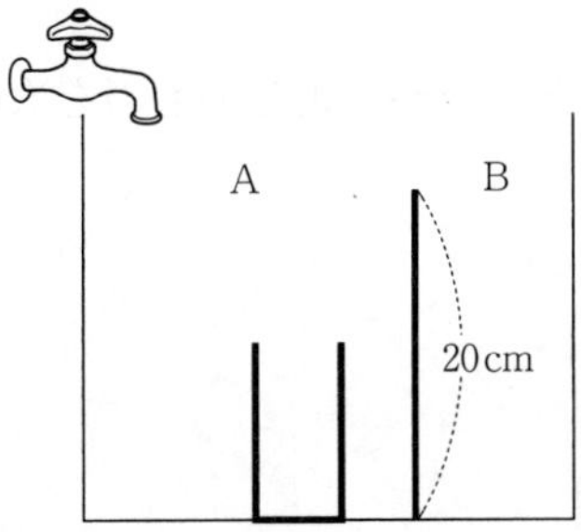

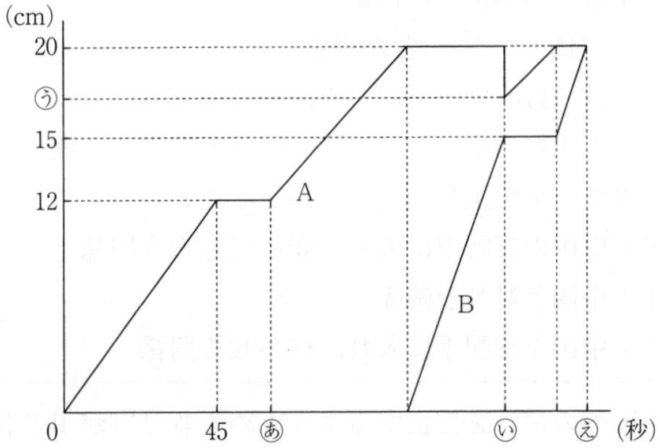

(1)　蛇口からは毎秒何cm³の水が入りますか。式を書いて求めなさい。

(2)　コップの容積は何cm³ですか。

(3)　(あ)～(え)にあてはまる数を求めなさい。

【社　会】〈第２回試験〉（30分）〈満点：40点〉

1　日本と中国の関わりについて，あとの問いに答えなさい。

問１　文章を読んで，あとの(1)～(5)に答えなさい。

> 大和朝廷は，武器や農具に使用するようになった□を朝鮮半島から手に入れていました。この□を安定して手に入れるため，大王だったワカタケルは中国へ使いを送りました。

(1) □にあてはまるものを，次のア～エから１つ選び，記号で答えなさい。

ア：鉄　　イ：青銅　　ウ：金　　エ：銀

(2) ワカタケルが中国へ使いを送った時のようすとして正しいものを，次のア～エから１つ選び，記号で答えなさい。

ア：貢《みつぎ》物を持ってあいさつし，皇帝から印と組みひもが与《あた》えられた。

イ：皇帝から親魏倭王の称《しょう》号と銅鏡が与えられた。

ウ：文書を皇帝に渡《わた》し，朝鮮半島や倭での軍事権や支配権を求めた。

エ：使者を送ると，日本を従えようと中国が攻《せ》めてきた。

> 小野妹子は使者として中国に渡り，皇帝に手紙を届けました。

(3) この出来事と同じ時期に行われたこととして正しいものを，次のア～エから１つ選び，記号で答えなさい。

ア：古墳がつくられ始めた

イ：最初の本格的な都がつくられた

ウ：大仏をつくる詔《みことのり》が出された

エ：役人の心構えを示す憲法が定められた

(4) この手紙の中で，日本は中国とどのような関係を結ぼうとしたか，正しいものを次のア～ウから１つ選び，記号で答えなさい。

ア：中国の支配下に入り，守ってもらう関係

イ：中国と対等な関係

ウ：中国を支配下に入れ，従わせる関係

> 中国への使いを停止するよう求める意見書が出された。

(5) 意見書が出された後に活躍《やく》した人物を，次のア～エから１人選び，記号で答えなさい。

ア：鑑真　　イ：行基　　ウ：藤原道長　　エ：聖武天皇

問２　ＡとＢについて，次の(1)～(4)に答えなさい。

A

B

(1)　ＡとＢにゆかりが深い人物として正しいものを，次のア～エからそれぞれ１人ずつ選び，記号で答えなさい。

ア

イ

ウ

エ

(2)　Ａがある都道府県を漢字で答えなさい。

(3)　Ｂがつくられた時代に，貿易を行った中国の王朝として正しいものを，次のア～エから１つ選び，記号で答えなさい。

ア：唐

イ：宋

ウ：明

エ：清

(4)　次の①と②の出来事が起こったのは，Ｂが建てられた時よりも前か後か，解答らんに「○」を付けなさい。

①　朝廷が２つに分裂《れつ》し対立が始まった。

②　京都で11年間におよぶ戦乱が起こった。

問３　日本と中国の全面戦争につながる出来事Ｃ～Ｅについて，あとの(1)～(3)に答えなさい。

Ｃ：日本が 国際連盟 を脱《だっ》退した。
Ｄ：日本軍は， 南満州鉄道 の線路を爆《ばく》破し，中国軍の仕業《しわざ》だとして攻撃《げき》を始めた。
Ｅ：満州国がつくられた。

(1)　国際連盟 と 南満州鉄道 について，次の①と②が行われるきっかけとなった戦いとして正しいものを，あとのア～エからそれぞれ１つずつ選び，記号で答えなさい。

①　国際連盟が設立された。

②　日本が南満州の鉄道の権利を獲《かく》得した。

ア：日清戦争

イ：日露戦争

ウ：第一次世界大戦

エ：第二次世界大戦

(2)　次の文は，この当時の日本の経済状況《きょう》を説明しています。①と②にあてはまる語句をそれぞれ選び，記号で答えなさい。

①{ア：アメリカ　　イ：イギリス}で始まった，②{ウ：好景気　　エ：不景気}が日本にも押《お》し寄せていた。

(3)　Ｃ～Ｅの出来事を，起きた順に並べかえ，記号で答えなさい。

問４　日中戦争が長引くと，日本は東南アジアでさまざまな資源を確保しようとしました。右の図の[あ]にあてはまる語句を答えなさい。また，[い]にあてはまる国を，次のア～エから１つ選び，記号で答えなさい。

ア：アメリカ
イ：イタリア
ウ：ドイツ
エ：ソ連

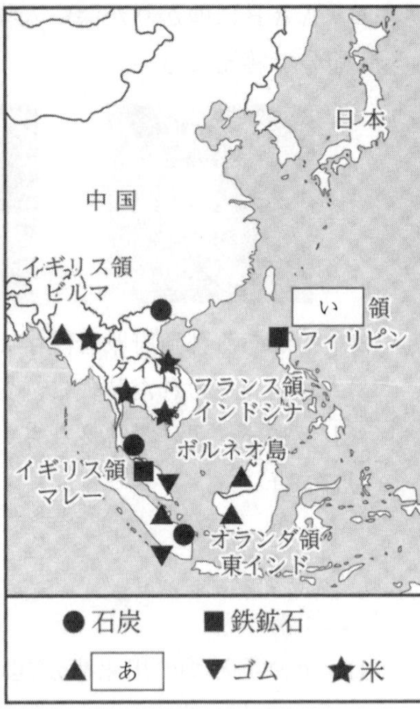

問５　1972年，日本と中国の国交が正常化されました。これと同じ年に起きた出来事として正しくないものを１つ選び，記号で答えなさい。

ア：札幌で冬季オリンピックが開催《さい》された。
イ：沖縄が日本に復帰した。
ウ：東海道新幹線が開通した。
エ：パンダが初めて日本に来た。

2　次の[A]～[C]の図は，(例)のように県境が接する３つの県をつなげたものです。あとの問いに答えなさい。

(例)

[A]

[B]

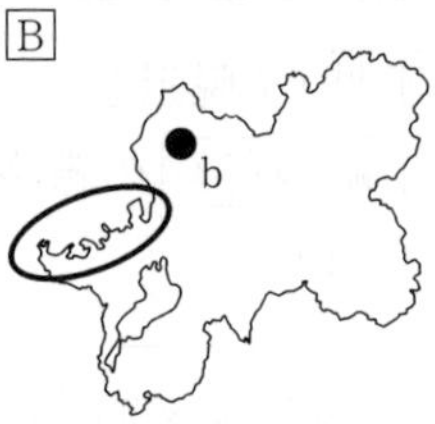

[C]

問１　[A]は，四国地方の３県です。次の(1)と(2)に答えなさい。

(1)　図に描《えが》かれていない，四国地方の県を漢字で答えなさい。また，その県で栽培《さいばい》がさかんな作物を次のア～エから１つ選び，記号で答えなさい。

ア：りんご　　イ：レタス　　ウ：なす　　エ：さとうきび

(2)　図に描かれた３県には，本州四国連絡《らく》橋がかかっています。次の①～③にあてはまる説明を，ア～ウからそれぞれ１つずつ選び，記号で答えなさい。

①　最も東側にある連絡橋
②　中央に位置する連絡橋
③　最も西側にある連絡橋

ア：本四連絡橋のなかで最初に建設された
イ：瀬戸内海で最も大きい島を通っている
ウ：中国地方と四国地方それぞれの最も人口が多い県をつないでいる

問２　[B]には，内陸県が２つ含《ふく》まれています。次の(1)～(3)に答えなさい。

(1)　２つの内陸県が接する県境の近くで行われた戦いを，次のア～エから１つ選び，記号で答えなさい。

ア：富士川の戦い　　イ：壇ノ浦の戦い　　ウ：長篠の戦い　　エ：関ケ原の戦い

(2)　２つの内陸県でともに最も生産額が多い工業を，次のア～エから１つ選び，記号で答えなさい。

ア：食料品工業　　イ：金属工業　　ウ：機械工業　　エ：化学工業

(3)　⬭　で囲んだ部分に，特徴《ちょう》的な海岸線が見られます。

①　同じような海岸線がある県として，正しくないものを次のア～エから１つ選び，記号で答えなさい。

ア：岩手県　　イ：秋田県

ウ：三重県　　エ：長崎県

②　この地形の海は，養しょく漁業がさかんです。通常の漁業と比べて，養しょく漁業の良い点を１つあげて説明しなさい。

問３　C の あ・い・う は，「地方」が異なる３県です。次の(1)～(3)に答えなさい。

(1)　３県の地方にあてはまらないものを，次のア～エから１つ選び，記号で答えなさい。

ア：東北地方　　イ：関東地方　　ウ：中部地方　　エ：近畿地方

(2)　図の範《はん》囲に含まれないものを，次のア～エから１つ選び，記号で答えなさい。

ア：信濃川　　　　イ：最上川

ウ：阿武隈高地　　エ：越後山脈

(3)　右の表は３県の農業産出額(2021年)をまとめたものです。①～③にあてはまる県を，C の あ～う からそれぞれ選び，記号で答えなさい。

県	米	野菜	果実
①	110	891	79
②	1252	309	90
③	574	431	297

(単位：億円／『県勢』より)

問４　下のグラフは，A ～ C の都市ａ～ｃについて，最も暑い月(８月)と最も寒い月(１月)の気温と降水量を表したものです。◆・▲・■のうち，都市ｂはどれか，ア～ウから１つ選び，記号で答えなさい。

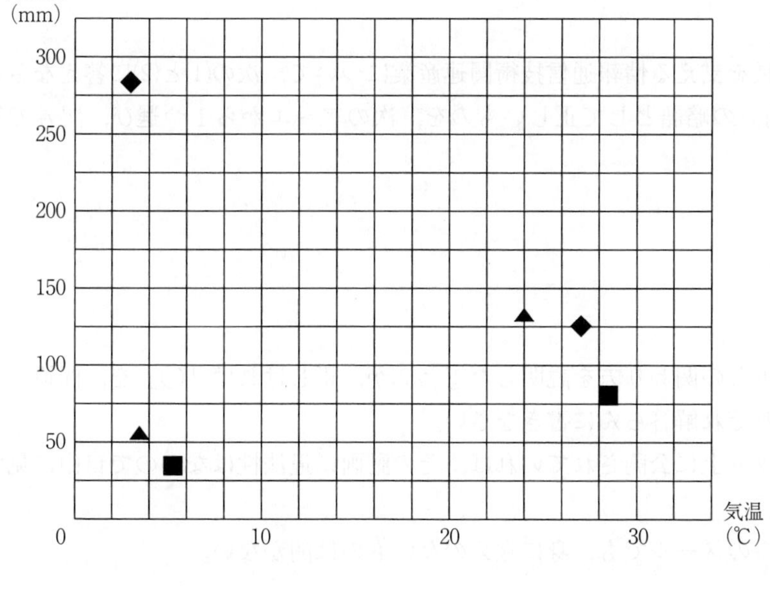

3 次の資料は2023年の新聞記事を一部改訂《てい》したものです。これを読んで，あとの問いに答えなさい。

インド人口，［あ］を抜《ぬ》いて世界一へ

国連は４月19日，インドの人口が今年半ばの時点で［あ］を上回り，世界一になるとの推計を発表した。人口は［い］億2860万人になるといい，さらなる経済成長が期待される。

［あ］は，1979年から30年以上にわたって「一人っ子政策」という人口を抑《おさ》える政策を実施《し》。政府は今年１月，昨年末時点の総人口が１年前から85万人減ったと発表した。急速な少子化が最大の要因とみられている。

一方，インドでは複数の州で人口を抑える政策がみられるが，国民の反発が強いほか，女性の就労率もなかなか上がらず，人口が増え続けた。(※)インドの合計特殊《しゅ》出生率は2.0で，子どもと高齢《れい》者以外の生産年齢人口(15～64歳)の割合が増え，経済を押し上げている。

(※)「合計特殊出生率」：１人の女性が一生のうちに産むと想定される子どもの数

問１ ［あ］にあてはまる国を，下の地図のア～エから１つ選び，記号で答えなさい。

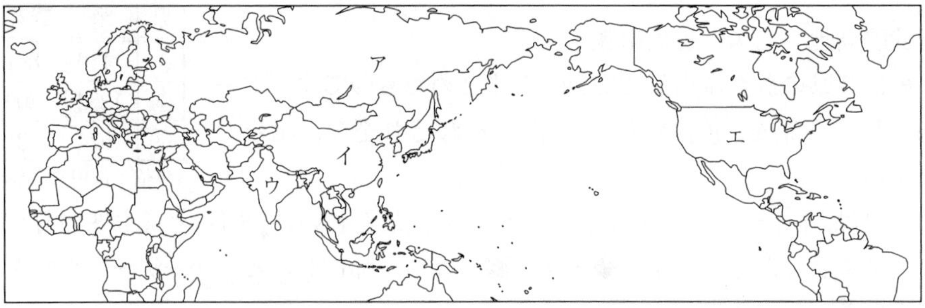

問２ ［い］にあてはまる数字を，次のア～エから１つ選び，記号で答えなさい。

ア：3　　イ：14

ウ：36　　エ：75

問３ インドの経済成長を支える情報通信技術関連産業について，次の(1)と(2)に答えなさい。

(1)「情報通信技術」の略語として正しいものを，次のア～エから１つ選び，記号で答えなさい。

ア：WEB

イ：POS

ウ：ICT

エ：URL

(2) インターネットとの関わり方を説明した①と②が，正しければ「○」を，間違っていれば「×」を，それぞれ解答らんに書きなさい。

① インターネット上に公開されていれば，その動画に違《い》法性はないので自由に見てかまわない。

② 有名企《き》業からのメールでも，身に覚えのないものは開かない。

問4　日本の「合計特殊出生率」と「生産年齢人口の割合」を，次のア〜ウ，カ〜クからそれぞれ1つずつ選び，記号で答えなさい。

［合計特殊出生率］　ア：約1.3　イ：約2.0　ウ：約2.4

［生産年齢人口の割合］　カ：約40%　キ：約60%　ク：約80%

サンマ次々水揚《あ》げ　花咲港／[う]市

[う]市の花咲港でサンマの水揚げ作業が本格的に始まった。[え]28日早朝には，サンマ漁の主力となる大型漁船34隻《せき》が，約380トンのサンマを水揚げした。岸壁《べき》に横づけされた漁船からは，大きな網《あみ》にぎっしりと詰《つ》まったサンマが，待ち受けるトラックの水槽《そう》に積み込《こ》まれた。

にぎやかな水揚げ風景が繰《く》り広げられる一方で，漁業関係者の表情は厳しい。水揚げのようすを見に来たサンマ大型船の船主さんは「予想通りサンマの量は少なく，魚体も小さめ。去年と同様の厳しい状《きょう》況だ。燃料代の負担も増えて，頭が痛い」と話した。

問5　[う]にあてはまる市を，次のア〜エから1つ選び，記号で答えなさい。

ア：鳥取県境港　イ：静岡県焼津

ウ：石川県金沢　エ：北海道根室

問6　[え]にあてはまる月を，次のア〜エから1つ選び，記号で答えなさい。

ア：2月　イ：5月

ウ：8月　エ：11月

問7　記事で「船主さん」が話した厳しい状況が生まれる原因を，次のようにまとめました。あとの(1)と(2)に答えなさい。

近年，(A)の海水温がサンマに適さないほど{e：高・低}く なった

↓

サンマの群れがいる海域が，より海水温の{f：高・低}い(B)に移った

↓　　　↓

とれるサンマの量が少なくなった　　(C)の方が海の栄養分が少ない

↓　　　↓

(D)に漁の範囲を広げる ⟶ **とれるサンマの魚体が小さくなった**

↓

燃料代の負担が増えた

(1)　(A)〜(D)にあてはまる語句の組み合わせを，次のア〜エから1つ選び，記号で答えなさい。

	A	B	C	D
ア	沿岸	沖合	沖合	沖合
イ	沖合	沿岸	沿岸	沿岸
ウ	沿岸	沖合	沿岸	沿岸
エ	沖合	沿岸	沖合	沖合

(2)　{e}と{f}にあてはまる言葉をそれぞれ選び，解答らんに○を付けなさい。

4　教科書に載《の》っていた「ハンセン病と人権侵《しん》害」というコラムに興味を持ち，調べました。あとの問いに答えなさい。

> ハンセン病とは「らい菌《きん》」に感染《せん》して起こる病気ですが，「らい菌」は感染力が弱く，非常にうつりにくい病気で，1981年からは，[　あ　]（世界保健機関）が推奨《しょう》している飲み薬を組み合わせて服用する治療《りょう》が行われています。現在，ハンセン病は早期発見をし，適切な治療を行えば，顔や手足に後遺症《しょう》を残すことなく治るようになっています。
>
> 1931年，国や県が療養所をつくり，すべての患《かん》者の隔《かく》離を目指した法律《りつ》が成立しました。保健所の職員が患者の自宅を徹《てっ》底的に消毒し，人里離れた場所につくられた療養所に送られていくという光景が，人々の心の中にハンセン病は恐《おそ》ろしいというイメージを植え付け，それが偏《へん》見や差別を助長していきました。その後，アメリカでハンセン病によく効《き》く薬が報告され，日本でも1949年から広く使用されるようになりました。
>
> 1953年，これまでの法律をひきつぐ「らい予防法」が成立し，患者隔離が継《けい》続されました。一方，世界に目を向けると，1963年の「第８回 国際らい会議」で，強制隔離の廃《はい》止が提唱されています。
>
> 1996年，「らい予防法」は廃止されました。
>
> 1998年には療養所の入所者が，(い)<u>国に対する賠償《ばいしょう》を求める訴《うった》え</u>を起こし裁判になりました。この結果，2001年に国は入所者たちにおわびをし，新たに補償を行う法律をつくりました。さらに2002年には[　う　]大臣の名前で新聞に謝罪文を掲載《けいさい》しました。

問１　[あ]にあてはまるアルファベット３字を答えなさい。

問２　下線部(い)について次の(1)～(3)に答えなさい。

(1)　次の文の[　　]にあてはまる語句を答えなさい。

> 療養所の入所者は，「らい予防法」が[　　　]に違反していたということで損害賠償を求める訴えを起こした。

(2)　この訴えを起こした裁判所として正しいものを，次のア～エから１つ選び，記号で答えなさい。

ア：最高裁判所　　イ：高等裁判所　　ウ：地方裁判所　　エ：簡易裁判所

(3)　国のどのような政策を問題として賠償を請《せい》求したのか，文章から分かることを述べなさい。

問３　[う]には，この問題を担当した省庁が入ります。あてはまる語句を，次のア～エから１つ選び，記号で答えなさい。

ア：環境　　イ：農林水産　　ウ：厚生労働　　エ：文部科学

【理　科】〈第２回試験〉（30分）〈満点：40点〉

1　ヒマワリの種を土にまき，育ち方を調べました。次の問いに答えなさい。

(1)　ヒマワリの種を次の中から選びなさい。

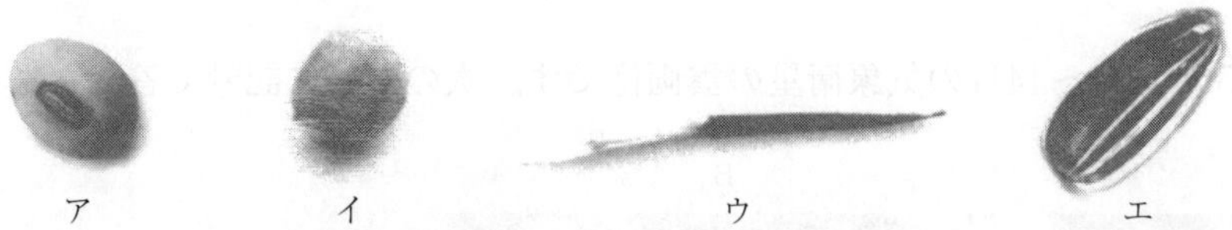

ア　　イ　　ウ　　エ

(2)　ヒマワリの種が発芽し，最初に出てきた葉を何といいますか。

(3)　ヒマワリの根はどのようになっていますか。正しいものを記号で書きなさい。

ア　　イ

(4)　次の①，②の季節にあてはまることをあとの中から選び，記号で書きなさい。

①　ヒマワリの種が発芽した

②　ヒマワリの花が枯《か》れた

ア：枯れ葉をどかすと，葉の裏にテントウムシがたくさん集まってじっとしていた。

イ：オオカマキリのおなかがふくらんでいて，もうすぐたまごをうみそう。

ウ：カブトムシのさなぎが成虫になった。

エ：花がさき終わってすぐのアブラナの葉に，モンシロチョウがたまごをうんだ。

2　ヒトのたんじょうについて，次の問いに答えなさい。

(1)　子宮の中の胎《たい》児はふつう，どのような向きでいますか。記号で書きなさい。

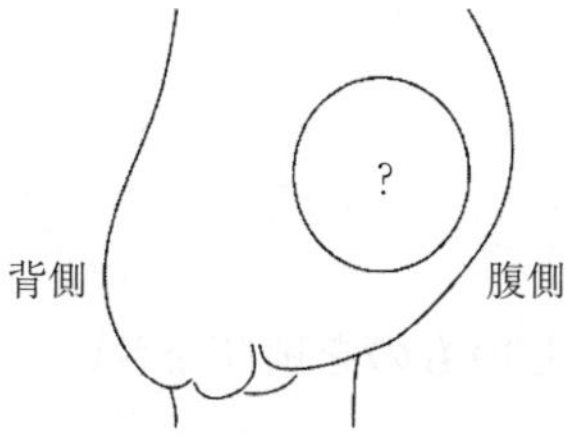

ア　　イ　　ウ

(2)　へそのおの説明で正しいものを選び，記号で書きなさい。

ア：息をするために空気の通り道となっている。

イ：栄養分や不要物の通り道となっている。

ウ：おなかの中で子どもが動かないようにしている。

エ：外から受けるしょうげきから子どもを守っている。

(3)　へそのおは母親のどことつながっていますか。

(4)　ヒトは受精してからおよそ何週でうまれますか。記号で書きなさい。

ア：20週　　イ：24週　　ウ：38週　　エ：47週　　オ：52週

(5)　うまれたときのヒトの子どもの大きさや体重はおよそどのくらいですか。記号で書きなさい。

ア：身長20cm　体重３kg　　イ：身長50cm　体重３kg

ウ：身長20cm　体重７kg　　エ：身長50cm　体重７kg

3　次の図はある年の５月11日～14日の気象衛星の雲画像です。次の問いに記号で答えなさい。

A

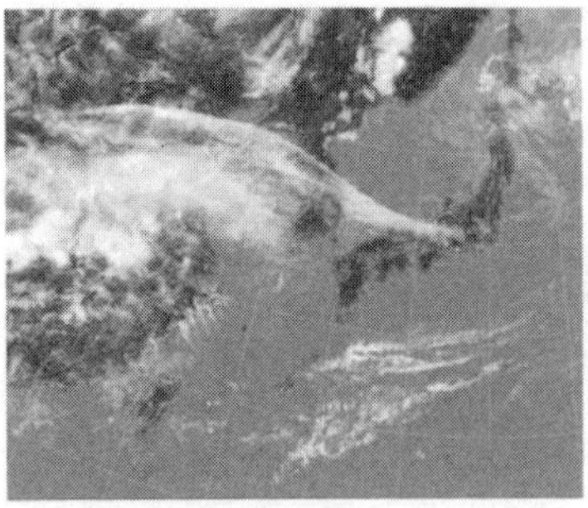

B

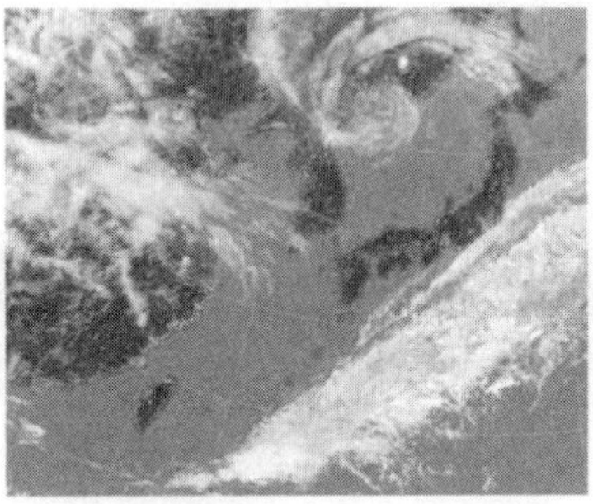

C

D

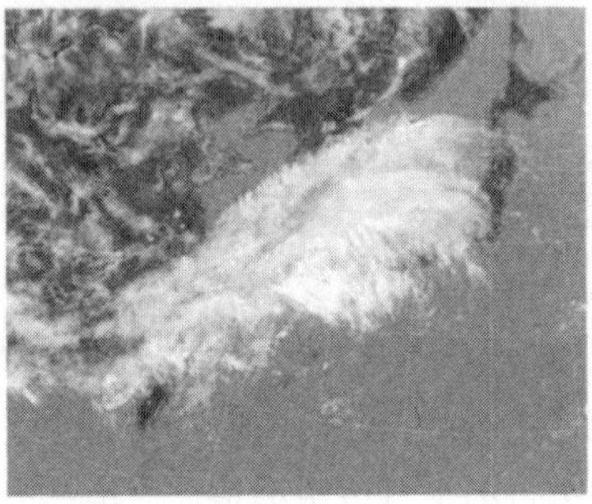

(1)　現在日本で使っている気象衛星の名前を次から選びなさい。

ア：きぼう　　　イ：かぐや

ウ：ひまわり　　エ：はやぶさ

(2)　アメダスで観測していないものを一つ選びなさい。

ア：雨雲　　イ：気温

ウ：雨量　　エ：風向

オ：風速

(3)　Ｂは５月14日です。Ｂの各地の天気の組み合わせとしてふさわしいものを選びなさい。

	札幌	東京	大阪	福岡
ア	晴れ	晴れ	くもり	晴れ
イ	くもり	雨	雨	雨
ウ	雨	晴れ	晴れ	雨
エ	晴れ	くもり	くもり	くもり
オ	雨	雨	晴れ	晴れ

(4)　Ａ～Ｄを正しい順に並べなさい。

4　１月２日の夜に川崎市で星を観察しました。図１はこの日に使用した星座早見ばん，図２はこの日に見た星空をスケッチしたものです。

図１

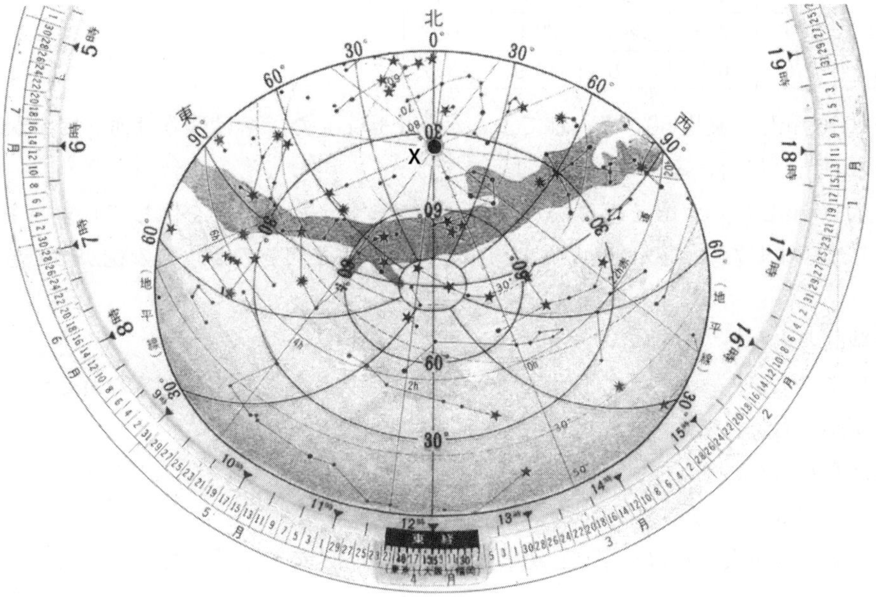

図２

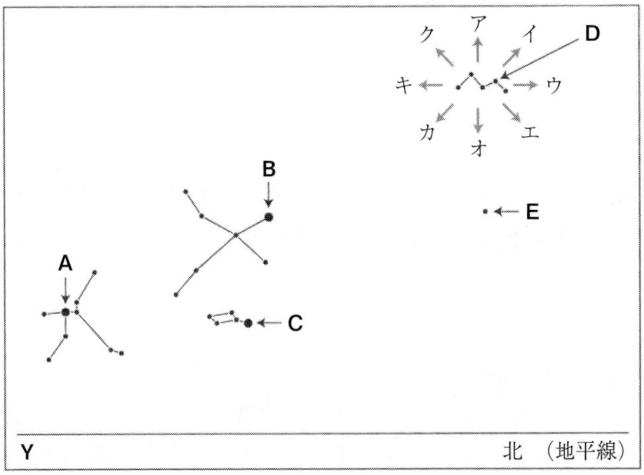

(1)　図１の星座早見ばんは，１月２日の何時何分に合わせてありますか。

(2)　星座早見ばんの**X**は，図２の**A**～**E**のどれか記号で書きなさい。

(3)　図２の**Y**にあてはまる方位を次から選び記号で書きなさい。

ア：東

イ：南

ウ：西

(4)　星**A**，**B**，**C**を結んだ形を何といいますか。

(5)　**D**の星座の名前を書きなさい。また**D**はこのあとどちらへ移動しますか。ア～クから選び記号で書きなさい。

5　次の表を見てそれぞれの問いに答えなさい。

温度のちがう水100mLに溶《と》ける食塩・ホウ酸の量

温度(℃)	0	20	40	60	80
食塩(g)	37.6	37.8	38.3	39.0	40.0
ホウ酸(g)	2.8	6.9	8.9	14.9	23.5

(1)　40℃の水100mLに食塩50gを入れてよくかきまぜました。溶け残りは何gですか。

(2)　20℃の水50mLに溶けるホウ酸の量は何gですか。

(3)　80℃の水100mLにホウ酸を溶けるだけ溶かしたあと，ビーカーを倒してしまい中身を半分こぼしてしまいました。このビーカーを20℃まで冷やすと何gのホウ酸の粒《つぶ》が出てきますか。

6　水の蒸発は考えないで良いものとして，次の問いに答えなさい。

(1)　ぎりぎりまで水が入ったコップに大きな氷を静かに入れたとき水はどうなりますか。

ア：コップからあふれる

イ：水面は変わらない

ウ：水面は下がる

(2)　ぎりぎりまで水が入ったコップに氷が浮いています。この氷がすべてとけるまでに水はどうなりますか。

ア：コップからあふれる

イ：水面は変わらない

ウ：水面は下がる

7　うすめた酢《す》・アンモニア水・食塩水・ミョウバンの水溶《よう》液を，それぞれの特ちょうごとに円でかこみグループ分けをしました。円が重なっている部分には２つの特ちょうをあわせ持っている水溶液が入ります。

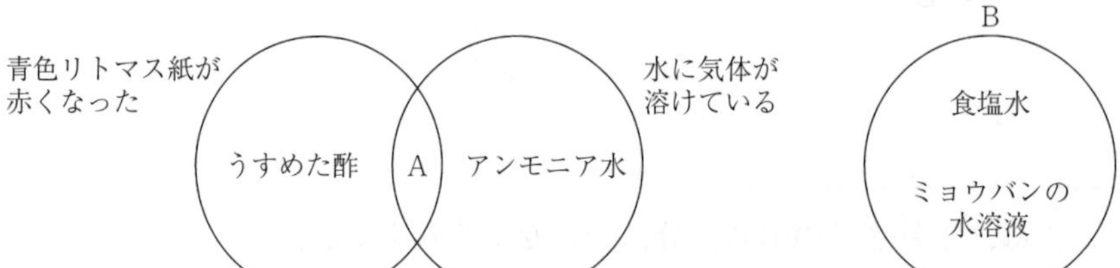

(1)　図中のAの部分にあてはまる水溶液を次からすべて選び記号で書きなさい。

ア：水酸化ナトリウム水溶液　　イ：うすい塩酸　　ウ：砂糖水　　エ：炭酸水

(2)　右の円Bはどのような特ちょうを持つグループか書きなさい。

8　花子さんは音楽のリズムに合わせてゆれるふりこを作るため，10gのおもりと30cmの糸を使い，10°のふれはばでゆらしました。リズムに合わないので，ふりこが１往復する時間は何によって変わるのかを調べます。おもりのおもさ・糸の長さ・ふれはばをそれぞれ変え，ふりこが10往復する時間を３回ずつはかった結果を表にまとめました。作ったふりこと条件１～３の結果を比べながら，問いに答えなさい。

	おもりのおもさ	糸の長さ	ふれはば	時間(秒)		
				1回目	2回目	3回目
作ったふりこ	10g	30cm	10°	11.1	11.1	11.2
条件1	10g	30cm	20°	11.2	11.1	11.2
条件2				15.7	15.7	15.8
条件3				11.1	11.2	11.3

(1) 条件2・3のふりこはどの道具を使ったか，それぞれ記号で書きなさい。

おもりのおもさ　　糸の長さ　　ふれはば

ア：10g　　ア：30cm　　ア：10°

イ：20g　　イ：60cm　　イ：20°

(2) ふりこが1往復する時間を調べるのに，10往復する時間をはかるのはなぜですか。

(3) 作ったふりこは音楽のリズムより速くゆれました。音楽のリズムに合うふりこにするためには，何をどのように作りなおしたら良いですか。

9 図1のように(X)，乾《かん》電池，電流計，クリップ，方位磁針を使って(X)の性質を調べます。

図1

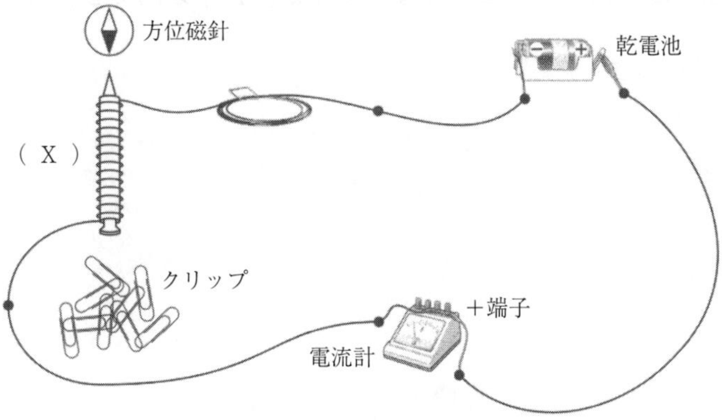

(1) (X)には，コイルに鉄心を入れたものを使います。これを何といいますか。

(2) 図1の方位磁針の針が逆向きになるように，線をつなぎなさい。ただし，線は交わらないように●でつなぐこと。

(3) 次の2つの表は，それぞれ「何か」と(X)の強さの関係を調べた結果です。

Y	電流の大きさ	引きつけたクリップの数			
		1回目	2回目	3回目	合計
	0.9A	3	3	4	10
	1.7A	9	7	7	23

Z	電流の大きさ	引きつけたクリップの数			
		1回目	2回目	3回目	合計
	0.9A	3	4	3	10
	0.9A	8	9	8	25

① (X)の強さを比べるにはどれを見ると良いですか。

ア：電流の大きさ
イ：クリップの数(１回目)
ウ：クリップの数(２回目)
エ：クリップの数(３回目)
オ：クリップの数(合計)

②　表のY，Zにあてはまる組み合わせとして正しいものを次の中から選びなさい。ただし，Y，Zの条件以外は変えないものとする。

	ア	イ	ウ	エ	オ
Y	電池の向き	電池の向き	電池の数	コイルの巻き数	電池の数
	図１と同じ	図１と同じ	１個	50回	１個
	図１と＋－が逆	図１と＋－が逆	２個	100回	２個
Z	電池の数	コイルの巻き数	コイルの巻き数	電池の数	電池の向き
	１個	50回	50回	１個	図１と同じ
	２個	100回	100回	２個	図1と＋－が逆

③　この結果から，(X)の強さは，何をすると強くなりますか。15字以内で２つ答えなさい。

1　でも、他人は他人、自分は自分だ。

2　集中していたからわからなかったけど、もう無理だ。

3　それでも、気づけば教室のざわめきの中に、あの子の声を探している。

4　私は肩《かた》をすくめ、なんでもない顔で眼鏡のつるにそっとふれる。

(二)　〈　〉1～4にはたとえの文が入ります。つぎのア～エのどの文がそれぞれ入りますか。記号で書きなさい。

ア　炭酸飲料の泡《あわ》みたいに　　イ　吐《は》きすてるみたいに

ウ　黒々とした澱《おり》のように　　エ　春風が吹《ふ》き抜けるみたいに

(三)　[A]に入る「私」の気持ちを考えて書きなさい。

(四)　＝線Bとありますが、「六花《りっか》に誇《ほこ》れる」とはどのような自分になることですか。自分のことばで書きなさい。

(五)　～線Cとありますが、「私」が気づいた「大事なこと」とはどんなことでしたか。文章全体から考えて、自分のことばで書きなさい。

私はとなりを見た。なつかしい、早緑の横顔。遠くを見つめる黒い瞳《ひとみ》。

「でも、六花には言えなかった。そんなこと、ぜったい言えなかった。はずかしかったから。一生懸《けん》命、絵を描いて、努力を楽しむことができる六花に、そんなこと、言えなかった。まぶしかったよ。あたしは六花のことが、ずっとまぶしかった……だからさ、あの日。あたし、責められてるような、そんな気がしちゃったんだよ」

――ばかみたい。まじめにやらないなら、やめたらいいのに。

あの日、自分が放った言葉が、どこか遠くで響いた。

「一年の三学期に、六花に会いに行こうと思った。体育館で、剣道部が練習してて。それを見ながらさ、一心不乱って感じで、六花は絵を描いてた。目がぎらぎらしてて。あたし、思いだしたんだ、はじめて、六花に話しかけたときのこと。シロクマの絵がじょうずだねって、ほめたこと。六花の顔がパッと明るくなって、それがびっくりするほどかわいらしくて。友だちになりたいって、思ったこと」

それから私をまっすぐに見て、言った。

「だからさ、あたしは思ったの。やっぱり、がんばらなきゃだめだ、って。今、ここで逃《に》げたくない。そのときの自分は、B六花に誇《ほこ》れるような自分じゃなかったから。だから、がんばろう、って」

早緑は笑った。きらきらと、かがやくような顔で、笑った。

「それから、すこしずつ、あたし、陸上が好きになった。走ることが、っていうか、走ることに打ちこむ自分のことが、好きになっていた。だから、今のあたしがあるのは、六花のおかげ」

「今は、じゃあ、楽しい？」

「うん。すっごく。胸を張って、そう言えるよ。だからさ」

なかなおりしよう。照れたように、でもまっすぐにそう言った早緑の瞳の色に私は思いだす。

あの日、早緑が話しかけてきてくれたときのことを。

――早緑の「ガハクじゃん！」って言葉がなければ、きっと今の私もないよ。

「ねえ、今日、藤棚《ふじだな》のところで、スケッチしてたよね？　見せて？」

「……やっぱり、気づかれてたんだ」

そうこぼしたらどこかから声が聞こえた気がした。それは、前髪の長い男子の、からかうような、だけどやさしい声。

――気づいてもらいたかったんじゃないのか？

そうだよ。私は気づいてほしかった。早緑にわかってほしかった。でも、それだけじゃ、だめだったんだね。

私はスケッチブックを開く。それから、早緑の目をまっすぐ見た。あの日からずっと、私の心は寒々とした冬の中にあって、だけど、それは私だけじゃなかった。自分の痛みにとらわれて、ひとりぼっちでかなしみに酔《よ》っていた私には、だれよりも大切な人の気持ちが見えずにいた。ずっとあなたに気づいてほしかった。ほんとうは、私が気づくべきだったのに。ずっとあなたのことを考えていた。そのくせ、なにもわかっていなかった。

もうやめよう、そういうの。

絵を描くのに大事なのは、よく見ること。Cきっと、だれかといっしょにいる未来を描くために、大事なことだって、おなじ。

「見せたかった絵が、たくさんあるの」

私はそう言って笑う。早緑の肩ごしに、夕日を浴びた山の木々が見えた。

（村上雅郁『きみの話を聞かせてくれよ』より）

㈠ □ア～エには、つぎの１～４のどの文がそれぞれ入りますか。番号で書きなさい。

っとがまんして、のみこんで、〈　3　〉たまっていた感情。私はそれを、早緑に聞いてほしかった。あの子なら、いっしょにおこってくれると、そう思ったから。

「どうしてみんな、ちゃんと絵を描かないんだろう」私は美術部でのことを話して、最後にこう言った。

「ばかみたい。まじめにやらないなら、やめたらいいのに」

それ、ほんとひどい。そう言ってくれると思った。だけど、そうじゃなかった。早緑はいやそうな顔で、〈　4　〉言った。

「だって、六花みたいに、才能がある子ばっかりじゃないでしょ？　だれだってさあ、どうしても勝てない人を見たら、やる気もなくなっちゃうよ」

そう言って、早緑は美術部の子たちの肩《かた》を持った。私の味方じゃなくて、あの子たちの味方をした。あの子たちがまじめにやっていないのは、私のせいみたいな、そんな言い方をして、私のことを責めた。ショックだった。それから、怒《いか》りがわいてきた。

「いいよね、白岡画伯は」最後に、早緑は言った。

「好きなことがちゃんとあって。得意なことがちゃんとあって。幸せじゃん、それ」

早緑のその言葉で、そのときの表情で。私にはわかった。わかりたくなかったけれど。私たちは、おたがいにわかりあえないんだってことが、わかってしまった。

通学路にあるこの公園にはよく来る。スケッチブックを広げて、でも、鉛筆をにぎる手に力が入らなかった。

「……好きで、絵を描いているだけ」ひとり、ちいさくつぶやく。それだけなのに、どうして責められないといけないのだろう。私は絵を描くのが好きで、得意で、それは才能とか、努力とか、いろいろな言葉で表されるかもしれないけど、あの子が言うように幸せなことにはちがいない。だけど、絵を描くのがいくら幸せだって、いつも楽しいわけじゃない。苦しいときだってある。さびしいときだってある。好きなことがあるっていうだけで、満足しないといけないのかな。それ以上のことを望んではいけなかったのかな……。私はどうして、絵を描いているんだっけ……。

――え、なんでこんなじょうずに描けるの？　ガハクじゃん！

脳裏《り》に響くあの日の声。そのとき、私はようやく、自分の気持ちに気づいた。

「早緑……？」

結《ゆ》わえた髪がなびく。ふり返った早緑の目が、びっくりしたように大きくなる。

「六花」沈黙《ちんもく》があった。早緑は気まずそうだった。

「なんか、ひさしぶりだね」毒にも薬にもならないような私の言葉を無視して、早緑は言った。

「六花、やっぱりまだ、部室で絵を描かないんだね」

私はだまっていた。なんて言ったらいいのか、ひとつも思いつかなかった。しばらくして、早緑は口を開いた。

「あのね、六花。あたしさ、ずっと言いたかったことがあって」

その真剣《けん》な声に、覚悟《ご》を決めたような表情に、さっと心が冷えるのを感じた。無意識に体がぎゅっと縮こまって、ようするに私はこわがっているらしい。

「あたしさ……ほんとのこと言うと、毎日泣いてたんだ。あのころ」

「……私とけんかしてから、ってこと？」

「ううん、ちがうちがう。そうじゃなくて、そのまえから陸上部の練習がいやでいやで。みんな、あたしよりずっと足が速くてさ。ほんと、毎日毎日、つらくてしょうがなくて。家でめそめそ泣いてたの」

おかげ」

「なるほどな。だけど……それじゃあ、あの部じゃ浮《う》くよな」

「……うん」

そうなのだ。黒野くんが言うとおり、私は美術部で浮いている。

美術部に入ったとき、私は正直、がっかりした。みんな、あまりまじめな部員とは言えなかったから。お菓子《か》を持ちこんで、おしゃべりしながらスマホをいじって。ときどきイラストも描いていたけど、それだけ。私の求めていた部活動ではなかった。

[エ]

それでも、やっぱりなんとなく、いやそうな目で見られた。空気読んでよ。場ちがいなんだよ。ここはそういう場所じゃないの。本当には言われたわけじゃないけれど、そういう言外の圧力をひしひしと感じた。私は気にしなかった。私のしていることのほうが、美術部員として正しい行動だと思っていたから。私が秋のコンクールで賞をとってから、部活の雰《ふん》囲気は目に見えて悪くなった。明らかに歓迎《げい》されていないオーラが立ちこめて、さすがに息苦しくなった。そして、私は部室で絵を描くのをやめた。私はただひとり、心をゆるしていた友人に、そのことを話した。

だけど――。

「黒野くんは、友だちとけんかしたり、する?」

「するする。ふつうにする」あっけらかんと言う。

「『シロクマ効果』って、知ってるか?」初耳だった。首を横にふると、黒野くんはほほえんだ。

「『これから十分間、シロクマのことだけは考えないでください』って言われたら、逆に考えちゃうだろ? そういう話だ。心を無にするっていうけど、まあ無理な話だよな。なにも考えないようにしようとしても、なにかしらは考えてしまう。『無にしよう』って考えている時点で、それ、ちっとも無じゃないよな」そう言って、いたずらっぽい目で私を見る。

「それで? 聞かせてくれよ。白岡六花にとってのシロクマはなんだ?」

私はだまって、スケッチブックに目を落とす。しばらくして、私は言った。

「私、友だちいないから。なかなおりのやりかたも、よくわからなくって」

「自分がどういう気持ちでいるのかをさ、伝えればいいわけだろ?」

「そう」もう一度、早緑と、いっしょに過ごせるように、なりたい。

「でも、気持ちは目に見えないからな」黒野くんはやわらかくほほえんだ。

「じゃ、なかなおりのチャンスが来たら、逃《のが》すんじゃないぞ」チャイムの音が響《ひび》いた。

扉《とびら》を開けると、わずかに聞こえていた談笑がやんで、部室の中はしんとした。ぴりついた空気の中、私はなにも言わずに自分の荷物を持ちだす。今さら、べつになにも思わない。私は無視してその場をあとにする。げた箱で靴をはきかえて、外へ。練習、終わったのかな。早緑のポニーテールは遠くからでもわかる。わかるからといって、どうということもない。

ただ、今日はそのことが、すこしだけ[A]。おなじ学校に通っていて、おなじクラスで過ごしていて、声をかければ、手を伸《の》ばせば、きっと届く距離《きょり》――それなのに、私たちの心はひどく遠い。まるで、冬と春みたいに、となりあっているのに、決して重なることはない。あの日からずっと。

去年の二学期。十月の半ばのことだ。きっかけは、部活のぐち。ず出たい。私は部活のみんなとあまり顔を合わせたくない。そして、むこうもきっとそう思っている。昇《しょう》降口で靴《くつ》にはきかえる。うす紫《むらさき》のちいさな花が集まって、したたるようにゆれている。ベンチに腰《こし》かけ、日陰《かげ》でスケッチブックを開く。

　絵を描くのは楽しい。それはとても恵《めぐ》まれたことなのだと思う。「楽しい」と思えることがあるのは、財産だ。だから、私はそれを有効に使いたい。楽しく努力して、楽しくうまくなって、もっともっとできることが増えれば、もっともっと楽しくなるだろう。ひとつひとつ、よく見て特徴《ちょう》をつかむ。絵を描くのに大事なのは、まず、見ることだ。ひるがえるポニーテールの動き。しなやかに体をひねる女の子。鉛筆を走らせていて、ふとそれが早緑のものだと気づく。

［　ウ　］余計なことを考えてしまう。雑念がもやもやと私の心に立ちこめて、鉛筆を持っている手が止まる。あの子、いやじゃないかな。私がここで絵を描いているの。なんか、見張られているみたいな気持ちがしていたら、どうしよう。早緑が部員と話しながら、近づいてくる。私はスケッチブックを閉じて、その場を離《はな》れた。どうか気づかれていませんようにと祈《いの》りながら、校庭のはじっこを速足で歩いて、昇降口にもどる。空き教室の前をそのまま通りすぎようとすると、うしろのドアが開いて、ひとりの男子が出てきた。その子は私を見て、小首をかしげた。厚い前髪《がみ》のおくの目が、ふっと細《ほそ》くなる。

「白岡六花じゃん」フルネームで私のことを呼んで、黒野くんは笑った。

「また、校舎ふらふらしてるのか？　おれといっしょだな」

　黒野良輔《りょうすけ》くん。おなじクラスの男子生徒。放課後こうして校舎の中をうろうろして、友だちとおしゃべりするのが趣《しゅ》味なんだそうだ。

「ついてこいよ」

　なんだかへんな感じだった。黒野くんと話すの、はじめてじゃないけれど、とくに親しいわけでもない。そもそも友だちゼロの私だ。それなのに、黒野くんと歩いていると、どこかほっとする。気心の知れた人といっしょにいるみたいな、そんな錯《さっ》覚におちいる。早緑といたときみたいに。心の中に、〈　1　〉。

　階段をのぼって、四階を通りすぎる。そして、私たちは屋上に出た。におやかな風が私の髪《かみ》をなびかせる。心なしか、青空が近い。広がる町。こんもりとしげった山の木々は、鮮《あざ》やかな新緑に覆《おお》われている。河川敷《かせんじき》の広場。西日にかがやく川面《も》。駅ビルのむこうには、観音《かんのん》様の白い頭が見える。私はスケッチブックを開いて、町をざっくりとスケッチしていく。鉛筆を走らせていると、黒野くんは足をなげだして、すわり、文庫本を読みだした。本を読みながら、体をゆらしている黒野くんに、私はたずねた。

「せっかくだから、黒野くんのこと、描いてもいい？」

「どうぞお好きに。描けたら見せてくれ」不思議な気分だ。黒野くん、教室にいるときは、もっととっつきにくい感じだと思っていた。

「そういえば、白岡六花。シロクマになにか思い入れでもあるのか？」黒野くんの言葉に、鉛筆が止まった。

「…むかし、自由帳に描いたシロクマの絵を、ほめてくれた子がいたの」

「そっか。思い出があるんだ」

　私はうなずいて、スケッチを再開する。それ以上言うつもりはなかったのだけど、黒野くんのあいづちが思ったよりやさしかったせいか、だまっているのが苦しくなった。〈　2　〉、言葉が胸のおくではじけ、ふつふつとのぼってくる。

「絵を描くこと自体は、ずっと好きだったけれど、美術部に入ろうと思ったのは、その子が絵をほめてくれたから。もっとうまくなりたいって思ったのは、そのためにがんばりたいって思ったのは、その子の

二　つぎの文章を読んで、あとの問題に答えなさい。

中二の四月。一年ぶりにおなじクラスになったあの子は、だけどまだ、私のことを避《さ》けている。わたしのいないグループで、私といたときとおなじように笑うあの子。ゆれるポニーテール。それを横目に、私はノートを開く。２Ｂの鉛《えん》筆を走らせて、陸上最大の肉食獣《じゅう》を描《えが》く。オーロラがたなびく夜空を仰《あお》ぐ、一頭のホッキョクグマ。遠くに連なる白い山脈。

ひとりでいることは苦ではない。あの子と出会うまえはずっとそうだった。もとにもどっただけ。だからさびしくはない。

［ア］

「うわあ！　絵、めっちゃじょうずじゃん！　すご！」

私がこっそりと自由帳に描《か》いていたシロクマを見て、あの子は歓《かん》声をあげた。三年前の春。五年生のクラス替《が》えのあと。まだすこしもなじめていない教室のすみっこ。自分の描いた絵だけが友だちだった私の世界に、颯爽《さっそう》と飛びこんできた女の子は、早緑《さみどり》と名乗った。

春山早緑。

「名前、思いっきり春って感じでしょ？」そう言って、あの子は笑った。

春の山に芽吹《ぶ》く若葉の色。早緑。だけどそんなことを言うなら、私の名前は思いっきり冬だ。白岡六花《りっか》。白い岡に降る雪。六花。

「え、なんでこんなじょうずに描けるの？　ガハクじゃん！」

ガハク。ほめ言葉なのかな。画伯《はく》のことだよね、きっと。早緑と私はあっという間に友だちになった。ただ、私にとっての早緑は、クラスで唯《ゆい》一の友だちと言ってよかったけれど、早緑から見た私は、何人もいる友だちのうちのひとりだったのだろう。早緑は人となかよくなるのが不思議なくらいに早かった。

「早緑は、友だちがたくさんいるね」ノートのすみにシロクマを描きながら、私が言うと、早緑はにっこりした。

「でも六花といっしょにいる時間が、いちばん落ちつく。大好き」

［イ］

この新船中学に入るとき、早緑は言った。

「六花、部活どうするの？　やっぱり美術部？」

私はうなずく。「もっと、じょうずになりたいから」

「いや、もうじゅうぶんじょうずだよ。でもいいなあ。そうやって、好きなことがあるの」

「早緑は、ないの？」

「ううん、これといってさあ、『すっごく好き』ってもの、あたしにはないかなあ」ちょっと考えるような顔をして、早緑は続ける。

「でも、たぶん運動部に入ると思う。体動かすのは、『すっごく』じゃないけど、わりと好きだし。そこそこ得意だし」

「そっか」短くあいづちを打って、それからもうちょっと気の利《き》いたことが言えたらと思う私。早緑は言った。

「きっと六花、もっともっとじょうずになるよ。あたし知ってるもん。六花はガハクだもんね。きっと将来、世界的なガハクになるよ」

私は照れ笑いしないようにこらえた。赤い縁《ふち》の眼鏡のつるを意味もなくさわって、なんでもないような顔をよそおう。すると、早緑は笑った。

「六花、照れたりあせったりすると、そうやって眼鏡さわるよね。お見通し！」

廊《ろう》下を早歩きで通りすぎ、階段を下りて美術室に向かう。だれよりも早く。ほかの子たちが来るまえに、スケッチブックを持って部室を

2024年度

日本女子大学附属中学校

【国　語】〈第二回試験〉（五〇分）〈満点：六〇点〉

一　筆者は戦争の体験を語るドキュメンタリー映画をつくるため、かつてのクラスメートや自分を知る人々に会いに行きます。本文は映画を制作するなかで筆者が聞いた話、感じたことを記した文章です。あとの問題に答えなさい。

〔編集部注…課題文は著作権上の問題により掲載できません。作品の該当箇所につきましては次の書籍を参考にしてください〕
・テオ・コステル著　桜田直美訳『アンネ、わたしたちは老人になるまで生き延びられた。―クラスメートたちがたどるアンネ・フランクの思い出』（清流出版　二〇一二年八月第一刷発行）11ページ冒頭～12ページ10行目、21ページ冒頭～22ページ最終行、187ページ冒頭～191ページ最終行、194ページ５行目～202ページ最終行　※途中、中略および一部改変あり

(一)　[A]「先見の明」、[B]「一堂に会する」はそれぞれどんな意味ですか。最もふさわしいものを下の中からそれぞれ選び、番号で書きなさい。

A
1　人々の将来を照らす希望
2　物事が起こる前に見抜《ぬ》く力
3　自分の敵を愛する心
4　先に立って相手と戦う勇気

B
1　全員が同じ場に集まること
2　互《たが》いに同じ場所を好むこと
3　偶《ぐう》然に同じ建物で会うこと
4　建物の中で互いに話し合うこと

(二)　（　）**あ**～**え**に入る最もふさわしいことばをつぎの語群から選び、漢字に直して書きなさい。同じ記号には同じことばが入ります。

じっさい　かち　どくじ　ものがたり

(三)　――線**ア**とありますが、「潜伏《せんぷく》生活を送っていた子供たちのための会議」でアルベルトは何を思い、それに対してどんなことに気づいたのか書きなさい。

(四)　――線①～④を漢字に直しなさい。必要なら送りがなも書きなさい。

(五)　〰〰線**イ**とありますが、レニーの体験についてつぎのようにまとめました。[　]ⓐ～ⓔに入る最もふさわしいことばを、文中からその字数で探して書きなさい。

レニーは潜伏生活の間に何度も[ⓐ]（２字）されたが、生きのびることができた。しかし多くのオランダ人はかくまうことを嫌《きら》っていた。ユダヤ人は[ⓑ]（５字）を提供し、その多くが命を失った。潜伏先ではユダヤ人は歩くだけで[ⓒ]（４字）を感じていたが、このような状況《きょう》に[ⓓ]（３字）な人も多く、[ⓔ]（８字）経験を持てずに子供時代は失われたともいえる。

(六)　‖線**ウ**とありますが、このことばを聞いて「私」（モーリス・コステル）はどのようなことを考えたか書きなさい。

(七)　……線**エ**とありますが、それはなぜだとあなたは思いますか。アルベルト、レニー、「私」（モーリス・コステル）の話からわかることを考えて、自分のことばで書きなさい。

2024年度

日本女子大学附属中学校 ▶解説と解答

算　数　＜第２回試験＞（50分）＜満点：60点＞

解　答

Ⅰ　(1)　1　(2)　19　(3)　$\frac{1}{7}$　(4)　680mL　Ⅱ　(1)　７回　(2)　16cm　(3)　５％　(4)　３人　(5)　19度　(6)　解説の図③を参照のこと。　(7)　75000m^2　(8)　28cm　Ⅲ　(1)　25回目　(2)　49回目　Ⅳ　(1)　15cm　(2)　18cm　(3)　㋐　75　㋑　20　Ⅴ　(1)　時速３km　(2)　**グラフ**…解説の図３を参照のこと。／**時間**…９時４分　(3)　時速6.6km　Ⅵ　(1)　毎秒80cm^3　(2)　1200cm^3　(3)　㋐　60　㋑　130　㋒　17　㋓　155

解　説

Ⅰ　四則計算，逆算，計算のくふう，単位の計算

(1)　$1.75\div 2.625+\left(2\frac{1}{3}-1.5\right)\times 0.4=1\frac{3}{4}\div 2\frac{5}{8}+\left(\frac{7}{3}-\frac{3}{2}\right)\times\frac{2}{5}=\frac{7}{4}\div\frac{21}{8}+\left(\frac{14}{6}-\frac{9}{6}\right)\times\frac{2}{5}=\frac{7}{4}\times\frac{8}{21}+\frac{5}{6}\times\frac{2}{5}=\frac{2}{3}+\frac{1}{3}=\frac{3}{3}=1$

(2)　$195-91\div 13=195-7=188$より，$\{188-(35-\square)\div 8\}\div 93=2$，$188-(35-\square)\div 8=2\times 93=186$，$(35-\square)\div 8=188-186=2$，$35-\square=2\times 8=16$　よって，$\square=35-16=19$

(3)　$\frac{6}{5\times 7}+\frac{5}{3\times 7}-\frac{4}{3\times 5}=\frac{6\times 3}{3\times 5\times 7}+\frac{5\times 5}{3\times 5\times 7}-\frac{4\times 7}{3\times 5\times 7}=\frac{18+25-28}{3\times 5\times 7}=\frac{15}{3\times 5\times 7}=\frac{1}{7}$

(4)　１L＝1000mL，１dL＝100mL，１cm^3＝１mLより，8.6dL＋1.2L－1380cm^3＝860mL＋1200mL－1380mL＝680mLとなる。

Ⅱ　整数の性質，割合と比，濃度《のうど》，集まり，平均とのべ，角度，展開図，面積，相似，単位の計算，水の深さと体積

(1)　６と９の最小公倍数は18だから，電車とバスは18分おきに同時に発車する。７時から９時半までは，９時30分－７時＝２時間30分＝150分あるので，150÷18＝８余り６より，７時を含《ふく》めて，８＋１＝９(回)同時に発車することがわかる。そのうち，７時から７時半までに同時に発車するのは，７時，７時18分の２回あるから，７時半から９時半までに同時に発車する回数は，９－２＝７(回)である。

(2)　(Ａの長さ)$\times\frac{4}{5}$＝(Ｂの長さ)$\times\frac{5}{8}$と表すことができるので，Ａの長さとＢの長さの比は，$\frac{5}{4}:\frac{8}{5}=(5\times 5):(8\times 4)=25:32$とわかる。この差が3.5cmだから，比の１にあたる長さは，3.5÷(32－25)＝0.5(cm)となり，Ｂの長さは，0.5×32＝16(cm)と求められる。

(3)　６％の食塩水300ｇから50ｇを取り出すと，６％の食塩水が，300－50＝250(ｇ)残るので，この食塩水に含まれている食塩の重さは，250×0.06＝15(ｇ)とわかる。次に，この食塩水に水50ｇ

を加えると，食塩の重さは変わらずに食塩水の重さが300gにもどる。よって，できた食塩水の濃度は，15÷300×100＝5(%)と求められる。

⑷　人数について図に表すと右の図①のようになる。はじめに，(平均点)＝(合計点)÷(人数)より，(合計点)＝(平均点)×(人数)となるので，35人の合計点は，6×35＝210(点)とわかる。そのうち，Aだけを正解した，17－10＝7(人)の合計点は，5×7＝35(点)，A，Bともに正解した10人の合計点は，(5＋5)×10＝100(点)だから，Bだけを正解した人の合計点は，210－(35＋100)＝75(点)となる。よって，Bだけを正解した人数(□)は，75÷5＝15(人)なので，1問も正解しなかった人数は，35－(17＋15)＝3(人)と求められる。

図①

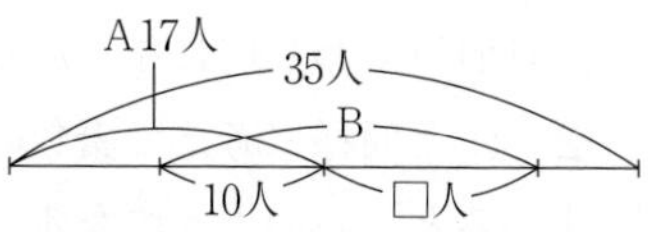

⑸　下の図②で，三角形ABCは二等辺三角形だから，角BACの大きさは，180－73×2＝34(度)である。また，かげをつけた2つの三角形で，●印をつけた角の大きさは等しいので，残りの2つの角の大きさの和も等しくなる。つまり，34＋58＝(あ)＋73という関係がある。よって，(あ)＝34＋58－73＝19(度)と求められる。

図②

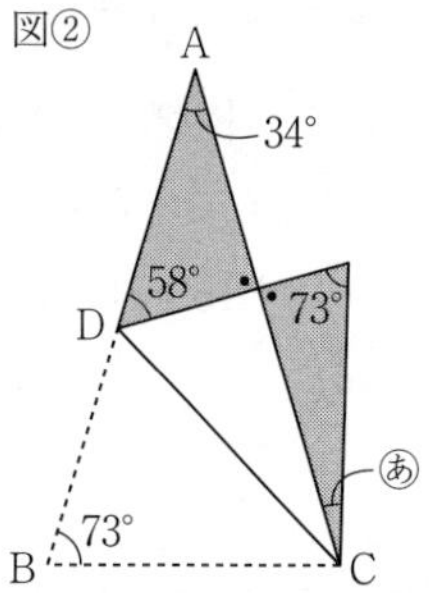

図③

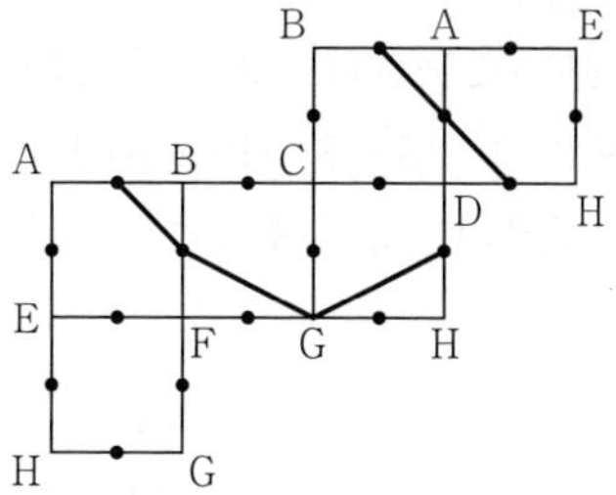

図④

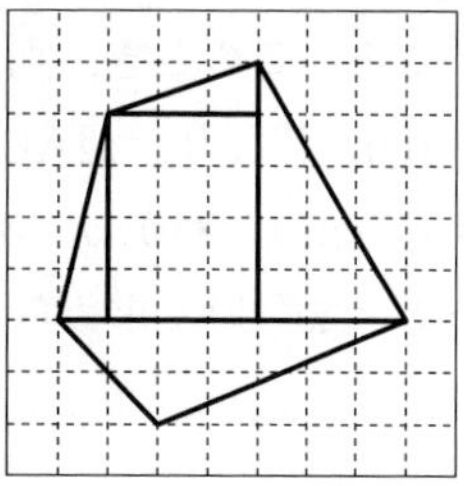

⑹　はじめに，面BFGCをもとにして，見取図の頂点の記号を展開図に移す。次に，この記号をもとにして線をひくと，上の図③のようになる。

⑺　はじめに，縮図上の面積を求める。上の図④のように4つの三角形と1つの長方形に分けると，それぞれの図形の面積は，1×4÷2＝2(cm^2)，7×2÷2＝7(cm^2)，3×5÷2＝7.5(cm^2)，3×1÷2＝1.5(cm^2)，4×3＝12(cm^2)となるから，縮図上の面積は，2＋7＋7.5＋1.5＋12＝30(cm^2)と求められる。次に，実際の面積は縮図上の面積の(5000×5000)倍になる。さらに，1m^{2}は1辺の長さが1m(＝100cm)の正方形の面積なので，1m^2＝(100×100)cm^{2}となる。よって，実際の面積は，$30\times\frac{5000\times5000}{100\times100}=30\times50\times50=75000$(m^2)とわかる。

⑻　四角柱の容器に移した水の体積は(40×40×21.98)cm^{3}である。また，円柱の容器の底面の円の半径は，40÷2＝20(cm)だから，円柱の容器の高さを□cmとすると，円柱の容器の容積は(20×20×3.14×□)cm^{3}と表すことができる。これらが等しいので，20×20×3.14×□＝40×40×21.98より，$\square=\frac{40\times40\times21.98}{20\times20\times3.14}=2\times2\times7=28$(cm)と求められる。よって，四角柱の容器の高さも28cmである。

Ⅲ　素数の性質

⑴　1×2×…×100を素数の積で表したときの5の個数を求める。100÷5＝20より，1から100までに5の倍数は20個ある。また，100÷(5×5)＝4より，(5×5＝)25の倍数は4個あり，こ

の中には５が２個ずつ含まれているので，素数の積で表したときの５の個数は全部で，20＋４＝24(個)とわかる。よって，５で24回までわり切ることができるから，24＋１＝25(回目)でわり切れなくなる。

⑵　(1)と同様に考えて素数の積で表したときの３の個数を求めると，右のようになる。よって，素数の積で表したときの３の個数は全部で，33＋11＋３＋１＝48(個)なので，３で48回までわり切ることができ，48＋１＝49(回目)でわり切れなくなる。

㋐　100÷３＝33余り１
　３は33個ある
㋑　100÷(３×３)＝11余り１
　㋐のほかに３は11個ある
㋒　100÷(３×３×３)＝３余り19
　㋐，㋑のほかに３は３個ある
㋓　100÷(３×３×３×３)＝１余り19
　㋐，㋑，㋒のほかに３は１個ある

Ⅳ　グラフ―図形上の点の移動，面積

⑴　点Ｐが辺DC上を動くときは三角形にならないから，その間の面積は０cm²である。問題文中のグラフから，その時間が５秒とわかるので，辺DCの長さは，３×５＝15(cm)と求められる。

⑵　グラフから，下の図１のように点ＰがＢにいるときの三角形PCDの面積が135cm²とわかる。よって，辺BCの長さは，135×２÷15＝18(cm)である。

⑶　(あ)は点ＰがＡにいるときと$\frac{25}{3}$秒後の三角形PCDの面積である。よって，$\frac{25}{3}$秒後には下の図２のようになる。このとき，点Ｐが動いた長さは，３×$\frac{25}{3}$＝25(cm)だから，図２のBPの長さは，25−17＝８(cm)となり，辺ADの長さは，18−８＝10(cm)と求められる。したがって，(あ)＝10×15÷２＝75(cm²)とわかる。次に，台形ABCDのまわりの長さは，17＋18＋15＋10＝60(cm)なので，(い)＝60÷３＝20(秒)と求められる。

図１

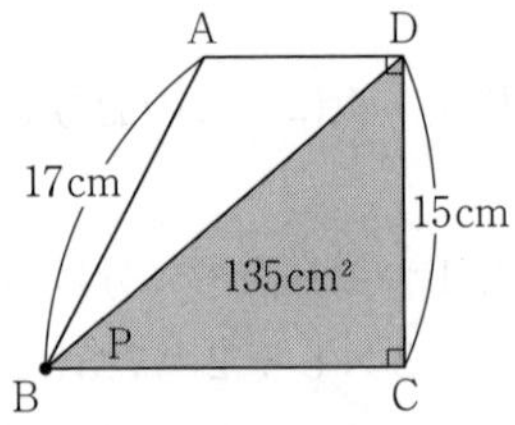

図２

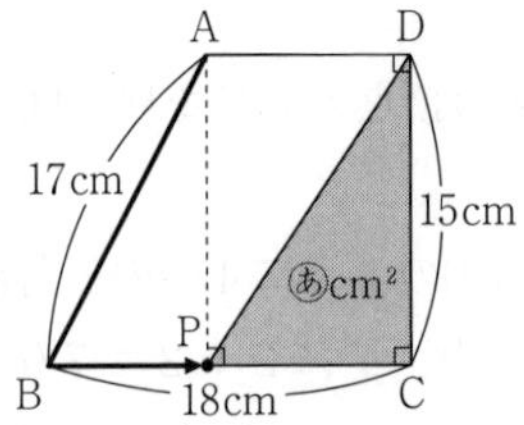

図３

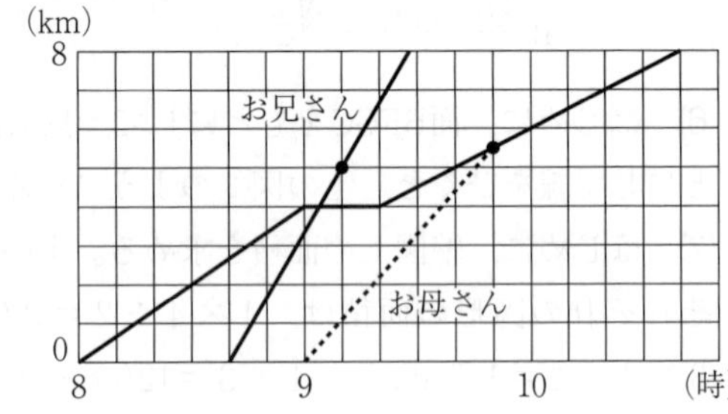

Ⅴ　グラフ―速さ

⑴　４kmの地点からおばさんの家までの道のりは，８−４＝４(km)である。また，夏子さんがこの道のりを進むのにかかった時間は，10時40分−９時20分＝１時間20分だから，このときの速さは時速，４÷$1\frac{20}{60}$＝３(km)とわかる。

⑵　お兄さんが８km進むのにかかる時間は，８÷10＝0.8(時間)，60×0.8＝48(分)なので，お兄さんの様子を表すグラフは上の図３の太実線のようになる。また，図３から，お兄さんが夏子さんに追いついたのは家から４kmの地点とわかるから，お兄さんが出発してから夏子さんに追いつくまでの時間は，４÷10＝0.4(時間)，60×0.4＝24(分)となる。よって，お兄さんが夏子さんに追いついた時刻は，８時40分＋24分＝８時64分＝９時４分と求められる。なお，お兄さんは30分で，10×$\frac{30}{60}$＝５(km)進むので，お兄さんの様子を表すグラフは●の点を通る。

⑶　お母さんの様子を表すグラフは太点線のようになる。夏子さんが９時20分から９時50分までの，

９時50分－９時20分＝30分で進んだ道のりは，$3\times\frac{30}{60}=1.5$(km)だから，お母さんが夏子さんに追いついたのは家から，$4+1.5=5.5$(km)の地点である。よって，お母さんは，９時50分－９時＝50分で5.5km進んだので，お母さんの速さは時速，$5.5\div\frac{50}{60}=6.6$(km)と求められる。

Ⅵ グラフ―水の深さと体積

(1) 右の図１の①～④の順番で水が入り，④まで入ったときにコップを取り出す。すると，Ａの部分の水面の高さが㋒cmに下がり，右下の図２のようになる。さらに，図２の⑤，⑥の順番で水が入る。①の部分の容積は，$(400-100)\times12=3600(\mathrm{cm}^3)$であり，①の部分に入れた時間が45秒だから，水は毎秒，$3600\div45=80(\mathrm{cm}^3)$入れたとわかる。

図１

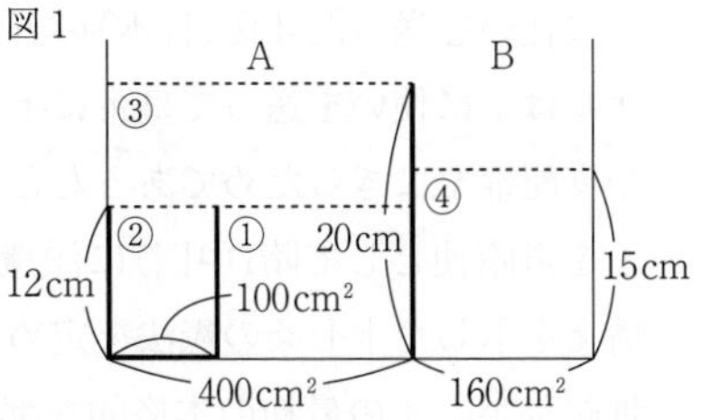

図２

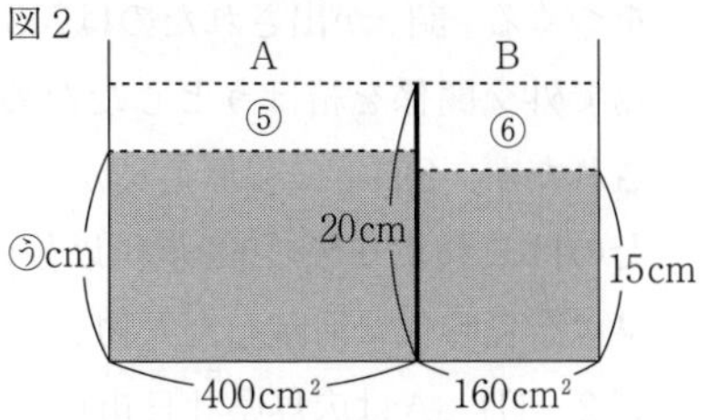

(2) コップは底面積が$100\mathrm{cm}^2$で高さが12cmなので，コップの容積は，$100\times12=1200(\mathrm{cm}^3)$である。

(3) はじめに㋒を求める。⑤の部分の容積はコップの容積と等しく$1200\mathrm{cm}^3$だから，⑤の部分の高さは，$1200\div400=3$(cm)となり，㋒$=20-3=17$(cm)とわかる。次に，②の部分に入れた時間は，$1200\div80=15$(秒)なので，㋐$=45+15=60$(秒)となる。また，③の部分の容積は，$400\times(20-12)=3200(\mathrm{cm}^3)$だから，③の部分に入れた時間は，$3200\div80=40$(秒)とわかる。さらに，④の部分の容積は，$160\times15=2400(\mathrm{cm}^3)$なので，④の部分に入れた時間は，$2400\div80=30$(秒)である。よって，㋑$=60+40+30=130$(秒)と求められる。最後に，⑤の部分に入れた時間は②の部分に入れた時間と等しく15秒であり，⑥の部分の容積は，$160\times(20-15)=800(\mathrm{cm}^3)$だから，⑥の部分に入れた時間は，$800\div80=10$(秒)となる。したがって，㋓$=130+15+10=155$(秒)とわかる。

社　会　＜第２回試験＞（30分）＜満点：40点＞

解　答

1 **問１** (1) ア　(2) ウ　(3) エ　(4) イ　(5) ウ　**問２** (1) **Ａ** ウ　**Ｂ** イ　(2) 広島県　(3) ウ　(4) ① (前)・後　② 前・(後)　**問３** (1) ① ウ　② イ　(2) ① ア　② エ　(3) Ｄ→Ｅ→Ｃ　**問４** **あ** 石油　**い** ア　**問５** ウ
2 **問１** (1) **県名**…高知県　**記号**…ウ　(2) ① イ　② ア　③ ウ　**問２** (1) エ　(2) ウ　(3) ① イ　② （例） 魚介類を安定して供給でき，漁業に関わる人の収入も安定すること。　**問３** (1) エ　(2) イ　(3) ① う　② あ　③ い　**問４** ア　**3** **問１** イ　**問２** イ　**問３** (1) ウ　(2) ① ×　② ○　**問４** **出生率**…ア　**割合**…キ　**問５** エ　**問６** ウ　**問７** (1) ア　(2) **e** (高)・低　**f** 高・(低)　**4** **問１** WHO　**問２** (1) 日本国憲法　(2) ウ　(3) （例） 患者を強制的に療養所に隔離する政策。　**問３** ウ

解説

1　各時代の日本と中国との関わりについての問題

問１　⑴　４世紀後半から大和政権（朝廷）は朝鮮半島へ進出を始めたが，それは武器や農具に利用する鉄資源を得るためでもあった。　⑵「ワカタケル」は雄略天皇のこととされ，中国南朝の宋に使いを送った「倭《わ》（日本）の五王」のうちの「武」と同一人物であると推定されている。ワカタケルは宋に使いを送って皇帝に上表文（文書）を渡したが，これは鉄が手に入る朝鮮半島での軍事権や支配権をにぎるためであったとされる（ウ…○）。　⑶　聖徳太子（厩《うまや》戸《と》王）は，607年に小野妹子を遣隋使として隋（中国）に派遣した。太子は，この少し前の604年に，役人や豪族が守るべき心構えを示した十七条の憲法を定めている（エ…○）。なお，アの前方後円墳がつくられ始めたのは３世紀後半。イの最初の本格的な都とは藤原京のことで，持統天皇が694年に都を移した。ウの大仏をつくる詔《みことのり》が出されたのは743年のこと。　⑷　太子が遣隋使を派遣したのは，隋と対等な立場で外交関係を結ぼうとしたためである（イ…○）。　⑸　630年以降，遣唐使が唐（中国）に派遣されたが，894年に菅原道真がこれを停止するよう進言したことで廃止された。藤原道長が活躍したのはこれより後の990年代以後のことである（ウ…○）。なお，アの鑑真，イの行基，エの聖武天皇は奈良時代に活躍した人物。

問２　⑴　Ａは広島県廿《はつ》日《か》市《いち》市にある厳島神社で，平安時代末期に平清盛（肖像画のウ）が厚く信仰し，社殿を現在あるような姿に修復したことで知られる。Ｂは京都市にある鹿苑寺《ろくおんじ》金閣で，室町幕府の第３代将軍であった足利義満（肖像画のイ）が京都北山に建てた。なお，アは源義経，エは北条政子。　⑵　⑴のＡの解説を参照のこと。　⑶　足利義満は明（中国）と国交を開き，日明貿易（勘合《かんごう》貿易）を始めた（ウ…○）。　⑷　①　朝廷が南朝と北朝の２つに分裂《ぶんれつ》したのは1336年のことなので，金閣造営（1398年ごろ）の前になる。義満は1392年に南北朝の合一に成功している。　②　京都での11年間におよぶ戦乱とは，応仁の乱（1467～77年）のことなので，金閣造営の後になる。なお，応仁の乱は第８代将軍足利義政の後つぎ問題などが原因で起こった。

問３　⑴　①　国際連盟が設立されたのは1920年のことで，第一次世界大戦（1914～18年）に対する反省がきっかけとなった。　②　日本が南満州鉄道の権利を獲得《かくとく》したのは，日露戦争（1904～05年）のポーツマス条約による。なお，アの日清戦争は1894～95年，エの第二次世界大戦は1939～45年。　⑵　日本が本格的に中国（中華民国）に進出しようとしたのは，1929年にアメリカで始まった不景気の波が日本にも押し寄せ，深刻な不況におちいったことも一因にあげられる。　⑶　Ｃの日本が国際連盟を脱退したのは1933年，Ｄの南満州鉄道の線路爆破事件（柳条《りゅうじょう》湖《こ》事件）は1931年，Ｅの満州国がつくられたのは1932年である。よって，年代の古い順にＤ→Ｅ→Ｃになる。

問４　日中戦争（1937～45年）が長引くと，日本は石油などの資源を獲得するためにフランス領インドシナに進出し，アメリカ・イギリスと対立した。また，フィリピンは当時アメリカの植民地であった。

問５　東海道新幹線の開通は1964年のことなので，ウが正しくない。

2　県境を接する３つの県を題材にした問題

問１　⑴　図Ａは四国地方の徳島・香川・愛媛の３県である。描かれていないのは高知県で，高知県はなすの収穫《しゅうかく》量が全国一である。　⑵　①「本州四国連絡橋」のうち，最も東側にあるのは，瀬戸内海で最も面積の大きい淡路島（兵庫県）を通る神戸―鳴門ルートで，兵庫県と徳島県を結んでいる。　②　中央に位置するのは，「本州四国連絡橋」の中で最も早い1988年に開通した児島―坂出ルートで，岡山県と香川県を結んでいる。　③　最も西側にあるのは，尾道―今治《いまばり》ルートで，中国地方で人口が最も多い広島県と四国地方で人口が最も多い愛媛県を結んでいる。

問2　(1)　図Bは近畿・中部地方の滋賀・福井・岐阜の3県である。内陸県の岐阜県と滋賀県の県境に近い関ケ原では，1600年に「天下分け目の戦い」が行われ，東軍の徳川家康が西軍の石田三成らを破った。なお，アの富士川の戦い(静岡県)は1180年，イの壇ノ浦の戦い(山口県)は1185年のことで，いずれも源氏と平氏の間の戦い，ウの長篠の戦い(愛知県)は1575年のことで，織田信長・徳川家康の連合軍が甲斐《かい》(山梨県)の武田勝頼軍を破った戦い。　(2)　滋賀県と岐阜県は，いずれも機械工業の生産額が多い。　(3)　①　福井県の若狭《わかさ》湾沿岸は，山地が沈みこみ，谷であった部分に海水が入ってできたリアス海岸で，イの秋田県の海岸には見られない。　②　リアス海岸は入り江が陸地の奥まで入りこんで水深が深く，波もおだやかなため，漁港や養しょく漁業に適している。この場合の養しょく漁業は，卵から育てた稚魚や稚貝を海のいけすやいかだなどを使って，大きくなるまで育てて出荷する漁業である。魚介《ぎょかい》類を安定的に供給することができ，養しょく漁業を営むうえでの収入も安定する。また，市場での値動きを見て，出荷量を調整できるという利点もあり，魚をとりすぎることで自然環境に悪影響をあたえる心配がないことなども良い点として考えられる。

問3　(1)　図Cは中部・関東・東北地方の新潟・群馬・福島の3県である。よって，エの近畿地方が当てはまらない。　(2)　最上川は山形県を流れているので，イが3県に含まれない。なお，アの信濃川は長野・新潟県を流れている。ウの阿武隈《あぶくま》高地は宮城・福島・茨城の3県にまたがる。エの越後山脈は新潟・群馬・福島の県境にまたがっている。　(3)　①　野菜の産出額が多いので，「う」の群馬県になる。群馬県はキャベツの産出額が全国一。　②　米の産出額が多いので，「あ」の新潟県になる。新潟県は米の産出額が全国一。　③　果実の産出額が多いので「い」の福島県になる。福島県はももの産出額が山梨県についで多い。

問4　aは高松市(香川県)で瀬戸内の気候，bは福井市で日本海側の気候，cはいわき市(福島県)で太平洋側の気候に属している。福井市は冬の降水量(積雪量)が多いので，気温の低いときに降水量が多くなる。よって，bはグラフのア(◆)が当てはまる。aはウ(■)，cはイ(▲)。

3　2023年の出来事についての問題

問1　国際連合は，2023年半ばにインド(地図中のウ)が中国(地図中のイ)を抜いて人口が世界一になるとの推計を発表した。なお，アはロシア，エはアメリカ。中国の人口減少は，1979年から行われてきた「一人っ子政策」がその大きな要因といわれ，出生数が低下している。

問2　推計ではインドの人口は14億2860万人，中国の人口は14億2570万人で，インドと中国を合わせた人口は28億5千万人を超《こ》えている。世界の人口は約80億人なので，世界の3人に1人は中国人かインド人になる。

問3　(1)　インドの経済成長は，ICT(情報通信技術)の関連産業に支えられており，「グローバルサウス(南半球に多い発展途上国や新興国)」の中心的存在になりつつある。なお，アのWEBはインターネット上で提供される情報の公開・閲覧《えつらん》システム，イのPOSはスーパーやコンビニなどのレジで商品情報を読み取って売り上げや在庫を管理するためのシステム，エのURLはインターネット上のリソース(資源)を特定するための形式的な記号の並びをいう。　(2)　①　インターネット上に公開されている情報は，常に正しいとは限らず，むしろ正確でないもの，違法なものが多いと考えて対応することが望ましい(…×)。　② 身に覚えのないメールは，犯罪にまきこまれるおそれがあるので，開かない方がよい(…○)。

問４　「合計特殊《とくしゅ》出生率」とは，１人の女性が生涯《しょうがい》に産む子どもの数の平均のことをいい，その数値は1.26である。また，15歳以上64歳以下の生産年齢人口の割合は59.4％となっている(いずれも2022年)。よって，出生率はア，割合はキになる。

問５　花咲港は北海道根室市にあり，北洋漁業の基地となっている。

問６　サンマは「秋の味覚」の代表的な魚で，８月にサンマ漁が解禁されると，北海道東方沖の漁場をめざして多くの船が花咲港などから出港する。日本近海にすむサンマは夏に北の海を回遊した後，産卵のためしだいに南下していく。

問７　(1)，(2)　サンマは寒流域に生息する魚であるが，近年は沿岸の海水温が高くなったため，サンマの群れがいる海域が海水温の低い沖合に移った。そのため，沖合に漁の範囲を広げたものの沖合は海の栄養分が少ないため水揚げされるサンマの魚体が小さく，また燃料代の負担が増えることになった。

4　ハンセン病と人権侵害《しんがい》についての問題

問１　WHO(世界保健機関)は，世界の人々の健康増進や医療・伝染病対策などを行う国際連合の専門機関である。

問２　(1)　ハンセン病は「らい菌《きん》」に感染《かんせん》することで発症するが，感染力が弱く，また早期に適切な治療を受ければ完治する病気である。しかし，日本では誤った考え方からハンセン病患者《かんじゃ》を強制的に療養所に隔離《かくり》する政策を行い，戦後，WHOが強制隔離の廃止を提唱したにもかかわらず，その後も「らい予防法」にもとづき，長期間にわたり患者の隔離を継続《けいぞく》した。1996年にようやく「らい予防法」が廃止されたが，1998年に熊本県と鹿児島県にある療養所の入所者らが「らい予防法」が日本国憲法に違反しているとして，国に損害賠償《そんがいばいしょう》を求める訴訟《そしょう》を起こした。　(2)　行政によって権利を侵害された被害者が，国や地方公共団体を相手に被害の救済を求めて起こす裁判を行政裁判といい，その第一審は地方裁判所で行われる。　(3)　(1)の解説を参照のこと。

問３　2001年，熊本地方裁判所でこの訴訟の判決が下り，「らい予防法」が日本国憲法に違反していることを認め，訴《うった》えを起こした原告側が勝訴《しょうそ》した。国は高等裁判所への控訴《こうそ》を断念し，判決が確定した。そして，内閣総理大臣および厚生労働大臣から，原告である療養所の入所者らに対する謝罪が行われた。

理　科　＜第２回試験＞（30分）＜満点：40点＞

解　答

1　(1)　エ　(2)　子葉　(3)　ア　(4)　①　エ　②　イ　**2**　(1)　ウ　(2)　イ　(3)　胎ばん　(4)　ウ　(5)　イ　**3**　(1)　ウ　(2)　ア　(3)　オ　(4)　A，D，C，B　**4**　(1)　18時40分　(2)　E　(3)　ウ　(4)　夏の大三角　(5)　カシオペヤ座，カ　**5**　(1)　11.7g　(2)　3.45g　(3)　8.3g　**6**　(1)　ア　(2)　イ　**7**　(1)　イ，

エ　(2)（例）固体が溶けている。　8 (1)（おもりのおもさ，糸の長さ，ふれはばの順で）**条件２**…ア，イ，ア　**条件３**…イ，ア，ア　(2)（例）誤差を小さくするため。　(3)（例）糸の長さを長くする。　9 (1) 電磁石　(2) 右の図　(3) ①オ　②ウ　③（例）直列につなぐ電池の数を多くする(。)／コイルの巻き数を多くする(。)

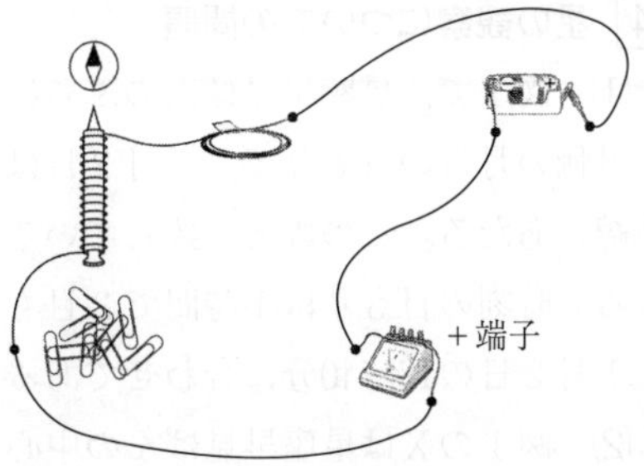

解説

1 ヒマワリの成長，季節と生物についての問題

(1) それぞれの種は，アがダイズ，イがエンドウ，ウがセンダングサ，エがヒマワリである。

(2) 種が発芽し，最初に出てくる葉を子葉という。

(3) ヒマワリは発芽のときに子葉を２枚出す双《そう》子葉類である。双子葉類の根はアのように主根と側根からなるつくりをしている。イはひげ根とよばれ，単子葉類(イネなど)の根である。

(4) ヒマワリの種をまき，しばらくして発芽するのは春である。また，ヒマワリの花がさくのは夏で，花のさいたあとに種ができ，枯《か》れるのは秋といえる。アは冬，イは秋，ウは夏，エは春に見られる生物のようすである。

2 ヒトのたんじょうについての問題

(1) 子宮の中の胎児《たいじ》は，ふつうウのように頭を下に向けている。なお，妊娠《にんしん》期間の中期までは胎児の活動により頭を上に向けていることも少なくないが，出産が近づくと頭を下に向けるのが一般《いっぱん》的で，それでも頭を上にしている場合(逆子《さかご》とよばれる)は出産時にさまざまな問題が起こる可能性がある。

(2), (3) 子宮の中の胎児は，子宮のかべについている胎ばんと，胎ばんと胎児とをつなぐへそのおで母親とつながっている。胎児は胎ばんとへそのおを通して，母親から酸素や栄養分をもらい，二酸化炭素などの不要物をわたしている。

(4) ヒトの場合，受精してからおよそ38週(266日)でうまれる。

(5) ヒトがうまれてきたときの標準的な大きさは，身長がおよそ50cm，体重がおよそ３kgである。

3 気象の観測，天気の移り変わりについての問題

(1) 日本が運用している気象衛星は，「ひまわり」という名前でよばれている。1977年に１号が打ち上げられ，2024年現在は９号が運用されている。

(2) 気象庁が運用しているアメダス(地域気象観測システム)は，全国約1300か所の観測所で気象のようすを自動で観測している。観測内容は，気温，雨量(降水量)，風向・風速など(各観測所により観測内容は異なる)で，雨雲は観測していない。

(3) Ｂの雲画像を見ると，札幌《さっぽろ》と東京には雲がかかっているが，大阪と福岡には雲がかかっていない。このことから，オの組み合わせが選べる。

(4) 日本付近では，上空をふく偏西《へんせい》風の影響《えいきょう》により，雲はふつう西から東へと移動する。よって，Ａの雲画像で大陸上にある雲のかたまりが発達しながら東へ進んでいくようすを考えると，日付順にＡ→Ｄ→Ｃ→Ｂとなると考えられる。

4 星の観察についての問題

⑴　図１で，星座早見ばんのふちには，外側に月日の目もり，内側に時刻の目もりが書かれている。外側の月日の目もりで，１月２日は，１月の範囲《はんい》内にある「１」の文字と「３」の文字の間にある線にあたる。この線と一致《いっち》している時刻の目もりは，18時の目もりから２目もり進んだところである。時刻の目もりは１時間で３目もりなので，１目もりは20分になっている。したがって，図１は１月２日の18時40分に合わせてある。

⑵　図１のＸは星座早見ばんの中心であり，ここには１日を通してほぼ動かずに同じ位置に見える北極星がえがかれている。北極星は真北に見えるので，図２ではＥにあたる。

⑶　図２のＹは，北を向いたときの左側なので，西である。

⑷　図２で，Ａはわし座のアルタイル，Ｂははくちょう座のデネブ，Ｃはこと座のベガを表していて，この３つの星を結んだ形を夏の大三角という。

⑸　図２のＤはW字型をしたカシオペヤ座である。カシオペヤ座は北極星の近くに見え，北極星を中心にして反時計回りに回転するように移動する。

5 ものの溶《と》け方についての問題

⑴　40℃の水100mLに溶ける食塩の量は38.3ｇなので，40℃の水100mLに食塩を50ｇ入れたときには，50－38.3＝11.7(ｇ)が溶け残る。

⑵　温度が一定のとき，水に溶ける物質の量は水の量に比例する。20℃の水100mLに溶けるホウ酸の量は6.9ｇだから，20℃の水50mLに溶けるホウ酸の量は，$6.9\times\frac{50}{100}=3.45$(ｇ)である。

⑶　80℃の水100mLに溶けるホウ酸の量は23.5ｇなので，半分こぼしたあとのビーカーには，100÷２＝50(mL)の水に，$23.5\times\frac{50}{100}=11.75$(ｇ)のホウ酸が溶けた水溶液《すいようえき》が入っている。⑵より，20℃の水50mLに溶けるホウ酸の量は3.45ｇだから，このビーカーを20℃まで冷やすと，11.75－3.45＝8.3(ｇ)のホウ酸が出てくる。

6 水に氷を入れたときの水面のようすについての問題

⑴　ぎりぎりまで水が入ったコップに大きな氷を静かに入れると，入れた氷が水の一部を押《お》しのけるので，押しのけられた水がコップからあふれる。

⑵　氷がとけるとその体積は約0.9倍になり，ちょうど氷が水を押しのけていた体積と等しくなる。したがって，水面の高さは変わらない。

7 水溶液の性質についての問題

⑴　Ａの部分にあてはまるのは，青色リトマス紙を赤くする酸性の水溶液で，気体が溶けているものである。よって，うすい塩酸(気体の塩化水素が溶けている)と炭酸水(気体の二酸化炭素が溶けている)が選べる。なお，水酸化ナトリウム水溶液はアルカリ性，砂糖水は中性で，どちらも固体が溶けている。

⑵　食塩とミョウバンの水溶液の共通点を考えればよく，固体が溶けた水溶液であることや，においがないことなどがあげられる。また，食塩水は中性，ミョウバンの水溶液は酸性なので，赤色リトマス紙の色を変えないという共通点もある。

8 ふりこの運動についての問題

⑴　ふりこが１往復(10往復)する時間は，ふりこ(糸)の長さだけによって決まり，おもりのおもさやふれはばには関係しない。表で，条件１は，作ったふりことふれはばだけが異なっており，ふれ

はばと時間の関係について調べられる。条件２は，ふりこが10往復する時間が作ったふりこよりも明らかに長いことから，糸の長さと時間の関係について調べられるものである。よって，作ったふりこと糸の長さだけかえる。これらのことから，条件３は，おもりのおもさと時間の関係について調べられるように，作ったふりことおもりのおもさだけかえればよい。

⑵　物体が運動する時間をはかるときには，特にはかり始めるときとはかり終わるときにずれ（誤差）が生じやすい。よって，ふりこを１往復だけさせたときも，ふりこを何往復もさせたときも，生じるずれはおよそ同じなので，ふりこを何往復かさせた時間をはかり，その時間を往復させた回数で割ったほうが，ふくまれるずれの値が小さくなり，より正確な時間が求められる。ふつうは計算しやすいように10往復する時間をはかる。

⑶　音楽のリズムより速くゆれたことから，ふりこが１往復する時間が短いと考えられる。したがって，糸の長さを長くして，ふりこが１往復する時間を長くすればよい。

9　電磁石の性質についての問題

⑴　鉄心を入れ，コイルに電流を流したときに磁石の性質を持つものを電磁石という。

⑵　図１の方位磁針の針が逆向きになるようにするには，電磁石にできる磁極を逆にするために，コイルに流れる電流の向きを逆にすればよい。よって，図１ではコイルの上側が乾《かん》電池の－極につながっているので，上側を乾電池の＋極につながるようにする。また，これによって電流計へのつなぎ方も変わり，コイルの下側と電流計の＋端子《たんし》，乾電池の－極と電流計の－端子をそれぞれつなぐ。

⑶　①　電磁石の強さ（磁力）は目に見えないので，ここでは電磁石が引きつけるクリップの数の多さで調べる。このとき，電磁石の強さが強いほど，引きつけたクリップの数が多くなる。クリップを引きつける実験は複数回おこない，その合計や平均で比べるのがよい。　②　Ｙは，電流の大きさが異なっているので，（直列につなぐ）電池の数のちがいについて調べたものといえる。電池の向きを変えても，コイルに流れる電流の大きさは変わらず，引きつけるクリップの数も変わらない。Ｚは，電流の大きさが同じなのに引きつけたクリップの数が異なっているので，コイルの巻き数のちがいについて調べたものと考えられる。　③　Ｙより，（直列につなぐ）電池の数が多いほうが，引きつけたクリップの数が多いことから，（直列につなぐ）電池の数を増やし，コイルに流れる電流の大きさを大きくすると，電磁石の強さが強くなることがわかる。また，Ｚより，コイルの巻き数が多いほうが，引きつけたクリップの数が多いことから，コイルの巻き数を増やすと，電磁石の強さが強くなることがわかる。

国　語　＜第２回試験＞（50分）＜満点：60点＞

解　答

一　⑴　**Ａ**　２　**Ｂ**　１　⑵　**あ**　物語　**い**　独自　**う**　実際　**え**　価値　⑶　（例）　他の参加者に比べ，家族とずっと一緒だった自分の体験は取るに足りないと思ったが，苦しみの大きさは比較できないと気づいた。　⑷　下記を参照のこと。　⑸　ⓐ　密告　ⓑ　血筋の情報　ⓒ　身の危険　ⓓ　無関心　ⓔ　外の世界に触れる　⑹　（例）　村人全員が「私」をユダヤ人と知りながら秘密を守ってくれていたと知り，楽しい思い出さえ作れた潜伏生活は幸運のたまものだったのだと驚いた。　⑺（例）戦争は迫害や家族離散などのさまざまな苦しみをあたえ，本来得られたはずの豊かな体験の機会をうばい，命まで運で左右する非人道的な行為なので，二度と同じことを起こさず，正義の存在する平和な世界を守っていくために，その記憶を時とともに風化させることをさける必要があるから。　**二** ⑴ **ア** 3　**イ** 4　**ウ** 2　**エ** 1　⑵ **1** エ　**2** ア　**3** ウ　**4** イ　⑶（例）かなしかった　⑷（例）一心不乱に練習に打ちこみ，思うように上達しなくても，逃げずに努力を楽しむことのできる自分になること。　⑸（例）大切な相手とずっと仲良くいるためには，自分が苦しいときやつらいときに気づいてほしいと一方的に相手に求めるだけではなく，相手からの意外な反応の裏にはどんな状況や思いがあるのかをおしはかるなど，相手を理解しようと思いやる気持ちが欠かせないということ。

●漢字の書き取り

一 ⑷ ①　悲劇　②　厳しい　③　模型　④　紙一重

解説

一　**出典：テオ・コステル著／桜《さくら》田《だ》直《なお》美《み》訳『アンネ，わたしたちは老人になるまで生き延びられた。—クラスメートたちがたどるアンネ・フランクの思い出』**。ユダヤ人として潜伏《せんぷく》生活も経験した筆者が，運不運で人生が左右され，正義の存在しない戦争はあってはならないものであり，戦争の記《き》憶《おく》は風化しつつあるが，つねにふり返る必要があると述べている。

⑴　**A**　まだ起こっていないことを予測し，行動につなげる力。　**B**　大勢の人が一つの場所に集まること。

⑵　空らん前後の内容から考える。　**あ**　日記のことを「個人的な(あ)」だと述べており，「自分だけの(あ)」，「(あ)を紡《つむ》ぐ」という表現からも，あることがらについての話という意味の「物語」がよい。　**い**　「(い)の体験を語る」ことと，「共通の物語を紡ぐこと」とが対になっているので，自分ひとりであるようすをいう「独自」が入る。　**う**　戦争が遠い昔になった今，ホロコーストを「実際」に見た人は減っているといえる。「実際」は，“本当に”という意味。　**え**　戦争を体験した人は減ってきているので，ホロコーストを生き抜《ぬ》いた人たちの声を残すことには「価値」があるといってよい。「価値」は，“値打ち”という意味。

⑶　同じ段落で，会議の参加者は，潜伏中に両親と離《はな》ればなれだったり両親を殺されてしまったりした人が多かったので，ずっと家族と一緒《いっしょ》で全員が生き残れた自分の体験は「取るに足らない」とアルベルトは思ってしまったと書かれている。だが次の段落で，それに対して，会議では苦しみに「優劣《ゆうれつ》のようなもの」がつけられていたが，「苦しみの種類によって，苦しみの大きさを比較《ひかく》することはできない」と気づいている。

⑷　①　悲さんなできごと。　②　音読みは「ゲン」で，「厳格」などの熟語がある。訓読みにはほかに「おごそ(か)」がある。　③　実物をまねて作ったもの。　④　ごくわずかの違《ちが》い。

⑸　ⓐ　ユダヤ人がかくれていることをドイツ軍に「密告」するとお金がもらえるため，「密告」されて見つかったユダヤ人は多く，自身も何度も「密告」されたとレニーは語っている。

ⓑ　「血筋の情報」を提供する命令に従わなかったユダヤ人の多くは生き残れたとあるので，命令

に従ったユダヤ人の多くは生き延びられなかったことになる。　ⓒ　ユダヤ人は歩くだけで「身の危険」にさらされたと書かれている。　ⓓ　ユダヤ人は歩くだけで身の危険にさらされたという状況《じょうきょう》に，オランダ人の大半は「無関心」だったと述べられている。　ⓔ　子ども時代の一部を失ったと言うレニーは，その理由として，「外の世界に触《ふ》れる」機会がほとんどなかったからと語っている。

⑹　続く部分に注目する。このことばを聞いた「私」は，村人たち全員が「私」がユダヤ人だと知りながら秘密にしてくれていたという「予想外の事実」にたいそう驚《おどろ》いている。そして，もし秘密を知られていることに気づいていたら，いつもおびえる生活をしていただろうから，楽しい思い出さえ作れた潜伏生活は，幸運に恵《めぐ》まれたからだったのだと考えている。

⑺　アルベルトは家族全員が無事だったとはいえ，迫害《はくがい》や命の危険にさらされる苦しみをあたえられ，戦争によって親戚《しんせき》の四分の三を失った。レニーは，ユダヤ人をかくまうオランダ人さえユダヤ人を取りまく状況に無関心であることを恐《おそ》ろしく思い，潜伏生活で貴重な子ども時代の一部を失ったと感じている。「私」は，点線エの前の段落で，人生は幸運か不運かで左右されてはならないものであり，そうさせてしまう戦争には正義はないと考えている。そして，点線エの直前の文で，戦争の記憶が年月を経て風化し，平和を守る意義も語られなくなっている現状をあげている。よって，その記憶を何度もふり返ることで，二度と同じような非人道的な歴史をくり返すことなく，正義が存在する平和な世界を守っていかねばならないという思いを新たにすることができると筆者は考えていると思われる。これらをふまえてまとめる。

二　**出典：村上雅郁《むらかみまさふみ》『きみの話を聞かせてくれよ』**。自分の絵をほめてくれた早緑《さみどり》と六花《りっか》は友だちになるが，ふまじめな美術部員へのぐちに早緑が共感してくれなかったことで仲たがいする。

⑴　**ア**　仲よしだったが今は自分を避《さ》けている「あの子」と一年ぶりに同じクラスになった「私」が，「あの子」と出会う前はずっとひとりぼっちだったのだからさびしくない，と考えている場面が直前にある。後の部分から，まだ「あの子」のことが気になっていることがわかるので，３が合う。　**イ**　この後，早緑は，照れたりあせったりすると六花は眼鏡《めがね》をさわるくせがあると言っていたことが明かされる。この直前で早緑は，友だちは多いが，六花といっしょにいる時間が一番落ち着くと，六花にとってうれしいことを言っているので，六花が眼鏡をさわっている４が入る。

ウ　絵を描《か》いていた六花が，スケッチしていた相手が早緑であったことに気づいた場面である。この後，雑念が心に立ちこめて六花は絵に集中できなくなっているので，集中するのはもう無理だとある２がよい。　**エ**　美術部に入ると，ほかの部員はあまりまじめに絵を描かないので六花はがっかりした。この後，周囲を気にせずに六花は絵を熱心に描いたことが書かれているので，他人と自分を区別している１が合う。

⑵　**1**　黒野くんと歩いていると，早緑といたときのように「どこかほっとする」と，おだやかな気分になることが書かれているので，エがよい。　**2**　直後で，言葉が生まれて自然と口にのぼるようすを「胸のおくではじけ，ふつふつとのぼってくる」と描《えが》かれている。このようすを炭酸飲料の泡《あわ》にたとえたアが合う。　**3**　言わずにがまんし，ぐちをためこんでいたようすをたとえるのにふさわしいのはウになる。なお，「澱《おり》」は，液体の底にしずんだかす。ぐちの否定的で悪いイメージを「黒」という色で表している。　**4**　まじめに絵を描かない美術部の部員たちに対するぐちを言うと，早緑はぐちを言った六花を責めたのだから，相手に対する不満などを浴びせるよう

にという意味になるイが入る。

⑶　空らんＡをふくむ文の最初に，前のことがらに条件をつけ加える場合に用いる「ただ」があることに注目する。直前に，仲直りできていない早緑の姿を見つけても「どうということもない」と六花が感じていることが書かれているが，後の内容からは，けんかをした日から自分たちの心が遠ざかってしまったことを悲しく思っていることが読み取れるので，「かなしかった」といった内容が入る。

⑷　早緑が六花に「ずっと言いたかったこと」として打ち明けている内容に注目する。六花とけんかしたときの早緑は，陸上部のほかの部員ほど速く走れず，つらくて練習がいやでしかたなかった。だが，一生懸命《いっしょうけんめい》絵を描き，努力を楽しめる六花には「はずかしかった」から打ち明けられず，六花の言葉に責められているような気がして，ふまじめなほかの美術部員に賛成するような発言をしてしまった。しかしその後，一心不乱に絵を描く六花を見た早緑は，やはり逃《に》げずにがんばろうと思い直し，走ることに打ちこむ自分が好きになったと言っている。だから，「六花に誇《ほこ》れる」自分とは，早緑が「まぶしかった」と感じた六花のように，一心不乱に練習に打ちこみ，思うように上達しなくてもあきらめず，逃げずに努力を楽しめる自分を指す。

⑸　今までみてきたように，ふまじめな美術部員たちに対するぐちを六花は早緑に話したが，早緑が共感してくれず，美術部員たちの味方をしたことで二人は不仲になった。だが，実はそのころ，早緑は陸上部でほかの部員たちほど速く走れず，つらかったため，六花に責められたように感じてそのような言動を取ったのだった。早緑の告白を受け，六花は自分の苦しさやつらさに気づいてほしいと一方的に相手に求めるだけではだめで，早緑の気持ちに気づくべきだったと知る。特に相手から意外な反応が返ってきたときにはどんな思いからその言葉が出たのかを知ろうとするなど，相手を思いやることが，大切な相手とずっと仲良くいるためには大事なのだと六花は気づいたものと考えられる。

Memo

Memo

2023年度 日本女子大学附属中学校

【算　数】〈第１回試験〉（50分）〈満点：60点〉

○円周率は3.14とします。

Ⅰ　次の(1)～(4)の□をうめなさい。ただし，(1)は途《と》中の式も書きなさい。

(1)　$\left\{\left(2\frac{1}{2}-\frac{1}{3}\right)\div\left(\frac{4}{5}-\frac{3}{7}\right)-2\frac{1}{12}\right\}\times\frac{4}{5}=\square$

(2)　$1+2\times3\div4-5\div6+7-8\div9=\square$

(3)　$\left(0.375\div\frac{9}{\square}+0.25\right)\times\left(\frac{11}{20}-0.3\right)=\frac{1}{6}$

(4)　時速1.62km＝［秒速　　　cm］

Ⅱ　次の(1)～(9)の問いに答えなさい。

(1)　$\boxed{0}$，$\boxed{1}$，$\boxed{2}$，$\boxed{4}$の４枚のカードから３枚を選んで並べ，３けたの整数をつくります。このとき，３の倍数は何通りできますか。

(2)　ある中学校の１年生を６人グループに分けると，９人グループに分けたときより８グループ多くできます。１年生は全部で何人いますか。

(3)　現在，さくらさんと妹の年令の和の３倍が母の年令と等しいです。また，24年後にはさくらさんと妹の年令の和が母の年令と等しくなります。現在，母は何才ですか。

(4)　ある中学校の２年生では，めがねをかけている人は全体の $\frac{5}{8}$ より６人少なく，かけていない人は全体の $\frac{3}{7}$ です。２年生は全部で何人いますか。

(5)　Ａ遊園地とＢ動物園に行ったことがあるかないかの調査をしたところ，下のような結果になりました。

・Ｂに行ったことがある人は42人で，これは全体の７割にあたる。

・両方行ったことがある人は，全体の $\frac{7}{15}$ の人数である。

・どちらか一方だけ行ったことがある人は24人である。

次の表を完成させなさい。

Ｂ＼Ａ	行ったことがある	ない	計
行ったことがある			42
ない			
計			

（単位：人）

(6) 〔図１〕の三角形ABCと三角形ABDと三角形AECはすべて合同です。あの角の大きさは何度ですか。

(7) 〔図２〕の立体は，高さが等しい２つの円すいを底面に平行な平面で切ってはり合わせたものです。はり合わせた面(斜《しゃ》線の部分)の面積は何cm²ですか。

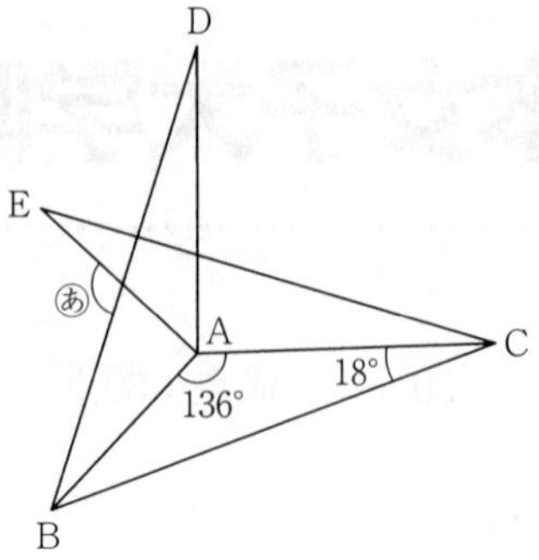

〔図１〕

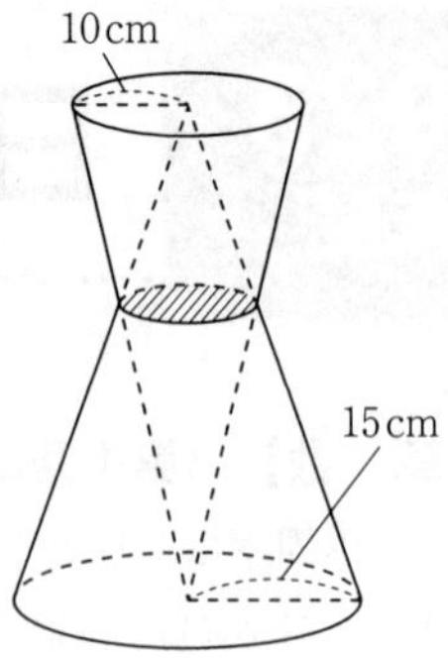

〔図２〕

(8) 〔図３〕のような半径２cmの $\frac{1}{4}$ 円があります。OAが直線 l に重なるまで，この $\frac{1}{4}$ 円を矢印の方向にすべらないように転がすとき，点Oが動いたあとの線の長さは何cmですか。式を書いて求めなさい。ただし，Oは円の中心とします。

〔図３〕

(9) 50人の生徒が算数のテストを受けました。１番ができた人は45人で，２番は40人，３番は35人，４番は32人ができました。次の①，②の問いに答えなさい。

① １，２番が両方ともできた人は何人以上何人以下ですか。

② ４問すべてできた人は，少なくとも何人いましたか。

Ⅲ ある川の上流Ａ地点から５km下ったところにＢ地点があります。８時に丸太がＡ地点にいるかえでさんの前を通過し，Ｂ地点の方へ流れていきました。太郎さんは，８時10分にＢ地点をボートで出発してＡ地点まで行き，かえでさんを乗せてすぐにＢ地点に戻《もど》りました。右のグラフは丸太とボートの様子を表したものです。

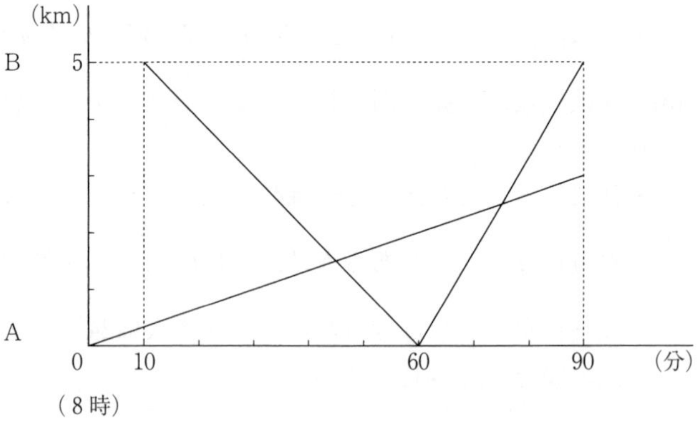

次の(1)，(2)の問いに答えなさい。ただし，丸太の長さは考えないものとします。

(1) ボートと川の流れの速さは，それぞれ時速何kmですか。

(2) ボートと丸太は２回すれ違《ちが》います。２回目にすれ違った時刻を求めなさい。

Ⅳ　ある規則に従って，右のように数が並んでいます。例えば，上から３段目，左から２番目の数は16です。次の(1)，(2)の問いに答えなさい。

1	2	3	4	5	6	7
14	13	12	11	10	9	8
15	16	17	18	19	…	

(1)　上から81段目，左から６番目の数はいくつですか。

(2)　４つの数を□で囲み，その和を求めます。

①　図の□の中の数の和は58です。このように和が58になる囲み方は，これも含めて全部で何通りありますか。

②　□の中の数の和が310になるもののうち，左上の数が最も小さくなるときの□の数を答案用紙に書きなさい。

Ⅴ　底面積が400 cm^2 の直方体の形をした水そうがあり，１辺10 cmの立方体の下の面が，ひもで水そうの底に結びつけられています。

この空の水そうに一定の割合で水を入れ始めました。２分後に立方体は浮《う》き始め，浮いているときの立方体の水面から出ている部分の高さは，浮き始めたときと変わらないままです。さらに水を入れ続けると，ひもがぴんと張り，最後には〔図３〕のようになりました。

グラフは水を入れ始めてからの時間と水の深さの関係を表したものです。

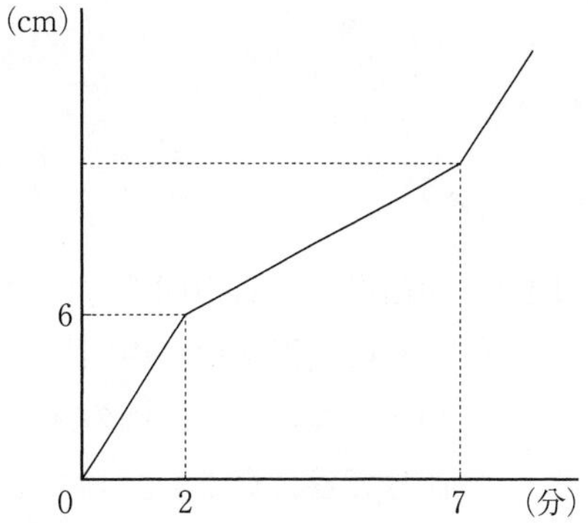

あとの(1)～(3)の問いに答えなさい。ただし，ひもの体積は考えないものとします。

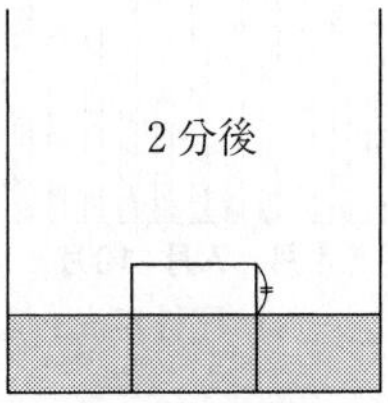

〔図１〕

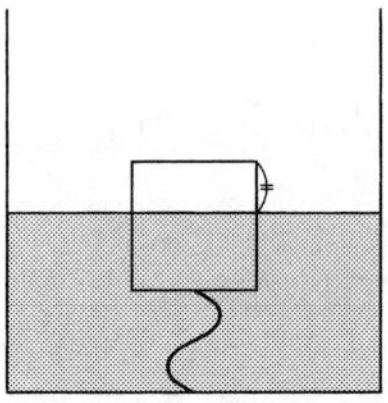
〔図２〕

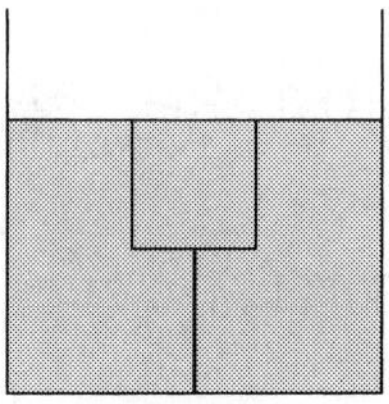
〔図３〕

(1)　毎分何 cm^3 の割合で水を入れましたか。

(2)　立方体に結びつけられたひもの長さは何cmですか。

(3)　水を入れ始めてから立方体が完全に水の中に入るまで，何分何秒かかりましたか。

【社　会】〈第１回試験〉（30分）〈満点：40点〉

1　日本女子大学の創立者 成瀬仁蔵は，現在の山口県で生まれました。あとの問いに答えなさい。

問１　成瀬が生まれた1858年は，日米修好通商条約が結ばれた年です。これについて正しく説明した文を，次のア～エから１つ選び，記号で答えなさい。

ア：この条約の数年後に，日米和親条約が結ばれて鎖国の状態が終わった。

イ：この条約での開港地は，横浜，長崎，神戸，新潟，下田である。

ウ：この条約と同様の条約を，イギリスやロシアなどの国々とも結んだ。

エ：この条約で，日本は外国における治外法権を認められた。

問２　山口県にある製造工場でつくられた新幹線が，昨年開業した新しいルートを走行しました。新しいルートが通る２県を示した図を，次のア～エから１つ選び，記号で答えなさい。

問３　山口県がある中国地方について，次の(1)と(2)に答えなさい。

(1)　右の雨温図は，中国地方にある県庁所在地のものです。次のア～エのうち，図の読み解き方として正しい文を１つ選び，記号で答えなさい。

ア：最も降水量が多いのが７月なので，「松江ではない」と考える。

イ：冬も降水量が減らないので，「日本海側の都市である」と考える。

ウ：年間の降水量が少ないので，「瀬戸内の都市である」と考える。

エ：夏の最高気温が30度以下なので，「広島ではない」と考える。

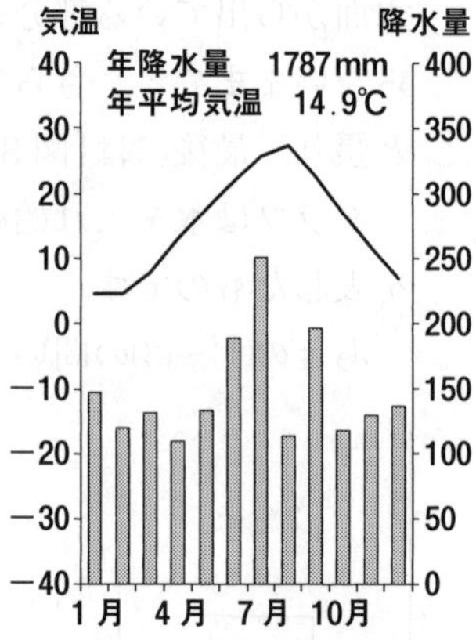

（『理科年表』より）

(2)　瀬戸内でさかんなものを，次のア～エから１つ選び，記号で答えなさい。

ア：ほたての養殖《しょく》　　イ：かつお漁

ウ：レモンの栽培《さいばい》　　エ：牛乳の生産

問４　山口県では石油化学工業がさかんです。次の(1)と(2)に答えなさい。

(1)　日本が輸入する原油の多くが送り出される地域を，右図の**ア～エ**から１つ選び，記号で答えなさい。

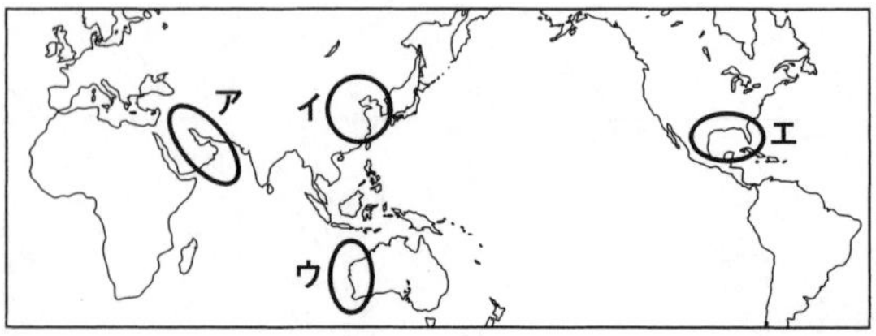

(2)　2022年の原油の価格上昇は，私たちが日常的にお店で買う「食品」の値上がりを引き起こしました。その理由（つながり）はいくつか考えられますが，その１つを説明しなさい。

2 ある盆地について述べた文章を読んで，あとの問いに答えなさい。

なお，この問題では都道府県をすべて「県」で表しており，文中の「山地」は，山脈・山地・高地と呼ばれる地形すべてを指します。

> この盆地には(あ)長い間「みやこ」が置かれ，現在は(い)日本有数の観光地となっている。盆地の東側の山地を越《こ》えると(う)日本一大きな湖があり，(え)明治時代には湖からこの盆地に水を引くための水路が造られ，その水は発電にも使われた。また，湖から流れ出る川はこの盆地をへて，(お)海まで流れている。

問１　下線部(あ)について，この盆地に「みやこ」が置かれていた期間の出来事を，次のア～オからすべて選び，記号で答えなさい。

ア：遣唐使が始まる

イ：武家諸法度が定められる

ウ：十七条の憲法が定められる

エ：学制が公布される

オ：承久の乱が起きる

問２　下線部(い)に関する次の資料をみて，グラフのア～エから，この盆地がある県のグラフを選び，記号で答えなさい。なお，他のグラフは，北海道，埼玉県，福岡県のものです。

資料：その県を訪《おとず》れる国内旅行者を目的別に分けて，割合を示したグラフ（2019年）

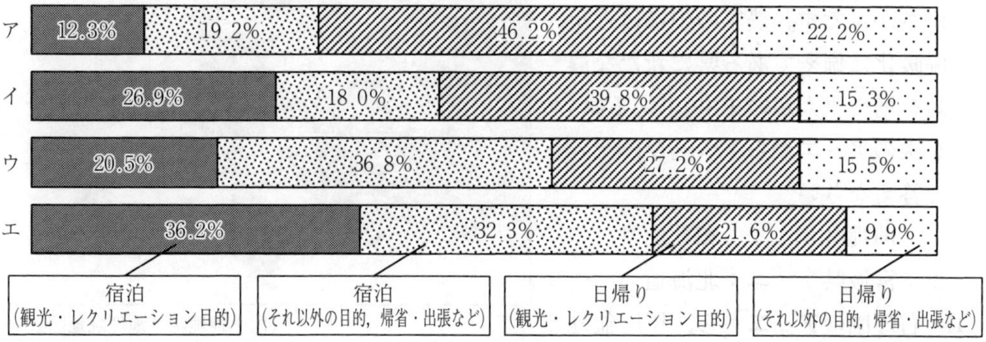

（『県勢』より作成）

問３　下線部(う)の湖から流れる水は，人々の生活を支えています。日本の生活用水について正しく述べている文を，次のア～エから１つ選び，記号で答えなさい。

ア：水が豊富な日本の家庭では，税金を納めれば無料で水道水を使うことができる。

イ：記録的な豪《ごう》雨が増えた近年は，家庭での節水が呼びかけられなくなった。

ウ：道路でみかける水道管の工事では，台風に強い水道管への交換《かん》が行われている。

エ：水を計画的に送るために，浄《じょう》水場できれいにした水をためる「配水池」という施《し》設がある。

問４　下線部(え)について，現在，日本の水力発電はおもにどのような場所で行われているか，次の文の空らん①と②にあてはまる語句を答えなさい。

> 水力発電は（ ① ）に建設された（ ② ）の水を利用して行われている。

問５　下線部(お)の「海」とその沿岸について正しく述べている文を，次のア～エから１つ選び，記号で答えなさい。

ア：関西国際空港やユニバーサルスタジオジャパンは，埋め立て地に造られた。

イ：沿岸部の工業地帯の生産額は，食品工業が占《し》める割合が最も大きい。

ウ：神戸市周辺で1995年に起きた震災では，津波による被《ひ》害が大きかった。

エ：淡路島に橋がかけられ，近畿地方と四国地方が鉄道でつながった。

> この盆地では果物の生産がさかんである。その要因として，盆地は，「寒暖差が大きい」「(か)果樹園に適した斜《しゃ》面が多い」という自然環《かん》境があげられる。この盆地を流れる河川《かせん》の水は，(き)その下流域のさまざまな産業に活用されている。

問６　この説明は，日本各地のさまざまな盆地にあてはまります。次の(1)～(4)に答えなさい。

(1)　下線部(か)について，斜面は水はけや日当たりがよいという果樹栽培に適した面があります。その一方で，果樹園が斜面にあるために生じる問題を１つあげなさい。

(2)　下線部(き)について，長野盆地を流れる河川の下流の県では，ある作物の栽培がさかんで，それを原料とした菓子《かし》や酒を製造する食品工業が発達しました。「ある作物」とは何か，答えなさい。

(3)　山形盆地ではさくらんぼの栽培がさかんです。農家の中には近年，温暖化に備えてある県に新たな農地を増やす人がいます。「ある県」を次のア～エから１つ選び，記号で答えなさい。

ア：沖縄県　　イ：和歌山県

ウ：宮城県　　エ：北海道

(4)　右の図の**ア～エ**から，甲府盆地を選び，記号で答えなさい。

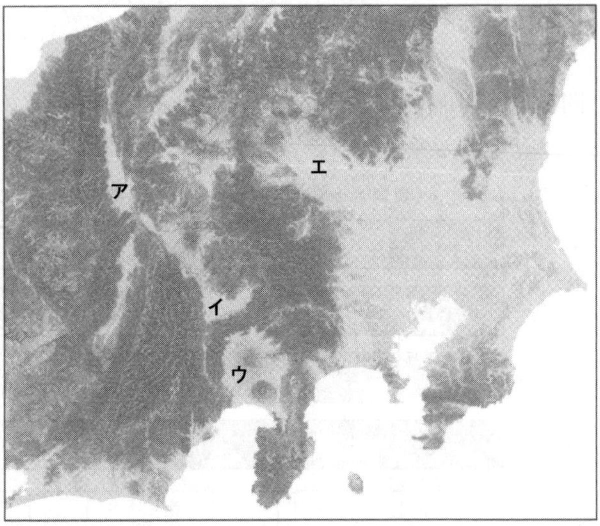

(国土地理院『地理院地図』より作成)

3　九州地方の歴史について，あとの問いに答えなさい。

問１　次の文を読んで，(1)～(4)に答えなさい。

> □には，(あ)大宰府《だざいふ》の役所跡があり，そのそばの神社には，(い)遣唐使の(う)廃《はい》止を提案した人物がまつられています。

(1)　□にあてはまる都道府県を漢字で答えなさい。

(2)　下線部(あ)について，大宰府の役割の１つに「防衛」があります。これについて説明した次の文が正しくなるように，空らん①と②にあてはまる言葉をそれぞれ答えなさい。

> (①)と(②)半島の国々との間で争いが起きた影響で，国を守るために大宰府を設置した。

(3)　下線部(い)について，遣唐使として送られた人物を，次のア～エから１人選び，記号で答えなさい。

ア：鑑真　　イ：小野妹子　　ウ：中大兄皇子　　エ：阿倍仲麻呂

(4)　下線部(う)について，この人物は天皇に重く用いられましたが，それをよく思わない一族によって九州へ送られました。その一族を，次のア～エから１つ選び，記号で答えなさい。

ア：蘇我氏　　イ：藤原氏　　ウ：平氏　　エ：北条氏

問２　次のＡ・Ｂは，同じ都道府県にあり，鎖国をしていた時期に海外との窓口となっていた場所です。これについて，あとの(1)と(2)に答えなさい。

A

B

(1)　Ａ・Ｂは，それぞれどこの国との窓口となっていたか，次のア～オから１つずつ選び，記号で答えなさい。

ア：スペイン　　イ：朝鮮　　ウ：中国　　エ：イギリス　　オ：オランダ

(2)　Ａ・Ｂがある県と隣《となり》の県では江戸時代に，重い税のとりたてと，あることの取りしまりに反対した３万人以上の人々が一揆《き》を起こしました。「あること」とは何か，答えなさい。

問３　次のＣ～Ｅは九州出身の人物です。これについて，あとの(1)～(4)に答えなさい。

C

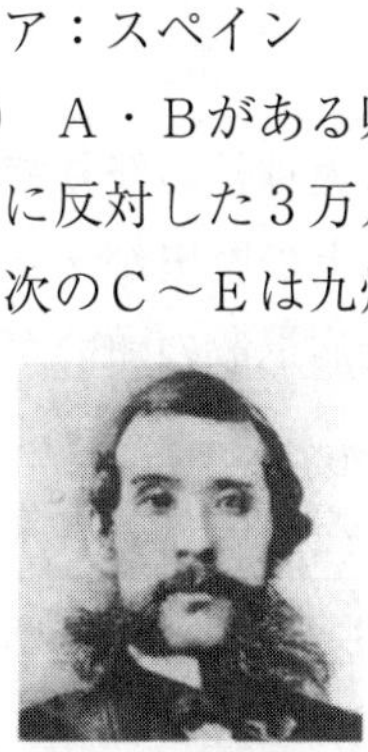

D

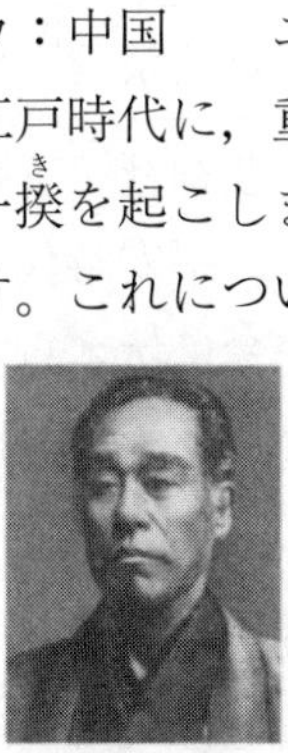

E

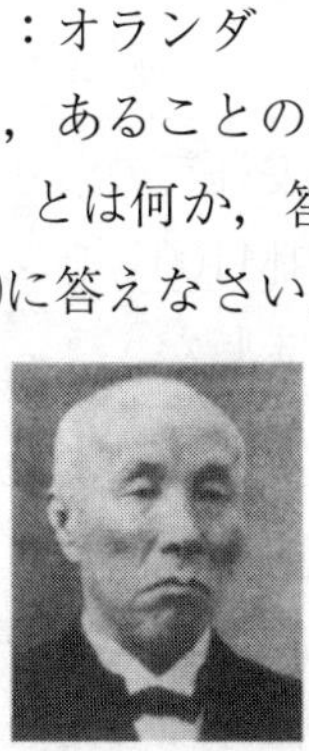

(1)　Ｃの人物は，明治政府で活躍《やく》しました。この政府のもとで行われた次のア～ウの政策を，古いものから順に，並べかえなさい。

ア：各地に置かれた藩を廃止し，県や府をおいた。

イ：五箇条の御誓文を発表した。

ウ：大名が治めていた領地と領民を天皇に返すよう命じた。

(2)　Ｃの人物と右の人物について説明した次の文が正しくなるように，空らん①と④にあてはまる言葉をそれぞれ答えなさい。また，②と③にあてはまる言葉として正しいものを１つずつ選び，記号で答えなさい。

２人は現在の［　①　］県で生まれた幼なじみでした。江戸幕府の力が弱まると，倒幕を目指して②{ア：長州藩　　イ：会津藩　　ウ：水戸藩}と手を結びました。そ

の後，Cの人物は使節団の一員として欧《おう》米に派遣《けん》され，③{エ：国内の近代化　オ：海外への進出}を重視するようになりました。そのため，２人は対立し前のページの右の人物を中心として起こった［　④　］で戦うことになりました。

(3)　Dの人物が書いた本について説明した次の文が正しくなるように，空らん①と②にあてはまる言葉をそれぞれ漢字２字で答えなさい。

　この本は「天は人の上に人をつくらず，人の下に人をつくらずといわれるように，人はみな，生まれながらに［　①　］である。」という文で始まります。そして，貧富の差や身分の差が生まれる分かれ目は［　②　］であり，それをすすめています。

(4)　Eの人物は自由民権運動で活躍しました。これに関する次のア～エの出来事を起きた順に並べかえなさい。

ア：Eの人物が立憲改進党を結成した。

イ：第１回衆議院議員総選挙が行われた。

ウ：政府が国会を開くことを約束した。

エ：大日本帝国憲法が発布された。

4　京都で行われる三大祭りについて，あとの問いに答えなさい。

時代祭	賀茂《かも》祭(葵《あおい》祭)	祇園《ぎおん》祭
平安神宮の祭りで，(あ)平安遷《せん》都1100年を記念して始まりました。	上賀茂神社・下鴨神社の祭りで，平安時代の(い)年中行事が今に伝えられたものです。	八坂神社の祭りで，1000年以上の歴史があります。(う)疫《えき》病退散の願いが込《こ》められた(え)山鉾巡行《やまほこじゅんこう》は昨年，３年ぶりに行われました。

問１　下線部(あ)について，この祭りが始まった時代として正しいものを，次のア～エから１つ選び，記号で答えなさい。

ア：江戸時代　　イ：明治時代　　ウ：大正時代　　エ：昭和時代

問２　下線部(い)について，現在①～③の時期に行われている年中行事の内容を，ア～ウからそれぞれ１つずつ選び，記号で答えなさい。

①　１月　　ア：菖蒲《しょうぶ》をかざり，柏《かしわ》もちを食べる。
②　５月　　イ：短冊《ざく》に願いごとを書いて竹の葉などにかざる。
③　７月　　ウ：七草の入ったおかゆを食べる。

問３　下線部(う)について，平安時代はたびたび疫病や自然災害が起こりました。その中で生まれた信仰《こう》と関連する建物を，次のア～エから１つ選び，記号で答えなさい。

ア：平等院鳳凰堂　　イ：東大寺大仏殿　　ウ：法隆寺五重塔　　エ：鹿苑《ろくおん》寺金閣

問４　下線部(え)について，祇園祭は室町時代にも33年間中断されました。その原因となった京都で起きた争いを何というか，答えなさい。

5　日本国憲法にある「権」のつくことばを並べました。あとの問いに答えなさい。

A	B	C	D	E	F
自由権	参政権	平等権	生存権	司法権	社会権

問１　A～Fのうち，国民ではなくある機関が持つものが１つあります。そのカードの記号と，「ある機関」を，それぞれ答えなさい。

問２　次の①～③の行動と最も関係があるものを，A～Fからそれぞれ１つずつ選び，記号で答えなさい。

①　自分の考えをまとめて本を出版する。

②　労働者が団結して労働組合を結成する。

③　国会議員に立候補《ほ》する。

問３　A「自由権」は，基本的人権の１つですが，新型コロナウイルスの感染拡大を防ぐために制限されることがありました。自由権が制限された具体的な例を説明しなさい。

問４　D「生存権」について，次の(1)と(2)に答えなさい。

(1)　次の憲法の条文は生存権に関するものです。空らん(ア)と(イ)にあてはまる語句を答えなさい。

> 第25条　①　すべて国民は，健康で(　ア　)な(　イ　)の生活を営む権利を有する。

(2)　生存権を保障するために政府が無償《しょう》で提供しているものを，次のア～エから１つ選び，記号で答えなさい。

ア：救急車　　イ：老人ホーム　　ウ：保育園　　エ：こども食堂

問５　次のア～オで，「憲法には明示されていないが，保障される権利」を２つ選び，記号で答えなさい。

ア：人権が侵《しん》害された時，公正な立場から判断してもらう。

イ：障害を持っていても学校に通うことができる。

ウ：政府の行っている仕事を，テレビや新聞を通して正しく知る。

エ：個人の写真や住所をインターネット上に公開されない。

オ：特定の宗教を信仰しても信仰しなくても良い。

問６　次の資料は1999年２月の朝日新聞に掲載《けいさい》された求人広告です。この後，ある権利を守るための法律が厳しくなったことで，どのような求人方法になったか，指摘《てき》しなさい。

※会社名，電話番号，住所を一部加工。

【理　科】〈第１回試験〉（30分）〈満点：40点〉

1　ヘチマの実ができるのに，花粉が必要なのかどうかを調べるために次のような実験を行いました。

方法：①　次の日に咲《さ》きそうなヘチマのつぼみを７つ選びＡ～Ｇとし，条件１のようにする。
②　花が咲いたら，条件２のようにする。
③　条件２の後，条件３のようにする。
④　実ができたかどうかを調べる。

結果：

	条件１ つぼみに紙の袋《ふくろ》をかぶせるかどうか	条件２ 筆で（ Ⓧ ）に花粉をつけるかどうか	条件３ 条件２の後，すぐに紙の袋をかぶせるかどうか	実ができたかどうか
Ａ	×　（袋をかぶせない）	×　（花粉をつけない）	×　（袋をかぶせない）	○　（実ができた）
Ｂ	×	×	○　（袋をかぶせる）	○
Ｃ	○　（袋をかぶせる）	×	×	○
Ｄ	×	○　（花粉をつける）	×	○
Ｅ	×	○	○	○
Ｆ	○	○	○	○
Ｇ	○	○	×	○

(1)　次の図はヘチマの花です。

①　花粉は図のア～オのどこで作られますか。記号を書きなさい。

②　実ができるには，（ Ⓧ ）に花粉をつけなくてはいけません。(Ⓧ)は図のア～オのどの部分ですか。記号を書きなさい。

(2)　Ａ～Ｃは筆で花粉をつけていないのに実ができました。その理由を書きなさい。

(3)　実ができるのに花粉が必要かどうかを調べるには，もう一つつぼみを用意しなければいけませんでした。もう一つのつぼみをＨとします。条件１～３をどのようにすればよいですか。答案用紙の表に○や×で示しなさい。

	条件１	条件２	条件３	実ができたかどうか
Ｈ				×　（実ができない）

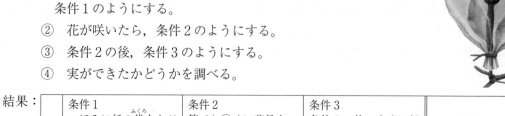

(4)　実ができるのに花粉が必要かどうかを調べるには，Ｈとどれを比べるとよいでしょうか。Ａ～Ｇから選び記号を書きなさい。

2　７月頃《ごろ》，川崎市西生田で見られた昆《こん》虫を記録しました。当てはまる答えをすべて選び，記号で書きなさい。

ア：アブラゼミ　　イ：カブトムシ　　ウ：アゲハチョウ
エ：テントウムシ　オ：トンボ　　　カ：トノサマバッタ

(1)　さなぎの時期があるものを選びなさい。
(2)　幼虫のとき土の中で生活するものを選びなさい。
(3)　幼虫のとき水中で生活するものを選びなさい。
(4)　成虫で冬をこすものを選びなさい。

3　10月頃，川崎市で棒を立ててそのかげを記録しました。観察をしたのは午前10時，正午，午後２時の３回です。

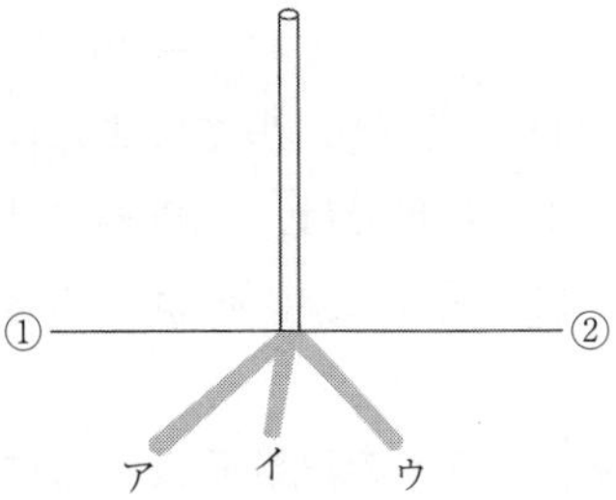

(1)　図の中の①，②に当てはまる方位を書きなさい。
(2)　午後２時に記録されたかげはア，イ，ウのどれですか。
(3)　実験のまとめの文章を読み，Ａ～Ｃに当てはまる言葉を答えなさい。

時間がたつとかげの位置が変わるのは，（　Ａ　）の位置が変わるからです。（　Ａ　）の位置は（　Ｂ　）の方から南の空を通って（　Ｃ　）の方へ変わります。

(4)　時間がたつとかげが動いていくことを利用して，時刻を調べることができるようにした道具を何といいますか。

4　図は川崎市で見られる星座をスケッチしたものです。

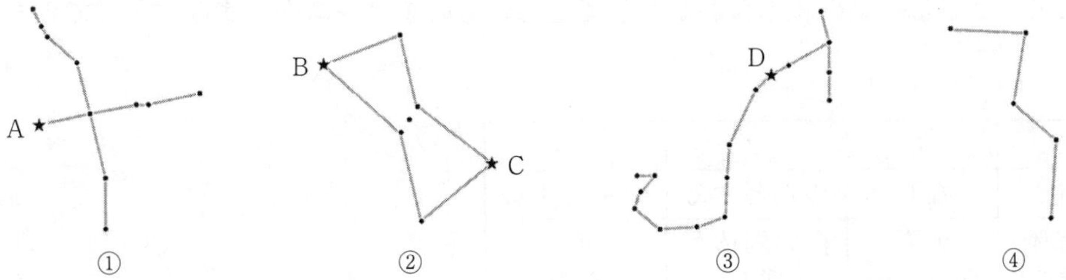

(1)　①の星座を何といいますか。
(2)　春の日没《ぼつ》後すぐ，西の空に見られる星座を①～④から選び書きなさい。
(3)　星Ｄの名前を答えなさい。
(4)　星Ｄは何色に見えるか。また，星Ｄと同じ色の星はＡ～Ｃのどれか，記号で書きなさい。
(5)　星座を観察していると，時間がたつにつれて変わるものは何か。次の中から選び，記号で書きなさい。

ア：星の明るさ　　イ：星座の位置　　ウ：星座の形
エ：星座の並び方　オ：星の色

5　100gの水にとけるミョウバンの量を表にまとめました。

水温(℃)	0	20	40	60	80
ミョウバンの量(g)	5.7	11.4	23.8	57.3	320.9

(1)　60℃の水100gにミョウバンを23g入れてすべてとかしたあと，水温が20℃になるまで冷やしました。このときビーカーの底に出てきた粒《つぶ》は何gですか。

(2)　60℃の水50gにミョウバンを入れてとかしたあと，20℃まで冷やして10g取り出したい。はじめにミョウバンは何g入れればよいですか。

6　次の電気製品は電気をどのようなはたらきに変えて利用しているか考えます。

(例)　電球　　→光
　　　せん風機→①
　　　アイロン→②

(1)　①，②に当てはまるはたらきを答えなさい。

(2)　電球では，光以外の別のはたらきもしてしまいます。それはどのようなはたらきですか。

(3)　最近は，(2)のはたらきが少ないものが電球の代わりに多く使われています。それは何ですか。

7　５本の試験管Ａ～Ｅに次の５種類の水溶《よう》液が入っています。それぞれ区別しようと考えて実験を行った結果が下の表です。

水溶液：うすい塩酸　　うすいアンモニア水　　炭酸水　　食塩水　　石灰水

	A	B	C	D	E
見た目	あわが出る	水と同じ	水と同じ	水と同じ	水と同じ
におい	X	なし	つんとする	なし	つんとする
蒸発させたようす	Y	白い固体が残る	何も残らない	白い固体が残る	何も残らない

(1)　X，Yに当てはまる結果の組み合わせとして正しいものをア～エから選び，記号で書きなさい。

	ア	イ	ウ	エ
X	なし	なし	つんとする	つんとする
Y	白い固体が残る	何も残らない	白い固体が残る	何も残らない

(2)　Aの水溶液は何ですか。

(3)　B～Eを区別するためにリトマス紙を使います。次のページの表の

・①，②にはリトマス紙の変化を次のア～ウから選び記号を書きなさい。

　ア：赤色リトマス紙が青くなる

　イ：青色リトマス紙が赤くなる

　ウ：変化なし

・③～⑥にはリトマス紙で分かる水溶液の性質を書きなさい。

・⑦～⑩には水溶液の名前を書きなさい。

	B	C	D	E
リトマス紙の変化	赤色リトマス紙が青くなる	青色リトマス紙が赤くなる	①	②
水溶液の性質	③	④	⑤	⑥
水溶液の名前	⑦	⑧	⑨	⑩

8 図のような装置を用いて，水を熱した時の温度やようすを調べました。結果は表のようになりました。

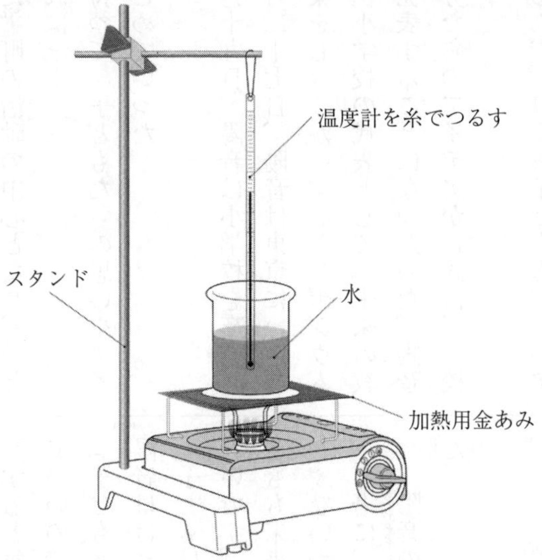

時間(分)	0	1	2	3	4	5	6	7	8	9	10	11
水の温度(℃)	19	22	35	48	60	70	78	88	95	98	98	98
水のようす				小さいあわがビーカーの底にできた。						大きなあわがさかんに出てきた。		

(1) ３分頃の小さなあわは何ですか。

(2) ９分頃からの大きなあわは何ですか。

(3) 横軸《じく》を時間，縦軸を水の温度として折れ線グラフを書きなさい。ただし(　)の中には単位を書き入れること。

(4) ふっとうが始まったのは何分頃ですか。

(5) 熱する前の水面の位置と比べると，水が減っていました。その理由を簡単に答えなさい。

ているのかもしれない）

（町の未来は、子どもたちそのものだ。町の活動の中心となり、子どもたちの地元愛を表す学校にしなければ……）

　佐々木さんたちは③しめいかんを持って、子どもたちの思いやアイデアを実現可能な技術提案としてまとめていった。

　震災から三年をへた二〇一四年三月十九日、陽音は小学校を卒業した。そして、卒業式から八日後の三月二十七日、陽音は東京にいた。日本ユニセフ協会が支援してきた事業をしょうかいするシンポジウムで、陽音は、夏海さんとともに、大槌小学校の代表として「未来の教室を考えよう」の特別授業について発表することになったのだ。陽音はシンポジウムの前にはじめて、自分たちのアイデアが正式に、新校舎の設計にとり入れられたと知った。

（ぼくらのアイデアが、かたちになるんだ。ぼくら子どもも、いいアイデアを持っているって、大人にみとめてもらえたんだ！）

　陽音は、自分たちをほこらしく思った。

　シンポジウムの後半、パネルディスカッションが行われた。進行役の佐藤教授は、子どもたちに聞いた。

「震災のあと、どういうことが力になりましたか？」

　夏海さんは、避難生活でした水くみを思い出した。

「震災のあと、お父さんとお母さんはいそがしくて、いっしょにいられないこともあったので、そのときは小さいことでもいいので、いま自分ができることや、少しでも役に立てることを考えて、行動しました」

　陽音は、少し考えて答えた。

「ぼくは津波でお父さんと、おじいちゃんとおばあちゃんを亡《な》くして、いろいろなやみがありました。そのときは、いつもお母さんに相談していました。いまふたりでくらしていて、やっぱり、お母さんに相談すると気持ちがすっきりするので、家族とか友だちとか、身近な人でいいので、相談してみることが大切だと思います」

「子どもとして、大人たちに言いたいことは？」と問いかけられると、陽音ははっきり答えた。

「子どもは、未来も夢も持っているので、もっと子どもを活用してほしいです。大人がいま、がんばるというのもあるんですけれども、子どもも未来のために、もっとがんばれるし、がんばったほうがいいんじゃないかと思います」

　会場に、この日一番の大きな拍《はく》手がわいた。

　D陽音の力強い言葉が、会場にいた大人の心をふるわせた瞬間だった。

（ささきあり『ぼくらがつくった学校』より）

㈠　――線①～③を漢字に直しなさい。

㈡　――線Aとありますが、発言しなかった理由を、陽音《はると》は後にどう考えましたか。文中から最もふさわしい一文をみつけて、はじめの四字を書きなさい。

㈢　□㋐～㋔にふさわしい二字の熟語を考えて書きなさい。同じ記号には同じ熟語が入ります。

㈣　～～線Bとありますが、陽音たちの模型には、どのような学校になってほしいという願いがつまっていましたか。（B）に入る内容を三つ考えて書きなさい。

㈤　＝線Cとありますが、これは大人たちが学校をどういうところだと考えているからですか。文中から最もふさわしい部分を二十字で二つ探して、それぞれはじめと終わりの五字を書きなさい。

㈥　≈≈線Dとありますが、なぜ陽音の言葉は力強く、大人の心をふるわせたのですか。自分のことばで書きなさい。

納できる観客席をつけた。災害時用に、寝具が入れられる倉庫や、手あらいだけでなく炊事もできる水まわり、ドリンクサービス所、トイレを設置。また、通常は授業に利用し、災害時は町民の安否情報が流せるようにと、ステージのおくに大きなスクリーンを設置した。

Bどの模型にも、（　B　）学校になってほしい、という願いがつまっていた。

陽音は、三回の授業を終えて、すっきりした気分だった。

（自分で考えたことを、かたちにするって、おもしろい。これからも、なにかつくるときは、ぼくなりに工夫していきたいな）

夏海さんは、自分の想像に近いものを、みんなで協力してつくれた、という手ごたえを感じていた。

後日、グループごとに自分たちの模型を見せて、アイデアを発表した。子どもたちは、ほかのグループの工夫におどろいたり、感心したりしつつも、自分たちのつくった模型にほこりを感じていた。

「むずかしかったけど、楽しかったです」「自分たちで考えた教室をつくれて、すごくうれしかった」「大変だったけど、みんなで協力すれば、なんでもできると感じた。これからも、こうした協力は、だれとでもできるようにしていきます！」「大槌の学校を、住民と交流できる場所にしたいです」「つくった模型が本物になって、みんなが楽しく安全にすごせる校舎になったら、うれしいと思います」

達成感にあふれた感想を聞いて、芦澤先生は胸がいっぱいになった。

（やってよかった……）

震災以降、子どもたちは物資やボランティアの協力など、たくさんの支援を受けてきたが、つねに受け身で、自分たちでゼロからものをつくるという機会はほとんどなかった。

（今回の授業で、震災でこわれたり、燃えてしまった学校のこわいイメージや、不安なイメージを、安心なものに変えられた子もいるはずだ）

（新しい学校では、建物が安心なものになるだけでなく、子どもたちの状況《きょう》を見て、細やかなケアができるようなしくみをつくりたい）

芦澤先生は、ひとりひとりの子に、思いをめぐらせた。

震災から二年、三月十一日がすぎて少し落ち着いたころ、竹中工務店の岡田慎さんと、山形大学の佐藤教授、日本ユニセフ協会のスタッフは、大槌町教育委員会をたずねて、特別授業「未来の教室を考えよう」の報告をした。

「授業では、子どもたちから生まれた思いが、アイデアとして出てきました。わたしたちが想像していた以上の内容です。そのままかたちにするのはむずかしいものもありますが、そのアイデアが出てきた背景や思いをすくいあげ、新しく建てる小中一貫《かん》教育校の計画に反映させていただきたいのです」

大槌町教育委員会は、教育行政の基本理念をはっきりと打ち出した。

「町づくりは人づくりにあり　人づくりは教育にあり」

そして、小中一貫教育校の設計者を選ぶとき「未来の教室を考えよう」の記録とデザイン指針例を提示し、設計には五年生の思いをとり入れること、という条件をつけた。「C子どもたちの意思をかたちにしたい」という大人たちの思いは、つぎつぎにつながっていき、やがて設計士のもとにとどいた。

公募《ぼ》に応募した設計士の佐々《ささ》木《き》栄《さかえ》さんは、「学校は、子どもたちが生きていく力をつちかっていく場所だ」と、つねづね考えてきた。

（学校は、先生から知識を得るだけでなく、児童生徒同士はもちろん、地域の人たちと会話したり、なにかをいっしょに行ったりすることで、さまざまなことに自ら気づき自ら学んでいく場所だろう）

（この子たちはすでに、人との関わりのなかで、自ら学ぶことを知っ震災後、被《ひ》災地には全国から物資がとどいたり、スポーツ選手ら有名人が来訪したりするなど、さまざまな支援《えん》があった。

（支援は、とてもありがたいことだった。けれども、ぼくは教師として子どもたちに、われわれは支援を受ける側なんだから、つねに㋒［　　］をわすれないようにと、強調して言いすぎたかもしれない。子どもたちは遠慮《りょ》気味になってしまい、自分たちの㋓［　　］を言ったり、好きなように行動するのは、いけないことだと思っている感じがする。教室を想像するときも、自分の㋓［　　］を入れてはいけないと、どこかブレーキがかかっているんじゃないか）

芦澤先生は、子どもたちがきびしい㋔［　　］に向き合っているからこそ、もっと㋑［　　］にのびのびと、想像してもらいたかった。意見が対立しているグループもあったが、芦澤先生も講師の先生たちも見守るだけにして、子どもたちにまかせた。

教室の空気が一変したのは、模型の材料が配られて作製に入ってからだ。

シートからパーツを切り出して壁を立て、平面で考えていた教室が立体になった瞬《しゅん》間、だれもが「おっ、なにかおもしろくなってきたぞ」という表情を見せた。陽音たちのグループでも、積極的でなかったメンバーがのってきた。

（やる気がなさそうに見えたのは、立体になったときのイメージがわかなくて、おもしろく思えなかっただけだったのかな？）

陽音はメンバーに、材料を切り出す係と、組み立てる係に分かれて進める提案をした。みんなで分担したら、作業がスムーズに進み出した。

（やっぱり、協力してやったほうが、うまくいくな）

山形大学の学生たちが、組み立てると家具になるシートをつくってくれていたが、ちがう家具もほしいと、リクエストする子が出てきた。

「もっと長いイスがほしい」と言う子に、芦澤先生が理由をたずねると、はっきり答えた。

「もっとたくさんの人がすわれるようにしたいし、夜はベッドとして使えるようにしたいんです」

避難生活のなかで、足腰《こし》の弱い高齢《れい》者が床《ゆか》で寝たり、起きあがったりするのを見て、大変そうだと思ったのだろう。子どもたちのアイデアには、避難生活でも、ひたすらがまんするのではなく、少しでも快適な生活にしたいという思いにあふれていた。

二回目の授業が終わったあと、芦澤先生はインターネットで、ふだん目にしないような教室の画像をさがした。もっと発想を広げられるよう、音楽大学の音楽室、アメリカのフリーな空間の教室など、めずらしいデザインの教室を子どもたちに見せた。

「うわあ、すごい」「こんな教室だったら、いいなあ」子どもたちは、わくわくした顔で画像を見つめた。

（そうそう、もっと夢を見ていいんだよ。こんなの無理だって、やる前からあきらめないでいいんだ）

芦澤先生は心のなかで、子どもたちに語りかけていた。

最後となる三回目の授業が、二週間後の十一月十四日に行われた。模型を完成させなければならないなか、子どもたちは、前回よりユニークなアイデアをつぎつぎに出してきた。

「体育館の屋根が、開くようにしたい」「教室のなかにも緑がほしいから、木が生えているようにしない？」「寝ころがって、本を読める図書室にしたいな」「タブレットやタッチパネルがあったら授業が進むかな」

楽しいアイデアにグループのメンバーが盛りあがり、どんどん作業が進んでいく。体育館をつくる陽音たちのグループは、スポーツや町のイベントなど、いろいろな催《もよお》しに利用できるよう、折りたたんで収竹中工務店の岡田慎《おかだまこと》さんは、はじめに言った。

「この授業は、算数や国語とちがって、決まった答えはありません。だから、おもしろいし、むずかしいんだね。一生懸《けん》命に考えてください。それが、みんなの答えになります」

学校には、みんなが勉強したり、給食を食べたり、遊んだりするための役割と、災害時にはみんなの命を守り、町の人たちの避《ひ》難生活を支えるという二つの役割があって、どちらも大事だと、岡田さんは話した。

「ふだん楽しくても、災害時に危険ではだめ。いくら安全でも、ふだんつまらない学校では、やっぱりだめなんだと思います」

そして、ユニークな教室のデザイン例や、燃えにくくて強い木材の建材や、太陽光発電と蓄《ちく》電池の設置例、地震のときに建物のゆれをゆっくり、小さくできる「免《めん》震建築」などをしょうかいした。陽音《はると》は、燃えにくくて強い木材に、興味を持った。

（木をたくさん使った学校だったら、リラックスできそうだな。燃えにくい木だったら、もっといいな）

陽音のグループは、女子ふたり、男子三人の五人チーム。陽音と夏《なつ》海《み》さんは、ミニバスケットボールチームに入っていたことから、「体育館を作りたい」と言い、ほかのメンバーも賛成した。

十八のグループがデザインしたい教室を決めると、山形大学の佐藤《さとう》教授から、「教室づくりの基準として必要なこと」がしめされた。デザインするうえでとり入れてほしいことは、「安心・安全を考えた教室であること」「ワークショップでつちかったスケール感覚を大切にすること」「見たこともないアイデアがふくまれるなど、①そうぞうせいを発揮すること」など。

陽音と夏海さんは、

「体育館のなかにほしいのは、水飲み場」

「オレンジジュースとか、いろいろな飲み物が出てくる蛇《じゃ》口があったらいいなあ」

と積極的に意見を出したが、Aほかのメンバーはあまり発言しなかった。陽音は少し、むっとした。

二回目の授業は、一週間後の十月三十一日。グループごとに教室のアイデアを話し合い、教室のレイアウト図を作製した。陽音のグループのテーマは、体育館だ。

「寝袋《ねぶくろ》などの寝《しん》具を入れておくところがほしいな。寒い夜でも、あたたかくねむれるように……」

陽音が城山《しろやま》公園体育館に避難した夜を思い返して言うと、夏海さんも避難生活を思った。夏海さんは津波で家を流され、震災後数日は、お父さんの車のなかですごした。友だちの家にうつってからは、水が出ている近所の水場まで、毎日、水をくみにいった。

「避難生活中も、水が使えるようにしたいな。トイレも流せるようにしたい」陽音やほかのメンバーも、うなずいた。

「じゃあ、手あらい場のそばにトイレも置く？」「避難生活で料理ができるように、炊《すい》事場もつくろうよ」

ほかのグループも、棚《たな》はたおれてこないように、壁《かべ》につくりつけにしたほうがいい、避難生活で夜暗くなってからトイレに行くのが大変だったから、教室のなかにトイレがあったほうがいいなど、防災と避難面に対する意見が多く出ていた。

（すごいな。みんな、㋐［　　］したことを思い返して、必要なものをしっかり考えている）

芦澤先生は、子どもたちの②こうさつりょくにおどろいた。

（安心できる教室がほしいんだろうな。それだけ、避難したときの記憶《おく》が強いんだろう。でも、防災だけにしばられないで、もっと㋑［　　］に発想を楽しんでもらいたいな）

い。そんな青春を送れたかもしれない、と思うのだ。

だから今度の三年間は……と今、思うのだ。もう受験を乗り越えるためだけの勉強はやめよう、と。憧れの松葉高校に入学したところで、本当に[　ⓒ　]どおりの生活が待っているかはわからない。それだけは、入ってみなければわからない。だけどもし失望するようなことがあっても、今度は「次の大学生活に[　ⓒ　]して勉強に打ちこむ」なんてことだけはしないようにしたいと思うのだ。

もう、未来に逃《に》げない。なにかに本気で取りくんだり、誰かと本音でつきあって、泣いたり、笑ったり、怒《おこ》ったり、喜んだりしながら、自分の進むべき道を見つける。そんな三年間にしたいと思うのだ。だから今度、なんのために勉強するのかときかれたら、由里はこう答えたいと思っている。

②**A4**　どこにも逃げない強い自分を作るため。

たとえば試合に勝つための部活に入ってみるとか、夏休みに短期留学してみるとか、自分には向いてなさそうなアルバイトをあえてしてみるとか……。いろんな経験を重ねて、自分を強くしたい。どこにも逃げない自分を作りたい。自分を前に進めるために、いろんなことを学びたい。それがきっと、これからの人生で戦うための武器になると思うから。

素直な気持ちをちゃんとぶつける。もう、怖《こわ》がらない。これからはちゃんと、逃げずに向きあいたい。由里は、心の中でこっそりつぶやくと、すがすがしい気持ちで、次の問題に取りくみはじめた。

（草野たき『Q→A』より）

㈠　（　）**a**～**c**に入る最もふさわしいことばをつぎの中からそれぞれ選び、番号で書きなさい。

1　おそるおそる　2　さらさら　3　しみじみ
4　しめしめ　5　まったり　6　ひっそり

㈡　――線アとありますが、由里《ゆり》がこう思っているのはなぜですか。自分のことばで書きなさい。

㈢　〰〰線イとありますが、由里がこう考えているのはなぜですか。文中から最もふさわしい一文を探して、はじめの五字を書きなさい。

㈣　[　]①、②に入ることばを、それぞれ三字のひらがなで考えて書きなさい。

㈤　══線ウとありますが、それはどのようなことですか。文中から解答らんの文字数で探して書きなさい。

㈥　[　]ⓐ～ⓒにふさわしいことばをそれぞれ考えて書きなさい。ⓐとⓒは二字の熟語です。同じ記号には同じことばが入ります。

㈦　――線エとありますが、今の由里が「未来の私」として考えたのは、どんな「私」ですか。文中から最もふさわしい一文を探して、はじめの五字を書きなさい。

㈧　……線**Q4**の質問に対して、由里の答えは……線**A4**①から**A4**②に変化しました。由里はどのように成長したのか、文章全体から考えて自分のことばで書きなさい。

二　つぎの文章は、二〇一一年三月十一日東日本大震《しん》災で町に津《つ》波がおしよせた岩手県でのお話です。あとの問題に答えなさい。

日本ユニセフ協会が主催《さい》する「未来の教室を考えよう」のワークショップは、三回にわたって行われることになった。

一回目の授業は、二〇一二年十月二十四日。

「〝大槌《つち》小学校の教室〟未来の教室プロジェクト。五年生が思いえがく未来」芦澤《あしざわ》先生はこう黒板に書いて、説明をした。

「君たちが考えたデザインやアイデアが、未来の教室をかたちづくっていくことになります」

「おっ、やってるねぇ」由里が塾に早めに来て勉強をしていると、若《わか》林《ばやし》武《たけし》が参考書をのぞきこんで言った。

「ちょっと、勝手に見ないでよ」由里はその顔を手で払《はら》いのけると、そのまま勉強を続けた。事前に同じ中学の子がいないかどうか問い合わせて入った塾なのに、入ってみたらなんと同じ陸上部の若林がいた。まあでも若林は男子だし、べつにうまくやる必要はないと判断して、由里はこの塾に通い続けることにした。しかし元来お調子者の若林は、気軽に話しかけてくるうえに冷たい態度を取ったところでひるまない。

「若林くん。飴《あめ》、食べる？」由里の隣《となり》で同じように予習をしていた佐《さ》竹空《たけそら》美《み》が、若林に飴をさしだす。

「うん、食べる」若林が嬉しそうにそれを受けとって、口に放りこんでいる。

佐竹空美。中学が違う彼女とは、この塾で初めて出会った。

「由里も食べる？」「味は？」「ゆず」「じゃあ、いいや」

これが学校の友達なら、どんな味だろうと「ありがとう」と飴をもらうのが由里のやりかただ。相手の親切を断って、嫌われたら困るから。だけど、ここではそういう気遣《づか》いはしないことにしていた。この塾に入るときに、そう決めたからだ。ここではウソはつかない。どんなときでも、素《す》の自分でいる。たかが、飴玉ひとつのことでも、ウソはイヤ。それで嫌われるなら、それでかまわない。だけど、佐竹空美は、そんな由里に興味を持ってくれた。しかもそのきっかけが、若林の存在だった。

「波多野さんって、学校でもこうなの？」あるとき、由里が若林を冷たくあしらっているところに、彼女が話しかけてきたのだ。

「うーん。オレ以外には、優しいと思う。特に女子には優しいよな」若林がそう答えるのを見て、由里はきっぱりと言った。

「そう。特に女子にはね。うまくやるために、優しくするようにしてるの」すると空美が、パッと顔を明るくして言った。

「わかるー。学校の友達とはうまくやんないといけないもんね。特に女子とはね」そんな反応が返ってくるとは予想してなくて、由里は呆然と彼女を見つめた。

「私も話合わせるために、その俳優私も好きとか、けっこうウソ言っちゃうんだよね」由里は驚《おどろ》きで声にならず、うなずくのが精いっぱいだった。そう、なにもいつもいつも本音じゃなくていいのだ。うまくやるために必要なウソもある。使い分けていいのだ。由里はそんな彼女の言葉に救われた気持ちだった。その日から、由里にとって空美は大事な友達になった。志望校も偶《ぐう》然いっしょで、高校でもこんな調子で過ごせたらと、ⓒに胸を膨《ふく》らませている。

そうして、松葉高校の入試本番を数日後に迎《むか》えようとしている今、由里はあらためて思うのだ。もし学校でも、素の自分でいたらどうだっただろう、と。案外、それでもうまくやれたんじゃないかな、と。誰かとぶつかって、学校に行きたくないと思うこともあったかもしれない。イヤな思いもたくさんしたかもしれない。だけど、佐竹空美みたいに、本音を言える友達が、ひとりくらいは作れたかもしれないと思うのだ。誰にも嫌われないってことは、誰にも好かれないってことだ。この三年間、由里は誰かにうんと嫌われることがなかったけれど、うんと好かれることもなかった。うんとかなしいことも、うんとつらいこともなかったけれど、うんと楽しいことも、うんと嬉しいこともなかった。もし、やってみたかったバスケットボール部に入っていたら、きびしいコーチや先輩にしごかれて、レギュラー争いでイヤな思いをしたり、苦しい練習にもうバスケなんて嫌いと思うこともあったかもしれない。だけど、試合に勝つ喜びを味わえたかもしれない。楽しい！　私、今、生きてる！　っていう充《じゅう》実感を味わえたかもしれなった。あんな見た目だけど、優しいとか、頭がいいという理由ではなく、あのひとのことを、心底、格好いいと思っているのだ。先輩は［ⓐ］したのだ。だって中学のとき、先輩はここまできっぱりと本音を言うひとじゃなかった。いつも颯爽《さっそう》としていて、人当たりも良くて、男女問わずたくさんの友達がいて、そのすべてが、さわやかだった。ひとを憎《にく》んだり、さげすんだり、嫉妬《しっと》したりすることもない代わりに、熱くなることもなかった。だけど、今日の先輩は熱かった。

「私、ひとにどう見られるかなんて、どうでもいいの」

由里は、先輩のその言葉にしびれた。《ひとにどう見られるかなんてどうでもいい》ということは、それだけ自分を［ⓑ］ということだ。だから、今まで築いてきた自分のイメージを簡単に捨てて、自分の気持ちだけで恋《こい》人を選べるのだ。さすが、私のスターだ。想像をはるかに超《こ》えた鮮《あざ》やかな［ⓐ］をとげた先輩を目の当たりにして、由里はますます自分も絶対松葉高校に行くのだと決意を新たにした。

私も松葉高校に行って［ⓐ］したい。周囲の評価など気にせず、自分の本音をスパッと言えるようなひと。たとえ周囲に「変わっちゃったね」とがっかりされても、自分だけは、自分の変化に満足していたい。そんなふうに、自分を［ⓑ］ひとになりたい。行きたい高校はただひとつ。由里は回答欄に、迷わずその高校の名前を書いた。

A３　第一志望は、松葉高校です。

回答欄にそう書いたとたん由里は、はたと気づいた。この塾に、同じ中学の子はいない。だけど、来年、同じ松葉高校に進む子は、いるかもしれない……。ここでは、本音を言う。嫌われたって、かまわない。そう心に誓《ちか》ってきたけど、もし、誰かに嫌われて、その子が来年、同じ松葉高校に入学を決めたらどうしよう……。あの子、ズバズバ本音を言うし、空気読めないんだよねー。高校でさっそくそんなふうに言いふらされたら……。

「違う、大丈夫」由里はさっきから何度も繰り返してきたその言葉を口に出してつぶやいた。松葉高校に入るような子に、そんな子はいない！　そんなの……。わかんないか……。由里はあまりの衝撃《げき》に、体をそらして天井《じょう》を見上げた。ああ、なんで気づかなかったのだろう。同じ中学の子はいなくても、来年、同じ学校になる子はいるかもしれないのだ。由里はこうこうと白く光るライトを見つめて、しばし呆《ぼう》然とした。でも……。それでも、いいのか……。だって、来年の私は［ⓐ］するんだから……。

由里は大きく息を吸って、姿勢を正した。そう、私は変わるのだ。エここにいるのは、未来の私。よし！　由里は大きく息を吐《は》くと、最後の質問に進んだ。

Q４　あなたにとって、勉強とはなんのためにするものですか？

なんのためって、受験のためじゃないの？　なんで、こんな質問するんだろう……。春にクラス替《が》えをしたばかりのときも、アンケートで似たようなことをきかれて、同じように思ったっけ……。

《中学生活最後の学年です。これからどんな一年にしたいですか？》

どんな一年？　……って、受験しかないじゃんって。とりあえず回答欄にはこう記入した。

①**A４**　受験を乗り越《こ》えるため。

すべての回答を終えて、由里はシャーペンを置いた。背後にある教室のドアが開く音がした。誰かが来たようだ。新しい塾の新しいクラスメイト。どんな子だろう……。どうかここが、自分らしくいられる場所になりますように。本当の私を知っても、嫌いにならずに、つきあってくれる誰かがいますように。そんな関係を誰かと築けますように。由里は心の中で祈るようにそうつぶやいた。

たりするひとたちばかりだ。実際はどうなのかナンシーにきいてみたいけど、それだって、英語が話せなきゃきくこともできない。英語でなら、外国でなら、こんなふうに本音を言っても許される世界があるんじゃないかと思うのだ。そのために英語がしゃべれるようになりたいのだ。だけど……。

休み時間、ナンシーに近づいて、いろいろ質問攻《ぜ》めにしている子たちは、けして英語がしゃべれる子たちではない。特に、浅川麻衣子はすごい。自分の英語が正しいかどうかなんて、おかまいなしだ。彼女は商店街にある青果店の娘《むすめ》で、小さいころから店を手伝っているせいか、ひとに対して壁《かべ》がない。ふだんから男女問わず、誰とでも仲良くできて、ナンシーにもその調子で話しかけている。そんな麻衣子を見ていると由里は、自分に足りないのは、英語力というより、度胸かもしれないと思うのだ。そもそも度胸があれば、偽物《にせ》の優しさで、いじめ対策なんてしなくてすむのだ。でも度胸ってどうしたら身につくんだろう……。教えてほしいことって本当はこういうことなんだけどな……。まあ、でもここは学習塾だし、ウそんなこと求められないか、と思いながら、由里はシンプルにこう回答した。

A２　英語です。

三年生のこの時期に、塾に新しい子が入ってくるって、どう思うだろう。あいまいな返事で、笑ってごまかしたりするんじゃなくて、ここでは本音を言う。相手にどう思われてもいい。どんなささいなことも、ごまかさない。全部、自分の心のままに、言葉にしたい。嫌われても大丈夫。同じ中学の子がいないここなら、大丈夫なんだから……。由里はおまじないのように、大丈夫を心の中で繰《く》り返しながら、次の質問に進んだ。

Q３　志望校が決まっていれば教えてください。

それはずばり、松葉高校だ。だからこそ中学入学以来、なにがあっても勉強だけはしっかり続けてきたし、確実に試験に合格できるよう、この塾に入ることにしたのだ。さらに今年の春、由里の憧《あこが》れの存在である白石佳代子《しらいしかよこ》先輩《ぱい》もその松葉高校に進学した。美人でスタイルも良く、髪《かみ》は短くてボーイッシュ。それなのにすごく女らしくて、チャーミング。いつでも自然体で、男女問わずたくさんの友達がいる人気者。由里にとって、白石先輩はスターだった。松葉高校に行けば、そんな先輩を、また間近で見られるのだ。中学に入学して、すぐに陸上部に入ったのも、白石先輩がいたからだ。本当なら由里は、走るのは得意じゃない。そして実際、引退までの二年半、走り続けてきたけれど、たいして速くならなかった。だけど由里にとって、速くならないことなんてどうでも良かった。白石先輩に指導してもらえるだけで嬉《うれ》しかった。由里の部活生活は幸せだった。

しかし、先月のことだった。白石先輩が学校帰りに陸上部に遊びにくると聞いて、由里も久しぶりに会いに行くことにした。久しぶりに会った先輩は、相変わらずステキで、しかもなんと、彼氏《かれ》を連れてきた。だけどその彼氏は由里が期待していたそれとは、大きく違っていた。髪はぼさぼさだし、無精《しょう》ひげをはやしているし、ジーンズを腰《こし》ばきしているし、これが白石先輩の彼氏？　由里だけでなく、部員一同、ショックを隠《かく》せなかった。正直、こんなひとが先輩の彼氏だなんてイヤだったのだ。松葉高校に行って、先輩がおかしな方向に変わってしまったなんて、憧れが台無しになってしまう。先輩が笑って言った。

「みんなには、似合わないとか、がっかりなんて言われるんだけどね」

由里も、そっちの意見に賛成だった。

「でも私、ひとにどう見られるかなんて、どうでもいいの。だって、私には、彼が世界でいちばん格好良く見えるんだもん」

由里はその言葉を聞いて、ハッとした。そして、さすが先輩だと思ているというだけで夜遊びにつきあわされるなんて、もううんざり。

由里は、塾では勉強だけに集中したかった。それ以外の我慢《まん》はしたくなかった。もちろん、学校は別だ。学校は勉強するためだけの場所じゃないというのはわかっているので、クラスメイトや部活仲間とうまくやるよう努力している。だけど、それを塾でやるのはイヤなのだ。このふたつの塾に通って、由里は（　**c**　）とそう思った。だったらあとはもうひとりでやるしかないと、由里はその後、新しく通信教育に入会して、その教材にまじめに取りくむことにした。通信教育は、ひとりで教材に取りくむだけなので、誰にもじゃまされない。そしてそれをコツコツとまじめに続けてきたおかげで、三年生になってすぐに受けた模擬《ぎ》試験で、松葉《まつば》高校は合格圏《けん》内に入っていた。だけど、そのあと何度か受けた模擬試験の成績が、由里を不安にさせた。本番まで、あと四か月。やっぱり誰かに直接指導してほしいと思った。どこがわかっていないのか、きっちりとサポートしてもらいたい。だけど、塾に行けば、また人間関係で気をもまなければならない。

そこで考えたのが、同じ中学の子がいない塾だった。同じ中学の子がいなければ、へんに人間関係に気をつかう必要はない。もし誰かと仲良くなっても、今度は、イヤなことは「イヤ」と言う。それで、嫌《きら》われたところで、中学が違えば学校生活には影響《えいきょう》はない。由里は、今度こそ、我慢をしなくてもいい生活がここにあるはずと信じている。アンケート用紙を前に、由里はそんな決意でこの塾に通うことにした自分の気持ちを、再確認した。今度こそ、今度こそ、勉強だけに集中する。ここでは、絶対に誰かに合わせたりしない。絶対に。だけど、そんな理由でこの塾を選んだとは書きたくなくて、由里は回答欄《らん》にはこう記入した。

A１　小規模で丁寧《ねい》に見てもらえそうだから。

ア<u>大丈夫。きっとここは、私に合っている。</u>由里は次の質問に進んだ。

Q２　この塾で、特に力を入れて勉強したい教科を教えてください。

イそれは……やっぱり、英語だ。由里は、将来、英語が話せるようになりたいと考えていた。だからこそ、中二から始まった二週間に一度のアメリカ人講師、ナンシーの英会話の授業はがんばりたかった。だけど、授業中にナンシーに話しかけられると、由里は緊《きん》張で、それがどんなに簡単な質問でも、声すら出ないことが多かった。一度、黙《だま》りこむ由里を見て、ナンシーは前の席にいる浅川《あさかわ》麻《ま》衣《い》子《こ》に英語できいた。

「Maiko, what kind of person is she？（麻衣子、彼女はどんな子なの？）」

すると、麻衣子は言った。「うーん、シーイズ……カインド（彼女は……優《やさ》しい）」ナンシーはにっこり笑って「Great（すばらしい）」と言うと、由里にもう座っていいわよと言ってくれた。

「彼女は優しい」由里はこのとき、私ってそう見られてるんだとホッとする気持ちとともに、大きな違《い》和感を覚えた。麻衣子のその答えに、本当は大声でこう言いたい衝《しょう》動に①［　　　］た。私は優しくなんかない！　と…。だけど実際、由里は誰にでも優しく接するようにしていた。でもそれは、うっかり相手の機嫌《げん》を②［　　　］て、いじめや仲間外れにつながらないようにしているだけで、本当の優しさではない。その証拠《こ》に、由里が実際優しくしているのは、女子のみだ。女子とさえうまくやれば、学校生活に支障はない。それで由里は、女子にだけ優しくするようにしているのだ。だけどそれが、由里にとってはストレスだった。たまに無性《しょう》にずばりと本音を言いたくなるときがあるのだ。そして、英語でなら、それが言えるんじゃないかとも考えていた。だって、由里の好きな外国の映画では、女のひとはたいていはっきりと自分の気持ちを口にしている。それでケンカになっても、きちんと謝罪して仲直りしたり、相手のそういう性格を受けいれ

2023年度

日本女子大学附属中学校

【国　語】〈第一回試験〉（五〇分）〈満点：六〇点〉

一　つぎの文章を読んで、あとの問題に答えなさい。文中の「Q」はアンケートの質問、「A」はその答えです。

大丈《じょう》夫。

波多野由里《はたのゆり》は、祈《いの》るようにそう思いながら、新しいその塾《じゅく》のドアを開けた。塾長のおばさん先生は、教室に由里を案内すると言った。

「始まるまで時間あるし、あなたのこと知りたいから、このアンケートに答えてくれる？」

由里は渡《わた》されたアンケート用紙を受けとると、指定されたその席に座《すわ》った。

大丈夫。

中学入学以来、由里にとって、これが三つ目の塾になる。今までの塾の授業内容や先生に不満があったわけじゃない。それでも、やめることにしたその理由は……。

Q１　たくさんある塾から、この塾を選んだ理由を教えてください。

それはずばり、同じ中学の子がいないからだ。中学入学と同時に入った最初の塾には、小学校の時クラスメイトだった新山聡美《にいやまさとみ》といっしょに入った。

「いっしょにがんばろうね」それはうきうきするような、楽しい塾生活の始まりだった。目標のためにいっしょにがんばれる仲間がいるっていうのはいいなあと、由里の心は希望に満ちあふれていた。だけど中学に入学すると、聡美と由里は学校では別々のクラスになってしまった。

夏休みが始まるころだった。聡美はそのころ、学校では、同じクラスの真野静香《まのしずか》と仲良くなっていた。そして聡美が誘《さそ》って真野静香もまた同じ塾に通いだすと、塾での休み時間もふたりきりで仲良くするようになっていた。由里が話しかければ、挨拶《あいさつ》はしてくれる。だけどそのあとふたりだけにしかわからない話で盛りあがっていて、由里なんていないみたいに振《ふ》るまうのだ。由里はとたんに、塾に行くのがゆううつになってしまった。塾にいるあいだずっと居心地が悪くて、授業にも集中できない。やがて由里は、（　**a**　）とその塾をやめた。いっしょにがんばろうというあの約束はいったいなんだったのだろう、と由里は今でも悔《くや》しく思いだす。あれじゃあ受験のためというより、放課後も友達といっしょに過ごすための塾通いでしかないじゃないか。目的が違《ちが》うじゃないか。由里はすぐにほかの塾を探して、そこでがんばることにした。次に入った塾は、人数の多い大規模な塾だった。入ったクラスには、同じ中学の子が五人もいて、すぐに仲間に入れてもらえた。だけど、その子たちは塾の帰りにコンビニで買い食いしたり、ゲームセンターに行こうと誘ってくるような、まじめに勉強する気など（　**b**　）ない子たちの集まりだった。席が決まってないから座る席もいっしょで、授業中にこそこそおしゃべりしたり、休み時間のたびにお菓子《か》を食べながらふざけたり……。もうイヤだと思っていたころ、ひとりが言いだした。「ねえねえ、今度、塾サボって、みんなでどっか行かない？」

塾をサボる？　由里はさすがにこれはもうつきあえないと思った。そして彼女《かの》たちから円満に離《はな》れるため、塾をやめた。特に責められることもなかった。きっと、メンバーなんて、誰《だれ》でもいいのだろう。そうして由里は、もう塾に行くのはあきらめようと、思った。離れていく友達を目の当《ま》たりにしてかなしい気持ちになったり、同じ塾に通っ

2023年度 日本女子大学附属中学校 ▶解説と解答

算　数　＜第１回試験＞（50分）＜満点：60点＞

解　答

Ⅰ (1) 3　(2) $7\frac{7}{9}$　(3) 10　(4) 秒速45cm　Ⅱ (1) 8通り　(2) 144人　(3) 36才　(4) 112人　(5) 右の図１　(6) 114度　(7) 113.04cm²　(8) 9.42cm　(9) ① 35人以上40人以下　② 2人　Ⅲ (1) **ボート**…時速8km，川…時速2km　(2) 9時15分　Ⅳ (1) 566　(2) ① 6通り　② 右の図2　Ⅴ (1) 毎分900cm³　(2) 11.25cm　(3) 8分20秒

図１

B＼A	ある	ない	計
ある	28	14	42
ない	10	8	18
計	38	22	60

図２

71	72
84	83

解　説

Ⅰ 四則計算，逆算，単位の計算

(1) $\left\{\left(2\frac{1}{2}-\frac{1}{3}\right)\div\left(\frac{4}{5}-\frac{3}{7}\right)-2\frac{1}{12}\right\}\times\frac{4}{5}=\left\{\left(\frac{5}{2}-\frac{1}{3}\right)\div\left(\frac{28}{35}-\frac{15}{35}\right)-\frac{25}{12}\right\}\times\frac{4}{5}=\left\{\left(\frac{15}{6}-\frac{2}{6}\right)\div\frac{13}{35}-\frac{25}{12}\right\}\times\frac{4}{5}$ $=\left(\frac{13}{6}\times\frac{35}{13}-\frac{25}{12}\right)\times\frac{4}{5}=\left(\frac{35}{6}-\frac{25}{12}\right)\times\frac{4}{5}=\left(\frac{70}{12}-\frac{25}{12}\right)\times\frac{4}{5}=\frac{45}{12}\times\frac{4}{5}=3$

(2) $1+2\times3\div4-5\div6+7-8\div9=1+\frac{2\times3}{4}-\frac{5}{6}+7-\frac{8}{9}=8+\frac{3}{2}-\frac{5}{6}-\frac{8}{9}=\frac{144}{18}+\frac{27}{18}$ $-\frac{15}{18}-\frac{16}{18}=\frac{140}{18}=\frac{70}{9}=7\frac{7}{9}$

(3) $\frac{11}{20}-0.3=\frac{11}{20}-\frac{3}{10}=\frac{11}{20}-\frac{6}{20}=\frac{5}{20}=\frac{1}{4}$より，$\left(0.375\div\frac{9}{\square}+0.25\right)\times\frac{1}{4}=\frac{1}{6}$，$0.375\div\frac{9}{\square}+0.25=\frac{1}{6}$ $\div\frac{1}{4}=\frac{1}{6}\times\frac{4}{1}=\frac{2}{3}$，$0.375\div\frac{9}{\square}=\frac{2}{3}-0.25=\frac{2}{3}-\frac{1}{4}=\frac{8}{12}-\frac{3}{12}=\frac{5}{12}$，$\frac{9}{\square}=0.375\div\frac{5}{12}=\frac{3}{8}\times\frac{12}{5}=\frac{9}{10}$　よって，$\square=10$

(4) 時速1.62kmは1時間で1.62km進む速さである。また，1時間は，60×60＝3600(秒)，1.62kmは，1.62×1000×100＝162000(cm)だから，この速さで1秒間進むと，162000÷3600＝45(cm)進むことになる。よって，時速1.62kmは秒速45cmである。

Ⅱ 場合の数，比の性質，年令算，割合と比，相当算，集まり，角度，相似，面積，図形の移動，長さ，条件の整理

(1) 各位の数字の和が3の倍数になるとき，その整数は3の倍数になる。たとえば，0＋1＋2＝3であり，これは3の倍数だから，(0，1，2)を並べてできる整数はすべて3の倍数になる。同様に，(0，2，4)を並べてできる整数も3の倍数になる。どちらの場合も，百の位には0を除いた2通り，十の位には残りの2通り，一の位には残りの1通りのカードを並べることができるので，2×2×1＝4(通り)の整数ができる。よって，3の倍数は全部で，4×2＝8(通り)できる。

(2) 6人グループに分けたときのグループの数を□，9人グループに分けたときのグループの数を

△とすると，６×□＝９×△と表すことができるから，□：△＝$\frac{1}{6}$：$\frac{1}{9}$＝３：２とわかる。この差が８なので，比の１にあたる数は，８÷（３－２）＝８となり，□＝８×３＝24と求められる。よって，１年生の人数は，６×24＝144(人)である。

⑶　24年間で，母の年令は24才増え，さくらさんと妹の年令の和は，24×２＝48(才)増えるから，現在のさくらさんと妹の年令の和を①とすると，右の図１のように表すことができる。図１で，③－①＝②にあたる年令が，48－24＝24(才)なので，①＝24÷２＝12(才)と求められる。よって，現在の母の年令は，12×３＝36(才)である。

図１

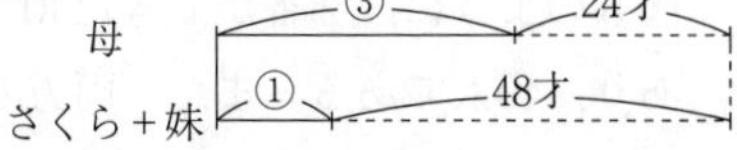

⑷　２年生の人数を１とすると，下の図２のように表すことができる。図２で，$\frac{5}{8}+\frac{3}{7}-1=\frac{3}{56}$にあたる人数が６人だから，（２年生の人数）×$\frac{3}{56}$＝６（人）と表すことができ，２年生の人数は，６÷$\frac{3}{56}$＝112(人)とわかる。

図２

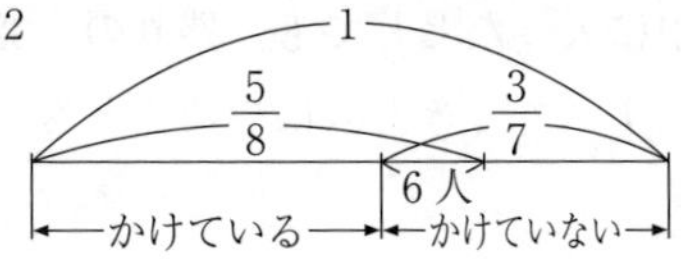

図３

B＼A	ある	ない	計
ある	28	ア	42
ない	イ		18
計			60

図４

B＼A	ある	ない	計
ある	28	14	42
ない	10	8	18
計	38	22	60

⑸　（全体の人数）×0.7＝42(人)と表すことができるので，全体の人数は，42÷0.7＝60(人)となり，両方に行ったことがある人の数は，60×$\frac{7}{15}$＝28(人)とわかる。また，Ｂに行ったことがない人の数は，60－42＝18(人)だから，上の図３のようになる。図３で，ア＝42－28＝14(人)と求められ，さらにアとイの和が24人なので，イ＝24－14＝10(人)とわかる。よって，上の図４のようになる。

⑹　下の図５で，●印をつけた角の大きさは，180－(18＋136)＝26(度)である。また，㋑の角の大きさは，360－136×２＝88(度)とわかる。よって，かげをつけた三角形に注目すると，㋐の角の大きさは，26＋88＝114(度)と求められる。

図５

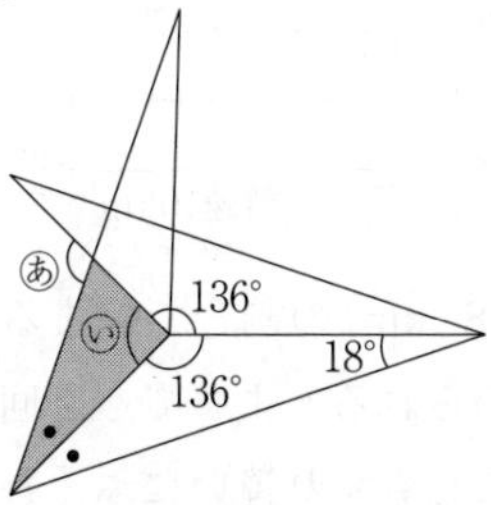

図６

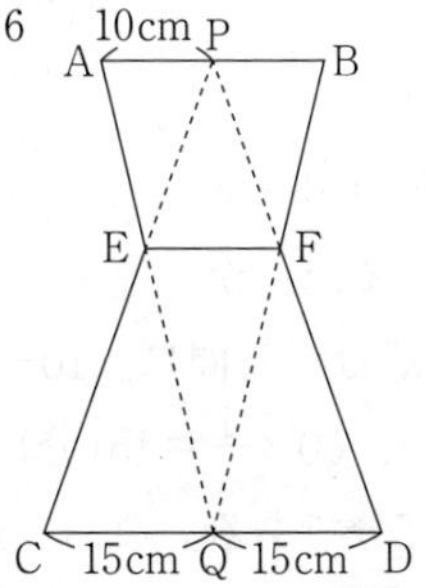

図７

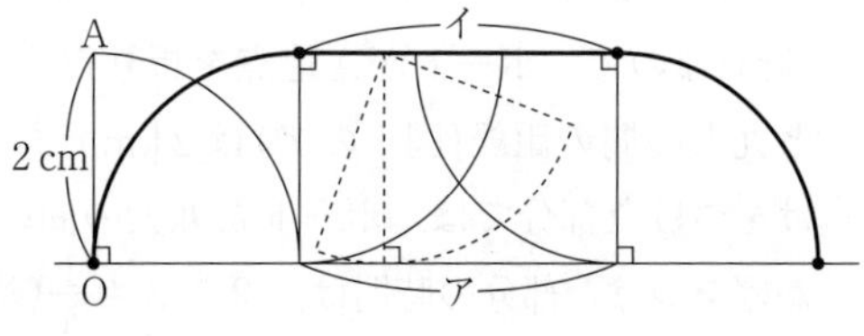

⑺　正面から見ると上の図６のようになる。三角形AEPと三角形QECは相似であり，相似比は，AP：QC＝10：15＝２：３だから，PE：CE＝２：３となる。また，三角形PEFと三角形PCDも相似であり，相似比は，PE：PC＝２：（２＋３）＝２：５なので，EF：CD＝２：５とわかる。よって，EFの長さは，(15＋15)×$\frac{2}{5}$＝12(cm)と求められる。したがって，はり合わせた面は半径が，12÷２＝６(cm)の円だから，面積は，６×６×3.14＝113.04(cm^2)と求められる。

⑻　$\frac{1}{4}$円は上の図７のように転がり，点Ｏが動いたあとの線は太線のようになる。ここで，$\frac{1}{4}$円がアの部分を転がるとき，Ｏは常に直線から２cm離《はな》れたところを通るので，Ｏが通る部分はイのよ

うな直線になる。また，ア(＝イ)の長さは$\frac{1}{4}$円の弧《こ》の長さと同じだから，太線の長さは$\frac{1}{4}$円の弧の長さの3倍になる。よって，$2\times2\times3.14\times\frac{1}{4}\times3=3\times3.14=9.42$(cm)と求められる。

(9)　①　1，2番が両方ともできた人が最も多いのは，右の図8のように，2番ができた40人が全員1番もできた場合であり，40人である。また，両方ともできた人が最も少ないのは，右の図9のように，両方ともできなかった人がいない場合であり，45＋40－50＝35(人)となる。よって，1，2番が両方ともできた人は35人以上40人以下とわかる。　②　図9の太線部分以外の人数は，50－35＝15(人)である。3番ができた35人の中の15人がこの部分に入ったとしても，残りの，35－15＝20(人)は太線部分に入る。つまり，1，2，3番ができた人が少なくとも20人はいることになる。同様に，このとき，1，2，3番ができた人以外の人数は，50－20＝30(人)である。4番ができた32人の中の30人がこの中に入ったとしても，残りの，32－30＝2(人)は1，2，3番ができた人の中に入る。よって，4問すべてできた人は少なくとも2人はいることになる。

図8
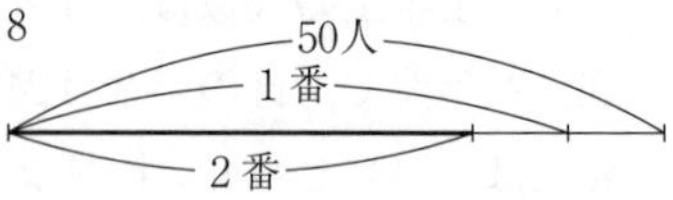

図9
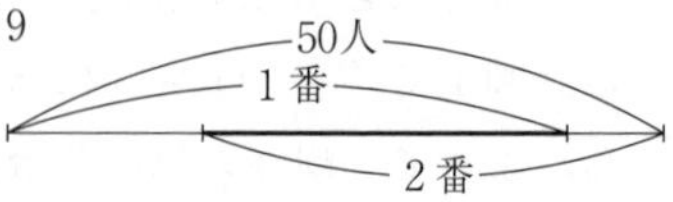

Ⅲ　グラフ―流水算，旅人算

(1)　右の図1で，ボートがB地点からA地点まで上るのにかかった時間は，60－10＝50(分)だから，ボートの上りの速さは時速，$5\div\frac{50}{60}=6$(km)とわかる。また，ボートがA地点からB地点まで下るのにかかった時間は，90－60＝30(分)なので，ボートの下りの速さは時速，$5\div\frac{30}{60}=10$(km)である。よって，右下の図2のように表すことができるから，ボートの静水時の速さは時速，(6＋10)÷2＝8(km)，流れの速さは時速，(10－6)÷2＝2(km)と求められる。

(2)　丸太が60分(1時間)で流された距離《きょり》は，2×1＝2(km)なので，ボートがA地点を折り返すときのボートと丸太の間の距離(図1のア)は2kmである。また，かげをつけた部分では，ボートと丸太の間の距離は1時間に，10－2＝8(km)の割合で縮まるから，かげをつけた部分の時間は，$2\div8=\frac{1}{4}$(時間)，$60\times\frac{1}{4}=15$(分)と求められる。よって，2回目にすれ違《ちが》った時刻は，8時＋60分＋15分＝9時15分である。なお，追いこしもすれ違いにふくむものとした。

図1
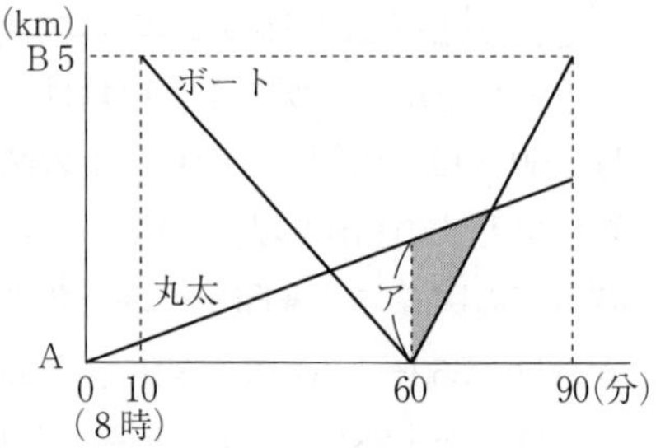

図2
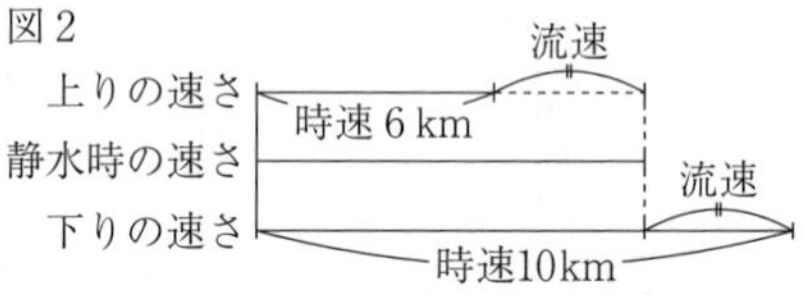

Ⅳ　数列

(1)　1段に7個の数が並んでいるから，80段目の最後の数は，7×80＝560となり，81段目には561から順に並ぶことがわかる。また，奇数《きすう》段目は左から順に，偶《ぐう》数《すう》段目は右から順に並ぶので，81段目は右の図1のようになる。よって，81段目の左から6番目の数は566

図1

1段目	1	2	3	4	5	6	7	〉和15
2段目	14	13	12	11	10	9	8	〉和29
3段目	15	16	17	18	19	20	21	〉和43
4段目	28	27	26	25	24	23	22	
⋮	⋮	⋮	⋮	⋮	⋮	⋮	⋮	
81段目	561	562	563	564	565	566	567	

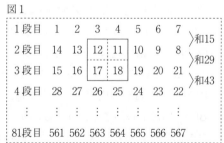

である。

(2) ① １段目と２段目の１つの列の和はすべて15，２段目と３段目の１つの列の和はすべて29，３段目と４段目の１つの列の和はすべて43，…のようになる。よって，２段目と３段目の４つの数を囲むと，和はすべて，29×２＝58になるから，和が58になる囲み方は全部で６通りある。 ② １つの列の和が，310÷２＝155になる２つの段を囲めばよい。また，N段目と(N＋１)段目の和は，15＋14×(N－１)と表すことができるので，15＋14×(N－１)＝155より，N＝(155－15)÷14＋１＝11と求められる。つまり，11段目と12段目の４つの数を囲めばよいことになる。また，奇数段目は左から順に並ぶから，左上の数が最も小さくなるのは11段目と12段目の左から１列目と２列目の４個である。さらに，10段目の最後の数は，７×10＝70なので，11段目には71から順に並ぶ。よって，右上の図２のようになる。

図２

11段目	71	72
12段目	84	83

Ⅴ グラフ―水の深さと体積

(1) 立方体が浮《う》き始めたときの水の深さが６cmだから，立方体の水面から出ている部分の高さは，10－６＝４(cm)である。また，立方体の底面積は，10×10＝100(cm^2)なので，変化のようすを図に表すと，右のようになる。はじめの２分間で入れた水の量は，(400－100)×６＝1800(cm^3)だから，水を入れた割合は毎分，1800÷２＝900(cm^3)とわかる。

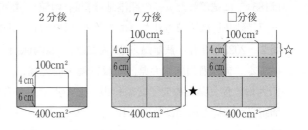

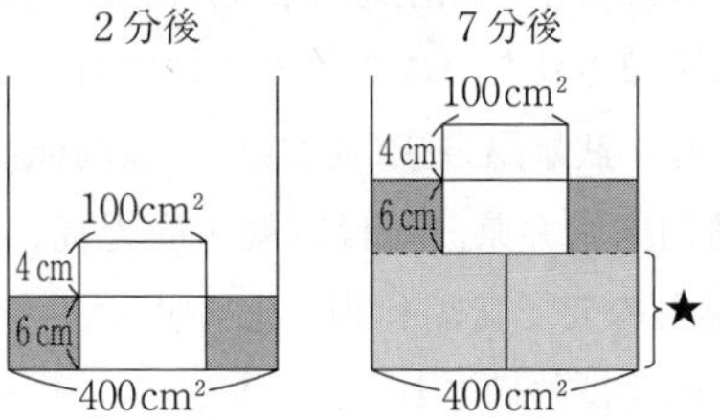

(2) ２分後から７分後までの，７－２＝５(分間)で，★の部分に水が入っている。よって，★の部分の水の体積は，900×５＝4500(cm^3)なので，★の部分の高さ(ひもの長さ)は，4500÷400＝11.25(cm)とわかる。

(3) ７分後から□分後までの間に，☆の部分に水が入ったとする。☆の部分の水の体積は，(400－100)×４＝1200(cm^3)だから，☆の部分に入れた時間は，1200÷900＝$\frac{4}{3}$＝$1\frac{1}{3}$(分)とわかる。よって，立方体が完全に水の中に入るまでの時間は，７＋$1\frac{1}{3}$＝$8\frac{1}{3}$(分)である。60×$\frac{1}{3}$＝20(秒)より，これは８分20秒となる。

社 会 ＜第１回試験＞(30分)＜満点：40点＞

解 答

1 **問１** ウ **問２** ウ **問３** (1) イ (2) ウ **問４** (1) ア (2) (例) ガソリン価格の上昇で，食品を運ぶトラックの輸送費が上がったから。(食品を入れる容器に使うプラスチック製品が値上がりしたから。) **2** **問１** イ，オ **問２** イ **問３** エ **問４** ① 川の上流 ② ダム **問５** ア **問６** (1) (例) 農作業に時間と人手がかかる。(大雨で土壌が流出しやすい。) (2) 米 (3) エ (4) イ **3** **問１** (1) 福岡県 (2) ① 中国 ② 朝鮮(半島) (3) エ (4) イ **問２** (1) **A** オ **B** イ (2) キリスト教 **問３** (1) イ→ウ→ア (2) ① 鹿児島 ② ア ③ エ ④ 西南戦

争　(3)　①　平等　②　学問　(4)　ウ→ア→エ→イ　**4**　**問１**　イ　**問２**　①　ウ　②　ア　③　イ　**問３**　ア　**問４**　応仁の乱　**5**　**問１**　Ｅ，裁判所　**問２**　①　Ａ　②　Ｆ　③　Ｂ　**問３**　(例)　緊急事態宣言が出され，人々の移動する自由が制限された。(営業時間の短縮を求められ，飲食店などの営業する自由が制限された。)　**問４**　(1)　**ア**　文化的　**イ**　最低限度　(2)　ア　**問５**　ウ，エ　**問６**　(例)　女性の働く権利を守るため，性別を問わない求人広告になった。

解　説

1　山口県の歴史や自然，産業についての問題

問１　1858年，江戸幕府はアメリカと日米修好通商条約を結んだ後，同様の条約をイギリス・オランダ・ロシア・フランスとも結んだ(安政の五カ国条約)。よって，ウが正しい。アの日米和親条約は1854年に結ばれた。イの開港地は箱館(函館)・新潟・神奈川(横浜)・兵庫(神戸)・長崎の５港で，下田(静岡県)は閉鎖された。エの治外法権は日本が欧米諸国に対して認めたものである。

問２　2022年９月，武雄《たけお》温泉駅(佐賀県)―長崎駅間で西九州新幹線が開業した。よって，ウがあてはまる。アは石川・福井県，イは宮崎・鹿児島県，エは鳥取・島根県。なお，新幹線を運営するJR九州と佐賀県との間で費用負担などの点で折り合いがつかず，武雄温泉駅と九州新幹線の新鳥《と》栖《す》駅(佐賀県)との間は整備されていない。

問３　(1)　雨温図を見ると，冬も降水量(積雪量)が多いことがわかるので，日本海側の気候と考えられる。よって，イが正しい。これは，1981～2010年までの松江市(島根県)の平年値を元にした雨温図である。なお，エについて，広島市の近年の月別平均気温で最も高いのは８月の28.5度で，30度を超《こ》える月はない。　(2)　瀬戸内地方では，雨が少なく比較《ひかく》的温暖な気候を利用したレモンの栽培がさかんで，その収穫量は広島県が全国一位である。統計資料は『地理統計要覧』2023年版，『データでみる県勢』2022年版などによる(以下同じ)。

問４　(1)　日本の原油輸入先の中心は，地図中アの中東(西アジア)地域で，国別ではサウジアラビア・アラブ首長国連邦・クウェートなどである。　(2)　原油の値上がりはガソリン価格の上昇につながるため，食品を運ぶトラックの輸送費が上がるほか，漁船の燃料やハウス栽培のボイラーの燃料も上がるので，魚介類や野菜などの価格に影響《えいきょう》をあたえる。また，食品のパッケージに使うプラスチック製品は石油を原料にしているので，食品の値上げにつながる。なお，電気料金の値上げも食品工場でのコスト高につながるが，電力の中心である火力発電の燃料は，原油より石炭や液化天然ガス(LNG)が主流である。ただし，ウクライナ情勢などにより石炭や液化天然ガス(LNG)の価格も上昇して電気料金が高くなり，食品の値上げをもたらしている(2023年３月現在)。

2　日本各地の盆地を題材にした問題

問１　文章は，京都盆地について述べたもの。京都は794年に平安京へ都が移されてから，明治時代の1869年に都が東京に移されるまで，日本の都として栄えた。アの遣唐使が始まったのは630年，イの武家諸法度が定められたのは1615年，ウの十七条の憲法が定められたのは604年，エの学制が公布されたのは1872年，オの承久の乱が起きたのは1221年のことである。よって，イ，オの２つがあてはまる。

問２　京都は日本有数の観光地なので，宿泊でも日帰りでも「観光・レクリエーション目的」が多

いと考えられる。よって，その2つをたした合計が最も大きいのは，グラフのイである。アは埼玉県，ウは福岡県，エは北海道。

問3　水道水はふつう，浄水《じょうすい》場できれいにした水を場内の配水池にため，そこから一般家庭に送られる。よって，エが正しい。アについて，水道料金は有料なので，誤り。イについて，水は貴重な資源であり，配水には電力がかかるので，節水を心がけることが必要である。ウについて，水道管はほとんどが地下を通っているので，地震への対応が求められる。

問4　水力発電は水の落ちる力でタービンを回して発電する方法で，一般には川の上流に建設されたダムの水を利用する。

問5　大阪湾岸は埋《う》め立て地が多く，関西国際空港やテーマパークとして知られる「ユニバーサル・スタジオ・ジャパン」も埋め立て地に建設された。よって，アが正しい。イの大阪湾岸を中心とする阪神工業地帯は重化学工業が中心。ウの阪神・淡路大震災(1995年)では，津波による被害はなかった。エの淡路島を経て兵庫県と徳島県を結ぶ本州・四国連絡橋の「神戸—鳴門ルート」は，自動車専用道路である。

問6　(1)　果樹園が斜面《しゃめん》になっていると，平地と比べて果実の手入れや収穫などの農作業に時間がかかり，そのぶん人手も必要になる。また，大雨が降ったとき土壌が流出したり，地盤が弱いところでは土砂崩《くず》れが起こったりする。　(2)　長野盆地を流れる千曲川は新潟県に入ると信濃川と名を変え，越後平野を流れて新潟市で日本海に注ぐ。越後平野は日本有数の米どころとして知られ，米はせんべい・あられなどの菓子《かし》や日本酒の原料にもなる。　(3)　さくらんぼ(おうとう)は最大の産地である山形県など，東北日本で栽培されており，地球温暖化に備えて山形盆地より北の地方に果樹園をつくる人たちがいる。よって，エの北海道があてはまる。現在，さくらんぼの収穫量は山形県が全国の75.6％を占めて最も多く，第2位が北海道である。　(4)　地図中のイが山梨県の甲府盆地。アは松本盆地(長野県)，ウは富士川河口(静岡県)，エは関東平野北西部(群馬県)。

3　九州地方の歴史についての問題

問1　(1)　大宰府は現在の福岡県に置かれていた朝廷の出先機関で，九州の支配や国土の防衛・外交を担当した。　(2)　九州は大陸に近いことから，中国と朝鮮半島の国々との間で争いが起きた影響で，国を守るために大宰府が設置された。具体的には，朝鮮半島で日本と友好関係にあった百済《くだら》が唐(中国)と結んだ新羅《しらぎ》に滅ぼされた後，日本から百済救援のために派遣された水軍が白村江《はくすきのえ》の戦い(663年)で唐・新羅の連合軍に大敗したことを指す。　(3)　阿倍仲麻呂は遣唐船で留学生として唐に渡《わた》り，玄宗《げんそう》皇帝に仕えて高位に上ったが，帰国する船が難破したため日本にもどれず，都の長安で亡《な》くなった。なお，アの鑑真は日本に渡来した唐の高僧，イの小野妹子は遣隋使，ウの中大兄皇子はのちの天智天皇。　(4)　菅原道真は遣唐使の廃止を進言して受け入れられるなど，天皇の信任も厚く右大臣にまでなったが，左大臣の藤原時平《ときひら》のはかりごとにより大宰府に左遷《させん》された。

問2　(1)　**A**　資料は，江戸時代の鎖国中の長崎の出島を描いた「寛文《かんぶん》長崎図屏風《びょうぶ》」。鎖国時代にただ1つの貿易港であった長崎の出島には，オランダ商人の住宅と商館などがあった。　**B**　対馬(長崎県)は九州と朝鮮半島の間にあり，江戸時代に宗氏の治める対馬藩があった。以前から朝鮮とのつながりが深い宗氏は江戸幕府と朝鮮を仲だちして国交を回復させ，幕府から朝鮮との交易も認められた。　(2)　江戸時代初めの1637年，現在の長崎県島原地方と熊本県天草地方のキリシタン(キリスト教徒)は，領主の圧政とキリシタン弾圧に抵抗して一揆を起こした。島原の乱ともよばれる島原・天草一揆では，16歳の天草四郎(益田時貞)をかしらとする一揆軍が原城跡に立てこもり，幕府軍に激しく抵抗したが敗北し，生き残った一揆参加者はことごとく処刑された。

問３　⑴　アの廃藩置県は1871年，イの五箇条《ごかじょう》の御誓文《ごせいもん》の発表は1868年，ウの版籍奉還は1869年のことである。よって，年代の古い順にイ→ウ→アになる。　⑵　①　肖像《しょうぞう》画のＣは大久保利通《としみち》で，肖像画の西郷隆盛と同じ薩摩藩(鹿児島県)出身の政治家である。　②　２人は1866年，長州藩(山口県)の木戸孝允《たかよし》と会見し，坂本竜馬の仲だちで倒幕のための薩長同盟を結んだ。　③　明治維新後，大久保利通は新政府が欧米に派遣した岩倉具視を団長とする使節団に加わり，欧米諸国の発展ぶりを視察して帰国。一方，政府の留守をあずかった西郷らは，徴兵制や学制の発布，地租改正などの改革に着手した。幼なじみの２人が対立する決定的な原因となったのは，西郷らの主張する征韓論(朝鮮を武力を用いてでも開国させようという考え方)であった。欧米諸国の発展ぶりを見てきた大久保らは征韓論に強く反対し，あくまで国内政治を充実させるのが先だと主張した。この結果，西郷は政府を去り，故郷の鹿児島に帰った。　④　1877年，鹿児島県に帰っていた西郷は不平士族におし立てられて西南戦争を起こすが，徴兵制により組織された近代装備の政府軍に敗れ自殺した。なお，大久保利通はその翌年，不平士族に暗殺されている。　⑶　Ｄは豊前中津藩(大分県)出身の福沢諭吉で，欧米の近代思想を日本に紹介した。引用文は福沢の著書『学問のすゝ《す》め』の書き出しの部分で，人は生まれながらにして平等であり，人の間に貧富や身分の差が生まれる分かれ目は学問の差によるとし，学問の必要性を説いた。福沢はまた，慶應義塾大学の創立者としても知られる。　⑷　Ｅは肥前佐賀藩(佐賀県)出身の大隈重信《おおくましげのぶ》で，土佐藩(高知県)出身の板垣退助とともに自由民権運動で活躍した。アの立憲改進党を大隈が結成したのは1882年，イの第１回衆議院議員総選挙が行われたのは1890年，ウの政府が国会開設を約束したのは1881年，エの大日本帝国憲法が発布されたのは1889年のことである。よって，年代の古い順にウ→ア→エ→イになる。大隈はまた，東京専門学校(のちの早稲田大学)の創立者としても知られる。

4　京都の三大祭りを題材にした問題

問１　「時代祭」は，平安遷都《せんと》1100年を記念して始まったとある。平安京遷都は794年のことなので，その1100年後は明治時代後半の1894年になる。

問２　①　１月７日は「人日《じんじつ》の節句」(七草の節句)で，七草がゆを食べる風習がある。　②　５月５日は「端午《たんご》の節句」(菖蒲《しょうぶ》の節句)で，菖蒲をかざり柏《かしわ》もちを食べる。　③　７月７日は「七夕の節句」(笹の節句)で，願いごとを書いた短冊を竹の葉などにかざる。

問３　平安時代，皇族や貴族の間に浄土《じょうど》教信仰が広がり，阿弥陀《あみだ》仏を信仰して極楽浄土に往生《おうじょう》することを願った。平等院鳳凰《ほうおう》堂はこの信仰により，藤原頼通《よりみち》が現在の京都府宇治市に建てた阿弥陀堂である。なお，イの東大寺は奈良時代に聖武天皇が，ウの法隆寺は飛鳥時代に聖徳太子(厩戸《うまやど》皇子)が，エの鹿苑寺《ろくおんじ》は室町時代に足利義満が建てたもの。

問４　「祇園《ぎおん》祭」は，平安時代の869年に始まった疫病《やくびょう》除けの祭礼で，室町時代に起こった応仁の乱(1467～77年)の影響で33年間中断されたが，1500年に京都の町衆により復活されて現在にいたる。

5　基本的人権についての問題

問１　表のＡ～Ｆの「○○権」のうち，Ｅの司法権は裁判所が持つ権限である。

問２　①　本を出版することは表現の自由で，Ａの自由権に属する。　②　労働組合をつくるのは団結権で，Ｆの社会権に属する。　③　国会議員に立候補するのは被選挙権で，Ｂの参政権に属する。

問３　新型コロナウイルス感染症が拡大したのにともなって緊急《きんきゅう》事態宣言が出され，移動の自由が制限された。会社ではリモート(テレ)ワーク，学校ではオンライン授業が推奨《すいしょう》され，３密(密接・密集・密閉)を避《さ》けるため大人数で集まることも制限された。また，営業時間の短縮が求められ，飲食店などで営業の自由が制限された。

問４　(1)　生存権は，日本国憲法第25条の「すべて国民は，健康で文化的な最低限度の生活を営む権利を有する」とする条文にもとづく。　(2)　けがや病気などの緊急事態によぶ救急車は，原則として無償《むしょう》である。なお，イ～エは政府が提供するものではなく，エのこども食堂はNPO(非営利組織)によるボランティア活動。

問５　憲法に明示されていない「新しい人権」として，プライバシーの権利・知る権利(情報の公開を求める権利)・環境権・自己決定権などがある。よって，ウ，エの２つがあてはまる。アは裁判を受ける権利(請求権)，イは教育を受ける権利(社会権)，オは信教の自由(自由権)。

問６　1985年に制定された男女雇用機会均等法では，男女差別を解消するため，企業の努力義務が定められた。その後，1997年の改正(1999年施行)で女性の働く権利が守られるように法律が厳格化され，雇用面での男女差別が禁止されたことで，性別を特定する求人広告が出せなくなった。

理　科　＜第１回試験＞（30分）＜満点：40点＞

解　答

1　(1)　①　ウ　②　ア　(2)　(例)　袋をかぶせていないときに，昆虫が花粉を運んできたから。　(3)　**条件１**…○　**条件２**…×　**条件３**…○　(4)　Ｆ　2　(1)　イ，ウ，エ　(2)　ア，イ　(3)　オ　(4)　エ　3　(1)　①　東　②　西　(2)　ア　(3)　**Ａ**　太陽　**Ｂ**　東　**Ｃ**　西　(4)　日時計　4　(1)　はくちょう座　(2)　②　(3)　アンタレス　(4)　**色**…赤色　**記号**…Ｂ　(5)　イ　5　(1)　11.6ｇ　(2)　15.7ｇ　6　(1)　①　運動　②　熱　(2)　熱　(3)　LED(発光ダイオード)　7　(1)　イ　(2)　炭酸水　(3)　①　ウ　②　ア　③　アルカリ性　④　酸性　⑤　中性　⑥　アルカリ性　⑦　石灰水　⑧　うすい塩酸　⑨　食塩水　⑩　うすいアンモニア水　8　(1)　空気　(2)　水蒸気　(3)　右の図　(4)　９分頃　(5)　(例)　水が水蒸気になって空気中に出ていったから。

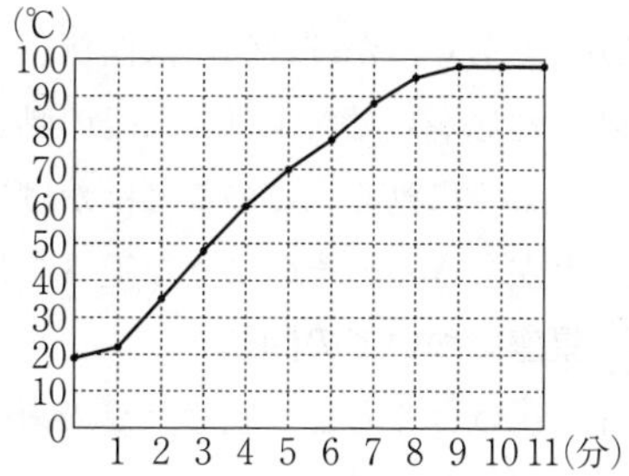

解　説

1　**受粉についての問題**

(1)　①　花粉はおしべの先にある“やく”で作られる。図の左側がめ花で，アはめしべの柱頭，イはめしべの子ぼうである。また，右側はお花で，ウはおしべ(の先の“やく”)，エは花弁(花びら)，

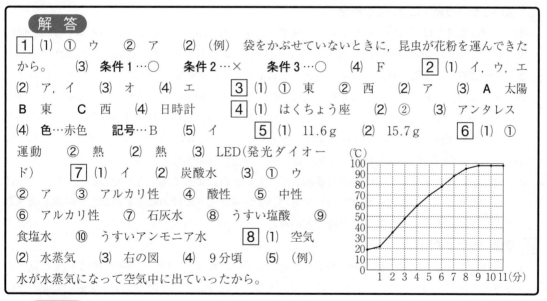

オはがくである。　② アのめしべの柱頭に花粉がつくことを受粉という。受粉をしてはじめて，子ぼうが成長して実となる。

(2)　Ａでは条件１と条件３で，Ｂでは条件１で，Ｃでは条件３で，それぞれ紙の袋《ふくろ》をかぶせていない。よって，袋をかぶせていない間に，昆虫《こんちゅう》が花粉を運んできて受粉したと考えられる。

(3)，(4)　実ができるのに花粉が必要かどうかを調べるには，つぼみを２つ選び，両方とも条件１と条件３で袋をかぶせて(昆虫が花粉を運んできて受粉することのないようにする)，一方は筆で花粉をつけ，もう一方は花粉をつけないようにして，結果を比べる。花粉をつける方は「条件１…○，条件２…○，条件３…○」となり，これはＦである。花粉をつけない方は「条件１…○，条件２…×，条件３…○」となるが，Ａ～Ｇには当てはまるものがないので，これをＨとして用意する。

2　昆虫の育ち方についての問題

(1)　カブトムシ，アゲハチョウ，テントウムシは完全変態をし，卵→幼虫→さなぎ→成虫の順に成長する。アブラゼミ，トンボ，トノサマバッタは不完全変態をするのでさなぎの時期がない。

(2)，(3)　アブラゼミの幼虫は地中で木のしるを吸う。カブトムシの幼虫はくさった落ち葉の混じった土の中で，くさった落ち葉などを食べる。アゲハチョウの幼虫はミカンのなかまの木にいて，葉をえさとする。テントウムシ(ナミテントウ)の幼虫は植物のくきなどでアブラムシをとらえる。トンボの幼虫はヤゴとよばれ，水中で小さな魚などを食べる。トノサマバッタの幼虫はイネ科の植物の葉をかじる。

(4)　アブラゼミ，カブトムシ，トンボは幼虫，アゲハチョウはさなぎ，テントウムシは成虫，トノサマバッタは卵で，それぞれ冬をこす。

3　太陽とかげの動きについての問題

(1)　かげは太陽とは反対の方向にできる。昼頃《ころ》の太陽は南の空にあるので，このときかげは北側にできる。よって，図の手前側(かげがのびている方向)が北とわかるから，①は東，②は西である。

(2)　午後２時に，太陽は真南より少し西側の空にあるから，棒のかげは真北より少し東側にのびているアとなる。なお，イは正午に記録されたかげ，ウは午前10時に記録されたかげである。

(3)　かげができる方向はつねに太陽と反対の方向であるため，太陽が動けばかげも動く。時間がたつとかげの位置が変わるのは，太陽が朝に東からのぼり，正午頃に真南に来て，夕方に西へしずむからであり，かげは朝には西側，正午頃には北側，夕方には東側にできる。

(4)　地球から見た１日の太陽の動きは規則的で，しかも日によって動き方が変わることなく，毎日同じように動く。このことはかげについても同様であるから，かげの動きを利用して時刻を調べることができる。そのような道具を日時計という。

4　星座についての問題

(1)　①ははくちょう座で，夏の南の空高くに見える。②はオリオン座で，冬の南の空高くに見える。③はさそり座で，夏の南の空の低いところに見える。④はカシオペヤ座で，１年を通して北の空に見える。

(2)　春の４～５月の日没《にちぼつ》後すぐ(午後６～７時頃)には，オリオン座などの冬の星座が西の空に見え，しし座などの春の星座が真南より東寄りの空に見られる。

(3)，(4)　星Ｄはさそり座の１等星アンタレスで，赤色をしている。同じ赤色の星としては，オリオン座の１等星ベテルギウス(星Ｂ)が有名である。なお，星Ａははくちょう座の１等星デネブで，白っぽい色をしている。星Ｃはオリオン座の１等星リゲルで，青白色をしている。

⑸　星座を作る星は太陽や月と同様に，地球が自転しているため，１日の中で動いて見える。しかし，それぞれの星の明るさや色，星座の形，星座の並び方は，時間がたっても変わらない。

5　もののとけ方についての問題

⑴　20℃になるまで冷やしたとき，20℃の水100ｇにミョウバンは11.4ｇまでとけるので，入れた23ｇのミョウバンのうち，23−11.4＝11.6(ｇ)がとけきれなくなって出てくる。

⑵　20℃の水50ｇにミョウバンは，$11.4\times\frac{50}{100}=5.7$(ｇ)までとけるから，20℃まで冷やしたとき，5.7ｇのミョウバンが水にとけていて，10ｇのミョウバンがとけきれなくなって出てくるようにすればよい。そのためには，はじめに，5.7＋10＝15.7(ｇ)のミョウバンを入れればよい。

6　電気の利用についての問題

⑴　電球では，電気のエネルギー(はたらき)を光のエネルギーに変えている。せん風機では，電気でモーターをまわしている(電気でものを動かしている)ので，電気のエネルギーを運動のエネルギーに変えている。アイロンは，底の平たい金属部分を電気によって熱して使うから，電気のエネルギーを熱のエネルギーに変えている。

⑵　電球(白熱電球)は，ガラス球の中にあるフィラメントに電気を通したとき，そのフィラメントが光を発することで光る。このとき同時に熱も発生するので，電気のエネルギーの一部は熱のエネルギーに変わっているといえる。

⑶　最近は，白熱電球などに代わって，LED(発光ダイオード)でできた電球が広く使われるようになっている。LEDは電気のエネルギーから熱のエネルギーに変わる割合がとても小さく(つまり熱の発生が少ない)，同じ明るさを得るときに使う電気が少なくてすむ。

7　水溶液《すいようえき》の性質についての問題

⑴，⑵　Ａは，見た目であわが出ていることから，５種類の水溶液のうち炭酸水が当てはまる。炭酸水は気体の二酸化炭素の水溶液であるため，においはなく，蒸発させても何も残らない。

⑶　ＢとＤは，蒸発させると白い固体が残ったので，固体のとけた水溶液である。よって，一方が食塩水，もう一方が石灰水となる。Ｂは，赤色リトマス紙が青くなったのでアルカリ性とわかり，このことから石灰水と決まる。これより，Ｄは食塩水である。食塩水は中性の水溶液なのでリトマス紙の変化はない。次に，ＣとＥはつんとするにおいがあるので，一方がうすい塩酸，もう一方がうすいアンモニア水となる。Ｃは，青色リトマス紙が赤くなったから酸性で，うすい塩酸と決まる。したがって，Ｅはうすいアンモニア水であり，アルカリ性の水溶液なので赤色リトマス紙が青くなる。

8　水を熱する実験についての問題

⑴　水を熱していくと，しばらくして小さなあわが見られるようになる。これは水にとけていた空気が出てきたものである。

⑵　⑴のときからさらに水を熱していき，100℃ぐらいになると，水中から大きなあわがさかんに出てくるようになる。この大きなあわは，液体の水が気体の水蒸気となったものである。水は低い温度でも水面から少しずつ蒸発しているが，温度が高くなるにつれて蒸発がさかんになっていき，100℃ぐらいになると，水中でも水が水蒸気へ次々とすがたを変える。

⑶　グラフの横軸《じく》は，単位を時間の「分」として，１めもりを１分にする。一方，縦軸は，単位を

温度の「℃」として，１めもりを10℃にする。そして，表にしたがって各点をとり，それらを直線で結ぶ。

⑷　水中からも水蒸気の大きなあわがさかんに出てきているようすをふっとうという。表から，ふっとうが始まったのは９分頃であることがわかる。

⑸　水をふっとうさせたことで，水の一部が水蒸気となって空気中に出ていったため，ビーカーの水の量が減った。

国　語　＜第１回試験＞（50分）＜満点：60点＞

解　答

一　⑴　a　6　　b　2　　c　3　　⑵（例）　今までの塾では人間関係に気をつかわねばならなかったが，今度の塾には同じ中学の子がいないので，勉強に集中できるはずだと信じているから。　⑶　英語でなら　⑷　①（衝動に）かられ（た。）　②（機嫌を）そこね（て，）　⑸　度胸（など）自分に足りない（ことを学べること。）　⑹（例）　ⓐ　進化　ⓑ　信じられる　ⓒ　期待　⑺　周囲の評価　⑻（例）　これまでは周囲とうまくやるために素の自分をいつわってきたが，本音を言える空美との出会いや勉強への真剣な取り組みを通じて，逃げずに何かに本気で取り組んだり，誰かと本音でつきあったりしてこそ本当の自分と向き合え，充実感を味わい，進むべき道も見いだせるはずだと思えるようになった。　二　⑴　下記を参照のこと。　⑵　やる気が((やる気)　⑶（例）　㋐　体験　㋑　自由　㋒　感謝　㋓　希望　㋔　現実　⑷（例）　地域の人が集まって交流できる／通常は楽しくすごせて，災害時は安心で安全な／避難所になっても，リラックスしてすごせる　⑸　子どもたち～かっていく（ところ）／さまざまな～学んでいく（ところ）　⑹（例）　自分たちのアイデアが新校舎の設計に取り入れられたことが自信になった陽音が，つらい体験にも負けずに，未来のためにがんばろうという強い決意を実感のこもった言葉でうったえ，大人たちに未来への希望を感じさせたから。

●漢字の書き取り

二　⑴　①　創造性　②　考察力　③　使命感

解　説

一　**出典は草野《くさの》たきの『Q→A』による。**周囲とうまくやるために本音をかくしてきた「由里《ゆり》」（波《は》多野《たの》由里）だったが，佐竹空美《さたけそらみ》との出会いや集中して勉強に取り組むことを通じ，逃《に》げないことの大切さに気づく。

⑴　a　「いっしょにがんばろうね」と言い合ってともに入塾した聡美《さとみ》が同じクラスの真野静香《まのしずか》とばかり仲良くしていることに居心地《いごこち》の悪さを感じ，「由里」は目立たないよう最初に通っていた塾を去っている。よって，6の「ひっそり」が入る。　b　次に入った塾には，「帰りにコンビニで買い食いしたり，ゲームセンターに行こうと誘って」きたりと，まじめに勉強に取り組む姿勢の見えない子たちばかりが集まっていたのである。よって，２の「さらさら」があてはまる。なお，「さらさら」は，後に打ち消しの言葉をともなって“少しも～ない”という意味を表す。　c

友達が離《はな》れていって悲しい思いをしたり，まじめに勉強するのをさまたげられたりした経験から，「由里」は塾でまで周囲とのわずらわしい関係に振《ふ》り回されるのがイヤだと強く思ったのだから，心に深くしみこむようすを表す３の「しみじみ」がよい。

⑵　これまでに通ったところで，同じ中学の子たちとの人間関係にうんざりしていた「由里」は，新しく通うことになるであろう塾でアンケートに答えている。「この塾を選んだ理由」という質問に本心は書かなかったものの，「由里」は「今度こそ，我慢《がまん》をしなくてもいい生活がここにあるはずと信じ」，勉強に集中できることを願って，自分に「大丈夫《だいじょうぶ》」と言い聞かせている。

⑶「由里」が，本心を言えない自分にもどかしさを感じている点をおさえる。少し後にあるとおり，由里は「本音を言っても許される世界」に足をふみ入れるため，「英語がしゃべれるようになりたい」と考えているのだから，「英語でなら」がぬき出せる。

⑷　①　前の席にいる麻衣子《まいこ》が，アメリカ人講師のナンシーに自分を「優《やさ》しい」と紹介《しょうかい》するのをきいた「由里」は安心する一方，「大きな違和感《いわかん》を覚え」，思わず「私は優しくなんかない！」と言いたくなっている。理くつではない心の動きに強く追い立てられたのだから，「衝動《しょうどう》にかられ」たとするのがよい。　②「由里」が誰《だれ》にでも優しく接するようにしているのは，自分が「いじめや仲間外れ」の標的にならないようにするためである。つまり，自分の保身のために，相手の気分を害さないよう心を配っているので，「機嫌《きげん》をそこね」てとするのがよい。

⑸「そんな」とあるので，前の部分に注目する。自分の英語力など気にせずナンシーに話しかける麻衣子を見て，「由里」は「自分に足りない」「度胸」のようなものこそ塾で教えてほしいと思っている。

⑹　ⓐ　中学のときにはきっぱりと本音を言うことも，熱くなることもなかった白石先輩《しらいしせんぱい》が，今では他人にどう見られようと気にしないと熱く言い切れるようになったことに，「由里」は「進化」を感じ，ますます憧《あこが》れをつのらせている。「進化」は，進歩して，より優《すぐ》れたほうに変わること。
ⓑ　白石先輩のような，他人に左右されず，自分の中の尺度を大切にできる存在になりたいと「由里」は思っている。どんな状況《じょうきょう》にあっても揺《ゆ》るがず，自分を「信じられる」人になるのが「由里」の理想である。　ⓒ　周囲と合わせるため，やむをえず「ウソ」をついていたという空美の言葉に，救われるとともに強い共感を覚えた「由里」は，志望校が同じ彼女との高校生活を想像し，心をおどらせている。つまり，「期待」に胸を膨《ふく》らませていることになる。

⑺「由里」の「未来」とは，「松葉高校」へ行き，進化することを指す。少し前にあるとおり，「周囲の評価など気にせず，自分の本音をスパッと言えるようなひと」となった自分自身を，「由里」は想像しているのである。

⑻　破線②の直前の二段落で，「受験を乗り越《こ》えるためだけの勉強」をしていた自分を，「由里」が「未来に逃《に》げ」ていたと振り返っている点をおさえる。「あなたにとって，勉強とはなんのためにするものですか？」という質問に対し，「受験を乗り越えるため」と書いたときの「由里」は，周囲とうまくやるために素《す》の自分をいつわっていたが，本音を言える空美と出会ったり真剣《しんけん》に勉強に取り組んだりすることを通じて，逃げずに何かに本気で取り組んだり，誰かと本音でつきあったりしてこそ本当の自分と向き合え，生きる充実《じゅうじつ》感を味わい，進むべき道も見いだせるはずだと思えるように成長したのである。

二　出典はささきありの『ぼくらがつくった学校―大槌《おおつち》の子どもたちが夢見た復興のシンボル』によ

る。東日本大震災《だいしんさい》で被害《ひがい》を受けた陽音《はると》は，新校舎の設計にアイデアを出す中で学びを得て，未来のためにがんばろうと決意する。

⑴　①　今までにない新しい価値のあるものがつくり出されること。　②　ものごとを明らかにするために，よく調べて考える能力。　③　任せられたつとめをはたそうとする強い意気ごみ。

⑵　「未来の教室を考えよう」のワークショップで，積極的に意見を出した夏海《なつみ》や自分と比べ，ほかのメンバーがあまり発言しなかったことに「少し，むっとした」が，模型の作製に入ってから「積極的でなかったメンバーがのってきた」のを見た陽音は，「やる気がなさそうに見えたのは，立体になったときのイメージがわかなくて，おもしろく思えなかっただけだったのかな？」と考えている。

⑶　㋐　子どもたちからは，寝具《しんぐ》を入れる場所や炊事《すいじ》場，トイレが必要だなど「防災と避難《ひなん》面に対する意見」が多く出されている。各々《おのおの》，自らが「体験」したことを思い返し，必要だと思われるものについて発言したのである。　㋑　一つめの空らんの直前に，防災だけに「しばられない」と書かれているので，「自由」が入る。　㋒　方々からのさまざまな支援《しえん》に対し，芦澤《あしざわ》先生は教師として，その「ありがた」みを忘れないようにと強調しすぎたため，子どもたちが遠慮《えんりょ》気味になってしまったと反省している。よって，「感謝」が合う。　㋓　遠慮気味になった結果，子どもたちが教室への望みを意見することに自分自身でブレーキをかけていると芦澤先生は感じたのだから，「希望」があてはまる。　㋔　子どもたちが向き合っている「きびしい」ものとは，家族や住む場所などを失った「現実」である。

⑷　前の部分から，模型にこめられた子どもたちの「願い」を読み取る。「スポーツや町のイベントなど，いろいろな催《もよお》しに利用できるよう」にというアイデアには，“地域の人が集まって交流できる”学校になってほしいとの願いが，災害時用に寝具が入る倉庫や，炊事のできる水まわり，トイレのほか，屋根の開く「体育館」，「寝ころがって，本を読める図書室」などを設置するといったアイデアには，“通常は楽しく過ごせて，災害時は安心で安全な”学校になってほしいとの願いが，また，快適な避難生活のための長いすをつくるというアイデアには，“避難所になっても，リラックスしてすごせる”学校になってほしいとの願いが反映されている。

⑸　子どもたちの思いやアイデアを実現可能な技術提案としてまとめた設計士の佐々木さんは，「子どもたちが生きていく力をつちかって」いき，「さまざまなことに自ら気づき自ら学んでいく」ところが学校だと考えている。だから，「子どもたちの意思をかたちにしたい」と思ったのである。

⑹　自分たちのアイデアが新校舎の設計に取り入れられたことを知った陽音は，自分たちをほこらしく思い，自信を持っている。また，陽音は津波《つなみ》で家族を失うつらい体験をしたことを話しているが，そのつらさに負けることなく，未来のためにがんばろうとする強い決意を実感のこもった言葉でうったえたため，そのたのもしさやけなげさに大人たちは心を動かされ，未来への希望を感じたものと考えられる。

2023年度 日本女子大学附属中学校

【算　数】〈第２回試験〉（50分）〈満点：60点〉

○円周率は3.14とします。

Ⅰ　次の(1)～(4)の□をうめなさい。ただし，(1)は途《と》中の式も書きなさい。

(1)　$122-4\times\left(1\frac{11}{12}+\frac{8}{15}\right)\div\frac{7}{30}=$□

(2)　$204\times0.56-47\times0.56+157\times3.44=$□

(3)　$\frac{1}{4}\div\left(1\frac{1}{2}-\square-\frac{2}{3}\right)\div\left(4-1\frac{3}{4}\right)=\frac{4}{21}$

(4)　$(135\,\mathrm{cm}+650\,\mathrm{mm})\times0.016\,\mathrm{km}-29\,\mathrm{m}^2=$□$\mathrm{cm}^2$

Ⅱ　次の(1)～(9)の問いに答えなさい。

(1)　整数Aを７でわり，その商の小数第一位を四捨五入すると10になります。このとき整数Aとして考えられるもののうち，最小の数と最大の数はそれぞれいくつですか。

(2)　Ａさんが今までに何回か受けた10点満点の計算テストの平均点は8.2点でした。今回10点をとったので平均点は8.4点になりました。今回のテストは何回目ですか。

(3)　さくらさんは持っているお金の$\frac{1}{2}$より150円多い金額で買い物をしました。翌日，残ったお金と同じ金額のおこづかいをもらい，合計の$\frac{2}{3}$を使ったら，420円残りました。さくらさんは最初にいくら持っていましたか。

(4)　花屋でバラ２本とカーネーション２本とチューリップ３本を買い1090円を払いました。カーネーションはチューリップより20円高く，バラはカーネーションより50円高い値段でした。バラ１本の値段はいくらでしたか。

(5)　〔図１〕は，ABとACの長さが等しい二等辺三角形ABCと直角二等辺三角形DEFです。㋐の角の大きさは何度ですか。

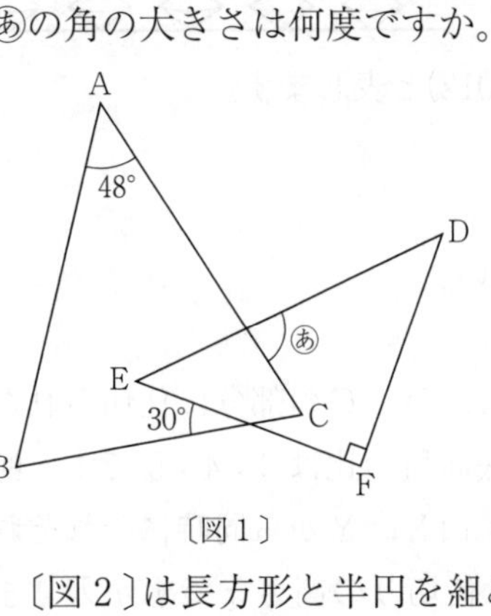

〔図１〕

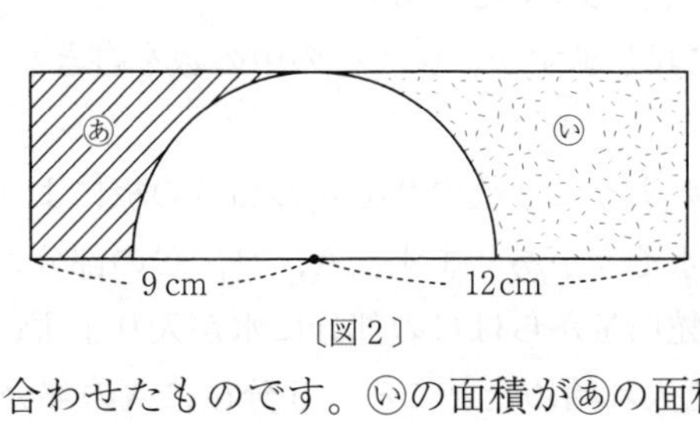

〔図２〕

(6)　〔図２〕は長方形と半円を組み合わせたものです。㋑の面積が㋐の面積より18 cm^2大きいとき，㋐の面積は何cm^2ですか。

(7)　1辺5cmの立方体を，1辺3cmの正方形の形をしたぬき型で3つの方向からくりぬきました。その立体の外から見える面がすべて〔図3〕のようになるとき，この立体の体積は何cm^{3}ですか。

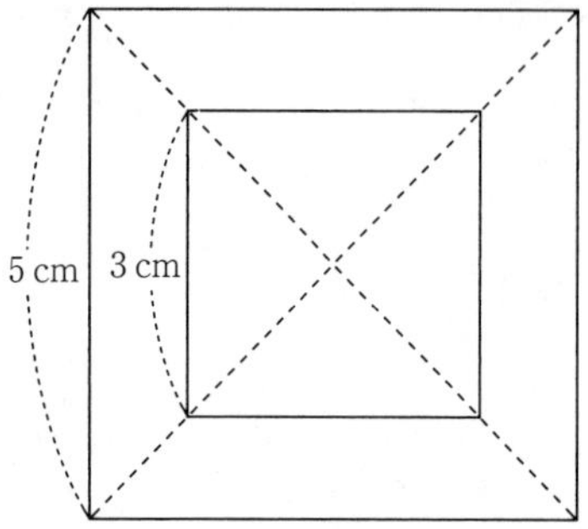

〔図3〕

(8)　長さ216mの急行列車が，長さ936mのトンネルに入り始めてから列車全体が出るまでに48秒かかりました。また，反対からきた普通列車全体が完全にトンネルにかくれていた時間も48秒でした。普通列車の速さは秒速16mです。次の①，②の問いに答えなさい。

①　急行列車の速さは秒速何mですか。また，普通列車の長さは何mですか。

②　2つの列車がすれ違うのに何秒かかりましたか。

(9)　容器Aには200gの食塩水，容器Bには6％の食塩水が入っています。Aの食塩水をすべてBに入れると，Bの食塩水は9％になりました。そこでBに水を480g入れたら，Bの食塩水は5％になりました。次の①，②の問いに答えなさい。

①　9％になったときのBの食塩水は何gですか。

②　Aの食塩水の濃度は何％ですか。

Ⅲ　図のようなそろばんの下の4つの玉だけを使って，数を表すことにしました。数を1つずつ増やすには，①の玉を順に1つずつ上げます。数字の5は，①の玉をすべて下げて，②の玉を1つ上げます。これをくり返し，①，②の4つの玉がすべて上がったら，①，②の玉をすべて下げて，③の玉を1つ上げます。③から④，④から⑤も同じようにすることにします。図のそろばんは数字の7で，これを(00012)と表します。

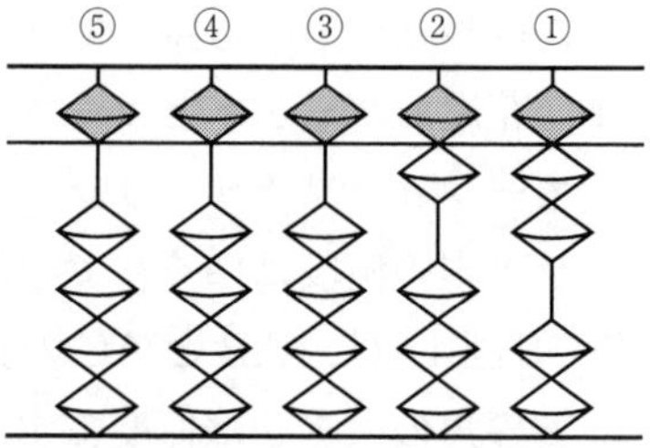

次の(1)，(2)の問いに答えなさい。

(1)　(00132)はいくつを表していますか。

(2)　928はどのように表しますか。(　　)の中の数を書きなさい。

Ⅳ　次のページの図のように2枚の24cmの高さの板によりA，B，Cの部分に仕切られた直方体の形をした空の水そうがあります。A，B，Cの部分の底面積の比は3：4：5です。蛇《じゃ》口Xからは Aの部分，蛇口YからはCの部分に水が入ります。蛇口X，Yから同時にそれぞれ毎分3.6Lの割合で水を入れ始めたところ，5分後にAの部分は仕切りの高さまで水が入りました。

あとの(1)～(3)の問いに答えなさい。ただし，仕切りの厚さは考えないものとします。

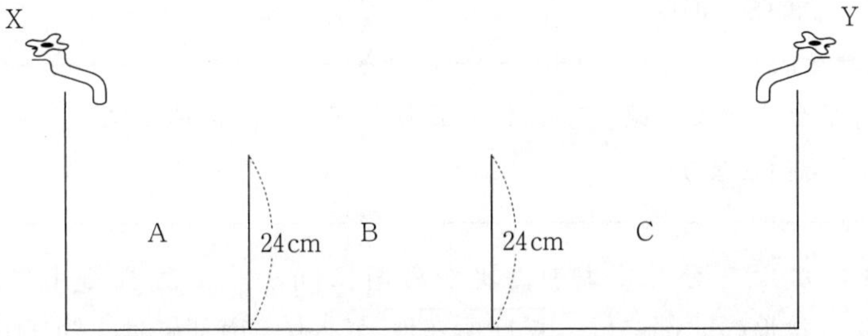

(1)　Cの部分の底面積は何 cm² ですか。式を書いて求めなさい。

(2)　蛇口Yから出た水がBの部分に入り始めるとき，Bの部分の水の深さは何 cm になっていますか。

(3)　A，B，Cの全ての部分に仕切りの高さまで水が入るのは，水を入れ始めてから何分後ですか。

V　姉と妹は，12時に家から駅に向かって分速［　(あ)　］m の速さで歩き始めました。

しかし途中で姉は忘れ物に気づき，分速 120 m の速さで家に戻《もど》り，忘れ物を取って再び分速 120 m の速さで駅に向かいました。その間，妹は分速 60 m の速さで歩き続けました。その後姉は妹に追いつき，そこからはまた妹と一緒に分速［　(あ)　］m の速さで歩き，12時42分に駅に着きました。姉と妹が一緒に歩いていた時間は，２人が別々に歩いていた時間より短く，その差は６分でした。グラフはそのときの２人の様子を表したものです。

あとの(1)，(2)の問いに答えなさい。

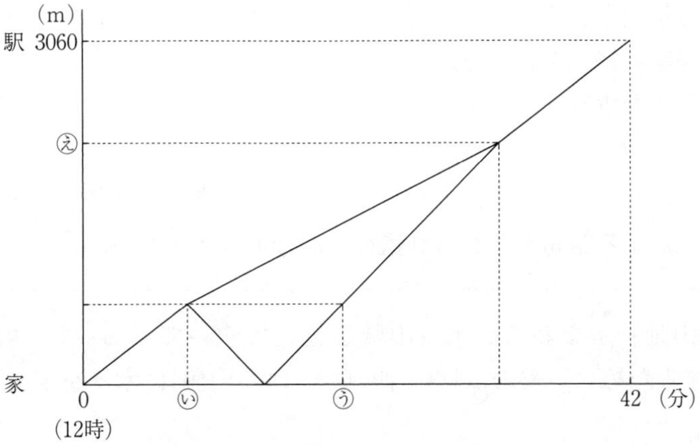

(1)　文中の(あ)にあてはまる数を求めなさい。

(2)　グラフの(い)～(え)にあてはまる数を求めなさい。

【社　会】〈第２回試験〉（30分）〈満点：40点〉

1　ある盆地について述べた文章を読んで，あとの問いに答えなさい。

なお，この問題では都道府県をすべて「県」で表しており，文中の「山地」は，山脈・山地・高地と呼ばれる地形すべてを指します。

> この盆地は南北に細長いかたちをしており，北から南に向かって流れる川は，①となりの県に河口がある。盆地の北部には②県庁所在地があり，南部には(あ)約100年間にわたり栄えた平泉がある。盆地の東西には山地があり，(い)西側の山地は③となりの県との県境である。また，(う)東側の山地を越《こ》えた地域は，2011年の津《つ》波で大きな被《ひ》害を受けた。

問１　文中の「盆地」「川」「東側の山地」の名前に共通する漢字２字を答えなさい。

問２　①～③にあたる県と都市の組み合わせとして正しいものを，次のア～エから１つ選び，記号で答えなさい。

ア：①　青森　②　盛岡　③　宮城

イ：①　宮城　②　盛岡　③　秋田

ウ：①　岩手　②　仙台　③　福島

エ：①　福島　②　仙台　③　山形

問３　下線部(あ)と同じ時期の出来事として正しいものを，次のア～エから１つ選び，記号で答えなさい。

ア：行基が，民衆を助けながら仏教を広めた。

イ：平清盛が，厳島神社に「平家納経」を納めた。

ウ：雪舟が，水墨画を芸術として大成させた。

エ：紀貫之が，「土佐日記」を書いた。

問４　下線部(い)について，次の文が正しくなるように，空らん①にあてはまる山脈名を漢字で答えなさい。また，②と③にあてはまる語句をそれぞれ選び，記号で答えなさい。

> この盆地では，「西側の山地」すなわち（　①　）山脈を越えて吹《ふ》いてくる②{ア：夏　イ：冬}の季節風から家を守るために，家の③{ウ：西側　　エ：南側}に木々を植える工夫《くふう》がみられる。

問５　下線部(う)について，この地域で津波の被害が大きくなった原因の１つは，海岸線のかたちにありました。どのようなかたちの海岸線か，上から見たようすを線で描《えが》きなさい。

問６　洪《こう》水や津波，地震《しん》のゆれによる被害がおよぶ危険な場所を示したハザードマップには，「危険な場所」以外に，災害に備えるための必要な情報が示されています。それは何か答えなさい。

2　次の文章は，さまざまな職業で働く人の話です。あとの問いに答えなさい。

Aさん (山形県)	広大な平野で米や野菜をつくっています。(あ)春頃《ごろ》から田植えをして，秋の収穫《かく》まで米作りの作業が続きます。機械化が進み，効率的に仕事ができるようになりました。(い)農家は減ってきていますが，いろいろなことに挑《ちょう》戦しています。
Bさん (秋田県)	主に秋田杉の管理を行っています。木を切って工場に運び，木材として販《はん》売します。良い木材になるまでには長い年月がかかりますが，その間，(う)間伐《ばつ》などの手入れをすることが大切です。良い時期に木を植えて，(え)豊かな森林資源を守っていかなければなりません。
Cさん (山口県)	外国から運ばれてきた原油を(お)石油製品に加工しています。熱した原油を蒸留棟《とう》に入れ，沸騰《ふっとう》する温度の違《ちが》いによって，いくつかの成分に分けて取り出します。日本の石油製品の品質は，世界でもトップクラスといわれています。
Dさん (北海道)	市役所で雪まつりを担当する部署で働いています。(か)冬に雪まつりを行い道外からの観光客を迎《むか》えています。もともと，捨てられた雪を利用しようと中高生が始めたお祭りがきっかけでした。市民を悩《なや》ませていた雪が有効に利用されています。

問１　Aさんが農業を行う平野と，そこを流れる河川の組み合わせとして正しいものを，次のア～エから１つ選び，記号で答えなさい。

ア：仙台平野・阿武隈川　　イ：庄内平野・阿武隈川

ウ：仙台平野・最上川　　エ：庄内平野・最上川

問２　下線部(あ)について，下の図はAさんが農業を行う地域の「農作業ごよみ」です。次の①～③は，図中のア～エのいずれの時期のことか，それぞれ記号で答えなさい。

①　穂《ほ》が出る　　②　代《しろ》かき　　③　田おこし

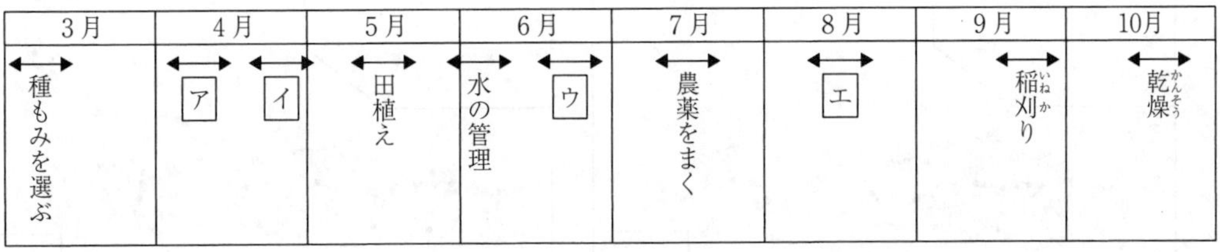

問３　下線部(い)について，次のグラフは，米・畜《ちく》産物・野菜・果実の生産額の推移を示しています。ア～エから，米と畜産物のグラフをそれぞれ選び，記号で答えなさい。

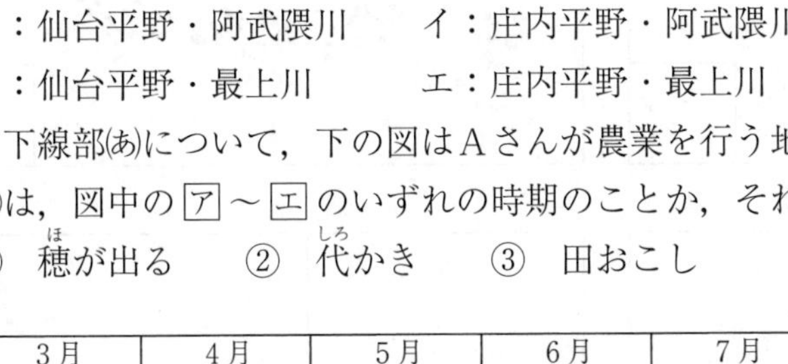

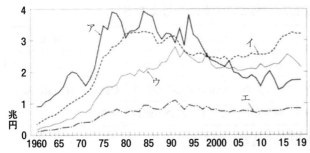

(『日本国勢図会』より)

問４　下線部(う)について正しく説明した文を，次のア～エから１つ選び，記号で答えなさい。

ア：間伐することで，地面に効率良く太陽が当たるようになる。

イ：間伐とは，生育の悪い枝を幹から切ることである。

ウ：間伐した木々は，燃やして処分している。

エ：間伐をすると，大雨が降った時に地表の土が流れやすくなる。

問５　下線部(え)について，次の［　　］は森林が果たす役割を示しています。これら以外の森林の役割を１つ答えなさい。

・木材を生み出す　　・二酸化炭素を吸収する　　・きれいな水を生み出す

問６　Ｃさんが働く山口県と同じく，日本海と瀬戸内海の両方に面している本州の県を，漢字で答えなさい。

問７　次のア～エの地図は，石油化学工場・セメント工場・IC工場・自動車工場の分布を示しています。Ｃさんが働く工場の分布図を，ア～エから１つ選び，記号で答えなさい。

ア

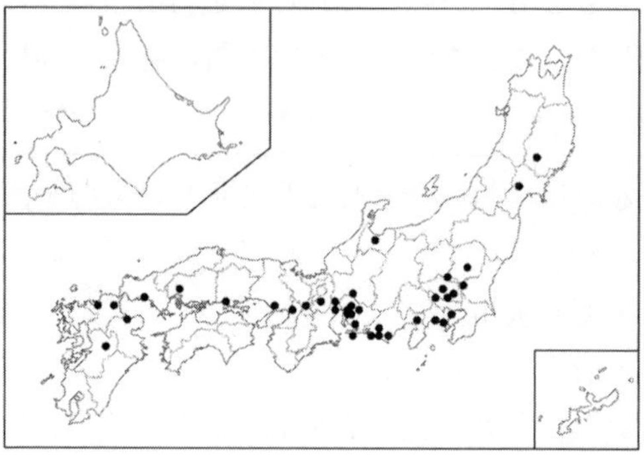

イ

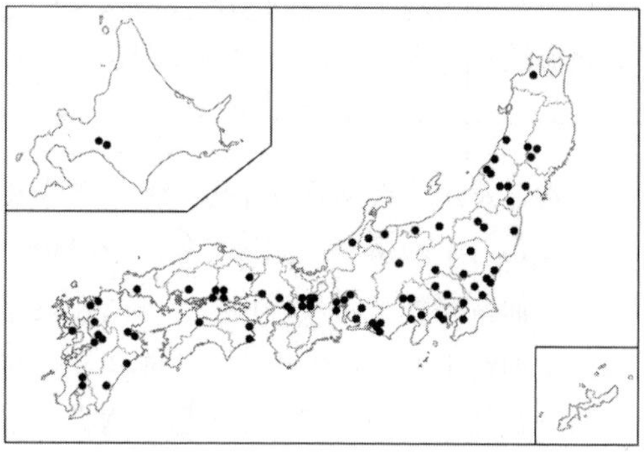

ウ

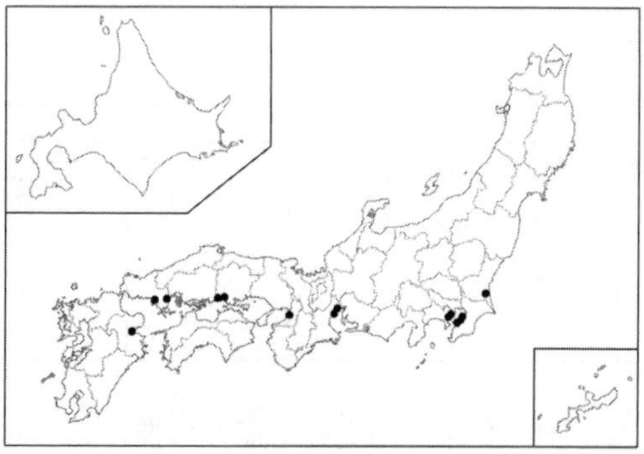

エ

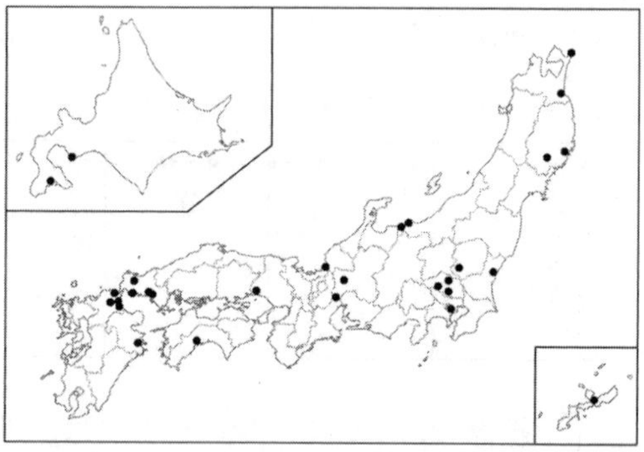

(『日本国勢図会』より)

問８　下線部(お)について表にまとめました。あとの(1)と(2)に答えなさい。

石油製品の種類	使い方	「あるもの」
(　ア　)	「あるもの」をつくるための原料	ペットボトル，プラスチック
ガソリン，ジェット燃料油，LPガス	「あるもの」を動かすための燃料	自動車，飛行機，船舶
重油，灯油，LPガス	「あるもの」で(　イ　)ための燃料	(　ウ　)

(1)　空らん(ア)にあてはまる石油製品の種類を答えなさい。

(2)　空らん(イ)には，燃料としてのもう１つの使い方があてはまる。どのような使い方が入るか，答えなさい。また(ウ)は「あるもの」の具体例を挙げなさい。

問９　下線部(か)の「北海道の観光」について正しく説明した文を，次のア～エから１つ選び，記号で答えなさい。

ア：良質な雪を求めて，雪の降らないヨーロッパから観光客が訪れる。

イ：雪が多く降って温泉が湧《わ》きづらいため，北海道には温泉が少ない。

ウ：夏でもすずしい気候のため，一番の観光シーズンになっている。

エ：冬になると太平洋側に漂着する流氷を見るために観光客が訪れる。

問10　Ａ～Ｄさんの職種は，Ａ・Ｂが「第一次産業」，Ｃが「第二次産業」，Ｄが「第三次産業」に分類されます。次の(1)と(2)に答えなさい。

(1)　次の表を見て，①～③にあてはまる県を下のア～ウからそれぞれ１つずつ選び，記号で答えなさい。

	第一次産業が占《し》める割合が多い県	**第二次産業が占める割合が多い県**	**第三次産業が占める割合が多い県**
	農林水産業／生産	鉱工業／加工	商業，サービス業／流通
１位	青森	富山	①
２位	宮崎	静岡	②
３位	高知	愛知	③
45位	③	北海道	栃木
46位	①	①	長野
47位	大阪	②	福島

(『県勢』より，2017年の統計で作成)

ア：東京都　　イ：神奈川県　　ウ：沖縄県

(2)　農業を営むＡさんは「いろいろなことに挑《ちょう》戦しています」と話しています。その挑戦のひとつとして，第一次産業の枠《わく》を超《こ》えて仕事をすることで，収入を増やしています。どのような取り組みをしているか想像し，具体的に説明しなさい。

3　女性に関する次の資料を読んで，あとの問いに答えなさい。ただし，現代語訳や現代語表記にしています。

A	日本の国の王は，もとは男性が務めた。……［　　　］という女性を王に立てた。［　　　］はよく占《うらな》いをして，人々をひきつける不思議な力をもっていた。
B	春は夜明けのころがよい。だんだんと白くなっていく空の，山に近いあたりが，少し明るくなって，…… 夏は夜がよい。月はきれいなころはいうまでもない。……
C	今はなき頼朝殿《どの》が平氏を滅《ほろ》ぼして幕府を開いてから，あなたたちに与《あた》えたご恩は，山よりも高く，海よりも深いものである。
D	ああおとうとよ　君を泣く　君死にたまうことなかれ　……
E	元始，女性は［　Ⅰ　］だった。しかし今は，他の光によって輝《かがや》く，病人のような青白い顔色の［　Ⅱ　］である。

問１　Ａについて，次の⑴と⑵に答えなさい。

⑴　□にあてはまる人名を漢字で答えなさい。

⑵　この文は，当時の中国の歴史書に書かれています。当時の中国の王朝名を次のア～エから１つ選び，記号で答えなさい。

ア：漢　イ：隋《ずい》　ウ：魏《ぎ》　エ：倭《わ》

問２　Ｂは，女性がかな文字を使用して書いた作品です。この作品について述べた次の文が正しくなるように，文中の①と②にあてはまるものを，それぞれ記号で答えなさい。

> これは①{ア：朝廷に仕えていた　イ：天皇の后《きさき》であった}，②{ウ：紫式部　エ：清少納言}が書いた作品である。

問３　Ｃについて，次の⑴と⑵に答えなさい。

⑴　この当時，将軍と御家人は，「あるもの」を仲立ちとした「ご恩」と「奉《ほう》公」という関係を結んでいました。「あるもの」とは何か答えなさい。

⑵　次の①と②の出来事が，Ｃの演説より前の出来事であれば「前」，Ｃの演説より後の出来事であれば「後」と，それぞれ答えなさい。

①　源氏の将軍が３代でとだえた。

②　武士の裁判の基準となる法律がつくられた。

問４　Ｄは，ある戦争に反対した歌です。この戦争を次のア～エから１つ選び，記号で答えなさい。また，作者の名前をひらがなで答えなさい。

ア：日清戦争　イ：日露戦争　ウ：第一次世界大戦　エ：太平洋戦争

問５　Ｅについて，次の⑴と⑵に答えなさい。

⑴　Ⅰと Ⅱに入る語句を，次のア～ウから１つずつ選び，記号で答えなさい。

ア：地球　イ：月　ウ：太陽

⑵　この文章が発表された当時の女性の様子として正しくないものを，次のア～エから１つ選び，記号で答えなさい。

ア：ほとんどの人が小学校に通っていた。

イ：海外へ移住する人がいた。

ウ：洋服を着ている人がいた。

エ：選挙権を持っている人がいた。

4　各時代の農民の様子や税についてまとめました。あとの問いに答えなさい。

奈良時代
・すべての土地が国のものになり，人々は割り当てられた田を耕作する。 ・稲の収穫高の約３％を納めさせる税がある。

江戸時代
・百姓は庄《しょう》屋(名主)などの村役人を決めて，村の運営をする。 ・幕府や藩は，村のしくみを利用して，収穫の半分ほどを年貢《ぐ》として納めさせる。

明治時代	現在
・土地の価格の３％をお金で納めさせる。	・品物を買うと，基本的に商品価格の［Ⅰ］％の消費税を払《はら》うが，特例で［Ⅱ］％のものもある。 ・会社勤めをしている人は，その収入(所得)に応じて最大45％の所得税を納める。

問１　奈良時代について，次の(1)と(2)に答えなさい。

(1)「すべての土地が国のもの」となる国づくりを始めた人物を，次のア～エから１人選び，記号で答えなさい。

ア：聖徳太子　　イ：中臣鎌足　　ウ：聖武天皇　　エ：山上憶良

(2)　次の文は奈良時代の地方の人々のくらしをよんだ歌です。これについて，あとの①と②に答えなさい。

> わたしは，ほかの人と同じように耕作しているのに，ぼろぼろの着物を着て，かたむいた家の中に住んでいる。……かまどには火の気もなく，米をむす器《うつわ》には，くもの巣が張っている。
> 生活を切りつめて生きているのに，里長《おさ》は，むちを片手に戸口までやってきて，おどして税を取ろうとする。

①　これをよんだ人物を(1)のア～エから１人選び，記号で答えなさい。

②　米に関する税は「収穫高の約３％」なのに，このように厳しい生活を送っている人々が多数いました。その理由を具体例を挙げながら，説明しなさい。

問２　江戸時代の様子を述べた次のア～エのうち，正しいものを１つ選び，記号で答えなさい。

ア：隣《となり》組というしくみがあり，きまりを破ると共同で責任をとらされた。

イ：肥料は変わらなかったが，新しい農具が登場したことで生産力が高まった。

ウ：農民は，さまざまな作物を栽培《さいばい》していたので，貨幣《へい》は必要なかった。

エ：農民の中には，農業書を読んだり計算したりする力を身につける者もいた。

問３　明治時代について，次の(1)～(3)に答えなさい。

(1)　この制度改革を何というか，漢字４字で答えなさい。

(2)　江戸時代の「収穫の半分ほどの米」と，明治時代の「土地の価格の３％のお金」を比較して，税の重さはどう変化したか，次のア～ウから１つ選び，記号で答えなさい。

ア：かなり軽くなった

イ：ほぼ変わらなかった

ウ：かなり重くなった

(3)　この制度改革で，納めるものが米からお金に変わりました。明治政府はどのような目的で行ったか，説明しなさい。

問４　現在について，次の(1)～(4)に答えなさい。

(1)　［Ⅰ］と［Ⅱ］にあてはまる数字を，それぞれ答えなさい。

⑵　次の①と②について，正しければ「○」を，正しくなければ「×」を答えなさい。

①　所得税を納めている人数よりも，消費税を払っている人数の方が多い。

②　所得税と消費税は，納める人が暮らす市町村の財源になる。

⑶　税金の使い道が決まる機関を，次のア～カから２つ選び，記号で答えなさい。

ア：国会　　イ：内閣　　ウ：裁判所

エ：地方議会　　オ：都道府県知事　　カ：市町村長

⑷　税金の使い道として正しくないものを１つ選び，記号で答えなさい。

ア：小学校の教科書の配布

イ：公共施《し》設や道路の整備

ウ：自然災害発生時の緊《きん》急支援《えん》

エ：電気やガスの供給

【理　科】〈第２回試験〉（30分）〈満点：40点〉

1　川崎市で，サクラ(ソメイヨシノ)の枝を７月に観察しスケッチしました。答えは記号で書きなさい。

(1)　右の図で今年花がついていたのはどの枝ですか。

ア：A

イ：B

ウ：AとB

(2)　右の図で来年花がつくと考えられるのは，どの枝ですか。

ア：A

イ：B

ウ：AとB

(3)　サクラの花が咲《さ》く頃《ころ》のまわりの生き物のようすとして当てはまるものを選びなさい。

ア：チューリップやホウセンカの花が満開である。

イ：カマキリが細い木の枝に卵をうんでいた。

ウ：オタマジャクシがカエルになり水中から陸に上がる。

エ：カブトムシが成虫になり木のしるをなめている。

オ：ツバメが子育てにむけて巣作りをしている。

2　図はヒトの呼吸のしくみを簡単に表しています。

(1)　AとBの名前を書きなさい。

(2)　CとDは血管です。それぞれの説明として正しいものを選び記号を書きなさい。

ア：心臓を通らずに全身とつながっていて，酸素が多い血液が流れている。

イ：心臓を通らずに全身とつながっていて，二酸化炭素が多い血液が流れている。

ウ：心臓とつながっていて，酸素が多い血液が流れている。

エ：心臓とつながっていて，二酸化炭素が多い血液が流れている。

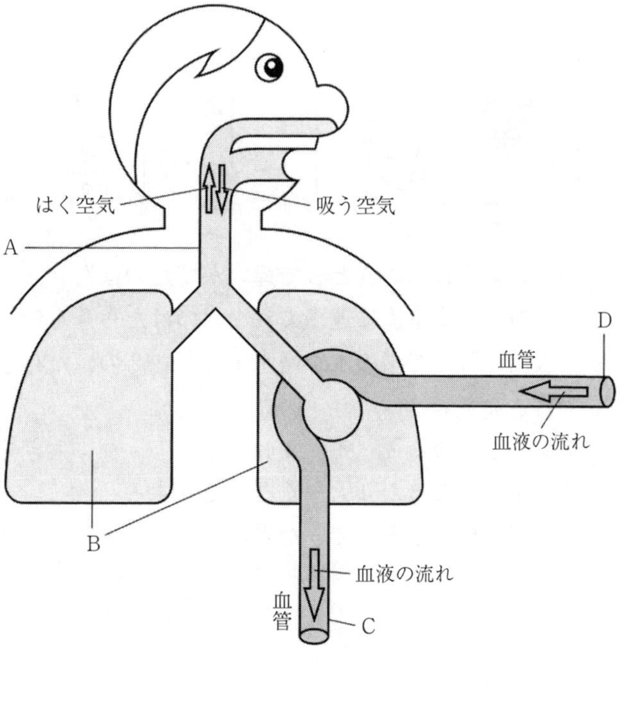

(3)　右の表は，はき出した空気，吸う空気の酸素と二酸化炭素の割合を表したものです。それぞれ当てはまる数字を選び記号を書きなさい。

	酸素(%)	二酸化炭素(%)
はき出した空気	①	②
吸う空気	③	④

ア：約0.03　　イ：約1.8　　ウ：約2.1　　エ：約4　　オ：約7.8
カ：約17　　キ：約21　　ク：約30　　ケ：約40　　コ：約78

(4)　はき出した空気と吸う空気の違《ちが》いを調べるために使われる水溶《よう》液を次から選び記号を書きなさい。

ア：アンモニア水　　イ：うすい塩酸　　ウ：石灰水　　エ：炭酸水

(5)　ヒトのBと同じつくりを持つ生き物をすべて選び記号を書きなさい。

ア：フナ　　イ：ネコ　　ウ：ウサギ　　エ：キンギョ

3　図1のように，板の上に小石と砂をそれぞれ乗せ，川の中に沈《しず》めました。あとの問いに答えなさい。

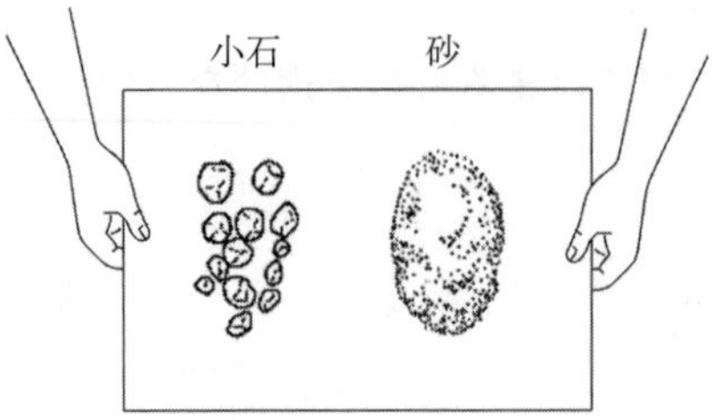

図1

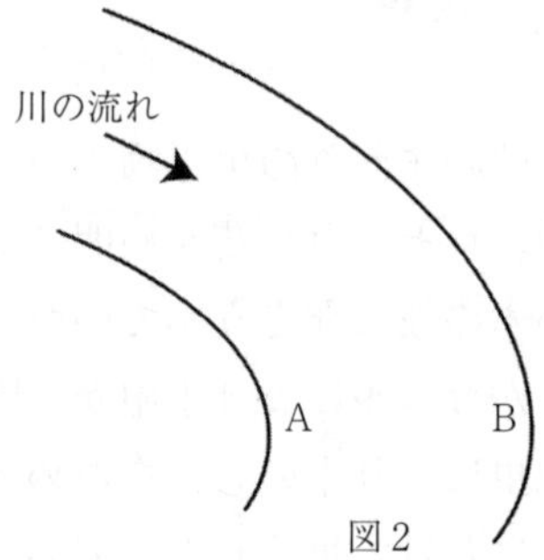

図2

(1)　図2のような川の岸の近くAとBで板をそれぞれ沈めるとアとイのようになりました。Bで沈めた板はアとイのどちらですか。

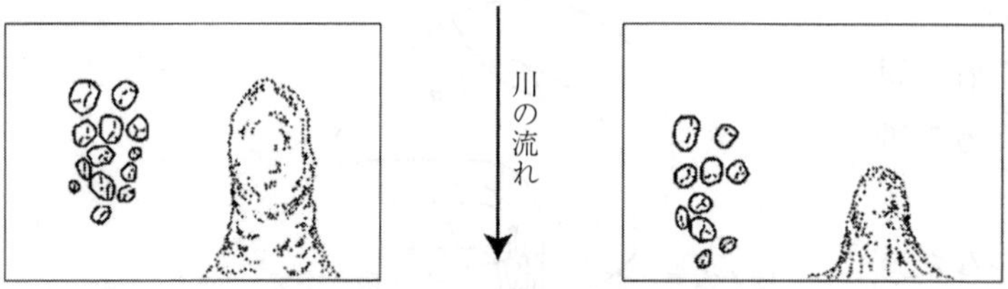

ア　　イ

(2)　(1)のように川のAとBで違いがでたのはなぜか。理由を書きなさい。

(3)　小石や砂を下流に運ぶような水のはたらきを何といいますか。

(4)　大雨が降って川の水が増水すると，(3)のはたらきはどうなりますか。次の中から選び，記号で書きなさい。

ア：小さくなる　　イ：変わらない　　ウ：大きくなる
エ：小さくなったり大きくなったりする

(5)　川岸に砂とどろでできた岩石を見つけました。この岩石の名前を答えなさい。

4　次の表は神奈川県での日の出・日の入り・月の出・月の入り時刻を４日ごとに記録したものです。答えは記号で書きなさい。

	1日	5日	9日	13日	17日	21日	25日	29日
日の出	5:29	5:23	5:18	5:12	5:07	5:02	4:57	4:53
日の入り	18:03	18:06	18:09	18:12	18:16	18:19	18:22	18:26
月の出	5:38	7:31	10:26	14:27	18:52	23:39	2:09	4:07
月の入り	17:59	22:03	0:50	3:26	5:21	8:07	12:36	16:50

(1)　記録したのは何月ですか。

ア：１月　　イ：４月　　ウ：９月　　エ：12月

(2)　新月だったので，月を観察できない日がありました。それは何日ですか。

ア：１日　　イ：５日　　ウ：13日　　エ：21日　　オ：25日

(3)　17日の月の形として正しいものを選びなさい。

ア　　イ　　ウ　　エ　　オ

(4)　正午頃，西の空に月が見られるのはいつですか。

ア：１日　　イ：５日　　ウ：13日　　エ：21日　　オ：25日

(5)　17日の20時頃，西の空に見える星座として当てはまるものはどれですか。

ア：さそり座　　イ：しし座　　ウ：おおぐま座

エ：オリオン座　　オ：カシオペヤ座

5　図のような実験用てこを使って実験をします。

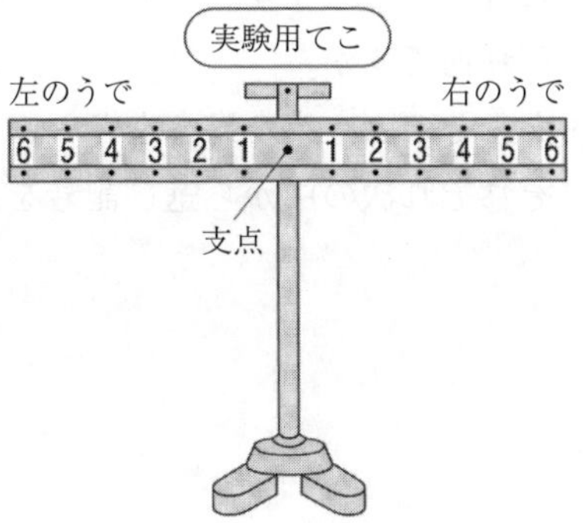

(1)　左のうで３の位置におもりを40ｇつるしたとき，右のうで６の位置に何ｇつるすとつり合いますか。

(2)　左のうで４の位置に重さの分からないおもりをつるしました。右のうで２，３，４の位置に20ｇずつつるすとつり合いました。左のうでにつるしたおもりは何ｇですか。

6　図１のようにコイルに流れる電流をはかります。

図１

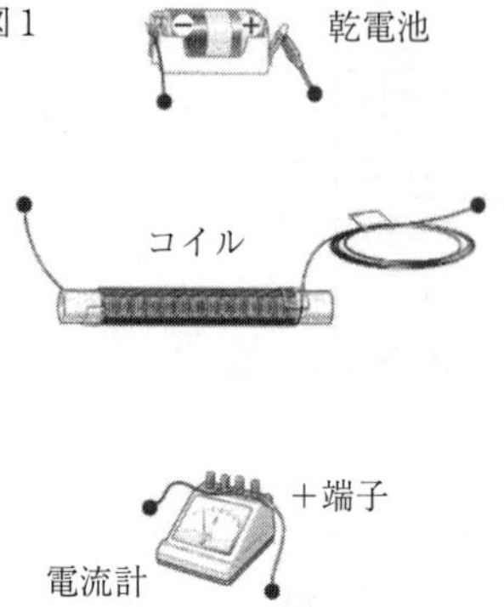

図２

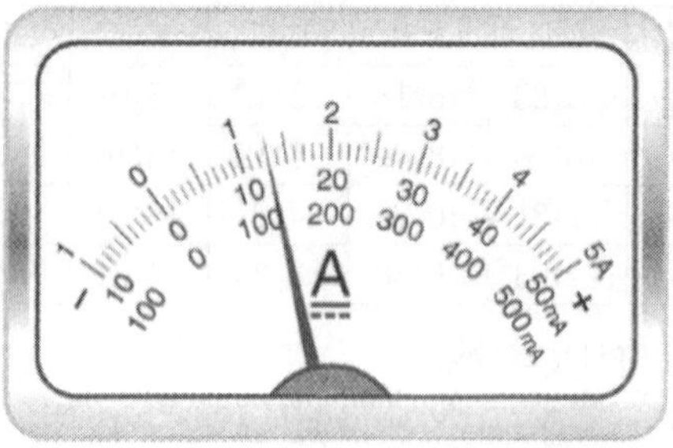

(1)　電流をはかる回路になるように•を線でつなぎなさい。ただし，線は交わらないように書くこと。

(2)　電流計は図２のようになりました。500mA 端《たん》子につないでいるものとして，電流の大きさを単位もつけて答えなさい。

7　次の問いに答えなさい。

(1)　コップに氷水を入れて置いておいたところ，表面に水滴《てき》がつきました。この水滴は，どこにあった何がすがたを変えたものでしょうか。

(2)　寒い日に，暖房《ほう》で部屋をあたたかくしていたところ，部屋の窓ガラスに水滴がつきました。

①　(1)の氷水と同じはたらきをするものは何ですか。

②　水滴がついたのは，窓ガラスの室内側ですか室外側ですか。

③　この水滴は，どこにあったものでしょうか。

8　ジュースの缶《かん》に用いられる金属２種類を準備してそれぞれＡ，Ｂとします。

(1)　Ａは磁石についたが，Ｂはつかなかった。Ａ，Ｂはそれぞれ何ですか。

(2)　それぞれ試験管に入れて，塩酸を加えるとどうなりますか。そのようすを書きなさい。

(3)　(2)のあとの液体から水を蒸発させるとどうなりますか。それぞれ次の中から選び記号を書きなさい。

ア：金属が残る。

イ：白い固体が残る。

ウ：うすい黄色の個体が残る。

エ：何も残らない。

9　水にものをとかす次のような実験を行いました。

①　60℃の水 100mL に 50g のミョウバンをすべてとかして水溶液をつくる。

②　同じように食塩水をつくろうとすると，とけ残りがあった。

③　①のミョウバン水溶液を冷やすと，とけていたミョウバンが出てきた。

④　②のとけ残りの食塩と③で出てきたミョウバンを（　Ａ　）して取り出した。

⑤　④のあと食塩水を冷やしても，とけている食塩はほとんど出てこなかった。

(1)　①でできたミョウバンの水溶液は何ｇですか。次の中から選び，記号で書きなさい。

ア：100g　　イ：148g　　ウ：150g　　エ：152g　　オ：210g

(2)　横軸《じく》を60℃の水の量，縦軸を水にとける量として，食塩とミョウバンが水にとける量をグラフに表したとき，当てはまるものを次の中から選び記号を書きなさい。

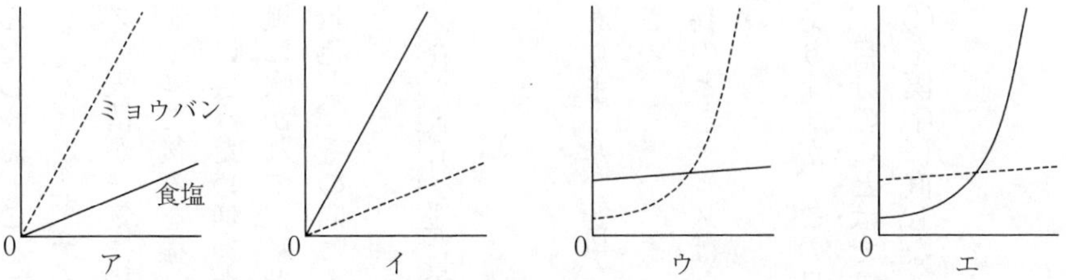

(3)　とけ残りの食塩などを取り出す方法(A)を何といいますか。また，これに必要なものをガラス棒，ビーカー，台以外に２つ答えなさい。

(4)　横軸を温度，縦軸を100mLの水にとける量として，食塩とミョウバンが水にとける量をグラフに表したとき，当てはまるものを(2)の中から選び記号を書きなさい。

たフィギュアだった。

「……フジとあんたじゃん、これ」と驚きに煽《あお》られて思わず声が漏《も》れる。「まじかよ」とそのフィギュアをしげしげと見つめながら照れ臭《くさ》そうに笑うデルス。表情が一気に12年前に戻《もど》っていた。

緩《ゆる》やかな坂道を上って後ろを振り返ると、かつて日焼けを痛がりながらも、毎日フジに会うため通ったイルカのプールが敷《しき》地の遠方に見えた。生暖かい風に吹《ふ》かれて、私たちは閉館後の誰もいなくなってしまった水族館の景色と、その向こうに浮かぶ影《かげ》に染まった島をしばらく黙って見つめた。

cこの夕焼けに代えられる光景はない。そんな思いが胸を満たした。

（ヤマザキマリ『ムスコ物語』より）

(一) ――線**a**とありますが、「私」がそう感じたデルスの様子を、具体的に書きなさい。

(二) 〰線b_1、b_2のときデルスはどんな気持ちでしたか。自分のことばで書きなさい。

(三) ……線**c**とありますが、この日デルスを見守っていた「私」の気持ちについて、自分のことばで書きなさい。

(四) ――線①〜④を漢字に直しなさい。必要なら送りがなも書きなさい。

「毎日会いに来たから、フジはぼくを覚えてくれたと思う?」水族館を訪れた最後の日に、じっとプールを泳ぐフジを見つめながらデルスが言った。フジはともかく、飼育員のひとりはデルスに快い笑顔で対応してくれるようになっていた。覚えてくれたかどうかはわからないけど、とにかく人間に助けてもらって、また元気に泳げるようになったフジを、毎日通って見ることができたのは良かったじゃない。頑《がん》張ってお小遣いを貯めた甲斐《かい》があったね、と言うと、b_1デルスはフジを少しさみしげな表情で見つめたまま黙《だま》ってうなずいた。

あれから12年の歳《さい》月が経《た》ち、私と大人になったデルスは再び美ら海水族館を訪れた。フジは既に4年前に他界していて、昔はプールサイドに並べられていた歴代人工尾びれも、今は館内に設けられた②とくせつコーナーに展示されていた。

「要するにこれって、タイヤ会社の宣伝も兼《か》ねてたってことだよね」と大人になったデルスは、かつて自分の心を動かしたイルカの人工尾びれをしげしげと見つめながら淡《たん》々と呟《つぶや》いている。「まあでも、宣伝だろうと何だろうと、フジにとっても美ら海にとってもメリットにはなったんだし、それはそれで良かったんじゃないの」と返す私に「確かに、こういう宣伝なら、むしろ大いにやってくれって感じだけどさ」と答えるデルス。

ハワイ大学で工学を専攻《こう》している彼は、仲間と一緒にプロジェクトを組んだ人工衛星をNASAのコンペ(競技)に出すこととなり、それに必要な資金を集めるのに奔《ほん》走している最中だった。エンジニアリングというのがどういう職業なのか、ひとつのプロジェクトを③きどうさせるまでに、スポンサー集めも含めどれだけの労力が必要なのか、思い切り痛感したあとで目にするタイヤ会社の人工尾びれは、子供の時と違った意味での感慨《がい》深さがあるようだった。ただ、b_2人工尾びれの説明パネルに小さく映っているフジの姿を見つめている間、デルスは何も言葉を呟かなかった。かつて外付けプールで行われていたフジと飼育員によるデモンストレーションのように、人間と動物とが信頼《らい》を交《か》わし合うあの温かい気持ちを、その④そっけない展示コーナーから感じ取ることはもうできないし、そこを訪れる子供たちも不思議な人工尾びれに目をやりはするが、人間の努力に応えようとしていた一生懸《けん》命なイルカのフジの姿を知ることはない。

空のところどころに浮《う》かんだ雲が燃えるような桃《もも》色に染まっているのを携《けい》帯電話で撮影《さつえい》していると、閉館のアナウンスが流れた。空の雲が鮮《あざ》やかな色に染まる翌日は、たいてい雨になると以前宿泊《はく》していた民家の主人が言っていたのを思い出しつつ、駐《ちゅう》車場へ足早に向かっていると、「ちょっと。帰る前にこれやりたい」とデルスが大きなガチャガチャ装置の前で立ち止まった。カプセルの中には美ら海水族館限定のフィギュアが入っているとある。ちょうど良い。デルスに続いて私も小銭を投入してダイヤルを回してみた。ゴロッと出てきたカプセルのテープをむしって中身を取り出すと、私のカプセルには美ら海水族館のシンボルであるジンベイザメが入っていた。思わず「やった!」と声を上げるが後ろを歩いていたはずのデルスの反応はなく、代わりに何メートルか前を歩いていた中国人女性がこちらを振り返った。恥《は》ずかしくなって「デルス、ジンベイザメ出たぜ」と、立ち止まってカプセルから出てきた細かいパーツを、眉《み》間に皺《しわ》を寄せながら懸命に組み立てている息子の前に差し出した。「どう? 羨《うらや》ましい? ジンベイザメ」と反応を求めるも「うるさい、ちょっと待って」と母親の興奮は冷たく遮《さえぎ》られた。デルスの肉厚の手の中にあったのは、水槽《そう》の壁《かべ》に見立てた青い透《とう》明なプラスチックの板の向こう側からこちらを見ている1匹《ぴき》のイルカと飼育員、そして板の手前に立って水槽の中のイルカと向き合っている小学生くらいの男の子、という情景を表しんで高過ぎて、金持ちしか行けないよ」私は少々大げさに受け答えた。するとデルスは手にした財布と貯金箱を私の作業机の上に置き「じゃあ、これだけあったら行けるかな」と真剣《けん》な眼《まな》差しで私を見る。理由を聞く前に私はデルスの財布を開いて、中にそれまでの何年間かで貯《た》めたお年玉やお小遣《づか》いなど、総額2万円近くの現金が入っているのを確かめた。貯金箱のほうは振《ふ》るとじゃらじゃらと勢い良く小銭《ぜに》のぶつかり合う音がする。たいした額は入ってなさそうだった。

「この様子じゃ足らんね。全然」その返事を聞くや否《いな》や、デルスの顔はどことなく小ずるい様子に変わった。落ち込《こ》むだろうと思っていたので、その表情の意外な変化にはちょっと驚《おどろ》いた。デルスは、それじゃあ何か小遣い稼《かせ》ぎのできる仕事はないかと言い出した。買い物でも掃除《そうじ》でもなんでもいいんだよ、となかなかしつこい。その時になって、私はやっとデルスになぜそんなに沖縄へ行きたいのかをたずねてみた。日本から遠く離《はな》れたポルトガルのリスボンで、これほどまで沖縄への思いを募《つの》らせた動機がいったいどんなことなのか、毎日一緒に暮らしているはずなのに私には、さっぱり見当もつかなかったからだ。

「フジに会いたい」とデルスは短く答えた。「フジって誰《だれ》」「ちゅらうみという水族館にいる、人工尾《お》びれをつけたイルカだよ」という答え。言葉で説明しても言いたいことが伝えられないと思ったのか、私はそのまま居間で、先週北海道の友達から送られてきたばかりのテレビ番組を集めたDVDを見せられた。その中に、イルカ〝フジ〟についてのドキュメンタリー番組があった。

沖縄本島北部、本部町にある美《ちゅ》ら海水族館で飼育されているイルカのフジは病によって尾びれの大部分を失い、すっかり泳ぐ気力も生きる気力も失っていた。そこに日本のタイヤメーカーが協力してゴムで人工の尾びれを開発し、幾《いく》度にもわたる試行錯《さく》誤を経て、フジはついにその尾びれを装着した状態でジャンプができるまでになった、という内容のものだった。

ａデルスの熱意は相当だった。10年間の人生において、彼《かれ》がここまで何かを私に強く要求してきたことはなかった。美ら海水族館をネットで検索《さく》すると、フジの人工尾びれについても詳《くわ》しく書かれていた。尾びれをやむなく病によって切断せざるを得なかったフジは、人間年齢《れい》に置き換《か》えると決して若くはない母イルカで、仲間の産んだ仔《こ》イルカの育て方も上手だとある。おっかさん肌《はだ》の中年の雌《めす》イルカが病を経て人工尾びれを装着し、あのように泳げるまで並々ならぬ努力が必要だったに違いない。そんなことを考えているうちに、情が動いた。

美ら海水族館まで歩いて行ける、キッチンの付いたコンドミニアム①しようのホテルに滞《たい》在し、館内のイルカ用のプールで行われるフジの人工尾びれ装着デモンストレーション（実演）に立ち会うのが、我々家族の日々の日課だった。初日に張り切って最寄りの美しいビーチに行き、直射日光の下、日焼け止めを塗《ぬ》っただけの肌を長時間さらして過ごしていたら、真っ赤になってしまったために、もう誰も海へ行きたいとは言い出さなかった。時間を持て余すと、入館料を払《はら》う必要のない外付けの美ら海のイルカプールまでとぼとぼ歩いていって、そこでぼんやり泳ぐイルカたちを眺《なが》めるのである。

フジは映像で見た通り、人工尾びれを装着することに協力的だし、デモンストレーションはそんな彼《かの》女の健気《けなげ》な振る舞《ま》いも含《ふく》めて、人々の感動をそそる立派なエンターテインメントになっていた。デルスも念願のイルカと会えて本当に嬉《うれ》しそうだったが、フジもさることながら、彼の関心を強く引いていたのは、タイヤ会社の開発によるゴム製の人工尾びれだった。プールの縁《ふち》には歴代の試行錯誤が凝《こ》らされた尾びれがずらりと並べて展示してあって、デルスは毎度それらのひとつひとつを食い入るように眺めていた。

2023年度

日本女子大学附属中学校

【国　語】〈**第二回試験**〉（五〇分）〈満点：六〇点〉

一　つぎの文章は、紛争で爆撃の続く国シリアにいる青年と、画面ごしにオンラインで行ったインタビューの記録です。あとの問題に答えなさい。

〔編集部注：課題文は著作権上の問題により掲載しておりません。作品の該当箇所につきましては次の書籍を参考にしてください〕
・デルフィーヌ・ミヌーイ著『戦場の希望の図書館』（東京創元社二〇二一年一一月初版発行）一四ページ三行目～三四ページ四行目（途中に省略された箇所があります。）

(一)　□①、②にふさわしい二字の熟語を、文中からそれぞれ探して書きなさい。

(二)　――線**A**と考えていたアフマドはその後どのように変わりましたか。文中からもっともふさわしい一文を探し、はじめの五字を書きなさい。

(三)　――線**B**について次の問いに答えなさい。

①　ざわめきを予感させる例えの部分を一文で探し、はじめの四字を書きなさい。

②　アフマドのこのときの気持ちを、自分のことばで書きなさい。

(四)　〈　〉**ア**、**イ**に入ることばを文中から探し、解答らんの文字数に合うように書きなさい。

(五)　（　）ⓐ～ⓓに入る最もふさわしい二字の熟語を、つぎの語群から選び漢字に直して書きなさい。

ふべん　むち　しゅちょう　ききゅう
そんけい　りそう　そんちょう

(六)　……線**C**のスローガンは何でしたか。文中から十字で探して書きなさい。

(七)　〰〰線**D**とありますが、「図書館」が「町の支柱となった」とはどういうことですか。この「図書館」がもつ意味を、自分のことばで書きなさい。

(八)　═══線**E**$_1$～**E**$_4$から考えて「本」は人間にとってどんな役割があると思いますか。自分のことばで書きなさい。

二　つぎの文章を読んで、あとの問題に答えなさい。

仕事場で漫《まん》画の作業をしている私のところへ、財《さい》布と貯金箱を抱《かか》えた息子のデルスが現れ、私に頼《たの》みたいことがあると物々しく告げたのは、リスボンに暮らし始めて2年目の春のことだった。ふだんとは全く違《ちが》う、見ず知らずの人と接する時のような緊《きん》張した様子で、自分から言いたいことを切り出せずもじもじしている。こちらからどうしたのかと問いただすと、夏の間にどうしても行きたい場所があるのだという。6月から9月までの長い夏休み、我々は北イタリアの夫の実家へ行ったあとに、1年ぶりで北海道の母にも会いに行く計画を立てていた。何よりまず北海道の夏は涼《すず》しくてありがたい。夫も一緒《しょ》に来たいと言うので、家族3人分の日本までのフライトは既《すで》に予約をしてあった。

「沖縄って、北海道から遠い？」と財布を握《にぎ》りしめたデルスから思いがけない質問をされるも、その魂胆《こんたん》（たくらみ）が全く読めず「沖縄？日本でも北海道から一番遠い場所にあるよ」とそっけなく返す。

「行くのにどれくらいお金がかかる？」「そりゃ高いよ、夏の沖縄な

2023年度

日本女子大学附属中学校　▶解説と解答

算　数　＜第２回試験＞（50分）＜満点：60点＞

解　答

Ⅰ　(1)　80　(2)　628　(3)　$\frac{1}{4}$　(4)　30000cm^2　Ⅱ　(1)　**最小**…67，**最大**…73　(2)　９回目　(3)　1560円　(4)　200円　(5)　81度　(6)　25.74cm^2　(7)　44cm^3　(8)　①　**急行列車**…秒速24m，**普通列車**…168m　②　9.6秒　(9)　①　600ｇ　②　15％
Ⅲ　(1)　42　(2)　(12203)　Ⅳ　(1)　1250cm^2　(2)　12cm　(3)　10分後　Ⅴ　(1)　90　(2)　㋑　8　㋒　20　㋓　2160

解　説

Ⅰ　四則計算，計算のくふう，逆算，単位の計算

(1)　$122-4\times\left(1\frac{11}{12}+\frac{8}{15}\right)\div\frac{7}{30}=122-4\times\left(\frac{23}{12}+\frac{8}{15}\right)\div\frac{7}{30}=122-4\times\left(\frac{115}{60}+\frac{32}{60}\right)\div\frac{7}{30}=122-4\times\frac{147}{60}\times\frac{30}{7}=122-42=80$

(2)　$A\times C+B\times C=(A+B)\times C$となることを利用すると，$204\times0.56-47\times0.56+157\times3.44=(204-47)\times0.56+157\times3.44=157\times0.56+157\times3.44=157\times(0.56+3.44)=157\times4=628$

(3)　$4-1\frac{3}{4}=\frac{16}{4}-\frac{7}{4}=\frac{9}{4}$より，$\frac{1}{4}\div\left(1\frac{1}{2}-\square-\frac{2}{3}\right)\div\frac{9}{4}=\frac{4}{21}$，$\frac{1}{4}\div\left(1\frac{1}{2}-\square-\frac{2}{3}\right)=\frac{4}{21}\times\frac{9}{4}=\frac{3}{7}$，$1\frac{1}{2}-\square-\frac{2}{3}=\frac{1}{4}\div\frac{3}{7}=\frac{1}{4}\times\frac{7}{3}=\frac{7}{12}$，$1\frac{1}{2}-\square=\frac{7}{12}+\frac{2}{3}=\frac{7}{12}+\frac{8}{12}=\frac{15}{12}=\frac{5}{4}$　よって，$\square=1\frac{1}{2}-\frac{5}{4}=\frac{3}{2}-\frac{5}{4}=\frac{6}{4}-\frac{5}{4}=\frac{1}{4}$

(4)　650mm＝65cm，0.016km＝16m＝1600cmより，(135cm＋650mm)×0.016km＝(135cm＋65cm)×1600cm＝200cm×1600cm＝320000cm^{2}となる。また，1m^2＝1m×1m＝100cm×100cm＝10000cm^{2}より，29m^2＝290000cm^{2}とわかる。よって，320000cm^2－290000cm^2＝30000cm^{2}と求められる。

Ⅱ　およその数，平均とのべ，相当算，和差算，角度，面積，体積，通過算，濃度《のうど》

(1)　小数第一位を四捨五入して10になる数は9.5以上10.5未満だから，７でわる前の数は，9.5×７＝66.5以上，10.5×７＝73.5未満とわかる。よって，整数Aとして考えられる最小の数は67，最大の数は73である。

(2)　今までの回数を□回として図に表すと，右の図１のようになる。図１で，太線で囲んだ部分の面積とかげをつけた部分の面積は，どちらも今回までの合計点を表している。よって，これらの面積は等しいので，アとイの面積も等しくなる。また，イの面積は，(10－8.4)×１＝1.6(点)にあたるから，アの面積も1.6点であり，□＝1.6÷(8.4－8.2)＝８(回)とわかる。したがって，今回のテストは，８＋１＝９(回目)である。

図１

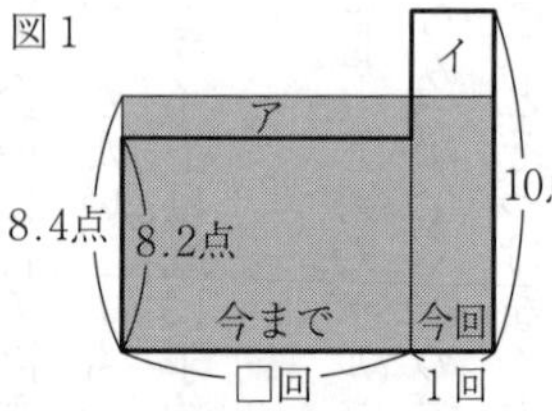

(3)　最初に持っていたお金を１，初日の残りのお金を$\boxed{1}$とすると，翌日にもらったお金も$\boxed{1}$なので，翌日に使ったお金は，$(\boxed{1}+\boxed{1})\times\frac{2}{3}=\boxed{\frac{4}{3}}$となる。すると，下の図２のようになるから，$\boxed{1}+\boxed{1}-\boxed{\frac{4}{3}}=\boxed{\frac{2}{3}}$にあたるお金が420円とわかる。よって，$\boxed{1}$にあたるお金は，$420\div\frac{2}{3}=630$(円)になるので，比の，$1-\frac{1}{2}=\frac{1}{2}$にあたるお金が，630＋150＝780(円)である。したがって，比の１にあたるお金(最初に持っていたお金)は，$780\div\frac{1}{2}=1560$(円)と求められる。

図２

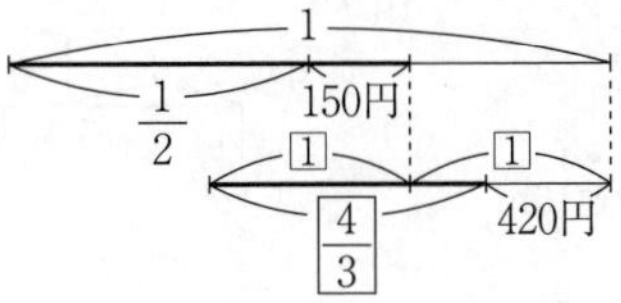

図３

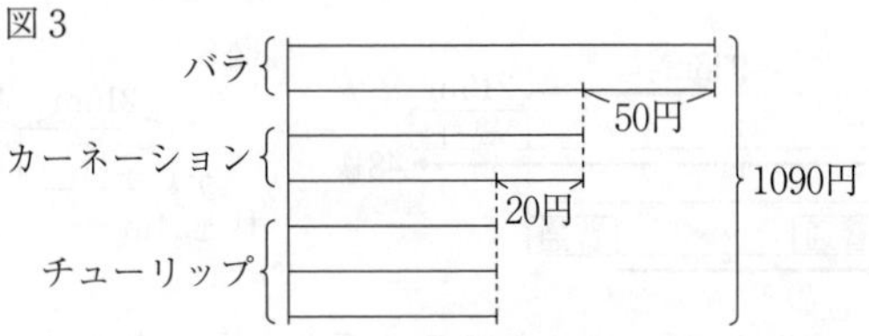

(4)　図に表すと上の図３のようになる。カーネーション１本の値段を50円，チューリップ１本の値段を，20＋50＝70(円)増やしてバラの値段にそろえると，合計金額は，50×２＋70×３＝310(円)増えて，1090＋310＝1400(円)になる。これはバラ，２＋２＋３＝７(本)の代金にあたるから，バラ１本の値段は，1400÷７＝200(円)とわかる。

(5)　下の図４で，三角形ABCは二等辺三角形なので，角ACBの大きさは，(180－48)÷２＝66(度)である。また，角EHCの大きさは，180－30＝150(度)だから，四角形EHCGに注目すると，角CGEの大きさは，360－(45＋150＋66)＝99(度)とわかる。よって，㋐の角の大きさは，180－99＝81(度)と求められる。

図４

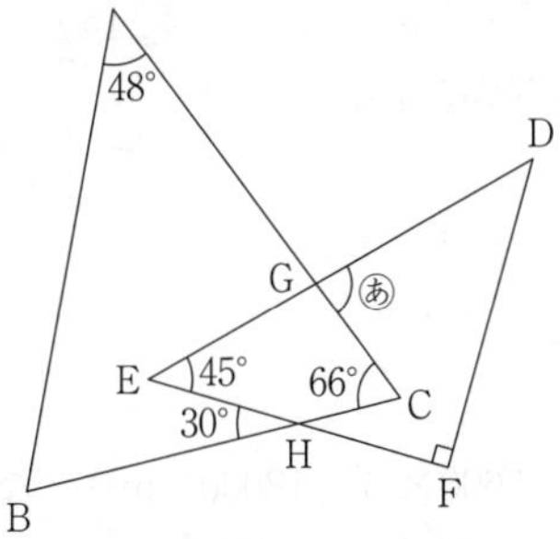

図５

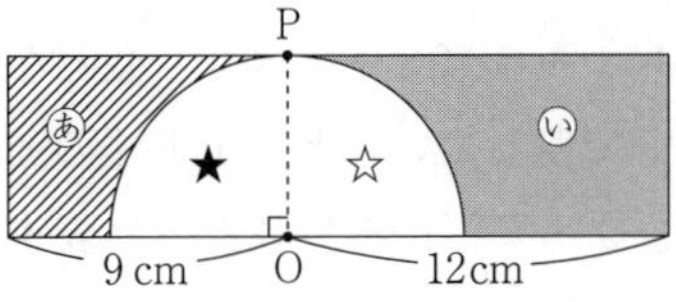

図６

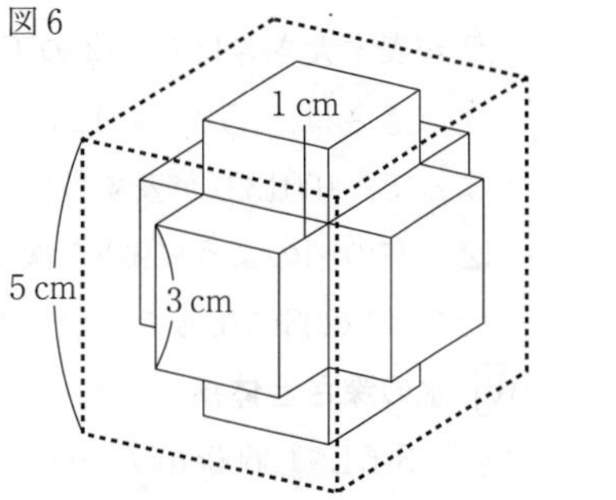

(6)　上の図５で，半円の中心をO，半円の弧《こ》と長方形の辺とが接する点をPとすると，OPと長方形の辺は垂直に交わる。また，★と☆の面積は等しいので，㋐と㋑の面積の差が$18cm^2$のとき，(㋐＋★)と(㋑＋☆)の面積の差も$18cm^2$になる。さらに，(㋐＋★)と(㋑＋☆)のたての長さは等しく，横の長さの差は，12－９＝３(cm)だから，たての長さは，18÷３＝６(cm)とわかる。よって，(㋐＋★)の面積は，６×９＝54(cm^2)，★の面積は，６×６×3.14÷４＝９×3.14＝28.26(cm^2)なので，㋐の面積は，54－28.26＝25.74(cm^2)と求められる。

(7)　くりぬいた部分は上の図６のような立体である。中央の部分は１辺３cmの立方体だから，その体積は，３×３×３＝27(cm^3)となる。また，外側の直方体１個の体積は，３×３×１＝９(cm^3)であり，これが全部で６個あるので，図６の立体の体積は，27＋９×６＝81(cm^3)とわかる。また，もとの立方体の体積は，５×５×５＝125(cm^3)だから，残った部分の体積は，125－81＝44(cm^3)

と求められる。

⑻　①　下の図７で，急行列車が48秒で走る長さは，936＋216＝1152(m)なので，急行列車の速さは秒速，1152÷48＝24(m)とわかる。また，普通《ふつう》列車の速さは秒速16mだから，普通列車が48秒で走る長さは，16×48＝768(m)となる。よって，普通列車の長さは，936－768＝168(m)と求められる。　②　下の図８のようになってから，急行列車の最後尾《さいこうび》アと普通列車の最後尾イが出会うまでの時間を求めればよい。アとイの間の長さは，216＋168＝384(m)なので，アとイが出会うまでの時間は，384÷(24＋16)＝9.6(秒)とわかる。

図７
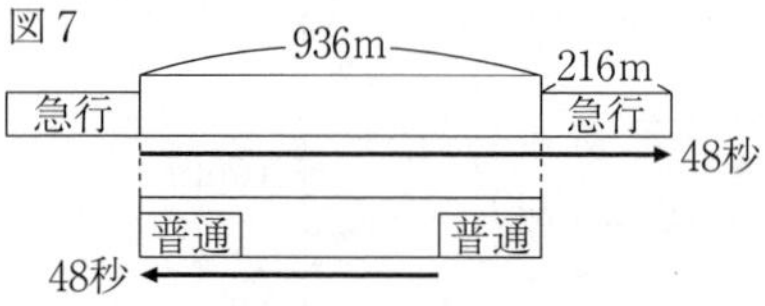

図８
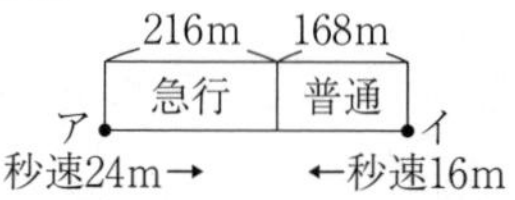

図９
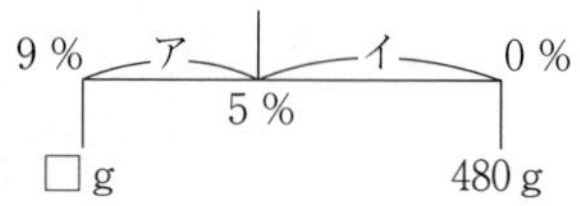

⑼　①　９％になったときのＢの重さを□ｇとして，Ｂに水480ｇを入れたときのようすを図に表すと，上の図９のようになる。図９で，□×ア＝480×イという関係があるから，□×（９－５）＝480×（５－０）より，□＝2400÷４＝600(ｇ)と求められる。　②　①から，９％になったときのＢに含《ふく》まれている食塩の重さは，600×0.09＝54(ｇ)とわかる。また，最初にＢに入っていた食塩水の重さは，600－200＝400(ｇ)なので，最初にＢに含まれていた食塩の重さは，400×0.06＝24(ｇ)である。よって，Ａに含まれていた食塩の重さは，54－24＝30(ｇ)だから，Ａの濃度は，30÷200×100＝15(％)と求められる。

Ⅲ　N進数

⑴　五進法の位取りになっているから，①の玉１個が表す大きさは１，②の玉１個が表す大きさは５，③の玉１個が表す大きさは，５×５＝25，④の玉１個が表す大きさは，25×５＝125，⑤の玉１個が表す大きさは，125×５＝625になる。よって，(00132)が表す数は，25×１＋５×３＋１×２＝42となる。

⑵　右の図のように928を次々と５で割っていくと，十進法の928を五進法で表した数は12203になることがわかる。よって，928は(12203)と表すことができる。

5)928
5)185…3
5)　37…0
5)　　7…2
　　　1…2

Ⅳ　水の深さと体積

⑴　3.6Ｌは3600cm^{3}だから，５分間でＡの部分に入った水の量は，3600×５＝18000(cm^3)となり，Ａの部分の底面積は，18000÷24＝750(cm^2)とわかる。また，ＡとＣの部分の底面積の比は３：５なので，Ｃの部分の底面積は，$750\times\frac{5}{3}$＝1250(cm^2)である。なお，Ｂの部分の底面積は，$750\times\frac{4}{3}$＝1000(cm^2)となる。

⑵　Ｃの部分の容積は，1250×24＝30000(cm^3)だから，Ｃの部分がいっぱいになるのは水を入れ始めてから，30000÷3600＝$\frac{25}{3}$(分後)である。よって，それまでにＡの部分からＢの部分に水が流れた時間は，$\frac{25}{3}-5=\frac{10}{3}$(分)なので，Ｃの部分がいっぱいになったときにＢの部分に入っている水の量は，$3600\times\frac{10}{3}$＝12000(cm^3)とわかる。したがって，そのときのＢの部分の水の深さは，12000÷1000＝12(cm)と求められる。

⑶　Ａ，Ｂ，Ｃの底面積の合計は，750＋1000＋1250＝3000(cm^2)だから，水そうに入った水の体積が，3000×24＝72000(cm^3)になるときを求めればよい。ＸとＹから１分間に入る水の量の合計は，

3600×２＝7200(cm³)なので，求める時間は，72000÷7200＝10(分後)とわかる。

Ⅴ　グラフ―速さ，和差算

⑴　右の図１で，２人が一緒《いっしょ》に歩いていた時間(太線部分の合計の時間)と別々に歩いていた時間の差は６分である。また，これらの和は42分だから，右下の図２のように表すことができる。図２から，一緒に歩いていた時間は，(42－６)÷２＝18(分)，別々に歩いていた時間は，18＋６＝24(分)とわかる。よって，妹が１人で歩いた道のり(ア)は，60×24＝1440(m)なので，一緒に歩いた道のりの合計は，3060－1440＝1620(m)となる。したがって，一緒に歩いたときの速さは分速，1620÷18＝90(m)と求められる。

図１

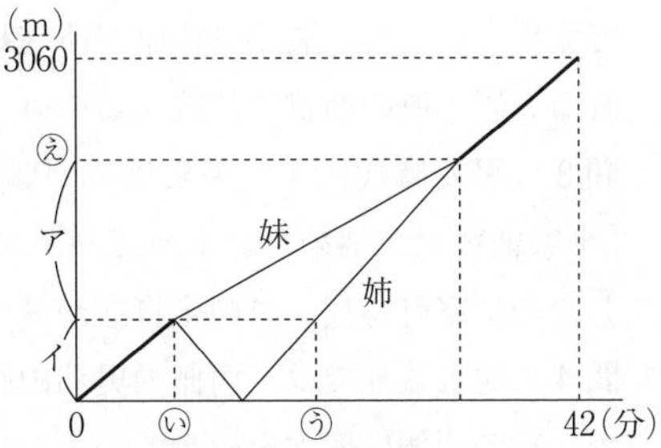

図２

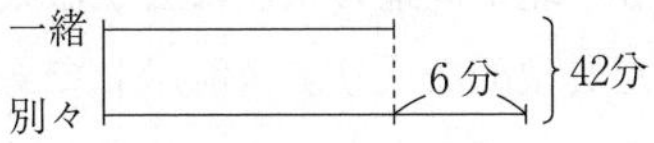

⑵　姉が１人で歩いた道のり(イ→イ→アの合計)は，120×24＝2880(m)である。よって，イの道のりは，(2880－1440)÷２＝720(m)だから，(い)＝720÷90＝８(分)とわかる。また，姉が１人で720m進むのにかかる時間は，720÷120＝６(分)なので，(う)＝８＋６＋６＝20(分)と求められる。さらに，(え)＝イ＋ア＝720＋1440＝2160(m)となる。

社　会　＜第２回試験＞(30分)＜満点：40点＞

解　答

1　**問１**　北上　**問２**　イ　**問３**　イ　**問４**　①　奥羽(山脈)　②　イ　③　ウ　**問５**　(例)　右の図　**問６**　(例)　避難場所(避難経路)

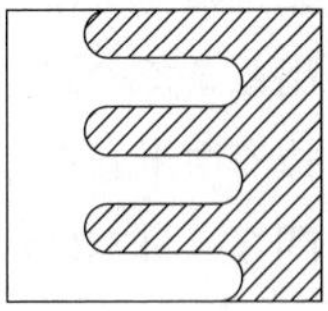

2　**問１**　エ　**問２**　①　エ　②　イ　③　ア　**問３**　**米**…ア，**畜産物**…イ　**問４**　ア　**問５**　(例)　土砂くずれを防ぐ。(野生動物のすみかになる。)　**問６**　兵庫県　**問７**　ウ　**問８**　⑴　ナフサ　⑵　(例)　**イ**　熱をえる　**ウ**　石油ストーブ(ガスコンロ)　**問９**　ウ　**問10**　⑴　①　ア　②　ウ　③　イ　⑵　(例)　収穫した小麦を製粉し，それを原料にパンやケーキをつくって直売する。(青果として出荷できないイチゴをジャムやジュースに加工し，インターネットを利用して販売する。)

3　**問１**　⑴　卑弥呼　⑵　ウ　**問２**　①　ア　②　エ　**問３**　⑴　土地(領地)　⑵　①　前　②　後　**問４**　イ，よさのあきこ　**問５**　⑴　Ⅰ　ウ　Ⅱ　イ　⑵　エ

4　**問１**　⑴　イ　⑵　①　エ　②　(例)　米以外にも特産物や布などを納める税があったから。(租以外に調・庸などの税や労役・兵役の義務があったから。)　**問２**　エ　**問３**　⑴　地租改正　⑵　イ　⑶　(例)　米の豊作・不作にかかわらず税率を一定にすることで毎年決まった額のお金が入るようにし，国の財政を安定させるため。　**問４**　⑴　Ⅰ　10　Ⅱ　８　⑵　①　○　②　×　⑶　ア，エ　⑷　エ

解　説

1　日本の盆地を題材にした問題

問１　３つに共通する言葉は「北上」。岩手県北部を水源とする北上川が県中央部を北から南に流れ，流域には北上盆地が細長く広がっている。北上盆地の東側には北上高地がのびている。

問２　東北一の長流である北上川は岩手県を流れた後，宮城県に入って追波《おっぱ》湾(旧北上川は石巻湾)で太平洋に注ぐ。岩手県の県庁所在地は盛岡市で，伝統的工芸品の「南部鉄器」の産地として知られる。岩手県の西側に隣接《りんせつ》するのは，秋田県である。よって，組み合わせはイが正しい。

問３　平安時代後半，平泉は奥州藤原氏の根拠地として栄えたが，同じ頃，平清盛が厳島神社に「平家納経」を納めた。よって，イが正しい。アの行基が活躍したのは奈良時代，ウの雪舟が活躍したのは室町時代，エの紀貫之が『土佐日記』を書いたのは平安時代前半のこと。

問４　北上盆地では，西側の奥羽山脈を越《こ》えて吹《ふ》いてくる冬の冷たい北西の季節風から家を守るため，家の西側に樹木を植えている。

問５　北上高地の東側に広がる太平洋沿岸は，山地が沈《しず》み込《こ》み，谷であった部分に海水が入ってできた典型的な「リアス海岸」である。海岸線の出入りが複雑で，入り江が内陸の奥まで入って水深も深いため，漁港や魚介類の養殖に適しているが，湾口が海に向かってＶ字形に開いているため津波の被害を受けやすい。

問６　「ハザードマップ」は自然災害について，その被害が及ぶ範囲《はんい》や被害の程度を表すとともに，避難《ひなん》場所や避難経路も示している。

2 日本の産業についての問題

問１　Ａさんは山形県の農家なので，エの庄内平野と最上川の組み合わせが正しい。なお，仙台平野は宮城県，阿武隈《あぶくま》川は福島県から宮城県にかけて流れる。

問２　①「農作業ごよみ」から判断して，稲の穂《ほ》が出るのはおおむね８月である。　②，③　４月の前半に田おこしをし，後半には田植えに備えて代《しろ》かきを行う。なお，田植えをした後，穂が出るまでの間，水の通りをよくする溝《みぞ》切り，稲の病気や害虫を防ぐための薬かけ，追肥，田の水を抜く中干しなどを行う。

問３　日本はかつて米づくり中心の農業が行われ，生産額が多かったが，その後は減反政策などもあって減少傾向《けいこう》にある。よって，グラフのアがあてはまる。また，日本人の食生活が多様化するようになると，肉類や卵などの畜産物の消費量が増え，生産額も増加傾向にある。よって，イがあてはまる。ウは野菜，エは果実。

問４　間伐《かんばつ》は，育ちのよくない木を伐採して日差しが地表に届くようにし，残った木の生長をよくするために行う。よって，アが正しい。イの生育の悪い枝を切るのは枝打ち。ウの間伐した木は使える部分を有効利用する。エについて，間伐は残された木の生長を助け，木の根が地下によくのびていくので，地盤を強くするのに役立つ。

問５　森林は「緑(自然)のダム」と呼ばれるように水源を保つ働きがあり，設問にあげられている役割のほか，土壌《どじょう》の流出や土砂《どしゃ》災害を防いだり，野生動物のすみかになったりするなどの働きがある。

問６　兵庫県は山口県と同じように，北は日本海，南は瀬戸内海に面している。

問７　Ｃさんは石油化学工場で働いているので，石油化学コンビナートの分布を示したウがあてはまる。アは自動車工場，イはIC(集積回路)工場(半導体工場)，エはセメント工場の分布図。

問８　(1)　原油を熱して成分ごとに分けると，ガソリン，ナフサ，灯油，軽油，重油，アスファルトができる。このうち，ペットボトルやプラスチックの原料となるのはナフサである。　(2)　重油・灯油・LPガスは，「熱をえるための燃料」になり，一般家庭では暖をとる石油ストーブや料理に使うガスコンロ，ハウス栽培の農家ではビニルハウス内を暖めるボイラーなどに利用される。

問９　北海道は亜《あ》寒帯の気候に属しているため夏でもすずしく，梅雨や台風の影響《えいきょう》を受けにくいので，夏に多くの観光客が訪れる。よって，ウが正しい。アのヨーロッパは日本と同じ温帯気候に属しており，冬に雪が降るところが多い。イについて，北海道は都道府県別で最も活火山が多く，温泉の数も多い。エの流氷が漂着《ひょうちゃく》するのは，北東部のオホーツク海沿岸。

問10　(1)　①　東京都は都道府県別で最も人口が多く，第三次産業(商業・サービス業など)の就業者数の割合が最も高い。　②，③　沖縄県は観光業がさかんで，米軍基地もあるため，第三次産業の就業者数の割合が２番目に高いが，第二次産業(鉱業・製造業など)の就業者数の割合は最も低い。よって，残る神奈川県は第三次産業就業者数の割合が第３位になる。　(2)　第一次産業(農林水産業)の就業者の中には，生産ばかりではなく，加工や流通・販売を行う取り組みが進められている。この取り組みは，第一次・第二次・第三次の数字をかけて，「六次産業化」とよばれる。たとえば，小麦を栽培する農家が，小麦を製粉してそれを原料にパンやケーキをつくり，「道の駅」などで直売する。あるいは，イチゴを栽培する農家が，形が不ぞろいで青果として出荷できないものを原料にしてジャムやジュースに加工し，インターネットで通信販売《はんばい》するといったことなどがあげられる。

3　歴史上の女性を題材にした問題

問１　(1)，(2)　Aは，中国の歴史書「魏志《ぎし》」倭人《わじん》伝。この書には，３世紀の日本に邪馬台《やまたい》国という強い国があり，女王の卑弥呼《ひみこ》がまじないを用いて政治を行っていたことや，239年に魏(中国)に使いを送り，「親魏倭王」と刻まれた金印や銅鏡100枚などを授けられたことなどが書かれている。

問２　Bは，平安時代の半ば，宮廷女官の清少納言が著した随筆『枕草子』の書き出しの部分で，四季の移り変わりや宮廷の行事などを豊かな感性と観察眼でつづっている。なお，紫式部は長編小説『源氏物語』の作者。

問３　(1)　鎌倉時代，将軍と御家人とは土地(領地)を仲だちとした御恩と奉公の主従関係で結ばれていた(封建制度)。将軍は御家人の土地を守ってやり，手がらをたてれば新たに土地をあたえた(御恩)。これに対し，御家人は将軍の命令に従い，「いざ鎌倉」という非常時には将軍のために一族をひきいて命がけで戦った(奉公)。　(2)　Cは，承久《じょうきゅう》の乱(1221年)が起こったとき，源頼朝の妻で「尼《あま》将軍」とよばれた北条政子が，鎌倉に集まって動揺《どうよう》する御家人を前に行った演説。政子の涙《なみだ》ながらの訴《うった》えに，御家人たちは結束を固め，わずか１か月で後鳥羽上皇方の軍を打ち破った。源氏が３代でとだえたのはこれより前の1219年のこと，武士の裁判の基準となる御成敗(貞永《じょうえい》)式目が制定されたのはこれより後の1232年のことである。

問４　Dは，与謝野晶子《よさのあきこ》が日露戦争(1904〜05年)で戦場にいる弟の身を案じてよんだ「君死にたま《(も)》ふ《(う)》ことなかれ」という反戦詩である。なお，アの日清戦争は1894〜95年，ウの第一次世界大戦は1914〜18年，エの太平洋戦争は1941〜45年のこと。

問５　(1)　大正時代の1911年，女性解放運動家の平塚らいてう(雷鳥)らは女流文芸誌『青鞜《せいとう》』を創刊した。Eの文章は，その創刊号の冒頭で，らいてうは「元始，女性は実に太陽であった。……今女性は……病人のような青白い顔色の月である」と述べた。　(2)　この当時，女性参政権は認められていなかったので，エが正しくない。『青鞜』廃刊(1916年)後の1920年，らいてうは市川房枝らとともに新婦人協会を設立し，女性参政権実現のための活動を行うようになった。

4 各時代の農民のようすや税についての問題

問１ (1) すべての土地と人民を国のものとする「公地公民」の原則は，645年に中大兄皇子(のちの天智天皇)と中臣鎌足《かまたり》らが蘇我氏を滅ぼして始めた大化の改新の基本方針であった。中臣鎌足はこの功績により，死の直前に天智天皇から「藤原」の姓をたまわり，藤原氏の祖先となった。

(2) ① 資料は，山上憶良《おくら》がよんだ「貧窮問答歌《ひんきゅうもんどうか》」で，律令制度の下でくらす農民の悲惨《ひさん》なありさまがうたわれている。山上憶良は奈良時代の貴族で，この歌は現存する最古の和歌集である『万葉集』に収められている。なお，アの聖徳太子(厩戸《うまやど》皇子)は飛鳥時代初めに推古天皇の摂政《せっしょう》として政治を行った。ウの聖武天皇は奈良時代に東大寺の大仏をつくった。

問２ 江戸時代，農民の中には二宮尊徳のように，農業書を読んだり，計算に明るかったりして農業を指導する人物も現れた。よって，エが正しい。なお，アの共同責任のしくみは五人組。イについて，新しい農具が用いられるとともに肥料も改良され，菜種や木綿《もめん》といった商品作物の肥料に油かすや干鰯《ほしか》などが使われた。ウの貨幣は農村でも流通していた。

問３ (1) 明治時代の1873年，地租改正が行われ，土地所有者が地価の３％を地租として現金で納めるようにした。　(2) この地価の３％は，江戸時代の年貢率(五公五民)を基準として定められたもので，農民の負担はほとんど変わらず重かった。　(3) 年貢米という現物納から金納に，税の基準を収穫高から地価に改めたのは，収穫に左右されることなく毎年決まった現金収入が得られ，国の財政が安定するという利点がある。

問４ (1) 2019年10月，消費税の税率がこれまでの８％から10％に引き上げられたが，食料品や新聞代などはこれまで通り８％とされた(軽減税率)。　(2) ① 所得税は個人の収入(所得)にかかる直接税で，収入のある人が対象である。消費税は働いていない人や子どもでも，商品を購入《こうにゅう》したりサービスを受けたりしたときにかかる間接税である。よって，この文は正しい。　② 所得税と消費税は基本的に国に納める国税なので，この文は正しくない。　(3) 税金の使い道(予算)は国の場合は国会，地方公共団体の場合は地方議会で決められる。よって，ア，エの２つがあてはまる。　(4) 電気やガスは生活に欠かせないもので，その使用料は公共料金に含まれるが，民間企業が供給している。よって，エが正しくない。

理　科 ＜第２回試験＞（30分）＜満点：40点＞

解　答

1 (1) ア　(2) イ　(3) オ　2 (1) A 気管　B 肺　(2) C ウ　D エ　(3) ① カ　② エ　③ キ　④ ア　(4) ウ　(5) イ，ウ　3 (1) イ　(2) B(の方が)川の流れが速い(から)　(3) 運ぱん作用　(4) ウ　(5) 砂岩　4 (1) イ　(2) ア　(3) オ　(4) オ　(5) エ　5 (1) 20ｇ　(2) 45ｇ　6 (1) (例) 右の図　(2) 130mA

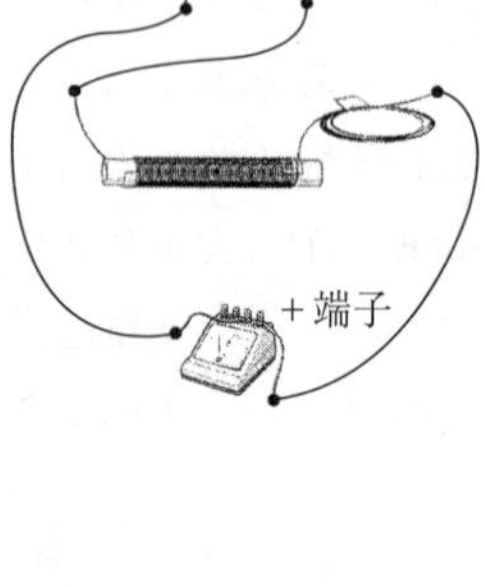

7 (1) (例) 空気中(にあった)水蒸気 (2) ① (例) 室外の冷たい空気 ② 室内側 ③ (例) 室内の空気中 8 (1) A 鉄 B アルミニウム (2) (例) A おだやかにあわを出しながらとける。 B さかんにあわを出しながらとける。 (3) A ウ B イ 9 (1) ウ (2) ア (3) A…ろ過 **必要なもの**…(例) ろうと，ろ紙 (4) ウ

解 説

1 サクラについての問題

(1) サクラ(ソメイヨシノ)の花芽は，開花の前年の夏に作られるため，今年咲《さ》いた花は，できたばかりの緑色の新しい枝ではなく，冬を越《こ》して茶色になった枝についていたと考えられる。

(2) サクラは今年の夏頃《ごろ》に緑色の枝に花芽をつけ，翌年に花を咲かせる。

(3) 東京や神奈川では，サクラの花が咲く３月末頃にツバメが南方からやってきて巣作りを始める。なお，チューリップが咲く時期は４月から５月で，ホウセンカは６月から９月にかけて花を咲かせる。また，カマキリが卵をうむのは秋，オタマジャクシがカエルになるのは５月頃，カブトムシが成虫になるのは６月から７月頃である。

2 ヒトの呼吸のしくみについての問題

(1) Aは気管，Bは肺である。気管は，吸う空気やはく空気の通り道で，鼻や口から肺までつながっている。肺は，吸った空気から血液中に酸素を取りこんだり，不要となった二酸化炭素を血液中から外へ出したりするはたらきをしている。

(2) 全身を回ってきた二酸化炭素の多い血液は，大静脈→右心房《ぼう》→右心室→Dの肺動脈を通って肺へ送られ，二酸化炭素を捨てて酸素を取りこむ。その後，Cの肺静脈→左心房→左心室→大動脈を通って全身へ送られる。

(3) 吸う空気には酸素が約21％，二酸化炭素が約0.03％含《ふく》まれている。はき出した空気には酸素は約17％，二酸化炭素は約４％含まれていて，吸った空気中の酸素すべてが血液中に取りこまれるわけではない。

(4) はき出した空気には二酸化炭素が多く含まれている。石灰水は二酸化炭素がとけると白くにごる性質があるため，はき出した空気と吸う空気の違《ちが》いを調べるときに用いられる。

(5) ほ乳類，鳥類，は虫類および両生類の成体は肺呼吸を行うので，ここではほ乳類のネコとウサギが当てはまる。魚類のフナやキンギョ，両生類の幼生はえら呼吸をする。

3 流れる水のはたらきについての問題

(1)，(2) 曲がって流れる川では，川の外側の流れが速く，内側の流れは遅《おそ》い。アは砂や小石にほとんど変化がないことから，流れの遅い場所に沈《しず》めた板，イは砂や小石が流されていることから流れの速い場所に沈めた板のようすである。よって，川の流れの外側に当たるBに沈めた板はイとなる。

(3) 小石や砂，どろなどを下流に運ぶ水のはたらきを運ぱん作用という。流れる水のはたらきには，ほかに，川岸や川底をけずるしん食作用，運んだ土砂を積もらせるたい積作用がある。

(4) 大雨が降って川の水が増すと，流れが速くなるため運ぱん作用は大きくなる。なお，このときしん食作用も大きくなるが，たい積作用は小さくなる。

(5) 砂とどろでできた岩石を砂岩という。また，粒《つぶ》の大きさが２mm以上の小石を含む岩石をれき

岩，$\frac{1}{16}$mm以下のどろでできた岩石をでい岩という。

4 太陽と月の出入りについての問題

⑴　この月の１日の昼の長さは，18時03分－５時29分＝12時間34分で，29日の昼の長さは，18時26分－４時53分＝13時間33分だから，昼の長さが12時間より長く，少しずつ昼の長さが長くなっていく。よって，春分を過ぎて間もない４月の記録とわかる。

⑵　新月は，日の出の時刻と月の出の時刻がほぼ同じで，日の入りの時刻と月の入りの時刻がほぼ同じために観察できない。したがって，１日が選べる。

⑶　月の出が18時52分で，月の入りが５時21分なので，月をほぼ一晩中観察できる満月に近い形をしていると考えられる。

⑷　正午頃西の空にある月は，間もなく西の地平線に沈むはずである。したがって，12時36分に月の入りとなる25日が適切である。

⑸　４月中旬《じゅん》の20時頃には，春の代表的な星座であるしし座が南の空に見え，冬の代表的な星座のオリオン座が西の空に見えている。また，おおぐま座やカシオペヤ座は北極星の近くの北の空に見えるが，夏の星座であるさそり座は東の地平線の下にあって見ることはできない。

5 てこについての問題

⑴　右のうで６の位置につるすおもりの重さを□ｇとしたとき，てこのつり合いの式は，40×３＝□×６となり，□＝120÷６＝20(ｇ)と求められる。

⑵　左のうで４の位置につるしたおもりの重さを□ｇとすると，てこのつり合いの式は，□×４＝20×２＋20×３＋20×４となる。これより，□×４＝20×９，□＝45(ｇ)である。

6 回路のつなぎ方と電流計の読みについての問題

⑴　電流計は，乾《かん》電池の＋側が電流計の＋端子《たんし》とつながるように，回路に直列につなぐ。

⑵　電流計の－端子を500mAの端子につないだときは，針が最大にふれたときに500mAを示すので，図２の電流の大きさは130mAである。

7 空気中の水蒸気についての問題

⑴　氷水を入れたコップのまわりの空気が冷やされて，空気中に含み切れなくなった水蒸気がコップの表面に水滴《すいてき》となってついたと考えられる。

⑵　窓ガラスを冷やしたのは，室外の冷たい空気である。室内側のあたたかい空気が窓ガラスで冷やされると，空気は水蒸気を含み切れなくなり，水蒸気が窓ガラスの室内側に水滴となってつく。

8 ジュースの缶《かん》の素材についての問題

⑴　ジュースの缶には，Ａのように磁石につく鉄でできたスチール缶と，Ｂのように磁石につかないアルミニウムでできたアルミ缶がある。

⑵　鉄もアルミニウムも塩酸に入れるとあわを出しながらとける。このとき，鉄はおだやかにあわを出しながらとけ，アルミニウムはさかんにあわを出しながらとける。

⑶　鉄が塩酸と反応すると塩化鉄と水素ができ，この水溶液《すいようえき》の水を蒸発させるとうすい黄色の塩化鉄の固体が残る。また，アルミニウムが塩酸と反応すると塩化アルミニウムと水素ができ，この水溶液の水を蒸発させると白い塩化アルミニウムの固体が残る。

9 もののとけ方についての問題

⑴　水１mLの重さを１ｇとすると，100mL（＝100ｇ）の水に50ｇのミョウバンがすべてとけているので，ミョウバンの水溶液の重さは，100＋50＝150（ｇ）である。

⑵　決まった温度の水にとける物質の量は決まっており，①と②より，60℃の水の場合，ミョウバンの方が食塩よりとける量が多いとわかる。また，水の温度が一定のとき，水の量ととける量は比例するので，アのグラフが選べる。

⑶　水溶液にとけ残った食塩やミョウバンなどは，ろ過によって取り出すことができる。ろ過のさいには，ろうとやろ紙，ビーカー，ガラス棒，ろうと台などが必要である。

⑷　③より，ミョウバンは，水の温度が低くなると100mLの水にとける量が大きく減る。一方，⑤より，食塩は，水の温度が変わっても100mLの水にとける量はあまり変わらない。よって，ウのグラフが選べる。

国　語　＜第２回試験＞（50分）＜満点：60点＞

解　答

一　⑴　①　自由　②　知識　⑵　本を探しに　⑶　①　砂ぼこり　②　（例）　検閲によって隠されていた知識の世界にふれて，紛争の日常を一瞬忘れ，自由と希望を見出して興奮する気持ち。　⑷　**ア**　作り上げる　**イ**　破かい　⑸　ⓐ　尊重　ⓑ　希求　ⓒ　理想　ⓓ　無知　⑹　シリアはみんなのもの　⑺　（例）　生命の危険にさらされている町の人にとって，自由に知識をくみとれ，ポジティブな考えと明日への希望を与えてくれる図書館は，心の支えとなったということ。　⑻　（例）　幅広い分野の知識を与えることで広い視野や自由な考察力を育み，紛争中であっても人間を不安や恐怖から解放し，単に癒しや慰めを与えるだけにとどまらず，理不尽な暴力に対抗して，希望を持って強く生きぬいていこうとする力をもたらす役割。　二　⑴　（例）　貯金で足りない分は働いてでも沖縄行きの旅費を工面しようとし，DVDを見せてフジに会いたい気持ちを強くうったえてきたようす。　⑵　**b1**　（例）　ようやく会えたフジに，覚えてもらえたかわからないまま別れることになり，さびしい気持ち。

b2　（例）　人間を信頼して努力したフジのけなげさが忘れられていくことが，残念で悲しい気持ち。　⑶　（例）　フジに対する温かで優しい気持ちを，大人になった今でもデルスが変わらずに持っていることを確認してフジに改めて感謝するとともに，息子に大切な出会いをくれた思い出深いこの地を，二人で再訪できた喜びをかみしめている。　⑷　①～④　下記を参照のこと。

●漢字の書き取り

三　⑷　①　仕様　②　特設　③　起動　④　素っ気ない

解　説

一　**出典はデルフィーヌ・ミヌーイ著，藤田真利子《ふじたまりこ》訳の『戦場の希望の図書館―瓦礫《がれき》から取り出した本で図書館を作った人々』による。**紛争《ふんそう》中のシリアの若者が，瓦礫の下から救った本を集めた図書館は，人々に知識と希望を与《あた》えていると語っている。

⑴　①　デモ行進で「シリアはみんなのもの」と声をあげたアフマドが感じたものである。インタ

ビューでアフマドは，本を救ったときに「デモのときと同じ，自由の震《ふる》え」を感じたと言っているので，「自由」が入る。　② 直前の段落で，拾い上げた本の最初のページを開き，「いくつかの言葉を読み取った」ときのことが「知識の扉《とびら》を開いたとき」と表現されている。本とは，いろいろな言語で書かれた，哲学《てつがく》・神学・科学などさまざまな分野の「知識」の海だったのである。

⑵ ぼう線Ａでのアフマドは，本を救うことに意味を見出《みいだ》せていなかった。だが，三つ後の段落の「本を探しに行くたびに～埋《う》もれた言葉を生き返らせることに無限の喜びを感じるようになった」という一文からは，本は知識の宝庫だと気づいた後のアフマドの明らかな変化が見て取れる。

⑶ ① 本を拾い上げたときのようすが，「砂ぼこりで黒くなった表紙を爪《つめ》がひっかく音がまるで何かの楽器を鳴らしているようだった」とされている。本に手をのばすことが何らかの喜びや希望につながることを想像させる表現である。　② ぼう線Ｂについて，次の二文では，紛争の日常を一瞬《いっしゅん》忘れ，「未知の世界へと逃げ出す」ような感覚だと説明している。アフマド自身も「自由の震えだった」と回想しているので，本の知識の世界をかいま見て，自由と希望を見出し，興奮したものと考えられる。

⑷ 紛争の中で本を収集し，仲間たちと図書館計画を立ち上げたアフマドは，図書館を「周りのすべてが破かいされているときに，何かを作り上げる」象徴《しょうちょう》だと説明している。したがって，アには「作り上げる」，イには「破かい」が入る。

⑸ ⓐ 救い出して図書館に並べられた本には，もとの持ち主の名前が書きこまれ，戦争が終わったら持ち主に戻《もど》せるように取りはからわれた。「わたし」はこのことを聞いて，本の持ち主を「尊重」していると感動したのである。「尊重」は，とうとび，大切にすること。　ⓑ 死と隣《とな》り合わせの中でも若者たちは希望を持ち，本から知識を学ぼうと本を大切にしていたのだから，文化を「希求」していたといえる。「希求」は，望み，求めること。　ⓒ 「デモクラシー」とは，人民全体の利益のために，自由・平等の精神のもと，人民によって政治をしていこうとする考え方。検《けん》閲《えつ》の手を逃《のが》れ，本から知識を求めようとする心は，デモクラシーの「理想」を作り上げるのに不可欠といえる。「理想」は，考えられる最高の状態。　ⓓ 本は知識の宝庫なのだから，本を手に入れた今，人々は「無知」なままでいることはなくなるといえる。

⑹ 「最初のスローガンを叫《さけ》んだとき」とは，アフマドがデモ行進で「シリアはみんなのもの」と大声をあげたときにあたる。

⑺ アフマドによると，革命の前は検閲によって，読める本の内容はかたよっていた。だが，拾われた本は未知の知識の宝庫で，戦時下の人々はそれらの本によって学び，自由を呼吸し，ポジティブに考えることができるようになった。図書館は，平和への希望を人々にもたらし，心の支えとなったのである。

⑻ 革命前には検閲で人々の思想も支配されていたが，二重線Ｅ１で「身体の傷」と対比された「頭の中の傷」，つまり精神的・感情的な喪失感《そうしつかん》は，読書で新しい知識の世界にふれ，自由にポジティブな考えを広げることで癒《いや》された。また，常に生命が危険にさらされる紛争下での不安や恐怖《きょうふ》から人々は逃れ，人間らしく生き，平和を取り戻そうという希望をつないでいる。したがって，「幅《はば》広い分野の知識を与えることで広い視野や自由な考察力を育み，紛争中であっても不安や恐怖から解放し，単に癒しや慰《なぐさ》めを与えるだけにとどまらず，理不尽《りふじん》な暴力に対抗《たいこう》して，希望を持って強く生きぬいていこうとする力をもたらす役割」のようにまとめる。

二 **出典はヤマザキマリの『ムスコ物語』による。**人工尾《お》びれをつけたイルカのフジに会いたいと，沖縄の美《ちゅ》ら海《うみ》水族館に夏休み中通いつめたデルスは，大人になって再び母の「私」と沖縄を訪《おとず》れる。

⑴ 「デルスの熱意」とは，どうしても沖縄の美ら海水族館に行ってフジに会いたいという強い気持ちを指す。これまでためた貯金で足りない分は働いてでも沖縄への旅費を工面しようとし，さらに「私」にドキュメンタリー番組のDVDを見せて，フジに会いたい気持ちを強くうったえている。

⑵ **b1** デルスは「フジはぼくを覚えてくれたと思う？」と「私」にたずねている。ついに沖縄に来てフジと念願の対面もはたしたが，自分を覚えてもらえたかわからないままフジと別れる日が来てしまい，デルスはさびしさを少し感じていると想像できる。　**b2** 次の文に注意する。人工尾びれを装着していたイルカがいたという事実こそ記録として残るものの，人間を信頼《しんらい》して努力を続け，ついに人工尾びれで泳げるようになったフジのけなげさが忘れられていくことが，フジを間近で見ていっそう親しみを抱《いだ》いていたデルスには，残念で悲しく感じられたと考えられる。

⑶ 子ども時代の自分とフジの情景を映したようなフィギュアを手にしたデルスは，一気に当時に戻った表情になっている。フジに対する温かく優《やさ》しい気持ちを，成長して大人になった今でもデルスが変わらずに持っていることを確認《かくにん》し，「私」はフジに改めて感謝するとともに，デルスに大切な出会いをくれた思い出深いこの地を，再び二人で訪れられた喜びをかみしめていると想像できる。

⑷ ① 方法。やり方。ここでは，建物などの内部のようすや構造という意味で使われている。
② 特別に設置すること。　③ 動き出すこと。　④ あいそうがないさま。温かさなどが感じられないようす。

Memo

2022年度　日本女子大学附属中学校

〔電　話〕 (044) 952－６７３１
〔所在地〕 〒214-8565　神奈川県川崎市多摩区西生田１－１－１
〔交　通〕 小田急線―「読売ランド前駅」より徒歩10分

【算　数】〈第１回試験〉（50分）〈満点：60点〉

○円周率は3.14とします。

Ⅰ　次の(1)～(4)の□をうめなさい。ただし，(1)は途《と》中の式も書きなさい。

(1)　$\left(\frac{11}{72}-\frac{5}{48}\right)\times1440-4.4\div0.11\div0.8=\square$

(2)　$2.5-\left(\frac{1}{6}\times1.5\div0.125-\frac{1}{3}\right)=\square$

(3)　$\left\{2\frac{1}{5}\div(\square-1.9)+\frac{1}{6}\right\}\times0.6=\frac{7}{4}$

(4)　$0.52\text{L}\times3+18\text{mL}-528\text{cm}^3=\square\text{dL}$

Ⅱ　次の(1)～(9)の問いに答えなさい。

(1)　57をある整数で割ったところ，余りが12になりました。この整数として考えられるもののうち，最も小さい整数はいくつですか。

(2)　リボンを何人かの子どもに28cmずつ分けようとしたら92cm足りませんでした。また，25cmずつ分けようとしても20cm足りませんでした。リボンの全体の長さは何cmですか。

(3)　12人ですると20日かかる仕事があります。はじめの10日は８人で働きましたが，その後２人増やして10人で残りを仕上げました。全部で何日かかりましたか。

(4)　右の円グラフは，180人の生徒が３問のテストをした結果を表したものです。正解が０問の人は７人でした。次の①，②の問いに答えなさい。

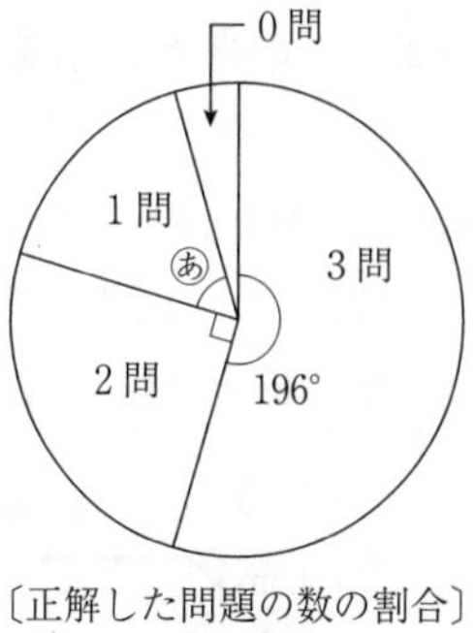

〔正解した問題の数の割合〕

①　あの角の大きさは何度ですか。

②　正解した問題の数の平均は何問ですか。

(5)　〔図１〕の時計において，12時から１時の間であといの角の大きさが等しくなるのは12時何分ですか。

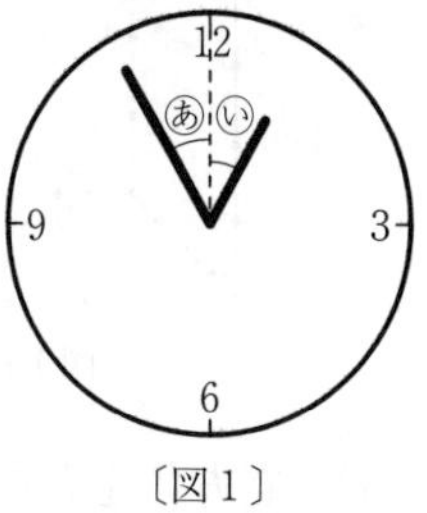

〔図１〕

(6)　A，B，Cの３人がおはじきをそれぞれ何個かずつ持っています。まずAが持っているおはじきの $\frac{1}{3}$ をBに渡《わた》しました。その後，Bが持っているおはじきの $\frac{1}{4}$ をCに渡したところ，３人が持っているおはじきは同じ数になりました。３人がはじめに持っていたおはじきの数の比を，最も簡単な整数の比で表しなさい。

(7) 〔図２〕は長方形と $\frac{1}{4}$ 円を組み合わせたものです。(あ)の角の大きさは何度ですか。

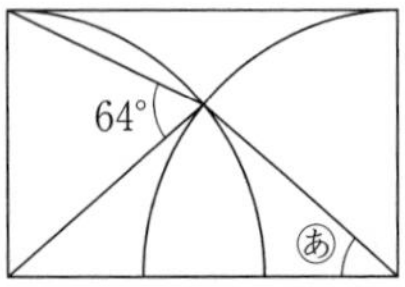

〔図２〕

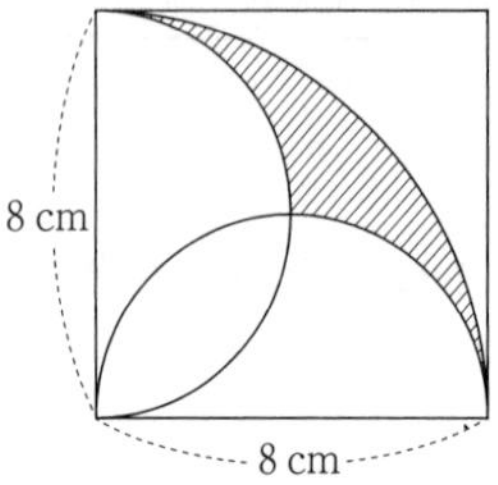

〔図３〕

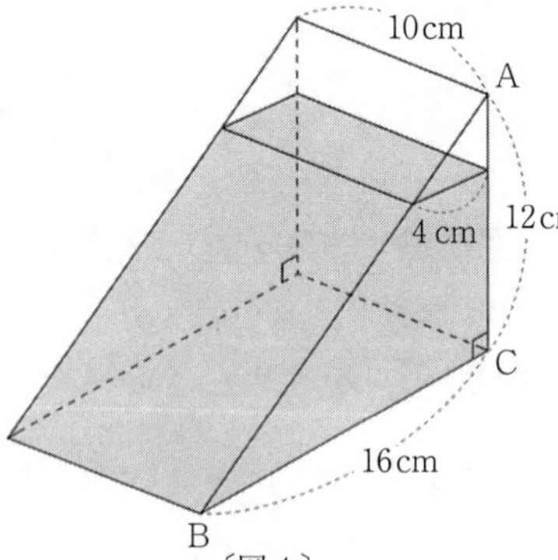

〔図４〕

(8) 〔図３〕は正方形と半円，$\frac{1}{4}$ 円を組み合わせたものです。斜《しゃ》線の部分の面積は何 cm^2 ですか。式を書いて求めなさい。

(9) 〔図４〕のように三角柱の形をした水そうに水が入っています。この水そうの面 ABC を底面とするように水そうをたおしたとき，水の高さは何 cm になりますか。式を書いて求めなさい。

Ⅲ　３つのビーカーA，B，Cがあります。Aには８％の食塩水が 250g，Bには濃《のう》度が分からない食塩水が 200g，Cには水 150g が入っています。次の(1)，(2)の問いに答えなさい。

(1) A，B，Cの３つを全て混ぜ合わせたところ，７％の食塩水になりました。Bの濃度は何％でしたか。

(2) (1)のあと，水を蒸発させて10％の食塩水を作りました。蒸発させた水の量は何 g でしたか。

Ⅳ　〔図１〕の１辺 4 cm の立方体の一部を切り取りました。〔図２〕は切り取ってできた立体の展開図で，１辺が 4 cm の正方形になりました。〔図１〕の点は，それぞれの辺を４等分した点です。あとの(1)，(2)の問いに答えなさい。

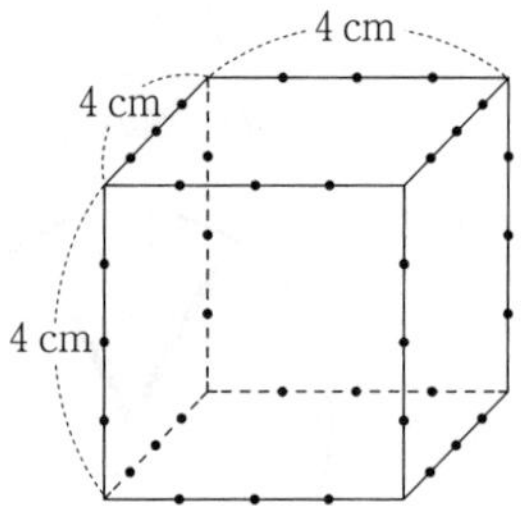

〔図１〕

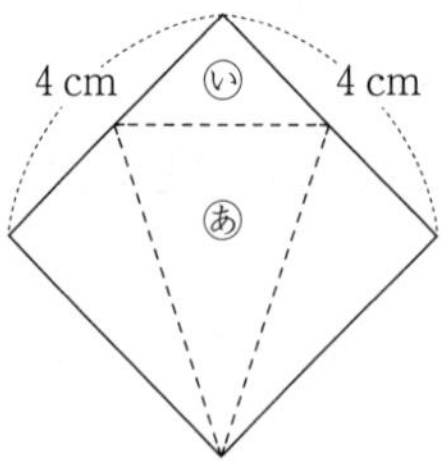

〔図２〕

(1) 立方体をどのように切りましたか。切り口の線を答案用紙に書き入れなさい。

(2) 〔図２〕の(あ)の面積は(い)の面積の何倍ですか。

V　直径の異なる半円を図のように並べていきます。斜線の部分の周の長さについて，あとの(1)～(3)の問いに答えなさい。

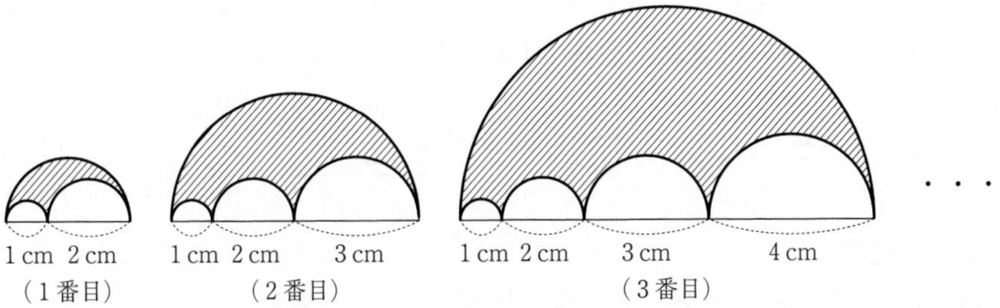

(1)　１番目の周の長さを求めなさい。

(2)　５番目の周の長さは□×3.14(cm) と表すことができます。□にあてはまる数を求めなさい。

(3)　29番目の周の長さも□×3.14(cm) と表すことができます。□にあてはまる数を求めなさい。

VI　Ａさんは，朝８時に家から学校に向かって分速 60ｍ の速さで歩き始めましたが，途中で忘れ物に気づき，分速 75ｍ の速さで家に戻《もど》り始めました。母は，Ａさんが戻り始めた５分後に，忘れ物を届けに分速 300ｍ の速さで学校に向かいました。その後Ａさんは母と出会い忘れ物を受け取って，再び分速 75ｍ の速さで学校に向かい８時45分に着きました。Ａさんが分速 60ｍ で進んだ道のりと，家に向かっているときも含《ふく》めた分速 75ｍ で進んだ道のりは同じでした。グラフは２人の様子を表したものです。あとの(1)，(2)の問いに答えなさい。

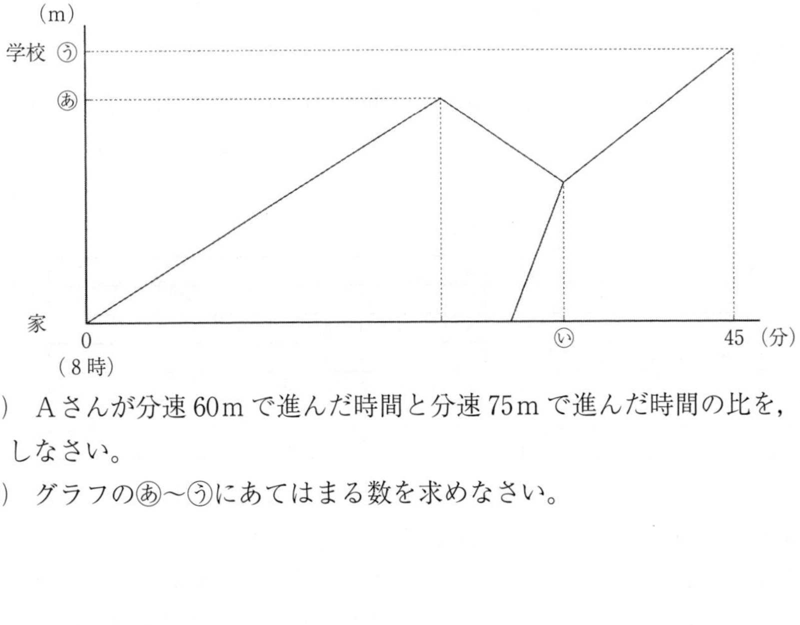

(1)　Ａさんが分速 60ｍ で進んだ時間と分速 75ｍ で進んだ時間の比を，最も簡単な整数の比で表しなさい。

(2)　グラフの(あ)～(う)にあてはまる数を求めなさい。

【社　会】〈第１回試験〉（30分）〈満点：40点〉

1　1～3は，ある項《こう》目に関する都道府県ランキング（第１位～第５位）です。ア～エの都道府県のうち，３つはランキングの空らんにあてはまり，１つはあてはまりません。あてはまらない１つを選び，記号で答えなさい。また，それぞれの問いに答えなさい。

1　畜《ちく》産の産出額が多い県

第１位	第２位	第３位	第４位	第５位
北海道				千葉

［あてはまらない１つを選びなさい］

ア：秋田　　イ：岩手

ウ：宮崎　　エ：鹿児島

問１　「肉類」以外の代表的な畜産物を，２つ答えなさい。

2　ため池が多い県

第１位	第２位	第３位	第４位	第５位
	広島			山口

［あてはまらない１つを選びなさい］

ア：兵庫　　イ：岡山

ウ：香川　　エ：高知

問２　次の文は，「あてはまらない１つ」を選び出す理由です。空らんにあてはまる①短文と②地域名を答えなさい。

> 「あてはまらない１つ」だけ，（　①　）という特徴《ちょう》をもつ（ ② ）にある県ではないから。

3　人口に占《し》める，他県への通勤・通学者の割合が高い県

第１位	第２位	第３位	第４位	第５位
	奈良		神奈川	

［あてはまらない１つを選びなさい］

ア：千葉　　イ：埼玉

ウ：愛知　　エ：兵庫

問３　下のＡ・Ｂは，本校の最寄《もよ》り駅である読売ランド前駅の平日の朝の時刻表です。「上り（東京・新宿方面行き）」の時刻表はどちらか，記号で答えなさい。また，そう考えた理由を説明しなさい。

A

時	分
5	3　18　36　47　56
6	3　17　25　34　42　49　58
7	7　11　18　24　29　34　39　44　49　54　59
8	4　9　14　20　27　37　48　56
9	6　16　25　33　43　54
10	3　13　23　33　43　53

B

時	分
5	16　36　55
6	8　16　24　32　41　53
7	3　12　24　32　42　52
8	4　15　26　37　46　55
9	6　16　27　35　47　55
10	6　15　26　36　46　55

問４　新型コロナウイルスの感染《せん》拡大を防ぐために，政府がすすめた「テレワーク」について正しく述べている文を，次のア～エから１つ選び，記号で答えなさい。

ア：インターネットなどを活用して，場所にとらわれずに働くことをテレワークという。

イ：政府が求めた目標を上回るほどに，ほとんどの企《き》業がテレワークに取り組んだ。

ウ：インターネット上で多くのテレビ番組を見られるので，テレワークが進んだ。

エ：テレワークは，今回の感染拡大によって新しく生まれた働き方である。

2　千葉県について，あとの問いに答えなさい。

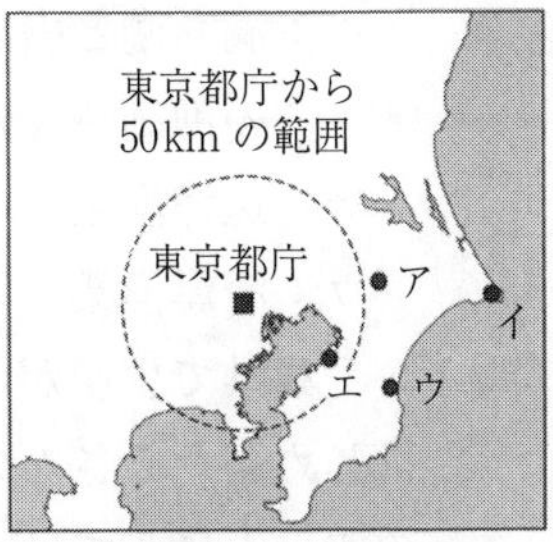

問１　千葉県にある(1)〜(4)の場所を，右の地図のア〜エからそれぞれ１つずつ選び，記号で答えなさい。

(1)　大規模な石油貯蔵施《し》設

(2)　東京オリンピックのサーフィン会場

(3)　日本最大の国際空港

(4)　水あげ量が日本最大の漁港

問２　次のア〜エの図は「東京都庁」から東，西，南，北それぞれの方角に50km離《はな》れた地点までの土地の断面図です。千葉県がある東の方角の断面図を１つ選び，記号で答えなさい。

ア
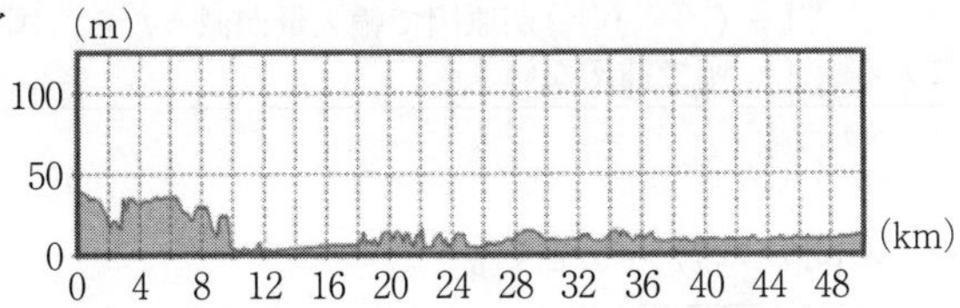

イ
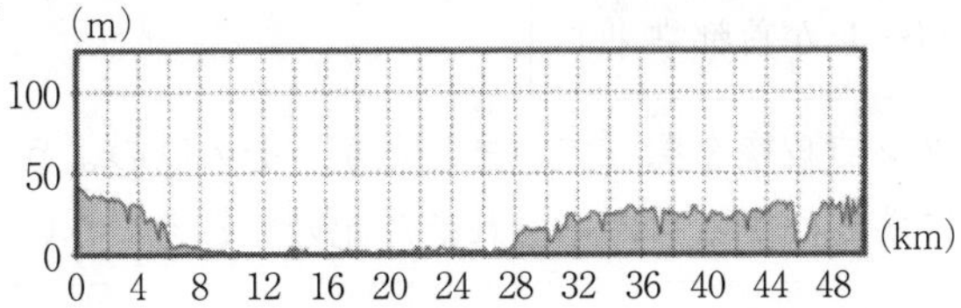

ウ
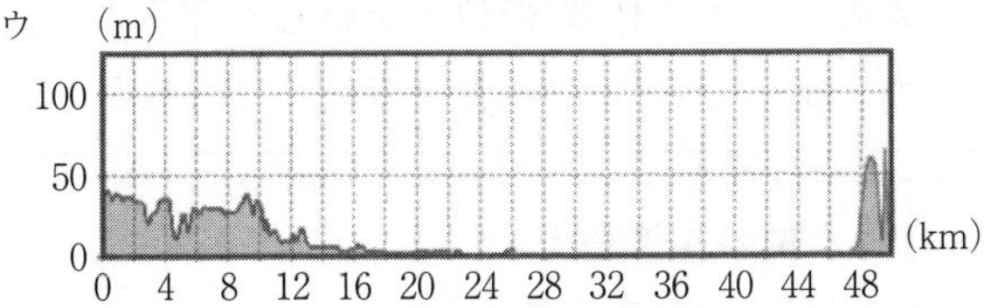

エ
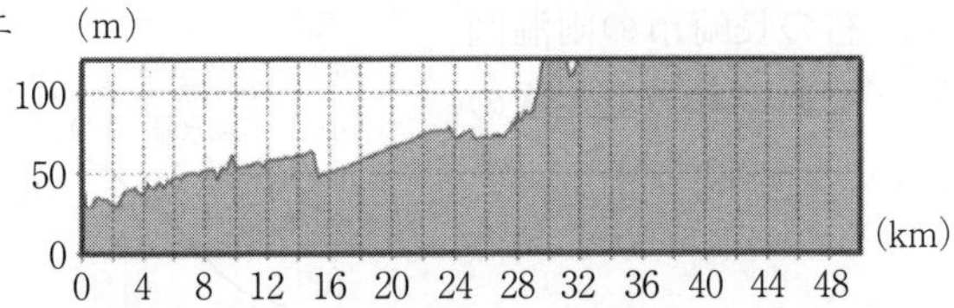

問３　千葉県銚子《ちょうし》市の漁師さんに話を聞きました。あとの(1)〜(3)に答えなさい。

> 私たちは，それぞれ異なる役割をもつ複数の船で１つの船団を組んで行う「まきあみ漁」をしています。１つの船団で約40人の人が働いていて，15時に出港して，翌朝５時に戻《もど》ります。銚子漁港の沖《おき》は，潮目にあたることに加えて，利根川から□が多い水が流れ込《こ》むので，よい漁場になっています。季節によっては魚の群れを追って，東北沖まで数日間，漁に出ます。銚子漁港から遠い漁場の場合，獲《と》れた魚の量と運ぶための費用のことを考えて，漁場から近い港に水あげすることもあります。

(1)　□にあてはまることばを答えなさい。

(2)　下線部の「潮目」の説明として正しくないものを，次のア〜エから１つ選び，記号で答えなさい。

ア：日本海流と千島海流のさかい　　イ：暖流と寒流のさかい

ウ：満ち潮と引き潮のさかい　　　　エ：黒潮と親潮のさかい

(3)　この漁師さんが行っている漁業を，次のア～エから１つ選び，記号で答えなさい。

ア：遠洋漁業　　イ：沖合漁業

ウ：沿岸漁業　　エ：栽培《さいばい》漁業

問４　千葉県で生産がさかんな醤油《しょうゆ》には，原料として多くの輸入大豆が使われています。大豆をはじめ，たくさんの農作物を輸入することの良い点・悪い点を表にまとめました。それぞれの空らんにあてはまる文を考えて，答えなさい。

良い点	悪い点
・安く手に入り，製品の価格を安くできる。 ・(　　　　　)。 ・日本では栽培されない珍《めずら》しい食材が手に入る。	・国内の農家が作る作物が売れなくなる。 ・(　　　　　)が原因で輸入量が減ったら，国内生産で補えない。

3　次の［　　］は2021年の出来事です。あとの問いに答えなさい。

８月16日　アフガン政権崩《ほう》壊　タリバーンが首都掌握《しょうあく》

問１　タリバーンはもともとアフガニスタンで政権を握《にぎ》っていましたが，その時のようすを説明した文が正しくなるように，①と②にあてはまるものをそれぞれ記号で答えなさい。

①{ア：キリスト教　　イ：イスラム教　　ウ：仏教}の教えを厳しく守るように呼びかけ，②{エ：男性　　オ：女性　　カ：すべての人}が教育を受けることを禁じていた。

８月21日　長崎市大雨10日間で平年８月降水量の４倍超《ご》え

問２　雨温図は「平年値」で作成されます。右の長崎市の雨温図をみて，10日間で降った総雨量にもっとも近いものを，次のア～エから１つ選び，記号で答えなさい。

ア：300mm

イ：900mm

ウ：1500mm

エ：2200mm

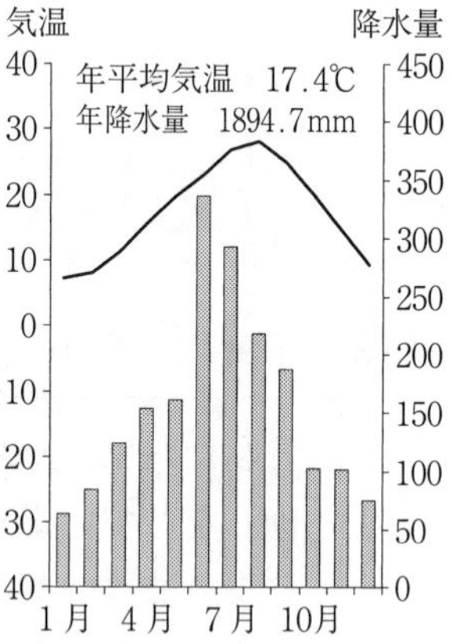

問３　「平年値」は過去30年間の平均です。2021年５月に，これまでの1981～2010年の平均から，1991～2020年の平均に改められました。「平年値」の変化やその影響《えいきょう》を説明した(1)と(2)について，正しければ○を，間違《ちが》っていれば×を解答らんに書きなさい。

(1)　新旧の「平年値」の差は，2001～2010年と2011～2020年の観測データの違いで生まれる。

(2)　これまで「平年より高い」と表現された気温が，「平年並み」と表現されることが増えた。

８月24日　「すべての［　　　］に夢を」［　　　］選手団初の女性，旗手も担当　東京パラリンピック問４　空らんには，紛《ふん》争や内戦を理由に自国で暮らすことができず外国に逃《のが》れて暮らす人々が入ります。漢字２字で答えなさい。

10月８日　新政権，脱《だつ》炭素の行方《ゆくえ》は

問５　脱炭素社会を目指す行動指針として環《かん》境省は「ゼロカーボンアクション30」を発表しました。次の文章が正しくなるように，①・③は解答らんに○をつけ，②は文を答えなさい。

30のアクションの中に「ウォームビズ」という項目があります。これは，①(夏に薄《うす》着・冬に厚着)をして，(　　②　　)ことで二酸化炭素の③(吸収量を増やす・排《はい》出量を減らす)ことにつながり，脱炭素社会への一歩となります。

10月31日　衆議院議員選挙 今日 投開票

問６　この選挙の後，11月10日に国会が開かれました。この国会の説明として正しい文を，次のア～エから１つ選び，記号で答えなさい。

ア：臨時国会で，内閣総理大臣を指名した。

イ：臨時国会で，来年度の予算案を審《しん》議した。

ウ：特別国会で，内閣総理大臣を指名した。

エ：特別国会で，来年度の予算案を審議した。

問７　衆議院議員選挙の際，「国民審査」が行われました。「国民審査」の対象となる人を次のア～エから１つ選び，記号で答えなさい。

ア：最高裁判所の長官

イ：最高裁判所の裁判官

ウ：最高裁判所・高等裁判所の長官

エ：最高裁判所・高等裁判所の裁判官

問８　この選挙の投票率は約56％で，なかでも若い世代の投票率はこれより低い結果がでました。若い世代の投票率を上げるために，国(政府)はどのようなことをするとよいか，あなたの考えを答えなさい。

4　「日本三景」について，あとの問いに答えなさい。

問１　右の絵は，雪舟が日本三景の天橋立《あまのはしだて》(京都府)を描《えが》いたものです。次の(1)と(2)に答えなさい。

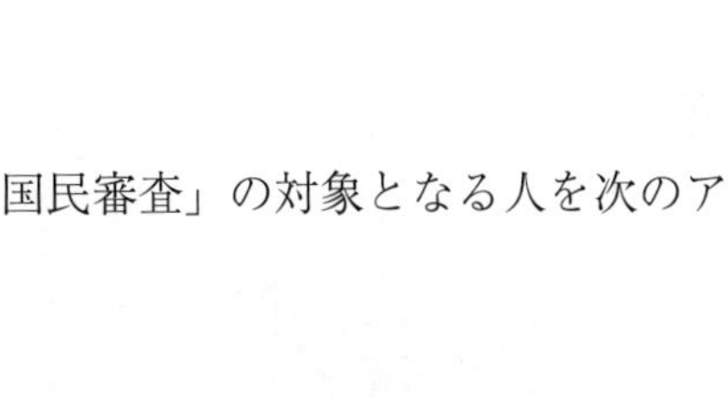

(1)　この絵が描かれた時代に盛《さか》んになったものを次のア～エから１つ選び，記号で答えなさい。

ア：盆《ぼん》おどり　　イ：けまり

ウ：芝居《しばい》見物　　エ：花火

(2)　雪舟が移り住んだ現在の山口県には，この時代多くの文化人が集まりました。その理由を説明した次の文が正しくなるように，空らん①と②にあてはまる語句を，それぞれ記号で答えなさい。

①{ア：保元の乱　イ：応仁の乱　ウ：関ヶ原の戦い}が起こり，②{エ：京都　オ：大坂　カ：江戸}を離《はな》れようという公家を積極的に受け入れたため。

問２　右の写真は，日本三景の宮島にある神社です。この神社を守り神とした平氏について，次の(1)と(2)に答えなさい。

(1)　平氏が，貿易を行った相手と，整備した港があった場所をそれぞれ選び，記号で答えなさい。

貿易相手 {ア：唐　イ：宋　ウ：元}

港があった場所 {カ：大阪府　キ：兵庫県　ク：長崎県}

(2)　平清盛がついた役職を，次のア～エから１つ選び，記号で答えなさい。

ア：摂政　イ：太政大臣　ウ：征夷大将軍　エ：執権

問３　日本三景はすべて本州にあり，別々の海に面しています。表の①～③にあてはまる海を，次のア～エから１つずつ選び，記号で答えなさい。

日本三景	天橋立	宮島	松島
面する海	①	②	③

ア：太平洋　イ：東シナ海　ウ：瀬戸内海　エ：日本海

5　米作りに関するＡ～Ｄの絵について，あとの問いに答えなさい。

A

B

C

D

問１　Ａ～Ｄの絵を，米作りの作業の順番に並べかえて，記号で答えなさい。

問２　Ａの方法が普及《ふきゅう》し始めた時代と，その時代に年貢《ぐ》の取り立てなどを行った役職を，それぞれ選び，記号で答えなさい。

時代 {ア：平安時代　イ：鎌倉時代　ウ：江戸時代}

役職 {カ：町奉行　キ：守護　ク：地頭}

問３　右の円グラフは，Ｂの農具が使われ始めた時代の，身分ごとの人口の割合を表したものです。「武士」と「百姓」を表しているものを，ア～ウから１つずつ選び，記号で答えなさい。

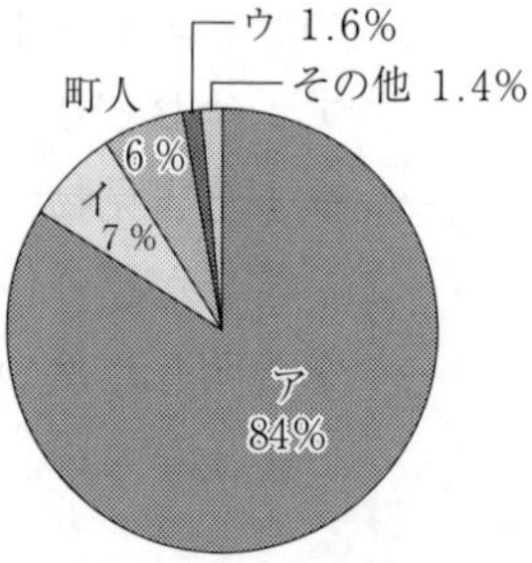

問４　Ｃの絵は，銅鐸《たく》に描かれたものです。①・②にあてはまるものを，あとのア～エから１つずつ選び，記号で答えなさい。

①　Ｃと同じ作業に使用するもの　　②　Ｃの銅鐸と同じ時代に使われ始めたもの

ア

イ

ウ

エ

問５　Ｄの絵の右側に描かれているものが発展して生まれた芸能を，次のア〜エから１つ選び，記号で答えなさい。

ア

イ

ウ
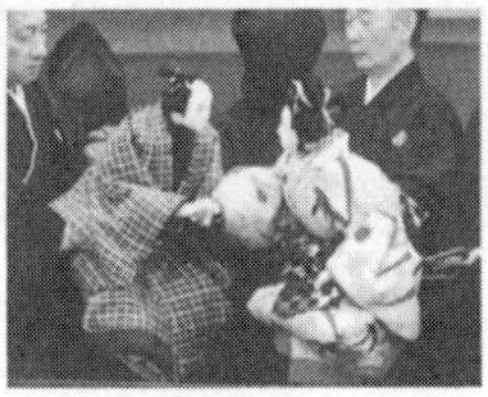
エ

6　戦時中の新聞記事について，あとの問いに答えなさい。

問１　次の文は，ある日の新聞記事です。空らんにあてはまる国をア〜オから２つ選び，記号で答えなさい。

大本営 陸海軍部 発表（十二月八日午前六時）
帝国陸海軍は今八日未明西太平洋において［　　　・　　　］軍と戦闘《とう》状態に入《い》れり

ア：アメリカ　　イ：中国　　ウ：イギリス　　エ：ドイツ　　オ：ソ連

問２　ある日の新聞記事の見出しについて，次の⑴〜⑶に答えなさい。

⑴　次の下線部の「四国」にあてはまる国として正しいものを，ア〜エから１つ選び，記号で答えなさい。

1945年８月15日　帝国政府　四国共同宣言を受諾《だく》

ア：中国　　イ：朝鮮　　ウ：ドイツ　　エ：イタリア

⑵　次の記事と同じ年に掲載《けいさい》された見出しとして正しいものを，ア〜ウから１つ選び，記号で答えなさい。

壮烈《そうれつ》　沖縄軍官民一体の闘魂《こん》

ア：征《ゆ》け学徒　勝利は兄等の鉄腕《わん》に！

イ：Ｂ29百三十機帝都来襲《しゅう》

ウ：衣料消費に点数式切符《きっぷ》制

⑶　次の文は，すべてある出来事についての見出しです。［　　］にはその出来事があてはまります。あてはまる言葉をひらがなで答えなさい。

健気《けな》な学童のために　蒲団《ふとん》を供出しましょう

戦う学用品愛情の積込《こ》み
山羊《やぎ》さんも大歓迎《かんげい》　お友達を待つ温泉の子
□　学童に何を持たしたらよいか　整理帳に整理袋《ぶくろ》

問３　右の表は，ミッドウェー海戦で沈《しず》んだ軍艦《かん》の数について，日本の新聞での報道と実際の数を比較《かく》したものです。これについて説明した文として正しいものを，次のア～エから１つ選び，記号で答えなさい。

	日本	アメリカ
日本の新聞	1	4
実際	5	2

ア：当初は表の数で報道されたが，数日後に実際の数に訂《てい》正する記事が掲載された。
イ：政府は実際の数を公表したが，新聞社の判断で被《ひ》害数を減らして報道した。
ウ：戦争の混乱で，日本には正しい情報が一切伝わらなかった。
エ：新聞社は，政府や軍の発表をそのまま記事として掲載した。

【理　科】〈第１回試験〉（30分）〈満点：40点〉

1　日中の植物の気体の出入りを調べるために次のような実験を行いました。

①　植物にポリエチレンのふくろをかぶせ，ふくろの口をしばる。
②　実験前のふくろの中の２種類の気体の体積の割合を調べる。

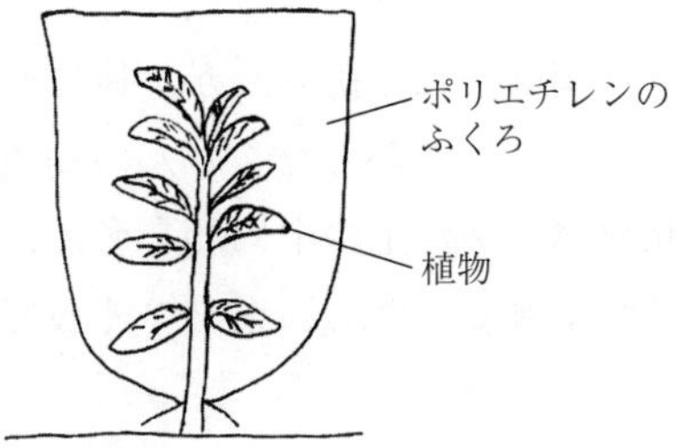

③(a)　よく日光に当てて，約２時間後にもう一度ふくろの中の気体の体積の割合を調べる。

③(b)　真っ暗な状態にして，約２時間後にもう一度ふくろの中の気体の体積の割合を調べる。

(1)　実験前と③(a)の実験後のふくろの中の気体の体積の割合を調べたら，次のようなことがわかりました。(　)に当てはまる気体の名前を書きなさい。
　実験前よりも，(　ア　)が増えて，(　イ　)が減った。

(2)　実験前と③(b)の実験後のふくろの中の気体の体積の割合を調べたら，次のようなことがわかりました。(　)に当てはまる気体の名前を書きなさい。
　実験前よりも，(　ア　)が増えて，(　イ　)が減った。

(3)　(2)の気体の出入りが表すような，植物のはたらきを何と言いますか。

(4)　③(a)の実験を行ったときふくろの内側に，ある変化が見られました。このことについて次のようにまとめました。(　)に当てはまる言葉の組み合わせで正しいものを□から選び記号を書きなさい。さらに下線部について問いに答えなさい。
　ふくろの内側には(　A　)が多くついていた。これは<u>葉にある小さな穴から(　B　)が出て，</u>この(　B　)が冷えて(　C　)になったものである。

ア：A	水てき	B	水蒸気	C	水てき
イ：A	水蒸気	B	水蒸気	C	水てき
ウ：A	水蒸気	B	水てき	C	水蒸気
エ：A	水蒸気	B	水てき	C	水てき
オ：A	水てき	B	水てき	C	水蒸気

問１　下線部の「葉にある小さな穴」を何と言いますか。
問２　下線部が表す植物のはたらきを何と言いますか。

2　次の生き物の説明が，春のようすを表している場合は①，冬のようすを表している場合は②，どちらでもない場合は③を書きなさい。

(1)　アサガオの花が次々とさき始めた。

(2)　サクラの葉はかれて落ちたが，枝には小さな芽がついていた。

(3)　オオカマキリの卵からたくさんの幼虫が出てきた。

(4)　トノサマバッタが土の中に卵を産んだ。

(5)　ツバメが子育てのために巣をつくっていた。

3　図１は，川の流れる土地のかたむき(一部分)を，図２はこの川の中流付近のようすを表しています。

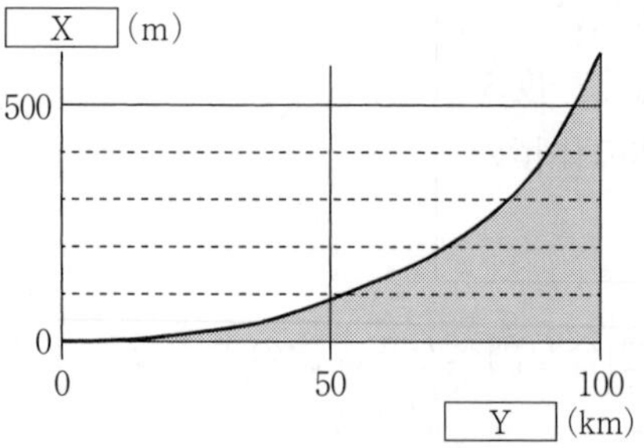

図１

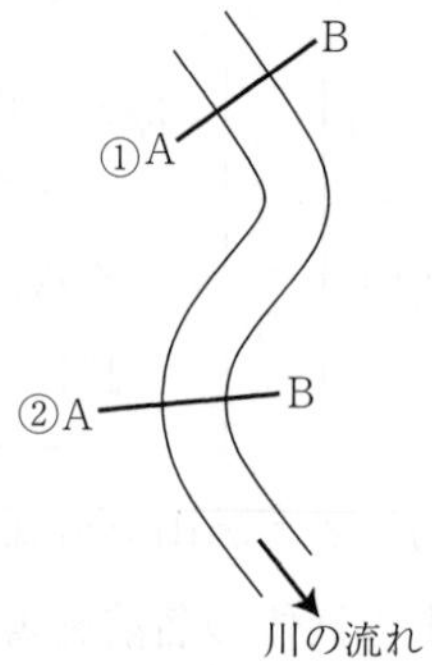

図２

(1)　図１のＸとＹに当てはまる言葉をそれぞれ選び，記号で書きなさい。

ア：川の水深

イ：川の横幅《はば》

ウ：海面からの高さ

エ：海に流れ出る場所からの距離《きょり》

(2)　さくらさんがこの川に訪れると，川の流れはとてもゆるやかで，川原には小さくて丸みをもった石や砂がたくさんありました。さくらさんが訪れたのはどのあたりか，次の中から選び記号で書きなさい。

ア：川の上流

イ：川の中流

ウ：川の下流

(3)　この川原にある岩石１つを調べると，どろの細かい粒《つぶ》からできた岩石だとわかりました。この岩石の名前を答えなさい。

(4)　流れる水が地面をけずるはたらきを何と言いますか。

(5)　図２の①と②地点の断面を下流側から見ると，どのように見えますか。次の中からそれぞれ選び，記号で書きなさい。

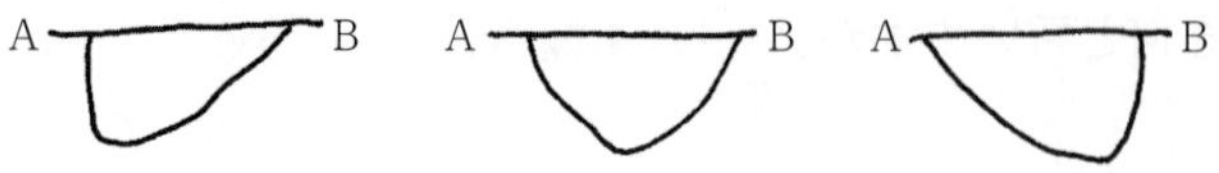

ア　　イ　　ウ

4　次の文から間違《ちが》えているものをすべて選び記号を書きなさい。

ア：星は，明るい順に１等星，２等星…とよばれる。

イ：夏の大三角は，デネブ，アンタレス，ベガを結んだ三角形のことである。

ウ：デネブは，はくちょう座の１等星である。

エ：オリオン座は，東の空で見るときと，南の空で見るときでは，星の並び方が違う。

オ：冬の大三角は，リゲル，プロキオン，シリウスを結んだ三角形のことである。

5　以下のそれぞれの問いに答えなさい。

(1)　100ｇの水に溶《と》けるホウ酸の量を表にまとめました。

水温(℃)	0	20	40	60	80
ホウ酸の量(ｇ)	2.7	4.7	8.2	13.0	19.1

①　20℃の水40ｇに溶けるホウ酸は何ｇですか。

②　80℃の水100ｇをビーカーに入れて，15.5ｇのホウ酸をすべて溶かしたあと，水温が40℃になるまで冷やしました。このときビーカーの底に出てきた粒《つぶ》は何ｇですか。

③　300ｇのビーカーに60℃の水80ｇと10ｇのホウ酸を入れてすべて溶かしたあと，中身をこぼしてしまいました。こぼしたあとの全体の量は345ｇでした。このビーカーを20℃まで冷やすとビーカーの底に何ｇの粒が出てきますか。

(2)　次のてこの説明の(　)に当てはまることばを答えなさい。

力点が支点と作用点の間にあるてこは，作用点に加わる力が，力点に加えた力より(　①　)なる。このしくみを利用した器具には(　②　)などがある。

(3)　次の，磁石と電磁石の説明から，正しいものをすべて選び記号で書きなさい。

ア：磁石をつるすと，自然にＮ極が北を向く。

イ：どちらも，いつでも鉄を引き付ける。

ウ：磁石のＮ極とＮ極は引き合い，Ｓ極とＳ極はしりぞけ合う。

エ：電磁石は，電流の向きを変えることによって，Ｎ極とＳ極を入れかえることができる。

オ：電磁石は，コイルの巻き数や，つなぐ電池の数を増やすと，はたらきが大きくなる。

6　水がこおるときのようすを調べるために，右図のような装置を使って水の温度をはかり，結果を表にまとめました。

時間(分)	0	2	4	6	8	10	12	14	16	18	20
水温(℃)	20	12	6	0	0	0	0	0	−1	−2	−4

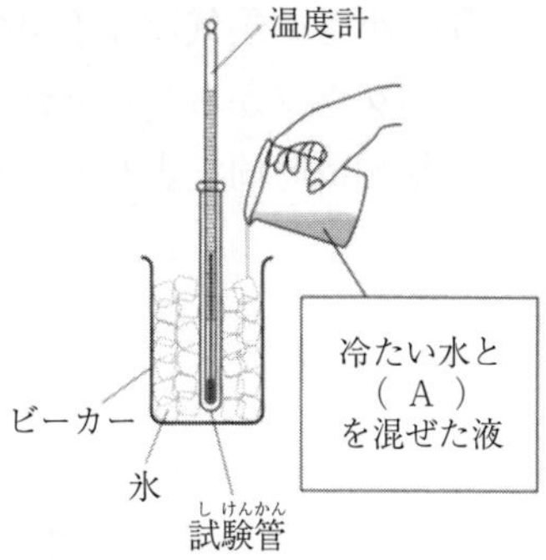

(1)　図中の(Ａ)に当てはまるものは何ですか。

(2)　時間を横軸《じく》，水温を縦軸として折れ線グラフを書きなさい。
ただし，(　)の中に単位を書き入れること。

(3)　８分のとき，試験管の中のようすとして正しいものを選び記号で書きなさい。

ア：水がこおりはじめる　　イ：水と氷が混ざっている　　ウ：水がすべてこおる

7　ものの燃え方を調べるために次のように条件を変えて，それぞれろうそくについた火のようすを観察しました。

条件＜A＞
集気びん（大２・小）の中にそれぞれ火のついた同じ長さのろうそくを入れ，ふたをする。

条件＜B＞
缶《かん》の中に火のついたろうそくを入れる。

条件＜C＞
集気びんの中に火のついた短いろうそくと長いろうそくを入れ，ふたをする。

(1)　条件＜A＞について以下の問いに答えなさい。

①　大きい集気びん２つを比べます。ろうそくの火の消え方について，正しいものを選びなさい。

ア：片方だけ早く消えた　　イ：どちらも同じころに消えた

②　大きい集気びん１つと小さい集気びんを比べます。ろうそくの火の消え方について，正しいものを選びなさい。

ア：大きい集気びんのろうそくの方が早く消えた

イ：小さい集気びんのろうそくの方が早く消えた

ウ：どちらも同じころに消えた

③　条件＜A＞の実験について，正しいものをすべて選びなさい。

ア：大きい集気びんを２つ用意したのは，空気の量が同じだと結果が変わるか調べたかったから。

イ：大きい集気びんを２つ用意したのは，空気の量がちがうと結果が変わるか調べたかったから。

ウ：小さい集気びんは空気の量が少ないのでろうそくの火が消えるのが早い。

エ：小さい集気びんは大きい集気びんより空気が濃《こ》いのでろうそくの火が消えるのが遅《おそ》い。

④　小さい集気びんの中のちっ素，酸素の量はそれぞれどのように変化しますか。次のページのグラフからそれぞれ選びなさい。グラフの縦軸は，空気中のそれぞれの気体の体積の割合，横軸は時間を表している。

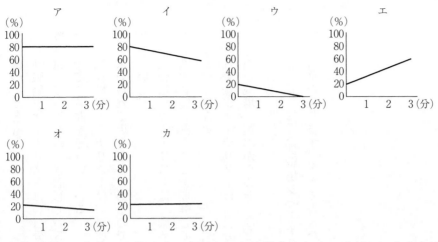

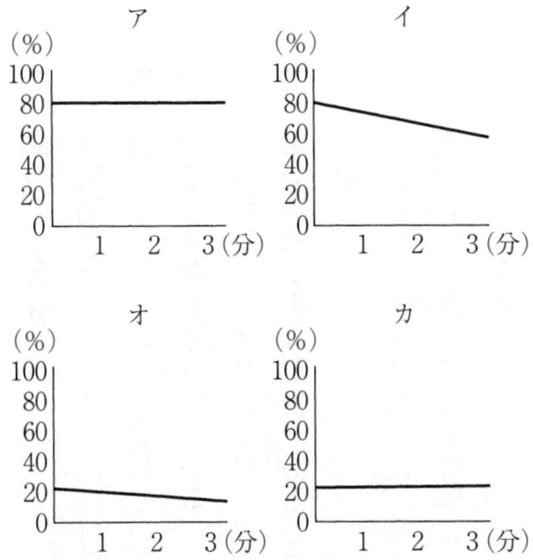

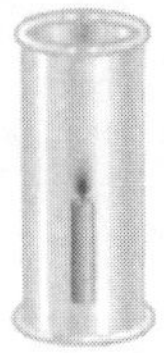

(2)　条件＜**B**＞のとき，ろうそくの火がよりよく燃えるためにはどこに穴をあけたら良いですか。図の中に○を書きなさい。

(3)　条件＜**C**＞のとき，長いろうそくの火が先に消えました。これはなぜだと考えられますか。正しいものを選びなさい。

ア：集気びんの中のちっ素はあたためられると重くなるから。

イ：集気びんの中の酸素はあたためられると重くなるから。

ウ：燃えたあとのあたためられた空気は集気びんの上の方にたまるから。

エ：燃えたあとのあたためられた空気は集気びんの下の方にたまるから。

(4)　暖房《ぼう》がよく効いている部屋の空気を入れかえるためにドアを開けました。もう１か所だけ窓を開けたいと思います。どの窓を開けると効率よく換《かん》気できるかア～エから選びなさい。

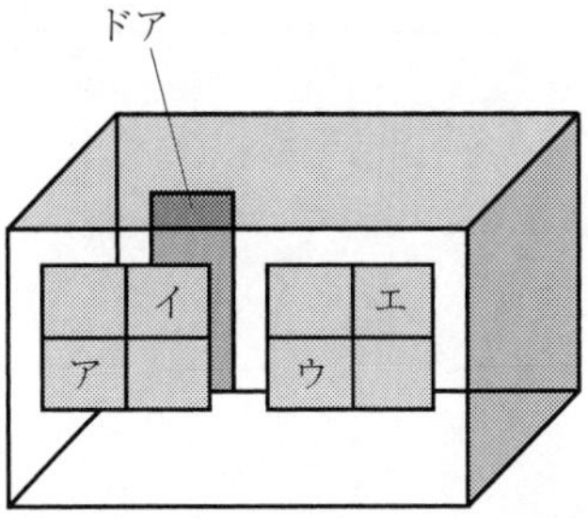

ア　女性戦場ジャーナリストは、自分の仕事に誇《ほこ》りを持ち、情熱的に取り組みながらも、他者には理解できない矛盾を抱《かか》えているので、傷つくこともある。

イ　女性戦場ジャーナリストは、自分の職業に大きな使命を持って取り組んでいるため、直面している現実を視聴者に示すことだけに、全ての時間をそそいでいる。

ウ　女性戦場ジャーナリストは、事態が切迫している状況下での判断を求められる場合が多くあるので、安全が保障される環《かん》境で活動している。

エ　女性戦場ジャーナリストは、職業への責任感から荒々しい現実を見逃《のが》す必要もあることを理解してはいるが、自分の心を殺しているわけではない。

オ　女性戦場ジャーナリストは、自分の力を誇《こ》示するために、あえて危険な戦場を選ぶからこそ、ひとりで的確に状況を判断することができる。

(五)　□ａとｂには女性戦場ジャーナリストの性質を表す、反対の意味の言葉が入ります。考えて書きなさい。

で学校に行こうとする少女たちは、イスラム過激《げき》派組織タリバンからの酸攻撃を受けていた。そのため、このルポルタージュをするのは非常に危険だったが、あきらかにその必要があった。

　取材に出ている彼女たちとの連絡を維《い》持することは、私にとってなによりも重要だった。部分的にではあるが、彼女たちが経験したことを私自身も経験しているだけに、なおさらだった。

　この数年間ずっと、彼女たちが事故に遭《あ》ったり、行方《ゆくえ》不明になったり、人質《じち》にとられたり、負傷することを、私はなによりも恐《おそ》れていた。例えば夜中に電話が鳴る、軍の人間が私たちに話があるという、話の内容が理解できない、理解したくない、家族に告げる必要がある、本人を帰国させなければならない……。そしてそこに、さまざまな問いや疑いが追い打ちをかける。このような事態になることが予測できなかったのか、なにかを見落としていたのではないか、どんな責任があるのか、などなど。

　彼女たちは、［ a ］て［ b ］。この相反するふたつの性質をもっているのが、戦場ジャーナリストなのである。

　私はこの女性たちが好きだ。彼女たちの矛盾《むじゅん》、心の傷、極端《たん》なまでの感受性、迷《まよ》いなどは、ほかの人びとには理解できないものかもしれない。しかし、彼女たちはユニークで魅《み》力的である。私は、物事に積極的にかかわり、戦っている彼女たちを心からけいふくしている。彼女たちの辞書に、あきらめるという言葉はない。

　自分の感情をまったくおもてに出さない、緊《きん》張をコントロールできる、公平な立場を守るように努める。彼女たちはこのような職業意識をもっているが、だからといって感受性や記憶《おく》がないわけではない。さまざまな痛手、無理解、ひどい状況といったものは、生きていく上で、見て見ぬふりをしなければならないときもあるだろう。しかし、それらがふたたび目の前にあらわれる日が必ず来る。そして、それに対する答えを出さないままでいることは許されない。

（カトリーヌ・ネイル他「命を危険にさらして」より）

㈠　――線①～④を漢字に直しなさい。必要なら送りがなも書きなさい。

㈡　［ア］［イ］に入る最もふさわしいことばを、つぎの中から選び、番号で書きなさい。

1　やむにやまれぬ　　2　みるにみかねる
3　おしもおされぬ　　4　みるべからざる
5　しられざる　　　　6　おかすべからざる

㈢　女性戦場ジャーナリストについて次のようにまとめました。［　］a～jに入る最もふさわしいことばを、文中からその字数で探して書きなさい。

　1980年代頃《ごろ》まで、男性だけが担当し、そこに入り込《こ》む a［　］(2字)がなかった戦場ジャーナリストという職業の道を切りひらいた人々がいる。彼女たちは忍耐力を持って仕事をし、b［　］(4字)の必要性も感じながら活動している。常に命の危険にさらされ、犠牲者を前にして c［　］(3字)や d［　］(3字)にとらわれながらも、e［　］(3字)な時間を持つよう努めているから f［　］(4字)と希望に満ちた行動をすることができる。戦場に出かけ g［　］(4字)を拾いあげ、感情をコントロールして h［　］(2字)な立場で伝える。こうして i［　］(2字)をわかち合い、理解を深める j［　］(4字)こそがルポルタージュであり、戦場ジャーナリストの仕事なのである。

㈣　この文章の内容について、つぎの中から正しいものを二つ選び、番号で書きなさい。

ンはチャンスをつかんだ。それ以来、彼女は現場へ行きつづけ、同世代でもっともすぐれた女性ジャーナリストのひとりになった。

　アンヌ＝クレールは、戦場ジャーナリストになるべくしてなった女性である。彼女は、この職業に必要なエネルギーと気難しさと忍耐《にんたい》力をもっていた。また、どのようなときでも複雑な状況《きょう》を完璧《ぺき》に説明することができ、的確に退却《きゃく》の判断をし、他人と感情を共有することも忘れなかった。初期の大きな仕事のひとつに、２０１０年のハイチ地震《しん》の取材があったが、このとき彼女はとくに思いやりの必要性を痛感したのである。

　彼女たちは、戦場ジャーナリストという自分の職業を、情熱をもって、毅《き》然と選択《たく》した。暴力、貧困《ひん》、憎悪《ぞうお》といった、人びとが直面している荒《あら》々しい現実を受けいれることができなければならないからだ。

　彼女たちは、イラク、アフガニスタン、リビア、シリア、マリ、そのほかたくさんの国を、何十回も行き来した。そのたびに彼女たちは、ほとんどユニホームと化したルポルタージュ時に着るもの、ウェットティッシュ、リュックサック、化粧《けしょう》道具入れの準備にいそしんだ。化粧道具が必要なのは、テレビに映る際に視聴《ちょう》者への礼儀《ぎ》として、顔をきちんと整えていなければならないからである。

　また仕事の合間を縫《ぬ》って、彼女たちはみな、人間的な時間を積極的につくり、すべてのものにまさり、すべてのものと引きかえにして生きのこる、知性と愛他精神と希望に満ちた奇跡《せき》をなしとげた。彼女たちのそれぞれに、自分たちが行き来した国での物語がある。

　マリーヌは、アフガニスタンの首都カブールで破壊《かい》された病院と産院を開くために、何年ものあいだ奮闘《とう》した。パトリシアは、戦争や飢《き》餓《が》の最初の犠牲《ぎせい》者になりやすい子どもたちのことについて何度も私に語ってくれたが、彼女はその子たちになにもしてあげられなかったという罪悪感と無力感に苛《さいな》まれていた。

ルポルタージュとは、伝えること、経験をわかちあうこと、その分野に対する理解を深めることで、つまりは共同作業なのだ。

　前線にとどまるべきか、戦闘が行われている場所にもっと近づくことができるか、接触《しょく》する相手を信用できるか、相手は自分たちを守ってくれる存在か。事態が切迫《ぱく》しているときは、たいてい誰《だれ》かの意見を聞く暇《ひま》もなく、即《そく》座に決断をせまられる。その場に居合わせる人びとをあてにしなければならず、彼らの洞《どう》察力や直観に頼《たよ》らざるをえない。

　リズロンは、リビアやシリアでこのような状況にたびたび陥《おちい》った。これらの国では短期間で前線がひんぱんに変わり、自分が今いる場所がどこの領土なのかがわからなくなり、軍事基地との連絡《らく》が途《と》絶えたり、後ろ盾《だて》を失いやすくなる。そのような状態で彼女が届けてくれるルポルタージュを見て、私は何度となく身震《ぶる》いした。

　アンヌ＝クレールは、アフリカで軍人たちに③どうこうしたとき、道路に埋《う》めこまれた地雷《らい》や狙撃《そげき》兵からの攻撃《こう》など、軍人たちと同じリスクを冒《おか》した。

　パトリシアは２０１１年のアフガニスタンで軍事作戦を取材していたとき、ロケット砲《ほう》の攻撃を受けて顔に重傷を負った。

　戦場ジャーナリストの仕事は、出かけていくこと、④しょうげんをすること、そして戻《もど》ってくることである。次のような神聖にして［イ］言葉を、私はいやというほど聞き、自分自身も口にしてきた。「どのようなルポルタージュも、自分の命と引きかえにする価値はない」。もちろん、そのとおりだ。しかし、現場にはまた別のわかりきった事実が存在する。それは、戦場ジャーナリストはみな、実際に自分の命を危険にさらしている、ということである。

　以前パトリシアと交《か》わした会話を、私は忘れることができない。２００８年に、彼女はアフガニスタンへ行った。首都カブールから遠く離《はな》れた場所で生活している少女たちの取材をするためである。その地

(二) □a～cに入る最もふさわしい文をつぎの中からそれぞれ選び、記号で書きなさい。

ア さびしいような不安なような、もやもやとした気持ちになった。

イ わたしは消えてしまいたいくらい恥ずかしかった。

ウ 正直言って、わたしはおもしろくなかった。

(三) (　)ア～ウに入る最もふさわしいことばをつぎの中からそれぞれ選び、番号で書きなさい。

1 恐《おそ》ろしそうに　2 満足そうに　3 つまらなそうに

4 元気そうに　5 不安そうに　6 楽しそうに

(四) □ⓐ～ⓒにふさわしい二字の熟語をそれぞれ考えて書きなさい。

(五) 〈　〉1～3についてつぎの①②に答えなさい。

① 1～3に入る最もふさわしい文をつぎの中からそれぞれ選び、記号で書きなさい。

ア わたしの腕をつかんでいた咲ちゃんの手がふっとはなれた。

イ とまどっているわたしの手を下からすくうようにして取った。

ウ わたしのひじのあたりをきゅっとつかんだ。

② 1～3の手のしぐさは「咲ちゃん」のどんな心の変化を表していますか。自分のことばで書きなさい。

(六) ——線B_1～B_3とありますが、「わたし」は$B_1$$B_2$の三つの「真面目」がどのようにちがっていると気づきましたか。B_3の「わたし」の気持ちについても考えて、自分のことばで書きなさい。

(七) ……線$C_1$$C_2$とありますが、「わたし」は「咲ちゃん」のどんな心に気づき、二人の関わりについてどのように考えましたか。自分のことばで書きなさい。

二

つぎの文章を読んで、あとの問題に答えなさい。

出かけていく。それが彼女《かのじょ》たちの仕事だ。現場で、できるだけ近いところから、なんらかの形で真実を確かめるために出かけていく。声なき声を聞き、拾いあげ、具体的なものとするために出かけていく。

女性戦場ジャーナリストの先駆《く》者であるマリーヌとパトリシアは、1980年代末にその道を切りひらいた。彼女たちは、私にとっても、ほかの大勢の若いジャーナリストたちにとっても、あるいは未来のジャーナリストたちにとっても、あえて飛びこむ勇気のなかった分野の可能性を見せ、手が届くようにし、当然のものにさえした。戦争ルポルタージュは、当時はまだ男性だけが担当できる分野だった。しかし、フランスのテレビ局TF1の女性ジャーナリストたちのように、彼女たちは淡《たん》々とジャンルの垣《かき》根を越《こ》えて、自分の職務をまっとうしようと決めたのである。

彼女たちは自分たちが歩んできた道に、同業者たちが自分のかわりにやってくれたのでみずから扉《とびら》を開く必要がなかった何十人もの女性ジャーナリストを招きいれた。私は彼女たちに①けいふくしていた。彼女たちは世界中を飛びまわり、ほかの人びとには理解できない思い出を共有し、一種のオーラというか、神秘的な雰《ふん》囲気をまとっていたからだ。私は彼女たちの影響《えいきょう》力と助言が欲《ほ》しかった。彼女たちは□ア存在で、大きな羨《せん》望の的だった。

リズロンとアンヌ＝クレールは、2000年代の女性戦場ジャーナリストである。私は、リズロンがなんとかして自分の能力を示そうとがんばっていることを知っていた。当時の彼女はパリ郊《こう》外の取材に②せんねんしていたが、実際にはほかの場所、つまり戦場のことしか頭になかった。彼女はけっしてあきらめず、私や私の先任者たちのオフィスにやってきては、何十回となく志願した。そして、2011年にアラブの春〔アラブ世界で広がった民主化運動〕が訪《おとず》れたとき、リズロたいに動かした。

「あ、ううん、そうじゃなくて。わたしがそういうキャラなのは本当のことで、だからべつにむっちゃんが悪いわけじゃなくて……。それよりも、茉莉香がむっちゃんに不機嫌な態度をとったりしたとき、ちゃんとかばってあげられなかったわたしのほうこそ悪いと思ってて。そういう自分、ぜんぶ、丸ごと変わりたかったんだけど……」

「変わらなくていいよ」「え？」「咲ちゃんは変わらなくていいよ。わたしは咲ちゃんの、のんびりしてるところが大好きなんだから」

わたしが言うと、咲ちゃんは広げていた掌《てのひら》をぎゅっと結んで、「うん」とうなずくと、少しのあいだだまってしまった。

思い切って「茉莉香のこと……」と言いかけて、すぐに口をつぐんだ。ずっと気になっていたことだけれど、やっぱり言ってはいけない気がした。

すると咲ちゃんのほうから「むっちゃんも知ってるんでしょ。……うそつき茉莉香って」

「……うん、キミちゃんが言ってたから。咲ちゃんは平気？　そういうの」と言うと、咲ちゃんは「んー」とうなりながら唇《くちびる》をかみ、それからゆっくりと、

「もちろん、はじめはびっくりしたし、今でもときどきいやだなあと思うことはあるけど。でも茉莉香のうそに、わたしはみんなほど腹が立たないんだ。っていうか、あの茉莉香でもうそをつくんだって思ったら、むしろほっとするっていうか」と言った。

「ほっとする？」「そう。なんかね、茉莉香にもそういうところがあるんだってわかったら、なあんだ、茉莉香だって完璧《べき》じゃないんだって気がして。それに茉莉香のうそって、ジャアクなうそじゃないから」

「ジャアク……、あ、邪《じゃ》悪？」「そう。茉莉香のうそは、邪悪なうそじゃないの。友だちをからかったり、いじめたりするためのうそじゃなくて、ぜんぶ自分のことばかり。こうだったらいいなとか、こうなったらうれしいなって思ったことを、つい本当のことみたいにしゃべっちゃうんだよね。その気持ち、わたしはちょっとわかるから」

「どうして？　咲ちゃんはうそなんかつかないのに」「うん、口に出しては言わないけど、茉莉香と同じようなことを考えることはよくあるの。うちもお父さんいないから、小さいときからしょっちゅう想像してた。わたしには、実はすごくカッコよくてお金持ちのお父さんがいて、今はしかたなくはなれて暮らしているけど、いつもわたしのことを心配してくれてるんだ、とか。ある日とつぜん会いに来てくれるんじゃないか、とか」

咲ちゃんは「ばかみたいでしょ？」と言った。わたしは今まで、わたしの目にうつる咲ちゃんしか見てこなかった。天然で、ちょっとたよりなくて、ぼんやりしていてやさしい咲ちゃん。でも本当は、ものすごくいろんなことを感じたり考えたりして、わたしなんかより、ずっと強くてしっかりしているのかもしれない。まわりのみんなのうわさとか悪口とかに、ふり回されないくらいに。

咲ちゃんは、「うん、それにしても寒いねえ」と言い「じゃあね」と手をふって、二、三歩進んだところで立ち止まってふり向いた。

そしてわたしと目を合わせると、なぜだか泣き笑いのような顔をして、「むっちゃん、ごめんね……」と、とてもやさしい声で言った。

C_2咲ちゃんのその言葉は、冷たい空気に白く浮かんで、消えていった。

（中山聖子「雷のあとに」より）

㈠　――線**A**とありますが、転校生の茉莉香のイメージを表している十字のことばを文中から二つ探して、それぞれ最初の三字を書きなさい。

原咲と』『沢茉莉香です』

そのあとは、音楽だけが流れつづけた。「西原、うけるー」と木村君が言い、教室の笑い声は大きくなった。「あれでよくアナウンス委員になったよな」という声に混じって、「笑ったらかわいそう」というユーリの声も聞こえた。

それから五分ほどすると、教室に茉莉香が入ってきた。そのうしろに隠《かく》れるようにして、咲ちゃんがくっついている。

席についたふたりに、「おもしろかったでござる」と男子が言った。茉莉香は、それを無視して机の中からノートや教科書を取りだしはじめた。咲ちゃんは、顔を赤くしてうつむいた。

わたしのとなりの席の芽《め》衣《い》ちゃんが、「さっきのあれって、うけねらいかな?」とわたしを見たから、「そんなわけないよ」とっさに大声で言ってしまった。

「だれだって緊張するよ、全校放送なんだから。わたしだってきっとできないと思う、ほんと、全然!」わたしのその声が教室中に響いて、わたしまで赤い顔をしてうつむくことになってしまった。

その日はうちのクラスが校内掲《けい》示板の確認《にん》をする当番だった。玄《げん》関ホールまで行って、正面の太い柱のボードに貼《は》られている〈歯みがきをしよう〉というポスターがかたむいていることに気がついた。押《お》しピンをそっとぬき、それを外した。そしてまた貼ろうとしたのだけれど、きちんと位置が定まらない。少しはなれたところから確認しようとしても、手で押さえておかなければならないから、腕《うで》の長さまでしかはなれられない。どうしよう、と思っていたら、ふいにだれかの手がわたしの右うしろからすっとのびてきて、ポスターを押さえてくれた。「わたし、押さえとくから」小さな声にふり向くと、ランドセルを背負ったままの咲ちゃんがそこにいた。わたしはポスターからはなれて位置を確認し、きちんと貼り直した。

咲ちゃんはひと呼吸おいて「あのね、むっちゃん」と、あらたまった感じで言った。

「このあいだは、ありがとう。アナウンス当番のことで、みんなに笑われたとき。だれだって緊張するよって言ってかばってくれて。すごくうれしかった」

「あ、ううん」わたしは、あわてて首をふった。あのときは、咲ちゃんをかばうとか、そんなつもりはちっともなかった。

「ずっと、ありがとうって言おうと思ってた」

「そんなのいいよ。だって、本当にわたしだって緊張すると思うから。全校放送なんて無理だよね。無理無理、ぜったい」わたしが、自分のあごのあたりで右手をひらひらふると、咲ちゃんはちょっと笑った。

「……あの放送のあと、わたしちょっと落ちこんだんだ。なんかやっぱり、わたしはわたしなんだなあ、って思っちゃって……ほらわたし、天然だとかのんびりしてるとかって、よく言われるでしょう? そういうキャラでいるのが、ずっといやだったんだ。それで、茉莉香やキミちゃんたちみたいに、自分の思ってることをはっきり言えるようになりたくて……。最近は、ちょっとそうなれたような気がしてたんだけど、なんか勘《かん》ちがいだったみたい」

C_1咲ちゃんの声は、どこか遠くから聞こえてくるみたいに感じられた。

「もう、咲ちゃんったらしっかりして」「ほらまたぼうっとしてる」と言って、咲ちゃんのことをよく笑っていたのは、このわたしだ。他の子も言っていたけれど、近くにいたわたしが、たぶんいちばん言っていた。それが咲ちゃんを傷つけていたなんて、思いもしなかった。

「……ごめん、咲ちゃん。わたしだよね、そういうこと言ってたの」と言うと、咲ちゃんはわたしに向かって両手を開き、車のワイパーみそんな言い方をされたのもいやだった。
「ねえむっちゃん、茉莉香のこと、どう思う?」キミちゃんは、急に声を小さくした。こんな言葉のあとには、たいてい悪口が続く。
「どうって……」それ以上なにも言わずにだまっていたら、
「わたしは嫌《きら》い。だってうそつきなんだもん」キミちゃんが言った。
「うそつきって、茉莉香が?」興味なさげにしてやり過ごそうと思っていたのに、つい聞き返していた。しまった、と思ったときには遅《おそ》かった。エサに食いついてしまった魚といっしょだ。キミちゃんは、さらにぐいっと近づいてきた。
「茉莉香って、お父さんが海外に単身赴《ふ》任してるとか、冬休みには会いに行くんだとか言ってるけど、あれぜんぶうそなんだもん。うちのおばあちゃん、茉莉香のおばあちゃんと同じ俳句教室に通ってるから、そこでいろいろ聞いてくるんだ。茉莉香のお父さんって、茉莉香たちを置いてとつぜん家を出ていっちゃったんだって。お母さんも仕事ばかりで、家のことなにもしないらしいよ」
わたしが、「え、だって茉莉香、お父さんの行った国にはちゃんとした日本人学校がないから、だからおばあちゃんちに……」と言いかけたのを、キミちゃんはさえぎった。
「だーかーらー、それみんなうそなんだってば。茉莉香のお父さん、ちっとも連絡《らく》してこないんだって。茉莉香のおばあちゃんったら、俳句教室に来てるのに俳句なんてぜんぜん詠《よ》まずに、茉莉香のお父さんの悪口ばっかり言ってるみたい。うけるよねー」キミちゃんはくすくす笑ったけれど、わたしはなにがおかしいのかわからなかった。
「わたしも、このあいだまで茉莉香のこと信じてたから、なんか損した気がするんだよね」「……うん」
ついこのあいだまで、キミちゃんは茉莉香と楽しそうにおしゃべりをしていた。それなのに、あんなふうに悪口を言うなんて信じられない。いや、信じられないのは茉莉香のほうだ。咲ちゃんは、そのことを知っているのだろうか。茉莉香が言っていることを、ぜんぶ信じているのだろうか。もし茉莉香がうそつきだとわかっても、仲良くしつづけるのだろうか。気づくとわたしは、まな板の真ん中あたりをじっと見て、奥歯を強く噛《か》んでいた。

始業時間が迫《せま》っているというのに、咲ちゃんと茉莉香の姿は教室になかった。不思議に感じていたとき、黒板の上に取り付けられたスピーカーから、カチリと小さな音がした。そして、やたらと元気な校歌のメロディーにのって聞こえてきたのは、茉莉香の声だ。
『みなさんおはようございます。二月二十八日水曜日、今日の天気は曇《くも》りのち雨、気温は六度です。手洗いとうがいを忘れずに、今日も一日、元気に過ごしましょう』
そうか、今日はうちのクラスがアナウンス当番で、ふたりは放送室に入っているのか、と思った。当番になると、朝と昼、そして放課後のアナウンスをすることになっている。
茉莉香の言葉のあとで、咲ちゃんの『お……』という声がした。その声が少し震《ふる》えていたし、それから不自然な間があいたから、咲ちゃんが緊《きん》張しているのはすぐにわかった。
アナウンス当番の子の緊張がスピーカーから伝わると、みんなの耳はよけいに放送に集中するようになる。
教室が静かになったタイミングで、咲ちゃんは言った。『お、おはようございまする』
「えっ」とだれかがつぶやいたあと、教室の中にクスクス笑いが広がった。「武士かよ」という男子の声も聞こえた。咲ちゃんはそんなことも知らずに、話しつづける。
『本日のアナウンス当番は、四年…じゃない、えっと、五年二組、西かへ向かっているのを見たこともある。さびしいような悲しいようなくやしいような気持ちが胸いっぱいに広がって、歩きながら涙《なみだ》がこぼれた。そのときの気持ちは重くしめった雨雲みたいになって、わたしの胸の中に残っている。そして今でも、なにかのきっかけで大きくふくらむことがある。わたしは今年、はじめて咲ちゃんと遊ばない夏休みを過ごした。

自分の部屋で過ごすひとりの時間は、ちっともいやじゃない。それなのに教室の中でひとりだと、時間がとても長く感じられるし居心地が悪いのはなぜだろう。だれもがだれかとおしゃべりしていて、とても楽しそうだ。その中のだれもわたしなんて見ていないはずなのに、なぜかじろじろ見られている気がして落ち着かない。背中に大きく赤い字で、「あまりもの」と書かれているような気持ちにもなってくる。自分がとても暗い顔をしていることに気づいて、ハッとすることもある。

だからこのところ昼休みは、図書室で過ごしたりしている。その日、家にある新聞の児童書コーナーで見つけたファンタジーの新刊を探して本棚《だな》のあいだを歩いていたら、「むっちゃん」と、ささやくような声がした。ふり向くと、同じクラスの奈保《なほ》ちゃんが、左手に五、六冊の本をかかえて立っていた。

「むっちゃん、最近よく図書室にいるね」「奈保ちゃんも、よくここにいるよね?」と言うと、奈保ちゃんは体の向きはそのままで「うん、わたしは図書委員だから」と答えて、左手に残った本の中の一冊をまた右手で取った。「図書委員って、いつも図書室にいなくちゃいけないの?」「ううん。当番のときだけ来ればいいから、一か月に一度くらいかな。でもわたしは、ほとんど毎日来てるよ。本棚の整理とか破れた本の修理とか、あと図書室レターを作る手伝いとか、いろいろあるから」

図書室レターというのは、ひと月に一回、終わりの会のときに教室で配られるプリントだ。先日配られた十月号には、奈保ちゃんが書いた読書感想文も掲載《けいさい》されていた。

「すごいねえ、えらいねえ」と感心していたら、奈保ちゃんはニコッと笑って「だってわたし、真面目だから」と言った。

胸がドキンと鳴った。カッコよかった。自分のことを自分で「真面目だから」なんて言う子をはじめて見た。B2奈保ちゃんの口から出てきた「真面目」は、それまでわたしが聞いてきたどの「真面目」ともちがっていた。きっぱりとしていて、強くて明るい響《ひび》きがあった。

「十月号の図書室レターにあった奈保ちゃんの読書感想文、わたしぜんぶ読んだよ。上手だなあって思った」わたしが言うと、奈保ちゃんは笑顔のままで「ああ」とうなずいた。

放課後、もう一度図書室でわたしは、古くて大きな辞書を棚から取りだした。そして、うっすらと埃《ほこり》をまとった表紙を開いて《真面目》という言葉を引いた。紙のふちが少し黄ばんだ、手ざわりのいいそのページのどこにも、地味で冴《さ》えない、大人の思い通り、なんて書かれてはいなかった。そこにあったのは「うそやいい加減なところがなく、真剣《けん》であること。誠実であること」という文字だ。B3わたしはその文字を、指先でそっとなぞった。

家庭科の時間、味噌汁《そしる》に入れる玉ねぎを切っていたわたしがふと顔を上げると、同じ班になったキミちゃんがすぐそばにいたから驚《おどろ》いた。

「むっちゃん、最近ちっとも咲ちゃんといっしょにいないよね。前はあんなに仲良かったのに」「えっ?」「咲ちゃんのこと、茉莉香に取られちゃったね」

一瞬、なにを言っているのだろうと思ったけれど、その言葉の意味がじわじわとわかってくると、からかわれているような気持ちになった。咲ちゃんは物じゃないのだから、取られるとか取られないとか、笑ったりするたびに、キラキラした光の粒《つぶ》をまき散らしているような子たちと、真面目と言われるわたしとの差は、学年が上がるごとに大きくなっていく。わたしは、お母さん側になんていたくはないのに。

「ねえ、お祭りにいっしょに行かない？」茉莉香が言ったのは、夏休みが近づいてきて、ランドセルを背負う背中にじわっと汗《あせ》をかきはじめた頃だった。

「わあ、行きたい」すぐに咲ちゃんが返事をして、わたしのほうを見て、〈　1　〉

そして「むっちゃんも行こう、ね、行くよね？」と上下にゆらした。だけどわたしは、「んー」と言いながらあごを引いて首をかしげた。その少し前、咲ちゃんと茉莉香と三人で、新しくできたショッピングモールに行ったときのことを思い出したからだ。ノースリーブのシャツに緑色のスカート姿で、ちょっとヒールのあるサンダルをはいた茉莉香や、ふんわりしたラベンダー色のワンピースを着た咲ちゃんとちがって、わたしはクマのイラストのＴシャツにジーンズというかっこうだった。ふたりは飾《かざ》りのついた小さなバッグを持っていたけれど、わたしはおばあちゃんお手製の、ひまわりの刺繍《ししゅう》が入った布かばんをさげていた。わたしを見た茉莉香は笑って、「むっちゃん、なんかおばさんみたーい」と言った。きっと茉莉香は軽い気持ちで言ったのだろう。［　c　］

それでも三人でくっつき合ってプリクラを撮《と》ったり、ダブルのアイスクリームを食べたりしているうちに、自分の着ているものなんて気にならないくらい楽しくなった。あっという間に時間が過ぎて、気づくと夕方になっていた。「そろそろ帰らなくちゃ」と言うわたしに、茉莉香は「えー、もう？」と不機嫌《げん》な顔をして「じゃあ、最後にペットショップだけ行こう。わたし、子犬が見たい」と、ⓒ［　　］に決めた。結局、家に帰ったときにはもう薄《うす》暗くなっていた。心配したお母さんは門の前まで出て待っていて、家に入ったとたんにひどく怒《おこ》った。

また茉莉香たちと出かけると言ったら、お母さんはきっといい顔をしないだろう。「行ってはいけません」と、はっきり言うかもしれない。もし行くことができたとしても、おしゃれをしているみんなの中で自分だけ浮《う》いてしまうのは目に見えている。わたしは、咲ちゃんの手から自分の手をするりと引いて、「わたしはダメかも」と言った。

すると咲ちゃんは、「え、どうして？」と言いながら、今度は〈　2　〉

「だって、お祭りって夜でしょう？　お母さんが行っちゃいけないって言うと思うし」

「そんな、夜になんて行かないよ。早めに出かけて、暗くなるまでに帰ればいいんだから」「んー」「だから、ね、行こうよ」「でも、お父さんも心配するかも……」

わたしと咲ちゃんが言い合っていると、茉莉香は細いあごを上げ、ちょっと大きな声で「もういいじゃん、行かないって言ってるんだし」と言った。そして、「むっちゃんは真面目だからね」とつけ足した。

両手でトンッと、胸のあたりをつきとばされた気がした。B1大人が口にする「真面目」と、友だちの口から出てくる「真面目」はちがう。

少し間を置いてから、「ねえ、咲ちゃんの浴衣《ゆかた》ってどんなの？　ママがみんなの髪を結《ゆ》ってくれるから、その日は咲ちゃんもうちに来て着ればいいよ」わたしなどその場にいないみたいに茉莉香が話しはじめた。〈　3　〉

その頃から、咲ちゃんや茉莉香はわたしを遊びに誘《さそ》わなくなった。「放課後遊べる？」と聞いたわたしに、ちょっと困った顔をするだけで返事をしなかった咲ちゃんが、自転車に乗り、茉莉香と並んでどこことだったから、わたしは咲ちゃんといっしょの委員をあきらめてポスター委員になったのだ。そもそもわたしは、咲ちゃんといっしょならどの委員でもいいと思っていたのに、咲ちゃんはめずらしくアナウンス委員にこだわって、ひとりで立候補してしまったのだ。そんな咲ちゃんにも、当たり前のように咲ちゃんの横にくっついている茉莉香にも、茉莉香の希望を通してあっさりとルールを変えた先生にも、やっぱり少し腹が立つ。

　はじめの頃《ころ》は楽しかった登下校も、そのうち咲ちゃんと茉莉香のふたりだけで盛り上がることが多くなった。三人で帰っていても、茉莉香は「ねえ咲ちゃん」「聞いてよ、咲ちゃん」と、咲ちゃんにばかり話しかける。わたしがなにかを話しはじめると、茉莉香は（**ア**）笑顔《えがお》を消して、だまってしまう。そして、わたしと咲ちゃんの話の隙《すき》を見て、また咲ちゃんにだけ話しかけようとするのだ。気づくとおしゃべりに夢中になっているふたりの横を、ひとりⓐ［　　］で歩いていることが何度もあった。おまけに、学校から家がいちばん近いのはわたしだったから、自分の家の近くで「バイバイ」と手をふったあとは、咲ちゃんと茉莉香のふたりで帰っていくことになる。（**イ**）ゆれるふたつのランドセルが遠ざかっていく。［　**b**　］

「ねえ睦子《むつ》、このあいだ転校してきた、沢茉莉香ちゃんのことなんだけど……」と、テーブルの向かい側に座《すわ》ったお母さんが話しかけてきたのは、六月のはじめのことだった。

「五月に転校だなんてめずらしいと思わない？　なにかわけがあるのかしらね、そういうこと、睦子は知ってる？　それに茉莉香ちゃんって子、なんていうか……大人っぽくて着ているものもⓑ［　　］よね」と、小さく笑った。奥《おく》歯が痛いのを我慢《がまん》して、無理に笑っているような顔だった。

　お母さんは、わたしが話す隙もなく、「あのね」と続けた。「『友だちを選びなさい』なんて言うつもりはないのよ、本当に。そんなことを言うのがよくないってことくらい、お母さんにだってわかるから。ただ、もう五年生なんだから、その子とつき合うことが本当に自分のためになるのかどうかは、睦子自身でよく考えたほうがいいと思うの」

　それはつまり、『友だちを選びなさい』ということだろう。

「あ、でもこれは、べつに茉莉香ちゃんのことを言っているわけじゃないから」お母さんは、いちいち言い訳しながらしゃべりつづけた。でも、どう考えても『茉莉香ちゃんのこと』を言っている。

「ああ、もちろん」と、お母さんは声のトーンを急に上げ、「お母さん、睦子のことは信じてるから。睦子は真面目ないい子だもの、だいじょうぶよね？」そう言って、組んでいた手を外して重ね、わたしの顔を下からのぞきこむように見た。

　うっとうしかった。「信じてる」という言葉を使って、脅《おど》されている気持ちにもなった。とにかく放っておいてほしかったけれど、もちろんそんなことを言う勇気はなくて、わたしはそのまま首を縦に動かした。するとお母さんは、結んだままの口の端《はし》を上げて、（**ウ**）うなずき返した。

　お母さんは、たぶんわたしを、お母さん側にいさせたいのだ。毎日起こるいろんなことを、お母さんと同じように見て聞いて、感じさせたいのだと思う。お母さんはよくわたしのことを「真面目ないい子」だと言うけれど、そんなことを言われても、ちっともうれしくなんてない。お母さんの言う「真面目」とは、髪《かみ》を短く切りそろえ、暗くて目立たないものを着ることだ。毎日きちんと通信添削《てんさく》の教材や宿題をして、恥《は》ずかしくない成績を取ることだ。あまい香《かお》りがする色つきのリップクリームをぬったり、ネイルをちょっと試《ため》してみたり、好きな男子と遊びに行ったりなんてしないことだ。きれいな髪をゆらしたり

二〇二二年度 日本女子大学附属中学校

【国　語】〈第一回試験〉（五〇分）〈満点：六〇点〉

一　つぎの文章を読んで、あとの問題に答えなさい。

A 茉莉香《まりか》がわたしの通う学校に転校してきたのは今年の五月、連休が明けてすぐのことだった。新学期が始まってから一か月ちょっと後という、とても中途《と》半端《ぱ》なタイミングだ。黒板に書かれた『沢《さわ》茉莉香』という文字を、心の中で「さわまりか」とつぶやいてみたら、宝塚《づか》の人っぽいひびきになった。「むらやまむつこ」とは、ずいぶんちがう。

「沢茉莉香です。前の学校では茉莉香って呼ばれていました。どうぞよろしくお願いします」と言って、体をななめにかたむけるようなおじぎをした。

茉莉香の顔は小さくて、手足はとっても細くて長かった。何気ないしぐさがきれいだったし、転校生だからといっておどおどした様子もなくて、こういう子はきっと、いつもクラスの中心にいるユーリやキミちゃんのような子たちと仲良くなるんだろうな、と思った。

だから放課後、茉莉香がわたしと咲《さき》ちゃんのあとを昇《しょう》降口まで追いかけてきて、「ねえ、いっしょに帰ってもいい？　先生が、村山さんと西原さんの帰り道が同じ方向だって教えてくれたから」と言ったときにはうれしかった。

わたしと咲ちゃんは一瞬《しゅん》顔を見合わせて、すぐに「いいよ」と声を合わせた。

「沢さんの家ってどのへんなの？」と、咲ちゃんが聞いた。

茉莉香はそれに答えるより先に「あ、わたしのことは茉莉香でいいよ」と言って、人差し指をすっとのばした。

「うちはこの道をまっすぐ行って、ふたつ目の信号を右に入ったあたり。ピアノ教室の小さな看板があるでしょ？　そこを過ぎると、ハーブがいっぱい植えられている家があって、そのとなり」

咲ちゃんは「えー、うちの近くだ」と言って、目と口を大きく開けた。

「わたしのパパ、外国で仕事をしなくちゃならなくなったの。石油関係の会社に勤めてるから。でもその国には、日本の子がちゃんと勉強できるような学校がないんだって。それでわたしは、ママやお姉ちゃんといっしょに日本に残ることになって、おばあちゃんの家に引っ越《こ》してきたってわけ」

茉莉香のお父さんは、茉莉香たち家族のことをとても心配していて、しょっちゅうテレビ電話をかけてくるそうだ。冬休みには、お母さんやお姉さんといっしょにお父さんのところに行く予定になっていて、それがとても楽しみなのだという。茉莉香は大きな水たまりを勢いよく飛びこえると、右足を軸《じく》にして、クルリと回ってふり向いた。なんだか、少女マンガのひとコマを見ているようだった。咲ちゃんは「ふへえ」と、少しまぬけな声を出した。

そうして茉莉香は、わたしと咲ちゃんがずっとふたりで続けてきた登下校に加わった。教室でもいっしょに行動するようになり、特にアナウンス委員になってからは、同じ委員の咲ちゃんのそばにいることが多くなった。週に一度の会議があるときには、かならずふたりでおしゃべりしながら教室を出ていく。音楽発表会の前日などには、昼休みもいっしょに準備をしていた。うちのクラスのアナウンス委員は一人だけということになっていたし、それは四月の時点で咲ちゃんに決まっていたのだけれど、茉莉香は転入生ということで、特別に二人目のアナウンス委員になれた。

［　a　］クラスに一人だけという

2022年度 日本女子大学附属中学校 ▶解説と解答

算　数　＜第１回試験＞（50分）＜満点：60点＞

解　答

Ⅰ (1) 20　(2) $\frac{5}{6}$　(3) 2.7　(4) 10.5dL　Ⅱ (1) 15　(2) 580cm　(3) 26日　(4) ① 60度　② 2.3問　(5) 12時$55\frac{5}{13}$分　(6) 9 : 5 : 4　(7) 38度　(8) 9.12cm^2　(9) $9\frac{3}{8}$cm　Ⅲ (1) 11%　(2) 180g　Ⅳ (1) （例） 解説の図③を参照のこと。　(2) 3倍　Ⅴ (1) 9.42cm　(2) 21　(3) 465　Ⅵ (1) 5 : 4　(2) ㋐ 1500　㋑ 33　㋒ 1800

解　説

Ⅰ 四則計算，逆算，単位の計算

(1) $\left(\frac{11}{72}-\frac{5}{48}\right)\times1440-4.4\div0.11\div0.8=\left(\frac{22}{144}-\frac{15}{144}\right)\times1440-40\div0.8=\frac{7}{144}\times1440-50=70-50=20$

(2) $2.5-\left(\frac{1}{6}\times1.5\div0.125-\frac{1}{3}\right)=2.5-\left(\frac{1}{6}\times1\frac{1}{2}\div\frac{1}{8}-\frac{1}{3}\right)=2.5-\left(\frac{1}{6}\times\frac{3}{2}\times\frac{8}{1}-\frac{1}{3}\right)=2.5-\left(2-\frac{1}{3}\right)=2\frac{1}{2}-\left(\frac{6}{3}-\frac{1}{3}\right)=\frac{5}{2}-\frac{5}{3}=\frac{15}{6}-\frac{10}{6}=\frac{5}{6}$

(3) $\left\{2\frac{1}{5}\div(□-1.9)+\frac{1}{6}\right\}\times0.6=\frac{7}{4}$より，$2\frac{1}{5}\div(□-1.9)+\frac{1}{6}=\frac{7}{4}\div0.6=\frac{7}{4}\div\frac{3}{5}=\frac{7}{4}\times\frac{5}{3}=\frac{35}{12}$，$2\frac{1}{5}\div(□-1.9)=\frac{35}{12}-\frac{1}{6}=\frac{35}{12}-\frac{2}{12}=\frac{33}{12}=\frac{11}{4}$，$□-1.9=2\frac{1}{5}\div\frac{11}{4}=\frac{11}{5}\times\frac{4}{11}=\frac{4}{5}$　よって，$□=\frac{4}{5}+1.9=0.8+1.9=2.7$

(4) 1L＝10dLより，0.52L＝5.2dL，1dL＝100mLより，18mL＝0.18dL，1dL＝100cm^3より，528cm^3＝5.28dLとなる。よって，0.52L×3＋18mL－528cm^3＝5.2dL×3＋0.18dL－5.28dL＝15.6dL＋0.18dL－5.28dL＝15.78dL－5.28dL＝10.5dL

Ⅱ 約数，差集め算，仕事算，グラフ，割合，平均，時計算，比の性質，角度，面積，水の深さと体積

(1) この整数を□とすると，57を□で割ったら余りが12になったので，57－12＝45を□で割ると割り切れる。よって，□は45の約数とわかる。また，割る数は余りより大きいから，□は12より大きい。45の約数は，1，3，5，9，15，45で，このうち12より大きいものは，15，45だから，□にあてはまる整数のうち，最も小さいものは15である。

(2) 1人に28cmずつ分けるときと，1人に25cmずつ分けるときで，必要なリボンの長さの差は，92－20＝72(cm)である。また，1人に必要な長さの差は，28－25＝3(cm)だから，子どもの人数は，72÷3＝24(人)とわかる。よって，リボンの全体の長さは，25×24－20＝580(cm)となる。

(3) 1人が1日にする仕事の量を1とすると，この仕事全体の量は，1×12×20＝240と表せる。

また，はじめの10日間は８人で働くと，$1\times 8\times 10=80$の仕事ができるから，残りの仕事の量は，$240-80=160$になる。よって，残りを10人で仕上げるのにかかる日数は，$160\div 10=16$(日)だから，全部で，$10+16=26$(日)かかったとわかる。

(4)　①　０問の人の全体に対する割合は，$7\div 180=\frac{7}{180}$なので，円グラフの０問の部分の中心角は，$360\times\frac{7}{180}=14$(度)となる。よって，(あ)の角の大きさは，$360-(196+90+14)=60$(度)と求められる。　②　円グラフの中心角より，正解が３問の人は，$180\times\frac{196}{360}=98$(人)，２問の人は，$180\times\frac{90}{360}=45$(人)，１問の人は，$180\times\frac{60}{360}=30$(人)とわかる。よって，正解した問題の数の合計は，$3\times 98+2\times 45+1\times 30=414$(問)で，生徒は全部で180人だから，正解した問題の数の平均は，$414\div 180=2.3$(問)と求められる。

(5)　右の図①で，12時から短針が進んだ角度は，(い)の角の大きさと等しい。また，12時から長針が進んだ角度は，(い)と(う)の角度の和になる。よって，(あ)と(い)の大きさが等しいとき，12時から長針と短針が進んだ角度の和は，(い)＋((い)＋(う))＝(あ)＋((い)＋(う))＝360(度)になる。長針は１分間に，$360\div 60=6$(度)，短針は１分間に，$30\div 60=0.5$(度)進むから，１分間に長針と短針が進む角度の和は，$6+0.5=6.5$(度)である。したがって，図①のようになるのは，12時から，$360\div 6.5=\frac{720}{13}=55\frac{5}{13}$(分後)なので，12時$55\frac{5}{13}$分とわかる。

図①

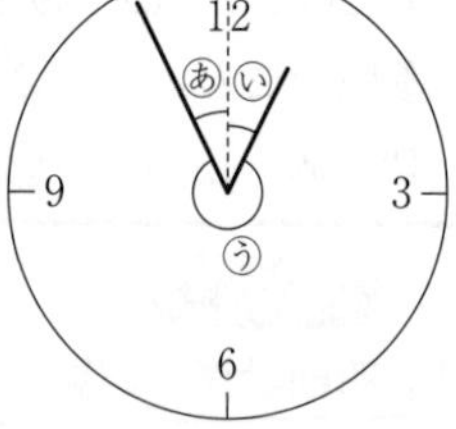

(6)　右の図②のように，最後に３人が持っていた同じ個数を$\boxed{1}$とする。ＢからＣに渡《わた》すとき，Ａの個数は変わらないので，Ａが持っていた個数の$\frac{1}{3}$をＢに渡すと，$\boxed{1}$だけ残ったことになる。すると，図②のアの個数(はじめにＡが持っていた個数)の，$1-\frac{1}{3}=\frac{2}{3}$が$\boxed{1}$にあたるので，アの個数は，$\boxed{1}\div\frac{2}{3}=\boxed{\frac{3}{2}}$とわかる。同様に，図②のイの個数(ＢがＡからもらった後の個数)の，$1-\frac{1}{4}=\frac{3}{4}$が$\boxed{1}$にあたるから，イの個数は，$\boxed{1}\div\frac{3}{4}=\boxed{\frac{4}{3}}$となる。また，ＢがＡからもらった個数は，$\boxed{\frac{3}{2}}\times\frac{1}{3}=\boxed{\frac{1}{2}}$だから，Ｂがはじめに持っていた個数は，$\boxed{\frac{4}{3}}-\boxed{\frac{1}{2}}=\boxed{\frac{5}{6}}$とわかる。さらに，３人のおはじきの個数の合計は，はじめと最後で同じだから，Ｃがはじめに持っていた個数は，$\boxed{1}\times 3-\boxed{\frac{3}{2}}-\boxed{\frac{5}{6}}=\boxed{\frac{2}{3}}$とわかる。したがって，Ａ，Ｂ，Ｃがはじめに持っていた個数の比は，$\frac{3}{2}:\frac{5}{6}:\frac{2}{3}=9:5:4$と求められる。

図②

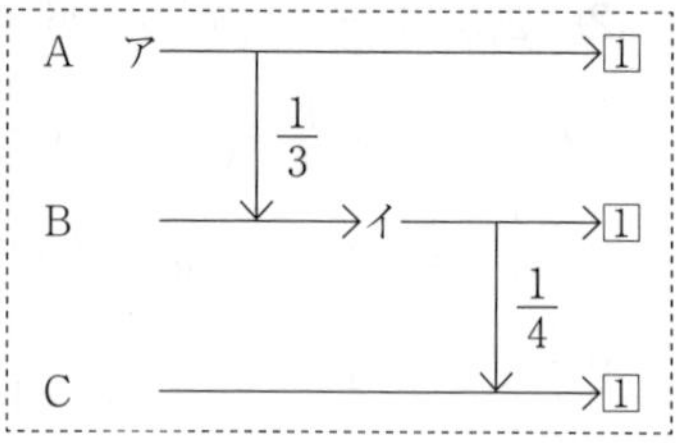

(7)　下の図③で，２つの$\frac{1}{4}$円の半径は等しいので，DBとDCの長さは等しい。よって，三角形DBCは二等辺三角形だから，(あ)の角は(い)の角と大きさが等しくなる。また，三角形ABDもABとBDが等しい二等辺三角形なので，(う)の角の大きさは，$180-64\times 2=52$(度)となる。よって，(い)の角の大きさは，$90-52=38$(度)だから，(あ)の角の大きさは38度とわかる。

(8)　下の図④のように考えると，斜線《しゃせん》部分は，半径８cmの$\frac{1}{4}$円から，半径が，$8\div 2=4$(cm)の

$\frac{1}{4}$円２つと，１辺が４cmの正方形を除いた図形とみることができる。よって，斜線部分の面積は，$8\times8\times3.14\times\frac{1}{4}-4\times4\times3.14\times\frac{1}{4}\times2-4\times4=16\times3.14-8\times3.14-16=(16-8)\times3.14-16=8\times3.14-16=25.12-16=9.12$(cm²)と求められる。

(9)　下の図⑤で，水が入っている部分は，台形BCEDを底面とする高さ10cmの角柱とみることができる。図⑤で，三角形ADEと三角形ABCは相似で，その相似比は，DE：BC＝４：16＝１：４だから，AEの長さは，$12\times\frac{1}{4}=3$(cm)となり，ECの長さは，$12-3=9$(cm)とわかる。よって，入っている水の体積は，$(4+16)\times9\div2\times10=900$(cm³)である。また，三角形ABCの面積は，$16\times12\div2=96$(cm²)だから，面ABCを底面とするように水そうをたおすと，水の高さは，$900\div96=\frac{75}{8}=9\frac{3}{8}$(cm)になる。

図③

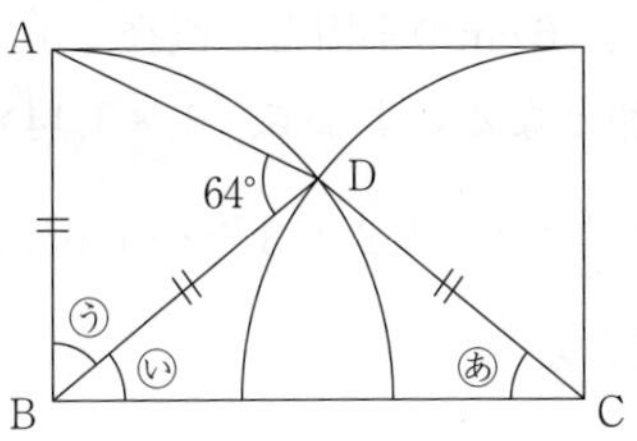

図④

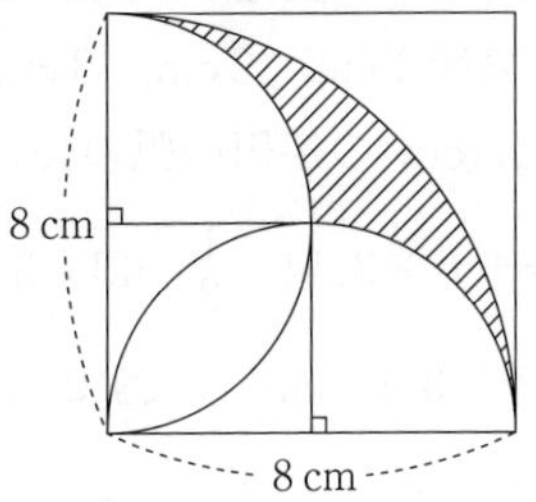

図⑤

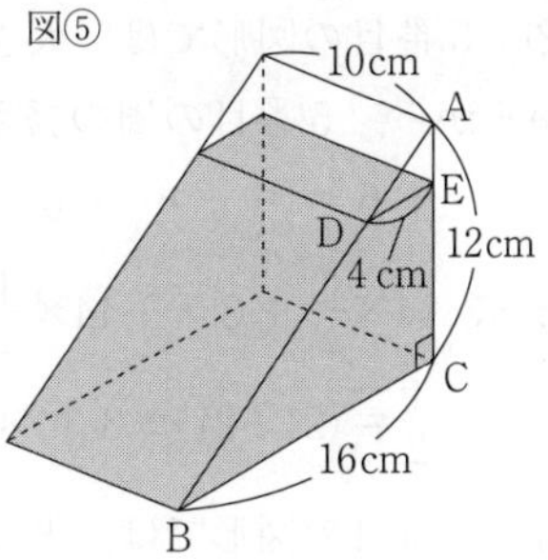

Ⅲ 濃度《のうど》

(1)　A，B，Cを全て混ぜ合わせると，食塩水の量は，250＋200＋150＝600(ｇ)になり，その濃度は７％なので，その中に含《ふく》まれる食塩の量は，(食塩水の量)×(濃さ)＝(食塩の量)を利用して，600×0.07＝42(ｇ)である。また，Ａの８％の食塩水250ｇには食塩が，250×0.08＝20(ｇ)含まれており，Ｃの水150ｇには食塩が含まれていないから，Ｂの200ｇの食塩水には食塩が，42－20＝22(ｇ)含まれていたことになる。よって，Ｂの濃度は，22÷200＝0.11より，11％とわかる。

(2)　(1)のあと，水を蒸発させても，含まれる食塩の量は42ｇで変わらないから，蒸発させて濃度が10％になった食塩水の量を□ｇとすると，□×0.1＝42(ｇ)と表せる。よって，□＝42÷0.1＝420(ｇ)となり，蒸発させる前の食塩水の量は600ｇなので，蒸発させた水の量は，600－420＝180(ｇ)と求められる。

Ⅳ 立体図形─展開図，分割，面積

図①

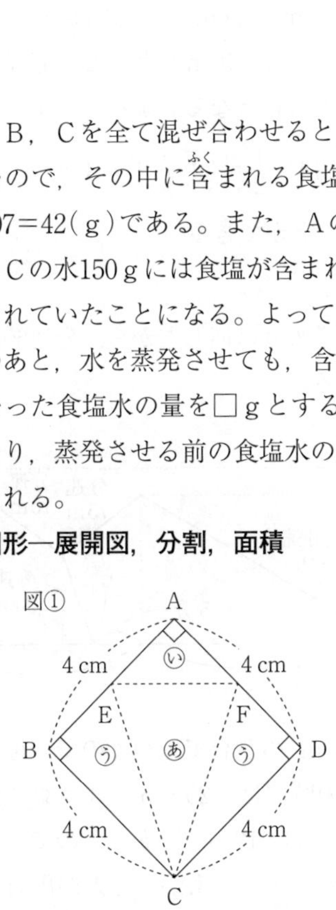

図②

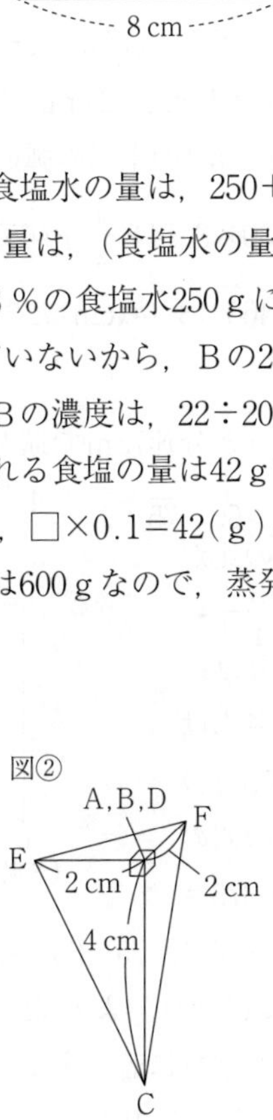

図③

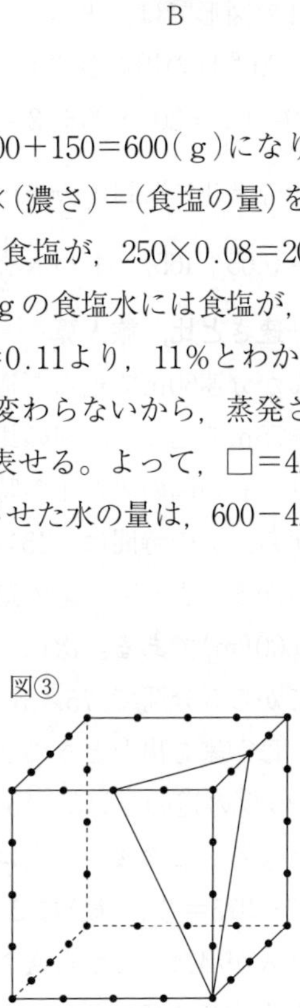

(1)　上の図①の展開図を組み立てたとき，AEとBE，AFとDFがそれぞれ重なるので，AE，BE，

AF，DFの長さは全て，$4\div 2=2$(cm)である。また，BCとDCが重なり，点A，B，Dが１つの頂点に集まるから，組み立ててできる立体は上の図②のようになる。よって，切り方の一例は上の図③のようになる。

(2)　図①の(い)の面積は，$2\times 2\div 2=2$(cm^2)である。また，(う)の面積はどちらも，$2\times 4\div 2=4$(cm^2)なので，(あ)の面積は，$4\times 4-2-4\times 2=6$(cm^2)となる。よって，(あ)の面積は(い)の面積の，$6\div 2=3$(倍)とわかる。

V　図形と規則，長さ

(1)　１番目の周の長さは，直径１cm，直径２cm，直径，$1+2=3$(cm)の３つの半円の弧《こ》の長さの和となる。よって，$1\times 3.14\times\frac{1}{2}+2\times 3.14\times\frac{1}{2}+3\times 3.14\times\frac{1}{2}=(1+2+3)\times 3.14\times\frac{1}{2}=6\times 3.14\times\frac{1}{2}=3\times 3.14=9.42$(cm)と求められる。

(2)　５番目の図形では，大きな半円の中に直径が１cm，２cm，３cm，…，６cmの半円が並んでいるから，５番目の周の長さは，直径１cm，２cm，３cm，…，６cmの半円と，直径，$1+2+3+\cdots+6=(1+6)\times 6\div 2=21$(cm)の半円の弧の長さの和となる。よって，$1\times 3.14\times\frac{1}{2}+2\times 3.14\times\frac{1}{2}+3\times 3.14\times\frac{1}{2}+\cdots+6\times 3.14\times\frac{1}{2}+21\times 3.14\times\frac{1}{2}=(1+2+3+\cdots+6+21)\times 3.14\times\frac{1}{2}=(21+21)\times 3.14\times\frac{1}{2}=21\times 3.14$(cm)と表すことができる。

(3)　29番目の図形では，大きな半円の中に直径が１cm，２cm，３cm，…，30cmの半円が並んでいるから，29番目の周の長さは，直径１cm，２cm，３cm，…，30cmの半円と，直径，$1+2+3+\cdots+30=(1+30)\times 30\div 2=465$(cm)の半円の弧の長さの和となる。よって，$1\times 3.14\times\frac{1}{2}+2\times 3.14\times\frac{1}{2}+3\times 3.14\times\frac{1}{2}+\cdots+30\times 3.14\times\frac{1}{2}+465\times 3.14\times\frac{1}{2}=(1+2+3+\cdots+30+465)\times 3.14\times\frac{1}{2}=(465+465)\times 3.14\times\frac{1}{2}=465\times 3.14$(cm)と表すことができる。

VI　グラフ―速さと比，旅人算

(1)　Ａさんが分速60ｍで進んだ道のりと分速75ｍで進んだ道のりは同じだから，分速60ｍで進んだ時間と分速75ｍで進んだ時間の比は，$\frac{1}{60}:\frac{1}{75}=5:4$となる。

(2)　(1)より，右の図のアとイの時間の比が５：４だから，アの時間は，$45\times\frac{5}{5+4}=25$(分)とわかる。よって，(あ)の道のりは，$60\times 25=1500$(m)である。次に，Ａさんは戻《もど》り始めてから５分間で，$75\times 5=375$(m)戻るので，母が家を出たときの２人の間の道のり(図のウの道のり)は，$1500-375=1125$(m)となる。この後，２人は１分間に，$75+300=375$(m)の割合で近づくので，母が家を出てから，$1125\div 375=3$(分後)に２人は出会う。よって，(い)の時間は，$25+5+3=33$(分)とわかる。すると，２人が出会ってからＡさんが学校に着くまで，$45-33=12$(分)かかったので，２人が出会った地点から学校までの道のりは，$75\times 12=900$(m)となる。また，家から２人が出会った地点までの道のりは，母が３分間で進んだ道のりだから，$300\times 3=900$(m)である。したがって，家から

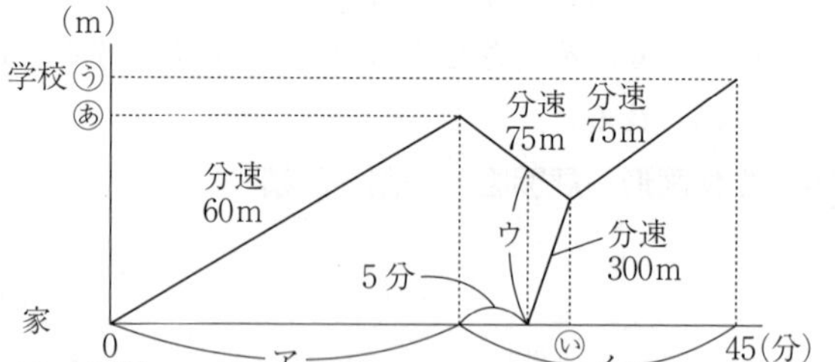

学校までの道のり，つまり，㋒にあてはまる数は，900＋900＝1800(m)とわかる。

社　会　＜第１回試験＞（30分）＜満点：40点＞

解　答

[1] [1]　ア　**問１**　(例)　卵，牛乳　[2]　エ　**問２**　①　(例)　年間降水量が少ない　②　瀬戸内　[3]　ウ　**問３**　A／(例)　朝の通勤ラッシュの時間帯の運行本数が多いから。　**問４**　ア　**[2]** **問１**　(1)　エ　(2)　ウ　(3)　ア　(4)　イ　**問２**　イ　**問３**　(1)　(例)　栄養分　(2)　ウ　(3)　イ　**問４**　**良い点**…(例)　季節によって農作物が収穫できない端境期でも，輸入により安定供給ができること　**悪い点**…(例)　輸入先の国や地域で凶作や紛争が起こること　**[3]** **問１**　①　イ　②　オ　**問２**　イ　**問３**　(1)　×　(2)　○　**問４**　難民　**問５**　①　(○をつけるもの)冬に厚着　②　(例)　暖房の設定温度を下げる　③　(○をつけるもの)排出量を減らす　**問６**　ウ　**問７**　イ　**問８**　(例)　学校教育で選挙についての特別の課程を設ける。　**[4]** **問１**　(1)　ア　(2)　①　イ　②　エ　**問２**　(1)　イ，キ　(2)　イ　**問３**　①　エ　②　ウ　③　ア　**[5]** **問１**　A→D→C→B　**問２**　イ，ク　**問３**　**武士**…イ　**百姓**…ア　**問４**　①　エ　②　ア　**問５**　エ　**[6]** **問１**　ア，ウ　**問２**　(1)　ア　(2)　イ　(3)　そかい　**問３**　エ

解　説

[1]　さまざまな項目の都道府県ランキングについての問題

[1]　畜産の産出額は北海道が最も多く，以下，鹿児島・宮崎・岩手・千葉の各県が続く。アの秋田県は稲作がさかんで，畜産の産出額はそれほど多くない。統計資料は『データでみる県勢』2022年版などによる(以下同じ)。

問１　畜産物には肉類のほか，鶏卵《けいらん》(にわとりの卵)や牛乳，乳製品，毛皮などがある。

[2]　ため池の数は兵庫県が最も多く，以下，広島・香川・岡山・山口の各県が続く。エの高知県は太平洋側に位置し，特に夏の降水量が多いことから，ため池は少ない。

問２　ため池は一般に，降水量の少ない地域に多く見られ，なかでも年間降水量の少ない瀬戸内海に面した県で多い。

[3]　人口に占《し》める他県への通勤・通学者の割合が高いということは，昼夜間人口比率(昼間人口÷夜間人口×100で求められる)が低い，つまり昼間人口が少ないということになる。この昼夜間人口比率で見ると，埼玉県が最も低く，以下，千葉・奈良・神奈川・兵庫の各県が続く。よって，ウの愛知県があてはまらない。

問３　東京や新宿などの都心方面へ向かう電車の本数は一般に，通勤ラッシュの時間帯に多くなる。

問４　テレワークとは，インターネットなどの情報通信技術を活用し，時間や場所の制約を受けずに柔軟《じゅうなん》に働く形態をいう。よって，アがあてはまる。イについて，設備の整った大企業はテレワークが可能なことが多いが，中小企業や業種によっては難しい場合もあり，普及《ふきゅう》率は低い。ウについて，テレビを見ることはテレワークと関係がない。エについて，テレワークは感染症《しょう》拡大で注目されたが，この働き方は以前からある。

2 千葉県の地理についての問題

問１　(1)　大規模な石油貯蔵施設は，東京湾岸の袖ヶ浦《そでがうら》市(エ)にある。　(2)　東京オリンピックのサーフィン競技は，太平洋側の一宮町(ウ)で行われた。　(3)　日本最大の国際空港は成田国際空港で，成田市(ア)にある。　(4)　水あげ量が日本最大の漁港は，銚子《ちょうし》市(イ)にある。

問２　東京都庁から東の方角はほぼ低地になっており，25kmくらいから先は下総《しもうさ》台地に入る。よって，イがあてはまる。アは北，ウは南，エは西の方角になる。

問３　(1)　銚子漁港は利根川の河口に位置し，利根川から栄養分を多くふくんだ水が流れこむため，その近海は魚介《ぎょかい》類が育ちやすい。　(2)　潮目は，暖流の日本海流(黒潮)と寒流の千島海流(親潮)のように，水温や塩分濃度の異なる２つの海流がぶつかるところをいう。満ち潮と引き潮のさかいではないので，ウが正しくない。　(3)　文章の後半に「季節によっては魚の群れを追って，東北沖まで数日間，漁に出ます」とあるので，沖合漁業である。

問４　良い点としては，季節によって農作物が収穫できない端境《はざかい》期でも，季節の異なる南半球の国から輸入することにより，安定した供給ができることなどがあげられる。悪い点としては，輸入先の国や地域が異常気象や干ばつで凶作《きょうさく》になったり，紛争や戦争に巻きこまれたりしたとき，輸入量が減少して食料不足になるおそれがあることが考えられる。

3 2021年のできごとを題材とした問題

問１　アフガニスタンのタリバーン政権は，イスラム教の教えを厳しく守ることを求めている。そのため，旧政権時代は女性の権利保障に消極的で，女性が教育を受けることを禁じていた。

問２　雨温図を見ると，８月の平均降水量は約225mmである。「10日間で平年８月降水量の４倍」とあるので，225×４＝900mmになる。

問３　(1)　1981～2010年の平均から1991～2020年の平均に改められたとあるので，1991～2010年の20年間は共通している。よって，新旧の平年値の差は，1981～1990年と2011～2020年の観測データの違いで生まれる。　(2)　新平年値は，旧平年値に比べて気温が全国的に0.1～0.5度高くなった。新平年値は現在に近いため，これまでの「平年より高い」という表現が減り，「平年並み」という表現が増えると考えられる。

問４　紛争や内戦，政治的迫害《はくがい》などの理由で，外国に逃《のが》れて暮らす人々を難民という。2021年の東京オリンピック・パラリンピックでは，難民選手団が結成されて競技に参加した。

問５　「ウォームビズ」とは，冬に厚着をして暖房(エアコンなど)の設定温度を下げることで，電力消費量を少なくして二酸化炭素の排出量を減らす取り組みをいう。夏は逆に薄着《うすぎ》をして冷房の設定温度を上げる「クールビズ」が推奨《すいしょう》されている。

問６　解散によって衆議院議員選挙が行われると，選挙の日から30日以内に特別国会(特別会)が開かれ，内閣総理大臣の指名選挙が行われる。よって，ウが正しい。なお，臨時国会(臨時会)は必要に応じて開かれる。通常国会(常会)は毎年１月に定期的に開かれ，予算審議が中心となる。

問７　国民審査は，最高裁判所の裁判官(長官をふくめて15人)が適任かどうかを国民が審査する制度で，任命後初めて行われる衆議院議員選挙のときと，その後10年を経過して初めて行われる衆議院議員選挙のときごとに審査される。投票の過半数が不適任としたとき，その裁判官は辞めなければならない。

問８　若い世代の投票率が低いと，若い人の意見が政治に反映されにくくなる。そこで，若い人の投票率を上げるため，学校教育で選挙の重要性や投票の仕方などをしっかり教えることが必要である。また，投票した人に何らかの特典(商品券やイベント利用権など)をあたえるということも考えられる。

4 雪舟や日本三景についての問題

問1 (1) 雪舟が活躍《かつやく》したのは室町時代のことで，このころ盆おどりや御伽草子《おとぎぞうし》，狂言《きょうげん》などの庶《しょ》民《みん》文化が広まった。 (2) 応仁の乱(1467～77年)が起こると，主戦場となった京都から多くの文化人が難を逃れて各地の戦国大名の城下町に下ったが，なかでも山口の大内氏が積極的に文化人を招いたことから，山口は「西の京」とよばれた。なお，アの保元の乱は1156年，ウの関ヶ原の戦いは1600年のできごと。

問2 (1) 平清盛は大輪田泊《おおわだのとまり》(現在の兵庫県神戸港の一部)を修築し，宋(中国)の船を招き入れて民間貿易を行った。 (2) 平清盛は平治の乱(1159年)で源義朝《よしとも》を破ると，1167年には武士として初めて太政《だいじょう》大臣となり，政治の実権を握《にぎ》った(平氏政権)。

問3 ①～③ 天橋立《あまのはしだて》(京都府)はエの日本海，宮島(広島県)はウの瀬戸内海，松島(宮城県)はアの太平洋に面している。

5 米作りの歴史についての問題

問1 Aは牛にスキを引かせて水田の代かきをしている絵(鎌倉時代)，Bは風を送って米とわらくず，もみがらなどを選別する唐みを描いた絵(江戸時代)，Cは銅鐸《どうたく》に刻まれているもので，きねとうすを使って脱穀《だっこく》するようすを描いた絵(弥生時代)，Dは田楽に合わせて田植えをしている絵(室町時代)である。よって，米作りの作業順はA→D→C→Bとなる。

問2 鎌倉時代，幕府は国ごとに守護，荘園や公領に地頭を置いて全国を支配したが，年貢の取り立ては地頭が行った。

問3 江戸時代，支配階級の武士は人口の約7％，被支配階級の百姓(農民)は約84％を占めていた。なお，ウは僧侶《そうりょ》・神官・公家など。

問4 ① 江戸時代，脱穀用の農具としてエの千歯こきが用いられた。 ② 弥生時代，稲の刈《か》り取りにアの石包丁が用いられた。なお，イは備中ぐわ(江戸時代)，ウは縄文土器(縄文時代)。

問5 室町時代前半，Dの田植えのときに歌いおどる田楽や，寺社の祭礼に奉仕する猿楽《さるがく》などを取り入れ，観阿弥《かんあみ》・世阿弥《ぜあみ》父子によりエの能(能楽)が大成された。なお，アは歌舞伎《かぶき》，イは子どもが祭礼でおどるようす，ウは人形浄瑠璃《じょうるり》。

6 戦時中の新聞記事を題材にした問題

問1 資料は太平洋戦争(1941～45年)の始まりを報じる新聞記事で，このとき日本軍はハワイにあるアメリカ軍基地を奇襲《きしゅう》攻撃すると同時に，イギリス領のマレー半島に上陸を開始した。よって，ア，ウの2つがあてはまる。

問2 (1) 見出しの「四国共同宣言」とはポツダム宣言のことで，日本に無条件降伏《こうふく》を勧告《かんこく》するこの宣言はアメリカ・イギリス・中国(中華民国)の名で出され，のちにソ連も参加した。 (2) 見出しの「沖縄軍官民一体」という言葉から，1945年3月26日に始まった沖縄戦を表しているとわかる。同じ年の3月10日，アメリカ軍のB29爆撃機による東京大空襲が行われた。よって，イがあてはまる。アは学徒出征《しゅっせい》(出陣)，ウは配給制について述べたもの。 (3) 1944～45年，アメリカ軍の空襲を避《さ》けるため，大都市に住む小学生が集団で地方に疎開《そかい》させられた(学童疎開)。

問３　1942年，中部太平洋で行われたミッドウェー海戦で日本軍はアメリカ軍に大敗したが，政府や軍は国民の戦意を高めるため，事実を隠《かく》してあたかも勝利したかのように発表した。また，新聞社も政府や軍の発表をそのまま記事にして掲載《けいさい》した。よって，エが正しい。

理　科　＜第１回試験＞（30分）＜満点：40点＞

解　答

[1] (1) **ア**　酸素　**イ**　二酸化炭素　(2) **ア**　二酸化炭素　**イ**　酸素　(3) 呼吸　(4) **記号**…ア　**問１**…気こう　**問２**…蒸散　[2] (1) ③　(2) ②　(3) ①　(4) ③　(5) ①　[3] (1) **X**　ウ　**Y**　エ　(2) ウ　(3) でい岩　(4) しん食作用　(5) ①　イ　②　ア　[4] イ，エ，オ　[5] (1) ①　1.88g　②　7.3g　③　3.12g　(2) ①　小さく　②　(例)　ピンセット　(3) ア，エ，オ　[6] (1) 食塩　(2) 解説の図を参照のこと。　(3) イ　[7] (1) ①　イ　②　イ　③　ア，ウ　④　**ちっ素**…ア　**酸素**…オ　(2) 解説の図を参照のこと。　(3) ウ　(4) エ

解　説

[1] 植物のはたらきについての問題

(1)〜(3)　植物は，酸素を吸収し二酸化炭素を放出する呼吸を常に行っている。呼吸では，でんぷんなどを水と二酸化炭素に分解するのに酸素が使われ，このとき生きるためのエネルギーがつくられる。また，植物は光に当たると光合成を行う。光合成では，二酸化炭素と水から光のエネルギーを利用してでんぷんをつくり，そこで生じた酸素を放出している。(a)はよく日光に当てたので，植物がさかんに光合成を行い，ふくろの中の気体は酸素が増えて，二酸化炭素が減る。一方，(b)は光に当てないので植物は光合成を行わず，呼吸により，ふくろの中の気体は二酸化炭素が増えて，酸素が減る。

(4)　植物は気こうとよばれる，おもに葉にある小さな穴から水蒸気を出している。この水蒸気が冷えると水てきになり，ふくろの内側につく。植物が行う，体内の水を水蒸気として空気中に出すはたらきを蒸散といい，蒸散によって体温調節をしたり，根が水を吸い上げるはたらきを助けたりしている。

[2] 植物や動物の季節ごとのようすについての問題

(1)　アサガオの花は７月中旬《ちゅうじゅん》〜10月上旬ごろにさくので，夏から秋の様子を表している。

(2)　サクラは秋になると紅葉し，葉がすべて落ちる。サクラは，春に花をさかせたり，葉を出したりするための芽をつけて冬ごしをする。

(3)　オオカマキリは，秋に草の茎《くき》などに卵を産み，卵で冬をこし，春になるとふ化してたくさんの幼虫が出てくる。

(4)　トノサマバッタは夏や秋に50〜100個の細長い卵を地中に産み，秋に産んだ卵で冬ごしをする。

(5)　ツバメは春に南の方から日本へとやってきて巣をつくりはじめ，４〜７月ごろに産卵する。

[3] 流れる水のはたらきについての問題

(1)　図１は川の流れる土地のかたむきを表しており，Ｙは100kmまで示されているので，海に流れ

出る場所からの距離《きょり》が当てはまる。Ｘは海面からの高さとなり，Ｘが０ｍの地点は川が海に流れ出る場所となる。

⑵　川の上流はかたむきが大きいので流れが速く，下流は流れがゆるやかである。そのため，川原の石は上流から中流，下流にいくにしたがって，角がけずられて丸みをおび，小さくなっていく。下流の川原には，小さくて丸みをもった石や砂，ねん土が積もっている。

⑶　どろの細かい粒《つぶ》からできた岩石はでい岩という。なお，砂がたい積して固まってできた岩石は砂岩，小石が砂やどろといっしょにたい積して固まってできた岩石はれき岩である。

⑷　流れる水が川底や岸をけずるはたらきをしん食作用という。なお，けずりとられた土や砂などが運ばれるはたらきを運ぱん作用，水で運ばれてきた土や砂を積もらせるはたらきをたい積作用という。

⑸　①　まっすぐに流れている川の川底はイのようにまん中が深く，岸に近くなるほど浅くなっている。　②　曲がっている川のカーブの外側（Ａ側）は流れが速く，しん食作用がさかんなので川底が深い。また，カーブの内側（Ｂ側）は流れがおそく，たい積作用がさかんなので川底が浅い。よって，断面はアのようになる。

4　星や星座についての問題

ア　星は明るさによって，明るい星から順に，１等星，２等星，３等星，…と決められており，１等星は６等星の100倍明るい。　イ　はくちょう座のデネブ，こと座のベガ，わし座のアルタイルを結んでできる三角形を夏の大三角という。　ウ　デネブははくちょう座の１等星で白っぽい星である。　エ　オリオン座が東の空と南の空に見えるときでは，星の並び方は変わらないが，かたむき方が変化している。　オ　オリオン座のベテルギウス，おおいぬ座のシリウス，こいぬ座のプロキオンを結んでできる三角形を冬の大三角という。

5　ものの溶《と》け方やてこ，磁石と電磁石についての問題

⑴　①　表から，20℃の水100ｇに溶けるホウ酸の重さは4.7ｇなので，20℃の水40ｇに溶けるホウ酸の重さは，$4.7\times\frac{40}{100}=1.88$（ｇ）となる。　②　表から，40℃の水100ｇにホウ酸は8.2ｇまでしか溶けないので，15.5－8.2＝7.3（ｇ）が溶けきれなくなって粒として出てくる。　③　ビーカーの重さは300ｇなので，ビーカーには，345－300＝45（ｇ）のホウ酸水が残っている。はじめのホウ酸水は，80＋10＝90（ｇ）だったので，こぼしたことで，$(90-45)\div90=\frac{1}{2}$の量になったことがわかる。よって，ホウ酸水45ｇ中の水の重さは，$80\times\frac{1}{2}=40$（ｇ），溶けているホウ酸の重さは，$10\times\frac{1}{2}=5$（ｇ）となる。①より，20℃の水40ｇにホウ酸は1.88ｇまでしか溶けないので，５－1.88＝3.12（ｇ）の粒が出てくる。

⑵　てこでは，（作用点に加わる力の大きさ）＝（力点に加える力の大きさ）×（力点から支点までの距離）÷（作用点から支点までの距離）が成り立つ。力点が支点と作用点の間にあるてこは，（力点から支点までの距離）の方が（作用点から支点までの距離）より小さいので，作用点に加わる力は，力点に加えた力より小さくなる。このようなてこには，ピンセットや和ばさみ，トングなどがある。

⑶　棒磁石などの磁石をつるすと，Ｎ極が北を向く。電磁石は電流の向きを変えることでＮ極とＳ極を入れかえられるもので，コイルの巻き数や直列につなぐ電池の数を増やすことで磁石のはたらきを大きくすることができる。なお，磁石はいつでも鉄を引き付けるが，電磁石は電流が流れたときにしか鉄を引き付けない。また，磁石はＮ極とＳ極は引き合うが，Ｎ極とＮ極，Ｓ極とＳ極はし

りぞけ合う。

6 水をこおらせる実験についての問題

(1)　食塩を混ぜた冷たい水を氷に加えると０℃より低くなるので，水がこおるときの様子を調べることができる。このようにした混合物を寒剤《かんざい》という。

(2)　横軸《よこじく》の一番左端《ひだりはし》を０分，右端を20分とする。縦軸の１目もりは２℃とし，下から３つ分の目もりを０℃とすると，一番上の目もりが20℃，一番下の目もりが－６℃となる。表の結果を11個の点で記し，これらを直線で結ぶと右の図のようになる。

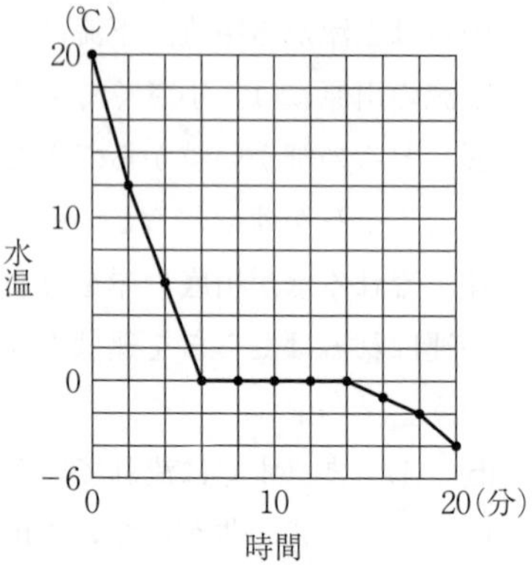

(3)　６分のときにはすでに０℃で水がこおりはじめていて，16分以降はすべてこおっていて温度が０℃以下になっている。よって，８分のときには，水と氷が混ざっている。

7 ものの燃え方についての問題

(1)　①　大きい集気びんの中の空気の量は同じなので，ろうそくが燃えるときの空気中の酸素の減り方は同じようになって，ろうそくの火はどちらも同じころに消える。　②　小さい集気びんの方が大きい集気びんより，中に入っている酸素の量が少ないので，小さい集気びんのろうそくの方が早く消える。　③　２つの大きい集気びんに入る空気の量は同じなので，空気の量が同じだと，ろうそくの燃え方も同じかどうかを確かめている。また，②より，小さい集気びんは空気の量が少ないので，ろうそくの火が消えるのが早い。なお，集気びんにはふつうに空気を入れているので，どちらの集気びんも空気の濃《こ》さは変わらない。　④　空気の約78％はちっ素，約21％は酸素である。ちっ素には物が燃えるのを助ける性質はなく，自分自身も燃えないので，ろうそくを燃やしても集気びんの中のちっ素の量は約78％でほとんど変化しない。一方，酸素はろうそくが燃えるのに使われるので，約21％から減っていく。ただし，酸素が17％ほどになると，ろうそくの火は消えてしまう。

(2)　ろうそくが燃えているとき，火のまわりにある気体は温度が高くなっているので，軽くなって缶《かん》の上の口から出ていこうとする。そこで，右の図のように缶の下の方に穴をあけると，外の空気が缶の中に入っていき，缶の中では下から上に行く空気の流れができて，ろうそくはよりよく燃えることになる。

(3)　ろうそくが燃えたあとの空気は温度が高くなっているので，軽くなって集気びんの上の方にたまっていく。この空気は酸素が少なくなっているので，ろうそくを燃やし続けることができず，上の方のろうそくの火から先に消える。

(4)　温かい空気は軽いので部屋の上の方にあり，冷たい空気は重いので部屋の下の方にある。ドアは部屋の下からやや上の方にまで開くので，もう１か所だけ窓を開ける場合は上にある窓を開けるのがよい。そうすると，ドアの下の方から冷たい空気が入ってきて，上の窓から温かい空気が出て行く空気の流れができる。図でイの窓を開けた場合は，おもに部屋の左側の空気しか入れかわらないが，エの窓を開けた場合は部屋全体の空気を入れかえることができる。

国語 ＜第１回試験＞（50分）＜満点：60点＞

解答

一 ⑴ 宝塚の／少女マ ⑵ a ウ b ア c イ ⑶ ア ３ イ ６ ウ ２ ⑷ ⓐ 無言 ⓑ 派手 ⓒ 勝手 ⑸ ① １ イ ２ ウ ３ ア ② （例） 「わたし」とお祭りに行くことを楽しみにしていたが，乗り気でないのでさそおうとする思いが冷めてしまっている。 ⑹ （例） 今まで「わたし」は，「真面目」を親の言うことに逆らわない，または，地味で冴えないという意味だと思い，悪い印象しか持てなかったが，奈保ちゃんの言葉をきっかけに，「真面目」が自分に対して真剣で誠実だという意味だと知り，あこがれるようになった。 ⑺ （例） 「わたし」は咲ちゃんのことを天然で，ちょっとたよりなく，ぼんやりしてやさしい子としか考えてなかったが，それは表面的な姿で，実際はものすごくいろんなことを感じたり考えたりしながら自分を変えたいと思っていたことに気づき，これまで「わたし」は彼女と深くかかわっていなかったと考えた。 二 ⑴ 下記を参照のこと。 ⑵ ア ３ イ ６ ⑶ a 勇気 b 思いやり c 罪悪感(無力感) d 無力感(罪悪感) e 人間的 f 愛他精神 g 声なき声 h 公平 i 経験 j 共同作業 ⑷ ア，エ ⑸ a，b （例） 強く(て)弱い

●漢字の書き取り

二 ⑴ ① 敬服 ② 専念 ③ 同行 ④ 証言

解説

一 **出典は中山聖子《なかやませいこ》の『雷《かみなり》のあとに』による。**親や友だちとのかかわりを通じて心の成長をとげる「わたし」(睦子《むつこ》)のようすが描《えが》かれている。

⑴ 顔は小さく，細くて長い手足を持ち，何気ないしぐさであっても美しかったことに加え，転校生だからといっておどおどしたようすも見せない茉莉香《まりか》のような子はきっと，クラスの中心にいるユーリやキミちゃんらと仲良くなるのだろうと「わたし」が感じた点をおさえておく。ぼう線Ａに続く部分で，「わたし」が「さわまりか」という音に「宝塚《たからづか》の人っぽいひびき」を感じたことや，帰り道，「大きな水たまりを勢いよく飛びこえ」た後，右足を軸《じく》にしてふりむいた彼女《かのじょ》の姿に「少女マンガのひとコマを見ている」かのような錯覚《さっかく》を覚えたように，その名前も実際の動作もはなやかなものだったのだから，「茉莉香のイメージ」としてはこの二つがぬき出せる。

⑵ a 珍《めずら》しくこだわりを見せた咲ちゃんが立候補したアナウンス委員は「クラスに一人だけという」決まりがあったため，やむなくポスター委員となったのに，「転入生」だからと二人目のアナウンス委員として茉莉香が特別に認められたことに，「わたし」は不満を抱《いだ》いている。勝手にアナウンス委員に立候補した咲ちゃんにも，当然のように咲ちゃんの横にくっついている茉莉香にも，茉莉香の希望を通してあっさりとルールを変えた先生にも，「わたし」は腹立たしさを覚えているのだから，ウが選べる。 b 咲ちゃんとずっと二人で続けてきた登下校に茉莉香が加わってから，徐々《じょじょ》に彼女たちだけで盛り上がることが多くなり，「わたし」は何度も自分だけ仲間外れになったような状況《じょうきょう》に置かれている。別れた後，遠ざかっていく彼女たちの姿を見た「わたし」は，咲ちゃんが自分からどんどん離《はな》れていくような気がしたのだろうと想像できるので，アがあてはま

る。　**c**　おしゃれな服装の茉莉香と咲ちゃんに対し，どこか野暮《やぼ》ったいかっこうをしていた「わたし」は，茉莉香から「むっちゃん，なんかおばさんみたーい」とからかわれ，恥《は》ずかしくなったので，イが合う。

⑶　**ア**　茉莉香は咲ちゃんとばかり話すのに夢中で，「わたし」が「なにかを話しはじめると」「笑《え》顔《がお》を消して，だまってしまう」のだから，彼女は「わたし」との話がつまらないと考えているのだろう。　**イ**　一緒《いっしょ》に登下校していても茉莉香と咲ちゃんだけで盛り上がっていることが多いのだから，自分と別れた後，ふたりはきっと楽しく話をするのだろうと「わたし」は思っている。

ウ　「友だちを選びなさい」という自分の要望に，「わたし」が反発せず受け入れるような態度を示したので，お母さんは「満足」したのだろうと考えられる。

⑷　ⓐ　話に夢中になっている茉莉香と咲ちゃんに対し，「わたし」はそのおしゃべりに加われずにいるのだから，「無言」があてはまる。　ⓑ　新しくできたショッピングモールに行ったとき，茉莉香は「ノースリーブのシャツに緑色のスカート姿で，ちょっとヒールのあるサンダル」をはいていたのに対し，「わたし」は「クマのイラストのＴシャツにジーンズというかっこう」をしていたことに注目する。「暗くて目立たないものを着る」自分に比べ，茉莉香は「大人っぽくて着ているもの」も「派手」なのである。　ⓒ　「そろそろ帰らなくちゃ」と話す「わたし」を無視するかのように，茉莉香は「最後にペットショップだけ行こう」と決めたのだから，「勝手」が入る。

⑸　①　**1**　お祭りに一緒に行かないかと話す茉莉香の提案に賛同した咲ちゃんから，「むっちゃんも行こう，ね，行くよね？」と言われた「わたし」は，三人でショッピングモールに行ったときのことを思い出している。家に帰らなければならない時間になっても，勝手な行動をとる茉莉香によって結局は帰りが遅《おそ》くなってしまい，心配した母親にひどく怒《おこ》られた経験から，「わたし」はお祭りに行くべきかどうか悩《なや》んでいるのである。　**2**　お祭りに行くことをためらう「わたし」は，「咲ちゃんの手から自分の手をするりと引い」ている。しかし，咲ちゃんはどうにか「わたし」をさそいたいと思っていたので，「ひじのあたりをきゅっとつかんだ」のである。　**3**　咲ちゃんからいくらさそわれても一向に乗り気にならない「わたし」のようすを見た茉莉香は，「もういいじゃん，行かないって言ってるんだし」と大きな声でやりとりをさえぎった後，浴衣《ゆかた》について咲ちゃんに話しかけている。そのため，咲ちゃんもあきらめて「わたし」から手を離《はな》したのである。

②　茉莉香からの提案に賛同した咲ちゃんは，はじめ「わたし」と一緒に祭りに行くことを楽しみにしていたが，茉莉香の突《つ》き放すようなことばを聞いて，なかなか首を縦に振らない「わたし」をさそおうという気持ちが冷めたのである。

⑹　友だちづきあいを心配する母親に「睦子のことは信じてるから。睦子は真面目ないい子だもの」と言われたとき，「脅《おど》されている」ような感覚を抱いたことや，茉莉香から「むっちゃんは真面目だからね」と突き放されたことから，彼女たちの言う「真面目」とは，「大人の思い通り」であったり「地味で冴《さ》えな」かったりする態度を指し，後ろ向きな意味を持つものだと「わたし」は考えていた。しかし，図書委員の奈保ちゃんが自らを指してきっぱりと言った「真面目だから」ということばの響《ひび》きに強さと明るさを感じて衝撃《しょうげき》を受けた「わたし」は，放課後あらためて「真面目」の意味を辞書で調べている。辞書に書かれていたのは，「うそやいい加減なところがなく，真《しん》剣《けん》であること。誠実であること」というものであり，そこに奈保ちゃんの姿を重ねた「わたし」は，自分もまた彼女のようになりたいとの思いで「真面目」の文字をいとおしむように指先でそっとな

ぞったのだろうと想像できる。

⑺　茉莉香とつき合うなかで，「天然」だとか「のんびり」したキャラでいることからぬけ出せたと思っていたが，それは勘違《かんちが》いだったと力無く笑う咲ちゃんのようすを見た「わたし」は，近くにいた自分がいちばん彼女を笑い，無意識に傷つけていたことにショックを受けている。さらに，茉莉香から不機嫌《ふきげん》な態度をとられていた「わたし」をかばうことができなかった弱さもふくめ，「ぜんぶ，丸ごと変わりたかった」し，今，みんなから「うそつき茉莉香」と言われている彼女にも，理想がつい「うそ」という形であらわれてしまっただけで，自分にもそうしたところはあると理解を示した咲ちゃんの話を聞き，実際には「ものすごくいろんなことを感じたり考えたり」しており，自分よりも「ずっと強くてしっかりしているのかもしれない」彼女の表面的な部分しか，これまでの「わたし」は見ていなかったことに気づかされたのである。ずっと一緒にいながら，深いかかわりを持つことができていなかったことに思い至《いた》り，「わたし」は，咲ちゃんとの心のへだたりを感じているものと想像できる。

二　出典はマリーヌ・ジャックマン，アンヌ・バリエール，パトリシア・アレモニエール，リズロン・ブドゥル，アンヌ＝クレール・クードレイ著，遠藤《えんどう》ゆかり訳の『命を危険にさらして』による。女性戦場ジャーナリストとして活動する人たちの具体的な体験をふまえながら，戦場ジャーナリストの仕事について解説している。

⑴　①　感心して，尊敬すること。　②　一つのことに，熱心に取り組むこと。　③　一緒に行くこと。　④　起こったできごとなどが本当であることを明らかにするために，自分の知っている事実を伝えること。

⑵　**ア**　「彼女たち」は「大きな羨望《せんぼう》の的」だったのだから，圧倒《あっとう》的に実力があって堂々としているようすの「おしもおされぬ」があてはまる。　**イ**　直前に「神聖にして」とあることから，戦場ジャーナリストにとって「どのようなルポルタージュも，自分の命と引きかえにする価値はない」という言葉は，何よりも大切にすべきものだったのだろうと推測できる。よって，“おかすことができないし，おかすこともしてはいけない”という意味の「おかすべからざる」が入る。

⑶　**a**　二つ目の段落で，1980年代頃までは男性の職業だった分野に「勇気」を出して飛びこんだマリーヌとパトリシアは，「女性戦場ジャーナリスト」という道を切りひらいたと述べられている。　**b**　五つ目の段落に，アンヌ＝クレールはハイチ地震《じしん》の取材を通じて「思いやりの必要性を痛感した」と書かれている。　**c**，**d**　ぼう線③の四つ前の段落で，「パトリシアは，戦争や飢餓《きが》の最初の犠牲《ぎせい》者になりやすい子どもたち」に「なにもしてあげられなかったという罪悪感と無力感に苛《さいな》まれていた」と述べられている。　**e**，**f**　ぼう線②の三つ後の段落に，「仕事の合間を縫《ぬ》って，彼女たちはみな，人間的な時間を積極的につくり，すべてのものにまさり，すべてのものと引きかえにして生きのこる，知性と愛他精神と希望に満ちた奇跡《きせき》をなしとげた」とある。　**g**　最初の段落で，戦場ジャーナリストの仕事について，「声なき声を聞き，拾いあげ，具体的なものとするために出かけていく」と説明されている。　**h**　最後の段落に，「自分の感情をまったくおもてに出さない，緊張《きんちょう》をコントロールできる，公平な立場を守るように努める」とある。　**i**，**j**　ぼう線③の三つ前の段落で，「ルポルタージュとは，伝えること，経験をわかちあうこと，その分野に対する理解を深めることで，つまりは共同作業なのだ」と述べられている。

⑷　ア　筆者は女性戦場ジャーナリストについて，彼女たちは「自分の職業を，情熱をもって，毅《き》

然《ぜん》と選択《せんたく》」している一方，その心に抱《かか》えた「矛盾，心の傷，極端《きょくたん》なまでの感受性，迷いなどは，ほかの人びとには理解できないのかもしれない」と述べている。　イ「マリーヌは，アフガニスタンの首都カブールで破壊《はかい》された病院と産院を開くために，何年ものあいだ奮闘《ふんとう》した」とある。つまり，自らが「直面している現実を視聴者に示すことだけに，全ての時間をそそいでいる」わけではないので，合わない。　ウ「戦場ジャーナリストはみな，実際に自分の命を危険にさらして」おり，「ロケット砲《ほう》の攻撃《こうげき》を受けて顔に重傷を負った」例なども示されている。「安全が保障される環境《かんきょう》で活動している」わけではないので，誤り。　エ「自分の感情をまったくおもてに出さ」ず，「緊張をコントロール」し，「公平な立場を守るように努める」というジャーナリストとしての職業意識のために「さまざまな痛手，無理解，ひどい状況《じょうきょう》といったものは，生きていく上で，見て見ぬふりをしなければならないときもあるだろう」が，「だからといって感受性や記憶《きおく》がないわけではない」のだから，正しい。　オ　戦場ジャーナリストとして活動する女性たちは「自分の力を誇示《こじ》するため」に，戦場を取材しているわけではないので，ふさわしくない。

⑸　a，b「暴力，貧困，憎悪《ぞうお》といった，人びとが直面している荒々《あらあら》しい現実を受けいれることができなければならない」彼女たちは，「戦場ジャーナリストという自分の職業を，情熱をもって，毅然と選択」する「強さ」を備えている反面，犠牲者となりそうな「その子たちになにもしてあげられなかったという罪悪感と無力感に苛まれ」るといった「弱さ」ももっていると述べられている。

2022年度　日本女子大学附属中学校

〔電　話〕 (044) 952－６７３１
〔所在地〕 〒214-8565　神奈川県川崎市多摩区西生田１－１－１
〔交　通〕 小田急線―「読売ランド前駅」より徒歩10分

【算　数】 〈第２回試験〉 (50分) 〈満点：60点〉

○円周率は3.14とします。

Ⅰ　次の(1)～(4)の□をうめなさい。ただし，(1)は途《と》中の式も書きなさい。

(1)　$4.68\times12+9.36\times8-46.8\times2.6=\square$

(2)　$\left(2\frac{1}{6}+0.75\right)\times12\div\left(2\frac{1}{3}-0.875\right)=\square$

(3)　$\left(1-\square\times\frac{1}{6}\right)\div\left(4\frac{2}{5}-1.4\right)+\frac{2}{3}=\frac{11}{12}$

(4)　$\square$ kg：1260 g$=\frac{2}{7}:\frac{1}{3}$

Ⅱ　次の(1)～(9)の問いに答えなさい。

(1)　ある小数から，その小数の小数点を左に１けたずらしてできる小数を引いたら，76.68となりました。もとの小数を求めなさい。

(2)　大，中，小３つのさいころがあります。３つのさいころを同時に投げて，出た目の数の和が７になるのは何通りですか。

(3)　あめとガムが合わせて180個あります。あめの $\frac{3}{4}$ とガムの $\frac{5}{6}$ を配ったところ，残りは合わせて36個でした。ガムははじめ何個ありましたか。

(4)　現在，父の年令はさくらさんの年令の７倍です。10年後，父の年令はさくらさんの年令の３倍になります。現在，さくらさんは何才ですか。

(5)　原価80円の商品を200個仕入れ，原価の２割増しで定価をつけたところ，130個が売れ残りました。そこでこれらをある価格まで値下げしたところ，すべてを売ることができました。このとき，利益を出すためには値下げ後の商品は最低でも１個何円で売ればよいですか。

(6)　とも子さんとお兄さんが2.1km離《はな》れた公園に行くために，一緒に分速50mの速さで歩き始めたところ，15分後にとも子さんは友達と出会い，立ち止まって話をしました。その後，とも子さんは分速90mの速さで兄を追いかけたら，兄と同時に公園に着きました。とも子さんは何分間立ち止まりましたか。式を書いて求めなさい。

(7)　〔図１〕の三角形DECは，直角三角形ABCを点Cを中心に時計回りに60°回転させたものです。㋐の角の大きさは何度ですか。

(8)　〔図２〕のように，直角二等辺三角形ABCと直角三角形DEFが一部重なっています。斜《しゃ》線の部分の面積は何cm^2ですか。

(9)　〔図３〕は，１辺が１cmの正方形を組み合わせたものです。この図形を直線lを軸《じく》として１回転させてできる立体の体積は何cm^3ですか。

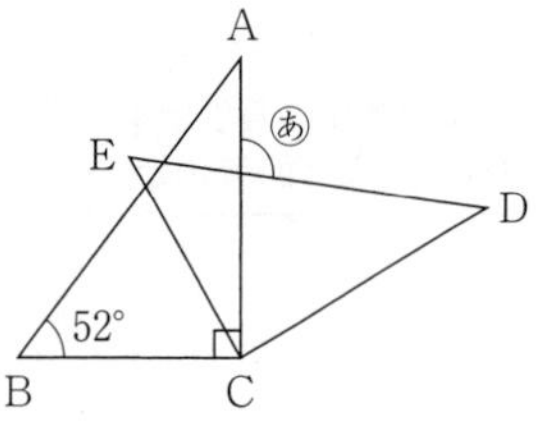

〔図１〕

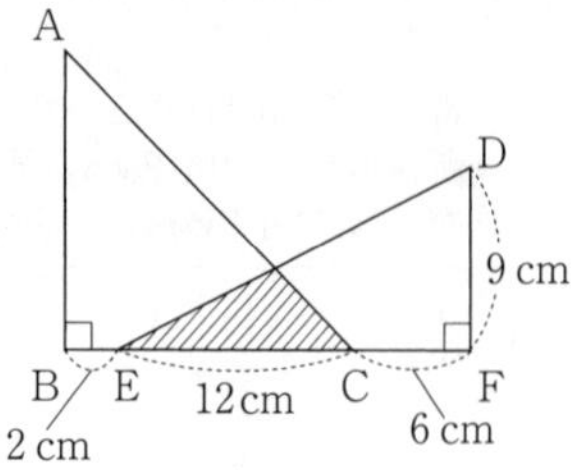

〔図２〕

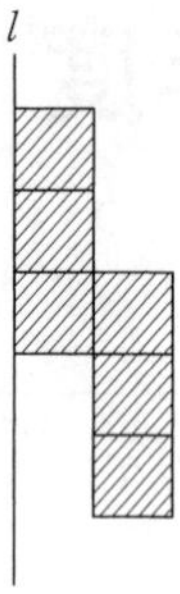

〔図３〕

Ⅲ　〔図１〕のように，半径１cm の半円２つと，直角二等辺三角形を組み合わせたハート型のカードが何枚かあります。次の(1)，(2)の問いに答えなさい。

(1)　カード１枚の面積は何 cm^2 ですか。

(2)　〔図２〕は３枚のカードを一部重ねて左右対称につなげたものです。このように何枚かカードをつなげたら，全体の面積が 66.27 cm^2 になりました。カードを何枚つなげましたか。式を書いて求めなさい。

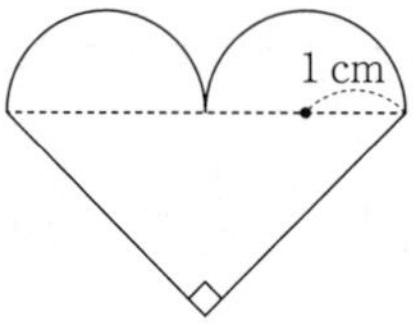

〔図１〕

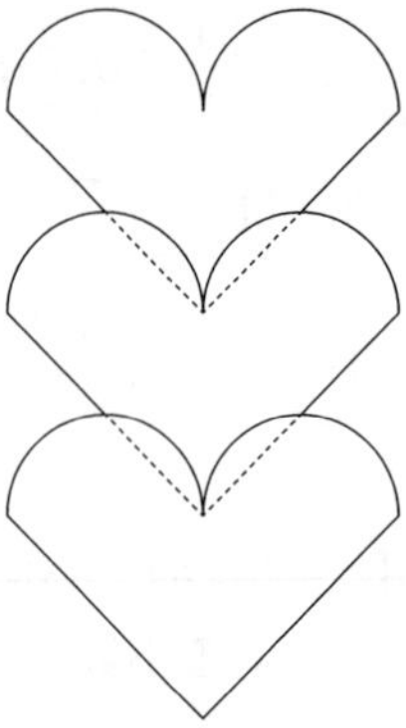
〔図２〕

Ⅳ　連続する３つの整数のかけ算を，次のように１番目から13番目まで考えます。

１番目　2×3×4
２番目　5×6×7
３番目　8×9×10
⋮
13番目　38×39×40

次の(1)～(3)の問いに答えなさい。

(1)　次の□に入る整数のうち，最も大きい整数を答えなさい。
「１番目から13番目のかけ算の答えはすべて□の倍数である。」

(2)　１番目から13番目のかけ算の答えのうち，12 の倍数でないものは何個ありますか。

(3)　次の①，②の□に入る整数のうち，最も小さい整数をそれぞれ答えなさい。
「１番目から13番目のかけ算の答えのうち，［①］の倍数は１個しかない。また，［②］の倍数は２個しかない。」

Ⅴ　図のように縦６cm，横 10cm の長方形 ABCD があります。点ＰはＡを出発してＤまで行き，またＡに戻《もど》るということをくり返します。点Ｑは点Ｐと同時にＡを出発し，Ａ→Ｂ→Ｃ→Ｄ→Ａと１周動いて止まります。グラフは点Ｐ，Ｑが動き始めてからの時間と三角形 PCD と三角形 QCD のそれぞれ

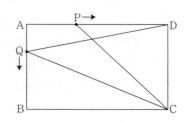

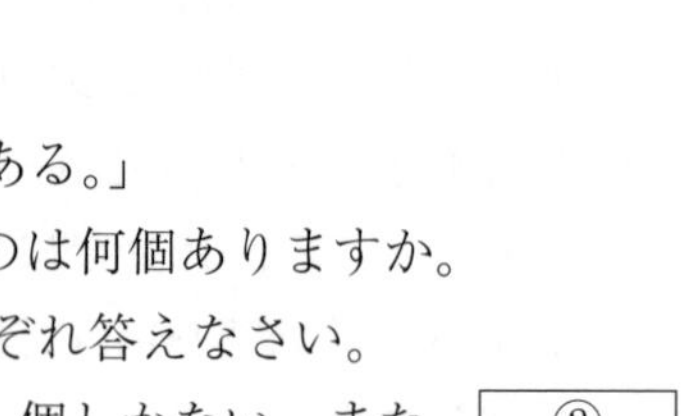

の面積の様子を表しています。あとの(1)〜(4)の問いに答えなさい。

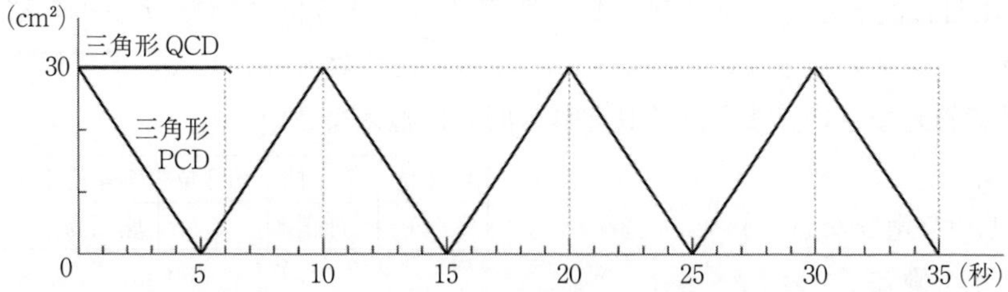

(1)　点P，Qの動く速さはそれぞれ秒速何 cm ですか。

(2)　三角形QCDのグラフを完成させなさい。

(3)　点P，Qが初めて重なるのは，動き始めてから何秒後ですか。

(4)　三角形PCDと三角形QCDの面積が３回目に等しくなるのは，動き始めてから何秒後ですか。

【社　会】〈第２回試験〉（30分）〈満点：40点〉

1　[1]～[3]は，ある項《こう》目に関する都道府県ランキング(第１位～第５位)です。ア～エの都道府県のうち，３つはランキングの空らんにあてはまり，１つはあてはまりません。あてはまらない１つを選び，記号で答えなさい。また，それぞれの問いに答えなさい。

[1]　菊《きく》の出荷《か》量が多い県

第１位	第２位	第３位	第４位	第５位
	沖縄		鹿児島	

［あてはまらない１つを選びなさい］

ア：北海道　　イ：愛知

ウ：福岡　　エ：長崎

問１　沖縄県の菊が多く出荷される時期を，次のア～エから１つ選び，記号で答えなさい。

ア：菊が売れる「春のお彼岸《ひがん》」の時期

イ：日本各地で自然に菊が咲《さ》く時期

ウ：お墓参りに行く「お盆《ぼん》」の時期

エ：沖縄県に多くの観光客が来る夏の時期

[2]　総面積に占《し》める耕地の割合が高い県

第１位	第２位	第３位	第４位	第５位
		佐賀	埼玉	

［あてはまらない１つを選びなさい］

ア：茨城　　イ：千葉

ウ：栃木　　エ：神奈川

問２　佐賀県中心部がある平野の名前と，その平野を流れる河川の名前に共通する漢字１字を答えなさい。

問３　佐賀県の吉野ケ里遺跡について正しく述べた文を，次のア～エから１つ選び，記号で答えなさい。

ア：多くの青銅器が出土しているが，鉄器は出土していない。

イ：約2000年前の縄文時代後期にできた大規模な集落の跡《あと》である。

ウ：大規模な集落の周りが，大きなほりや石垣《がき》で囲まれていた。

エ：たて穴住居だけでなく，さまざまな使い方の建物がたっていた。

[3]　工業製品の出荷額が多い県

第１位	第２位	第３位	第４位	第５位
愛知		大阪		

［あてはまらない１つを選びなさい］

ア：神奈川　　イ：静岡

ウ：京都　　エ：兵庫

問４　次の文は，工業製品に取り入れられている「ユニバーサルデザイン」の説明です。空らん①と②にあてはまる語句を答えなさい。ただし，②は複数ある答えの中から１つを答えなさい。

> 人々の［　①　］の有《う》無や［　②　］の違《ちが》いに関わらず，誰《だれ》もが安全に使いやすいデザインのこと。

2　日本列島や日本の島々について説明した文章を読んで，あとの問いに答えなさい。

> 日本は周囲を海に囲まれた島国で，約（ [1] ）の大小様々な島で成り立っています。(あ)日本の領土は南北に[2]約3000km の距離《きょり》があります。国土面積は[3]約38万km² ですが，(い)排《はい》他的経済水域は国土面積よりも大きくなっています。

問１　空らん[1]にあてはまる数字と，[2]・[3]とおよそ同じものをそれぞれ選び，記号で答えなさい。

[1]　ア：600　　イ：4000　　ウ：7000

[2]　カ：オーストラリア大陸の南北の距離
　　キ：アメリカ合衆国（本土）の東西の距離
　　ク：南アメリカ大陸の南北の距離

[3]　サ：ドイツの面積　　シ：インドの面積　　ス：韓国の面積

問２　下線部(あ)の日本の領土の範《はん》囲を緯《い》度と経度で示すと，次のようになります。（　）にあてはまる語句をア～エから，それぞれ１つずつ選び記号で答えなさい。ただし，同じ記号を何度使ってもかまいません。

> （　　）20度～（　　）45度，（　　）122度～（　　）153度

ア：東経　　イ：西経
ウ：南緯　　エ：北緯

問３　下線部(い)について，日本の排他的経済水域でできることには○，できないことには×を，解答らんの表に入れなさい。

	日本	日本以外の国
定置網《あみ》を設置する		
石油タンカーで航行する		

問４　日本は，世界でも有数の火山大国です。火山が多いことは，そこに暮らす人々の生活に様々な影響《えいきょう》を与《あた》えます。そのうち，良い点を答えなさい。

> この島は周囲の島々を含めて北方領土と呼ばれており，日本の最北端《たん》に位置しています。

問５　この島の名前をひらがなで答えなさい。また，島の形を次のア～エから選び，記号で答えなさい。

ア
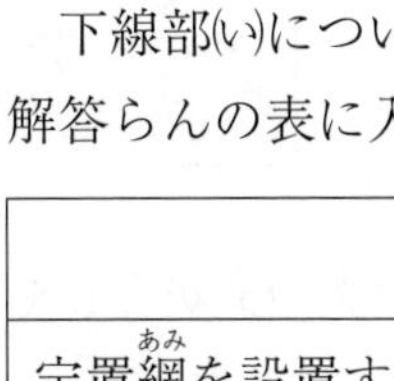

イ

ウ
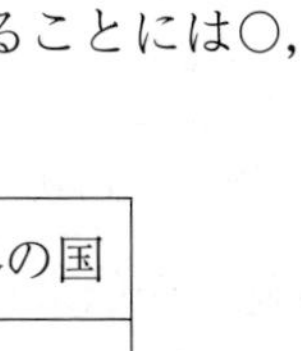

エ

問６　日本の東西南北の端《はし》にある島について表にまとめました。最西端と最南端に位置する島を，表のア～エからそれぞれ選び，記号で答えなさい。

島の特徴	ア	イ	ウ	エ
定住して生活している人たちがいる。	×	○	○	×
人口が最も多い都道府県に属している。	○	×	×	○
日本人が自由に家族旅行に行くことができる。	×	○	×	×
冬の平均気温が氷点下になる。	×	×	○	×
島の面積が上野公園より大きい。	○	○	○	×

この島には，約500年前，ヨーロッパ人が漂《ひょう》着し鉄砲が伝来しました。島の南部には宇宙センターがありロケットの打ち上げや人工衛星の組み立てを行っています。

問７　この島の正しい位置を右の地図中のア～エから選び，記号で答えなさい。

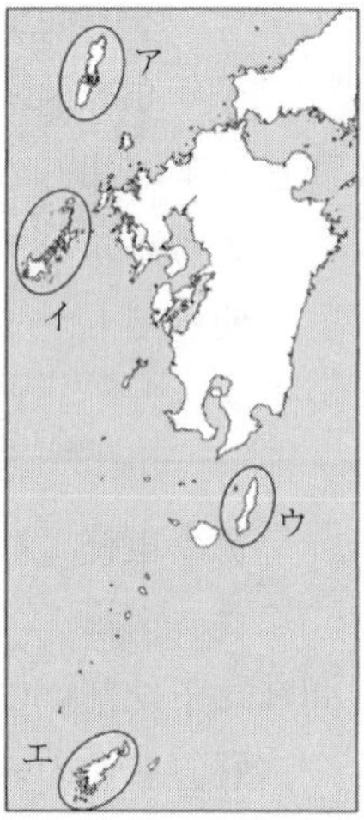

問８　次のグラフは，４県の農業産出額の内訳を示しています。この島が属する県のグラフを，ア～エから選び，記号で答えなさい。なお，他のグラフは，千葉県・長野県・宮城県のものです。

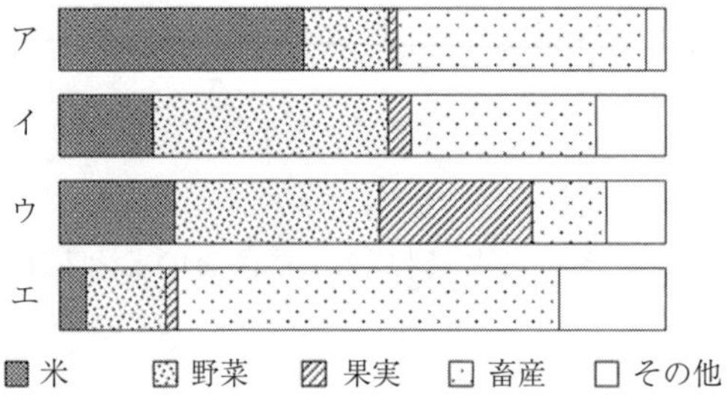

問９　文中の下線部「鉄砲」が伝来した約30年後のようすについて述べた次の文が正しくなるように，①・②にあてはまるものをそれぞれ記号で答えなさい。

鉄砲は①{ア：日本国内で大量に作られ　　イ：ほとんどが海外から輸入され}ており，②{ウ：長篠の戦い　　エ：桶狭間の戦い}では多数の鉄砲をならべて戦った。

3　2022年から何年前の出来事かを表した次の表を見て，あとの問いに答えなさい。

50年前	冬季オリンピック札幌大会が開かれた。
100年前	全国［　A　］社がつくられた。
150年前	学制が公布された。
200年前	イギリス船が浦賀に来港した。
300年前	大名に対し，参勤交代の制度をゆるめるかわりに幕府に［　B　］を納めさせる制度を定めた。
400年前	江戸幕府の初代征夷大将軍徳川家康の側近であった大名が，とりつぶされた。

問１　50年前の出来事を，次のア～オから２つ選び，記号で答えなさい。

ア：中華人民共和国との国交が正常化する

イ：阪神・淡路大震災が起こる

ウ：東海道新幹線が開通する

エ：日本が国際連合に加盟する

オ：沖縄が日本に復帰する

問２　100年前の出来事について，次の(1)と(2)に答えなさい。

(1)「全国［A］社」は，差別に苦しんでいた人々がつくった組織です。［A］にあてはまる漢字２字を答えなさい。

(2) 100年前のようすについて正しく説明した文を，次のア～エから１つ選び，記号で答えなさい。

ア：平塚らいてうが自由民権運動を行っていた。

イ：与謝野晶子が弟を思う詩を発表した。

ウ：北里柴三郎が赤《せき》痢《り》菌《きん》を発見した。

エ：新渡戸稲造が国際連盟の事務次長を務めていた。

問３　150年前の出来事について，次の(1)と(2)に答えなさい。

(1)「学制」を説明した次の文が正しくなるように，①と②にあてはまるものをそれぞれ選び，記号で答えなさい。

①{ア：6　イ：9　ウ：12}歳《さい》以上の②{カ：男　キ：女　ク：男女}が小学校に通うことを定めた。

(2) この年，現在世界遺産になっている群馬県の製糸工場が設立されました。この製糸工場について述べた次の文が正しくなるように，①と②にあてはまるものをア～ウからそれぞれ選び，記号で答えなさい。

(①)が設立したが，約20年後に(②)が譲《ゆず》り受けた。

ア：国

イ：士族

ウ：民間人

問４　200年前の出来事の後，アメリカのペリーも浦賀にやってきました。この時のようすとして正しくないものを，次のア～エから１つ選び，記号で答えなさい。

ア：ペリーは，アメリカから太平洋を横断してきた。

イ：ペリーは，アメリカ大統領の手紙を持参してきた。

ウ：幕府は，アメリカの要求を朝廷《てい》に報告した。

エ：幕府は，アメリカの要求にどのように対応すべきか，大名からも意見を集めた。

問５　300年前の出来事について，次の(1)と(2)に答えなさい。

(1) 文中の［B］にあてはまる語句を答えなさい。

(2) この制度を定めた将軍が行ったこととして，正しくないものを次のア～エから１つ選び，記号で答えなさい。

ア：裁判が公平に行われ，早く進められるように法律を整えて，裁判の基準にした。

イ：家がらにとらわれずに，能力のある武士を役人に取り立てるよう，しくみを改めた。

ウ：キリスト教関係者を含む約３万７千人が九州で起こした一揆を鎮《ちん》圧した。

エ：貧しい人々のために，無料で医療《りょう》をほどこし，入院させる施《し》設をつくった。

問６　400年前の出来事に関して，次の⑴と⑵に答えなさい。

⑴「征夷大将軍」はもともとある地方の人々を武力で従わせる役職でした。その地方を次のア～エから１つ選び，記号で答えなさい。

ア：北海道地方

イ：東北地方

ウ：四国地方

エ：九州地方

⑵　このとりつぶしを行った２代将軍は，多くの大名をとりつぶしました。その後のとりつぶしの数について正しく述べたものをア～エから１つ選び，記号で答えなさい。

ア：３代将軍も同じくらいとりつぶし，４代将軍も同様であった。

イ：３代将軍も同じくらいとりつぶし，４代将軍の時は大きく減った。

ウ：３代将軍の時大きく減り，４代将軍も同様であった。

エ：３代将軍の時大きく減り，４代将軍で再び増えた。

問７　次の⑴と⑵の出来事は，それぞれ何年前の出来事か，解答らんに合うように数字を答えなさい。

⑴　新しい地頭の役目が定められた。この地頭は，前年の戦いで，幕府が朝廷方から没《ぼっ》収した土地に置かれたものである。

⑵　ある人物が亡《な》くなった。この人物は，家がらではなく本人の能力によって役人に取り立てる制度をつくったり，役人の心得《え》を示したりした。

4　古くから人々の生活に欠かせない金属について，あとの問いに答えなさい。

問１　Ａ～Ｃを読み，あとの⑴と⑵に答えなさい。

Ａ	東大寺の大仏をつくるために，もっとも多く使われた金属は(　　)である。
Ｂ	倭の奴《な》国(九州北部)の王が中国に使いを送り，皇帝から(　　)印を与えられた。
Ｃ	南蛮貿易で日本から輸出された(　　)は，石見《いわみ》(　　)山などで産出された。

⑴　Ａ～Ｃの空らんにあてはまる金属を，次のア～ウからそれぞれ１つずつ選び，記号で答えなさい。

ア：金

イ：銀

ウ：銅

⑵　Ａ～Ｃの時の中国の王朝を，次のア～ウからそれぞれ１つずつ選び，記号で答えなさい。

ア：明

イ：唐

ウ：漢

問２　次の表は，ある市に関する年表です。あとの(1)～(5)に答えなさい。

1901年	官営の製鉄所ができ，工業地域として発展し始める。
1943年	工場近くの湾《わん》内のよごれが目立つようになる。
1950年	工場のけむりなどによる被《ひ》害が出始め，市民が公害に反対する運動を始める。
1970年	市の議会が，公害を防ぐための(　　)を定める。
1974年	湾内のよごれを取り除く工事が始まる。
1980年	湾内に魚が見られるようになる。 海外からの研修生に，環《かん》境を守る技術を世界に伝える取り組みを始める。
1997年	エコタウン事業が始まる。
2011年	環境問題に先進的に取り組む「環境未来都市」に選ばれる。

(1)　現在，各地の「製鉄所」には，次のア～ウが原材料として大量に積まれています。国内で自給できているものを１つ選び，記号で答えなさい。

ア：鉄鉱石

イ：石炭

ウ：石灰《かい》石

(2)　この市を含む「工業地域」は，四大工業地帯の１つとなりました。この工業地帯について正しく説明している文を，次のア～エから１つ選び，記号で答えなさい。

ア：九州地方にあり，四大工業地帯のなかで「金属工業」の生産額がもっとも多い。

イ：九州地方にあり，工業生産額に占める割合がもっとも高いのは「機械工業」である。

ウ：近畿地方にあり，機械部品などの金属加工を得意とする町工場が多い。

エ：近畿地方にあり，四大工業地帯のなかで工業生産額がもっとも少ない。

(3)　四大公害病の１つは，「工場のけむりなどによる被害」である。発生した場所を，次のア～エから１つ選び，記号で答えなさい。

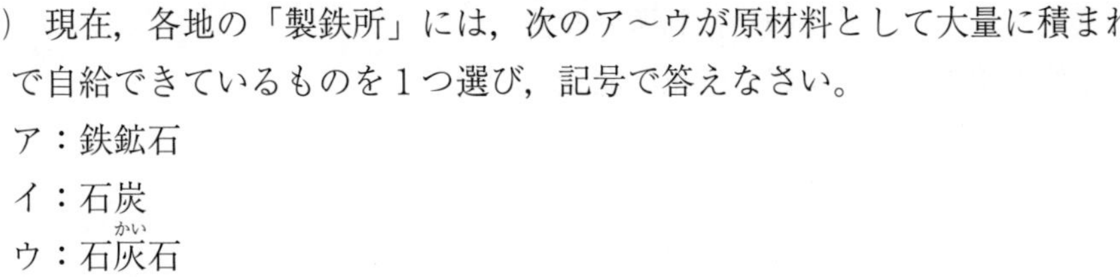

(4)　空らんにあてはまる「市の議会が定める法」を漢字２字で答えなさい。

(5)　「エコタウン事業」とは「工場などで出る廃棄《はいき》物を，他の分野の原料に変えて利用し，廃棄物がない社会にする目的で行われている取り組み」です。同じような目的で，あなたが日常生活のなかでゴミの捨て方に気をつけているものを１つ答えなさい。

5　次の新聞記事を読んで，あとの問いに答えなさい。

> ①広島への原爆《ばく》投下後，放射性物質を含《ふく》む「　②　い雨」を浴びた住民ら84人全員を被爆者と認め，被爆者健康手帳の交付を命じた③広島高裁判決について，菅義偉④首相は26日，上告を断念する方針を表明した。
>
> （2021年７月27日朝日新聞朝刊より）

問１　①が起きたのはいつか，解答らんにあうように答えなさい。

問２　②にあてはまる色を漢字１字で答えなさい。

問３　③について，次の⑴と⑵に答えなさい。

⑴　高等裁判所は広島以外に７か所設置されています。設置されている場所として正しくないものを，次のア～エから１つ選び，記号で答えなさい。

ア：仙台　　イ：横浜　　ウ：名古屋　　エ：高松

⑵　ひとつの事件について，一般《ぱん》的に何回まで裁判をうけることができるか，答えなさい。

問４　④が組織する内閣の仕事として正しいものを，次のア～エから１つ選び，記号で答えなさい。

ア：予算の議決　　　　　イ：弾劾《だんがい》裁判所の設置

ウ：外国と条約を結ぶ　　エ：憲法改正の発議

【理　科】〈第２回試験〉（30分）〈満点：40点〉

1　図１のように，実験を行う前の日の午後から畑に植えてあるジャガイモの葉を，アルミニウムはくでおおいました。次の日，図２のように３枚の葉を用意し，デンプンができているか調べました。

図１

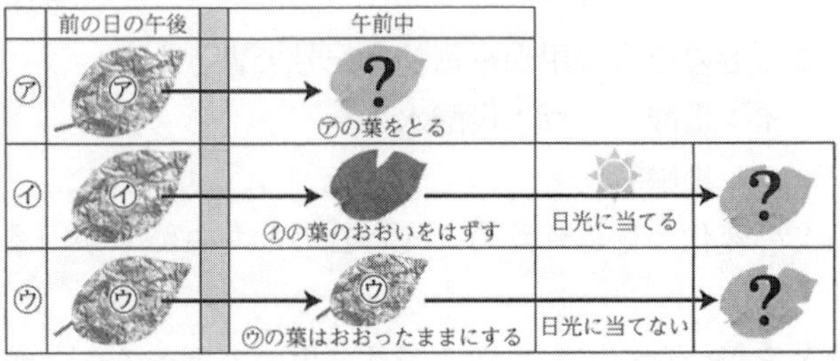

図２

(1)　前の日の午後に，すべての葉をアルミニウムはくでおおうのはなぜですか。

A：光合成をさかんに行わせるため
B：蒸散をさかんに行わせるため
C：デンプンを完全になくすため
D：葉に当たる暑さをやわらげるため

(2)　デンプンができているかを調べるために，次の実験を行いました。

手順１：葉を湯に入れてやわらかくする。 手順２：葉をあたためた(　X　)に入れ，色がぬけるのを待つ。 手順３：葉を取り出し，水でよく洗う。 手順４：洗った葉に(　Y　)をつけ，色の変化を調べる。

①　Xに当てはまるものを次の中から選び記号で書きなさい。

A：水酸化ナトリウム水溶《よう》液　　B：エタノール　　C：塩酸　　D：食塩水

②　Yに入る薬品を書きなさい。

③　手順４でデンプンが含まれていると，何色に変化するか，次の中から選び記号で書きなさい。

A：赤色　　B：緑色　　C：黄色　　D：青むらさき色

(3)　実験結果で，デンプンができていたのはどれか，次の中から選び記号で書きなさい。

A：㋐　　B：㋑　　C：㋒　　D：㋐と㋑
E：㋐と㋒　　F：㋑と㋒　　G：㋐と㋑と㋒

(4)　実験結果から，デンプンができるためには何が必要と分かりますか。

2　さくらさんは吐《は》き出した空気と吸いこむ空気では，何がちがうのかを調べるために，次の実験をしました。

＜手順＞ ①　ポリエチレンのふくろを２つ(それぞれをA，Bとする)用意する。

② Aのポリエチレンのふくろに，吸いこむ空気(まわりの空気)を集め，(X)を入れてふる。
③ Bのポリエチレンのふくろに，３回息をふきこみ，(X)を入れてふる。
④ ２つのポリエチレンのふくろの中の(X)の変化にちがいがあるか調べる。

(1) Xに当てはまるものを次の中から選び，記号で書きなさい。
ア：石灰水　　イ：塩酸　　ウ：炭酸水
エ：食塩水　　オ：沸騰《ふっとう》石

(2) 手順④で，Xの変化が見られたのはAとBのどちらですか。またどのように変化したかも書きなさい。

(3) この実験はXを用いなくても，別の器具を用いて調べることができます。それは何か次の中から選び，記号で書きなさい。
ア：百葉箱　　イ：乾湿《かんしつ》計　　ウ：気体検知管　　エ：上皿てんびん

(4) この実験から分かったことを文章にまとめました。次の(Y)に当てはまる気体を書きなさい。
吐き出した空気は吸いこむ空気とくらべて，(Y)の体積の割合は増えている。

(5) (4)のYは吐き出した空気中にはふつう，どのくらいの体積の割合で含《ふく》まれていますか。次の中から選び，記号で書きなさい。
ア：約0.03%　　イ：約４%　　ウ：約18%　　エ：約21%　　オ：約78%

3 ある土地のがけの様子を観察してスケッチしました。あとの問いに答えなさい。

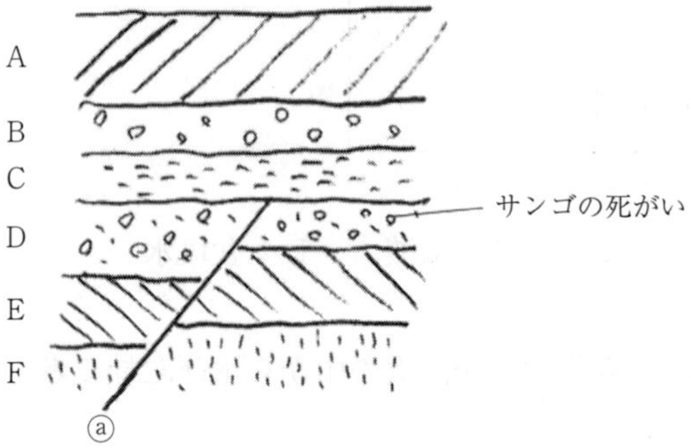

A：小石と砂
B：小石
C：砂
D：ねん土
E：火山灰
F：砂

(1) がけなどに見られるしま模様を何といいますか。

(2) Dの中にサンゴの死がいなどが残っていました。このような動植物の死がいのことを何といいますか。

(3) ⓐのような土地のずれを何といいますか。

(4) ⓐ，Dの層，Eの層があることから，昔どのようなことが起こったと考えられますか。次からそれぞれ選び記号を書きなさい。
ア：近くで火山がふん火した。
イ：大きな地しんがあった。
ウ：この付近には森林が広がっていた。
エ：大きな津《つ》波があった。
オ：暖かい気候で，浅い海であった。

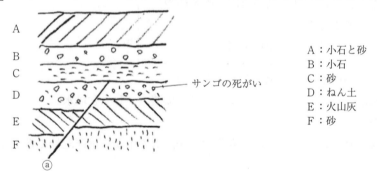

4 10月頃《ころ》の川崎市の空のようすを観察しました。答えは記号で書きなさい。

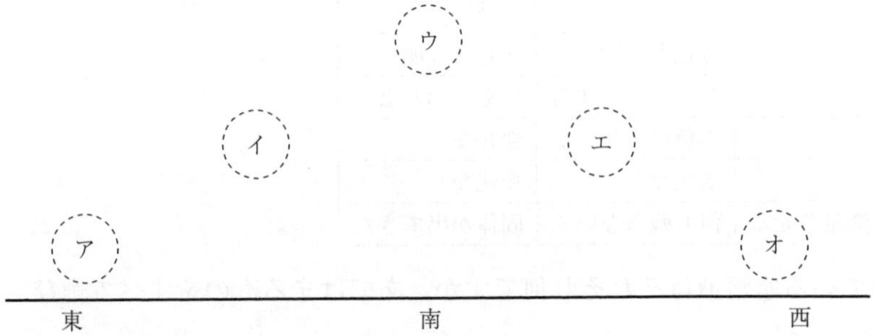

(1) 午前６時頃ウの位置に月が見えました。このときの月の形はどれですか。

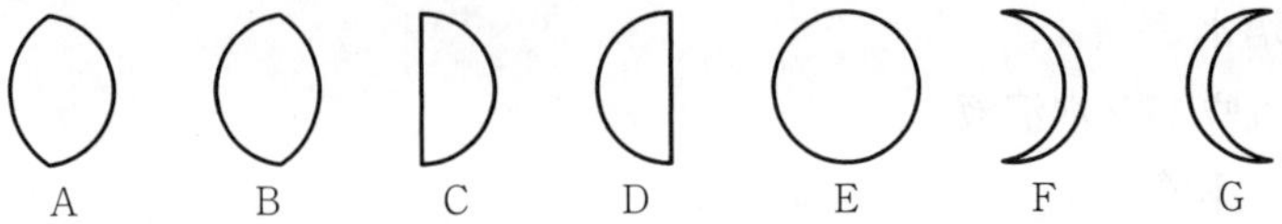

(2) (1)のＣのような形の月がエの位置で観察できた時刻はどれですか。

Ａ：午前３時

Ｂ：午前９時

Ｃ：午後３時

Ｄ：午後６時

Ｅ：午後９時

(3) 満月が午後６時頃に見えるのは図のア～オのどの位置ですか。

(4) 地球から見える満月として正しいものはどれですか。

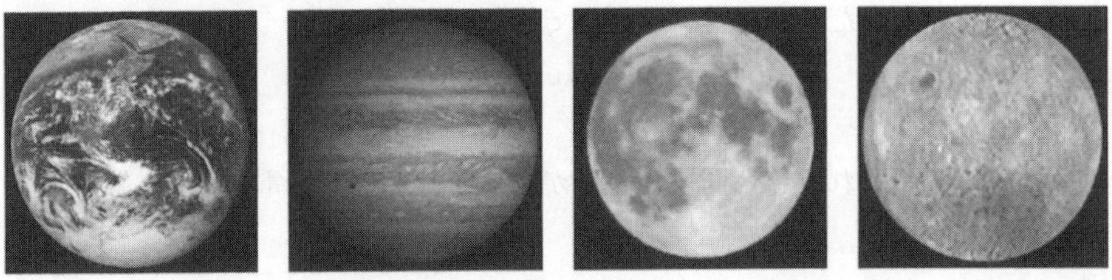

A　　B　　C　　D

(5) 神奈川県出身の宇宙飛行士である野口聡《そう》一さんが2020年11月から2021年５月まで宇宙で滞《たい》在した場所はどこですか。

Ａ：JAXA(ジャクサ)

Ｂ：はやぶさ２

Ｃ：ひまわり

Ｄ：国際宇宙ステーション

5 以下の問いに答えなさい。

(1) 次の(　)にあてはまるものを選び記号で書きなさい。

水が沸騰《ふっとう》しているときに出てくる大きなあわは(①　ア：水蒸気　　イ：空気)である。

水をこおらせると体積が(②　ア：大きく　　イ：小さく)なるので，氷を水に入れると(③　ア：沈《しず》む　　イ：浮《う》かぶ)。

(2)　試験管Ａ・Ｂにそれぞれ水溶《よう》液が入っています。実験をして調べた結果を表にまとめました。

	試験管Ａ	試験管Ｂ
見た目	無色とう明	無色とう明
におい	少しつんとする	何もにおわない
青色リトマス紙をつける	赤色に変化	変化なし
赤色リトマス紙をつける	変化なし	変化なし
少し蒸発皿にとって水を蒸発させる	何も残らない	固体が出てきた

試験管Ａ・Ｂに入っている水溶液はそれぞれ何ですか。あてはまるものをすべて選び，記号で書きなさい。

ア：石灰水　　イ：炭酸水
ウ：アンモニア水　　エ：食塩水
オ：砂糖水　　カ：ミョウバン水溶液
キ：塩酸　　ク：ヨウ素液

(3)　100gの水に溶《と》けるミョウバンの量を表にまとめました。

水温(℃)	0	20	40	60	80
ミョウバンの量(g)	5.7	11.4	23.8	57.3	320.9

①　60℃の水50gにミョウバンを24g入れてすべて溶かしたあと，水温が40℃になるまで冷やしました。このときビーカーの底に出てきた粒《つぶ》は何gですか。

②　80℃の水100gが入っているビーカーに，ミョウバンを入れてすべて溶かしたあと，水温が20℃になるまで冷やしました。ビーカーの底に出てきた粒をすべて取り出してはかると34.2gでした。最初に入れたミョウバンは何gでしたか。

6　以下の問いに答えなさい。

(1)　手回し発電機，光電池のそれぞれと同じしくみが利用されている発電をすべて選び記号で書きなさい。

ア：火力発電
イ：原子力発電
ウ：水力発電
エ：風力発電
オ：太陽光発電

(2)　発電した電気を充《じゅう》電することができるものを次の中から選び，記号で書きなさい。

ア：スイッチ　　イ：発ぽうポリスチレン
ウ：発光ダイオード　　エ：コンデンサー

(3)　次の中から電気製品の１つとセンサーを２つ選び，充電した電気を効率よく利用するプログラムを組みます。２つのセンサーによって，どのような条件で動作をさせるか説明しなさい。

電気製品：照明　　扇《せん》風機　　エアコン　　テレビ
センサー：人感センサー　　音センサー　　明るさセンサー　　温度センサー

7　ふりこが１往復する時間について調べようと思います。

(1)　下の表のような結果を得るためには，あとのア～クのどれを行えば良いですか。３つ選び記号で答えなさい。また，その３つを選んだ理由を，次の文章の(　)に，10字以上25字以内で説明しなさい。

ふりこの(　　　　)による違《ちが》いを調べるため。

ふりこの長さ(cm)	10往復の時間(秒)				１往復の時間(秒)
	１回目	２回目	３回目	平　均	
30	11.12	10.89	10.77		①
45	12.95	13.44	13.21		②
60	15.65	16.06	15.88		③

ア：長さ30cmのふりこに，おもりを１個つるして，角度30°からふり始める。
イ：長さ30cmのふりこに，おもりを２個つるして，角度15°からふり始める。
ウ：長さ30cmのふりこに，おもりを３個つるして，角度30°からふり始める。
エ：長さ45cmのふりこに，おもりを１個つるして，角度15°からふり始める。
オ：長さ45cmのふりこに，おもりを３個つるして，角度30°からふり始める。
カ：長さ60cmのふりこに，おもりを１個つるして，角度15°からふり始める。
キ：長さ60cmのふりこに，おもりを２個つるして，角度15°からふり始める。
ク：長さ60cmのふりこに，おもりを３個つるして，角度30°からふり始める。

(2)　１往復の時間を調べるために，10往復の時間を計った理由を説明しなさい。

(3)　表の①～③の値をすべて計算しなさい。ただし，小数第２位を四捨五入して第１位まで答えること。

(4)　ふりこの長さを横軸《じく》，１往復の時間を縦軸として折れ線グラフを書きなさい。ただし，(　)の中に単位を書き入れること。

(5)　(4)のグラフからわかることは何ですか。

ふりこが１往復する時間は，(　　　　　)。

もちろんまだ、自分自身に④□□する劣等感の塊《かたまり》は心の奥底に沈《しず》んでいるし、不意に顔を覗《のぞ》かせる日もある。それでも、もう大丈夫《じょうぶ》。たくさんの好きが私の胸をときめかせ、劣等感をピンク色のベールで包み込んでくれる。

好きの収集とともに、もうひとつ私が人知れずしていることがある。それは、小さな紙片《へん》に気に入った言葉を書き写し、文庫本サイズの手帳に挟《はさ》んで持ち歩くことだ。

花柄の菓子箱の中に言葉を記した紙片を重ね置き、洋服を着替《か》えるように、言葉も日ごとに選んでいる。どれも強く胸を打たれて書き写したものなのに、その日の気持ちに響《ひび》く言葉が常に違っているのが面《おも》白い。

恋する気持ちを掬《すく》い上げた［う］を選ぶこともあれば、花や空や月の儚《はかな》い美しさを描いた言葉を愛《め》でたい日もある。気配や温度を感じられる景色や季節を写した言葉を持って外に出ると、慕《した》わしい誰かに守られているような気になり、そっと自信が湧いてくる。

毎朝、［え］は、その日の自分を写す鏡でもあり、臆《おく》病な心を消し去ってくれるお守りでもある。そうしてその言葉と向き合ううちに、形のない言葉たちが、瑞々《みずみず》しく私の心の中で跳《は》ね回る。

本棚《だな》を整理していると、細長く手でちぎったギザギザの紙片がぴょこんと飛び出した本が何冊も顔を出す。私が学生だった頃、プリントやノートの隅《すみ》をちぎって、好きな言葉が書かれた頁に挟んでいたのだ。

そのひとつから、文字も紙も不格好なメモを見つけた。授業を受けながら、図書館で借りた小説をこっそり読んでいたときのものだ。授業の内容はひとつも覚えていないけれど、あの日に書き写した言葉は、今もはっきりと私の記憶に残っていた。

（甲斐みのり「くらすたのしみ」より）

（一）（　）ア〜ウに入る最もふさわしいことばを、つぎの中から選び、番号で書きなさい。

1　切実な　2　立派な　3　やるせない
4　珍《めずら》しい　5　平たい

（二）［　］あ〜えに入る最もふさわしいことばを、つぎの中から選び、番号で書きなさい。

1　くすぐったい言葉　2　自分で選んだ言葉
3　思いつく限りの言葉　4　取りとめのない言葉

（三）＝＝線Aとありますが、「私」はどのような気持ちでいたのですか。最もふさわしい部分を二十字で探し、はじめと終わりの五字を書きなさい。

（四）□□①〜④にふさわしい二字の熟語を、それぞれ考えて書きなさい。同じ記号のところには同じ熟語が入ります。

（五）〰〰線Bとありますが、「加点法で世界を見渡《わた》す」とはどういうことですか。自分のことばで書きなさい。

（六）〈C〉にはどのような文が入りますか。考えて自分のことばで書きなさい。

（七）「好き」を集めることは「私」に何をもたらしてくれましたか。文章全体から考えて、自分のことばで書きなさい。

言葉を書くことならば、紙とペンがあればいつでもどこでもできるし、お金もかからない。誰に気兼《が》ねすることもなくいくらでも収集できるし、いつでも自分のそばに置いておける。なんて素《す》敵な思いつきだろうと、私は家路を急いだ。

そうして自分の部屋でスケッチブックを開き、勢いよく最初の頁《ページ》を小さな文字でぎっしり埋《う》め尽《つ》くした。

好きな本。好きな景色。好きな色。好きな歌。欲《ほ》しいけれど手が届かないもの。憧《あこが》れ。胸をときめかせる愛らしいもの。嬉《うれ》しい気持ち。恋する気持ち。知っていること。知らないこと。知りたいこと。

このスケッチブックを自分が好きな言葉で全部埋めることができたら、きっとなにかが変わるはず。半分は根拠《きょ》のない思い込み、もう半分は（イ）願いを込めて、好きなものの採集を始めた。

そのスケッチブックを好きノートと名づけ、［い］を書き出した。思いつくことがなくなれば、また新たな好きに出合うため、町に出て辺りを見回す。意識して道を進むと、今までなにも感じなかった町並みの中に、輝《かがや》くものがいくつもあることに気がついた。古びた看板、昔ながらの食堂や喫《きっ》茶店、タクシーやバスの配色。町は琴《きん》線に触《ふ》れるものや人で溢《あふ》れていたではないか。それからどんどん欲が出て、次の日は電車に乗って隣《となり》の町へ出かけた。そこにも、今まで見過ごしていた好きなものがいたるところに溢れていた。

好きを探して、好意を抱《いだ》いた様々なものやことをノートに書き込むたびに、私の世界はみるみる広がっていった。そうして、ノートも終わりに近づいたとき、私にはこんなにたくさんの好きなものがあると、自分に自信を持つことができた。好きがむくむくと膨《ふく》らむにつれ、あんなことがしたい、こんな明日を迎《むか》えたいという思いが湧《わ》いて、これからの自分や進むべき道のために、今すべきことがはっきりと輪郭《かく》を表し始めた。

好きなものを採集するようになって一番変わったのは、Ｂ加点法で世界を見渡《わた》せるようになったことだ。町も人も食べものも雑貨も、どんなものでも、なにかと向き合うときには、そこに必ず光があると信じるようになった。先入観を持たず、（ウ）気持ちで見つめたり感じたり探ったり、いくつかの角度から触れてみる。

行きたい場所や食べたいものなど、インターネットで検索《さく》すればすぐさま仔《し》細を知ることができる便利な世になった。それと同時に、自分自身が実際に体験して感じる前に、平均値化された星の数を通して、知らない誰かがつけた評価が目に入ることも多い。

それは便利な道標《しるべ》ではあるが、本当に大事なのは、〈　Ｃ　〉こと。誰かがつけた星の数を信じるより、自分の星を探して日々を過ごす方がずっと楽しい。

モーリス・メーテルリンクの童話『青い鳥』に登場する幸せの青い鳥のように、詩的な景色や言葉、ドラマチックな出来事は、全ての人のすぐそばに、平等にあると信じている。それに気づけるかどうかは自分の心持ち次《し》第。こんなふうに考えるようになったのも、やっぱり好きノートのおかげと言える。

好きという感情で毎日が満たされるようになって私はやっと、他人と自分を比べながら生きること、自分自身への劣等感から③［　　］され、自らの足で一歩を踏《ふ》み出すことができた。

あれから十数年が過ぎ、日常的にスケッチブックに書き込むことはなくなったけれど、相変わらず好きという気持ちの収集は続いている。

旅が好き。散歩が好き。手紙を書くことが好き。お菓《か》子が好き。お菓子の包み紙も好き。おいしくお酒を飲むのが好き。歴史ある建物が好き。旅先で出会うおばあちゃんたちの洋服を眺《なが》めるのが好き。誰かを想《おも》ってお土産《みやげ》を選ぶのが好き。忘れてしまったことを、思い出してみようと過去に意識を傾《かたむ》けるのも好き。

(八) ——線Eとありますが、「わたし」はどんなことに気づいて感動したのですか。それを表す一文を探し、はじめの五字を書きなさい。

(九) 〰〰線Fとありますが、風香やおじいちゃんとのかかわりの中で「わたし」の心はどのように変わりましたか。Ⅱの文章全体から考えて自分のことばで書きなさい。

二 つぎの文章を読んで、あとの問題に答えなさい。

子供の頃《ころ》から心の奥《おく》底に、劣《れっ》等感が居座《いすわ》っていた。体型・性格・学力・名前、他の人からすればなんでもないようなことでも、引け目を感じて悲しくなる。あの子に生まれてきたかったと、いつも誰《だれ》かのことをうらやましく思っていた。

歌を歌うのも絵を描《か》くのも下手。夏休みに提出した図工の宿題を、幼児の絵のようだと笑われてから、絵筆を持つのも苦手になった。そんな中、重々しい気持ちを忘れ、楽しみを見出すことができたのが、読書や国語の授業だった。

小学三年生の頃、友達と子供会でもらったお揃《そろ》いのスケッチブックに、絵を描いて遊ぶことになった。そのときも、上手に描ける気がしなくて、とうとう白いままのスケッチブックを抱《かか》えて家に帰ってしまった。自分の部屋でひとりになると、とても（ア）淋《さび》しい気持ちが押《お》し寄せてきた。

「漢字の宿題をしなくては」そんなことを考えながら、何気なくスケッチブックに〈あおいそら　しろいくも〉と、宿題で出ているのとは違《ちが》う文字を書き込《こ》んでいた。小学一年生の国語の教科書で習い、家族の前で得意気に暗唱してみせた詩の中の言葉だ。

弾《はず》みがついて、音楽の時間に習った歌とテレビで聴《き》いた歌の歌詞を書いた。するとだんだんと楽しくなってきて〈まるいりんご・まるい月・まるいホットケーキ〉と、ときどき祖母としていた連想ゲームを再現して、浮《う》かんだ言葉を続け様につらつらと書き綴《つづ》った。

それからというもの、スケッチブックに絵ではなく言葉を書いてひとり遊びをするようになった。架《か》空の物語の登場人物やお店の名前を考えて書き溜《た》めておくこともあれば、辞書から好きな単語を書き写すだけのときもあった。

小学生らしい［　あ　］ばかりだったけれど、少しずつ自分らしい表現を発見し、言葉を書くことの楽しさを覚えていった。なにより、スケッチブックに言葉を書いていると、A曇《くも》った気持ちがすっきり晴れた。

中学・高校と歳《とし》を重ねていくうちに、スケッチブックは鍵《かぎ》のついたノートへと変わり、言葉は秘《ひ》めたる出来事や恋《こい》の詩に変わっていった。ところがだ。大学受験を前に今までの自分から変わらなければと、言葉をノートに綴ることを辞《や》め、いつしかそのまま忘れ去った。

それから数年が経《た》ち、間もなく大学卒業という頃。これまでの二十数年でかつてないほどの①［　］や苛《いら》立ちにぎゅっと押しつぶされそうな日々を送っていた。仕事も定まらず、漠《ばく》然と待ち受ける②［　］が怖《こわ》くて仕方がなかった。

毎日メソメソ泣きながら、早くこの暗闇《やみ》から抜《ぬ》け出したいと、悩《なや》んでもがいて出口を探した。そんな中、ふとよみがえってきたのが、十代の頃のスケッチブックの記憶《おく》。

無為《い》に言葉を綴る楽しみを思い出し、すぐさまお気に入りの雑貨店へ出かけて、スケッチブックを買い求めた。その瞬《しゅん》間ぱっと目の前が明るく開けたような気がした。

「そうだ、言葉を通して、好きなことや愛らしいと思うものを集めてみよう。部屋の中でただ①［　］を募《つの》らせるだけの毎日は、今日でおしまいにしよう」

分でもわかってるし。でも……でもね、わたしのふでばこ、あれ、ママが買ってくれたやつなんだ。今だってそんなによゆうないのに、ママが買ってくれて、ハデじゃないけど、安いやつじゃなくて……」

　風香ちゃんの声がふるえた。

「わたし、ママやターちゃんのこと悪く言われるの、すごくヤなんだよね。がまんできないくらい、ほんとに、ほんとにヤだったんだ。けど、四人とはなれてひとりになるのは、ほんとはすごくこわかったから、だから、瑠雨ちゃんがいてくれてよかった。ほんとに助かった。っていっても、話がくどいのはまだなおってなくて、もし瑠雨ちゃんもわたしのこと、ほんとはうざいと思ってるんだったら……」

　うざい？　そんなことないよ。

　そう言いたいけど、声にならない。あせると、ますますのどがつまったみたいになる。しょうがなく、手にした傘をぶるぶる横にゆすってみせたら、風香ちゃんが気づいて「ほんと？」と声を明るくしたから、こんどは傘を大きくたてにふった。

「そっか。よかったあ」

　たちまち、風香ちゃんの傘がすっと上がった。傘の下の顔は笑ってた。

「そういえば、ターちゃんってああ見えて冒《ぼう》険家でね……」

　ころっと調子をとりもどした風香ちゃんが、はねるようなテンポで、おじいちゃんの冒険話を語りだす。そののびやかな音に、ときどき、雨と風の伴《ばん》奏がかさなる。

　ぺちゃくちゃ。

　しとしと。

　ごうごうごう。

　にぎやかな音に包まれて、F わたしはなにか大きなものの内側に入れてもらった気がする。

（森　絵都「あしたのことば」より）

(一) ――線Aとありますが、「外側が平和」だと思ったのはなぜですか。最もふさわしい一文を[I]の文章から探し、はじめの四字を書きなさい。

(二) [　] a～cが指すことばをaは十字、bcは二十字でそれぞれ探し、はじめとおわりの三字を書きなさい。

(三) （　）ア～ウに入る最もふさわしいことばを、つぎの中から選び、番号で書きなさい。

1 さざめき　2 せせらぎ　3 きしみ
4 うなり　5 ひらめき　6 ふくらみ

(四) 〰線B_1 B_2 B_3とありますが、この三つから、音は「わたし」にとってどのようなものなのだと分かりますか。[I]の文章全体から考えて自分のことばで書きなさい。

(五) [　]1～3に入る最もふさわしいことばを、つぎの中から選び、記号で書きなさい。

あ　自由な鳥みたいな軽やかな音
い　シャララと通りぬける音
う　あたりに響《ひび》きわたる鋭《するど》い音
え　せめぎあう音
お　ささやくような音

(六) ……線Cと同じように風香の心を音で表している一文を[II]の文章から探し、はじめの八字を書きなさい。

(七) ═線D_1「舞いあがる」、D_2「とりこになる」はそれぞれ二字の熟語で表せます。考えて書きなさい。

最初からうたにきこえなかったのは、おじいちゃんがおそろしくオンチだからってだけじゃなく、たぶん、そこで語られているのがむかしの言葉だからだ。「若菜つむ」とか、「なお消えがたき」とか、「雪の下なる」とか。おじいちゃんのうたに出てくるのは、百人一首にあるような言葉ばかり。ってことは——。

これは、むかしの人がつくった、むかしのうたなんだ。

そう気づくなり、ぐん、と耳の穴のおくゆきが広がった気がした。わたしはむちゅうで音をひろった。遠い時代からやってきた、とびきりレアな言葉たち。いまの日本語よりもやわらかくて、耳がほっくりする感じ。その言葉たちは、ゆったりとした節にのって、わたしが見たことのない世界を物語っている。

「山もかすみて」

「白雪の」

「あらおそろしのことを」

ああ、おもしろい。すごいのをひろった。生まれてはじめての耳ざわりに、わたしはすっかりD2とりこになった。

こんな音があったなんて。こんなうたがあったなんて。大発見。人がむかしのうたをうたうっていうのは、むかしの音をよみがえらせるってことなんだ——。

帰り道は雨がふっていた。わたしは雨の音が好き。たぶん、この世にある音のなかで一番。それは、たぶん、わたしの名前に「雨」が入ってるからだと思う。風香ちゃんの名前には「風」が入っている。

雨と風。だからってわけじゃないけど、風香ちゃんとは、むりしなくてもいっしょにいられそうな気がする。

「瑠雨ちゃん、ほんとありがとね。わたし、ターちゃんのあんなよろこんだ顔、はじめて見た。いいもん見たって気がしたよ。自分のうたをあんなに一生懸《けん》命きいてもらったの、きっとターちゃん、はじめてだったんだよね」

傘《かさ》をかしてくれた上に、とちゅうまで送るとついてきてくれた風香ちゃん。風香ちゃんがうれしそうなのは、おじいちゃんがよろこんでたからだけじゃなくて、きっと、わたしがしゃべったからだろう。

E——感動、しました。

気がつくと、口からこぼれていた。自分でも、ええっ⁉ とおどろいた。家族以外のまえで、あんなふうに、ぽろっと言葉が出てくるなんて。

お面とか、外国の人形とか、ふしぎなものだらけだったおじいちゃんの部屋。でも、あそこにはなわがなかった気がする。みんなとわたしをへだてるなわ。おじいちゃんの自由ほんぽうな歌声が、なわをけちらしてくれたのかな。

そんなことを考えながら、ふと横を見て、あれっと思った。

風香ちゃんがおかしい。さっきまで高々とかかげていた傘を、頭すれすれの位置までさげて、しおれた草みたいにうつむいている。きゅうにどうしちゃったの？　まじまじながめていると、

「瑠雨ちゃん、あのさ」

傘で横顔をかくすようにして、風香ちゃんがつぶやいた。

「はじめて言うけど、わたし、まえにいっしょにいた桃香《ももか》たちから、あんまり好かれてなかったんだよね」

風香ちゃんらしくないしめった声、短調のひびき。

「わたし、話が長くて、しつこいでしょ。それに服もダサくて、ふでばこもジミだしね。だから、ほんとはだれからも好かれてなかったんだよね。ま、それはしょうがないんだけど。話がくどいのは自

しの家も、事情ってほどでもないかもしれないけど、ふつうの家とはどこかちがう。お父さんはリハビリのお医者さんで、お母さんは看護師。おなじ病院につとめているふたりは、とにかく一年中いそがしくて、家にいられる時間はあんまりない。そのあんまりない時間をめいっぱい大事にするみたいに、ふたりとも、家にいるあいだはとにかくよく動くし、よくしゃべる。二つ下の弟もおしゃべりだから、むしろ家族の会話は多いほうかもしれない。

学校ではむりしてしゃべらないわたしも、家族とならば少しはしゃべる。むりしなくてもしゃべれるから。これまで重たい病気の人たちをたくさん見てきた両親は、家の外では貝になってしまうわたしを心配はしても、それほど深刻になりすぎたり、大さわぎをしたりはしない。うちの親でよかったと思うのは、そういうところ。

一度だけ、「心療《りょう》内科で見てもらうか」と、お父さんに言われたことがあるけど、わたしは「いい」とことわった。

「こまってないから、いい」

「こまってないっていうのもなあ」

お父さんは苦笑《しょう》してたけど、それはなわの外側で生きてきたわたしの正直な気もちだった。病院なんか行ったら、無口な子から病人へ、へんな格上げをされてしまう。わたしの心の問題に、知らない人たちがどかどか入りこんでくる。そんなのはいやだ。

いまのところ、わたしはしゃべらないことで苦労はしていない。犬だって、鳥だって、言葉なんて使わなくてもりっぱに生きている。

B3 言葉がないと生きられない人間は不便な生きものだと思う。

Ⅱ

風香ちゃんの家はなだらかな坂の上にあった。レンガ色の屋根がしぶい木造の一軒《けん》家。

「ただいま！　ターちゃん、瑠雨ちゃんが洋曲ききにきてくれたよーっ」

大声をひびかせる風香ちゃんに続いて家のドアをくぐる。

「瑠雨ちゃん、えんりょしないで入って、入って。ターちゃん、きっとD1 舞《ま》いあがってるよ」

風香ちゃんが言って、どしどし階段をかけのぼっていった。満面の笑《え》みでむかえてくれたおじいちゃんが、あんまり想像とちがってた。第一印象は、「宝船にのった大黒さま」。顔がまるまるしていてつやつやで、いかにもおだやかそうに目がたれている。長髪《はつ》なんかじゃないし、バンダナもまいてない。どうどうとはげていた。

この人が、洋曲を？　わたしのおどろきがさめないうちに、

「ほほう、あんたがうわさの瑠雨ちゃんかい。こんなジジイの謡《よう》曲をきいてくれるたぁ、いやはや、かたじけない」

そうして、おじいちゃんの洋曲がはじまった――ううん、ぜんぜん洋曲じゃなかった！

わたしは耳をうたぐった。

洋曲どころか、それは音楽でさえなかった。きいたことのない音。まるでまぼろしの生きものがとつじょ出現したみたいだった。まぼろしの生きもののまぼろしの遠吠《とおぼ》え。そのきみょうな音ははげしく高まったり、うらがえったり、かすれたりうんと低くなったりと、ちっともじっとしていない。とらえどころがない。

わたしは負けじと追いかけた。えたいの知れないこの音はなんなのか。お経《きょう》？　おまじない？　ちがう――耳のおくになにかがひっついた。節。そうだ。全体をつらぬくメロディはないけど、この音には、どうやら節がある。節だけじゃない。じっと耳をすましているうちに、また新しい発見があった。言葉もある。そう、言葉。おじいちゃんは、ただガーガー吠えてるだけじゃなく、言葉を語っている。

みんなはわたしを「しゃべらない上に人の話をきいているのかどうかもわからない子」だと思っている。

「瑠雨《るう》ちゃん、またぼうっとしちゃって。きいてる?」

その日も、風香ちゃんにつっこまれた。

「瑠雨ちゃんって、五分に一度はぼうっとしてるよね。ま、いいけどさ。今のうちに、たんまりぼうっとしといてよ。ターちゃんがヨウ曲うたいだしたら、ぼうっとしたくてもできなくなるから」

くもり空の放課後、わたしはふだんは通らない桜並木の道を通って、風香ちゃんの家をめざしていた。ぼうっとしていたのは、足もとに気をとられていたせいだ。でこぼこの土の上には赤や黄色の落ち葉がかさなりあっていて、わたしの足がそれをふむたび、[1]を立てる。

「ほんとに、ほんとに、かくごしてね。ターちゃんのうた、マジひどいから。たぶん瑠雨ちゃんが思ってる何百倍もへた。拷《ごう》問かってくらいひどいの」

これは本気なのかケンソンなのかわからないけど、風香ちゃんのおじいちゃんがうたう洋曲に、わたしは本気できょうみがあった。B_2まだ出会ったことがない新しい音に、わたしはいつもあこがれている。それがレア(めずらしい)ものであるほど、心をひかれてしまう。もちろん、さそってくれたのが風香ちゃんでなかったら、いくら気になっても、のこのこついてきたりはしなかったけど。

いつもひとりでしゃべりつづけてくれる風香ちゃんの声は、[2]で、明るい。ドレミファで言ったら、ぜったいに「ラ」だ。青空の下や、緑の草原がにあう声。小一のときからいいなと思っていたこの声を、まえは遠くできいているだけだったけど、風香ちゃんたちの五人グループが「二」「二」「一」っていうふくざつなこわれかたをして以来、きゅうに近くできくことがふえた。「一」になれっこのわたしは、むりをしてまでだれかと「二」になりたいとは思わないけど、風香ちゃんの声をきいているのは気もちいい。

「つっても、わたしたち、おじいちゃんにおせわになってる身だからさ、あんまりぶーぶーもんくも言えないんだけど」

C風香ちゃんの声がふいに半音さがった。あれれ?

「ぶっちゃけね、うちのママって、出もどりなの。親の反対をおしきって結婚《こん》して、あんのじょう、六年前に離《り》婚して。別れてすぐのころは、ママ、いまさら実家には帰れないとか意地はってたんだけど、生活くるしくて、そうも言ってられなくなっちゃってね。ターちゃんちにきてから、お金の心配しなくてよくなったし、ごはんのおかずもふえたし、そこんところは感謝してるんだ」

感謝、とおとなびた口ぶりで風香ちゃんは言って、風が[3]がその声にかぶった。

「ターちゃんにヨウ曲うたわせたあと、わたし、瑠雨ちゃんにきくから、『どう? 才能あると思う?』って。そしたら、瑠雨ちゃんには残念そうに首をふってほしいの。うんと残念そうにね。心をオニにして、しっかりふってね。よろしく!」

言いたいことを言いおえると、風香ちゃんはいざ出陣《じん》、とばかりにキッとまえを見すえ、ずんずんと落ち葉をけちらしていった。

おいていかれないようにそのせなかを追いながら、わたしはふたつのことを頭のなかで考えていた。ひとつは、おせわになってるおじいちゃんに、自分の口から「へたくそ」って言えない風香ちゃんは優《やさ》しい子なんだな、ってこと(かわりに、わたしをオニにするのはどうかと思うけど)。

もうひとつは、どこの家にも事情があるんだな、ってこと。わた

二〇二二年度　日本女子大学附属中学校

【国　語】〈第二回試験〉（五〇分）〈満点：六〇点〉

一　つぎの文章を読んで、あとの問題に答えなさい。

Ⅰ「ドッジボールもヤバンでヤだったけど、バスケにくらべたらまだマシかも。ドッジボールだと、ぶつかってくるのは人間じゃなくて、ボールだけだしね。一回ボールぶつけられたら、こわいのもそれでおしまいだし。やられたーっとか、いちおう、くやしいふりしてたけど、わたし、ほんとはホッとしてたかも。ああ、これでもう逃《に》げまわらなくてすむ、って。コートの外側は平和だもんね」

風香《ふうか》ちゃんの言葉に、どきっとした。A自分のことを言われた気がしたから。

わたしはずっと外側で生きてきた。口を閉じ、なにも言わないことで、いつもみんなの外側にいた。

でも、わたしがイメージする「内」と「外」のラインは、ドッジボールのコートとはちがう。どっちかっていうと、大なわとびのなわだ。なわの両はしをだれかとだれかがにぎって、大きくふりまわす。そのなわがえがく弧《こ》のなかに、まずはひとりが入って、ぴょんぴょんはねる。ふたり、三人——なわをよけてとぶ足の数がふえていく。つぎはわたしの番。どきどきする。足がすくむ。タイミングがつかめない。思いきってふみこもうとするたびに、むかってくるなわにじゃまされる。みんなは平気でとんでいるのに、どうしても、わたしだけ a[そこ]に入っていけない。

話をしているみんなの輪に加われないとき、わたしはいつもそんな気分になる。ひとりだけなわの外側にはみだしている感じ。みんなとしゃべる。言葉をかわす。だれもがふつうにやっていることが、わたしにはできない。心のなかではいろいろしゃべっているのに、どうしても口から出てこない。ものごころがついたときから b[そう]だった。なんで自分だけこうなんだろう？

小さいころはふしぎだったし、さびしかった。いつも自分だけがおいてけぼりをくっている気がして。でも、ひとつひとつ年をとるうちに、わたしは c[そんな]状況《きょう》になれていったんだと思う。そうしていったんなれてしまうと、なわの外側には、外側にしかない平和があった。風香ちゃんの言うとおり。なわに当たって痛い思いもしない。なわをふんずけて、みんなからせめられることもない。びくびくしながら他人に合わせなくても、自分のペースを守っていられる。

それに、なわの外側は、とても静かだ。自分がしゃべらないぶん、ここにいると、いろんな音がよくきこえる。

みんなの一語一句。笑い声。どなり声。あいづち。ささやき。ため息。舌《した》打ち。すすり泣き。しゃべらないぶん、わたしは熱心に耳をすました。みんなの音をひとつひとつひろいあつめて、ひそかにおもしろがっていた。

人間の音だけじゃない。ひろえる音は無限にあった。

雨粒《つぶ》がしたたる音。

風の（ア）。

木の葉の（イ）。

鳥のさえずり。

窓の（ウ）。

世界はあんまり多くの音に満ちている。B_1なわの外側で、わたしはわたしなりにいそがしい。

でも、もちろん、そんなことはだれにも話したことがないから、

2022年度

日本女子大学附属中学校 ▶解説と解答

算 数 ＜第２回試験＞（50分）＜満点：60点＞

解 答

Ⅰ (1) 9.36 (2) 24 (3) $1\frac{1}{2}$ (4) 1.08kg Ⅱ (1) 85.2 (2) 15通り (3) 108個 (4) 5才 (5) 72円 (6) 12分 (7) 98度 (8) 24cm^2 (9) 37.68cm^3 Ⅲ (1) 7.14cm^2 (2) 10枚 Ⅳ (1) 6 (2) 3個 (3) ① 23 ② 17 Ⅴ (1) P…秒速２cm Q…秒速１cm (2) 解説の図を参照のこと。 (3) 24秒後 (4) $15\frac{1}{3}$秒後

解 説

Ⅰ 計算のくふう，四則計算，逆算，単位の計算，比

(1) $4.68\times12+9.36\times8-46.8\times2.6=4.68\times12+4.68\times2\times8-4.68\times10\times2.6=4.68\times12+4.68\times16-4.68\times26=4.68\times(12+16-26)=4.68\times2=9.36$

(2) $\left(2\frac{1}{6}+0.75\right)\times12\div\left(2\frac{1}{3}-0.875\right)=\left(\frac{13}{6}+\frac{3}{4}\right)\times12\div\left(\frac{7}{3}-\frac{7}{8}\right)=\left(\frac{26}{12}+\frac{9}{12}\right)\times12\div\left(\frac{56}{24}-\frac{21}{24}\right)=\frac{35}{12}\times12\div\frac{35}{24}=35\times\frac{24}{35}=24$

(3) $\left(1-\square\times\frac{1}{6}\right)\div\left(4\frac{2}{5}-1.4\right)+\frac{2}{3}=\frac{11}{12}$より，$\left(1-\square\times\frac{1}{6}\right)\div\left(4\frac{2}{5}-1.4\right)=\frac{11}{12}-\frac{2}{3}=\frac{11}{12}-\frac{8}{12}=\frac{3}{12}=\frac{1}{4}$，$1-\square\times\frac{1}{6}=\frac{1}{4}\times\left(4\frac{2}{5}-1.4\right)=\frac{1}{4}\times\left(4\frac{2}{5}-1\frac{2}{5}\right)=\frac{1}{4}\times3=\frac{3}{4}$，$\square\times\frac{1}{6}=1-\frac{3}{4}=\frac{1}{4}$ よって，$\square=\frac{1}{4}\div\frac{1}{6}=\frac{1}{4}\times\frac{6}{1}=\frac{3}{2}=1\frac{1}{2}$

(4) $\frac{2}{7}:\frac{1}{3}=\frac{6}{21}:\frac{7}{21}=6:7$である。また，1260g＝1.26kgなので，□kg：1.26kg＝６：７となる。よって，比の１にあたる重さは，1.26÷７＝0.18(kg)だから，□＝0.18×６＝1.08(kg)とわかる。

Ⅱ 小数の性質，場合の数，消去算，年令算，売買損益，速さ，角度，面積，相似，体積

(1) 小数点を左に１けたずらすと，もとの小数の0.1倍になるので，もとの小数から，小数点をずらした小数を引くと，その差はもとの小数の，１－0.1＝0.9(倍)になる。よって，もとの小数の0.9倍が76.68だから，もとの小数は，76.68÷0.9＝85.2とわかる。

(2) ３つのさいころの目の和が７になる組み合わせは，（１，１，５），（１，２，４），（１，３，３），（２，２，３）の４種類ある。また，大，中，小のさいころの目の組み合わせを考えると，（１，１，５），（１，３，３），（２，２，３）の場合はそれぞれ３通りずつあり，（１，２，４）の場合は，３×２×１＝６(通り)となる。よって，全部で，３×３＋６＝15(通り)とわかる。

(3)　はじめのあめの個数を(あ)，ガムの個数を㋕とすると，はじめは合わせて180個あったので，右の図①のアのように表せる。また，あめの$\frac{3}{4}$とガムの$\frac{5}{6}$を配ると，あめの，$1-\frac{3}{4}=\frac{1}{4}$と，ガムの，$1-\frac{5}{6}=\frac{1}{6}$が残り，その合計が36個だったので，図①のイのように表せる。イの式を４倍すると，$\frac{1}{4}\times4=1$，$\frac{1}{6}\times4=\frac{2}{3}$，36×４＝144より，ウのようになる。アとウの差を考えると，㋕$\times\left(1-\frac{2}{3}\right)=$㋕$\times\frac{1}{3}$が，180－144＝36(個)にあたるから，㋕$=36\div\frac{1}{3}=108$(個)と求められる。

図①

(あ)×１＋㋕×１＝180(個)…ア

(あ)$\times\frac{1}{4}+$㋕$\times\frac{1}{6}=$ 36(個)…イ

(あ)×１＋㋕$\times\frac{2}{3}=$144(個)…ウ

(4)　現在のさくらさんの年令を①，父の年令を⑦とすると，２人の年令の差は，⑦－①＝⑥と表せる。また，10年後，父の年令がさくらさんの年令の３倍になったときも，２人の年令の差は⑥で変わらず，２人の年令の差は10年後のさくらさんの年令の，３－１＝２(倍)だから，10年後のさくらさんの年令は，⑥÷２＝③となる。よって，③－①＝②が10才にあたるから，①にあたる年令，つまり，現在のさくらさんの年令は，10÷２＝５(才)と求められる。

(5)　仕入れ値の合計は，80×200＝16000(円)なので，利益を出すためには，売り上げの合計が16000円より多くなればよい。また，定価は，80×(１＋0.2)＝96(円)で，200－130＝70(個)売れたから，定価で売った分の売り上げは，96×70＝6720(円)である。よって，利益を出すには，残りの130個の売り上げを，16000－6720＝9280(円)より多くすればよいので，9280÷130＝71.3…より，最低でも１個72円で売ればよい。

(6)　2.1km＝2100mより，お兄さんが歩き始めてから公園に着くまでにかかった時間は，2100÷50＝42(分)である。とも子さんはお兄さんと一緒《いっしょ》に歩き始めて公園に同時に着いたから，とも子さんが進んだ時間と立ち止まった時間の合計も42分となる。また，とも子さんは友達と出会うまでの15分間で，50×15＝750(m)歩いたので，話をした後，分速90mで公園まで進んだ道のりは，2100－750＝1350(m)となり，この道のりにかかった時間は，1350÷90＝15(分)だから，立ち止まった時間は，42－(15＋15)＝12(分)と求められる。

(7)　下の図②で，点Cを中心に60度回転させたから，(い)の角の大きさは60度である。また，(う)の角の大きさは三角形ABCの角Aの大きさと同じなので，180－(90＋52)＝38(度)とわかる。よって，三角形CDFの内角と外角の関係より，(あ)の角の大きさは，(い)＋(う)＝60＋38＝98(度)と求められる。

(8)　下の図③のように，ABとDFに平行な直線PQを引くと，三角形PEQと三角形DEFは相似なので，PQ：EQ＝DF：EF＝９：(12＋６)＝１：２である。また，三角形PQCと三角形ABCも相似で，三角形ABCは直角二等辺三角形だから，三角形PQCも直角二等辺三角形である。これより，QCとPQの長さは等しいので，QC：EQ＝PQ：EQ＝１：２となる。よって，QCの長さは，$12\times\frac{1}{1+2}=4$(cm)だから，PQの長さも４cmとなる。したがって，斜線《しゃせん》の部分の面積は，12×４÷２＝24(cm^2)と求められる。

(9)　下の図④のような立体ができる。この立体の出っぱった㋐の部分の円柱とへこんだ㋑の部分の円柱は同じ形だから，㋐から㋑へ移動すると，この立体の体積は，底面の半径が２cmで，高さが３cmの円柱の体積に等しいことがわかる。よって，２×２×3.14×３＝12×3.14＝37.68(cm^3)と求められる。

図②

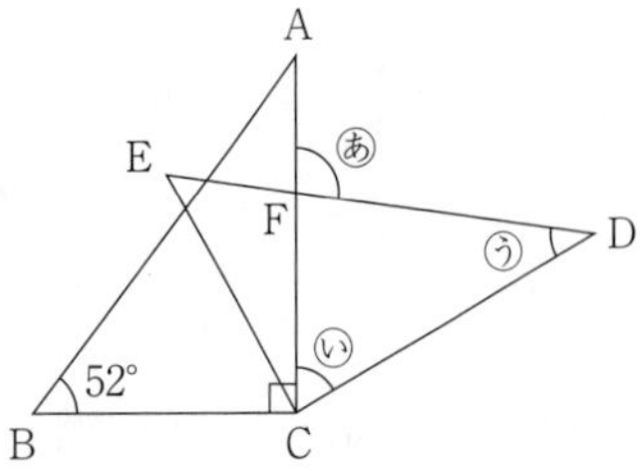

図③

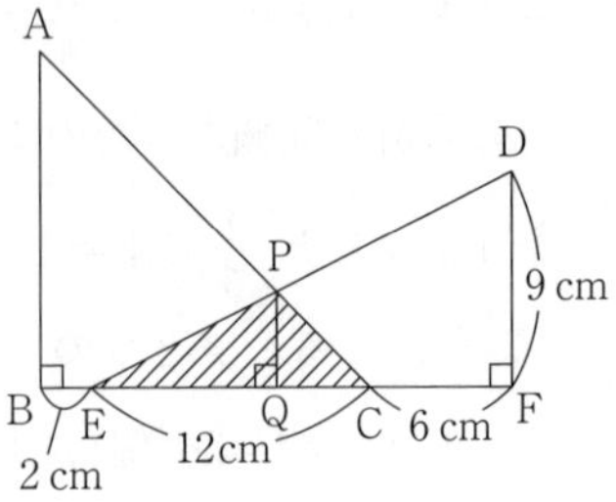

図④

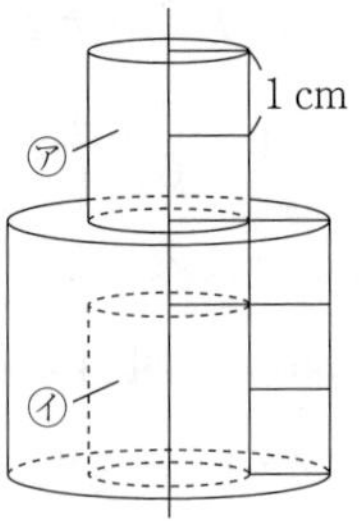

Ⅲ 平面図形―面積，図形と規則

図①

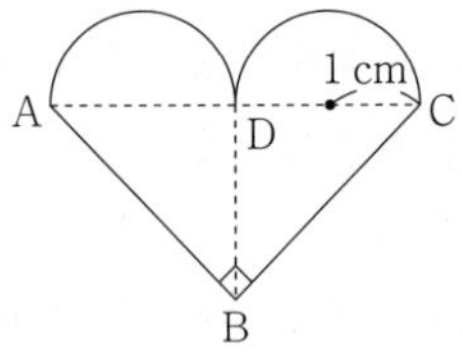

図②

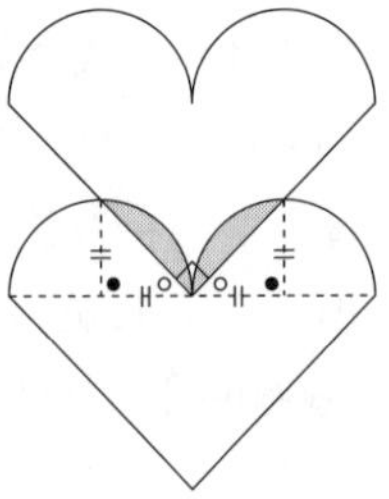

⑴　右の図①で，半円２つは，合わせると半径１cmの円になるので，半円２つの面積の和は，１×１×3.14＝3.14(cm^2)である。また，三角形ABDと三角形CBDは合同な直角二等辺三角形となるので，AD，DB，DCの長さはすべて等しく，１×２＝２(cm)となる。よって，三角形ABCの面積は，(２＋２)×２÷２＝４(cm^2)なので，カード１枚の面積は，3.14＋４＝7.14(cm^2)と求められる。

⑵　カードをつなげたときに重なる部分は，右上の図②のかげをつけた部分となる。左右対称《たいしょう》につなげるので，図②の２つの○印の角の大きさは等しく，その和は，180−90＝90(度)だから，○印の角の大きさは，90÷２＝45(度)である。すると，●印の角の大きさは，180−45×２＝90(度)となるので，かげをつけた部分１つは，半径１cmの円の$\frac{1}{4}$から，等しい辺の長さが１cmの直角二等辺三角形を除いた形とわかる。よって，かげをつけた部分の面積の和は，$\left(1\times1\times3.14\times\frac{1}{4}-1\times1\div2\right)\times2$＝(0.785−0.5)×２＝0.285×２＝0.57(cm^2)だから，カードを１枚つなげるごとに，全体の面積は，7.14−0.57＝6.57(cm^2)ずつ増えていく。また，全体の面積が66.27cm^{2}になったとき，カード１枚のときと比べて面積は，66.27−7.14＝59.13(cm^2)増えたので，59.13÷6.57＝９より，カードが１枚の状態から，さらにカードを９枚つなげたとわかる。したがって，つなげたカードは全部で，１＋９＝10(枚)である。

Ⅳ 整数の性質

⑴　どの３つのかけ算も，真ん中の数が３の倍数になっている。また，連続する３つ整数には，偶《ぐう》数《すう》が１つ以上ふくまれる。よって，３つの整数のかけ算の答えはすべて，３×２＝６の倍数である。

⑵　12＝３×４より，３と４の公倍数であれば12の倍数になるが，どのかけ算の答えも３の倍数だから，４の倍数であれば12の倍数になる。まず，奇《き》数《すう》番目(１，３，５，…，13番目)のかけ算では，両端《りょうはし》が２の倍数なので，かけ算の答えは，２×２＝４の倍数になる。また，偶数番目(２，４，６，…，12番目)のかけ算では，真ん中のみ２の倍数で，その数はそれぞれ右下の図のようになる。このうち，２番目の６，６番目の18，10番目の30は４の倍数でなく，４番目の12，８番目の24，12番目の36は４の倍数である。よって，かけ算の答えのうち，12の倍数でないも

２番目…６，４番目…12，６番目…18
８番目…24，10番目…30，12番目…36

のは，２番目，６番目，10番目の３個ある。

⑶　１番目から13番目のかけ算に出てくる整数を小さい順に並べると，２から40までの整数が１個ずつ出てくる。40÷２＝20より，20以下の整数は，その倍数が２から40までの中にそれぞれ２個以上あるから，①に入る整数は21以上の整数となる。21と22については，21＝３×７，22＝２×11より，１つのかけ算の中に３の倍数と７の倍数があれば，その答えは21の倍数になり，２の倍数と11の倍数があれば，その答えは22の倍数になるから，かけ算の答えのうち，21の倍数と22の倍数はそれぞれ２個以上ある。しかし，23については，１つのかけ算の中に23の倍数がなければ，その答えは23の倍数にはならない。よって，答えが23の倍数になるものは，(23×24×25)の１個だけだから，①に入る最も小さい整数は23とわかる。次に，40÷３＝13余り１より，13以下の整数は，その倍数が２から40までの中にそれぞれ３個以上あるから，②に入る整数は14以上の整数となる。①の場合と同様に考えると，14＝２×７，15＝３×５，16＝２×８より，かけ算の答えのうち，14，15，16の倍数はそれぞれ３個以上あるが，答えが17の倍数になるものは，かけ算の中に17の倍数が出てくる(17×18×19)と(32×33×34)の２個だけである。よって，②に入る最も小さい整数は17とわかる。

Ⅴ　グラフ―図形上の点の移動，面積

⑴　点ＰがＡにあるとき，三角形PCDの面積は，10×６÷２＝30(cm^2)，点ＰがＤにあるとき，三角形PCDの面積は０になる。よって，問題文中のグラフより，点ＰはAD間を移動するのに５秒かかるから，点Ｐの速さは秒速，10÷５＝２(cm)である。また，グラフで，三角形QCDの面積は６秒後まで一定で，６秒後から減り始める。点Ｑが辺AB上を動くとき，三角形QCDで底辺をCDとしたときの高さは10cmで一定だから，面積も一定となる。よって，点ＱはAB間を移動するのに６秒かかるから，点Ｑの速さは秒速，６÷６＝１(cm)となる。

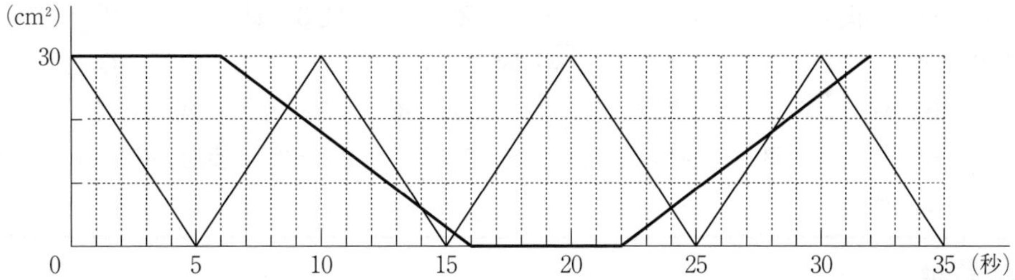

⑵　点Ｑが辺BC上を動くとき，三角形QCDの面積は一定の割合で減り続け，点ＱがＣに着いたとき，三角形QCDの面積は０になる。点ＱがＣに着くのは，６＋10÷１＝16(秒後)だから，16秒後に三角形QCDの面積は０になる。また，点Ｑが辺CD上を動くとき，三角形QCDの面積は０のままであり，点ＱがＤに着くのは，16＋６÷１＝22(秒後)なので，16秒後から22秒後まで三角形QCDの面積は０になる。さらに，点Ｑが辺DA上を動くとき，三角形QCDの面積は一定の割合で増え続け，点ＱがＡに着いたとき，三角形QCDの面積は，６×10÷２＝30(cm^2)となる。点ＱがＡに着くのは，22＋10÷１＝32(秒後)だから，32秒後に三角形QCDの面積は30cm^{2}となる。以上より，三角形QCDのグラフをかくと，上の図のようになる。

⑶　点Ｐ，Ｑが初めて重なるのは，点Ｑが辺DA上を動いているときである。点ＱがＤに着くのは22秒後で，このとき，22÷５＝４余り２より，点ＰはＡを折り返してから２秒進んでいる。よって，22秒後の点Ｐ，Ｑの間の長さは，10－２×２＝６(cm)で，その後，点Ｐ，Ｑは１秒間に，

２＋１＝３(cm)ずつ近づくから，初めて重なるのは，点ＱがＤに着いてから，６÷３＝２(秒後)となる。したがって，動き始めてから，22＋２＝24(秒後)とわかる。

(4)　三角形PCDと三角形QCDの面積が等しくなるのは，２つのグラフが交わるときだから，３回目に等しくなるのは，15秒後から16秒後の間となる。図より，三角形QCDの面積は，６秒後から16秒後まで，１秒間に，30÷(16－６)＝３(cm^2)ずつ減るので，15秒後の面積は，30－３×(15－６)＝３(cm^2)である。また，三角形PCDの面積は，15秒後から20秒後まで，１秒間に，30÷(20－15)＝６(cm^2)ずつ増えるので，15秒後から２つの三角形の面積が等しくなるまでの間，面積の差は１秒間に，３＋６＝９(cm^2)の割合で縮まる。よって，３回目に等しくなるのは，15秒後からさらに，$3\div9=\frac{1}{3}$(秒後)となるので，動き始めてから，$15+\frac{1}{3}=15\frac{1}{3}$(秒後)となる。なお，(3)，(4)ともに点Ｐ，Ｑが動き始めたときはふくめないものとした。

社会　＜第２回試験＞（30分）＜満点：40点＞

解答

[1]　[1]　ア　**問１**　ア　[2]　エ　**問２**　筑　**問３**　エ　[3]　ウ　**問４**　①　障がい　②　(例)　性別(年齢)　[2]　**問１**　[1]　ウ　[2]　カ　[3]　サ　**問２**　(左から順に)エ，エ，ア，ア　**問３**　(左から順に)表の上段…○，×　表の下段…○，○　**問４**　(例)　温泉に観光客を誘致できること。(地熱を発電に利用できること。)　**問５**　えとろふ(島)，ア　**問６**　**最西端**…イ　**最南端**…エ　**問７**　ウ　**問８**　エ　**問９**　①　ア　②　ウ　[3]　**問１**　ア，オ　**問２**　(1)　水平　(2)　エ　**問３**　(1)　①　ア　②　ク　(2)　①　ア　②　ウ　**問４**　ア　**問５**　(1)　米　(2)　ウ　**問６**　(1)　イ　(2)　イ　**問７**　(1)　８(00年前)　(2)　14(00年前)　[4]　**問１**　(1)　**Ａ**　ウ　**Ｂ**　ア　**Ｃ**　イ　(2)　**Ａ**　イ　**Ｂ**　ウ　**Ｃ**　ア　**問２**　(1)　ウ　(2)　イ　(3)　ウ　(4)　条例　(5)　(例)　ペットボトル　[5]　**問１**　1945(年)８(月)６(日)　**問２**　黒　**問３**　(1)　イ　(2)　３(回)　**問４**　ウ

解説

[1]　さまざまな項目の都道府県ランキングについての問題

[1]　菊《きく》の出荷量は愛知県が最も多く，以下，沖縄・福岡・鹿児島・長崎の各県が続く。よって，アの北海道があてはまらない。統計資料は『データでみる県勢』2022年版などによる(以下同じ)。

問１　沖縄県は，春の彼岸《ひがん》に合わせて出荷する小菊の栽培がさかんである。よって，アがあてはまる。

[2]　総面積に占《し》める耕地の割合(耕地率)は茨城県が最も高く，以下，千葉・佐賀・埼玉・栃木の各県が続く。よって，神奈川県があてはまらない。

問２　佐賀県と福岡県にまたがって筑紫《つくし》平野が広がり，筑紫平野には九州で最も長い筑後《ちくご》川が流れている。よって，この２つに共通する漢字は「筑」になる。

問３　佐賀県の吉野ヶ里遺跡は弥生時代の最大級の環濠《かんごう》集落跡で，外敵の侵入《しんにゅう》を防ぐため集落の周りをほりや柵《さく》で囲み，集落の中にはたて穴住居や高床住居，倉庫などのほか，物見やぐらも備え

ていた。よって，エがあてはまる。なお，吉野ヶ里遺跡ではアの鉄器も出土している。ウについて，大規模集落の周りには石垣はなかった。

[3]　工業製品の出荷額は愛知県が最も多く，以下，神奈川・静岡・大阪・兵庫の各府県が続く(2019年)。よって，京都府があてはまらない。

問４　ユニバーサルデザインとは，人々の障がいの有無や年齢・性別・人種などの違いに関わらず，誰《だれ》もが安全に使えるように工夫された意匠《いしょう》・デザインのことである。

[2] 日本列島や日本の島々についての問題

問１　[1]　日本列島は，本州・北海道・九州・四国の四大島をふくむ約7000の島々で構成されている。　[2]　日本の領土は南北約3000kmの長さにわたるが，この長さはオーストラリア大陸の南北の距離に相当する。　[3]　日本の国土面積は約38万km^2(北方領土をふくむ)であるが，この広さはドイツの面積(約36万km^2)に近い。なお，シのインドの面積は約329万km^2，スの韓国(大韓民国)の面積は約10万km^2。

問２　日本は赤道(０度の緯線)の北側，本初子午線(０度の経線)の東側に位置するので，位置は北緯と東経で表される。南北は北緯20度～北緯46度，東西は東経122度～東経154度の範囲《はんい》にある。

問３　排他的経済水域とは，沿岸から200海里(約370km)の範囲で，水産資源や海底の地下資源を沿岸国が独占的に管理できる水域のことをいう。日本の排他的経済水域内で外国船が漁業をすることはできないので，日本以外の国は定置網《あみ》を設置することはできない。ただし，石油タンカーなどの外国船が水域内を航行することは自由である。

問４　火山は噴火すると大きな被害が出るが，火山の近くでは温泉が湧《わ》き出して観光・保養地になるほか，地熱発電のエネルギー源ともなる。

問５　アの択捉《えとろふ》島は日本の最北端に位置する島で，国後《くなしり》島・色丹《しこたん》島・歯舞《はぼまい》群島とともに北方領土とよばれる日本固有の領土であるが，現在，ロシア連邦に占拠《せんきょ》されている。なお，イは佐渡島(新潟県)，ウは沖縄島(沖縄県)，エは淡路《あわじ》島(兵庫県)。

問６　日本の最南端は沖ノ鳥島，最東端は南鳥島で，いずれも全国で最多の人口をかかえる東京都に属している。最西端は与那国《よなぐに》島(沖縄県)で，人が住んでいて旅行も自由にでき，上野公園より面積が大きいので，イがあてはまる。最南端の沖ノ鳥島は，満潮時には小さな岩が２つ海面上に残るだけの島(消滅《しょうめつ》しないよう周りをコンクリートで保全してある)で人は住めず，面積も上野公園より狭《せま》いので，エがあてはまる。アは南鳥島，ウは択捉島。

問７　鹿児島県に属するウの種子島は，1543年にポルトガル人が鉄砲を伝えた地として知られ，島の南部には国産ロケットの打ち上げを行う種子島宇宙センターがある。なお，アは対馬《つしま》(長崎県)，イは五島列島(長崎県)，エは奄美《あまみ》大島とその周辺の島々(鹿児島県)。

問８　鹿児島県の大部分の地域には，シラスとよばれる火山灰土の台地が広がっている。シラスは水もちが悪く稲作に向かないことから，サツマイモなどの畑作や畜産業がさかんで，特に肉用牛や豚，採卵鶏《さいらんけい》など畜産の割合が最も大きい。よって，エがあてはまる。アは宮城県，イは千葉県，ウは長野県。

問９　鉄砲が伝えられたころの日本は戦国時代であったため，鉄砲はたちまち国内に広がり，大量に生産されるようになった。この鉄砲をいちはやく取り入れた織田信長は，1575年の長篠《ながしの》の戦いで多数の鉄砲を効果的に用いて甲斐《かい》(山梨県)の武田勝頼の騎馬《きば》隊を打ち破り，鉄砲が実戦兵器として有効であることを証明した。

3 各時代の歴史的なことがらについての問題

問１　2022年から50年前の1972年には日中共同声明が調印され，中国(中華人民共和国)との国交が正常化した。また，アメリカから沖縄が返還され，沖縄県が発足した。よって，ア，オの２つがあてはまる。なお，イは1995年，ウは1964年，エは1956年のできごと。

問２　(1)，(2)　2022年から100年前の1922年，身分差別で苦しんできた人々を解放する目的で全国水平社が結成された。また，この時期には新渡戸稲造《にとべいなぞう》が国際連盟の事務次長として活躍《かつやく》していた。アの平塚らいてう(らいちょう)は女性解放運動の指導者，イの与謝野晶子《よさのあきこ》が弟を思う反戦詩を発表したのは日露戦争(1904～05年)のとき，ウの赤痢菌《せきりきん》を発見したのは志賀 潔《きよし》。

問３　(1)，(2)　2022年から150年前の1872年に学制が発布され，６歳以上の男女が小学校で義務教育を受けることになった。また，同じ年，群馬県に富岡製糸場が建設されたが，これは国が設立した官営工場で，約20年後に民間に払い下げられた。

問４　1853年，アメリカ使節のペリーが浦賀(神奈川県)に来航し，開国を求めるアメリカ大統領の国書を幕府に手渡したが，このさいペリーはアメリカ本土の東海岸から大西洋を横断し，アフリカ大陸を回ってインド洋に出たのち，東南アジア・中国沿岸を北上して日本に来航した。よって，アが正しくない。

問５　(1)　2022年から300年前の1722年，江戸幕府の第８代将軍徳川吉宗は享保の改革とよばれる幕府改革を進めるなかで，上米の制を実施した。これは大名から石高１万石につき100石の米を幕府に上納させる制度で，そのぶん参勤交代における江戸滞在《たいざい》期間を半年に短縮した。　(2)　九州の島原・天草地方のキリスト教徒と農民らが原城跡にたてこもって幕府軍に抵抗した島原・天草一揆(1637～38年)は第３代将軍家光のときのできごとなので，ウが正しくない。

問６　(1)　「征夷《せいい》大将軍」とは，もともと平安時代初めに東北地方の蝦夷《えみし》を武力で従わせるため臨時に設けられた役職である。それが，1192年に源頼朝が任命されて以来，武家の棟梁《とうりょう》(かしら)を表す称号となった。　(2)　江戸幕府による大名のとりつぶしは，第３代将軍家光のときも多かったが，第４代将軍家綱のとき以後は減少した。よって，イが正しい。

問７　(1)　設問の「前年の戦い」とは承久《じょうきゅう》の乱(1221年)を指しており，1222年は2022年から数えて800年前になる。　(2)　家がらではなく本人の能力によって役人に取り立てる制度とは冠位十二階の制のこと，役人の心得とは憲法十七条のことを指す。よって，ある人物とは聖徳太子で，太子が亡くなった622年は2022年から数えて1400年前になる。

4 人々の生活と金属とのかかわりを中心とした問題

問１　(1)　Ａの東大寺の大仏には銅が最も多く使われた。Ｂの奴《な》国王が中国に使いを送って授けられたのは金印。Ｃの石見《いわみ》(島根県)には銀山があった。　(2)　Ａのときの中国の王朝は唐，Ｂの金印を授けたのは漢(後漢)王朝の皇帝，Ｃの南蛮《なんばん》貿易が行われていた時期の中国の王朝は明である。

問２　(1)　年表は，福岡県北九州市についてのものである。1901年に八幡製鉄所が操業を開始したことが，工業都市として発展する出発点となった。製鉄業の原料は鉄鉱石・石炭・石灰石などで，現在，国内で自給できるのはウの石灰石だけである。　(2)　北九州工業地帯はかつて四大工業地帯に数えられたが，現在は工業出荷額がほかの工業地域などと比べて少なくなり，地位が低下した。また，工業生産額では機械工業の割合が高くなっている。よって，イが正しい。　(3)　ウの三重県四日市市では，かつて石油化学工場のばい煙《えん》にふくまれる亜硫酸《ありゅうさん》ガスが原因で四日市ぜんそくが発生した。なお，アは新潟県阿賀野川下流域で，新潟水俣病（第二水俣病）が発生した。エは熊本県水俣市で，水俣病が発生した。どちらも有機水銀が原因物質である。イは富山県神通《じんづう》川下流域で，カドミウムを原因とするイタイイタイ病が発生した（ア～エを合わせて「四大公害病」という）。

(4)　市町村などの地方議会は，憲法や法律の範囲内でその地域だけに通用する条例を定めることができる。　(5)　日常生活のゴミの捨て方で注意しなければならないのは，たとえば，ペットボトルは中身を捨ててよく洗い，キャップを取り，ラベルをはがす必要があることなどである。

5　「黒い雨」訴訟《そしょう》についての問題

問１　第二次世界大戦末期の1945年８月６日，広島市に人類史上初の原子爆弾がアメリカ軍によって投下された。９日には長崎市にも投下され，両市は壊滅《かいめつ》的な被害を受けた。

問２　広島市に原子爆弾が投下されたあと，周辺に放射性物質をふくむ「黒い雨」が降り，この雨を浴びた人々も原爆症《しょう》で苦しむことになった。「黒い雨」訴訟では，2021年７月に広島高等裁判所が「黒い雨」を浴びた住民を被爆者と認める判決を下し，政府が上告を断念したことから，住民側の勝訴が確定した。

問３　(1)　高等裁判所は日本の８地方に１か所ずつ置かれ，関東地方では東京に置かれている。よって，イが正しくない。　(2)　日本の裁判では，同一事件について３回まで審判を受けられる三審制がとられている。

問４　外国と条約を結ぶのは内閣の仕事なので，ウが正しい。ただし，条約を承認するのは国会。なお，アの予算の議決，イの弾劾《だんがい》裁判所の設置，エの憲法改正の発議は国会の仕事。

理　科　＜第２回試験＞（30分）＜満点：40点＞

解　答

1　(1)　C　(2)　①　B　②　ヨウ素液　③　D　(3)　B　(4)　日光　**2**　(1)　ア　(2)　**記号**…B　**ようす**…(例)　石灰水が白くにごる。　(3)　ウ　(4)　二酸化炭素　(5)　イ　**3**　(1)　地層　(2)　化石　(3)　断層　(4)　ⓐ　イ　**D**　オ　**E**　ア　**4**　(1)　D　(2)　E　(3)　ア　(4)　C　(5)　D　**5**　(1)　①　ア　②　ア　③　イ　(2)　**A**　キ　**B**　エ，オ　(3)　①　12.1ｇ　②　45.6ｇ　**6**　(1)　**手回し発電機**…ア，イ，ウ，エ　**光電池**…オ　(2)　エ　(3)　(例)　**電気製品**…照明　**センサー**…人感センサーと明るさセンサー　**説明**…トイレやろうかなどの，ふだんは消灯しておく場所で，人感センサーで人を検知し明るさセンサーで暗いと判断したときに，照明を点灯させる。

7　(1)　**記号**…ウ，オ，ク　**説明**…(例)　(ふりこの)おもりの重さとふれる角度を同じにして，ふりこの長さ(による違いを調べるため)　(2)　(例)　実験操作による誤差を小さくするため。
(3)　①　1.1　②　1.3　③　1.6　(4)　右の図　(5)　(例)　(ふりこが１往復する時間は，)ふりこの長さが長いほど長

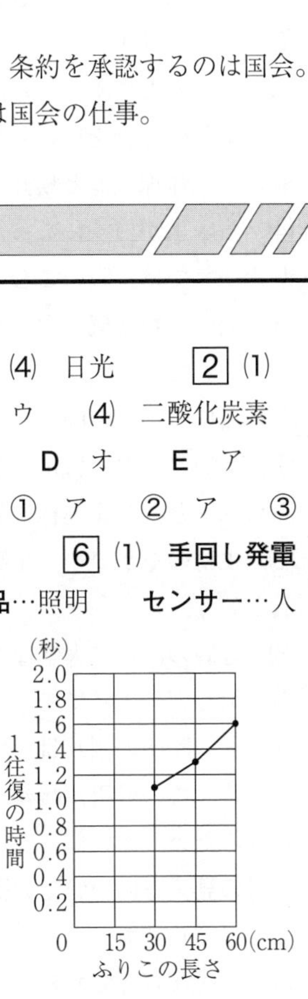

くなる。

解　説

1　光合成の実験についての問題

⑴　前の日の午前中に光合成によって葉でつくられたデンプンは，アルミニウムはくでおおわれている間に水にとける糖に変えられて全身に運ばれる。

⑵　デンプンができているかを調べるには，葉を湯に入れてやわらかくし，次にあたためたエタノールに入れて緑色の色素を溶《と》け出させる。そのあと，葉を水でよく洗い，ヨウ素液をつけて色の変化を調べるとよい。このとき，葉にデンプンが含《ふく》まれていれば，青むらさき色に変化する。

⑶　葉の緑色の部分に日光を当てると，二酸化炭素と水から酸素とデンプンができる。㋐の葉はデンプンがなくなっているが，おおいをはずして日光に当てた㋑の葉は，デンプンができている。一方，アルミはくでおおったままの㋒の葉には，日光が当たらないのでデンプンはできていない。

⑷　㋑の葉ではデンプンができ，㋒の葉ではデンプンができていないので，デンプンができるためには日光が必要なことがわかる。

2　ヒトの呼吸についての問題

⑴　ヒトは呼吸によって，からだに必要な酸素を取り入れ，不要な二酸化炭素を体外に出している。石灰水を用いると，吐《は》き出した空気に二酸化炭素が多く含まれていることが確かめられる。

⑵　Ｂのポリエチレンのふくろに入れた気体には，二酸化炭素が多く含まれているため，石灰水を入れてふると白くにごる。

⑶　気体検知管を用いると，空気中の酸素や二酸化炭素の濃度《のうど》を測定することができる。気体検知管は，気体採取器と検知管からなり，検知管は調べたい気体の種類，濃度によって使いわける。

⑷　石灰水が白くにごったのがＢのポリエチレンのふくろに入れた空気であったことから，吐き出した空気では，吸いこむ空気とくらべて二酸化炭素の体積の割合が増えていることがわかる。

⑸　吸いこむ空気に含まれる二酸化炭素は約0.03～0.04％であるが，ヒトが吐き出す空気では約４％になっている。

3　地層についての問題

⑴　地層は，おもに川の水によって運ばれた土砂が海底にたい積してできる。地層ががけなどであらわれると，しま模様に見える。

⑵　生物の遺がいや，生物のすんでいたすみかのあとや足あとなどが地層の中に残ったものを，化石という。

⑶　地層の両側に大きな力がはたらいて，割れ目ができてずれたものが断層である。図のⓐは，左右に引く力によってできた正断層である。

⑷　ⓐ　断層の割れ目ができるときには地しんが発生する。　**Ｄ**　サンゴの化石は，地層ができた当時，この場所が暖かくて浅い海であったことを示す示相化石である。　**Ｅ**　火山灰の層が見られるため，たい積した当時，近くで火山のふん火があったことがわかる。

4　月の見え方についての問題

⑴　午前６時頃《ころ》，太陽は東の地平線近くにあるので，南の空に見える月は東(左)側半分が光っているＤ(下弦《げん》の月)である。

⑵　Ｃの上弦の月が観察できたとき，太陽は月から西へ90度ずれた位置にある。月がエの位置なら，太陽は西の地平線に沈《しず》んでから３時間ほどたっているので，時刻は午後９時頃である。

⑶　満月は，太陽―地球―月がこの順にほぼ一直線にならぶときに見られる。午後６時頃には太陽が西の地平線近くにあるので，このとき見られる満月は，東の地平線近くのアの位置にある。

⑷　Ａは地球，Ｂは木星，Ｄは水星のすがたと考えられる。月はいつも同じ面を地球に向けていて，Ｃのように白く明るい高地(月の陸)や，溶岩《ようがん》がたまってできた黒いしみのように見える平面(月の海)，いん石がぶつかってできたくぼみ(クレーター)などの地形が見られる。

⑸　JAXAは宇宙航空研究開発機構，はやぶさ２は小惑星《わくせい》リュウグウに着陸した無人探査機，ひまわりは気象観測を行う静止衛星である。野口聡一《のぐちそういち》さんは2020年11月から2021年５月まで，国際宇宙ステーションに滞在《たいざい》していた。

5　水の状態変化，水溶液《すいようえき》の性質，ものの溶け方についての問題

⑴　水がさかんに沸騰《ふっとう》しているときに出てくる大きなあわは，水の内部で気体に変化して出てくる水蒸気である。また，水をこおらせると体積が大きくなるため，同じ体積で比べたときの重さは氷の方が水よりも軽く，氷を水に入れると浮《う》かぶ。

⑵　試験管Ａに入っている水溶液は，無色とう明で，つんとしたにおいがし，気体か液体が溶けている酸性の水溶液なので，塩酸があてがまる。一方，試験管Ｂに入っている水溶液は，無色とう明で，においがなく，中性で固体が溶けている水溶液であるから，食塩水と砂糖水があてはまる。

⑶　①　40℃の水50ｇにミョウバンは，$23.8\times\frac{50}{100}=11.9$(ｇ)しか溶けないので，$24-11.9=12.1$(ｇ)のミョウバンの粒《つぶ》が出てくる。　②　20℃に冷やした水100ｇには，ミョウバンが11.4ｇ溶けている。溶けきれなくなって出てきたミョウバンが34.2ｇなので，80℃の水100ｇに最初に溶かしたミョウバンは，$34.2+11.4=45.6$(ｇ)である。

6　発電と充電《じゅうでん》，電気製品とセンサーの利用についての問題

⑴　手回し発電機は，ハンドルを回す運動のエネルギーを電気のエネルギーにかえている。同じように，火力発電と原子力発電は水を熱して発生した水蒸気で，水力発電は落下する水の力で，風力発電はふく風の力でタービン(大きな風車のようなもの)を回して発電している。また，光電池は，光のエネルギーを電気のエネルギーにかえるしくみで，同じ原理が太陽光発電にも使われている。

⑵　コンデンサーには，電気をためたり放出したりするはたらきがある。なお，発光ダイオードはLEDともよばれ，電気のエネルギーを光のエネルギーにかえるしくみである。

⑶　電気製品に照明を選んだ場合，人感センサーと明るさセンサーを組み合わせるとよい。トイレやろうかなどの，ふだんは消灯しておく場所で，人感センサーが人を検知し，明るさセンサーであたりが暗く照明が必要と判断したときにだけ照明を点灯させると，効率よく電気を利用できる。また，エアコンに人感センサーと温度センサーを組み合わせると，人が部屋に入ってきたときに寒かったり暑かったりすればエアコンをつけるようにするプログラムを組むことができる。

7　ふりこについての問題

⑴　表は，ふりこの長さが30cm，45cm，60cmのふりこについて１往復の時間を得る実験の結果である。ふりこの１往復の時間とふりこの長さの関係を調べるには，つるすおもりの数(おもりの重さ)とふり始めの角度(ふれる角度)をそろえる必要がある。

⑵　10往復する時間をはかって10で割ると，実験操作における誤差を10分の１にすることができる。

⑶　①　３回分の測定値を平均し10で割って求める。すると，ふりこの長さが30cmのふりこの１往復の時間は，（11.12＋10.89＋10.77）÷３÷10＝1.09…より，1.1秒である。　②　ふりこの長さが45cmのふりこの１往復の時間は，（12.95＋13.44＋13.21）÷３÷10＝1.32より，1.3秒とわかる。　③　ふりこの長さが60cmのふりこの１往復の時間は，（15.65＋16.06＋15.88）÷３÷10＝1.58…より，1.6秒と求められる。

⑷　横軸《じく》の「ふりこの長さ」は，15cmごと60cmまで目もりにするとよい。縦軸の「１往復の時間」は，1.6秒までの値が入るように，たとえば，0.2秒きざみに目もりをふる。ここでは折れ線グラフをかくので，⑶で求めた実験結果を点でうち，それらを直線で結ぶ。

⑸　⑷のグラフから，ふりこの長さが長いほど，ふりこが１往復する時間が長くなることがわかる。

国　語　＜第２回試験＞（50分）＜満点：60点＞

解　答

一　⑴　びくびく　⑵　**a**　なわが～のなか　**b**　ひとり～る感じ　**c**　いつも～ている　⑶　**ア**　4　**イ**　1　**ウ**　3　⑷（例）人間のさまざまな感情や自然の息づかいなどの，多種多様なものから成る豊かな世界と「わたし」とをつないでくれる，楽しくて興味のつきない，信頼できる情報源。　⑸　**1**　お　**2**　あ　**3**　い　⑹　風香ちゃんらしく　⑺　D_1（例）興奮　D_2（例）夢中　⑻　人がむかし　⑼（例）心を開いて人と交流するのが苦手な「わたし」だったが，おじいちゃんの謡曲に対する感動を口にしたり，風香の本音に接したりするうち，風香たちに心を開き，温かな親近感を抱くようになった。　**二**　⑴　**ア**　3　**イ**　1　**ウ**　5　⑵　**あ**　4　**い**　3　**う**　1　**え**　2　⑶　いつも誰か～思っていた　⑷　①　不安　②（例）未来　③　解放　④　悲観　⑸（例）何に対しても良い点を見出すこと。　⑹（例）自分の心で好きだと感じていつくしむ(こと。)　⑺（例）「好き」を集めることにより，自分の世界が広がり，今まで見過ごしていた世界の輝きや美しさに気づくとともに，好きなものがたくさんある自分に自信が持て，日々を過ごす楽しさや，未来への希望，指針がもたらされた。

解　説

一　**出典は森絵都《もりえと》の『あしたのことば』による。**学校では無口だが「音」を通じて世界と交流している「わたし」（瑠雨《るう》）は，風香《ふうか》のおじいちゃんの謡曲《ようきょく》にむかしの音を聞き，感動する。

⑴　続く部分に，「口を閉じ，なにも言わないことで，いつもみんなの外側にいた」とあるとおり，「外側」とは，ほかの人と交流せず周囲がつくる輪からはずれた状態を意味する。「わたし」は「内」と「外」のラインを「大なわとびのなわ」にたとえているが，外側にいれば「びくびくしながら他人に合わせなくても，自分のペースを守っていられる」ので，「平和」なのである。

⑵　**a**　直後に，「話をしているみんなの輪に加われないとき」，「わたし」はいつも「ひとりだけなわの外側にはみだしている」ような気持ちを抱《いだ》くとあることに注目する。「大なわとびのなわ」がつくり出すみんなの輪のなかに，どうしても「わたし」だけ入れないのだから，「そこ」とは

「なわがえがく弧《こ》のなか」を指すと判断できる。　**b**　だれもがふつうにしている，みんなとしゃべるということがどうしてもできないというのだから，「わたし」はものごころがついたときから「ひとりだけなわの外側にはみだしている感じ」を味わっていたことになる。　**c**　みんなの輪に入れないことが，「小さいころはふしぎだったし，さびしかった」が，年をへるうちに徐々《じょじょ》になれていったのだから，「そんな」とは「いつも自分だけがおいてけぼりをくっている」状況《じょうきょう》を指しているとわかる。

⑶　**ア**　風の音なので，にぶく低い音が長く尾《お》を引くような「うなり」がよい。　**イ**　風にふかれた木の葉が立てる音なので，ざわざわと音を立てるようすの「さざめき」があてはまる。　**ウ**　窓を開けたり閉めたりするときの音である。ここでは，こすれてきしきしと音がなるようすの「きしみ」が入る。

⑷　「わたし」は無口だったが，人の感情を伝える音や自然の音を興味深く感じて耳を傾《かたむ》け，新しい音にはあこがれを持っていた。言葉がないと生きられないなんて不便だと思うほど，音は「わたし」にとって，世界がさまざまなものから成《な》る豊かなものだと教えてくれる，楽しく，興味深く，信頼《しんらい》できる情報源であり，言葉がなくても世界と自分とをつないでくれるものだったのである。

⑸　**1**　重なり合った落ち葉をふんだときの，かさかさという小さな音なので，「ささやくような音」を立てたとするのがよい。　**2**　いつもひとりでしゃべり続ける明るい風香の声は，「青空の下や，緑の草原」が似合う，「わたし」にとって気持ちのよいものだったのだから，「自由な鳥みたいな軽《かろ》やかな音」があてはまる。　**3**　自分たち親子の生活ぶりを語った風香の「おとなびた口ぶり」に重なった風の音を表すには，おじいちゃんに世話になっている境遇《きょうぐう》の彼女《かのじょ》をさりげなくはげますような「シャララと通りぬける音」がよい。

⑹　「わたし」に，桃香《ももか》たちから実は好かれていなかったと打ち明ける場面で，風香の声は彼女らしくない「しめった声，短調のひびき」になっている。風香のつらい気持ちが，声の調子に表れたのである。

⑺　**D_1**　「舞《ま》いあがる」は，有頂天になることをいうので，「興奮」などが考えられる。　**D_2**　「とりこになる」は，“夢中になる”という意味。ほかに「熱中」などが考えられる。

⑻　風香のおじいちゃんがうたう謡曲が「むかしの言葉」で語られていると気づいた「わたし」は，初めて聞くその言葉に夢中になり，「人がむかしのうたをうたうっていうのは，むかしの音をよみがえらせるってことなんだ」と気づき，感動している。

⑼　「わたし」は家族以外の前では無口で，人の輪に入ることに抵抗《ていこう》を感じて心を開けずにいた。しかし，やわらかでほっくりしたむかしの言葉で語られるおじいちゃんの謡曲に「感動，しました」と言葉が自然と出たり，本音を伝えてくれる風香のおしゃべりを聞いたりするうち，「わたし」は安心して心を開き，風香たちに温かな親近感を持つようになったのである。

二　**出典は甲斐《かい》みのりの『くらすたのしみ』による。**好きなものを採集したり，気に入った言葉を書いたものを持ち歩いたりといった筆者の習慣とその効果を，思い出をまじえて紹介《しょうかい》している。

⑴　**ア**　せっかくスケッチブックをもらったのに，劣等《れっとう》感から絵を描《か》くことができなかったのだから，つらく，せつないようすの「やるせない」があてはまる。　**イ**　将来の重圧に苦しみ，何とかその「暗闇《くらやみ》から抜《ぬ》け出したいと」思っていたなか，自分が好きな言葉でスケッチブックを埋《う》めることができたなら，きっと何かが変わるはずだと筆者は心から願っているので，さしせまって身に

感じるようすの「切実な」が入る。　**ウ**　「先入観」とは，前から持っている固定観念のこと。つまり筆者は，よけいな考えを持たずに物事と向き合うようになったのだから，「平たい」が合う。

⑵　**あ**　スケッチブックに言葉を書いてひとり遊びをするようになった小学生のころの筆者は，気持ちのおもむくままに「架空《かくう》の物語の登場人物やお店の名前」，辞書にある「好きな単語」を書き並べたのだから，まとまりのないものである「取りとめのない言葉」があてはまる。　**い**　直後に「思いつくことがなくなれば」，「町に出て辺りを見回」し，書くべきことを探したとある。よって，最初は「思いつく限りの言葉」をスケッチブックに書き出したものとわかる。　**う**　直前に「恋《こい》する気持ちを掬《すく》い上げた」とあるので，こそばゆいものである「くすぐったい言葉」が合う。

え　二つ前，三つ前の段落で，筆者は毎日，気に入った言葉を記した紙片をためている菓子《かし》箱のなかから，その日の気持ちに響《ひび》く言葉を選んで持ち歩いていると述べている。日によってちがう「自分で選んだ言葉」は，その日の筆者を写す鏡にも，臆病《おくびょう》な心を消し去るお守りにもなるのである。

⑶　本文の最初の部分で，筆者は子どものころから劣等感に苛《さいな》まれ，いろいろなことに引け目を感じていたと述べている。よって，「曇った気持ち」とは，劣等感のために「いつも誰《だれ》かのことをうらやましく思っていた」気持ちだといえる。

⑷　①　大学卒業をひかえるなか，筆者は卒業後の仕事も決まらずにいたのだから，大きな「不安」を抱《かか》えていたものと考えられる。　②　まもなく大学を卒業するのに仕事が決まっていなかった筆者は，「漠然《ばくぜん》」としてどうなるかが見えない「未来」をおそれていたものと推測できる。なお，文脈から「将来」なども考えられる。また，「漠然」は，はっきりしないこと。　③　筆者が自らの足でふみ出すことができたのは，自分自身への劣等感から「解放」されたからだと考えられる。　④　「劣等感」は，自分が他人よりおとっていると感じる気持ちを指すので，自分自身に「悲観」しているとするのがよい。なお，「悲観」は，悲しんで望みを失うこと。

⑸　「加点法」は，物事や人物などを評価するさい，よい点や優《すぐ》れた点を点数として積み上げていく方式。好きなものを採集するようになったことで，「そこに必ず光があると信じるようになった」と続く部分に書かれているとおり，筆者はあらゆるものによい点を見出《みいだ》すようになったのである。

⑹　誰かがつけた評価は便利な指標だと認めながらも，「自分の星を探」すことに筆者は重きを置いたのだから，自分が実際に体験し，好きだと感じた感覚を大切にしていることになる。

⑺　幼いころから劣等感があった筆者は，「好き」を集めることで人や物のよい点を見つけられるようになり，今まで見過ごしていた世界の輝《かがや》きや美しさに気づいた。さらに，たくさん好きなものがある自分に自信が持て，日々を過ごす楽しさや，未来への希望や指針を得るに至《いた》っている。

Dr.福井の 入試に勝つ！ 脳とからだのウルトラ科学

入試当日の朝食で，脳力をアップ！

朝食を食べない学生は，朝食をきちんと食べる学生に比べて成績が悪かった――という研究発表がある。まあ，ちょっと考えればわかると思うけど，朝食を食べないということは，車にガソリンを入れないで走らせようとするようなものだ。体がガス欠になった状態では，頭が十分に働くわけがない。入試当日の朝食はちゃんと食べよう！　朝食を食べた効果があらわれるように，試験開始の2時間以上前に食べるようにするとよい。

では，入試当日の朝食にふさわしいものは何か？

まず，脳の直接のエネルギー源はブドウ糖だけであるから，それを補給するためのご飯やパン，これは絶対に必要だ。また，砂糖や果物の糖分は吸収されやすく，効果が速くあらわれやすいので，パンにジャムをぬったり果物を食べたりするのもよいだろう。

次に，タンパク質。これは脳の温度を上げる作用がある。温度が低いままでは十分に働かないからね。タンパク質を多くふくむのは肉や魚，牛乳，卵，大豆などだが，ここでは大豆でできたとうふのみそ汁や納豆をオススメする。そして，記憶力がアップするDHAを多くふくんでいる青魚，つまりサバやイワシなども食べておきたい。

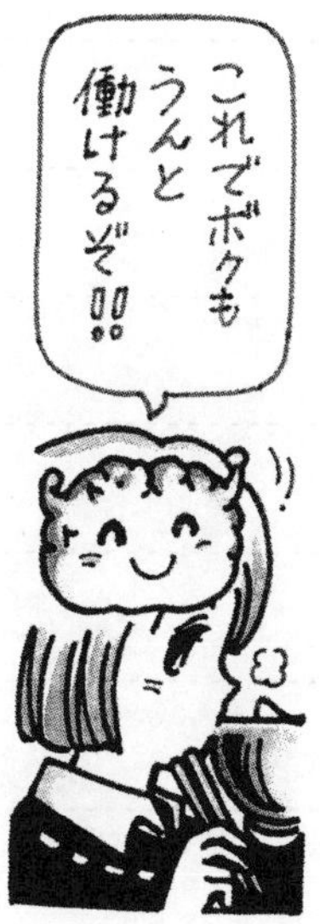

生野菜も忘れてはならない。その中にふくまれるビタミンBは，ブドウ糖を脳に吸収しやすくする働きを持つので，結果的に脳力アップにつながるんだ。

コーヒーや紅茶，緑茶は，カフェインという成分の作用で目覚めをうながすが，トイレが近くなってしまうので，飲みすぎに注意！　試験当日はひかえたほうがよいだろう。眠気を覚ましたいときはガムをかむといい。脳が刺激《しげき》されて活性化し，目が覚めるんだ。

Dr.福井（福井《ふくい》一成《かずしげ》）…医学博士。開成中・高から東大・文Ⅱに入学後，再受験して翌年東大・理Ⅲに合格。同大医学部卒。さまざまな勉強法や脳科学に関する著書多数。

Memo

2021年度　日本女子大学附属中学校

〔電　話〕 (044) 952－６７３１
〔所在地〕 〒214-8565　神奈川県川崎市多摩区西生田１－１－１
〔交　通〕 小田急線－「読売ランド前駅」より徒歩10分

【算　数】〈第１回試験〉（50分）〈満点：60点〉

Ⅰ　次の(1)～(4)の□をうめなさい。ただし，(1)は途《と》中の式も書きなさい。

(1)　$103-(6\times17-81\div3)\div(48\div16)=$□

(2)　$(7.3-7.05)\div\dfrac{3}{16}\div1.2\times1.8=$□

(3)　$1.6\times\left\{2\dfrac{1}{3}\div(0.4+\square)-1.5\right\}=1\dfrac{1}{3}$

(4)　2021分＋2021秒＝□日□時間□分□秒

Ⅱ　次の(1)～(9)の問いに答えなさい。

(1)　分速 80m で10.5分かかる距離《きょり》は，縮尺 $\dfrac{1}{24000}$ の地図上では何 cm になりますか。

(2)　A，B，C，Dの４人の平均点は93.5点でした。Aの点数よりB，C，D３人の平均点の方が６点高いとき，Aの点数を求めなさい。

(3)　兄と弟の２人の所持金の合計は4000円です。兄は400円使い，弟は自分の所持金の $\dfrac{3}{8}$ を使ったところ，２人の残りの所持金の比が２：１となりました。はじめの兄の所持金はいくらでしたか。

(4)　1，2，3，5のカードが１枚ずつあります。このカードを並べて整数を作るとき，偶数は全部で何通りできますか。ただし，使わないカードがあっても構いません。

(5)　仕入れ値が1000円のＴシャツをＡ店では２割増しで定価をつけた後，１割５分引きで売り，Ｂ店では３割増しで定価をつけた後，２割引きで売りました。どちらのお店が何円安く売りましたか。

(6)　12％の食塩水に４％の食塩水をまぜ合わせて，６％の食塩水を 300g 作りました。12％の食塩水は何 g ありましたか。

(7)　〔図１〕において三角形 ABC と三角形 BDE は合同です。㋐の角の大きさは何度ですか。

(8)　〔図２〕の半円の斜《しゃ》線部分の面積は何 cm^2 ですか。ただし，点Ａは図の円周部分の真ん中の点で円周率は3.14とします。

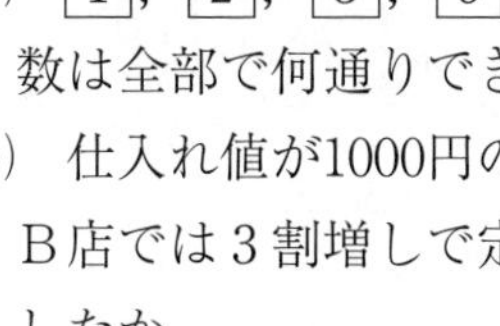

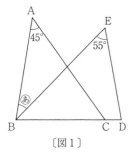

〔図１〕

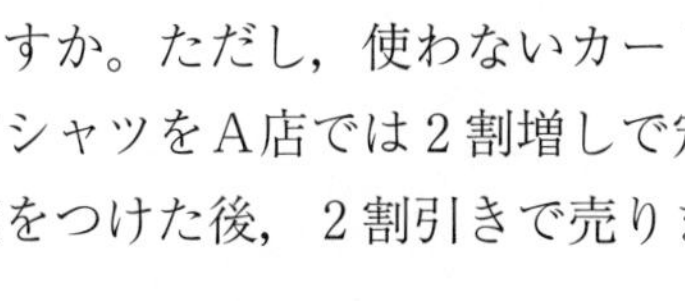

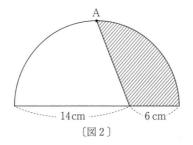

〔図２〕

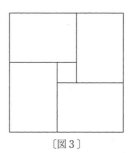

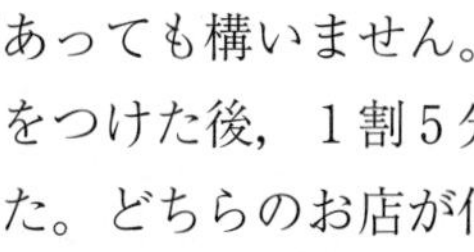
〔図３〕

(9) 〔図３〕は面積が 400cm² である正方形の中に合同な４つの長方形と正方形をかいたもので，中の正方形の面積は 16cm² です。長方形の短い方の辺の長さは何 cm ですか。

Ⅲ　１周３km の池の周りをＡ，Ｂは同じ向きに，ＣはＡ，Ｂとは反対の向きに走り始めました。３人は同じ地点Ｐから出発し，ＡはＣやＢに出会うと進む方向を逆向きに変えて走りますが，ＢとＣは向きを変えずに走り続けます。右のグラフは３人の様子を表したものです。Ａの速さが分速 180m，Ｂの速さが分速 60m のとき，次の(1)～(3)の問いに答えなさい。

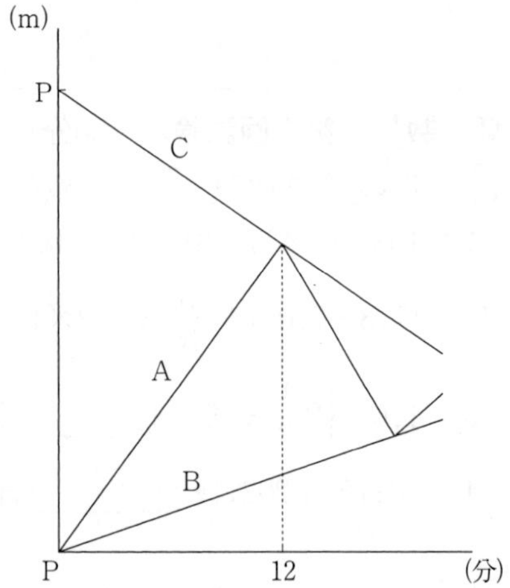

(1) Ｃの速さは分速何mですか。答えを求めるための考え方も書きなさい。

(2) ＡとＢがはじめて出会ったのは同時に出発してから何分後ですか。

(3) (2)の後，Ａは速さを変えて走ったところ，３分20秒後に再びＣに出会いました。Ａは分速何mに変えましたか。

Ⅳ　図のような直方体の容器に，Ａ，Ｂ２つの円柱のおもりが入っています。この容器に１分間に 0.5L ずつ水を入れたときの時間と水の高さの関係をグラフに表しました。円柱Ｂの底面積が 300cm² のとき，グラフの(あ)，(い)にあてはまる数を求めなさい。

また，円柱Ａの底面積を求めなさい。

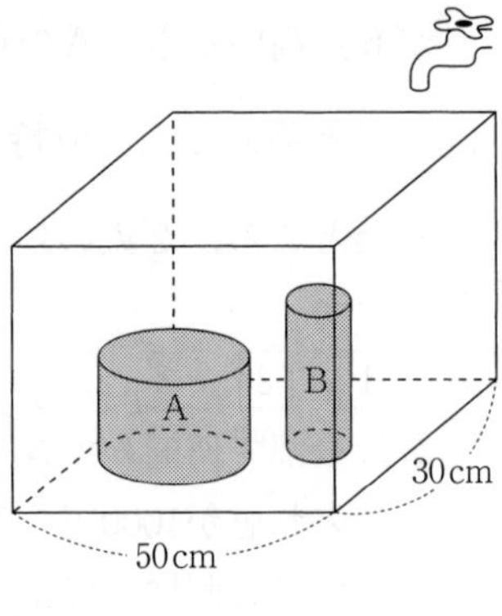

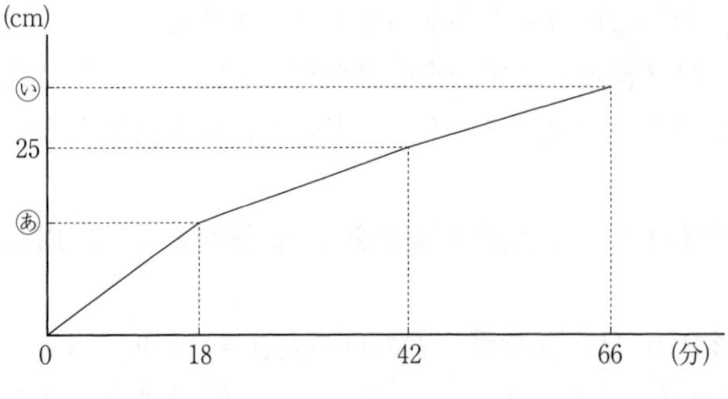

Ⅴ　図の二等辺三角形ABCは合同な直角三角形を合わせて作ったものです。２点P，Qはそれぞれ一定の速さで移動する点で，Dを同時に出発します。PはDB上をBまで移動して止まり，QはDC上を２往復し，Pが止まるのと同時に止まります。グラフは出発してからの時間とDP，DQの長さの関係を表したものです。下の(1)～(3)の問いに答えなさい。

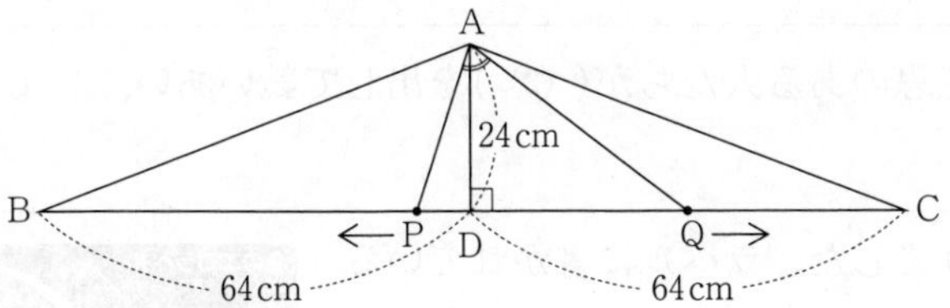

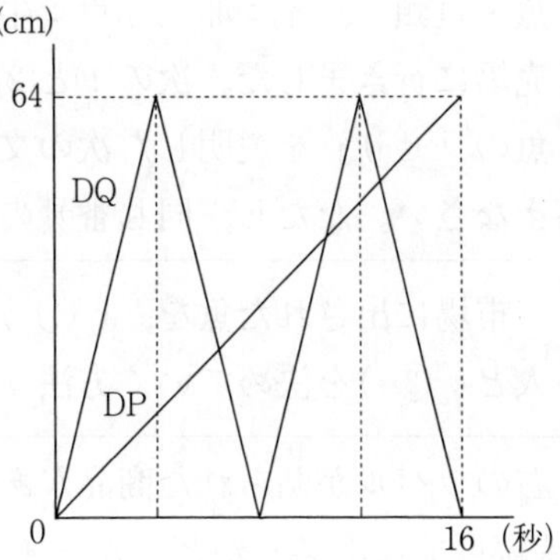

(1)　２点P，Qの速さはそれぞれ秒速何cmですか。

(2)　PがBに着くまでの間で，三角形APQがAPとAQの長さが等しい二等辺三角形になることは何回ありますか。また，１回目は２点P，Qが出発してから何秒後ですか。

(3)　QがはじめてCに着くまでの間で，三角形APDを拡大した図形と三角形QADが合同になるのは，２点P，Qが出発してから何秒後ですか。またそのとき，角PAQ(印をつけた角)の大きさは何度ですか。

【社　会】〈第１回試験〉(30分)〈満点：40点〉

1　スーパーマーケットに行って，気づいたことをまとめました。あとの問いに答えなさい。

問１　食料品には「国内産」と「外国産」のものがありました。１年を通して，ほぼ「国内産」しか見られない食品を，次のア～オから２つ選び，記号で答えなさい。

ア：魚・貝類　　イ：卵　　ウ：牛乳　　エ：肉類　　オ：果物

問２　魚売場に行きました。次の(1)と(2)に答えなさい。

(1)　魚の「せり」を説明した次の文が正しくなるように，空らん①と②にあてはまる語句を答えなさい。ただし，同じ番号の空らんには，同じ語句があてはまります。

市場に出された魚を，(①)意思のある人たちが(②)を出して競《きそ》いあい，(①)人《ひと》と(②)を決めていく方法

(2)　右のラベルが貼《は》られた商品がありました。ラベルに書かれている「持続可能な漁業」かどうかを審《しん》査する項《こう》目として，正しくないものを次のア～エから１つ選び，記号で答えなさい。

ア：魚などを獲《と》りすぎないように，量や時期を制限しているか

イ：漁業で働く人々が生活するための十分な収入を得られているか

ウ：海の自然環《かん》境や生態系を壊《こわ》すような漁法を用いていないか

エ：定められた漁業のルールが守られる社会のしくみがあるか

問３　買い物に来ていたお客さんに，普《ふ》段から意識していることを聞きました。次の①～④にもっとも関係が深い語句を，下のア～エからそれぞれ選び，記号で答えなさい。

①　温暖化を防ぎたいので，外国産ではなく国内産の商品を選ぶことにしている。

②　途《と》上国の労働者に，正当な利益がいきわたる取り組みをしている商品を買いたい。

③　買い物の前に冷蔵庫の中身を確認して，安さにつられて買い過ぎないようにする。

④　誰《だれ》がどこで生産したのかが分かる食品を買うようにしている。

ア：トレーサビリティ　　イ：フードロス

ウ：フードマイレージ　　エ：フェアトレード

問４　右は，お店のポイントカードを申し込むときに書いた内容です。お店は，これらの個人情報とある情報を結びつけて分析《せき》したことを，お店の経営に生かしています。「ある情報」とはどのような情報か答えなさい。

氏名	生田 花子
生年月日	1987年８月７日
性別	女
住所	川崎市多摩区西生田

問５　次のア～ウを，日本で働く人(収入を得ている人)の数が多い順に並べ，記号で答えなさい。

ア：農業　　イ：漁業　　ウ：商業(小売業)

2　次の□は2020年の出来事です。あとの問いに答えなさい。

３月24日　東京オリンピック開催《さい》の１年延期が決定

問１　2020年はオリンピックの開催にあたり，法律を改正して７月24日を「スポーツの日」にしました。法律について説明した①と②について，正しければ○を，間違っていれば×をそれぞれ解答らんに書きなさい。

①　18歳《さい》以上の国民は新しい法律案を国会に提出することができる。

②　法律を制定する際には，衆議院と参議院の両方で審議がおこなわれる。

５月26日　アメリカで警察官による黒人暴行死に対するデモ運動が起こる

問２　アメリカについて正しく説明した文を，次のア～エから１つ選び，記号で答えなさい。

ア：移民が多く暮らしており，英語を話す人以外にスペイン語を話す人も多い。

イ：日本の約25倍の国土面積を持ち，東海岸と西海岸で６時間の時差がある。

ウ：広い国土を利用して，コーヒー豆の生産を盛《さか》んにおこなっている。

エ：日本とアメリカの貿易において，日本の輸入額は，輸出額よりも大きい。

問３　川崎市には次の行為《い》を禁じた条例があります。「特定の民族や属性の人に対して，差別的な言葉を浴びせること」を何というか，解答らんに合うように答えなさい。

７月４日　熊本県で初めて<u>大雨特別警報が発令</u>

問４　下線部の時にとるべき行動として正しいものを，次のア～エから１つ選び，記号で答えなさい。

ア：ハザードマップを確認する

イ：避《ひ》難の準備をする

ウ：命を守るための最善の行動をする

エ：指定された避難所に行く

問５　2019年から新しく「自然災害伝承碑《ひ》」の地図記号が使われるようになりました。次のア～ウは，津《つ》波・洪《こう》水・火山災害の碑がある場所を表しています。それぞれの地図をア～ウから１つずつ選び，記号で答えなさい。

ア

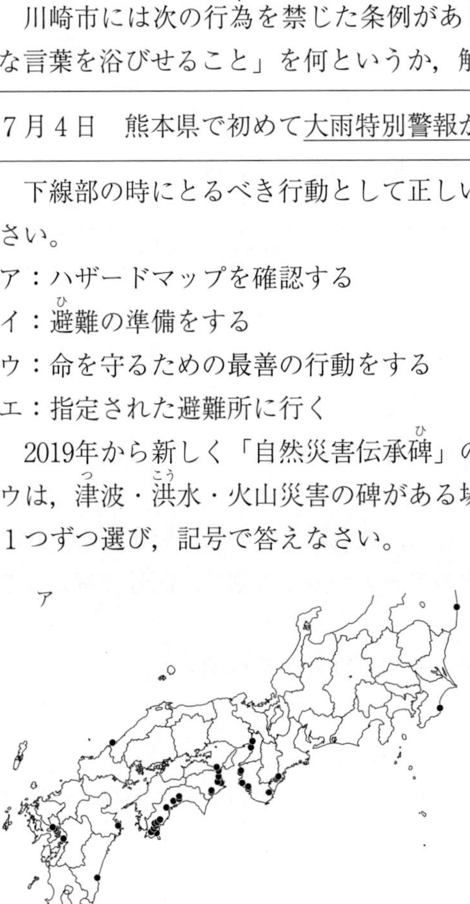

イ

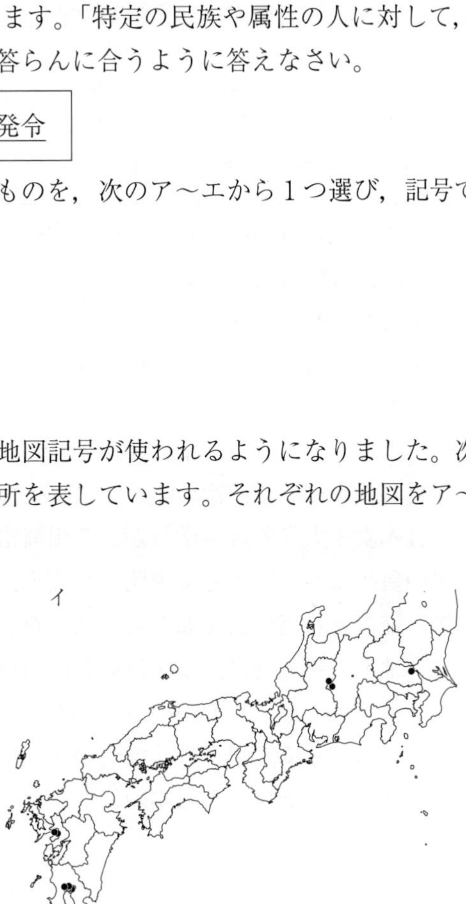

ウ

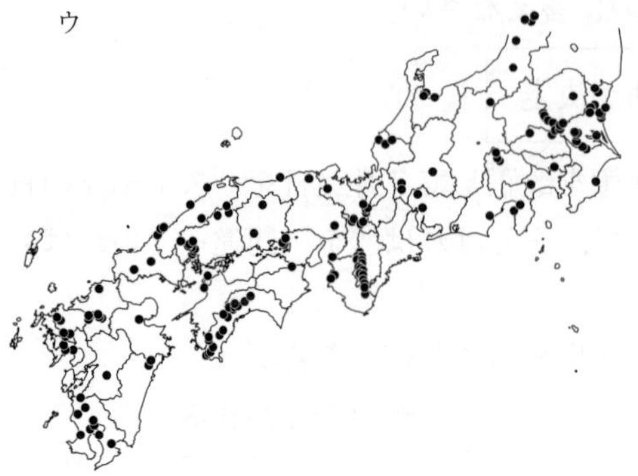

(地理院地図より作成)

問6　近年，自然災害が起きた時に，Twitter《ツイッター》などのソーシャルメディアが活用されています。ソーシャルメディアを利用する時に，情報を発信する側と受け取る側が共通して気を付けるべきことを答えなさい。

3　時代ごとの農民たちの生活について，あとの問いに答えなさい。

問1　弥生時代について，次の(1)と(2)に答えなさい。

(1)　弥生土器の特徴《ちょう》を述べた次の文が正しくなるように，文中の①～③にあてはまるものをそれぞれ記号で答えなさい。

以前の土器と比べて①{ア：厚く　イ：うすく}て，②{ウ：かたい　エ：やわらかい}。また，もようは③{オ：多く　カ：少なく}なっている。

(2)　この時代の各地のむらの様子を述べた次の文のうち，正しくないものをア～エから1つ選び，記号で答えなさい。

ア：まわりを大きな二重の堀《ほり》やさくで囲んでいた。

イ：むらとむらとの間で争いが起こるようになった。

ウ：豊作を祈《いの》る祭りをおこない，むらとしてのまとまりを強めた。

エ：はにわを並べた，権力者用の墓がつくられた。

問2　奈良時代について，次の(1)～(3)に答えなさい。

(1)　日本女子大学附属中学校がある川崎市周辺は，武蔵《むさし》国といわれていました。武蔵国の農民の負担について正しく説明した文を，次のア～エから1つ選び，記号で答えなさい。

ア：稲《いね》のとれ高の約3％を都へ納めた。

イ：地方の特産物は，まずは武蔵国の役所へ運び，役人が都へ納めた。

ウ：都で働くか，布を納める税があった。

エ：兵士として，現在の北海道の守りにつく人がいた。

(2)　武蔵国から都へ税を運ぶのにかかった平均的な日数を，次のア～エから1つ選び，記号で答えなさい。

ア：約3日

イ：約30日

ウ：約3か月

エ：約1年

(3)　この頃《ころ》の農民の家を次のア～エから１つ選び，記号で答えなさい。

ア

イ

ウ

エ
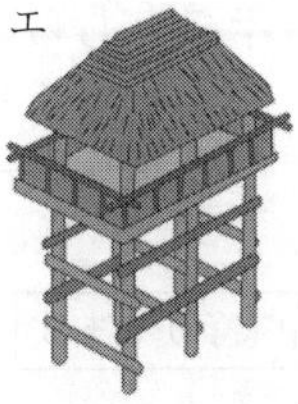

問３　鎌倉・室町時代について，次の(1)と(2)に答えなさい。

(1)　農地を深く耕すために使われていた動物を１つ答えなさい。

(2)　この時代の農民の様子を述べた次の文のうち，正しくないものをア～エから１つ選び，記号で答えなさい。

ア：草や灰を肥料として使用した。

イ：稲をかり取ったあとに麦などを作る二毛作が広まった。

ウ：村では，人々が集まって話し合い，生活のきまりをつくった。

エ：村では，自分たちの生活を守るために，五人組というしくみをつくった。

問４　日本女子大学附属中学校がある場所が，「武蔵国」から「神奈川県」になったのは何世紀か，答えなさい。

4　日本とアメリカの歴史について，あとの問いに答えなさい。

問１　明治時代に来日したアメリカ人は，奈良県で文化財保護の重要性を訴《うった》えました。次の文化財のうち，奈良県にはないものを，ア～エから１つ選び，記号で答えなさい。

ア

イ

ウ

エ

問２　江戸時代，アメリカと日本の間で結ばれた通商条約について正しく説明した文を，次のア～エから１つ選び，記号で答えなさい。

ア：この条約により，函館・横浜・長崎・下田・神戸の港が開かれた。

イ：この条約により，日本で事件を起こしたアメリカ人に有利な判決が下されやすくなった。

ウ：アメリカの他に，中国やイギリスとも同じ内容の条約を結んだ。

エ：この条約により，アメリカから高級な製品が多く入り，日本製のものが売れなくなった。

問３　明治時代，日本がある国と戦争した際，アメリカの仲立ちで講和条約が結ばれました。この戦争について正しく説明した文を，次のア～エから１つ選び，記号で答えなさい。

ア：この講和により日本は，多額の賠償《ばいしょう》金を受け取った。

イ：欧《おう》米の３か国が，この講和で手に入れた領土の返還《かん》を日本に求めた。

ウ：日本はこの戦争の前に，イギリスと同盟を結んだ。

エ：この講和により，日本は台湾をゆずり受けた。

問４　日中戦争からポツダム宣言受諾《だく》までの期間を前半と後半に分けました。下の①と②は前半と後半のどちらの時期か，解答らんに○を付けなさい。

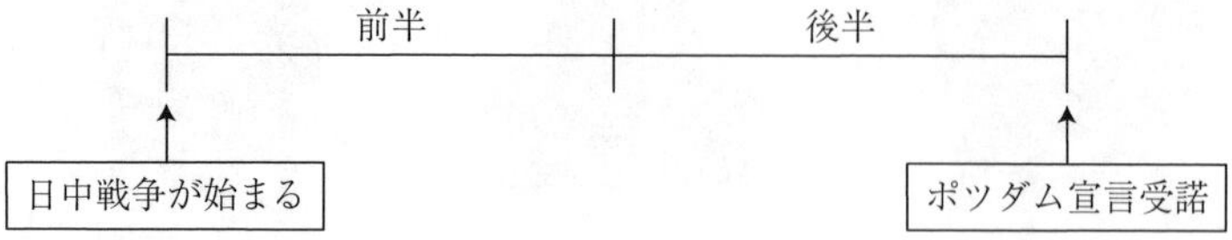

①　都市に住む小学生が，親元をはなれ，地方へ集団で疎《そ》開した。
②　国が品物の値段を決めたり，使用量を制限し始めた。

問５　右の地図は，アメリカとの戦争で空襲《しゅう》を受けた主な都市と亡《な》くなった人数を表したものです。地図中の３つの記号は，「100～1000人未満」「1000～5000人未満」「5000人以上」を表しています。「5000人以上」を表す記号として正しいものを，次のア～ウから１つ選び，記号で答えなさい。

　ただし，原爆による被害は除きます。

ア：●
イ：■
ウ：▲

問６　右のグラフは，ある時期の日本の工業生産の変化についてＡの年を100として表したものです。①と②にあてはまる戦争は何か，次のア～オからそれぞれ記号で答えなさい。

ア：第一次世界大戦
イ：日露戦争
ウ：朝鮮戦争
エ：日清戦争
オ：太平洋戦争

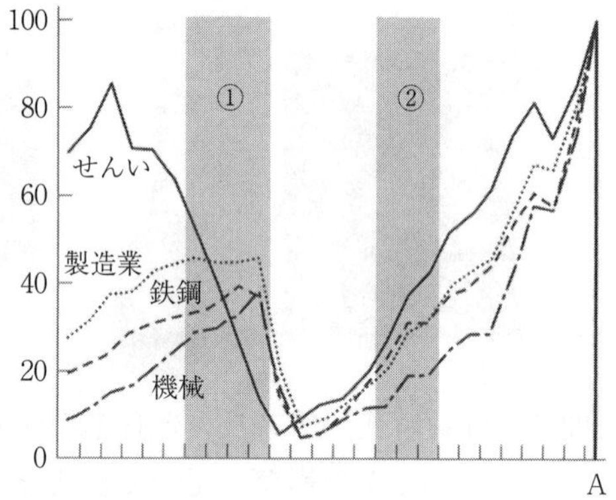

5　北海道と沖縄県について，あとの問いに答えなさい。

問１　右の図は，日本周辺の地域を緯《い》線・経線で５度間隔《かく》に区切ったものです。次の⑴と⑵に答えなさい。

⑴　図の情報をもとに，「北海道の大部分」と「沖縄本島」がある枠《わく》をア～クからそれぞれ選び，記号で答えなさい。

⑵　図の緯線・経線を延長したときに，どの線も通らない国を，次のア～エから１つ選び，記号で答えなさい。

ア：アメリカ　　イ：オーストラリア
ウ：フランス　　エ：ブラジル

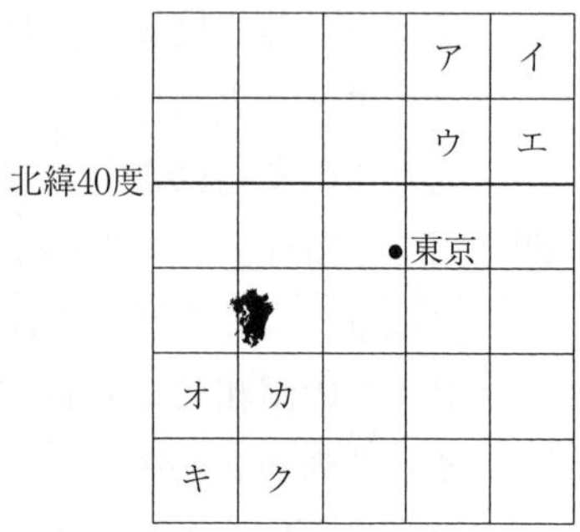

問２　「札幌」「那覇」「東京」の気候を，グラフを用いて比べました。次の⑴と⑵に答えなさい。

⑴　Aのグラフは，３都市ともに平均気温が最も低い１月を「０」として，気温の変化を表したものです。３都市のグラフをア～ウからそれぞれ選び，記号で答えなさい。

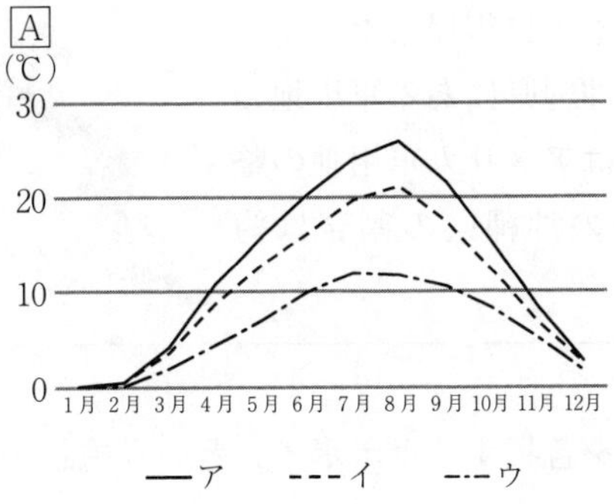

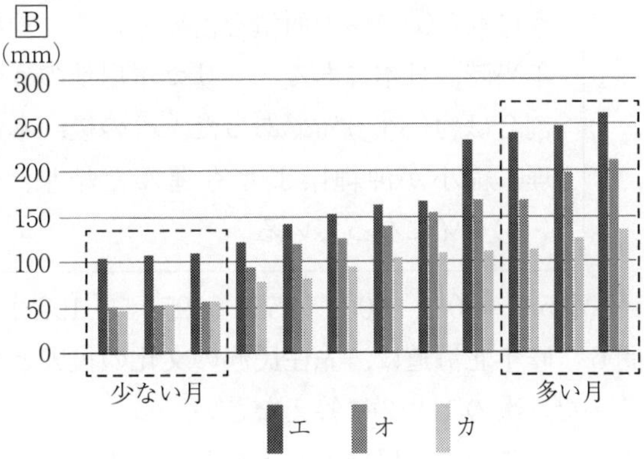

⑵　Bのグラフは，３都市の月間降水量を少ない月から並べたものです。グラフ中の「少ない月」「多い月」は次の表のとおりです。３都市のグラフをエ～カからそれぞれ選び，記号で答えなさい。

	少ない月	多い月
エ	１・11・12月	６・８・９月
オ	１・２・12月	８・９・10月
カ	４・５・６月	１・８・９月

＊月の並び順に意味はありません。

問３　北海道と沖縄県の農業用水について，次の⑴と⑵に答えなさい。

⑴　次の文は，北海道の稲作に必要な「雪どけ水」の長所の１つを述べています。２つの空らんにあてはまる同じ語句を答えなさい。

> もし水田の水を「雨水」で確保する場合，稲の生長に必要な（　　）が少なくなる可能性がある。一方，「雪どけ水」は冬に山に積もった雪がもとなので，春以降の（　　）と水の両方を豊富に得られる。

⑵　沖縄県で農業用につくられた「地下ダム」について正しく説明した文を，次のア～エから１つ選び，記号で答えなさい。

ア：洪水防止をかねた，雨水を貯《た》められる大きな地下空間をつくった。

イ：地中に，地下水をせきとめるための壁《かべ》を建設した。

ウ：地下からわき出る海水を，真水に変えるための施《し》設をつくった。

エ：豊富な地下水を利用した，水耕栽《さい》培の農場をつくった。

問４　北海道と沖縄県は気候が大きく異なりますが，どちらも米が栽培されています。次の①と②の文を読んで，正しければ○を，間違っていれば×を，それぞれ解答らんに書きなさい。

①　沖縄県で一年に２回栽培できるのは，降水量がとても多いからである。

②　もともと涼《すず》しい地域の植物であるイネは，北海道での栽培に適していた。

問５　次の文章の空らん①～④にあてはまる数字を，下の【　】から選んで答えなさい。ただし，【　】には使わない数字が含《ふく》まれています。また，同じ数字は１度しか使いません。

沖縄県には多くのアメリカ軍用地があり，沖縄本島では右図のように約（ ① ）％の面積を占《し》めている。沖縄が本土に復帰した（ ② ）年当時，日本にあるアメリカ軍用地のうち，沖縄県にある軍用地の割合は約（ ③ ）％であった。その後，本土ではアメリカ軍用地の整理・縮小が沖縄県よりも進んだ結果，現在の沖縄県の割合は約（ ④ ）％になっている。

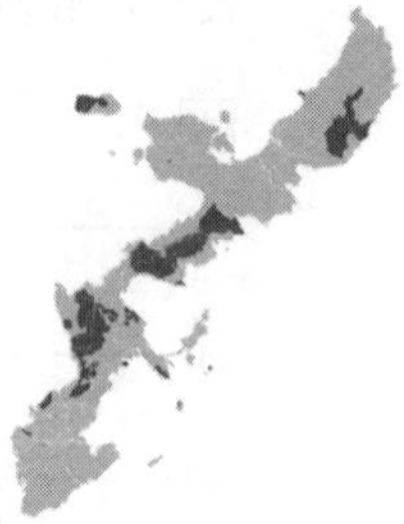

【15　　60　　70　　95　　1951　　1972】

問６　昨年北海道に，先住民族の文化の復興と発展を目指す「ウポポイ」という施設ができました。次の(1)と(2)に答えなさい。

(1)　この先住民族を答えなさい。また，この民族について正しく説明した文を，次のア～エから１つ選び，記号で答えなさい。

ア：鎌倉時代，この民族の有力者が守護や地頭に任命された。

イ：鎌倉時代，中国の軍隊とともに攻《せ》め込んできた。

ウ：江戸時代，幕府の将軍が替《か》わるごとに使節を送ってきた。

エ：江戸時代，交易の窓口となっていた藩《はん》と戦った。

(2)　江戸時代に，この先住民族から「和人」（日本の多数民族）が交易で得ていたものを，次のア～オから２つ選び，記号で答えなさい。

ア：米　　イ：サケ　　ウ：武器　　エ：昆布《こんぶ》　　オ：いも

問７　北海道と沖縄県には多くの観光客が訪《おとず》れます。観光がさかんになるとさまざまな職業が利益を得られます。観光によって利益を得る職業を，ホテルなどの宿泊《はく》業と，水族館などの入場料をとる観光施設以外で２つ，理由とともに答えなさい。

ただし，理由が同じになるもの（例：ホテル，旅館）は１つと数えます。

【理　科】〈第１回試験〉（30分）〈満点：40点〉

1　ヒマワリの種子を植えて，その成長を観察しました。

	6/1	6/8	6/13	7/12	7/19	7/31
ようす	種子をまく		葉は全部で4枚	葉の数も増え，草丈《たけ》ものびる	花がさいた	種子が出来た
草丈(cm)	—	2.5	10	85	105	測定を忘れた

(1)　ヒマワリの種子はどれですか。

ア　　イ　　ウ　　エ　　オ

(2)　右の図は，6/8のようすです。Aの葉を何といいますか。

(3)　6/13には，全部で葉が４枚観察できました。真上から見た葉のようすを描きなさい。

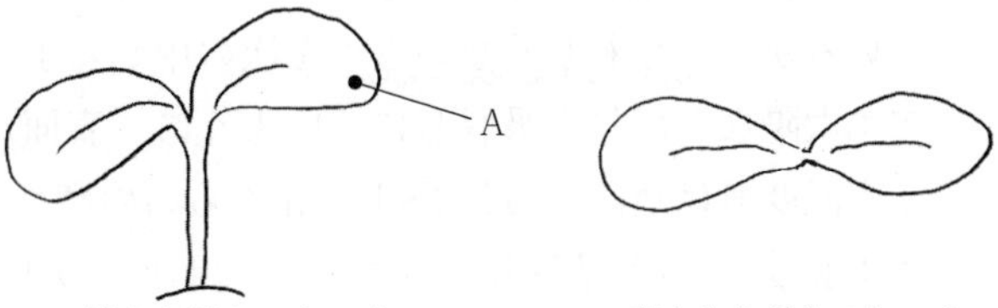

横から見たスケッチ　　真上から見たスケッチ

(4)　7/31の観察で，草丈を測定するのを忘れてしまいました。おおよそ，どのくらいだと考えられますか。次から選び記号を書きなさい。

ア：105　　イ：125　　ウ：155　　エ：175

2　モンシロチョウについて次の問いに答えなさい。答えは記号で書きなさい。

(1)　モンシロチョウの卵を見つけるためにはどの植物を探せばいいですか。

ア　　イ　　ウ　　エ

(2)　モンシロチョウの卵と同じ色の卵をうむ生き物はどれですか。すべて選びなさい。

ア：アゲハチョウ　　イ：カエル　　ウ：ナナホシテントウ　　エ：メダカ

(3)　卵から出たばかりの幼虫は最初に何を食べますか。

ア：えさとなる葉　　イ：卵のから

ウ：ふん　　エ：お腹のふくろにある栄養

(4)　モンシロチョウの幼虫はどれですか。

ア　　イ　　ウ　　エ

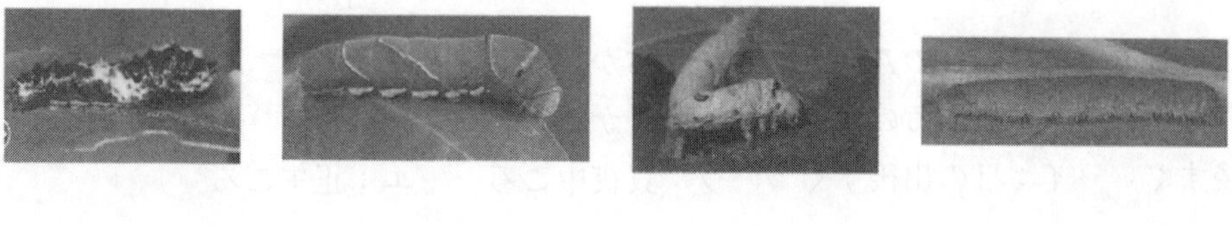

(5)　モンシロチョウのさなぎと成虫について正しく述べたものはどれですか。すべて選びなさい。
ア：さなぎのまま冬をこすこともある。
イ：さなぎから出たばかりの成虫は，すぐに飛ぶことができる。
ウ：さなぎの状態でも，天敵が近づいてきたら移動して逃げることができる。
エ：成虫のあしは「頭・胸・腹」にそれぞれ２本ずつついている。
オ：成虫になると，花の蜜《みつ》を吸うようになる。
カ：成虫の頭には２本のしょっ角がついている。

3　ある日の，川崎市での１日の気温の変化を調べました。図は気温を測定するときに用いた学校の屋外に設置された箱を表しています。

(1)　図のような箱を何といいますか。漢字で書きなさい。
(2)　図のような箱はいろいろな工夫がされています。どのような工夫がされているか，ふさわしくないものを次の中から１つ選び，記号で書きなさい。
ア：太陽などの熱を吸収しにくいように，表面が白色になっている。
イ：温度計は地面から1.2～1.5ｍくらいの高さにある。
ウ：温度計に影響《えいきょう》が出ないように，風通しの悪い場所にある。
エ：芝《しば》生などの草の上に建てられている。
(3)　５日間気温を測定したところ，右の表のようになりました。

	気温(℃)							
時間	9時	10時	11時	12時	13時	14時	15時	16時
１日目	21	22	24	26	28	27	28	26
２日目	22	22	23	25	27	29	28	27
３日目	23	23	24	24	25	25	24	24
４日目	23	24	25	27	28	29	28	26
５日目	20	21	23	25	27	28	27	27

①　５日間のうち，４日間は晴れていましたが，１日だけ雨でした。雨だったと考えられるのは何日目ですか。
②　９～16時の中で，もっとも気温が高くなりやすいのは何時ですか。
③　５日間のうち，１日の中での気温差がもっとも大きかったのは何日目ですか。

4　図１は川崎市で，10月５日午前７時に見えた月をスケッチしたものです。図２は太陽，地球，月の位置関係を表したものです。

図１

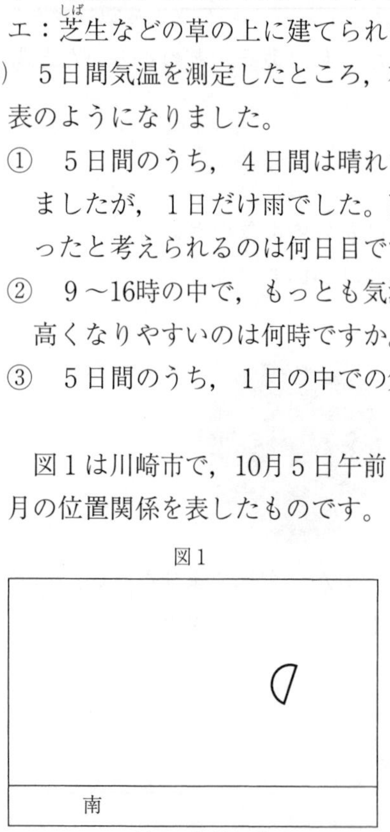

10月５日午前７時

図２

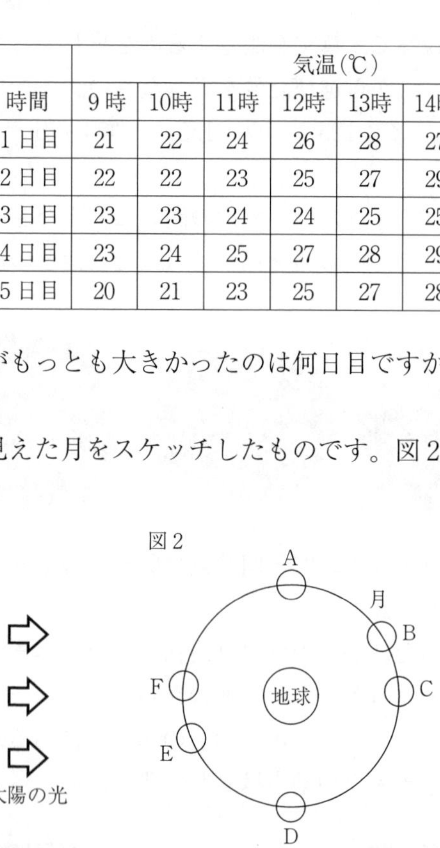

(1)　10月５日の月の位置は図２のＡ～Ｆのどれですか。
(2)　この形の月が東の空に見えるのはいつごろですか。
ア：日没《ぼつ》後すぐ　　イ：日の出後すぐ　　ウ：真夜中ころ　　エ：正午ごろ

(3)　２日後の午前７時には，月はどちらの方向に見えますか。

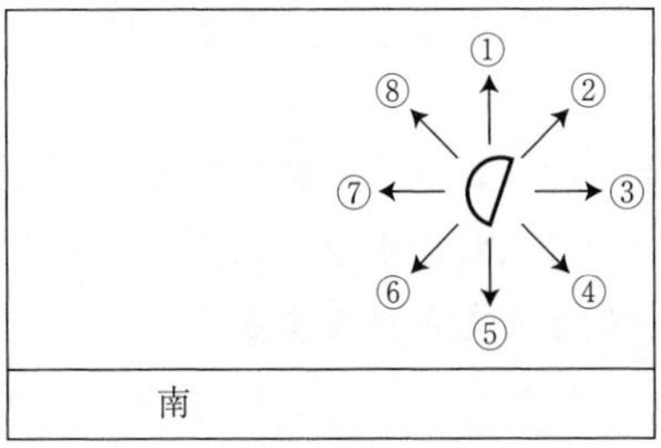

10月５日午前７時

(4)　10月９日の月はどのような形ですか。

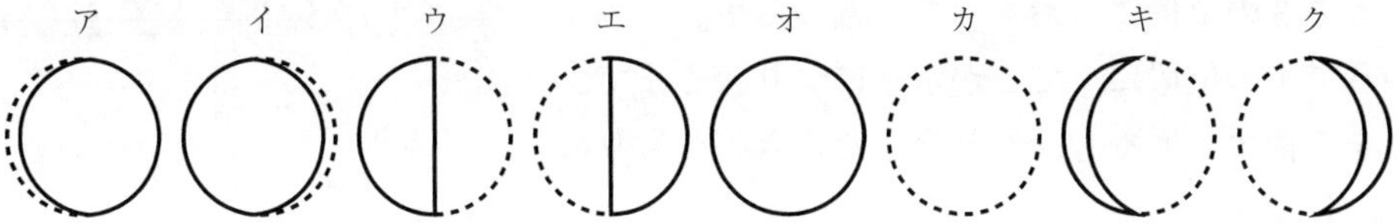

(5)　日没後に西の空に見える月の位置は，図２のＡ～Ｆのどれですか。

5　次の(1)～(3)のとき，下線が引かれた物の体積と温度はどのように変化しますか。(例)のように①～④の数字を使ってそれぞれ答えなさい。

(例)　10℃の水を80℃まで温めた。

答え：③→①

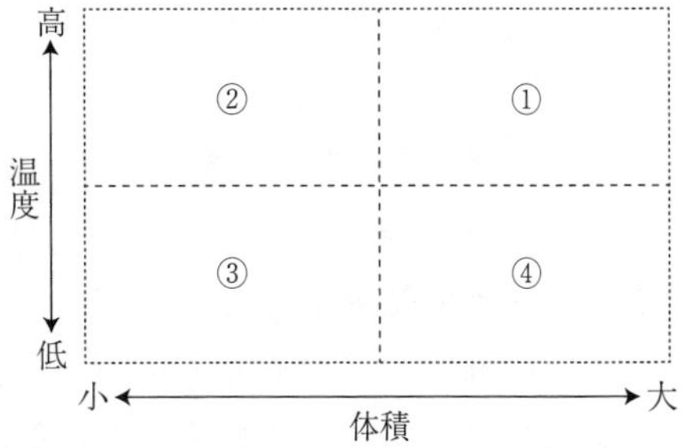

(1)　常温のスポーツ飲料が入っているペットボトルを冷凍《とう》庫に入れた。

(2)　金属でできているふりこ時計は，夏になると少し遅れる。

(3)　空気でいっぱいにふくらませた浮き輪を持ってプールに入ると，浮き輪が少ししぼんだ。

6　100ｇの水に溶《と》けるホウ酸の量が水温によって変わることを確かめる実験を行い，結果をグラフにまとめました。

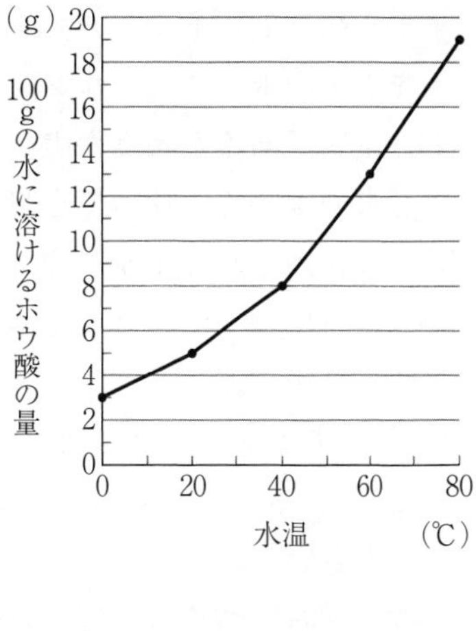

(1)　80℃の水100ｇにホウ酸を10ｇ溶かしたあと，40℃まで冷やしました。このとき出てきた粒《つぶ》は何ｇですか。

(2)　20℃の水にホウ酸を5.0ｇ溶かそうとしましたが，ビーカーの底にホウ酸の粒が溶け残りました。溶け残った粒をすべて取り出して調べると粒は1.0ｇでした。

①　溶け残った粒を取り出す方法にはどのような方法がありますか。

②　このときホウ酸を入れた20℃の水は何ｇありましたか。

(3)　ビーカーＡに20℃の水100ｇとホウ酸を入れ，ホウ酸水溶《よう》液を作りました。このときビーカーの底にホウ酸の粒が溶け残っていました。

①　溶け残っていた粒を溶かすための方法は２つあり，そのうちの１つは「温める」方法です。

もう1つの方法はどのような方法ですか。

② ビーカーBに，20℃の水50gとホウ酸を1.2g入れ，溶かしました。この水溶液で，ホウ酸の粒がすべて溶けたならば○，粒が溶け残るならば×を書きなさい。

③ ビーカーAにビーカーBの中身をすべて加えて温めました。ようすを観察していると，ちょうど60℃ですべての粒が溶けました。最初にビーカーAに入れたホウ酸は何gですか。

④ 最初にビーカーAの底に溶け残っていた粒は何gあったと考えられますか。

7 右のような実験用てこを使って，次の実験をします。用意したものは，実験用てこと，10gのおもり20個です。

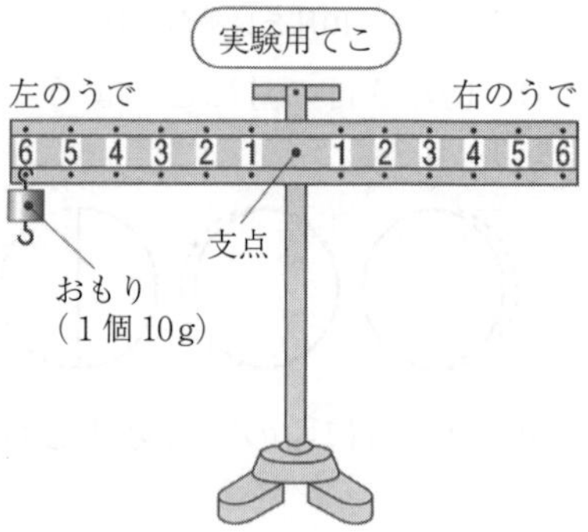

手順1 左のうで**3**の位置に，おもりを4個つるす。

手順2 右のうで**1**の位置に，てこが水平につり合うまで，おもりを1個ずつ増やし，つり合ったときのおもりの重さを記録する。

手順3 右のうで**2**～**6**の位置についても，手順2と同じように行い，表にまとめる。ただし，つり合わない場合は，×と記録する。

	左のうで	右のうで					
おもりの位置	**3**	**1**	**2**	**3**	**4**	**5**	**6**
重さ(g)	40	(ア)	(イ)	(ウ)	(エ)	(オ)	(カ)

(1) (ア)～(カ)の結果を答えなさい。

(2) 右のうでの「おもりの位置」を横軸《じく》，「重さ」を縦軸として折れ線グラフを書きなさい。縦軸は( )の中に単位を書き入れること。

(3) 左のうで**3**の位置のおもり4個を**6**の位置に移しました。同じ手順で実験をしたとき，×と記録されるのはどの位置のときですか。すべて選び，図の**1**～**6**の数字で書きなさい。

8 次のような身の回りのものについて性質を調べます。

ア：輪ゴム　イ：アルミニウムはく　ウ：折り紙
エ：ペットボトル　オ：スチール缶(表面の色をはがす)　カ：コップ(ガラス)
キ：1円玉　ク：10円玉

(1) 金属であるかどうか調べるために必要なものをスイッチの他に3つ書きなさい。ただし，同じものはいくつ使っても良いものとする。

(2) 金属はどれですか。すべて選び記号で書きなさい。

(3) 磁石につくかどうかを調べるために，(1)で用意したものとストローを使って「あるもの」をつくります。

① 「あるもの」とは何ですか。漢字で書きなさい。

② 「あるもの」をつくるために(1)で用意したものとストローに加えて必要なものを2つ書きなさい。

③ 磁石につくものはどれですか。すべて選び記号で書きなさい。

哭く姿も知っている、というのでしょう。重吉にとって詩を詠《よ》むとは、「神」の声を聞き、「神」に呼びかけることでした。それは姿を変えた祈《いの》りでもあったのです。祈るとき、人は心を鎮《しず》めなくてはなりません。ひとり、大いなるものの前に進み出なくてはなりません。そのとき、孤《こ》独であることを求められます。「壁《かべ》」と題する詩からは、C重吉が孤独のときにいかに豊かな経験をしていたのかが、［　エ　］伝わってきます。

秋だ
草はすっかり色づいた
壁のところへいって
じぶんのきもちにききいっていたい

この詩における「壁」は、病に伏《ふ》せっていた重吉が実際に見ていた壁に違いありませんが、同時にそれは自分と「神」とが出会う場所でもあったのでしょう。大いなるものを感じているのです。彼にとって孤独とは「神」と静かに向き合うことにほかなりませんでした。自分を見つめるだけでは自分自身を知ることはできない。それを大いなるものとの対話のなかで見出《みいだ》していかなくてはならない、というのです。

彼には一行の詩もあります。

木に眼《め》が生《な》って人を見ている

木に物を見る「目」はありません。しかし、重吉はもう一つの、心を見通す「眼」の存在を感じています。人間はいつも世界を見る側にいる。だが、私たちは見られる存在でもある、というのです。ここでの「木」は、歴史の、あるいは自然の、さらにいえば超《ちょう》自然を示すものとして描《えが》き出されています。D詩は、人間界を超《こ》えた彼方の世界からやって来るコトバを受け取ろうとするところに始まるのです。

（若松英輔「詩と出会う　詩と生きる」より）

(一)［　］ア、イに入る詩のことばをそれぞれ四字以内で抜《ぬ》き出しなさい。

(二)――線Aとありますが、これはどのようなことを言っているのですか。つぎの中から正しいものを一つ選び、記号で書きなさい。
ア　盛《も》りこまなくてはいけない作者の内面が表れているということ。
イ　秘密にしたい作者の過去や未来が表れているということ。
ウ　記してはいけない作者の主張が表れているということ。
エ　見えないはずの作者の姿や心情が表れているということ。
オ　話すことさえできない作者の充《じゅう》実感が表れているということ。

(三)＝線Bとありますが、作者は虫のなき声にどんなことを感じましたか。自分のことばで書きなさい。

(四)［　］ウ、エに入る最もふさわしいことばをつぎの中から選び、番号で書きなさい。
1　こつこつと　2　わさわさと　3　ありありと
4　ほそぼそと　5　まじまじと　6　さめざめと

(五)……線Cとありますが、「豊かな経験」とは、どういうことですか。詩と文中のことばを使って書きなさい。

(六)〰〰線Dとありますが、これと同じ内容を述べている一文を文中から探し、はじめの五字を書きなさい。句読点もふくみます。

二　つぎの文章を読んで、あとの問題に答えなさい。

八木重吉（一八九八〜一九二七）の詩に二十歳《さい》で出会ったとき、詩の風のようなものを感じたのをはっきりと覚えています。これから紹《しょう》介《かい》する八木重吉の詩で、もっともよく知られているのは、次の詩ではないかと思います。

この明るさのなかへ
ひとつの素朴《ぼく》な琴《こと》をおけば
秋の美しさに耐《た》えかね
琴はしずかに鳴りいだすだろう

「ア」が、事物として存在しているか否《いな》かはさほど問題ではありません。重吉にとってこれは、彼が眼前に見ていたものよりもずっと強い実在感をもって彼《かれ》の内面に存在していたからです。「イ」という言葉によって重吉は、穏《おだ》やかな光を表現しようとしています。その光によって奏《かな》でられる「音」を私たちは耳で聞くことはできません。耳に響《ひび》く音は遠くには届きません。どこかで消えてしまう。しかし、ここで詠《うた》われている「音」は違《ちが》います。彼方《かなた》の世界からやってきて、人の心に直接届くのです。「私」を赤裸《ら》々《ら》に語らない、それでも、ここには八木重吉という「私」の存在がはっきりと感じられる。「イ」と「美しさ」によって「ア」が奏でられるという出来事は、彼のほかに容易《い》に探し出すことはできまい、と私たちが感じるとき、Aここに語られない「私」が立ち現れてくるのです。

詩は、世界にあまねく（広く）存在する詩情を言葉によってすくいとろうとする営みです。詩情はさまざまなところに隠《かく》れています。重吉は、虫の音をめぐって次のような詩を残しています。

虫が鳴いてる
いま　ないておかなければ
もう駄目《だ》だというふうに鳴いてる
Bしぜんと
涙《なみだ》をさそわれる

詩を読むときは、漢字で表現されている言葉――ことに動詞――を心のなかでひらがなに置き換《か》えてみるのもよいかもしれません。ここでは「鳴く」と「泣く」が響き合うように詠われています。「なく」と書くと、そこに「鳴く」と「泣く」が自然と重なり合います。「なく」には、「鳴く」、「泣く」だけでなく、慟哭《どうこく》を表す「哭《な》く」という言葉もあります。さらに宮沢《ざわ》賢《けん》治が書いていた「啼《な》く」という文字もあります。「なく」という一語でも、これだけの意味の色彩《さい》があるのです。

現代人はさまざまな言葉を漢字で書くことに慣れています。パソコンやスマートフォンの普及《ふきゅう》で変換《かん》も簡単になりました。便利ではあるのですが、意味の奥《おく》行き、意味の色合いが感じられにくくなっている側面があるのも否めません。この作品を読むとまず、ウ「泣く」重吉の姿を思い浮《う》かべることができます。文字によっては明らかに表現されていないはずの激《げき》情すら、読み手の心に伝わってくる。詩にはとても不思議なはたらきがあります。「虫」で重吉は「哭く」という言葉を用いませんでした。彼が「哭く」という一語を書くのは、次のような作品のときです。

ひかりとあそびたい
わらったり
哭いたり
つきとばしあったりしてあそびたい

「ひかり」とともに「哭く」と重吉はいうのです。「哭く」とは「犬」という文字が組み込《こ》まれているように犬のように手と膝《ひざ》を大地に付け、土をかきむしるようにしつつ、獣《けもの》のような声を出して「哭く」ことです。「ひかり」と遊び、笑う。しかし、「ひかり」は、自分が人知れず、

「あら、あら」と、いつものひじかけいすにすわった高島さんは言った。

「ねがいは、かなうわねえ」と言って、ぽんと手をうった。

波はしゃがんでハルの頭をなでた。波を見あげて、しっぽをぱたぱたとふった。波はハルの首にリードをつけてやり、「行こ」と声をかけた。ハルはいつものように、まよわず坂をのぼりはじめた。

e波は、なんだかあたたかいものが体のなかにみちている気がしていた。ハルの背中を見ながら、ハルの歩く歩みにあわせて、ゆっくり歩いていった。波はハルの歩みにあわせて、こうしていっしょに歩けるのがうれしかった。高島さんのハルではなくて、これからはわたしのハルなのだ。ハルとはこれからずっといっしょだ。ハルがどんなに年とっても、病気になっても、ずっといっしょにいる。

「ハル」波はハルの頭をなでた。「ハル、だいすきだよ」ハルはいつものまばゆいような、わらったような顔でじっと波を見つめ返した。

（岩瀬成子「そのぬくもりはきえない」より）

(一)（　）**ア**、**イ**に入る最もふさわしいことばをつぎの中からそれぞれ選び、番号で書きなさい。

ア　1　いきりたった　　2　ふるいたった
　　3　おじけづいた

イ　1　だめだと言いそうな　　2　あっと驚きそうな
　　3　変に思いそうな

(二) **ウ** に入る最もふさわしいことばをつぎの中から選び、番号で書きなさい。

1　生きものを育てている
2　生きものにためされている
3　生きものをひっぱっている
4　生きものにつながっている

(三) ……線**a**とありますが、これは家のどんな様子を表しているのか書きなさい。

(四) ＝線**b**とありますが、これと同じような波《なみ》の気持ちが表れている一文を **3** **4** の場面からそれぞれ一つずつ探して、はじめの四字を書きなさい。

(五) 〜〜線**c**とありますが、「何か」を表すことばを A の場面から二十字で探し、はじめと終わりの二字を書きなさい。

(六) A の場面から、お母さんの性格が伝わってくる最もふさわしいことばを十五字で探し、はじめと終わりの三字を書きなさい。

(七) □ 1〜4に入るふさわしい一文をつぎの中からそれぞれ選び、記号で書きなさい。

ア　波はおどろいた。　　イ　波はまばたきをした。
ウ　波はほっとした。　　エ　波は心配になった。

(八) ――線**d_1** **d_2**とありますが、波にとってお母さんはどういう存在ですか。また、お母さんと過ごす中で、波は自分のことをどのように感じていますか。波とお母さんについて自分のことばで書きなさい。

(九) あ〜うに入るふさわしい一文をつぎの中からそれぞれ選び、番号で書きなさい。

1　波はそう言った自分の声の大きさにびっくりした。
2　波は目を下にむけて言った。
3　波は自分の声がきっぱりしていると思った。

(十) ―・―線**e**とありますが、ハルとの出会いは波の心をどのように成長させましたか。波の成長について、文章全体から考えて自分のことばで書きなさい。

(土) ――線①〜④を漢字に直しなさい。

ハルと呼べば、ハルは首をもたげて波を見る。テレビを見るときも、ごはんのときもハルはそばにいる。ハル。波は心のなかで呼びかけた。ハルのにおいがよみがえった。

8　お母さんは改札口のところに立っていた。波を見つけると、走りよってきて、両肩《かた》をつかんだ。まるで、体のどこかが傷ついていないかと、たしかめるように、つかんだ肩をゆらした。

「ただいま」と波は言った。うんと、お母さんは大きくうなずいた。

「ごはん、食べに行こうか」とお母さんは言った。家はすぐそこだったが、家にはよらずに、車は方向をかえ、また走りだした。

「心配したんだから」とお母さんは言った。「すごく心配したよ」

波はうんうんと、うしろの座席で首をかくかくさせた。中華《か》料理店に入ると、なんでもすきなものを食べなさいとお母さんは言った。波は揚《あ》げそばとこたえ、お母さんは、じゃ、わたしも、と言った。

「ビールでも飲みたい気分だけど、車だから」とお母さんは言った。おこっているのかなと、顔を見ると、お母さんはわらっていた。

「ぶじ、帰ってきたんだから」波は指先で鼻の頭をごしごしこすった。

「ジュースでかんぱいしようか」そう言うと、お母さんは手をあげ、オレンジジュース二つ、と言った。ジュースはすぐにはこばれてきた。

「かんぱい」とお母さんは言った。グラスとグラスがぶつかり、チンと小さな音をたてた。

「犬、飼おうか」お母さんはそう言ってから、ジュースを少し飲んだ。

「え、ハル？　いいの？」

お母さんはうなずいた。じっくりとあごを落とすようなうなずき方だった。うれしい気持ちがじわじわとひろがってくる。ハルがうちにくる。信じられないけど。ハルがわたしのハルになる。波は揚げそばを食べながら、ハルの黒い大きな目を思いうかべた。

「高島さんの家にも行ったのよ。なにかごぞんじかと思って。高島さん、波のことをほめてらした。やさしいいい子だって。ハルにもよくしてくれて、わたしにもよくしてくれて、元気をもらいましたって、感謝してらしたよ」

「ハル、いた？」

うん、とお母さんはうなずいた。なぜとか、どうしてとか、お母さんはきかなかった。そのかわり、「ふう」と小さな息を何度もはきだした。ことばのかわりに息をはきだしているみたいだった。

「いろいろね、考えちゃったよ、お母さん。あした、波がつかれているようだったら、学校を休んでもいいわ」

「つかれてないよ」

ほんと？　とお母さんは波をじっと見た。お母さんの目は、おこっている目でも、悲しんでいる目でもなかった。波の考えていることを言いあてて、ぜんぶわかってるんだからと言うときの、ぐいぐいせまってくるような目でもなかった。こまっているような、ぱちくりとした目だった。お母さんはなにかしゃべりたそうな顔をしたが、やっぱりなにも言わずに、おしぼりでテーブルをごしごしふいた。

9　こんにちは、とドアをあけると、「はあい」と声がしてうしろからハルも姿をあらわし、しっぽをふりながら廊《ろう》下を歩いてきた。

「波ちゃんだ。どうぞどうぞ」

「あのね」と波は言った。〔　う　〕

「ハル、もらいます」と言った。そして、うふっとわらった。

なあ。弱い気持ちにひきずられていたら、どんなこともできなくなっちゃうよ。人生にはいろんなことがあるんだから、いやなことに負けてちゃだめだよ。にげちゃだめ。がんばらなきゃ。d1お母さんはいつだって、いろんなことばをもっている。お母さんのことばは波をぐるぐる巻《ま》きにする。いろんなことってなんだろうと波は思う。お母さんに「人生が」と言われると、山のなかにまよいこんだような気になる。どっちを見てもにょきにょき背の高い木がはえていて、出口がわからないような、そんな気持ちになる。

「わかったね。もう練習を休まない。約束ね」とお母さんが言った。

「うん」波はまたうなずいた。

7

お母さんは「えー」と言ったあと、小さな息をはきだしながら、「どう考えても飼えないわね、犬は。むりよ」と言った。「よおく考えてごらん。うちは、昼間はだれもいないの。犬はずっとひとりぼっちよ。そんなこと、させていいの？　それに、そんな年とった犬は、もうよその家にはなじめないのよ。犬だって、かわいそうよ。わかるでしょ、そういうことは」

お母さんはお茶碗《わん》をあらっていた。手ぎわよく。くるくると泡《あわ》だったスポンジがお皿の上でまわる。お母さん、スポンジみたいだと思う。なにもかもすいとってしまう。あのね、お母さん。波はお母さんを見る。明るい色に染めた髪、白い首、こめかみ。いろんな気持ちがごちゃごちゃする。なにをどう言えば、お母さんは「へえ、そうだったの」とうなずくんだろう。それがわからない。d2どんどんふくらむスポンジのお母さんのそばにいると、自分が氷のように溶《と》けて消えてしまうような気がする。ときどき、そんな気持ちになる。自分のなにもかもが、いけない気がする。

「わかったね？」お母さんが波を見た。

「ハルはね、行くところがないんだよ」［　あ　］

「だれか、ほかの、犬ずきの人のところへ行くのが、その犬にとってもしあわせだと思うよ。いまは波は犬のことをとってもかわいそうに思って、そんなふうに考えているってことはわかるの。動物をかわいそうに思う気持ちはだいじよ。とっても。だいじだからこそ、犬にとっていちばんいい選択《たく》をしてあげなくちゃ。ね、ほかにも方法があるし、よその人にもらわれたほうが、きっとその犬にとってはしあわせだと思う。それに、そんないい犬なら、きっともらい手はたくさんあるわよ」

お母さんはお茶碗をあらい終え、もうこの話はおしまい、というように、タオルで手をふき、流しの前をはなれた。

「飼えば。その犬」居《い》間のソファからお兄さんが、いきなり言った。

お母さんはエプロンをはずしながら頭をふり、「うちはだめよ。わたしが仕事をやめて家にいるのならべつだけど、うちでは犬は飼えない。いくら考えてもむり」と、もういちど、はっきり言った。

「ハルは行くところがないんだよ！」［　い　］だめだめ。お母さんは首をふった。

「④おうぼうって感じ。専制はよくないって。国がほろびる」お兄さんはテレビのほうに目をむけながら言った。

「波にむりに受験させようとしたりさあ、ソフトやらせたりさあ」

「お母さん、むりじいをしたっていうの？　じゃあ、あなた、いやだったの？　ソフトとか、受験とか。ってことは、いまの学校、いやなの？　後悔《かい》してるの？」

「犬。飼うのに、ぼくは賛成だーい」と、お兄さんは茶化すように言った。

ハルはきっとソファがすきだ。夜はソファでねむる。階段はきっとにがてだ。下にいて、二階の物音に聞き耳をたてているだろう。

おーとも、きゃーともきこえた。うわあと思った。フライがとれてしまった、と思った。スリーアウトとなって、波はけんめいに走ってベンチにもどった。お母さんが監督のそばで拍《はく》手していた。

「いいぞ、いいぞ」と監督はみんなに言った。それから波にむかって「よくとったな。耳はもう痛くないのか」と言った。

③はんしゃてきに波はお母さんを見た。お母さんは監督のことばがきこえたのか、きこえなかったのか、白くひろがるグラウンドのほうを目を細くして見ていた。試合が終わると、監督はひとりひとりに、気づいたことをアドバイスした。

「もっと練習しなきゃだめだ。耕平は毎日家で素振《すぶ》りをしていただろ。お兄さんのまねをして、もっと家でも練習しなきゃ打てないぞ。それに練習を休んじゃだめだ」監督は波にはそう言った。こくこくと波はうなずいた。

「波、練習を休んだって?」いつのまにかお母さんがそばにきていて、耳もとで言った。

あ、と波は思った。お母さん、やっぱりちゃんときいていたんだ。

「どうして? どうして練習休んだの? なにか用事があったの?」お母さんはやさしい声できいた。

「ハルの散歩」

「ハルって?」お母さんは波の顔をのぞきこんだ。お母さんの香水のにおいが波をつつんだ。

「高島さんちの犬。高島さんは犬を散歩させられないから」

「だから波が?」

「金曜日だけ。ほかの日は真麻ちゃんが散歩させてる」

「そう」波はうつむいていた。うつむいていても、お母さんが自分の顔を見つめているのがわかった。

「それは波がしなくちゃいけないこと?」波は首をかしげる。

「でも、波はソフトチームに入ってるからねえ。そういうこと、できないよねえ。体はひとつだから両方はできないでしょ。練習を休んじゃだめって、監督さんにも言われたんじゃなかったっけ」波はうなずく。

「せっかくソフトをはじめたんだもの。休んでちゃ、うまくなれないよ。お兄ちゃんは、練習を休んだりしなかったよ。だからレギュラーになれたの。波もレギュラーになりたいんじゃないの」波はお母さんのくつの先を見ていた。川からの風がそよそよ吹《ふ》いていた。

「なりたいよねえ。せっかくはじめたんだもの。がんばってレギュラーにならなきゃ。それが目標だったよね。うそをついて練習を休むなんて、いいこと? 正しいこと?」波は首をふる。

「犬の散歩、高島さんにたのまれたの?」

「真麻ちゃん」

「だれか、ほかの子にたのんでもらったらどう? きっと犬ずきな子はいると思うけどな」

「うん」波はくつを見たまま、うなずいた。お母さんにそうしたらと言われたら、「うん」と言ってしまう。ちょっとちがう、という気持ちがおなかのなかでもやもやするのに、ことばになっては出てこない。お母さんの考えとちがうことを言おうとすると、言うまえにことばがへなへなとしぼんでいく気がする。言いかけても、「どうして、そんなことを言いだすの? そんなこと、どうして考えるの?」ときかれると、すぐに、まちがったことを言ってるような気がしてきて、言うのをやめてしまう。いいの、いいの、と思ってしまう。「わかってる、波の気持ちはわかってる。いやだなあって思うことあるよね」「わかってるけど、でもね」とことばはつづく。波をつつみこむように、お母さんは話しかける。いやだなあって気持ちはだれにでもあるの。だけど、それは弱い気持ちじゃないのか

「ほんと？　なんでも食べなきゃだめよ」お母さんが二、三度「食べなさい」と②めいれいくちょうで言うと、お兄さんはいやそうに、ひと切れだけ食べた。お母さんはいつもふたりの栄養のことを気にしていた。偏《へん》食をしないように。のこさずに、なんでもよくかんで食べるように。小さいときからくり返し言われたことだ。だから波は出されたものはなんでも食べたが、おいしいからかどうかはわからない。グリンピースの豆ごはんと、クリームコロッケは正直に言うとにがてだったが、それでもお母さんが食卓《たく》にならべると食べる。のこさずに食べてしまう。波はなんでも食べた。のこさず食べるもんだと思っているから、時間はかかるけれどぜんぶ食べ終えた。

4

5

波は監督のところに行き、「きょうは、早く帰りたいんです」と言った。ふた手にわかれてする紅白試合のとちゅう、二回が終わったところだった。学校から帰るあいだも、このまえ高島さんに、こんどは早くきてと言われたことを思いだして、ソフトどうしようかとずっと考えていた。さぼったりとか、そんなことできないし、でも、でも、そう思いながら歩いていると、お母さんからメールが送られてきた。

〈学校、どうだった？　ソフト、おくれないようにね〉。〈わかった〉と、波はすぐに返事を送った。考えなくても、すぐに返事してしまう。返事をしないと、すぐまたメールが送られてくるから、道に立って返事する。練習試合のあいだもずっと、どうしよう、どうしようと思い、うろうろした気持ちでバッターボックスに立ったら、球が腰にあたった。デッドボールだった。痛くて、しゃがんだら、涙《なみだ》が出た。デッドボールで泣くやつがあるかと監督に言われた。それでも、デッドボールのおかげではじめて塁《るい》に出られて、一塁で、はずかしいような気持ちで立っていると、なんだか急に、早びけしようと心が決まった。

「どうした。さっきのデッドボールが痛いのか。それで早びけか」と、監督は直球でたずねた。

「いえ。病院」と波は言った。「病院に行くんです」

「どこが悪いんだ」

「耳、です。耳が痛いんです」とうそをついた。うそをつくつもりじゃなかったのに、すらりとうそは出た。

「耳か、じゃあしかたないな」

監督はするどい目で波の耳を見て、でも、あっさりとゆるしてくれた。波はバットとグローブをもつと、みんなのそばをはなれた。

6

ソフトボール大会の日がきた。朝七時に子どもたちは共用グラウンドにあつまった。みんなはりきっているように見える。波のなかに、おびえる気持ちがわく。みんなのうしろにかくれたくなる。ほかのチームはキャッチボールもバッティングも、うまい子ばかりがあつまっているように見える。勝負かと思うと、にげたくなる。波は帽《ぼう》子をかぶりなおした。だいじょうぶ、と自分に言ってみる。でもやっぱりこわかった。はじめての試合だった。

グラウンドはひろびろとして見えた。三塁側のベンチにつづく応援《えん》席には帽子をかぶったお母さんが見える。お母さんはお弁当とおやつを用意してきていた。ひとり目のバッターが打席に入った。波は腰を低くしてかまえた。バットはばしっと球を打ち返した。ボールは高くあがった。ボールは波のほうにむかってぐんぐんのびてくる。ああっと思った。波はボールを見ながらふらふらと前に出た。そして両手でかまえた。息をとめる。ばしん。ボールはグローブのなかにおさまっていた。びっくりした。応援席から声があがった。

きれいな色を着るとうれしい気持ちになるでしょ、とお母さんは言う。洋服がすきなの、上下する針から目をそらさずに、お母さんは言った。お母さんは参観日にはかならずくる。いつか友絵《ともえ》ちゃんが「波ちゃんのお母さんて、おしゃれ」と言った。「香《こう》水もいいにおい」とも。波もお母さんはおしゃれだと思う。

「高島さんて、ずっとひとり？」波はおずおずとたずねた。犬の散歩をさせてもらっていることは言えないと思う。

「高島さんて？　この下の高島さん？　知ってるの？」

「このまえ、家に行った」

「なにしに？」ミシンをとめ、お母さんは波を見た。

お母さんは波の目を見る。いつも。目のなかを、のぞきこむように見る。［ 1 ］

「真麻ちゃんが行くって言ったから」

「真麻ちゃんて？　ああ、このまえ、絵の教室に入ってきたっていう子ね」

またミシンはうごきだした。「で、あんたたち、高島さんちで、なにをしたの？」

「紅《こう》茶を飲んだ」

「あら、やだ。そんなことしたの。だめよぉ、ずかずかよそのおうちにあがったりしちゃ。ご迷惑《めいわく》でしょ。いい、もう行っちゃだめよ」

お母さんは布をぎゅっとひっぱってミシンからはずし、糸を切った。

「わかった」と波は返事した。どきんとした。

「塾《じゅく》のことだけど、どう？　かわる？」お母さんはきゅうに話をかえた。

いままで行っていた塾をやめて、週三日の進学塾にかわってはどうかと、お母さんに言われていた。

「土曜日も、絵の教室が終わってすぐに行けば、まにあうから、だいじょうぶ。耕平《こうへい》も四年生から行ったよ」

「うん」

「行ってごらん。きっとすぐに友だちもできるから」

「受験するの？」と波はたずねた。

お母さんは波に私立の中学に行ってほしいと思っているのだ。波のお兄さんは合格した。塾の先生からはソフトボールをやめるように言われたのに、やめなかったお兄さんは、毎晩一時ごろまで勉強していた。お兄さんみたいに勉強できるだろうか。［ 2 ］

「どんなところか、行くだけ行ってごらん。先生はみんないい先生ばっかりよ。やさしいし、親切に教えてくださるし。それに、なにか目標があったほうがいいよ。勉強をするにしてもね。はりあいが出るでしょ。受験するかどうかは、まだ決めなくてもいいの」

お兄さんは波に「うちの野球部、弱くてつまんないよ。①ぶんぶりょうどうって校長は言うけど、ぜんぜんそうじゃないよ」と言った。

お兄さんは晩ごはんのとき、まぐろのおさしみをのこした。

「あら、どうして」とお母さんはたずねた。

「おさしみは、ちょっとね」とお兄さんは言った。

「おさしみ、すきでしょ。耕平は小さいときから、おさしみはのこさず食べてたじゃない。この子、舌《した》がこえてるねってお父さんとわらったのよ」

「むり、してた」お兄さんは窓《まど》のほうを見ながら言った。

「食べなきゃだめ」

「生のものは気持ち悪い。生卵もいやだ」お兄さんがそんなことを言い出した。［ 3 ］

けると、部屋のようすはがらりとかわっていた。

「きょうから、こっちが波の部屋よ。もうすぐ十歳でしょ。自分の部屋をもってもいいころだから」

波は部屋のまんなかに立って、部屋を見まわした。

「どう、うれしい？」お母さんはにこにこしている。

「びっくり」と波は言った。いつか自分だけの部屋がもてるとしても、それはまだ先のことだと思っていた。

「四年生くらいになったら、だれでも自分の部屋がほしくなるものよ。でしょ」

b そうなのか、そういうものか、と波は思うけど、よくわからない。窓から外を見た。ずっとむこうに川が細く見える。それからベッドを見た。これからはひとりでねるのだ。これはうれしいことなのだ、たぶん。c けれど、何かがなくなってしまったような気もした。

A

波は勉強机のいすをひきだして、腰をおろしてみた。机の周囲はきちんと整理されている。いままで机のひきだしにためていたリボンは、水玉もようのガラスびんに入れられて机のすみにおいてある。ケーキや花束にむすんであるリボンを、波はずっとまえからあつめていた。いままでくしゃくしゃになっていたのが、こうしてまとめてびんに入れられると、くるくるときれいに見える。びんに入れてみると、リボンは波が思っていたよりずっと少なかった。そして、なんだか、それはどこかからもってきた飾《かざ》りもののように見えた。ごそごそっといっぱいあるという秘密の感じがなくなっていた。ひきだしをあけると、プリントやノートが角をそろえて入れてあった。それもお母さんがしたのだ。どのひきだしもきれいに分類されている。部屋中何もかもねじれているものはひとつもないのだった。

3

河川敷《せんじき》の共用グラウンドについてみると、もうキャッチボールははじまっていた。

「遅刻《ちこく》だぞーっ」上田監督《かんとく》が声をあげた。「グラウンド三周！」

波は走りはじめる。さっく、さっく、さっく、さっく。自分のスパイクのたてる音をききながら、グラウンドのはしを走った。走るのはいやじゃない。走っていると、いつかはソフトボールだって自然にうまくなれるかもしれないという気がしてくる。キャッチボールはおなじ四年生の美穂《みほ》ちゃんとだった。美穂ちゃんは二年生のときからチームに入っている。お姉さんの里美ちゃんも二年生からはじめて、六年生のいまはピッチャーだった。里美ちゃんはりりしい。マウンドに立つと、口をきゅっとつむって、速い球をびゅっと投げる。監督は、波がはじめて練習に参加した日、「いっしょうけんめい練習すれば、ぐんぐん上達するからな。女子だっていいピッチャーになれるぞ。中学校に入ってもソフトボール部はあるし、高校になってもある。エースになってインターハイに出ろ」と、ぎゅっと力のある目で波を見た。それをきいて、逆に波は（　ア　）。

ときどき、どうして自分がソフトボールをやってるんだろうと思うけど、お母さんは「だいじょうぶ。きっと、うまくなるよ」とはげましてくれる。でも波は、ソフトボールがすきなのかどうなのかさえわからなかった。

4

ぶーんと軽い音がして、ちゃかちゃかとミシンがうごきはじめる。お母さんは布のはしとはしを指でひっぱるようにしながら、少しずつむこうにずらしていく。ぬっているのは波の夏のワンピースだ。波がほしいと言わなくても、洋服が小さくなってくると、夜ミシンを出して、ぬいはじめる。お母さんの好みはパステルカラーだ。

二〇二一年度
日本女子大学附属中学校

【国　語】〈**第一回試験**〉（五〇分）〈満点：六〇点〉

1 **一**　つぎの文章を読んで、あとの問題に答えなさい。

坂の上のほうから、真麻《まあさ》ちゃんがおりてくるのが見えた。真麻ちゃんはうす茶色の、大きい犬をつれている。真麻ちゃんは波《なみ》より一つ年上で五年生。波の行っている絵画教室に最近入ってきたばかりで、知りあってそんなに日がたっていなかった。

「悪いんだけど」

「なに」波は立ちどまった。

「ちょっと、このひもをもっててくれない？　わすれものをとりに帰るから」真麻ちゃんは犬をつないだリードを波のほうにさしだした。

そう言われて、波はあらためて犬を見た。大きい犬だ。波は（　**ア**　）。

「かまないよ。おとなしいからだいじょうぶ。ね、ハル」波は真麻ちゃんの手からリードを受けとった。真麻ちゃんは走って坂をのぼっていった。犬は腰《こし》をあげ、走っていく真麻ちゃんのほうを見て、それからそちらにむかって歩いて行こうとした。

「だめよ。ここにいなきゃ」波はまだ犬が少しこわかったけれど、リードをひっぱって、犬を行かせまいとした。犬は、あとを追うのを思いとどまり、そばの塀《へい》のにおいをかぎはじめた。

「ハル」そっと呼んでみる。犬はなんの反応《のう》もしない。この犬が自分の犬だったら、と想像してみた。

波の家では、いままで犬を飼ったことはない。何年か前、一度だけ、まだ小学生だったお兄さんが、犬を飼わせてと、たのんだことがあった。でも、お母さんはゆるしてくれなかった。「犬？」とお母さんはおどろいて、えー、とんでもない、と言った。波は、自分から犬を飼わせてと、たのんだことはなかった。考えたこともなかった。お母さんが（　**イ**　）ことは言い出せない。犬は飼えない。そう思いこんでいた。でも、こうしてリードをもっていると、犬の呼吸《こきゅう》がつたわってくるような気がして、［　**ウ**　］感じがする。

波は犬が歩くのにまかせてついて歩いた。犬はまたべつの塀のにおいをかぐ。これが犬の散歩ってものなのか、と波は思う。そうやって犬が四、五軒《けん》の家の塀や生垣《いけがき》のにおいをかぎ終えたころ、真麻ちゃんがもどってきた。

「何歳《さい》？　この犬」波はたずねた。

「さあ。かなり年寄りだと思うけど、歳《とし》なんか、わかんないよ。あたしの犬じゃないもの」

「だれの犬？」

「あそこの高島さんちの犬。あたしは、散歩させてるだけ」真麻ちゃんは坂をのぼったところにある、古めかしい家を指さした。

「どうして？」

「高島さんて、おばあさんだから、もう犬の散歩はさせられないの」

高島さんの家の前にさしかかった。いつもこの家の前を通るのに、白い塀しか見ていなかったと思った。**a**家はねむっているようだった。

2　二階にあがって、おどろいた。お兄さんといっしょに使っている部屋から、波の机だけなくなっていたのだ。下からとんとんと、お母さんが階段をあがってきた。「こっちの部屋を見てごらん」

そっちは、お母さんがおふとんをしいてねる部屋だ。ふすまをあ

2021年度

日本女子大学附属中学校 ▶解説と解答

算 数 ＜第１回試験＞（50分）＜満点：60点＞

解 答

[Ⅰ] (1) 78 (2) 2 (3) 0.6 (4) 1日10時間14分41秒 [Ⅱ] (1) 3.5cm (2) 89点 (3) 2400円 (4) 16通り (5) Aが20円安い (6) 75g (7) 35度 (8) 58.5cm^2 (9) 8cm [Ⅲ] (1) 分速70m (2) 18分後 (3) 分速128m [Ⅳ] (あ)…15，(い)…33，**底面積**…600cm^2 [Ⅴ] (1) **点P**…秒速4cm，**点Q**…秒速16cm (2) 3回，6.4秒後 (3) 3秒後，90度

解 説

[Ⅰ] 四則計算，逆算，単位の計算

(1) $103-(6\times17-81\div3)\div(48\div16)=103-(102-27)\div3=103-75\div3=103-25=78$

(2) $(7.3-7.05)\div\frac{3}{16}\div1.2\times1.8=0.25\div\frac{3}{16}\div\frac{6}{5}\times\frac{9}{5}=\frac{1}{4}\times\frac{16}{3}\times\frac{5}{6}\times\frac{9}{5}=2$

(3) $1.6\times\left\{2\frac{1}{3}\div(0.4+\square)-1.5\right\}=1\frac{1}{3}$より，$2\frac{1}{3}\div(0.4+\square)-1.5=1\frac{1}{3}\div1.6=\frac{4}{3}\div\frac{8}{5}=\frac{4}{3}\times\frac{5}{8}=\frac{5}{6}$，$2\frac{1}{3}\div(0.4+\square)=\frac{5}{6}+1.5=\frac{5}{6}+\frac{3}{2}=\frac{5}{6}+\frac{9}{6}=\frac{14}{6}=\frac{7}{3}$，$0.4+\square=2\frac{1}{3}\div\frac{7}{3}=\frac{7}{3}\times\frac{3}{7}=1$ よって，$\square=1-0.4=0.6$

(4) 2021÷60＝33あまり41より，2021分は33時間41分，2021秒は33分41秒である。また，1日＝24時間より，33時間41分は1日9時間41分となる。よって，2021分＋2021秒＝1日9時間41分＋33分41秒＝1日9時間74分41秒＝1日10時間14分41秒

[Ⅱ] 速さ，縮尺，平均，相当算，場合の数，売買損益，濃度《のうど》，角度，面積，和差算

(1) 分速80mで10.5分かかる距離《きょり》は，80×10.5＝840(m)である。これは，1m＝100cmより，840×100＝84000(cm)だから，縮尺$\frac{1}{24000}$の地図上では，84000÷24000＝3.5(cm)になる。

(2) Aの点数を□点とすると，B，C，Dの平均点は(□＋6)点なので，B，C，Dの合計点は，(□＋6)×3＝□×3＋6×3＝□×3＋18(点)となる。よって，A，B，C，Dの合計点は，□＋□×3＋18＝□×4＋18(点)となるので，4人の平均点は，(□×4＋18)÷4＝□×4÷4＋18÷4＝□＋4.5(点)と表せる。これが93.5点だから，Aの点数は，□＝93.5－4.5＝89(点)と求められる。

(3) 兄と弟の残りの所持金をそれぞれ[2]，[1]とすると，兄のはじめの所持金は，[2]＋400(円)と表せる。また，弟がはじめの所持金の$\frac{3}{8}$を使うと，残りははじめの所持金の，$1-\frac{3}{8}=\frac{5}{8}$になるので，弟のはじめの所持金は，$[1]\div\frac{5}{8}=[1.6]$と表せる。よって，兄と弟のはじめの所持金の合計は，[2]＋400＋[1.6]＝[3.6]＋400(円)となり，これが4000円にあたるから，[3.6]＝4000－400＝3600(円)より，[1]＝3600÷3.6＝1000(円)と求められる。したがって，はじめの兄の所持金は，[2]＋400＝1000×2＋

400＝2400(円)とわかる。

⑷　偶数《ぐうすう》をつくるには，２を一の位にする必要がある。よって，１けたの偶数は２の１通り，２けたの偶数は12，32，52の３通りできる。また，３けたの偶数は，百の位が１，３，５の３通りあり，十の位が残りの２通りあるので，３×２＝６(通り)できる。さらに，４けたの偶数は，千の位が１，３，５の３通り，百の位が残りの２通り，十の位が１通りあるので，３×２×１＝６(通り)できる。したがって，偶数は全部で，１＋３＋６＋６＝16(通り)できる。

⑸　Ａ店では，２割増しの定価が，1000×(１＋0.2)＝1200(円)なので，定価の１割５分引きで売った値段は，1200×(１－0.15)＝1020(円)である。また，Ｂ店では，３割増しの定価が，1000×(１＋0.3)＝1300(円)だから，定価の２割引きで売った値段は，1300×(１－0.2)＝1040(円)となる。よって，Ａ店が，1040－1020＝20(円)安いとわかる。

⑹　12％の食塩水と４％の食塩水をまぜたようすを図に表すと，下の図①のようになる。図①で，かげをつけた部分の面積は，まぜた12％の食塩水と４％の食塩水に含《ふく》まれる食塩の重さの合計を表し，太線で囲んだ部分の面積は，できた６％の食塩水に含まれる食塩の重さを表すので，これらの面積は等しい。よって，アとイの面積も等しくなり，アとイの縦の長さの比は，(12－６)：(６－４)＝６：２＝３：１だから，横の長さの比は，$\frac{1}{3}$：$\frac{1}{1}$＝１：３とわかる。よって，まぜた12％の食塩水は，300×$\frac{1}{1+3}$＝75(ｇ)である。

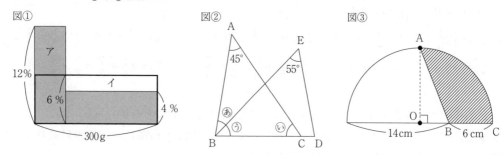

図①

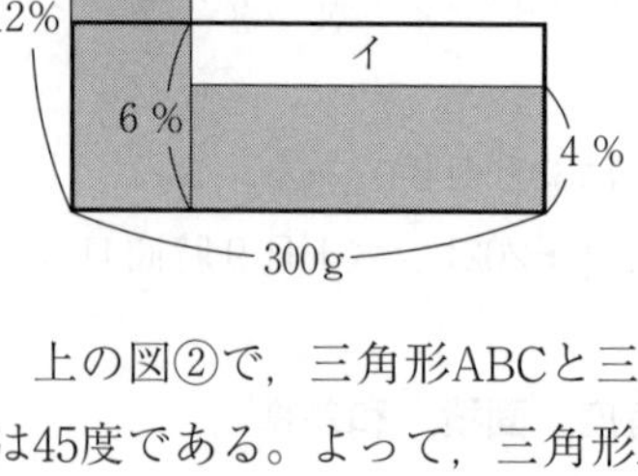

図②

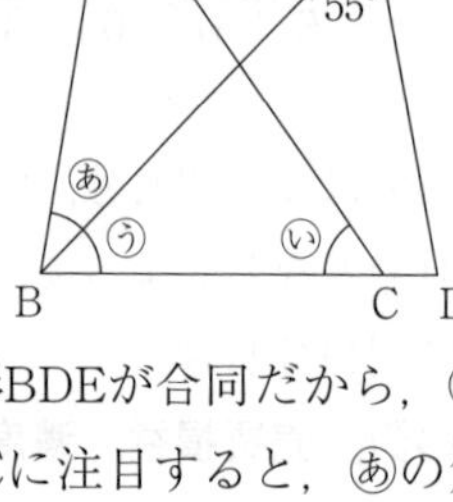

図③

⑺　上の図②で，三角形ABCと三角形BDEが合同だから，いの角の大きさは55度，うの角の大きさは45度である。よって，三角形ABCに注目すると，あの角の大きさは，180－45－い－う＝180－45－55－45＝35(度)とわかる。

⑻　上の図③のように，半円の中心をＯとする。まず，半円の直径は，14＋６＝20(cm)なので，半径は，20÷２＝10(cm)となる。また，点Ａは円周部分の真ん中の点なので，角AOCの大きさは，180÷２＝90(度)である。よって，おうぎ形OACの面積は，10×10×3.14×$\frac{90}{360}$＝78.5(cm^2)とわかる。さらに，OBの長さは，10－６＝４(cm)，OAの長さは10cmだから，三角形AOBの面積は，４×10÷２＝20(cm^2)となる。したがって，斜線《しゃせん》部分の面積は，78.5－20＝58.5(cm^2)と求められる。

図④

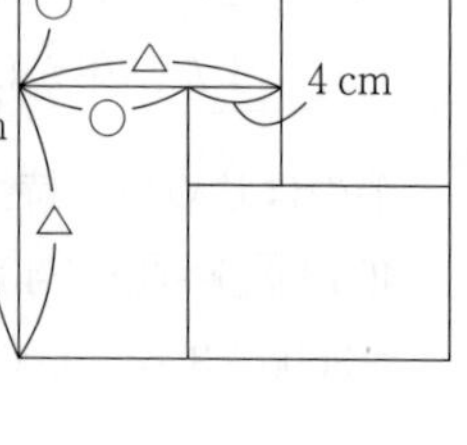

⑼　400＝20×20，16＝４×４より，右の図④のように，外側の正方形の１辺の長さは20cm，中の正方形の１辺の長さは４cmである。また，長方形の短い方の辺の長さを○，長い方の辺の長さを△とすると，図④のようになるので，△＋○＝20(cm)，△－○＝４(cm)とわかる。よって，短い方の辺の長さは，(20－４)÷２＝８(cm)と求められる。

Ⅲ グラフ―旅人算

(1) 右のグラフより，AとCは12分間で合わせて，3km＝3000m進んだとわかる。よって，AとCが1分間に進む道のりの和，つまり分速の和は，3000÷12＝250(m)だから，Cの速さは分速，250－180＝70(m)と求められる。

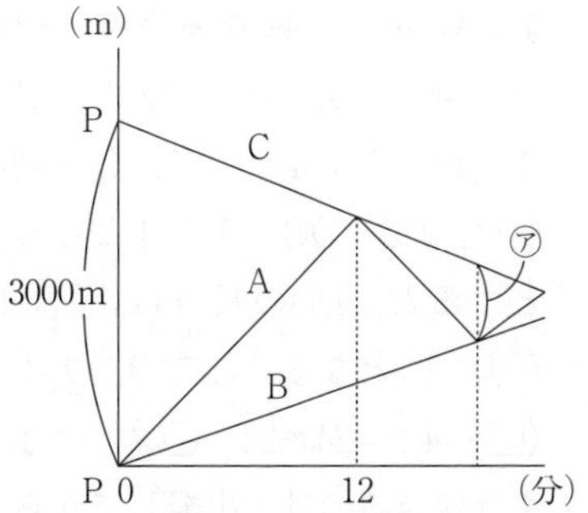

(2) AはCと出会うまでの12分間で，180×12＝2160(m)進み，その間にBは，60×12＝720(m)進むから，12分後にAとBの間の道のりは，2160－720＝1440(m)となる。この後，AとBは反対方向に進むので，1分間に，180＋60＝240(m)の割合で近づく。よって，AとBがはじめて出会ったのは，AがCと出会ってから，1440÷240＝6(分後)なので，出発してから，12＋6＝18(分後)とわかる。

(3) AがCとはじめて出会ってからBと出会うまでの6分間で，Aは，180×6＝1080(m)，Cは，70×6＝420(m)進んだから，AとBが出会ったとき，AとCの間の道のり(グラフの㋐の道のり)は，1080－420＝660(m)となる。この後，3分20秒後に再びAとCは出会ったので，その間のAとCの分速の和は，660÷$3\frac{20}{60}$＝198(m)と求められる。よって，Aは分速，198－70＝128(m)に変えたとわかる。

Ⅳ グラフ―水の深さと体積

問題文中の図より，Bの方がAよりも高いので，正面から見た図は右のように表せる。まず，容器全体の底面積は，30×50＝1500(cm^2)で，Bの底面積は300cm^{2}だから，図の②の部分の底面積は，1500－300＝1200(cm^2)である。また，②の部分に入る水の体積は，0.5×(42－18)＝0.5×24＝12(L)より，12000cm^{3}なので，②の部分の高さは，12000÷1200＝10(cm)とわかる。よって，(あ)は，25－10＝15(cm)となる。次に，③の部分に入る水の体積は，0.5×(66－42)＝0.5×24＝12(L)より，12000cm^{3}で，③の部分の底面積は1500cm^{2}だから，③の部分の高さは，12000÷1500＝8(cm)となり，(い)は，25＋8＝33(cm)とわかる。さらに，①の部分に入る水の体積は，0.5×18＝9(L)より，9000cm^{3}で，①の部分の高さは15cmだから，①の部分の底面積は，9000÷15＝600(cm^2)とわかる。したがって，Aの底面積は，1500－300－600＝600(cm^2)と求められる。

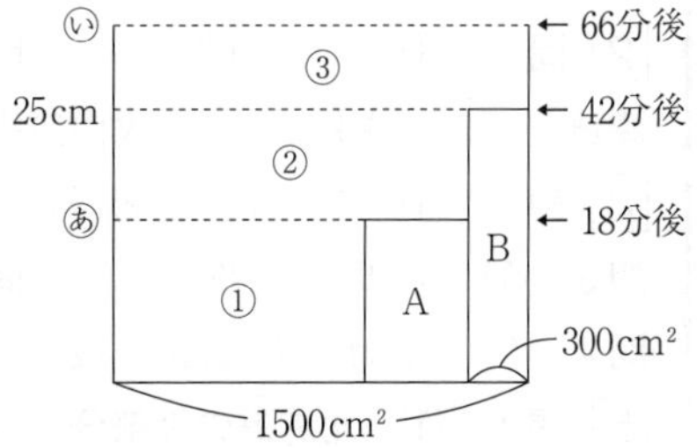

Ⅴ グラフ―図形上の点の移動

(1) 問題文中のグラフより，点Pは16秒で64cm進むから，点Pの速さは秒速，64÷16＝4(cm)である。また，点Qは64cm進むのに，16÷4＝4(秒)かかるので，点Qの速さは秒速，64÷4＝16(cm)となる。

(2) 三角形APQが，APとAQの長さが等しい二等辺三角形になるのは，DPとDQの長さが等しくなるときである。DPとDQの長さが等しくなるのは，問題文中のグラフが交わるときだから，その回数は3回とわかる。また，グラフより，1回目にDPとDQの長さが等しくなるのは，点P，Qが合わせて，64×2＝128(cm)進んだときなので，出発してから，128÷(4＋16)＝6.4(秒後)となる。

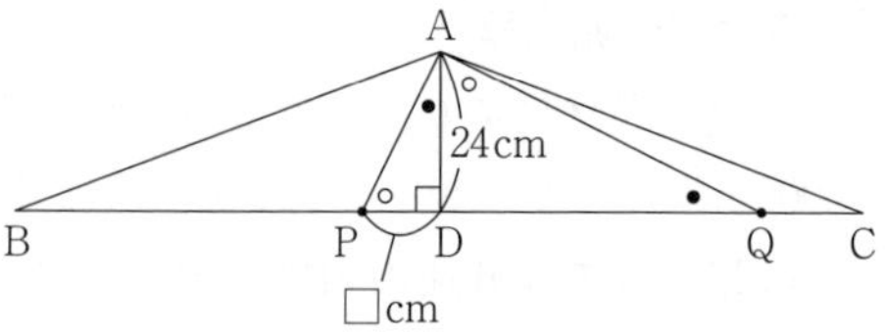

(3)　右の図で，三角形APDを拡大した図形と三角形QADが合同になるとき，PD：DA＝AD：DQという関係が成り立つ。また，ＰとＱの速さの比は，４：16＝１：４なので，Ｑが初めてＣに着くまでの間は，PD：DQ＝１：４となり，PDの長さを□cmとすると，DQの長さは(□×４)cmと表せる。よって，PD：DA＝AD：DQより，□：24＝24：(□×４)となる。ここで，ア：イ＝ウ：エのとき，ア×エ＝イ×ウとなることを利用すると，□×(□×４)＝24×24，□×□＝24×24÷４＝144＝12×12より，□＝12とわかる。したがって，図のようになるのは，出発してから，12÷４＝３(秒後)である。さらに，図で同じ印(○，●)をつけた角の大きさはそれぞれ等しくなる。三角形APDに注目すると，○＋●＝180－90＝90(度)だから，このときの角PAQの大きさも90度とわかる。

社　会　＜第１回試験＞（30分）＜満点：40点＞

解　答

1　**問１**　イ，ウ　**問２**　(1)　①　買う　②　値段(価格)　(2)　イ　**問３**　①　ウ　②　エ　③　イ　④　ア　**問４**　(例)　買い求めた商品の種類や量　**問５**　ウ→ア→イ

2　**問１**　①　×　②　○　**問２**　ア　**問３**　ヘイト(スピーチ)　**問４**　ウ　**問５**　**津波**…ア　**洪水**…ウ　**火山災害**…イ　**問６**　(例)　情報が正しいかどうかを確かめること

3　**問１**　(1)　①　イ　②　ウ　③　カ　(2)　エ　**問２**　(1)　ウ　(2)　イ　(3)　ア　**問３**　(1)　牛(馬)　(2)　エ　**問４**　19(世紀)

4　**問１**　ウ　**問２**　イ　**問３**　ウ　**問４**　(○を付けるもの)①…後半　②…前半　**問５**　イ　**問６**　①　オ　②　ウ

5　**問１**　(1)　**北海道の大部分**…ウ　**沖縄本島**…オ　(2)　エ　**問２**　(1)　**札幌**…ア　**那覇**…ウ　**東京**…イ　(2)　**札幌**…カ　**那覇**…エ　**東京**…オ　**問３**　(1)　養分(ミネラル)　(2)　イ　**問４**　①　×　②　×　**問５**　①　15　②　1972　③　60　④　70　**問６**　(1)　アイヌ，エ　(2)　イ，エ　**問７**　(例)　飲食業・その土地の料理を食べに来る人が増えるから。／小売業・みやげ物などがたくさん売れるから。

解　説

1　**日本の食料需給《じゅきゅう》についての問題**

問１　日本の食料自給率は総合で37％と低いが，鶏卵《けいらん》は米(97％)とほぼ同じく96％と高い。また，牛乳・乳製品の自給率は59％であるが，牛乳だけは輸入にたよれないため，ほぼ100％が国内産である。よって，イ，ウの２つがあてはまる。なお，自給率はそれぞれ，アの魚・貝類が55％，エの肉類が51％，オの果実が38％となっている。統計資料は『日本国勢図会』2020／21年版による(以下同じ)。

問２　(1)　魚市場では，仲買人(仲卸《なかおろし》業者)など，買う意思のある人が値段を出して競いあう「せり」を行うことで，商品の値段(価格)が決まる。　(2)　海のエコラベル「MSC認証」とは，国際的なNPOである海洋管理協議会の環境規格に適合した漁法で漁獲《ぎょかく》された水産物にはることので

きる認証ラベルのことである。漁業者が持続可能な漁業で獲《と》った天然の水産物であることを証明するもので，消費者はラベルのついた商品を買うことによって水産資源の保護や海の環境保全に貢献《こうけん》することになる。よって，イが正しくない。

問３　①「フードマイレージ」とは，(食料の生産地から消費地までの輸送量)×(輸送距離)で求められる数値で，この数値が小さいほど地球環境にあたえる負担が少ない。　②「フェアトレード」は公正な貿易という意味。発展途上国の原料や製品を適正な価格で継続《けいぞく》的に購入《こうにゅう》することで，立場の弱い途上国の生産者や労働者の生活改善と自立をめざす取り組みである。　③「フードロス」は，食べられるのに廃棄されてしまう食品のことで，食品会社の見こみ生産や消費者の買い過ぎなどによって生じる。　④「トレーサビリティ」は，個々の食品が，いつ，どこで生産され，どのような流通経路をたどって消費者のもとへ届いたかを，その食品から追跡できるようにしたシステムで，食品の安全性を確保するために導入されている。

問４　店のポイントカードには消費者の個人情報のほか，商品の購入履歴《りれき》が記録される。店側はこうした購入履歴を集積することで，納入する商品の種類や数量などを調整し，廃棄される食品を減らすことができる。また，店頭での商品の配置を工夫して消費者の購買意欲を高め，売り上げを伸ばすことができる。

問５　農業の就業人口は約168万人，漁業の就業人口は約15万人，商業(小売業)の従業者数は約765万人である。よって，多い順にウ→ア→イとなる。

2　近年のできごとを題材にした問題

問１　①　国会に法律案を提出できるのは内閣と国会議員なので，間違っている。　②　法律案は衆議院と参議院の二院で審議・可決されて成立するので，正しい。

問２　アメリカ(合衆国)は多くの移民によって成立した国で，英語が広く使われているが，近年，スペイン語を話す人(ヒスパニック)が増えている。よって，アが正しい。なお，イについて，アラスカやハワイを除くアメリカの本土では，東海岸と西海岸の時差は３時間である。

問３　特定の民族や属性の人に対し，差別的な言葉を浴びせることを「ヘイトスピーチ」という。近年，このような差別的な発言などが社会問題となっていることから，2016年にヘイトスピーチ解消法が成立した。

問４　気象庁が特別警報を発令したときには，ただちに自分の命を守るための行動をとることが求められる。

問５　津波は沿岸部で被害が発生するから，アがあてはまる。洪水の被害は河川の流域で発生するから，日本各地に分布しているウがあてはまる。火山災害は火山の周辺で被害が発生するから，イがあてはまる。

問６　ソーシャルメディアでは，誤った情報や不確実な情報が飛び交うことが多い。そこで，情報を発信する側も受信する側も，その情報が正しいかどうかを確認する必要がある。

3　各時代の農民の生活についての問題

問１　(1)　①～③　弥生土器はこれ以前の縄文土器に比べて焼く温度が高いため，うすくてかたく，もようが少ないのが特徴である。　(2)「はにわ(埴輪)」は古墳時代に古墳の頂上やまわりに並べた素焼きの土製品なので，エが正しくない。

問２　(1)　律令制度のもとで，農民は租・庸《よう》・調などの税や労役・兵役の義務を負わされたが，このうちの庸は都で一定期間の労役につく代わりに布を納める税である。よって，ウが正しい。稲のとれ高の３％を納める税は租で，地方の役所に納めた。また，地方の特産物を納める税は調で，農民がみずから都へ運んで納めなければならなかった。兵役には，九州の守りにつく防人《さきもり》や，都の警備をする衛士《えじ》があった。奈良時代，北海道には朝廷の支配がおよんでいなかった。　⑵　武蔵《むさし》国は東京都と埼玉県のほぼ全域と神奈川県の東部をふくむ旧国名で，奈良時代にはこの地域から都の平城京まで税を運ぶのに約30日かかった。　⑶　当時の農民の住居は，縄文時代から続くアの竪《たて》穴《あな》住居であった。イは収穫物を保存する高床倉庫，ウは現在にも残るかや（わら）ぶき屋根の家，エは物見やぐら。

問３　⑴　鎌倉時代には，農地を深く耕すために牛や馬などが使われるようになった（牛馬耕）。
⑵　五人組の制は，江戸時代に近くの五戸を一組として，年貢の納入や治安維持などの連帯責任を負わせるために導入された制度である。よって，エが正しくない。

問４　明治時代の1871年，廃藩置県が行われて全国に３府302県が置かれたが，これにより江戸時代の藩が廃止され，律令制度以来の国名も廃止された。これは19世紀（1801～1900年）後半のできごとである。

4　日本とアメリカの歴史についての問題

問１　ウは，京都府宇治市にある平等院鳳凰《ほうおう》堂である。アは東大寺大仏，イは東大寺正倉院の宝物「螺鈿紫檀五絃琵琶《らでんしたんのごげんびわ》」，エは法隆寺の五重塔《とう》と金堂で，いずれも奈良県にある。

問２　1858年に結ばれた日米修好通商条約では，アメリカに治外法権（領事裁判権）を認め，日本に関税自主権がないなど，日本にとって不利な内容がふくまれていた。よって，イが正しい。アについて，この条約により開港場は函館・新潟・横浜・神戸・長崎の５港とされ，下田（静岡県）は閉鎖された。ウについて，これと同様の条約を，オランダ・イギリス・フランス・ロシアと結んだ（安政の五か国条約）。エについて，輸入品の多くはイギリス産の工業製品だった。

問３　アメリカが仲立ちしたのは日露戦争（1904～05年）の講和条約（ポーツマス条約）で，この戦争に備えて1902年に日本はイギリスと日英同盟を結んでいる。よって，ウが正しい。アについて，この講和条約ではロシアから賠償《ばいしょう》金を得られなかった。イとエについて，日清戦争（1894～95年）に勝った日本は，下関条約で清（中国）から台湾・遼東《リヤオトン》半島などをゆずり受けることになったが，その直後，ロシアがフランス・ドイツをさそって遼東半島を清に返すよう要求してきた。これを三国干渉《かんしょう》といい，これらの国々に対抗できるだけの実力がなかった日本はやむなく遼東半島を清に返すことになった。

問４　①　日中戦争が始まったのは1937年，ポツダム宣言受諾《じゅだく》は1945年のことなので，1941年を境に前半と後半に分けられる。都市に住む小学生が地方に集団疎開《そかい》（学童疎開）を始めたのは1944年からなので，後半になる。　②　品物不足による配給制は1938年に始まり，戦争が長期化するにしたがい，国によって種類や数量の統制が強化された。よって，前半になる。

問５　1942年に始まったアメリカ軍による日本本土への空襲《くうしゅう》は，大都市や軍事都市ほど激しかった。よって，東京・名古屋・大阪・神戸の■が5000人以上になる。●は100～1000人未満，▲は1000～5000人未満。

問６　①　この戦争の時期にせんい工業が急激に下がり，戦争が終わったあとに鉄鋼・機械が急落している。よって，太平洋戦争（1941～45年）があてはまる。　②　この戦争は①の５年後に始まり，これをきっかけにせんい・鉄鋼・機械が急激に上昇している。これは，朝鮮戦争(1950～53年)の特需によるものである。この特需によって日本の景気がよくなり，日本の経済が立ち直った。なお，アの第一次世界大戦は1914～18年。

5 北海道と沖縄県の地理・歴史についての問題

問１ (1) 図の緯度・経度は５度間隔《かんかく》で区切られているのだから，緯度は上の端が北緯50度，南の端が北緯20度になる。また，経度は九州と東京の位置から，東京のすぐ右が東経140度で，東の端が東経150度，西の端が東経125度になる。ここから，「北海道の大部分」はウ，「沖縄本島」はオに入るとわかる。　(2) エのブラジルは，日本から見て地球の反対側に位置しているため，緯度・経度とも大きく異なる。なお，ここでは，東経と西経を別のものとしてあつかった。

問２ (1) 札幌市(北海道)は亜《あ》寒帯の気候に属しているため，冬の寒さが厳しく１月の平均気温は－3.6度，平均気温が最も高い８月が22.3度なので，その差は25.9度になる([A]のア)。那覇市(沖縄県)は亜熱帯の気候に属しているため，冬は暖かく１月の平均気温は17.0度，平均気温が最も高い７月が28.9度なので，その差は11.9度である([A]のウ)。東京は太平洋側の気候に属しており，１月の平均気温は5.2度，平均気温が最も高い８月が26.4度なので，その差は21.2度である([A]のイ)。(2) 札幌は梅雨や台風の影響をほとんど受けないので，３都市のうちで年間降水量が最も少ない([B]のカ)。那覇は梅雨や台風の影響を強く受けるので，３都市のうちで年間降水量が最も多い([B]のエ)。東京の年間降水量は，おおむね札幌と那覇の中間である([B]のオ)。

問３ (1) 雨水はいわば蒸留《じょうりゅう》水のようなもので，それ自体に養分はふくまれていない。しかし，雪どけ水は冬に山に積もった雪がもとになっているので，流れるさいに地中のミネラルをとかしこんで多くの養分をふくむ。よって，雪どけ水は稲作に必要な養分と水を供給するという点で大きな効果がある。　(2) 沖縄県は降水量は多いが，その土地の多くはサンゴ礁《しょう》を起源とする石灰岩でおおわれているため，降った雨の大部分は地下にしみこんで海に流れ出てしまう。そこで，地中に地下水をせきとめるためのコンクリート壁をつくって地下ダムとし，水をたくわえて農業用水などに利用している。よって，イが正しい。

問４ ① 沖縄県で米の二期作が可能なのは，冬でも温暖な亜熱帯の気候だからである。よって，正しくない。　② 稲はもともと熱帯地方が原産の植物なので，正しくない。

問５ ①，② 沖縄は1972年にアメリカから日本に返還されたが，その後もアメリカ軍用地が多く残され，沖縄本島の面積の約15％を占《し》めている。　③，④ 返還当時，沖縄県にあるアメリカ軍用地の割合は日本全体の約60％であったが，本土にあるアメリカ軍用地の整理・縮小が進んだ結果，現在，沖縄県に占めるアメリカ軍用地の割合は約70％となっている。

問６ (1) 2020年に開業した「ウポポイ」(民族共生象徴空間)は，北海道の白老《しらおい》町にある国立の施設で，アイヌ文化の復興・創造・発展を目的としている。江戸時代，北海道は「蝦夷《えぞ》地」とよばれ，アイヌの人々は松前藩と交易を行っていたが，松前藩の収奪《しゅうだつ》に等しい交易にアイヌの人々は苦しめられていた。1669年，北海道日高地方の首長であったシャクシャインは，この不正な交易を行っていた松前藩に反抗して乱を起こした。よって，エが正しい。　(2) 松前藩(和人)とアイヌとの交易で，アイヌはサケ・昆布《こんぶ》などの海産物や毛皮を持ちこんで，和人の米・茶・酒などと交換していた。よって，イ，エの２つがあてはまる。

問７ 観光客が訪れることで利益が得られる職業としては，宿泊業と観光施設のほか，飲食業や小売業，運輸業などがある。観光客にとって，その土地の名物を食べることやみやげ物を買うことも楽しみの一つであり，観光客が増えればそれだけ，飲食業や小売業がうるおう。また，観光客が利用する交通機関として，バスや鉄道，旅客機を運営する会社も利用客が増えるので，営業利益を上げられる。

理 科　＜第１回試験＞（30分）＜満点：40点＞

解 答

1 (1) ウ　(2) 子葉　(3) 右の図　(4) ア　2 (1) ア　(2) ア，ウ　(3) イ　(4) エ　(5) ア，オ，カ　3 (1) 百葉箱　(2) ウ　(3) ① 3日目　② 14時　③ 5日目　4 (1) A　(2) ウ　(3) ⑧　(4) キ　(5) E　5 (1) ②→④　(2) ③→①　(3) ①→③　6 (1) 2 g　(2) ① ろ過　② 80 g　(3) ① （例） 水の量をふやす方法。　② ○　③ 18.3 g　④ 13.3 g　7 (1) (ア) 120　(イ) 60　(ウ) 40　(エ) 30　(オ) ×　(カ) 20　(2) 解説の図２を参照のこと。　(3) 1，5
8 (1) （例） かん電池，豆電球，導線　(2) イ，オ，キ，ク　(3) ① 電磁石　② （例） エナメル線，鉄くぎ　③ オ

解 説

1 ヒマワリについての問題

(1) ウのヒマワリの種子は大きさが１cmくらいで，全体的に平たくてしまもようがある。

(2)，(3) ヒマワリは発芽するとまずＡの子葉が２枚出て，次に２枚の本葉が出る。上から見ると，どの葉にも日光がよく当たるように，子葉と本葉は互《たが》いに直角になるような向きになっている。

(4) ヒマワリの花がさいたあとには種子が出来る。このころにはもう草丈《くさたけ》は成長しないので，花がさいた７月19日と草丈はほぼ変わらないと考えられる。

2 モンシロチョウについての問題

(1) モンシロチョウの幼虫はキャベツ，ダイコン，アブラナのようなアブラナ科の植物を食草とするので，それらの葉に卵がうみつけられている。

(2) モンシロチョウの卵は１mmくらいで細長く，うみつけられたばかりのときはうすい黄色だが，しだいにこい黄色になっていく。アゲハチョウの卵は１mmくらいで丸く，うす黄色をしている。また，ナナホシテントウの卵も黄色で，20個ほどがまとまってうみつけられる。

(3) モンシロチョウはふ化すると，最初に自分が出てきた卵のからを食べる。その後，卵がうみつけられていたキャベツやアブラナなどの葉を食べて育つ。

(4) アはアゲハチョウの４齢《れい》幼虫など（鳥のふんにぎ態している），イはアゲハチョウの５齢幼虫，ウはカイコガの幼虫，エはモンシロチョウの幼虫である。

(5) 羽化したばかりのモンシロチョウの成虫の羽はまだ小さくちぢんでいるのでじっとしており，羽がのびきってしばらくしてから飛び立っていく。また，さなぎは植物の枝などに固定されていて，移動することはできない。昆虫《こんちゅう》であるモンシロチョウの３対６本のあしはすべて胸についている。

3　１日の気温の変化についての問題

⑴，⑵　百葉箱の中には温度計が地面から1.2～1.5ｍくらいの高さに設置されており，風通しのよいところで気温を正しく測定できるようになっている。また，百葉箱は，太陽の熱などを吸収しにくくするため，白色にぬられており，地面からの照り返しの影響《えいきょう》を受けにくいように，芝生《しばふ》などの上に設置してある。

⑶　①　晴れている日は最高気温と最低気温との差が大きく，雨の日は差が小さくなる。表より，１日目の最高気温は28℃，最低気温は21℃で，その差は，28－21＝７(℃)とわかる。同様にして最高気温と最低気温の差を求めると，２日目は，29－22＝７(℃)，３日目は，25－23＝２(℃)，４日目は，29－23＝６(℃)，５日目は，28－20＝８(℃)となっている。よって，最高気温と最低気温の差がもっとも小さい３日目が雨だったと考えられる。　②　気温がもっとも高かった時刻は，１日目は13時と15時，２日目が14時，３日目が13～14時，４日目が14時，５日目が14時だったので，もっとも気温が高くなりやすいのは14時とわかる。　③　①で求めたことから，気温差がもっとも大きかった日は差が８℃の５日目となる。

4　月の見え方についての問題

⑴　月の位置と満ち欠けの関係は右の図のようになる。図１の月の形は下げんの月なので，右の図ではAの位置にある。

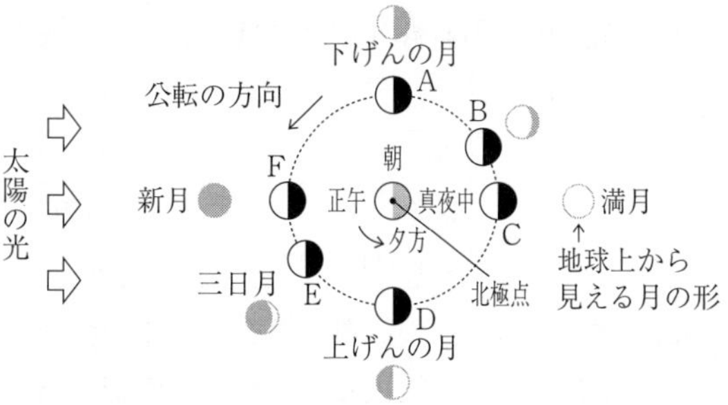

⑵　下げんの月は，真夜中ごろ東から出て，日の出ごろに南の空高くに見え，正午ごろ西にしずむ。

⑶　月の出の時刻は１日に約50分ずつおくれていくので，同じ時刻に月の見える方向を観察すると，月の位置は西から東へと移動していく。したがって，２日後の同じ時刻に見たときは，⑧の方向にずれた場所に見えると考えられる。

⑷　月の満ち欠けでは，下げんの月はしだいに右側から欠けていき，７～８日後には新月となる。よって，４日後の月はキのような形になる。

⑸　Eの位置にある三日月は日没《にちぼつ》後に西の低い空に見え，数時間でしずんでしまう。

5　物の温度と体積についての問題

⑴　常温のスポーツ飲料を冷凍《れいとう》庫に入れたので，温度は下がり，こおっていく。スポーツ飲料の水分は氷になると体積が約1.1倍に増える。よって，②→④となる。

⑵　ふりこ時計の金属部分は夏になると温度が上がり，体積が増える。したがって，③→①となる。なお，金属が伸《の》びてふりこの長さが長くなるので，ふりこが１往復する時間が長くなり，時計が遅《おく》れることになる。

⑶　浮《う》き輪の中の空気がプールの水で冷やされて温度が下がると，空気の体積が減るので①→③となり，浮き輪が少ししぼむことになる。

6　ホウ酸の溶《と》け方についての問題

⑴　グラフより，40℃の水100ｇにホウ酸は８ｇまで溶けることがわかる。よって，80℃の水100ｇにホウ酸を10ｇ溶かしたあと，40℃まで冷やすと，ホウ酸は，10－８＝２(ｇ)出てくる。

⑵　①　ろ過をすれば溶け残った粒《つぶ》がろ紙の上に残るので，水溶液《すいようえき》と分けることができる。

②　溶けたホウ酸の重さは，5.0−1.0＝４(ｇ)とわかる。グラフより，ホウ酸は20℃の水100ｇには５ｇ溶けるので，ホウ酸４ｇがちょうど溶ける水の重さは，$100\times\frac{4}{5}=80$(ｇ)となる。

⑶　①　溶け残った粒を溶かすためには，水の量を増やせばよい。　②　20℃の水100ｇにホウ酸は５ｇ溶けるので，20℃の水50ｇには，$5\times\frac{50}{100}=2.5$(ｇ)溶ける。よって，1.2ｇのホウ酸はすべて溶ける。　③　グラフより，60℃の水100ｇにホウ酸は13ｇ溶ける。ビーカーＡとビーカーＢの水の重さの合計は，100＋50＝150(ｇ)であり，60℃の水150ｇに溶けるホウ酸は，$13\times\frac{150}{100}=19.5$(ｇ)なので，ビーカーＡに入れたホウ酸の重さは，19.5−1.2＝18.3(ｇ)と求められる。

④　ビーカーＡに入れたホウ酸の重さが18.3ｇで，ホウ酸は20℃の水100ｇに５ｇ溶けるので，最初にビーカーＡの底に溶け残った粒の重さは，18.3−５＝13.3(ｇ)となる。

7　てこのつり合いについての問題

⑴　てこは，(左側につるしたおもりの重さ)×(左側のおもりをつるした点から支点までの距離《きょり》)＝(右側につるしたおもりの重さ)×(右側のおもりをつるした点から支点までの距離)となったときにつり合う。左側は，40×３＝120なので，それぞれ右側につるしたおもりの重さと，実験で使用した10ｇのおもりの数を求めると下の図１のようになる。ここで，(オ)は，120÷５＝24(ｇ)と求められるが，10ｇのおもりだけでは24ｇをつくれないので，つり合うようにつるす方法がない。

図１

	右のうで					
おもりの位置	1	2	3	4	5	6
重さ(ｇ)	(ア)　120	(イ)　60	(ウ)　40	(エ)　30	(オ)　×	(カ)　20
10ｇのおもりの数(個)	12	6	4	3	×	2

⑵　横軸《じく》をおもりの位置，縦軸を重さ(ｇ)として，図１の値をグラフの中に点で記入し，これらを直線で結ぶと右の図２のようになる。なお，(オ)は×となっているので，点はとれない。

図２

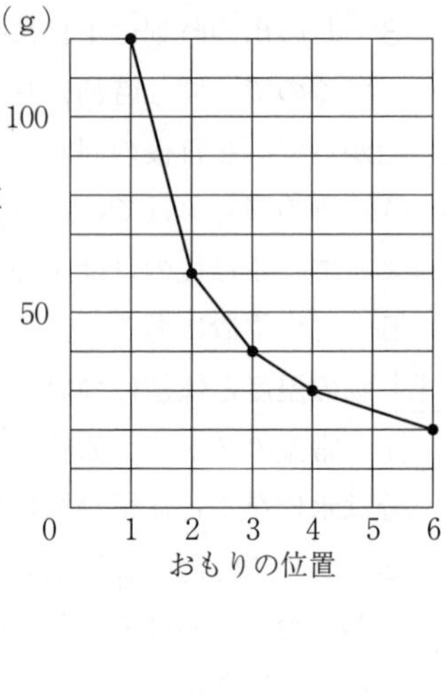

⑶　左側は，40×６＝240となるので，⑴と同様に求めると下の図３のようになる。なお，(ア)は240ｇとなるが，10ｇのおもりは20個しかないので×となる。また，(オ)は48ｇと求められるが，⑴と同様に，10ｇのおもりだけでは表せないので×となる。

図３

	右のうで					
おもりの位置	1	2	3	4	5	6
重さ(ｇ)	(ア)　×	(イ)　120	(ウ)　80	(エ)　60	(オ)　×	(カ)　40
10ｇのおもりの数(個)	×	12	8	6	×	4

8　金属についての問題

⑴　金属は電気を通すので，右の図のように，電気が流れると豆電球がつく回路を作って，回路のとちゅうに調べるものを入れて豆電球がつくかどうかを調べればよい。このような回路を作るには，スイッチのほかに，かん電池と豆電球，導線が必要となる。

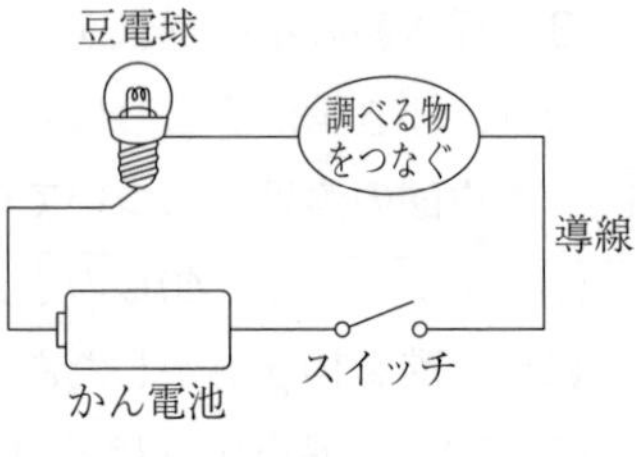

⑵　アルミニウムはくと１円玉はアルミニウム，スチール缶《かん》は鉄，10円玉は銅や亜鉛《あえん》などの金属で作られている。

⑶ ① 磁石につくかどうかを調べるので，⑴で用意したものを使って電磁石を作ればよい。 ② ストローにエナメル線を何重にも巻いてコイルを作り，ストローに入れた鉄くぎを鉄しんにすると強い電磁石ができる。 ③ アからクのなかで磁石につくものは鉄のスチール缶のみで，アルミニウムや銅は金属だが磁石にはつかない。

国 語 ＜第１回試験＞（50分）＜満点：60点＞

解 答

[一] ⑴ **ア** 3 **イ** 1 ⑵ 4 ⑶ （例） 人の気配がなくひっそりとしている(様子) ⑷ [3] でも波は [4] だから波 ⑸ ごそ〜感じ ⑹ ねじれ〜もない ⑺ **1** イ **2** エ **3** ア **4** ウ ⑻ （例） お母さんは自分が正しいと思うことを波の気持ちを考えずにおしつけてくる存在で，お母さんと過ごすなかで，波は自分の気持ちや思いをすなおに表現できないと感じている。 ⑼ **あ** 2 **い** 1 **う** 3 ⑽ （例） ハルと出会うまではお母さんの言うことに逆らえず，自分の気持ちや思いをおし殺していたが，ハルと出会ったことで自分の気持ちや考えをはっきりと伝えられるようになった。 ⑾ 下記を参照のこと。

[二] ⑴ **ア** 素朴な琴 **イ** 明るさ ⑵ エ ⑶ （例） 冬が近づき死を目前にした虫たちが最後の力をふりしぼって懸命に鳴いていることへのあわれみ。 ⑷ **ウ** 6 **エ** 3 ⑸ （例） 神と静かに向き合い対話をすることで自分自身を知ること。 ⑹ 詩は，世界

●漢字の書き取り

[一] ⑾ ① 文武両道 ② 命令口調 ③ 反射的 ④ 横暴

解 説

[一] **出典は岩瀬成子《いわせじょうこ》の『そのぬくもりはきえない』による。**「波《なみ》」が「ハル」という犬との出会いを通して，心の成長をとげていく様子が描《えが》かれている。

⑴ **ア** 真麻ちゃんから預けられた「大きい犬」に，「波」は少しこわがりながら接していたのだから，「おじけづいた」があてはまる。「おじけづく」は，“こわがる，びくびくする”という意味。 **イ** 「まだ小学生だったお兄さんが，犬を飼わせてと，たのんだ」とき，お母さんは「えー，とんでもない」と言ってゆるしてくれなかったことをおさえる。目の前にいる「ハル」が自分の犬だったら，と思っても，過去のお母さんの様子を見ていた「波」は，きっと「だめだと」言われるだろうと思いこんでいたのだから，1が合う。

⑵ 「波」は，手に持ったリードから「ハル」の呼吸を感じているので，4が選べる。

⑶ いつも高島さんの家の前を通るのに，「白い塀《へい》しか見ていなかった」ことに気づいた「波」は，家のひっそりとした様子を「ねむっているようだった」とたとえているので，「人の気配がなく静かな(様子)」のようにまとめる。

⑷ [3]，[4] 「四年生くらいになったら，だれでも自分の部屋がほしくなるものよ」と言われても，「そうなのか，そういうものか」と思っていることから，「波」はお母さんの言葉に釈然《しゃくぜん》としない気持ちを抱《いだ》いているものと想像できる。同じような気持ちは，[3]の場面で，「ソフトボールがすきなのかどうなのかさえ」わからないまま，お母さんから「きっと，うまくなるよ」と言われて続け

ていることや，[4]の食事の場面で「偏食をしないように。のこさずに，なんでもよくかんで食べるように」と言われるがまま，「おいしいからかどうかはわからない」ながらも「なんでも食べた」ことからうかがえる。

⑸　新しく用意された部屋に机が移され，お母さんから「うれしい」かときかれた「波」は，どこか腑《ふ》に落ちず，「何かがなくなってしまったよう」に感じている。その「何か」とは，「波」がずっと前から集め，「いままでくしゃくしゃ」のまま机のひきだしにためておいた「ケーキや花束にむすんであるリボン」がお母さんの手によって「まとめてびんに入れられ」，きちんと整理されてしまったときに抱いた気持ちと重なる。つまり，何事もお母さんの手が入ることで，「ごそごそっといっぱいあるという秘密の感じ」が失われたというのである。

⑹「くしゃくしゃ」のままであったリボンは「水玉もようのガラスびんに入れられ」ていたり，「プリントやノート」は「角をそろえ」られていたりと，「波」の机の周囲がきちんと整理されていたことをおさえる。きちょうめんなお母さんは，「波」の部屋を「ねじれているもの」が「ひとつもない」状態にしておかなければ気がすまないのである。

⑺　**1**　高島さんの家に「なにしに」行ったのかときかれた「波」は，「犬の散歩をさせてもらっている」などとは言えず，お母さんの「のぞきこむよう」な目をしっかりと見返すことができなかったのだから，「まばたきをした」があてはまる。　**2**　いままで行っていた塾をやめて，「週三日の進学塾」に変えることを提案された「波」は，「お兄さんみたいに勉強できるだろうか」と思っているので，「心配になった」ものと想像できる。　**3**「小さいときから，おさしみは残さず食べてた」お兄さんが，突然《とつぜん》「生のものは気持ち悪い。生卵もいやだ」と話し，今までは「むり」をしていたともらしたため，「波」はその様子に「おどろいた」と考えられる。　**4**　なんでものこさず食べるものだと思っている「波」は，「正直に言うとにがて」な「グリーンピースの豆ごはんと，クリームコロッケ」をどうにか食べ終えたのだから，「ほっとした」はずである。

⑻「波」は，「お母さんにそうしたらと言われたら，『うん』と言ってしまう」ことをおさえる。自分の考えや思いをおしつけるように伝えてくるお母さんに対して「ちょっとちがう」と思っても，「波」は素直《すなお》に言うことができないのである。また，「波」に対するお母さんの態度に横暴なものを感じたお兄さんが，「波にむりに受験させようとしたりさあ，ソフトやらせたりさあ」と言って反発していることにも着目し，「お母さんは自分の考えを正しいと思い，おしつけてくるような存在で，波はお母さんと過ごすなかで，素直な自分の気持ちを伝えられないと思っている」といった趣《しゅ》旨《し》でまとめる。

⑼　**あ**　ハルを飼うことはできないというお母さんの言い分に，「波」は初めて反発しているので，強く言うことができなかったものと推測できる。よって，２が合う。　**い**「うちでは犬は飼えない。いくら考えてもむり」と言うお母さんに，「波」は「ハルは行くところがないんだよ！」と強くうったえたのだから，１が選べる。　**う**　お母さんのゆるしが出て，「ハル」を飼うことが決まった後の様子であることをおさえる。「波」は迷いなく，きっぱりとした声で「ハル」をもらっていくことを告げたと考えられるので，３がよい。

⑽「ハル」と出会うまではお母さんの言うことにしたがって自分の気持ちや思いをおし殺していた「波」だが，ハルを飼いたいと強く思ったことから，お母さんに初めて反発をしている。自分の気持ちや考えをおし殺すのではなく，はっきりと伝えて行動できるようになったことが心の成長の

あかしであることをおさえ，「ハルと出会うまではお母さんに逆らえずにいたが，ハルと出会い，飼いたいと強く思ったことで，自分の気持ちや考えをはっきりと伝えられるようになった」という趣旨でまとめる。

⑾　①　学問もスポーツも優秀な成績のもとで両立させること。　②　断ることをゆるさないような，高圧的な話し方。　③　なにかが起こったとき，考えたりすることなく，すぐに反応する様子。　④　わがままで乱暴なこと。

二　**出典は若松英輔《わかまつえいすけ》の『詩と出会う　詩と生きる』による。**八木重吉という詩人の詩と人柄《ひとがら》を紹介《しょうかい》することで，詩は，世界にあまねく存在する詩情を言葉によってすくいとろうとする営みであることを解説している。

⑴　**ア**　一つ目の空らんの直後で，「事物として存在しているか否かはさほど問題ではありません」と述べられていることや，二つ目の空らんの直後では「奏でられる」と続いていることに注目すると，「素朴《そぼく》な琴」がぬき出せる。　**イ**　一つ目の空らんの直後に「穏《おだ》やかな光を表現しようとしています」とあることに着目する。「光」を感じさせる表現は「明るさ」にあたる。

⑵　「『私』を赤裸々《せきらら》に語らない，それでも，ここには八木重吉という『私』の存在がはっきりと感じられる」と筆者が述べていることに着目する。これは，詩を通じ，八木重吉のもののとらえ方や感じ方が伝わることで，その「姿や心情」が立ち現れてくることを言っている。

⑶　虫の鳴き声が「いま　ないておかなければ／もう駄目《だめ》だというふうに鳴いている」と表現されていることをおさえる。冬を前に最後の力をふりしぼるかのように鳴く虫たちの姿を思い浮《う》かべることで作者は「涙をさそわれる」というのである。

⑷　**ウ**　「さめざめと」は，声を立てずになみだを流して泣くさまをいう。　**エ**　「ありありと」は，実際には目に見えないものが，はっきりと見えるかのように伝わるようすを表す。

⑸　「壁《かべ》」という詩の「壁のところへいって／じぶんのきもちにききいっていたい」に着目する。解説文の筆者は「壁」について，「自分と『神』とが出会う場所でもあった」とし，「彼《かれ》にとって孤《こ》独《どく》とは『神』と静かに向き合うことにほかなりません」と解説したうえで，「大いなるものとの対話のなか」でしか「自分自身を知ることはできない」と述べている。

⑹　詩とは何かということについて解説文の筆者が述べている部分に着目する。「詩は，世界にあまねく存在する詩情を言葉によってすくいとろうとする営み」であり，「人間界を超《こ》えた彼方《かなた》の世界からやって来るコトバを受け取ろうとするところに始まる」ものだと筆者は考えている。

Dr.福井の
入試に勝つ! 脳とからだのウルトラ科学

試験場でアガらない秘けつ

キミたちの多くは，今まで何度か模擬試験（たとえば合不合判定テストや首都圏模試）を受けていて，大勢のライバルに囲まれながらテストを受ける雰囲気を味わっているだろう。しかし，模擬試験と本番とでは雰囲気がまったくちがう。そういうところでも緊張しない性格ならば問題ないが，入試独特の雰囲気に飲みこまれてアガってしまうと，実力を出せなくなってしまう。

試験場でアガらないためには，試験を突破するぞという意気ごみを持つこと。つまり，気合いを入れることだ。たとえば，中学の校門前にはあちこちの塾の先生が激励《げきれい》のために立っている。もし，キミが通った塾の先生を見つけたら，「がんばります！」とあいさつをしよう。そうすれば先生は必ずはげましてくれる。これだけでもかなり気合いが入るはずだ。ちなみに，ヤル気が出るのは，TRHホルモンという物質の作用によるもので，十分な睡眠をとる，運動する（特に歩く），ガムをかむことなどで出されやすい。

試験開始の直前になってもアガっているときは，腹式呼吸が効果的だ。目を閉じ，おなかをふくらませるようにしながら，ゆっくりと大きく息を吸う。ここでは「ゆっくり」「大きく」がポイントだ。そして，ゆっくりと息をはく。これをくり返し何回も行うと，ノルアドレナリンという悪いホルモンが減っていくので，アガりを解消することができる。

よく「手のひらに“人”の字を書いて飲みこむことを3回行う」とアガらないというが，そのようなおまじないを信じて実行し，自分に暗示をかけてもいいだろう。要は，入試に対するさまざまな不安な気持ちを消し去って，試験に集中できるようなくふうをこらせばいいのだ。

Dr.福井（福井《ふくい》一成《かずしげ》）…医学博士。開成中・高から東大・文Ⅱに入学後，再受験して翌年東大・理Ⅲに合格。同大医学部卒。さまざまな勉強法や脳科学に関する著書多数。

2021年度　日本女子大学附属中学校

〔電　話〕 (044) 952－６７３１
〔所在地〕 〒214-8565　神奈川県川崎市多摩区西生田１－１－１
〔交　通〕 小田急線－「読売ランド前駅」より徒歩10分

【算　数】 〈第２回試験〉 (50分) 〈満点：60点〉

Ⅰ　次の(1)～(4)の □ をうめなさい。ただし，(1)は途《と》中の式も書きなさい。

(1) $\left(\frac{1}{1\times2\times3\times4}+\frac{1}{2\times3\times4\times5}+\frac{1}{3\times4\times5\times6}\right)\times3\times4=\square$

(2) $\left\{\left(1.3+\frac{1}{2}\right)\times1\frac{1}{9}+7\times4\right\}\div0.42\times1\frac{2}{5}=\square$

(3) $\left(1\frac{1}{3}-\square\right)\times\left(1\frac{1}{4}-\frac{5}{6}\right)=\frac{1}{2}$

(4) (1700cm＋□m＋0.023km)÷3＝□m　□m には同じ数が入ります。

Ⅱ　次の(1)～(8)の問いに答えなさい。

(1)　８で割っても12で割っても５余る数のうち，50以上200以下の整数をすべて足したときの和はいくつですか。答えを求めるための考え方も書きなさい。

(2)　120m^2 の会場に，100人が入ろうとしています。密にならないようにするために１人当たり2.25m^2 のスペースを確保するので，何人かは入れません。入れないのは何人ですか。

(3)　何人かの子どもたちに折り紙を配ります。１人に９枚ずつ配ると28枚不足し，６枚ずつ配ると２枚余ります。折り紙は全部で何枚ありますか。

(4)　かえでさんは全体の勉強時間の $\frac{1}{4}$ で算数をやり，それから30分間は国語，残りの $\frac{2}{3}$ で社会を，そのあと22分間理科をやりました。かえでさんの勉強時間は全体で何分間でしたか。

(5)　家から駅まで歩くと30分かかり，自転車では10分かかります。ある日，駅へ自転車で向かったところ，途中でタイヤがパンクしたため残りを歩いたら，家を出てから駅まで16分かかりました。パンクしたのは家を出てから何分後でしたか。

(6)　〔図１〕は三角形ABCの頂点Aが辺BC上の点Dに重なるように折ったものです。印をつけた角の和は何度ですか。

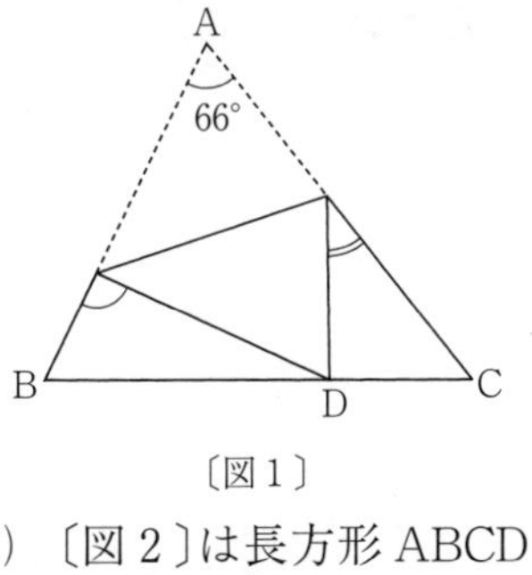

〔図１〕

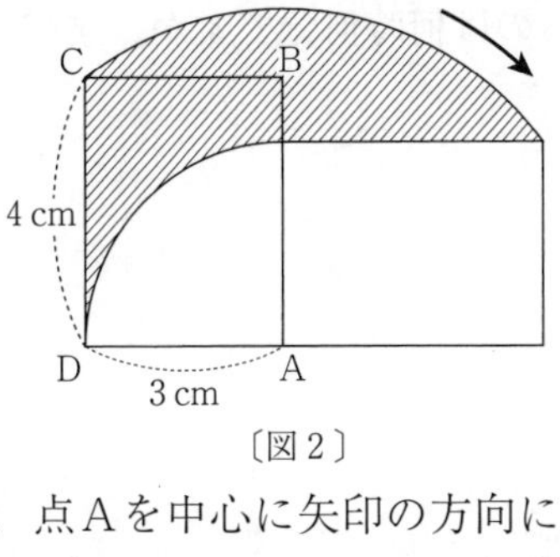

〔図２〕

(7)　〔図２〕は長方形ABCDを，点Aを中心に矢印の方向に90°回転したときのようすを表したものです。斜《しゃ》線の部分の面積を求めなさい。ただし，対角線ACの長さは５cmで円周率は3.14とします。

(8) 〔図３〕のように１辺の長さが20cmの立方体の容器に水がいっぱいに入っています。その容器をABの辺をつけたままかたむけました。㋐の長さが５cmのとき，次の①，②の問いに答えなさい。

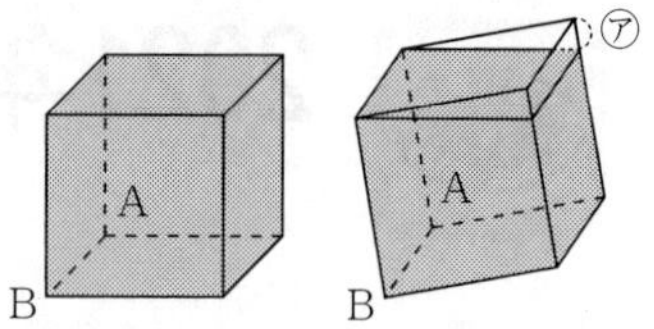

〔図３〕

① こぼれた水は何cm^3ですか。

② 容器をもとに戻《もど》すと，水面は上から何cmのところになりますか。

Ⅲ 図のような立方体の辺上を頂点から頂点へ動く点Pがあります。点Pは１秒ごとにとなりの頂点へ動き，同じ頂点に戻ることもできます。点Pが頂点Aから出発するとき，次の(1)，(2)の問いに答えなさい。

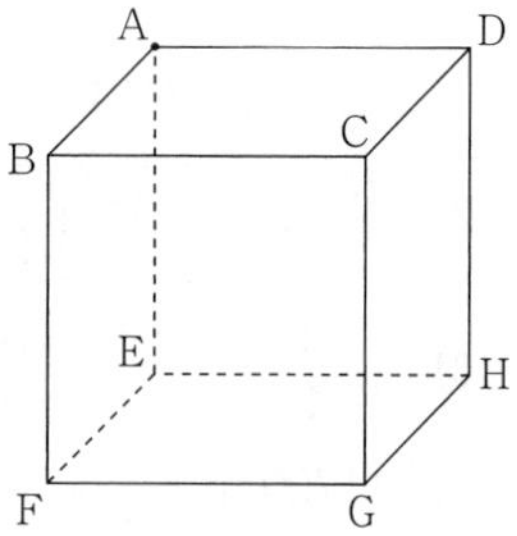

(1) ２秒間での点Pの動き方は全部で何通りありますか。

(2) Aを出発してから４秒後にAに戻る点Pの動き方は，全部で何通りありますか。

Ⅳ Aさんの家とBさんの家の間に図書館があります。Aさんは９時20分，Bさんは９時にそれぞれ家を出発し，図書館に向かいました。それぞれ図書館で過ごし，11時に図書館を出発し，自分の家に帰りました。下のグラフは，そのときの２人の様子を表しています。次の(1)，(2)の問いに答えなさい。

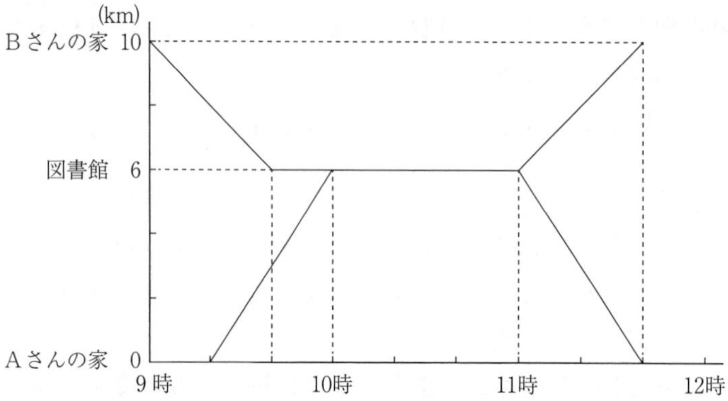

(1) Aさんの速さは時速何kmですか。

(2) ２人の間の距離《きょり》が５kmになるのは何時何分ですか。すべて答えなさい。

V　同じ大きさの正方形の黒と白の折り紙がたくさんあります。まず，黒の折り紙を真ん中に１枚置き，その周りにそれぞれの辺がくっつくように白の折り紙を置きます。その後も図のように，黒と白の折り紙を交互《ご》に置いていきます。

下の(1)～(3)の問いに答えなさい。

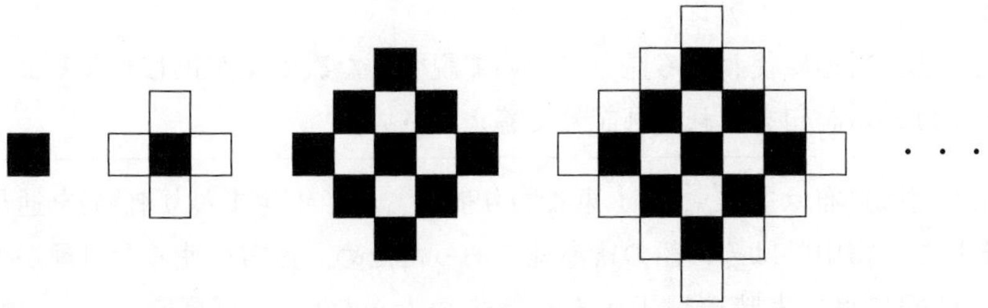

(１番目)　(２番目)　(３番目)　(４番目)

(1)　５番目の図形の中で，黒の折り紙は何枚ありますか。

(2)　10番目の図形の中で，白の折り紙は何枚ありますか。

(3)　15番目の図形では，黒と白の折り紙はどちらが何枚多いですか。

VI　〔図１〕のような底面の半径が３cm，高さが10cmの円柱の形をしたおもりがあります。このおもりを水が入った水そうに縦にして入れたときの様子が〔図２〕，横にして入れたときの様子が〔図３〕です。

下の(1)，(2)の問いに答えなさい。ただし，円周率は3.14とします。

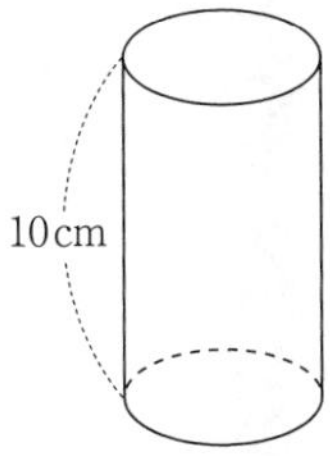

〔図１〕

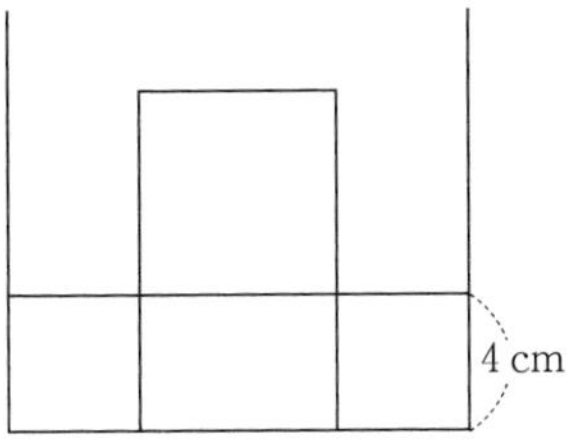

〔図２〕

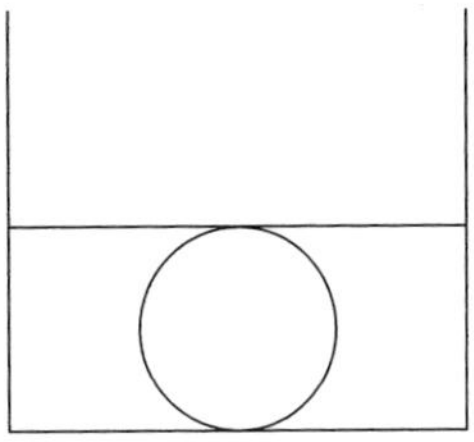

〔図３〕

(1)　次の①～③の［　　］をうめなさい。

おもりの体積は90×3.14(cm³)，〔図２〕で水につかっていない部分の体積は［　①　］×3.14(cm³)，水そうの底面積は［　②　］×3.14(cm²)，水そうに入っている水の体積は［　③　］×3.14(cm³)と表されます。

(2)　〔図４〕は〔図３〕の状態からおもりを水そうの底面に垂直に引き上げ，全体の半分が水そうにつかるようにしたときのものです。㋐の長さは何cmですか。

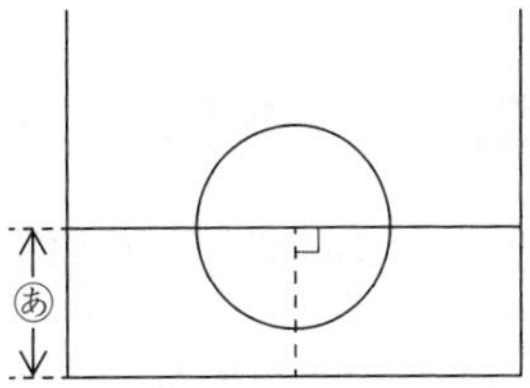

〔図４〕

【社　会】〈第２回試験〉（30分）〈満点：40点〉

1　日本各地の食の歴史について，あとの問いに答えなさい。

問１　日本人が多く食べる魚で，江戸時代から千葉県で多く獲《と》れ，肥料として使われた魚は何か，次のア～エから１つ選び，記号で答えなさい。

ア：イワシ　　イ：サケ　　ウ：アジ　　エ：サバ

問２　富山県と沖縄県の郷土料理に使われる昆布《こんぶ》について説明した次の文が正しくなるように，文中の①と②にあてはまる語句をそれぞれ記号で答えなさい。

> 江戸時代，北海道の昆布は主に①{ア：東まわり航路　　イ：西まわり航路}を通り大阪まで運ばれました。富山県はその船の寄港地であったため，昆布を使った料理が生まれました。また沖縄には，当時琉球王国を従えていた②{ウ：江戸幕府　　エ：朝廷　オ：薩摩藩《はん》}を通して昆布がもたらされました。

問３　長崎県の卓袱《しっぽく》料理には外国の影響《えいきょう》がみられます。この料理が江戸時代に生まれたということから，どの国の影響があったと考えられるか，次のア～オから2つ選び，記号で答えなさい。

ア：アメリカ　　イ：中国　　ウ：朝鮮　　エ：ロシア　　オ：オランダ

問４　右の木簡から，ある国のカツオ(堅魚)が都に納められたことが分かります。その国がある都道府県は，現在も多くのカツオが水揚《あ》げされています。右の①と②にあてはまる語句をそれぞれ選び，記号で答えなさい。

□□①国賀茂郡三島郷戸主占部久須理戸占部広庭□②麁堅魚拾壱

①{ア：能登　イ：陸奥　ウ：伊豆}

②{カ：租　キ：庸　ク：調}

問５　日本では，まだ文字がない時代にどのような魚を食べていたか知る手がかりとなる場所として正しいものを，次のア～エから１つ選び，記号で答えなさい。

ア：高床倉庫跡　　イ：古墳　　ウ：貝塚　　エ：寺院

2　３つの都と３つの幕府について比較《かく》しました。あとの問いに答えなさい。

３つの都　| 藤原京・平城京・平安京 |

問１　３つの都が置かれていた期間として正しいものを，次のア～ウからそれぞれ選び，記号で答えなさい。ただし，同じ記号を２回以上使ってもかまいません。

ア：100年未満　　イ：100年以上500年未満　　ウ：500年以上

問２　３つの都のうち１つだけ異なる都道府県にあります。それはどれか，解答らんに合うように答えなさい。

問３　３つの都は，中国の都にならってつくられました。共通する特徴《ちょう》を答えなさい。

問４　３つの都が置かれていた期間に起きた出来事を，次のア～ウからそれぞれ選び，記号で答えなさい。

ア：国を治めるための律令(法律)が初めてできた。

イ：遣唐使が停止された。

ウ：全国に国分寺や国分尼《に》寺が建てられた。

3つの幕府	鎌倉幕府・室町幕府・江戸幕府

問５　３つの幕府を西に位置するものから順に並べ，記号で答えなさい。

ア：鎌倉幕府　　イ：室町幕府　　ウ：江戸幕府

問６　各幕府の３代将軍に関して正しく述べた文を，次のア～エから１つ選び，記号で答えなさい。

ア：鎌倉幕府では，３代将軍の死後に執権が権力を握《にぎ》り，将軍は置かれなかった。

イ：３代将軍が役所を置いた場所にちなんで，室町幕府といわれている。

ウ：江戸幕府では，３代将軍の時まで朱印状を与《あた》えて外国との貿易を保護していた。

エ：江戸幕府の３代将軍が，ライバルであった家を滅《めつ》亡させ，以後長い間戦いが起こらなかった。

問７　室町幕府と江戸幕府の８代将軍について正しく述べた文を，次のア～エから１つ選び，記号で答えなさい。

ア：室町幕府８代将軍は，16世紀の終わりに書院造という建築様式を用いた銀閣を建てた。

イ：応仁の乱で跡継《つ》ぎ争いに勝利し，室町幕府８代将軍に就任した。

ウ：江戸幕府８代将軍は，目安箱を設け，町人などの投書も参考に政治を進めた。

エ：江戸幕府８代将軍は，アメリカの要求に応じ，開国した。

問８　次の(あ)～(う)の「ことがら」が，それぞれの幕府にあてはまるかを○と×で表にしました。例を参考に，下の(1)と(2)に答えなさい。

「ことがら」	鎌倉	室町	江戸
例：この幕府は，途《と》中から将軍に代わって執権が権力を握った。	○	×	×
(あ)　この幕府はキリスト教を禁止した。			
(い)　この幕府は日本を従わせようとした外国と戦った。			
(う)　この幕府は[　　　　　　　　　]	×	○	○

(1)　(あ)と(い)について，それぞれ「○」「×」を解答らんに記入しなさい。

(2)　(う)の「ことがら」を考え，答えなさい。

3　次の□は2020年の出来事です。あとの問いに答えなさい。

３月14日　JR山手線に新駅「高輪ゲートウェイ駅」が開業
６月６日　東京メトロ日比谷線に新駅「虎ノ門ヒルズ駅」が開業

問１　これら２つの新駅がある港区には，ブラジルとサウジアラビアの大使館があります。次の①～③はどちらの国の説明か，下のア～ウからそれぞれ選び，記号で答えなさい。

①　豊富な石油資源に恵《めぐ》まれているため，日本の主な石油の輸入国である。

②　古くから交流があったため，宗教や生活習慣など日本と似た文化を持っている。

③　約100年前日本から多くの移住者が渡《わた》ったため，現在日系人が多く暮らしている。

ア：ブラジル　　イ：サウジアラビア　　ウ：どちらもあてはまらない

問２　写真のように「アルファベットと数字」で駅が表されています。どのような目的でこの表示があるのか答えなさい。

問３　次の表は４つの国(日本，中国，アメリカ，韓国)の鉄道輸送量を示しています。日本の鉄道輸送量をア～エから１つ選び，記号で答えなさい。

	旅客(億人 km)	貨物(億トン km)
ア	105	25473
イ	237	95
ウ	4318	213
エ	7230	19801

＊「億人 km」「億トン km」とは，輸送量を表す単位。例えば１人(１トン)を１km 運ぶと，「１人 km(１トン km)」になる。

(日本国勢図会より)

４月30日　特別定額給付金の10万円支給が決定

問４　次の文中の①と②にあてはまる語句を，それぞれ記号で答えなさい。また，下線部について正しく説明した文をサ～セから１つ選び，記号で答えなさい。

特別定額給付金をはじめ，コロナウイルス感染症《せんしょう》対策のため，①{ア：国会　イ：内閣　ウ：裁判所}は<u>補正予算</u>案をつくり，その後②{カ：国会　キ：内閣　ク：裁判所}で承認《にん》された。

サ：以前，補正予算案が承認されたのは，東日本大震災直後のことである。

シ：補正予算の財源は，新しい税金でまかなわれる。

ス：補正予算は４月以降，各省庁が追加で必要となった費用である。

セ：景気が良い時は，補正予算によって最初の予算が減額されることもある。

９月16日　菅義偉が内閣総理大臣に就任

問５　次のア～エを，新しい総理大臣を決める際に行われた順に並べ替え，記号で答えなさい。

ア：内閣の総辞職　　イ：内閣総理大臣の指名

ウ：自民党の総裁選　　エ：国務大臣の任命

問６　内閣について正しく説明している文を，次のア～エから１つ選び，記号で答えなさい。

ア：内閣の仕事は，国民の生活に直接関わるため，国家権力の中で最も強い力が与えられている。

イ：内閣は，内閣総理大臣と省庁の長である国務大臣で構成されている。

ウ：国民の意見を内閣に反映することはできない。

エ：内閣が行う会議である閣議は非公開で行われ，参加者の多数決で物事を決めている。

10月９日　世界食糧《りょう》計画(WFP)がノーベル平和賞を受賞

問７　次の文はノーベル委員会が出したコメントです。空らんにあてはまる言葉を考え，答えなさい。

「［　　　　］に終止符《ふ》を打たない限り，飢餓《きが》ゼロという目標を達成することはできない」

問８　次の①～③の語句について正しく説明した文をア～エからそれぞれ選び，記号で答えなさい。

①　ODA　　②　NGO　　③　UNHCR

ア：主に難民となった人々の安全を守り，生活を支援《えん》している国連の機関。

イ：世界遺産の登録認定をはじめ，文化などを通して世界平和の実現に役立てる機関。

ウ：各国政府や国連から独立し，募《ぼ》金や寄付金やボランティアによって国際協力を行う民間の団体。

エ：社会の発展や福祉《し》の向上が必要な国に対して，各国の政府が資金や技術の援助をすること。

4　次の文章Ａ～Ｄは，日本の河川について説明しています。あとの問いに答えなさい。ただし，この問題では「都道府県」をすべて「県」で表しています。

Ａ	この河川は，「日本三大急流」の１つで，源流から河口まで同じ県内を流れ，日本海にそそいでいます。中流にある［　あ　］は①国内有数の果物の産地で，下流の［　い　］は国内有数の米の産地です。
Ｂ	この河川は，源流が越後山脈にあり，山をくだったあとは，日本一広い［　う　］を太平洋まで流れていきます。源流がある県から出たあたりで②新幹線と交差し，その先はほぼ③２つの県の県境に沿って流れます。④流れ込む水(降った雨や雪どけ水)が集まってくる範《はん》囲の面積は，日本で最も広いです。
Ｃ	この河川は，「日本の屋根」の谷間を流れていき，他の河川とともに⑤名古屋市や岐阜市がある［　え　］をつくりました。上流周辺はヒノキの産地で，⑥明治時代に鉄道が発達するまで，この河川は林業に欠かせない役割を担《にな》っていました。下流は昔から水害が多い地域で，⑦周りを堤防で囲んだ輪中が見られます。
Ｄ	この河川は，湖から流れ始めたあと，県境を越えて河口まで流れていきます。途中，新幹線と交差したり，周りに⑧茶畑が見えたりします。河口がある県には，天下人となった大名が築いた城があり，城下町は県庁所在地の市街地のもとになりました。現在，この県では⑨さまざまな工業が行われています。

問１　[あ]～[え]には，「平地」を分類した漢字２字の語句があてはまります。４つの□のうち３つは同じ語句で，１つだけ異なる語句です。異なる語句の□の記号と，あてはまる語句を答えなさい。

問２　Ａについて，次の(1)と(2)に答えなさい。

(1)　下線部①の「果物の産地」について，河川Ａが流れる県で多く生産されている果物として正しくないものを，次のア～エから１つ選び，記号で答えなさい。

ア：りんご　　イ：みかん　　ウ：ぶどう　　エ：さくらんぼ

(2)　河川Ａのほかに，「日本三大急流」で源流から河口まで同じ県内にある河川がもう１つあります。その河川では昨年の夏に大規模な洪《こう》水が発生しましたが，流れている県を漢字で答えなさい。

問３　Ｂについて，次の(1)～(3)に答えなさい。

(1)　下線部②の「新幹線」の行き先として正しくないものを，次のア～エから１つ選び，記号で答えなさい。

ア：北海道　　イ：秋田県　　ウ：山形県　　エ：新潟県

(2)　下線部③の「２つの県」について正しく述べている文を，次のア～エから１つ選び，記号で答えなさい。

ア：石油化学コンビナートが，太平洋沿岸にある「茨城県」と東京湾沿岸にある「千葉県」

イ：レタスの生産量が日本一多い「茨城県」と水揚げ量が日本一多い漁港がある「千葉県」

ウ：人口が日本一多い「東京都」と政令指定都市が日本一多い「神奈川県」

エ：県内に，小笠原諸島がある「東京都」と伊豆大島がある「神奈川県」

(3)　下線部④の「範囲」を表す語句を，漢字２字で答えなさい。

問４　Ｃについて，次の(1)～(4)に答えなさい。

(1)　下線部⑤の「名古屋市」がある県は自動車産業がさかんです。完成した自動車を「工場」から，国内の「販《はん》売店」まで運ぶ一般《ぱん》的な方法を，下の図に表しました。図の あ～う にあてはまる語句の組み合わせとして正しいものを，次のア～エから１つ選び記号で答えなさい。

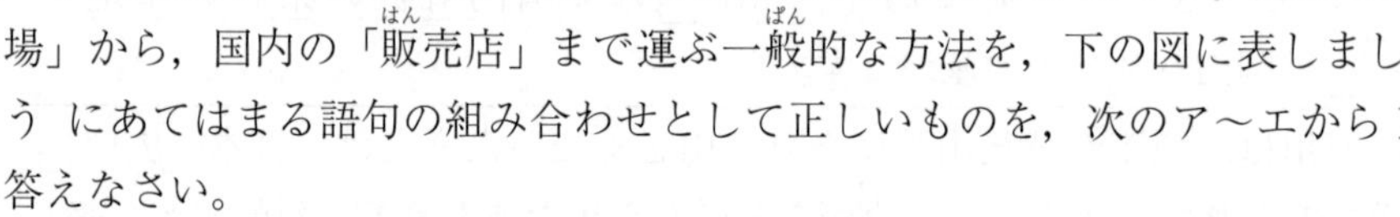

ア：あ―トラック　い―船　う―港　　イ：あ―トラック　い―鉄道　う―駅
ウ：あ―※自走　い―船　う―港　　エ：あ―※自走　い―鉄道　う―駅

※「自走」とは，専門の運転手が自動車自体を運転して運ぶことを指します。

(2)　日本の工業生産額(2017年)をみると，「機械工業」に占《し》める「輸送用機械(自動車など)」の割合は約45%です。それでは，工業全体に占める「輸送用機械」の割合として正しいものを，次のア～エから１つ選び，記号で答えなさい。

ア：約20%　　イ：約35%　　ウ：約45%　　エ：約60%

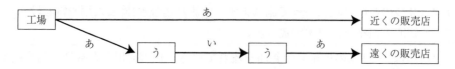

(3)　下線部⑥の「役割」とは何か，説明しなさい。

(4)　下線部⑦の「輪中」ではかつて，堤防が切れていないのに内側で水害がよく起きていました。その理由を述べた次の文が正しくなるように，１ますにひらがなを１字ずつあてはめなさい。

> 堤防の内側が川の水面よりも□□いため，□□水《すい》するための施《し》設がない時代は水害が多かった。

問５　Ｄには２つの河川があてはまります。次の(1)～(3)に答えなさい。

(1)「２つの河川」について，表にまとめました。空らんにあてはまる語句を，下の【語群】から選び，記号で答えなさい。ただし，【語群】には答えとして使わない語句も含まれています。

河川	源流の湖	河口がある県	天下人	流れ出る海
淀川				瀬戸内海
	諏訪湖	静岡県		

【語群】

ア：信濃川　　イ：天竜川　　ウ：琵琶湖　　エ：霞ヶ浦
オ：広島県　　カ：大阪府　　キ：徳川家康　　ク：豊臣秀吉
ケ：太平洋　　コ：日本海

(2)　下線部⑧の「茶畑」に関連して，次のどちらの条件にもあてはまる県をア～エから１つ選び，記号で答えなさい。

(条件)　・茶の生産量が多い県　　・河川Ｄの近くにない県

ア：鹿児島県　　イ：北海道　　ウ：京都府　　エ：高知県

(3)　下線部⑨の「さまざまな工業」に関連して，1980年代から日本の会社では，外国に工場を移すことが多くなりました。この現象の良い面と悪い面を，次の文をもとに１つずつ説明しなさい。それぞれ□にあてはまる立場を，下のア～ウから選んだあとに説明を続けなさい。

> 良い(悪い)面は，□にとって(　　　　　　　　)。

ア：日本の労働者　　イ：日本の消費者　　ウ：外国の労働者
（２回使ってもかまいません）

【理　科】〈第２回試験〉（30分）〈満点：40点〉

1　身近にいる動物について次の問いに答えなさい。答えは記号で書きなさい。

①　ナナホシテントウ	②　ムカデ	③　クロオオアリ
④　ダンゴムシ	⑤　ショウリョウバッタ	⑥　アキアカネ
⑦　カブトムシ	⑧　カイコガ	⑨　オオカマキリ
⑩　クモ	⑪　ミミズ	

(1)　昆《こん》虫かどうかを見分けるには，どのようなことを見ますか。次からすべて選びなさい。

ア：さなぎの時期があるかどうか

イ：からだの大きさ

ウ：からだがいくつに分けられるか

エ：成虫のときに食べるエサの種類

オ：幼虫のときのすみか

カ：卵の形と大きさ

キ：あしの数

(2)　上の□のうち，昆虫ではないものをすべて選びなさい。

2　ヒトのからだについて次の問いに答えなさい。答えは記号で書きなさい。

ア：胃	イ：かん臓	ウ：心臓	エ：肺	オ：じん臓
カ：小腸	キ：大腸	ク：食道	ケ：ぼうこう	

(1)　ヒトのからだの中に２つある臓器をすべて選びなさい。

(2)　次の文章はどの臓器の説明をしていますか。

①　水とともに不要になったものが血液からこし出され，にょうをつくっている。

②　内側のかべにはたくさんのひだがあり，消化された養分や水分を吸収している。

③　血液を全身に送り出している。

3　自然界の「食べる」「食べられる」の関係を次のように表します。

イネ→［　A　］→カエル→［　B　］→キツネ→［　C　］

(1)　このような「食べる」「食べられる」の関係を何といいますか。

(2)　［A］～［C］にあてはまる生き物をそれぞれ選び，関係を完成させなさい。

ア：ミジンコ　　イ：リス

ウ：チョウ　　エ：ダンゴムシ

オ：フナ　　カ：バッタ

キ：ミミズ　　ク：ワシ

ケ：ヘビ

(3)　ある年に［A］の生き物が急に減ると一時的にカエルも減りました。その理由を書きなさい。

4　顕微《けんび》鏡で池の水を観察したいと思います。次のそれぞれの文には間違《ちが》いが１つあります。間違っている番号を選び，正しい言葉に直しなさい。

ア：①対物レンズをのぞきながら②反射鏡を動かし，明るく見えるところを探す。

イ：①スライドガラスに観察する池の水を１滴《てき》入れ，②カバーガラスをかぶせたものを③プレートという。

ウ：①接眼レンズをのぞきながら②調節ねじを回して対物レンズとステージの間を③近づけていき，ピントを合わせる。

エ：顕微鏡は①日光が直接当たらない，②暗い場所に置いて使用する。

オ：レンズをつけるときには，はじめに①接眼レンズをつける。接眼レンズが②10倍，対物レンズが40倍のとき，顕微鏡の倍率は600倍である。

5　12月のある日，川崎市で星空を観察すると図１のような月と星座が見えました。月がどの方位にあるか調べるために，図２のように方位磁針を使いました。

図１

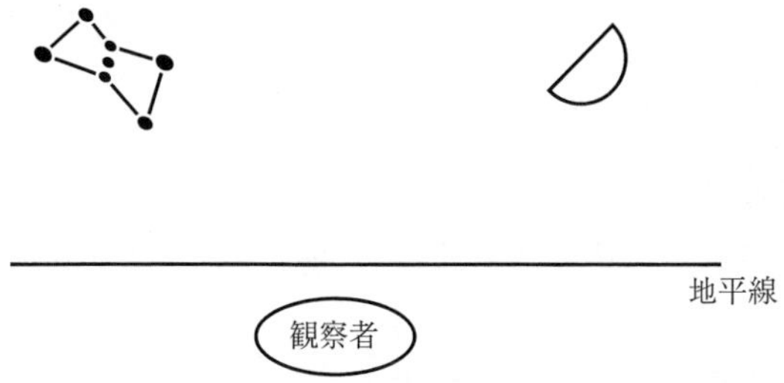

図２

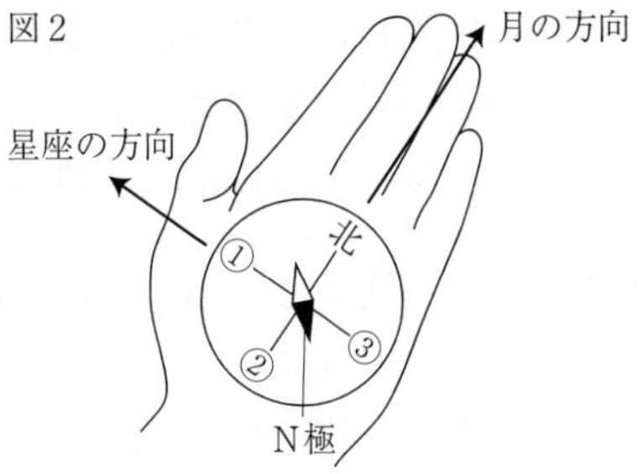

(1)　図１の星座の名前を書きなさい。

(2)　図２の方位磁針の①〜③に書かれている方角をそれぞれ書きなさい。

(3)　月の方位を調べるためには，このあとどのように方位磁針を操作すればよいですか。次の中から選び，記号を書きなさい。

ア：このまま文字ばんに書かれている北の方位を北と読む。

イ：N極が指す向きと月の方向を合わせてから方位を読む。

ウ：N極が指す向きと文字ばんに書かれている北の文字を合わせてから方位を読む。

エ：頭上に方位磁針をかざし，月の方位とN極を合わせてから読む。

オ：N極の指す向きが，文字ばんに書かれている北の位置に移動するように方位磁針を小刻みに振《ふ》る。

(4)　星座はどの方角に見えますか。次の中から選び，記号で書きなさい。

ア：北西　　イ：北東

ウ：南東　　エ：南西

オ：北　　　カ：東

キ：南　　　ク：西

(5)　観察をおこなった時間は何時ごろと考えられますか。

ア：午後６時　　イ：午後９時　　ウ：午前０時

エ：午前３時　　オ：午前６時

6 右の図のような装置を使って水が温まるとどのように変化するのか調べる実験をしました。2分ごとに温度をはかり，記録して表にまとめました。

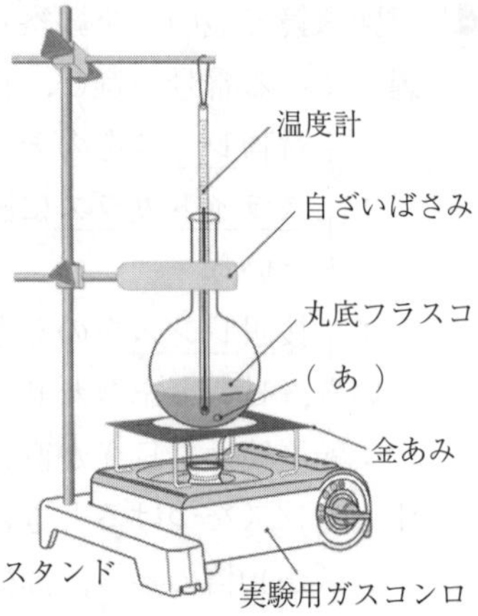

時間(分)	0	2	4	6	8	10	12
水温(℃)	16	34	59	89	95	98	98

(1) 答案用紙に水の温度変化のようすを表す折れ線グラフを書きなさい。ただし，横軸《じく》を時間，縦軸を水温とし，(　)中に単位を書き入れること。

(2) 実験をしながらフラスコの中を観察したようすを書いたメモについて答えなさい。

> メモ
> ア：底の方から大きなあわがたくさん出てきた。
> イ：フラスコに入れた(　あ　)から小さなあわが出てきた。
> ウ：底の方がもやもやして見えた。
> エ：火を消した後，水の量が減り線の下になっていた。

① メモのア～エを観察した順番に並べかえなさい。

② (あ)は，実験を安全に行うために必ずフラスコの中に入れます。(あ)にあてはまる物の名前と，入れる理由を答えなさい。

(3) この実験について，次の中から正しいものをすべて選び記号で書きなさい。

ア：水温が上がるごとに水の体積は小さくなっていく。
イ：水は温められると沸《ふっ》とうし，大きな空気のあわがたくさんでてくる。
ウ：ゆげは水蒸気である。
エ：熱した後にフラスコの中の水の体積が減ったのは，水が蒸発したからである。
オ：100℃に近づくと熱し続けても温度は変わらない。

7 図1のように，鏡に日光をあててはね返し，③の位置にある黒い紙にあてたところ，下のように光って見えた。

図1

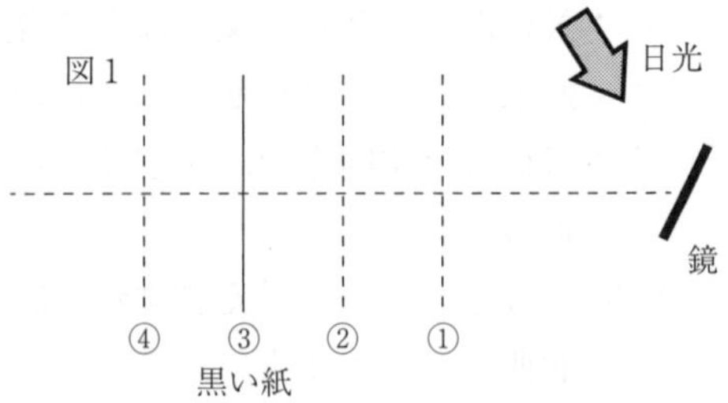

(1) 黒い紙が，①，②，④の位置にある場合，黒い紙はどのように見えますか。

ア

イ

ウ

次に，図２のように虫めがねに日光を通して，⑦の位置にある黒い紙に光をあてると，下のように見えた。

図２

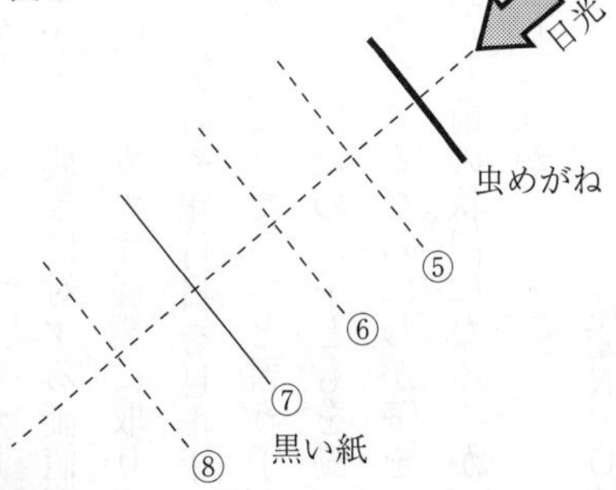

(2)　黒い紙が⑤，⑥，⑧の位置にある場合，黒い紙はどのように見えますか。

ア　イ　ウ

(3)　⑤～⑧で最も明るく光って見えるのはどの位置ですか。

8　次のア～エの回路について答えなさい。

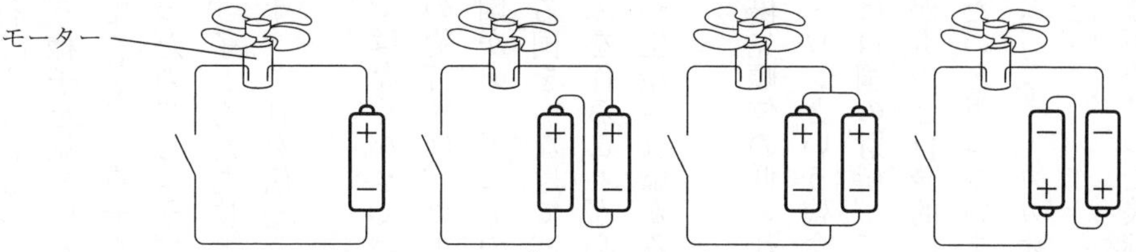

ア　イ　ウ　エ

(1)　アの回路を，すべて記号を用いた回路図で表しなさい。

(2)　スイッチを入れたとき，モーターが特に速く回るつなぎ方を選びすべて記号で書きなさい。

(3)　アのモーターの代わりに，発光ダイオードをつないだところ光りました。発光ダイオードはつないだままで，乾《かん》電池のみイ～エのようにつなぎかえたとき，アより明るく光るのはどれですか。

(4)　身のまわりで使われている乾電池の代わりに，光電池を使うことを考えます。

①　乾電池と比べて，光電池の良い点を１つ答えなさい。

②　乾電池と比べて，光電池は高価であること以外に，光電池の悪い点を１つ答えなさい。

9　花子さんはコンビニに行きペットボトルのお茶を買いました。

(1)　2020年７月１日から，全国的にコンビニやスーパーなどのお店では，あるプラスチック製品が有料化しました。有料化したプラスチック製品は何ですか。

(2)　花子さんは(1)が有料化したことに興味を持ち，調べてみると環境問題と関りがあることがわかりました。どのような問題があって有料化し，どのような効果が期待されていたかを60文字以内で説明しなさい。

(3)　花子さんは飲み終わったペットボトルを捨てようとごみ捨て場に行き，あることに気がつきました。「缶《かん》」には２種類の缶がありますが，これらは区別されることなく回収されます。たくさんある缶を区別するとき，表示を見る以外にどのように区別しますか。方法と結果を書きなさい。

うになりました。彼女の住む村ではほとんどの子どもが児童労働から解放され、周囲の友だちはみんな、学校に行くようになったからです。きっと友だちが楽しそうに学校に通う様子を見ているうち、「勉強についていけないかも」という恐《おそ》れよりも、「自分も楽しい輪の中に入りたい」という気持ちが上回ったのでしょう。学校は、ただ勉強する場所というだけではなく、子どもたちにとって「生きる力」を身に付ける場所でもあります。それを伝えることも、私たちACEの大切な役割です。

カカオについて私は、「もはや生産地だけの問題ではなくなっている」と感じています。（日本に入ってくるカカオ豆の約77％は、ガーナから輸入されている。）チョコレートを消費する国があってこそのカカオ。ですから、生産地とチョコレートを消費する国をつなげて、両者が一体となって、児童労働を撤廃していくしくみを作ることが必要だと思うのです。そのためには、持続的にカカオが生産され儲《もう》かるしくみも不可欠です。

というのも、ガーナにおけるカカオ農業は非常に優先順位の低い仕事で、みんなが嫌がる、やりたくない仕事ナンバー・ワンという残念な実情があります。しかし、ガーナにとってカカオは自国の財産。ですから、農業に対する価値観をより高めて、みんながもっと自発的に、前向きにカカオ農業に取り組めるような環《かん》境を作りたいと思っています。医者や銀行員を目指す気持ちと同じモチベーションで、「カカオ農家になりたい」と言う子が一般的になるようにしたい。

生活のために子どもを働かせるのではなく、高い技術を持った後継《けい》者を育てるためにわが子を学校に通わせ、教育を受けさせる。それが当たり前の状況《きょう》になるのが、dこれからのガーナの理想の姿ではないでしょうか。

（認定NPO法人ACE　近藤　光「チェンジの扉」より）

㈠　――線aについて、つぎの①、②に答えなさい。

①　それはどんな出来事でしたか。文中から最もふさわしい一文を探して、はじめの四字を書きなさい。

②　それは「私」にどんなことを教えてくれましたか。文中から最もふさわしい一文を探して、はじめの四字を書きなさい。

㈡　……線bとありますが「自分のやりたかったこと」とは何ですか。文中から最もふさわしいことばを十字で探して書きなさい。

㈢　（　）**あ**、**い**に入る四字以内のことばを、それぞれ自分で考えて書きなさい。

㈣　---線cとありますが、**A**の場面のクワメさんとメアリーちゃんの「チェンジ」について、つぎの①、②に答えなさい。

①　クワメさんはどんなことをしましたか。最もふさわしい一文を探して、はじめの三字を書きなさい。

②　メアリーちゃんの心はどう変化しましたか。自分のことばで書きなさい。

㈤　〰〰線d「これからのガーナの理想の姿」について、つぎのようにまとめました。□ⓐ～ⓔに入る最もふさわしいことばを、文中からその字数で探して書きなさい。

アフリカのガーナで子どもにⓐ□（8字）ことがあたり前になると、技術力が育ち、ⓑ□（5字）であるカカオ産業の価値が高まる。ⓒ□（5字）である日本も、ⓓ□（3字）であるガーナと一体となってⓔ□（4字）をなくす環《かん》境づくりに取り組む必要がある。

㈥　――線①～④を漢字に直しなさい。

たとえば、「子どもの人身売買」という問題。実際は「親戚《せき》や知り合いの家に、労働力と引き換《か》えにあずける」というのがもっとも多いケースです。経済《ざい》的に貧しい家庭の場合、残った家族や子どもの食いぶちを確保することができる。あずかる側も、カカオ畑で働いてもらえるなら、子どもの食事くらいは面倒《どう》をみようとなる。凶《きょう》悪な行為《い》のイメージとは違って、現地ではむしろ（**あ**）の意味合いが強いのです。「来てもらえると助かるので引き取るよ」「引き取ってもらえたら、こちらも助かるよ」という、ガーナでは当たり前のように続いてきた風習だったわけですが、そもそも教育を受けるべき年齢《れい》の子どもを学校に行かせず、労働をさせることも、労働目的で人を取引することも法律に違《い》反します。現地の人たちには、法律や人身取引によって起こる本質的な問題を理解してもらうことが、児童労働撤廃の第一歩になります。子どもを学校に行かせると、今度は（**い**）がいなくなる。そういった根深い問題を解決に導くことも、私たちACEのミッションです。家族の説得のみならず、村全体で話し合いを行い、「村の問題は、村の人たち自身で解決する」方向に持っていくようにします。私たちが手取り足取り、すべてのことに関わらなくても、小さなきっかけがひとつ投げかけられたことで、自分たちで解決する力が生まれるのです。

私が実際に体験した、c現地の人たちの「チェンジ」ストーリーを紹介《しょうかい》します。

プロジェクトを実施していた村に住むカカオ農家のクワメさんという男性は、とても人間力のある、器《うつわ》の大きい方でした。クワメさんは地主でもあったため、「うちの子どもをお宅で働かせてくれないか」という売り込《こ》みがたびたびあり、受け入れざるを得ないケースが多かったといいます。しかし、ACEのプロジェクトを通じて、人身取引や児童労働がいかに問題であるかということにクワメさんは気づきました。あるとき、「お母さんが病気で働けないから、また子どもをあずかってほしい」というオファーがきた。でも『それは人身取引だ』と言ってその女の子を家に帰したら、きっとまた別のところに出されてしまうだろう」と言うのです。そこでクワメさんがとった行動を知り、私はとても驚《おどろ》きました。女の子を自分の家に引き取った上で、働かせることはせずに、学校に通わせて中学の途中まで彼女の面倒をみました。地主という立場上、経済的にも多少余裕《ゆう》があったのでしょう。その子の親にはさらに生活支援のお金も送っていたようです。クワメさんは彼女から「学校で学んだことを生かして、もっと自分を磨《みが》いて、より良い仕事に就《つ》きたい」と言われたそうです。「彼女《かのじょ》を働かせずに学校へ行かせてよかったと思う」と言うクワメさんは現在、さらに別の地域の女の子を引き受けて、同じように学校に通わせているといいます。

A

児童労働から解放されても、スムーズに学校に通えない子もいます。ACEのプロジェクトスタッフによる説得が実り、長い間④じゅうじしていたカカオ畑での児童労働をやめたメアリーちゃんという女の子は、学校に通うことをずっと嫌《いや》がっていました。学校に行きたがらなかった理由は、「勉強についていけない」から。彼女はその時点で13歳《さい》になっていて、「その年齢で小学校の低学年に入学することは恥ずかしい」とも思ったそうなのです。親や先生、そして現地スタッフの説得にもかかわらず、メアリーちゃんは3年以上学校に行かないまま、家で家事手伝いをして過ごしていたのです。現地では、彼女のような反応《のう》を示す子も少なくありません。「年上であること」や「勉強に自信がない」ことに対して、どうしても引け目を感じてしまう子もいるのです。ところが、メアリーちゃんはその後、自分から学校に行き始めるよて、蛍《けい》光灯を付けることになりました。それは、地域でもっとも明るい蛍光灯になったこともあり、いつしか家の前に近所の子どもたちが夜な夜な遊びにやって来るようになりました。

任期が終わろうとしていたある日のこと。その蛍光灯の下に、子どもたちが大勢集まっていました。年上の子が小さな子どもに勉強を教えていて、子どもたちは蛍光灯をひとつ取り付けただけで、自ら勉強するようになったのです。

この出来事が、私にとっては、ガーナでの活動の中の一番の「成果」のように思われました。たとえ小さなきっかけでも、チャンスさえあれば、子どもたちはいろいろな可能性をつかむことができる。これを機に、子どもたちのためにもっと仕事をしたいと思うようになったのです。

協力隊でガーナに滞在した後、東アフリカ・ウガンダでの短期青年海外協力隊、さらにはアフガニスタンの農業関連プロジェクトを経て、再び私はウガンダで政府開発援《えん》助（ＯＤＡ）事業の開発コンサルタントとして働くようになりました。ＯＤＡの事業は国が国家予算を使って、援助する相手の国の公的事業を行うため、どちらかというと一般《ぱん》市民よりも、政府の顔を見ながらする仕事でした。国際協力の仕事ではありましたが、「ｂこれが本当に自分のやりたかったことなのだろうか」という葛藤《かっとう》は、日ごとに大きくなっていきました。そこで偶《ぐう》然見つけたのが、ガーナでの国際協力に携《たずさ》わる求人を募《つの》るＡＣＥのウェブページでした。

実際にＡＣＥのスタッフとなり、入職後すぐに訪《おとず》れたガーナでは、新鮮《せん》なショックを受けました。現地の人たちというのは、こんなにもこちらの提案に対して、真っ直《す》ぐにこたえてくるものなのか、と。前職は「国際協力」とはいうものの、政治やビジネスの要素の方が大きく、いかに自分の国や企《き》業としての利益を得るかという、生き馬の目を抜《ぬ》く戦いの現場でした。かつて、国際協力を学んだ大学・大学院で語られていたような「こういうふうにすれば、現地の人たちは喜んでくれる」という理想論は、もはや机《き》上の空論だ、と思っていたほどです。しかし、ＡＣＥの活動は、自分が思い描《えが》いていたような草の根レベルでの支援でした。村の人たちが子どもたちのために、児童労働の撤廃《てっぱい》に真剣《けん》に向き合おうとしている。その姿を目の当《ま》たりにして、こんな世界があったのかと、にわかには信じることができませんでした。

前職とのいちばんの違《ちが》いは、やはり「人」。現地で一緒《しょ》に働く人たちとは、ぶつかることもあります。でもそれは、損得のない真剣なぶつかり合いで、「いかに自国や自分の利益を守るか」という争いとは、まったく質が異なります。「子どもたちのために」と、こちらが本気になって取り組めば、相手にも伝わる。どんな仕事にも当てはまると思いますが、利益が絡《から》んだしがらみや、下心など個人的な上昇《しょう》②しこうが絡んできた途端《とたん》、相手も敏《びん》感にそれを③さっちするのではないでしょうか。同じ目標を共有していることで、すぐにまた同じ方向を向いて仕事をすることができます。

私がＡＣＥで担当しているのは、ガーナでの児童労働撤廃プロジェクト「スマイル・ガーナ　プロジェクト」です。連携《けい》してプロジェクトを実施《し》している現地ＮＧＯのスタッフと一緒にガーナの村へ出向き、実際に児童労働に直面している家族のもとを訪れて事情を聞き、説得を試みるのです。恥《は》ずかしい話ですが、以前、青年海外協力隊でガーナに住んでいたときには、児童労働についての問題意識は全くありませんでした。なので、学校がある時間に子どもたちが村にいても、「元気そうにしているな」くらいにしか思っていなかったのです。しかし、ＡＣＥの活動を通じて児童労働の根本的な問題を理解するにつれ、子どもが学校に行かずに働いているという光景は、１８０度違うものとして私の目に映るようになりました。

にこんもりと覆《おお》われて、緑の絨毯《じゅうたん》だ……。

先生はムシカリの、白い小さな花が集まって開きかけたのを、花鋏でバチンと一枝切った。竹の花入れに入れ、床の間に置くと、部屋に風が通った。掛け軸は、〈　④　〉

元々、何の香りもない風が、花々の間を通り過ぎると、花のように香る……。

障子を開け放った稽古場から、縁《えん》側の向こうに庭の緑が広がって見える。

「すごいねえ……。誰も教えてないのに、毎年、ちゃんと花が咲くんだもの」

エある日、まぶしい若葉を見て、卒然として(とつぜん)気づくのだ。私たちはものすごく不思議なことに囲まれ、それを不思議とも思わず暮らしているのだということに……。

（森下典子「好日日記　季節のように生きる」より）

(一)　――線アとありますが、この気候の変化を私はどのように考えていますか。文中から最もふさわしい一文を探して、はじめの五字を書きなさい。

(二)　□Aにはどんなことばが入るかを自分で考えて、ひらがな四字以内で書きなさい。

(三)　〈　〉①～④に入る花やお菓子の名、掛《か》け軸《じく》のことばをつぎのア～エからそれぞれ選び記号で書きなさい。同じ番号には同じことばが入ります。

ア　下萌（したもえ）

イ　風従花裏過来香（かぜは　かりよりすぎきたりて　かんばし）

ウ　袖隠し（そでかくし）

エ　清流無間断（せいりゅう　かんだんなし）

(四)　□あ～えに入る最もふさわしい一文をつぎの中から選び、番号で書きなさい。

1　惜《お》しいような、切ない気持ちがよぎる

2　春は、ここにある……

3　たくさんの小さなさよならが聞こえる気がした

4　なんだか、わくわくした

(五)　柳は緑、花は紅　AとBは同じことばでありながら「私」の受け取り方が変化しています。AとBではどう変わったのか、自分のことばで書きなさい。

(六)　（　）a～cに入る最もふさわしいことばをつぎの中から選び、番号で書きなさい。

1　やんわりと　　2　ひっそりと　　3　楽しげな

4　甘《あま》やかな　　5　静かな

(七)　＝＝線イとありますが、「いい時間」だと「私」が思ったのはなぜですか。最もふさわしい一文を探して、はじめの五字を書きなさい。

(八)　……線ウとありますが、「私」のいう「平和的な中立地帯」とはどういうことですか。自分のことばで書きなさい。

(九)　〰〰線エとありますが、「私」はお茶の稽《けい》古を続けることでどんなことに気づかされましたか。文章全体から考えて、自分のことばで書きなさい。

二

つぎの文章を読んで、あとの問題に答えなさい。

私は（日本の認定NPO法人（非営利団体））ACEのスタッフになる以前からアフリカをはじめとする国際協力の仕事に関わっていました。青年海外協力隊員として滞《たい》在していたaガーナでの出来事は、今も忘れられない光景として心に刻まれています。タマレという町に赴《ふ》任していた私は、自分が住んでいた家の玄《げん》関先に①ぼうはんたいさくとしたとえば、話をしている時、実際に交わした言葉よりも、その後に続いた沈黙《ちんもく》の方が、本心を伝えていることがある。ほんのかすかな言いよどみ、声の震《ふる》え、一瞬息をのんだ気配の方が、言葉より、雄《ゆう》弁だったりする。言葉を交わしていないのに、なぜかいっぱい話をしたような充《じゅう》実感がある。（ c ）時間だった。みんなの輪郭《かく》が曖昧《あいまい》にぼやけて、溶《と》け合っていた。稽古に集中した後だからだろうか、なんだか、距離《きょり》が近くなった気がした。

それからみんなで後片付けをし、別れた。(ああ、またこんなふうにイいい時間を過ごすことがあるだろうか)[　う　]。

4

テレビは連日「お花見」の話題を取り上げていた。満開から、すでに一週間。天気予報によれば、夜には一雨来るという。

「いよいよ今日が見納《おさ》めです」その「見納め」という言葉に、心が揺れた。今年は花見をしていない……。遠方から友達が来たのに、一度も会えないまま、とうとう帰る日を迎え、見送りにも行けない。そんな寂しさに似ていた。見に行きたい。でも、行けない。

「来年見ればいい」という言葉で諦《あきら》めをつけ、二階に上がった。仕事机に向かい、何となく、窓の向こうに目をやると、住宅街の屋根の向こうが、ほのかなピンクにかすんでいた。その時、胸の奥《おく》ではっきり聞こえた。花も見ずに、なんのために生きる。立ち上がり、急いで支度《たく》して、電車に乗った。

目黒川は、一瞬、雪かと見紛《みまが》う景色だった。土手の黒土が、降る花びらでどこまでも真っ白に埋《う》まっていた。花盛《ざか》りの枝は、どっさりと雪をかぶったように重たげで、幾《いく》重にも重なる枝々の下をゆっくりと人波が移動していく。見上げれば、空を埋め尽《つ》くすような桜の天井《じょう》。行けども行けども桜だった。橋の上から見下ろすと、川面《も》は花びらで白く、切れ切れの花筏《はないかだ》(花びらが水面に広がるようす)となって流れていく。毎年同じ桜のはずなのに、見るたび胸に迫《せま》るものがある。

その夜、予報どおり雨になった。「桜も終わりだね」窓を打つ大粒《つぶ》の雨に、母がつぶやいた。

二日後、買い物に行こうと、家を出た。すると、自宅の前の坂道を、白い花びらが風であちらへこちらへと吹《ふ》き寄せられていた。コンビニに寄ったら、一緒に店の中にも吹き込んで、足元についてくる。踏《ふみ》切の前で、電車が通過した時、花びらは一斉《せい》に空高く旅立った。無数の花びらが吹雪《ふぶき》みたいに舞い上がる。[　え　]。

5

暖かい雨が降り続いた。それはまるで季節を仕切るカーテンのようだった。この雨で草木はきっと勢いを増す。雨が止《や》んだら、いよいよ春も本番。寒さの揺り戻しはもう来ないだろう。ある朝、起きると、わが家の小さな庭が百花繚乱《ひゃっかりょうらん》だった。ツツジの植え込《こ》みに、赤やピンクの花が湧《わ》きだすように咲いて、くす玉と化していた。

午後、夏のような空の下、いつもより早く、稽古に行った。汗《あせ》ばみながら門を入ると、木々の葉が繁《しげ》ってうっそうとした庭に、先生が立っていた。淡《あわ》い黄色の紬《つむぎ》に、黄土《おうど》色の帯。花鋏《ばさみ》を手に、これから床《とこ》の間《ま》の花を切ろうというところだ。庭に点々と置かれた飛び石を伝って、先生と庭の奥に入った。若い頃、日本庭園の「飛び石」というのは、履《はき》物を泥《どろ》で汚《よご》さないためのものだとばかり思っていた。けれど、今では、それは、ウ草木の領域《いき》に分け入るための平和的な中立地帯なのだと思うようになった。小さな茶庭は楽園に見えた。足元では、土佐水木《とさみずき》の黄色い花房《はなぶさ》が散った後に、葉が芽吹き、細かいプリーツ状に折りたたまれた若葉が美しく広がっていく。

空を見上げると、陽に透《す》ける柿《かき》の若葉の隙《すき》間から、チラチラと光が漏《も》れている。松の新芽はツンツンと空に向かって伸《の》び、地面は苔《こけ》

「この間の稽古で、『柳緑花紅』のお軸をかけたの」「ああ、あれ……」ちょうど三月。柳が青々として風に膨《ふく》らみ、花々が鮮《あざ》やかに咲く季節だから……と、私は思った。

　ところが彼女は、「卒業して、社会人になる子たちのためにね……」と、言った。

「……え？」

「世の中に出れば、壁《かべ》にぶつかることがたくさんあるでしょ。そういう時って、どうしても他の人が偉《えら》く見えるのよね。卒業してしばらくたつと、みんな、自分らしさを否定して、自分でないものになろうとしてしまうの……。だけど、柳は花になれないし、花も柳にはなれない。花はあくまで赤く咲けばいいし、柳はあくまで緑に茂《しげ》ればいいのよね」

　私にもそんなことが、何度もあった。自分が真面目しか取り柄《え》のない、つまらない人間に思えてならなかった。まわりが、強く、美しく、輝いて見えた。自分を変えたくて、手当たり次第に本を読み、いちいち感化された。ついには、そういう自分にくたくたに疲れ、どうしたらいいのかわからなくなった。

　そんなことを、幾度《いく》もくり返して、ある日、ふと思った。「花は赤く咲けばいい、柳は緑に茂ればいい」

　B **柳は緑、花は紅** 以来、それは私の好きな言葉になった。今も、人が輝いて見える時、自分が自分でないものになろうとした時、この言葉を思い出す。

　その日、棗には、風をはらんで揺れる柳の枝、お茶碗には、満開の桜。スッと音をたてて飲みきり、膝《ひざ》前に置くと、空になったお茶碗の底に、桜の花びらがひとひら描かれていた。茶筅《ちゃせん》（抹茶をかきまわす道具）をすすぐ音が、サラサラと小川のせせらぎのように聞こえた。

　稽古を終え、門を出ると、ハッとするほど空が明るい。その明るさの中に、耳には聞こえない町のざわめきが、シャンパンの泡《あわ》のようにわき立って、いよいよ活動の季節が始まったのをはっきりと感じた。

　まだ日は長い……。［　い　］。

3

　いよいよ春本番。午後、稽古に行った。つくばい（手洗い水をためる石の鉢《はち》）の水音がすっかり丸くなっている。柄杓《ひしゃく》を使いながら、庭の隅《すみ》に、（ a ）咲いているスミレを見つけ、思わず口元が緩んだ。

　稽古場に入ると、掛け軸は、〈 ③ 〉渓《けい》流が絶え間なく流れるように、常に活動しているものは、よどみがなく清らかだということだそうだ。

　床柱《とこばしら》に掛けられた優しい枇杷《びわ》色の萩《はぎ》の花入れには紫《むらさき》色の「都忘《みやこわす》れ」が一輪。コデマリの細い枝が形よく添《そ》えられていた。（ b ）稽古だった。みんなが集中していた。無言なのに心の声が聞こえる。何も言わなくとも、気配や足音、一瞬の視線のやりとりで、流れを進めることができる。

（よろしいですか？）（行きましょう！）（では、みなさんご一緒に）（はい！）

　釜の湯音の中で、そんな何かが行き交《か》って、部屋の空気がギュッと一点に集まったり、同時にある方向に向いたり、ふわーっと広がり、和《やわ》らいだりするのを感じる。

「話しているのと同じね」

　そうだ。気のせいや思いこみではない。私たちはよく、言葉にしなければわからないと言う。だけど、その一方で、本当は言わなくてももう伝わっていることもある。何も言わず、ただ一緒に居るだけで伝わる温かな空気。多分、本当は誰《だれ》もが日頃、感じているのだ。

とは、母の育った岩手の方言で、フキノトウのことである。雪原のあちこちに、丸く黒土が見え始める頃《ころ》、陽《ひ》ざしに温められ、蒸し饅頭のように、ほこほこと持ち上がった黒土のひびの間から、小さなバッケが頭を出す。母は子供の頃、バッケを見ると腹ばいになって、匂《にお》いを嗅《か》がずにいられなかったそうだ。

「い〜匂いなの。あれが春の匂いだよ」母のうっとりした表情に、私まで、黒土を押し上げるバッケを見た気がした。

「さ、早く召《め》し上がれ」差し出された筒《つつ》茶碗《わん》は、厚みがあって、手にずしりとくる。お茶がすごく熱い。抹《まっ》茶の入った「棗《なつめ》（うるしぬりの抹茶入れ）」の正面に、お雛《ひな》祭りに飾られる「貝合わせ」のはまぐりが描《えが》かれている。畳《たたみ》の上の、茶碗と並べて置かれた、棗に目をやった。肩の丸みが一点、パーッと白く輝《かがや》いている。障子越《ご》しの光が、棗の肩で反射しているのだ。その光の中心をじっと見つめていると、光の筋の一本一本が虹《にじ》色に見える。［　あ　］。理由《わけ》もなく心地よくて、頬《ほお》が自然にゆるみ、口元に笑《え》みが浮《う》かぶのを感じた。

その翌日、雨が降り出した。冷たく張りつめていた空が、わずかにゆるんできた。今日は「雨水《うすい》」。雪が雨に、氷が水に変わる季節だそうだ。

2　一年で最も日照時間が短い「冬至《とうじ》」を出発点に始まる二十四節気のめぐりは、日照時間が最も長い「夏至《げし》」で折り返し、冬至に戻るが、その往復の中間点に、昼夜の長さが同じになる日が二回ある。「春分」と「秋分」だ。

開花したばかりの桜に、絹糸のような雨がしっとりと降っていた。「開花宣言」が出たせいなのか、町の空気がざわめいている。仕事の打ち合わせの帰り道、地下鉄のドアの横の席に座《すわ》っていたら、雨傘《がさ》をもって入ってきた人から、ほのかに甘い沈丁花《じんちょうげ》の香りがした。その瞬《しゅん》間、不意に心細くなった……。この感情は、知っている。いつも決まってこの季節なのだ。この甘い香りに出会うと、なぜか急に不安になる。その理由がわかったのは、つい数年前のことだ。

子供の頃、三月はいつも心が揺れた。卒業、進学、進級。別れの寂《さび》しさと、新しい環《かん》境への期待や心細さ。そんな感情と沈丁花の香りが、いつも混じり合っていた。何十年たっても、この甘い匂いは、あの頃の不安や心細さを連れてくる……。

春分を過ぎた水曜の午後、稽古場に行くと、細長い花入れにバイモユリが一輪、入っていた。釣《つ》り鐘《がね》形の花が、慎《つつ》ましやかにうつむいて咲いている。目を上げると、四文字の掛《か》け軸《じく》がかかっていた。

「柳　緑花紅《りゅうりょくかこう》」

「あ……」その掛け軸には、思い出があった。

「久しぶりに掛けてみたのよ。懐《なつ》かしいでしょ」「……はい」

お茶を始めたばかりの頃、一緒《しょ》に通っていた従姉《いとこ》と、ここでこの掛け軸を見た。いつもは、なんという字なのかさえわからないのに、その四文字はすぐ読めた。

A　柳《やなぎ》は緑《みどり》、花は紅《くれない》

「うん、だよね」私たちは、顔を見合わせた。「……そのまんまじゃん」「やだ、単純！」「アハハハ……」笑い出したら、なおさらおかしくなって、涙《なみだ》が出るほど笑った。そんな私たちを、先生は、「まったく、箸《はし》が転んでも可笑《おか》しいお年頃なんでしょうよ」と、叱《しか》りもせず、見ていらした。

私が再びその言葉に出会ったのは、二十数年後……。大学時代の同級生、カンちゃんに会った時だった。流派は違《ちが》うが、カンちゃんも学生時代からお茶を習っていた。彼女がお茶の先生になって、大学のクラブで教えていることは、風の便りに聞いていた。

二〇二一年度　日本女子大学附属中学校

【国　語】〈第二回試験〉（五〇分）〈満点：六〇点〉

一　つぎの文章は「私」が「お茶の稽《けい》古の記録だが、季節のめぐりの記録でもある」と述べたものです。読んで、あとの問題に答えなさい。

1　朝から春めいて、さらに昼から気温が上昇《しょう》した。季節外れのぽかぽか陽気に、このまま春本番になるのでは……と、つい期待してしまった。

だけど、ア立春を過ぎると真冬に戻《もど》る。立春からが、最も厳しい季節だったことを思い知らされた。翌日は、人の甘《あま》い期待を打ち砕《くだ》くような強烈《れつ》な寒波がやってきて、ドスンと気温が下がった。春先は、乱気流に揉《も》まれるみたいに、気温が激しく上がったり下がったりして、揺《ゆ》り戻しが何度も繰《く》り返される。そのたびに思う。一度死んだ季節が復活するために、険しい難所を通り抜《ぬ》けようとしているのだと。

このごろ、あちこちからメールが来る。「気候のせいかしら。最近気分が重いのよ。何かに手足をとられて身動きできないようでね」

人は時々、遅《ち》々として進まない状況《きょう》の中で、生きていることに疲《つか》れてしまう。私も、もやもやしている。心が着膨《ぶく》れたように緩慢《かんまん》になった気がするのだ。その着膨れを脱皮《だっぴ》するようにすっぱりと脱《ぬ》ぎ捨てたいが、それができないはがゆさに苛《いら》立つ。そんな気分を何とかしたくて、稽古日に、きものを着た。きものには、ファスナーもホックもボタンもない。布を巻き付け、紐《ひも》を使って、締《し》めたり緩《ゆる》めたり微《び》調整するだけだから、裾《すそ》が長すぎたり、きものの下の「長じゅばん」が袖《そで》口からのぞいていたりと、なかなか格好良く決まらない。それでも、稽古場に向かう道すがら、すれ違ったおばあちゃんが振《ふ》り向いて、「やっぱり、きものはいいですねぇ」と、声をかけてくれた。

先生の家の玄《げん》関の引き戸をカラカラと開けると、目の前の下駄《げた》箱の上に、色紙《しきし》が飾《かざ》られていた。「微笑《しょう》」の文字。その横に、大輪の真っ白い椿《つばき》が咲《さ》いていた。

もうお稽古は始まっていた。稽古場の襖《ふすま》が少し開いて、先生の顔がのぞいた。「早くお入りなさい。お茶が点《た》つから」

私に続いて、萩尾《はぎお》さんがやってきた。「先生、今日は玄関で、お花が［A］で迎《むか》えてくれました」

「あら、そんなふうに感じてくださってありがとう。あれは信長の弟の織田有楽斎《おだゆうらくさい》が好んだ椿でね、そっと着物にしのばせて持ち帰りたいほど美しいから、〈①〉というんですって」

席に入ると、塗《ぬ》り物の食籠《じきろう》（ふた付きのお菓子入れ）が目の前に置かれた。「どうぞお菓《か》子をお取り回しください」

両手で押《お》し頂《いただ》き、蓋《ふた》をあけたところで手が止まった。それは、春の華《はな》やかな和菓子ではなかった。黒土《くろつち》のような色の「しぐれ饅頭《まんじゅう》」だ。しぐれ饅頭とは、餡《あん》を丸めて蒸《む》した和菓子で、蒸しあがると、表面に自然にひびが入る。

「銘《めい》（名前）は〈②〉ですって」

〈②〉とは、冬の大地の中から芽吹《めぶ》き始めた草のことだ。黒土のようなしぐれのひびの下から、中のこし餡の明るい若草色がチラッと見える。その草色を見ながら、いつだったか、母が土手の日だまりを見て、「あ、バッケだ！」と、叫《さけ》んだのを思い出した。バッケ

2021年度
日本女子大学附属中学校 ▶解説と解答

算 数 ＜第２回試験＞（50分）＜満点：60点＞

解 答

Ⅰ (1) $\frac{19}{30}$ (2) 100 (3) $\frac{2}{15}$ (4) 20m Ⅱ (1) 875 (2) 47人 (3) 62枚 (4) 128分間 (5) ７分後 (6) 132度 (7) 12.56cm^2 (8) ① 1000cm^3 ② 2.5cm Ⅲ (1) ９通り (2) 21通り Ⅳ (1) 時速９km (2) ９時32分，11時20分 Ⅴ (1) 25枚 (2) 100枚 (3) 黒が29枚多い Ⅵ (1) ① 54 ② 27 ③ 72 (2) $4\frac{1}{3}$cm

解 説

Ⅰ 計算のくふう，四則計算，逆算，単位の計算

(1) $(A+B+C)\times D=A\times D+B\times D+C\times D$となることを利用すると，$\left(\frac{1}{1\times2\times3\times4}+\frac{1}{2\times3\times4\times5}+\frac{1}{3\times4\times5\times6}\right)\times3\times4=\frac{1}{1\times2\times3\times4}\times3\times4+\frac{1}{2\times3\times4\times5}\times3\times4+\frac{1}{3\times4\times5\times6}\times3\times4=\frac{1}{1\times2}+\frac{1}{2\times5}+\frac{1}{5\times6}=\frac{1}{2}+\frac{1}{10}+\frac{1}{30}=\frac{15}{30}+\frac{3}{30}+\frac{1}{30}=\frac{19}{30}$

(2) $\left\{\left(1.3+\frac{1}{2}\right)\times1\frac{1}{9}+7\times4\right\}\div0.42\times1\frac{2}{5}=\left\{\left(\frac{13}{10}+\frac{5}{10}\right)\times\frac{10}{9}+28\right\}\div\frac{42}{100}\times\frac{7}{5}=\left(\frac{18}{10}\times\frac{10}{9}+28\right)\times\frac{100}{42}\times\frac{7}{5}=(2+28)\times\frac{50}{21}\times\frac{7}{5}=30\times\frac{50}{21}\times\frac{7}{5}=100$

(3) $\left(1\frac{1}{3}-\square\right)\times\left(1\frac{1}{4}-\frac{5}{6}\right)=\frac{1}{2}$より，$1\frac{1}{3}-\square=\frac{1}{2}\div\left(\frac{5}{4}-\frac{5}{6}\right)=\frac{1}{2}\div\left(\frac{15}{12}-\frac{10}{12}\right)=\frac{1}{2}\div\frac{5}{12}=\frac{1}{2}\times\frac{12}{5}=\frac{6}{5}$ よって，$\square=1\frac{1}{3}-\frac{6}{5}=1\frac{5}{15}-1\frac{3}{15}=\frac{2}{15}$

(4) (1700cm＋□＋0.023km)÷３＝□より，1700cm＋□＋0.023km＝□×３なので，□×３－□＝□×（３－１）＝□×２が，1700cm＋0.023kmになる。ここで，1700cmは，1700÷100＝17(m)で，0.023kmは，0.023×1000＝23(m)だから，1700cm＋0.023km＝17m＋23m＝40mである。よって，□＝40÷２＝20(m)となる。

Ⅱ 整数の性質，単位あたりの量，過不足算，還元算，速さと比，つるかめ算，角度，面積，図形の移動，水の深さと体積

(1) ８と12の最小公倍数は24だから，８で割っても12で割っても５余る数は，小さい順に，５，５＋24＝29，５＋24×２＝53，…となる。このような数のうち，50以上で最も小さい数は53で，200以下で最も大きい数は，５＋24×８＝197だから，50以上200以下の個数は，８－２＋１＝７(個)となる。よって，すべて足したときの和は，(53＋197)×７÷２＝875と求められる。

(2) １人当たり2.25m^{2}のスペースを確保するとき，120m^{2}の会場には，120÷2.25＝53.3…より，53人まで入れる。よって，100人のうち，入れないのは，100－53＝47(人)である。

(3)　１人に６枚ずつ配ると２枚余り，９枚ずつ配ると28枚不足するので，１人に配る枚数を，９－６＝３(枚)増やすと，必要な枚数は，２＋28＝30(枚)増える。よって，子どもの人数は，30÷３＝10(人)だから，折り紙は全部で，６×10＋２＝62(枚)ある。

(4)　全体の勉強時間を①，国語をやった後に残った時間を$\boxed{1}$として図に表すと，右の図アのようになる。図アより，$\boxed{1}-\boxed{\frac{2}{3}}=\boxed{\frac{1}{3}}$にあたる時間が22分なので，$\boxed{1}=22\div\frac{1}{3}=66$(分)となる。すると，$①-\textcircled{\frac{1}{4}}=\textcircled{\frac{3}{4}}$にあたる時間が，66＋30＝96(分)となるから，全体の勉強時間は，$96\div\frac{3}{4}=128$(分)と求められる。

図ア
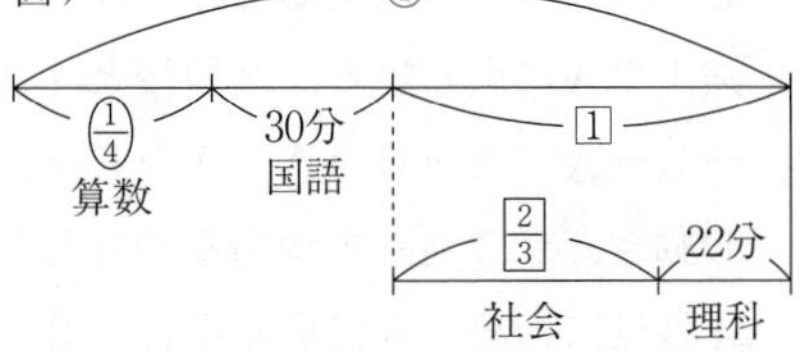

(5)　家から駅までの道のりを㉚とすると，歩く速さは毎分，㉚÷30＝①，自転車の速さは毎分，㉚÷10＝③となる。もし，毎分①の速さで16分進むと，進む道のりは，①×16＝⑯となり，㉚よりも，㉚－⑯＝⑭少ない。毎分①で１分進むかわりに毎分③で１分進むと，進む道のりは，③－①＝②増えるから，毎分③の速さで進んだ時間，つまり，自転車で進んだ時間は，⑭÷②＝７(分)とわかる。よって，パンクしたのは家を出てから７分後である。

図イ
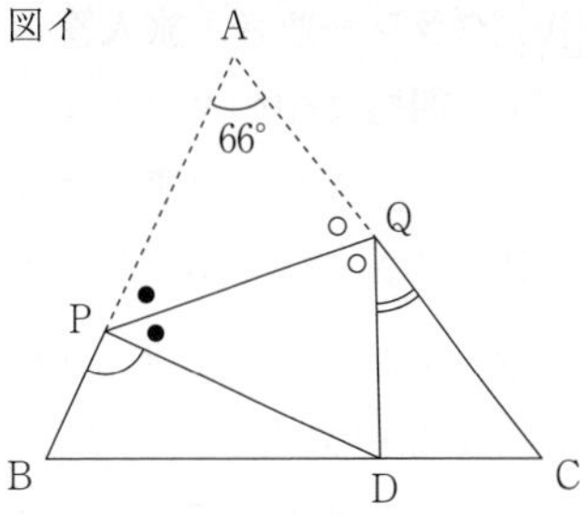

(6)　右の図イで，○の２つの角と，●の２つの角の大きさはそれぞれ等しい。また，三角形APQの内角の和は180度だから，○＋●＝180－66＝114(度)とわかる。よって，○２つと●２つの和は，114×２＝228(度)となる。さらに，○２つ，●２つと，印をつけた角をすべて足すと，180×２＝360(度)となる。したがって，印をつけた角の和は，360－228＝132(度)と求められる。

(7)　右の図ウで，(斜線《しゃせん》の部分の面積)＝(図形全体の面積)－(白い部分の面積)で求められる。また，図形全体は，(おうぎ形ACC′)＋<u>(三角形ACD)＋(三角形AB′C′)</u>で，白い部分は，(おうぎ形ADD′)＋<u>(長方形AB′C′D′)</u>であり，下線を引いた面積は等しいから，(斜線の部分の面積)＝(おうぎ形ACC′の面積)－(おうぎ形ADD′の面積)となる。おうぎ形ACC′の中心角は回転した角度と同じ90度なので，その面積は，$5\times5\times3.14\times\frac{90}{360}=\frac{25}{4}\times3.14(cm^2)$となる。さらに，おうぎ形ADD′の面積は，$3\times3\times3.14\times\frac{90}{360}=\frac{9}{4}\times3.14(cm^2)$である。よって，斜線の部分の面積は，$\frac{25}{4}\times3.14-\frac{9}{4}\times3.14=\left(\frac{25}{4}-\frac{9}{4}\right)\times3.14=4\times3.14=12.56(cm^2)$と求められる。

図ウ
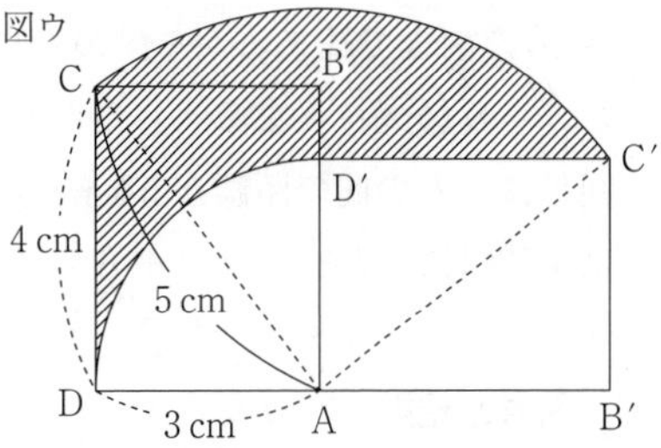

(8)　①　容器をかたむけた様子を正面から見ると右の図エのようになる。このとき，水の入っていない部分は太線で囲んだ三角形を底面とする高さ20cmの角柱と見ることができるので，その容積は，(20×５÷２)×20＝1000(cm^3)とわかる。よって，こぼれた水は1000cm^3である。　②　容器をもとに戻《もど》したとき，水の入っていない部分の容積は①のときと同じ1000cm^3である。このとき，水面が上から□cmのところにくるとすると，水の入っていない部分は縦20cm，横20cm，高さ□cmの直方体になる。よって，□＝1000÷(20×20)＝2.5(cm)とわかる。

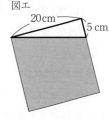

図エ
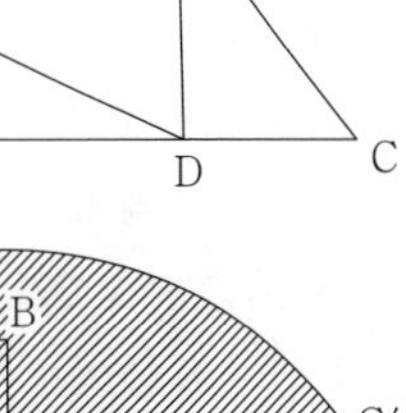

Ⅲ　場合の数

⑴　点Ｐが１秒後にＡから動ける点はＢ，Ｄ，Ｅの３通りある。１秒後にＢ，Ｄ，Ｅのどの点にあるときも２秒後に移動できる点は３通りずつあるから，２秒間での動き方は，３×３＝９(通り)ある。

⑵　４秒後にＡに戻るとき，途中《とちゅう》でＡに戻る場合と，４秒後に初めてＡに戻る場合がある。まず，途中でＡに戻る場合，２秒後と４秒後にＡに戻ることになる。よって，２秒後までの動き方は，Ａ→Ｂ→Ａ，Ａ→Ｄ→Ａ，Ａ→Ｅ→Ａの３通りあり，このそれぞれの場合で，２秒後から４秒後までの動き方も３通りずつあるから，途中でＡに戻る場合の動き方は，３×３＝９(通り)ある。次に，４秒後に初めてＡに戻る場合，２秒後に点Ｐがある頂点はＣ，Ｆ，Ｈのいずれかである。そこで，２秒後までの動き方は，Ａ→Ｂ→Ｃ，Ａ→Ｄ→Ｃ，Ａ→Ｂ→Ｆ，Ａ→Ｅ→Ｆ，Ａ→Ｄ→Ｈ，Ａ→Ｅ→Ｈの６通りある。Ｃから２秒間でＡに戻る動き方は，Ｃ→Ｂ→Ａ，Ｃ→Ｄ→Ａの２通りあり，Ｆ，Ｈから２秒間でＡに戻る動き方も同様に２通りずつある。よって，４秒後に初めてＡに戻る動き方は，６×２＝12(通り)ある。したがって，４秒後にＡに戻る動き方は全部で，９＋12＝21(通り)ある。

Ⅳ　グラフ―速さ，旅人算

⑴　問題文中のグラフより，Ａさんは家から図書館までの６kmを，20×２＝40(分)で進んでいる。よって，Ａさんの速さは時速，$6\div\frac{40}{60}=9$(km)と求められる。

⑵　Ｂさんは，10－６＝４(km)を，40分で進むから，Ｂさんの速さは時速，$4\div\frac{40}{60}=6$(km)である。また，Ａさんは，20分で，$9\times\frac{20}{60}=3$(km)進むから，９時40分の２人の間の距離《きょり》は，６－３＝３(km)である。よって，２人の間の距離が最初に５kmになったときから９時40分までに，２人の間の距離は，５－３＝２(km)縮まったことになる。２人の間の距離は１時間に，９＋６＝15(km)の割合で縮まるから，最初に５kmになるのは９時40分の，$2\div15=\frac{2}{15}$(時間前)，つまり，$60\times\frac{2}{15}=8$(分前)となる。したがって，その時刻は，９時40分－８分＝９時32分とわかる。また，２回目に２人の間の距離が５kmになるのは，11時から，２人合わせて５km進んだときである。２人は１時間に合わせて，９＋６＝15(km)進むから，２回目に２人の間の距離が５kmになるのは11時から，$5\div15=\frac{1}{3}$(時間後)，つまり，$60\times\frac{1}{3}=20$(分後)の11時20分と求められる。

Ⅴ　図形と規則

番目	1	2	3	4	5
黒の折り紙(枚)	1	1	9	9	…
白の折り紙(枚)	0	4	4	16	16
枚数の差(枚)	1	3	5	7	…

⑴　右の表より，黒の折り紙の枚数は，１×１＝１(枚)，３×３＝９(枚)，…と，奇数《きすう》の平方数(同じ数を２個かけた数)が２つずつ並ぶ。よって，５番目には，５×５＝25(枚)ある。

⑵　表より，白の折り紙の枚数は，２×２＝４(枚)，４×４＝16(枚)，…と，偶数《ぐうすう》の平方数が２つずつ並ぶ。よって，６番目と７番目には，６×６＝36(枚)，８番目と９番目には，８×８＝64(枚)あるから，10番目には，10×10＝100(枚)あるとわかる。

⑶　表より，黒と白の折り紙の枚数の差は，１枚，３枚，５枚，７枚，…と奇数が順番に並ぶ。15番目の奇数は，２×15－１＝29で，奇数番目は黒の折り紙の方が多いから，15番目の図形では，黒の折り紙が29枚多いとわかる。

Ⅵ　水の深さと体積

⑴　おもりは底面の半径が３cm，高さが10cmの円柱の形をしているから，体積は，３×３×3.14

$\times 10 = 90 \times 3.14(cm^3)$と表される。また，問題文中の〔図２〕で水につかっていない部分の高さは，$10-4=6$(cm)だから，その体積は，$3 \times 3 \times 3.14 \times 6 = 54 \times 3.14(cm^3)$(…①)と表される。さらに，問題文中の〔図３〕のようにおもりを入れたとき，水面の高さはおもりの底面の直径と同じだから，$3 \times 2 = 6$(cm)とわかる。よって，〔図２〕で水につかっていない部分が全部水の中に入ると，水面の高さは，$6-4=2$(cm)増えるから，(水そうの底面積)$\times 2 = 54 \times 3.14(cm^3)$と表せる。したがって，水そうの底面積は，$54 \times 3.14 \div 2 = 27 \times 3.14(cm^2)$(…②)と求められる。すると，〔図３〕で，水そうに入っている水の体積とおもりの体積の和は，$27 \times 3.14 \times 6 = 162 \times 3.14(cm^3)$となり，おもりの体積は，$90 \times 3.14(cm^3)$だから，入っている水の体積は，$162 \times 3.14 - 90 \times 3.14 = (162-90) \times 3.14 = 72 \times 3.14(cm^3)$(…③)と表される。

(2)　問題文中の〔図４〕で，水につかっている部分のおもりの体積は，おもり全体の半分で，$90 \times 3.14 \div 2 = 45 \times 3.14(cm^3)$だから，水の体積と水につかっている部分のおもりの体積の和は，$72 \times 3.14 + 45 \times 3.14 = (72+45) \times 3.14 = 117 \times 3.14(cm^3)$となる。つまり，(水そうの底面積)×㋐$=117 \times 3.14(cm^3)$になるので，㋐$=(117 \times 3.14) \div (27 \times 3.14) = 117 \div 27 = 4\frac{1}{3}$(cm)と求められる。

社　会　＜第２回試験＞（30分）＜満点：40点＞

解　答

1　**問１**　ア　**問２**　①　イ　②　オ　**問３**　イ，オ　**問４**　①　ウ　②　ク　**問５**　ウ　**2**　**問１**　**藤原京**…ア　**平城京**…ア　**平安京**…ウ　**問２**　平安(京だけ)京都府(にある。)　**問３**　(例)　街路がごばん目状に整備されていること。　**問４**　**藤原京**…ア　**平城京**…ウ　**平安京**…イ　**問５**　イ→ア→ウ　**問６**　イ(ウ)　**問７**　ウ　**問８**　(1)　(あ)　**鎌倉**…×　**室町**…×　**江戸**…○　(い)　**鎌倉**…○　**室町**…×　**江戸**…×　(2)　(例)　(この幕府は)将軍が15代まで続いた。(200年以上にわたって続いた。)　**3**　**問１**　①　イ　②　ウ　③　ア　**問２**　(例)　外国人にも駅を利用しやすくするため。　**問３**　ウ　**問４**　①　イ　②　カ　**説明**…ス　**問５**　ウ→ア→イ→エ　**問６**　イ　**問７**　(例)　戦争　**問８**　①　エ　②　ウ　③　ア　**4**　**問１**　あ，盆地　**問２**　(1)　イ　(2)　熊本県　**問３**　(1)　エ　(2)　ア　(3)　流域　**問４**　(1)　ア　(2)　ア　(3)　(例)　伐採した木材をいかだに組んで河口に運ぶこと。　(4)　(堤防の内側が川の水面よりも)ひく(いため，)はい(水するための施設が無い時代は水害が多かった。)　**問５**　(1)　右の表　(2)　ア　(3)　(例)　(良い面は，)ウ(にとって，)働く場所が増える(。悪い面は，)ア(にとって，)働く場所が減る(。)

河川	源流の湖	河口がある県	天下人	流れ出る海
淀川	ウ	カ	ク	瀬戸内海
イ	諏訪湖	静岡県	キ	ケ

解　説

1　**日本各地の食の歴史についての問題**

問１　江戸時代，現在の千葉県では地引網《あみ》などで獲《と》れるイワシの漁獲《ぎょかく》量が多かった。大量に獲れたイワシは天日干しして干鰯《ほしか》にし，商品作物の肥料として利用された。

問２　①　江戸時代，昆布《こんぶ》は河村瑞賢《かわむらずいけん》により整備された西まわり航路で，蝦夷《えぞ》地(北海道)から日本海沿岸を経て瀬戸内海を通り，大阪まで運ばれた。富山で昆布を使った料理が生まれたのは，富山が西まわり航路に就航《しゅうこう》した北前船などの寄港地だったからである。　② 江戸時代の初め，琉《りゅう》球《きゅう》王国(沖縄県)を支配下に置いた薩摩藩(鹿児島県)は，中国で需要《じゅよう》の多い昆布を琉球を通じて輸出したため，琉球に昆布を使った郷土料理が生まれた。

問３　卓袱《しっぽく》料理は長崎特有の料理で，中国料理や西欧料理に日本料理の手法を加えた宴会《えんかい》料理の一種である。江戸時代の鎖国中，長崎を唯一《ゆいいつ》の窓口として，キリスト教の布教に関係のない清(中国)とオランダだけが幕府と貿易することを許されていたことから，卓袱料理にはそれらの国の料理が大きく影響している。

問４　①，②　律令制度のもとで，農民は租・庸《よう》・調などの税や労役・兵役の義務を負わされたが，そのうちの調は各地の特産物を都に納める税で，カツオは暖流の日本海流(黒潮)に乗って太平洋側を北上するため，伊豆(静岡県東部)で漁獲されたカツオが都に運ばれて納められた。なお，アの能登は石川県北部，イの陸奥《むつ》は青森・岩手・宮城・福島の各県と秋田県の一部にあたる旧国名。カの租は収穫された稲の３％を地方の役所に納める税，キの庸は都で一定期間の労役につく代わりに布を納める税。

問５　日本人が漢字に接し，これを習得したのは５世紀のこととされている。それ以前の文字のない時代に人々がどんな魚を食べていたかを知るには，当時の人たちのゴミ捨て場である貝塚を調べればよい。貝塚は特に縄文時代に多くみられ，ハマグリやシジミなどの貝殻《かいがら》，タイやスズキ，マグロ，ボラなどの魚の骨がここから出土している。

2　３つの都と３つの幕府についての問題

問１，問２　藤原京は694年から710年までの間，奈良県橿原《かしはら》市を中心とする地域に置かれた都なので，100年未満である。平城京は710年から784年までの間(740～745年に一時都が移された)，奈良県奈良市に置かれた都なので，これも100年未満である。平安京は794年から1869年までの間，京都府京都市に置かれた都なので，500年以上である。

問３　藤原京に始まる３つの都は，唐(中国)の都長安を手本にしてつくられたといわれる。南北と東西に直線の街路が通り，四角く区画された街並みが整備された(条坊制)。中央には「朱雀大路《すざくおおじ》」が南北に伸び，その北(藤原京のみ中央)に京城が置かれ，朝廷の政庁や天皇の住まいがあった。朱雀大路を境に，京城を背にして右(西側)は「右京」，左(東側)は「左京」とよばれた。

問４　藤原京に都が置かれていた701年に大宝律令が制定され，律令制度が確立した。平城京に都が置かれていたとき，聖武天皇の命により地方の国ごとに国分寺・国分尼《に》寺が建てられ，その大もととして奈良の都には東大寺と大仏がつくられた。平安京に都が置かれていた894年，菅原道真の進言により，遣唐使が停止された。

問５　アの鎌倉幕府は神奈川県鎌倉市，イの室町幕府は京都市，ウの江戸幕府は東京都東部に置かれていたので，西から順にイ→ア→ウとなる。

問６　室町幕府の名は，第３代将軍の足利義満が京都の室町に「花の御所」とよばれる邸宅《ていたく》を造営して政治を行ったことに由来する。また，江戸幕府の第３代将軍徳川家光の時代の前半には，幕府の渡航許可証である朱印状にもとづく朱印船貿易が1635年まで行われていた。よって，イ，ウの２つが正しい。アについて，鎌倉幕府の将軍は，源氏の正系が３代で絶えると，執権《しっけん》の北条氏が権力を握《にぎ》って幕政を行い，公家や皇族を将軍に立てたが，名前だけで実権はなかった。エは足利義満にあてはまる内容で，義満は有力守護大名を次々と滅《ほろ》ぼして将軍の権力を強化した。

問７　江戸幕府の第８代将軍徳川吉宗は，享保の改革(1716～45年)を行って幕政を立て直した。この改革では庶民《しょみん》の意見を政治に反映させるため，評定所《ひょうじょうしょ》(幕府の最高司法機関)前に目安箱を設置したので，ウが正しい。アについて，室町幕府の第８代将軍足利義政は，15世紀後半に京都東山に書院造という建築様式を用いて銀閣(慈照寺《じしょうじ》)を建てた。イについて，応仁の乱(1467～77年)は義政の跡継《あとつ》ぎ問題に有力守護大名どうしの対立がからんで始まった。エについて，開国は江戸時代の終わりごろのできごとで，このときの将軍は第13代の徳川家定である。

問８　(1)　(あ)　キリスト教が伝来したのは1549年のことで，幕府としてキリスト教を禁止したのは江戸幕府だけである。　(い)　日本を従わせようとする外国との戦争には，元寇《げんこう》(元軍の襲来《しゅうらい》)があてはまる。これに対応したのは，鎌倉幕府である。　(2)　鎌倉幕府では源氏の正系の将軍が３代で絶えたが，室町幕府の足利氏と江戸幕府の徳川氏はいずれも将軍が15代まで続いた。また，室町幕府と江戸幕府は200年以上にわたって続いた。

3　**2020年のできごとを題材にした問題**

問１　①　サウジアラビアは，西アジア(中東)のアラビア半島に位置するイスラム教国である。世界有数の石油産出国で，日本にとって最大の石油輸入先となっている。　②　サウジアラビアもブラジルも，日本と交流が始まったのは近代以降のことである。よって，どちらにもあてはまらない。　③　明治時代になると，多くの日本人がブラジルへ移民するようになり，現在，ブラジルには多くの日系人が暮らしている。

問２　近年，訪日外国人旅行者が急増していることから，日本を訪れたさいに日本語が読めなくても鉄道の駅がわかるようにするため，路線名をアルファベット，駅を２けたの数字で表記するようになった。

問３　アは自動車・飛行機の発達により旅客がいちばん少ないが，物流の重要な部分を占《し》める貨物が第１位であることからアメリカと判断できる。また，エは人口が多いため旅客で第１位を占め，貨物がアメリカについで第２位であることから，中国があてはまる。イとウのうち，旅客・貨物とも多いウが日本で，残るイが韓国である。統計資料は『日本国勢図会』2019／20年版による(以下同じ)。

問４　①　予算案を作成するのは内閣の仕事で，補正予算案も同様である。　②　内閣から提出された予算案は国会で審議・可決されるが，補正予算も同様である。　**説明**　ふつう，予算にはやむを得ない場合などに対応するため予備費が計上されているが，それでも対応できないときに補正予算が組まれる。本予算の決定以降になるので，スが正しい。サについて，年度途中での予算の編成がえはよく行われる。シについて，財源は，多くの場合国債《こくさい》の発行でまかなう。セについて，補正予算が組まれるのは一般に不景気のときである。

問５　内閣総理大臣は通常，与党(政権を担当する政党)の党首が就任する。自民党(自由民主党)の党首は総裁とよばれ，まず総裁選が行われる。その後，これまでの内閣が総辞職し，国会で内閣総理大臣の指名(任命は天皇)が行われる。そして，新しい内閣総理大臣が国務大臣を任命して組閣する。よって，順番はウ→ア→イ→エとなる。

問６　内閣は，内閣総理大臣と各省庁の長である国務大臣で構成される。よって，イが正しい。アについて，国家権力の最高機関は国会である。ウについて，内閣は国民の意見(世論)を無視して政治を行うことはできない。エについて，内閣の会議(閣議)での意思決定は，全会一致を原則とする。

問７　世界食糧《しょくりょう》計画(WFP)は国連の機関で，飢餓《きが》に苦しむ人々の食料支援を行っている。この活動が評価され，2020年度のノーベル平和賞を受賞したが，ノーベル委員会は「戦争(紛争)があるところには飢餓があります」「平和がなければ，飢餓ゼロという世界的な目標を達成することはできません」とコメントしている。

問８　①　ODAは「政府開発援助」の略称で，先進国が発展途上国に対して行う資金や技術の援助である。　②　NGOは「非政府組織」の略称で，国境を越《こ》えて活動する民間団体である。

③　UNHCRは「国連難民高等弁務官事務所」の略称で，紛争や飢餓に苦しむ難民を救済する活動を行っている。　なお，イはUNESCO(ユネスコ，国連教育科学文化機関)の説明。

4　日本の河川についての問題

問１　説明より，Ａは最上川，Ｂは利根川，Ｃは木曽川，Ｄは淀《よど》川または天竜川と判断できる。最上川の中流には「あ」の山形盆地，下流には「い」の庄内平野がある。利根川は，「う」の関東平野を流れて太平洋に注ぐ。木曽川の下流には，「え」の濃尾平野が広がる。

問２　(1)　最上川が流れる山形県は果樹栽培がさかんで，りんご・ぶどうの生産量はいずれも全国第３位，さくらんぼ(おうとう)は全国第１位である。しかし，みかんの北限は近年，埼玉県の北西部，福島県の南東部付近とされているので，山形県では栽培できない。　(2)「日本三大急流」は最上川と，山梨県・静岡県を流れる富士川，熊本県を流れる球磨《くま》川である。

問３　(1)　利根川は群馬県の南部を経て埼玉県との県境を流れ，その後，茨城県に入って東北新幹線と交差し，茨城県と千葉県との県境を流れて太平洋に注いでいる。東北新幹線は福島駅で山形新幹線，盛岡駅で秋田新幹線が分かれ，新青森駅で北海道新幹線に接続する。よって，エがあてはまらない。　(2)　２つの県とは茨城県と千葉県のことなので，ア，イのどちらかになる。両県とも石油化学コンビナートがあるが，レタスの生産量は茨城県が長野県についで第２位なので，アがあてはまる。　(3)　河川に流れこむ降水の集まる範囲《はんい》を「流域」という。

問４　(1)　自動車を輸送するときは，自動車輸送の専用トラックを使う。輸送する場所が遠い場合は，船を用いることが多い。よって，アが正しい。　(2)　機械工業に占める「輸送用機械」の割合が45％とあるが，工業全体に占める機械工業の割合は約46％なので，「輸送用機械」は，0.46×0.45＝0.207より，工業全体の約20％である。　(3)　鉄道などの交通機関が整備されていなかった時代には，切り出した木材をいかだに組んで川に流し，河口まで運んでいた。　(4)　木曽川と長良川・揖斐《いび》川が集まって流れる濃尾平野西部では，耕地や集落の周りを堤防で囲んだ「輪中」が見られる。堤防内を流れる川は多くの土砂が川底に堆積《たいせき》し，川床が付近の平野部よりも高い天井川になっており，以前はひとたび浸水《しんすい》するとたまった水を排水することができなかった。

問５　(1)　淀川は琵琶湖(滋賀県)を水源とし，おおむね南西へ向かって流れ，大阪市で大阪湾(瀬戸内海)へ注いでいる。豊臣秀吉は，京都と水運で結ばれ，瀬戸内海をひかえた交通の要所に大阪城を築いて全国統一の拠点《きょてん》とした。一方，天竜川は諏訪《すわ》湖(長野県)を水源とし，ほぼ南へ向かって流れ，静岡県浜松市の東で遠州灘《なだ》(太平洋)に注いでいる。徳川家康は駿府《すんぷ》城を築き，その城下町は静岡市のもとになった。　(2)　茶の生産量は静岡県が全国第１位で，鹿児島県が第２位である。京都府も茶の栽培がさかんであるが，淀川の流域に位置するので，「河川Ｄの近くにない県」の条件にあてはまらない。　(3)　日本の会社が外国に工場を移すと，日本の労働者の働き口がなくなり，国内の産業が衰《おとろ》えることになる(産業の空洞《くうどう》化)。一方，工場を受け入れた国では雇用《こよう》が拡大するので，その国の労働者の働き口が増える。

※編集部注…学校より，[2]の問６には正解が二つあることが判明したため，該当《がいとう》の選択肢《せんたくし》を両方とも正解にしたとの発表がありました。

理　科　＜第２回試験＞（30分）＜満点：40点＞

解　答

[1] (1)　ウ，キ　(2)　②，④，⑩，⑪　[2] (1)　エ，オ　(2)　①　オ　②　カ　③　ウ　[3] (1)　食物連さ　(2)　**A**　カ　**B**　ケ　**C**　ク　(3)　(例)　えさとなるＡが不足したから。　[4] **ア**　①，接眼レンズ　**イ**　③，プレパラート　**ウ**　③，遠ざけて　**エ**　②，明るい場所　**オ**　②，15倍　[5] (1)　オリオン座　(2)　①　西　②　南　③　東　(3)　ウ　(4)　ウ　(5)　イ　[6] (1)　右の図ｉ　(2)　①　ウ→イ→ア→エ　②　**名前**…ふっとう石　**理由**…(例)　とつ然はげしくふっとうするのを防ぐため。　(3)　エ，オ　[7] (1)　①　イ　②　イ　④　イ　(2)　⑤　ウ　⑥　イ　⑧　イ　(3)　⑦　[8] (1)　右下の図ⅱ　(2)　イ，エ　(3)　イ　(4)　①　(例)　太陽光を使えば半永久的に発電できる。　②　(例)　明るい昼間にしか発電することができない。　[9] (1)　レジ袋　(2)　(例)　海洋プラスチックごみ問題や地球温暖化の解決に向けて，マイバッグ持参など生活様式の変革をうながす効果が期待されている。　(3)　(例)　**方法**…磁石を近づける。　**結果**…磁石につくのがスチール缶，つかないのがアルミ缶である。

図ｉ
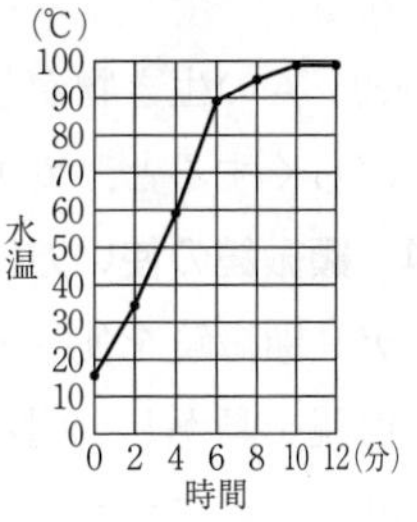

図ⅱ
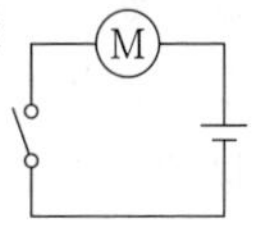

解　説

[1]　身近にいる動物についての問題

(1)　昆虫《こんちゅう》はからだが頭・胸・腹の３つに分かれており，胸に６本のあしと，ふつう４枚のはねがある。なお，昆虫の中にはハエやカなどのように２枚のはねが退化したものや，はたらきアリなどのようにはねがないものもいる。また，昆虫の育ち方には，さなぎの時期がある完全変態と，さなぎの時期のない不完全変態などがある。

(2)　ムカデは節足動物の多足類に分類され，からだは頭部と胴《どう》部からなり，胴部に多数のあしがある。ダンゴムシはからだがかたいからでおおわれており，エビやカニと同じ甲《こう》かく類に分類される。クモは節足動物のクモ類に分類され，からだが頭胸部と腹部の２つに分かれており，頭胸部にあしが４対ある。ミミズは背骨やあしがなく，ひものように細長いからだをした環形《かんけい》動物に分類される。なお，①，③，⑦，⑧は完全変態をする昆虫，⑤，⑥，⑨は不完全変態をする昆虫である。

[2]　ヒトのからだについての問題

(1)　ヒトの肺は左右に１つずつあり，肺胞《はいほう》で酸素と二酸化炭素のガス交換《こうかん》を行っている。ヒトのじ

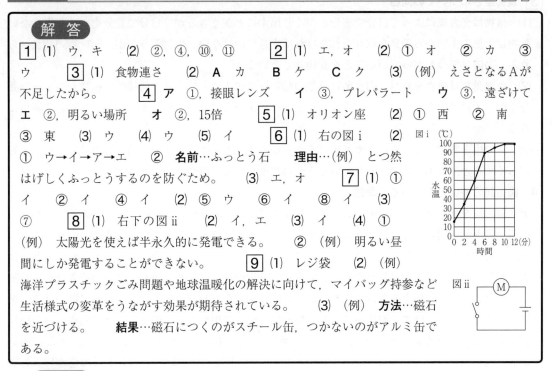

ん臓は，横かく膜《まく》のすぐ下の背中側に1対2個備わっている。

(2) ① じん臓は，不要物を血液からこしとって，体内の余分な水分と合わせてにょうとする器官である。 ② 養分を吸収するはたらきをする小腸は，内部のかべがひだになっており，ひだにはたくさんのじゅう毛(じゅうとっ起)がある。このようなつくりは，表面積を広くして養分を効率よく吸収するのに役立っている。 ③ 血液を全身に送り出すはたらきをしているヒトの心臓は，全身からもどった血液が入る右心房《ぼう》，肺へ血液を送り出す右心室，肺からもどってきた血液が入る左心房，全身へ血液を送り出す左心室の4つの部屋に分かれている。

3 食物連さについての問題

(1) 植物は光合成によって自分で養分をつくり出すことができるが，自分で養分をつくり出せない動物は，他の生物から養分を取り入れなければ生きていけない。生物どうしが，「食べる」「食べられる」の関係でつながっていることを食物連さという。

(2) 草食動物は植物を食べ，肉食動物は他の動物を食べることにより，間接的に植物がつくった養分を取り入れて生きている。ここでは，イネ→バッタ→カエル→ヘビ→キツネ→ワシという関係になる。

(3) Aの生き物が急に減ると，カエルはえさとなるAが不足するため一時的に数が減る。なお，しばらくすると，カエルに食べられていたAが再び増えてもとのつり合いにもどる。

4 顕微《けんび》鏡の使い方についての問題

ア 顕微鏡を使うときは，接眼レンズ，対物レンズの順に取りつけ，接眼レンズをのぞきながら反射鏡を動かし，明るく見えるように調節する。 **イ** スライドガラスに観察する池の水を1滴《てき》のせ，それにカバーガラスをかぶせたものをプレパラートという。 **ウ** ピントを合わせるときは，あらかじめ対物レンズとプレパラートをできるだけ近づけておき，接眼レンズをのぞきながら対物レンズとステージの間を遠ざける。これは，対物レンズがプレパラートにぶつかって傷つけるのを防ぐためである。 **エ** 顕微鏡は明るい場所に置いて使用する。このとき，目を傷めないために，直射日光が当たらないように注意する。 **オ** 鏡筒《きょうとう》の中にゴミが入らないように，先に接眼レンズ，次に対物レンズの順にレンズを取りつける。(顕微鏡の倍率)＝(接眼レンズの倍率)×(対物レンズの倍率)になるので，顕微鏡の倍率が600倍，対物レンズの倍率が40倍のとき，接眼レンズの倍率は，600÷40＝15(倍)である。

5 月と星座の見え方についての問題

(1) オリオン座は3つ並んだ星と，それを四角く囲む位置に光る4つの星が目印となる。オリオン座が南の空にあるとき，四角形の左上の角に位置する赤色の星がベテルギウス，右下の角で青白色に光る星がリゲルである。

(2) 北の反対側の方角となる②が南で，①が西，③が東になる。

(3) 方位磁針のケースを回して，N極が指す向きと文字ばんに書かれている北の文字を合わせることで，方位を知ることができる。

(4) 方位磁針のケースを回して，N極が指す向きと文字ばんに書かれている北の文字を合わせると，星座の方向は②と③の間になる。よって，星座の見える方角は南東とわかる。

(5) 図1から，この日の月は，南中時に向かって右半分が光って見える上げんの月である。上げんの月は，午後6時ごろに南中し，真夜中の12時ごろに西の空にしずむので，南西の空にある時刻は，午後９時ごろである。

6 水のあたたまり方についての問題

⑴　横軸《じく》と縦軸の名まえと目もり，単位を書き入れたあと，表の値を点で印し，順に直線で結んで折れ線グラフを完成させる。

⑵　①　加熱をはじめると，あたためられて丸底フラスコの底の方の水が軽くなって上しょうし，もやもやして見える。続いて，水にとけていた空気が小さなあわとなってフラスコの内側につきはじめる。このとき，フラスコに入れたふっとう石からも小さいあわが出てくる。さらに加熱を続けてふっとうすると，フラスコの底からさかんに大きいあわが出てくるようになる。ふっとうによって水が水蒸気となって丸底フラスコから出ていくため，火を消したときには，水の量が減っている。

②　液体を加熱したとき，急に激しくふっとうする現象(とっぷつという)が起きると，高温の液体や気体が飛び散って危険である。ふっとう石は空気をふくんだ素焼きのかけらや，細いガラス管の一方を閉じたものなどのことで，ふっとう石を入れておくと，液体をおだやかにふっとうさせることができる。

⑶　水を熱すると水が蒸発して気体となって出ていき，フラスコ内の水の体積は減る。また，ふっとうしている間は，加えた熱は水が水蒸気に変わるためだけに使われるので，約100℃のまま温度は変わらない。よって，エとオが正しい。水は４℃で最も体積が小さく，水温が上がるごとに体積は大きくなるので，アはあやまり。ふっとうしたときに出てくる大きなあわは，水蒸気(気体の水)なので，イもあやまりとなる。ゆげは，水蒸気が冷やされてできた小さな水のつぶの集まりが白く見えるものなので，ウも正しくない。

7 光の進み方についての問題

⑴　太陽は非常に遠くにあるので，地球に届く日光は平行光線と考えてよい。鏡ではね返った光は平行に進むので，①，②，④の位置に黒い紙がある場合，光って見える大きさは，③の位置と同じ大きさである。

⑵　虫めがねはとつレンズである。とつレンズの軸と平行な光は，一点(しょう点)に集まり，再び広がる。図２で，⑦の位置がしょう点にあたり，⑦から同じ距離《きょり》の⑥と⑧は光っている部分が同じ大きさ，⑤は⑥や⑧より大きくなる。したがって，⑥，⑧はイ，⑤はウとわかる。

⑶　虫めがねを通った光が最も小さい面積に集められた⑦の位置が，最も明るく光って見える。

8 モーターと発光ダイオードの回路についての問題

⑴　モーター(電気用図記号はⓂ)，乾《かん》電池，スイッチをすべて直列につなぐ。

⑵　乾電池２個を並列つなぎにしたウの回路には，アと同じ電流が流れる。一方，乾電池２個を直列につないだイとエの回路には，アより大きな電流が流れるのでモーターは速く回る。なお，モーターの回転の向きは，モーターに流れる電流の向きによって決まるので，エはア～ウと逆向きに回転する。

⑶　発光ダイオードは，一方向に電流を流したときだけ光り，逆の方向では光らない。したがって，アと同じ向きに電流が流れるイとウの回路では発光ダイオードが光り，乾電池２個が直列つなぎになっているイが，アより明るく光る。

⑷　①　乾電池は電気を使いきってしまうと再生できないが，光電池は光が当たっていれば半永久的に使うことができる。太陽光を使えば，再生可能エネルギー利用の発電方法となる。　②　太

陽光を利用して発電する場合は，発電量が季節や天候によって増減する上，夜には発電ができない。

9 レジ袋《ぶくろ》の有料化についての問題

⑴　2020年７月１日からプラスチック製買い物袋(レジ袋)の有料化が始まった。

⑵　プラスチック製品の使用を減らすと，原料の原油の消費も減らすことができる。プラスチックでできたレジ袋は，製造したり廃棄《はいき》したりするときに，二酸化炭素を大量に排出《はいしゅつ》し，地球温暖化の一因にもなっている。また，使われたレジ袋がゴミとして川から海に流れ出ると，分解されずにそのまま残るため，ちく積して海を汚染《おせん》するだけでなく，海洋生物があやまって飲みこんでちっ息するなどの健康ひ害にもつながる。レジ袋を有料化することでエコバッグなどを使う人が増えて，プラスチックごみの量が削減《さくげん》されることが期待される。

⑶　飲料の缶《かん》には，スチール製(鉄製)とアルミニウム製がある。スチール缶は磁石に引きつけられるが，アルミニウム缶は引きつけられないことを利用して，これらを区別するとよい。

国　語　＜第２回試験＞（50分）＜満点：60点＞

解　答

一　⑴　一度死んだ　⑵　(例)　えがお(で)　⑶　①　ウ　②　ア　③　エ　④　イ　⑷　**あ**　2　**い**　4　**う**　1　**え**　3　⑸　(例)　Aでは，見たとおりのことをそのまま言っているだけだと思っていたが，Bでは，人は自分でしかありえないのだから，自分を否定せず自分らしくあれという意味に受け止めるようになった。　⑹　**a**　2　**b**　5　**c**　4　⑺　言葉を交わ　⑻　(例)　人が草木の領域に入っていくとき，草や苔を傷めたり，土を荒らしたりしないために置かれている地帯。　⑼　(例)　お茶の稽古を続ける中で，そこここに現れる季節の変化や自然の不思議さだけでなく，ものごとを見る視点，ものごとを受け止める自身の変化にも気づかされている。　二　⑴　①　年上の子　②　たとえ小　⑵　草の根レベルでの支援　⑶　**あ**　(例)　人助け　**い**　(例)　働き手　⑷　①　女の子　②　(例)　小さい子たちと苦手な勉強をするのが恥ずかしくて学校へ行かなかったが，楽しそうに通学する友だちを見て，学校へ行き始めた。　⑸　ⓐ　教育を受けさせる　ⓑ　自国の財産　ⓒ　消費する国　ⓓ　生産地　ⓔ　児童労働　⑹　下記を参照のこと。

●漢字の書き取り

三　⑹　①　防犯対策　②　志向　③　察知　④　従事

解　説

一　**出典は森下典子《もりしたのりこ》の『好日日記　季節のように生きる』による。**若いころから長くお茶の稽古《けいこ》に通ってきた「私」が，稽古のようす，心に留《と》まった季節の移り変わり，その時々の思いを語っている。

⑴　強烈《きょうれつ》な寒波に見舞《みま》われた翌日，「立春」から本格的な春へ向かう時季には，気温の揺《ゆ》り戻《もど》しが繰《く》り返されると「私」は感じている。そのことは，続く部分で「一度死んだ季節が復活するために，険しい難所を通り抜《ぬ》けようとしている」と表現されている。

⑵　先生の家の「玄関《げんかん》」には，「微笑《びしょう》」と書かれた色紙とともに，「大輪の真っ白い椿《つばき》」が飾《かざ》られていたのだから，それを目にしていた「私」や萩尾《はぎお》さんは，色紙と椿とを重ね合わせ，「先生，今日

は玄関で，お花がえがおで迎《むか》えてくれました」などと伝えたものと考えられる。

⑶　①「大輪の真っ白い椿」の呼び名には，「そっと着物にしのばせて持ち帰りたいほど美しい」という思いがこめられているので，「袖隠《そでかく》し」がよい。　②「冬の大地の中から芽《め》吹《ぶ》き始めた草」を表す言葉が入るので「下萌《したもえ》」がよい。ここでは，「黒土」のような「しぐれ饅頭《まんじゅう》」の「ひび」割れの下から「中のこし餡《あん》の明るい若草色」が見えるのを，「下萌」に見立てている。　③稽古場で目にした「掛《か》け軸《じく》」には，「渓流《けいりゅう》が絶え間なく流れるように，常に活動しているものは，よどみがなく清らかだ」という意味の文字が書かれていたというのだから，「清流無間断」があてはまる。　④春も本番を迎えたある日の午後，稽古場へと向かった「私」の目に入った「掛け軸」には，「何の香《かお》りもない風が，花々の間を通り過ぎると，花のように香る」という意味の文字が書かれていたというのである。よって，「風従花裏過来香」が入る。

⑷　**あ**　雛祭《ひなまつ》りにちなむ絵が描《えが》かれた「棗《なつめ》の肩《かた》」で反射する，光の筋の一本一本が「虹色」に見えたというのだから，「春は，ここにある……」と感じたものと想像できる。　**い**　春の明るい空，肌《はだ》で感じる町のざわめきに，「私」は「活動の季節が始まったのをはっきりと感じ」ているので，「なんだか，わくわくした」があてはまる。　**う**　この日の稽古は，みんな「無言」でありながら一体感のある「充実《じゅうじつ》」した時間だったというのだから，稽古後に「別れ」るさい，「私」は名残《なごり》惜《お》しく感じたことだろう。よって，「惜しいような，切ない気持ち」が選べる。　**え**　桜の見納めをした二日後，「私」は，吹《ふ》き寄せられていた花びらが電車の通過時に吹雪《ふぶき》のように舞い上がるさまを見ている。これを「花びらは一斉《いっせい》に空高く旅立った」と表現しているので，「たくさんの小さなさよならが聞こえる気がした」がよい。

⑸　お茶を始めたばかりの頃《ころ》，掛け軸に書かれた「柳緑花紅《りゅうりょくかこう》」の四文字は，「柳《やなぎ》が青々として風に膨《ふく》らみ，花々が鮮《あざ》やかに咲《さ》く」という事実を表しているものと思い，「私」と従姉妹《いとこ》は，そのあまりの「単純」さに笑い合っていた。しかし二十数年後，お茶の先生になった大学時代の同級生から，社会人になる子たちのためにこの軸を掛けたと聞いた「私」は，その真に意味するところを知る。彼女《かのじょ》は，これから卒業して「壁《かべ》」にぶつかり「自分らしさを否定して，自分でないものになろう」としがちな教え子たちのために，「花はあくまで赤く咲けばいいし，柳はあくまで緑に茂《しげ》ればいい」，つまりありのままの自分でいてほしいとの思いをこめてこの言葉をおくったというのである。

⑹　**a**「庭の隅《すみ》」にスミレが咲くようすには，目立たないさまの「ひっそりと」が合う。
b　稽古の時間中，みんなは「無言」で集中していたのだから，耳障《みみざわ》りな音がなく落ち着いたようすの「静かな」が入る。　**c**「言葉を交《か》わしていない」にもかかわらず，みんなの「心の声」が聞こえるような「充実」した時間を共有したのだから，快く幸せなようすの「甘《あま》やかな」がよい。

⑺　この日の稽古で，「言葉を交わしていないのに，なぜかいっぱい話をしたような充実感」を抱《いだ》いた「私」は，みんなとの距離《きょり》を近く感じている。これが「いい時間」の内容にあたる。

⑻「飛び石」について，若い頃は「履物《はきもの》を泥《どろ》で汚《よご》さないためのもの」と，人間の都合で見ていたが，今は「草木」の都合も視野に入っている。「飛び石」がないところへ人が入りこめば，「草木の領域」は「履物」をはいた足で荒《あ》らされるのだから，「そのまま人が歩けば傷めてしまう草や苔《こけ》，荒らしてしまう土を守るために置かれている地帯」のような趣旨《しゅし》でまとめる。

⑼　二重波線で「私」は，誰にも教えられていないのに毎年ちゃんと若葉が芽吹いて花が咲く，自然の「不思議」に気づくとともに，自分たちもまた「不思議なことに囲まれ」る中で知らぬ間に変

化していることに思いをはせている。たとえば，お茶の稽古に通う中で，「立春」から「春本番」への季節の移り変わりを感じたり，飛び石や掛け軸の言葉については，若い頃とは違う見方ができるようになったりしたことなどが語られている。これらをふまえ，「お茶の稽古場に通う中で筆者は，季節の変化に驚き味わう体験を重ねただけではなく，若い頃とは違《ちが》う視点でものごとを見るようになった自分の変化にも気づかされている」のようにまとめる。

二 **出典は認定《にんてい》NPO法人ACE 近藤 光《こんどうあきら》の『チェンジの扉《とびら》』による。**青年海外協力隊員として活動し，今はNPO法人ACEのスタッフである筆者が，ガーナでの児童労働撤廃《てっぱい》の活動を紹介《しょうかい》している。

⑴ ① 筆者にとっての「忘れられない光景」は，赴任《ふにん》先の家の玄関先に付けた蛍光《けいこう》灯によってもたらされたことをおさえる。次の段落に，「年上の子が小さな子どもに勉強を教えていて，子どもたちは蛍光灯をひとつ取り付けただけで，自ら勉強するようになった」とあるので，ここがぬき出せる。　② 蛍光灯ひとつで子どもたちは自ら勉強を始めたのだから，三つ目の段落にある，「たとえ小さなきっかけでも，チャンスさえあれば，子どもたちはいろいろな可能性をつかむことができる」という部分がぬき出せる。

⑵ 筆者の葛藤《かっとう》は，ODAの事業が「一般《いっぱん》市民よりも，政府の顔を見ながらする仕事」だったことにある。つまり筆者は「一般市民」のための仕事が望みだったのだから，次の段落にある「草の根レベルでの支援《しえん》」がよい。「草の根」は，一般大衆のことで，政党や結社など指導者層に対していう。

⑶ **あ** ガーナでの「子どもの人身売買」の実態は，経済的に貧しい家庭の子どもに対し，働くことを条件に「食事くらい」の面倒《めんどう》はみようというものである。おたがいに「助かる」風習として続いてきたのだから，「人助け」などが合う。　**い** 子どもは労働力なので，学校に行かせると「働き手」がいなくなる。

⑷ 「チェンジ」とは，「児童労働」の問題を，家族や村全体で理解し，変えていくことにあたる。

① 次の段落に，女の子を働かせてほしいと売り込みがきたときの，クワメさんの行動が紹介されている。「人身取引や児童労働」の問題を知ったクワメさんは，この子を帰したら別のところに出されると考え，「女の子を自分の家に引き取った上で，働かせることはせずに学校に通わせ」て面倒をみたのである。　② メアリーちゃんの変化は，「ずっと嫌《いや》がって」いた学校に行き始めたことである。よって，以前は「勉強についていけ」ず，13歳《さい》で「低学年に入学することは恥《は》ずかしい」と思っていたが，「友だちが楽しそうに学校に通う」のを見て行き始めたという趣旨でまとめるとよい。

⑸ 最後の三つの段落で，ガーナのカカオ産業と児童労働，理想のガーナの姿が述べられている。

ⓐ 子どもたちにとって「あたり前」であってほしいことが入るので，最後の段落にある「教育を受けさせる」があてはまる。　ⓑ 「ガーナにとってカカオは自国の財産」である。　ⓒ，ⓓ カカオに関して，日本は「消費する国」で，ガーナは「生産地」にあたる。　ⓔ なくしたいのは「児童労働」である。

⑹ ① 犯罪を防止する手段。　② 考えや気持ちがある方向に向かうこと。　③ 心情や事情を推《お》し量ること。　④ その仕事に携わること。

2020年度　日本女子大学附属中学校

〔電　話〕 (044) 952－６７３１
〔所在地〕 〒214-8565　神奈川県川崎市多摩区西生田１－１－１
〔交　通〕 小田急線―「読売ランド前駅」より徒歩10分

【算　数】〈第１回試験〉(50分)〈満点：60点〉

Ⅰ　次の(1)～(5)の□をうめなさい。ただし，(1)は途《と》中の式も書きなさい。

(1) $\frac{11}{17}\times163-\frac{9}{17}\times163+\frac{2}{17}\times7=$□

(2) $5\div6\times(32-$□$\times2)=15$

(3) $\left(2.5\div2-\frac{2}{3}\right)\div$□$\times4\frac{1}{2}=1.125$

(4) $0.7\div\left\{0.375\times\left(0.8-\frac{2}{3}\right)\right\}-11=$□

(5) $3\text{L}-2\times(30\text{mL}+0.7\text{dL})=$□$\text{cm}^3$

Ⅱ　次の(1)～(8)の問いに答えなさい。

(1) 最大公約数が18，最小公倍数が720になる２つの整数で，その差が最も小さくなるときの２つの数を求めなさい。

(2) ７の段と８の段の九九のすべての答えの平均はいくつですか。

(3) 兄と弟の持っているお金の比は13：3でしたが，兄が弟に1200円あげたので，兄と弟のお金の比は5：3になりました。はじめに兄はいくら持っていましたか。

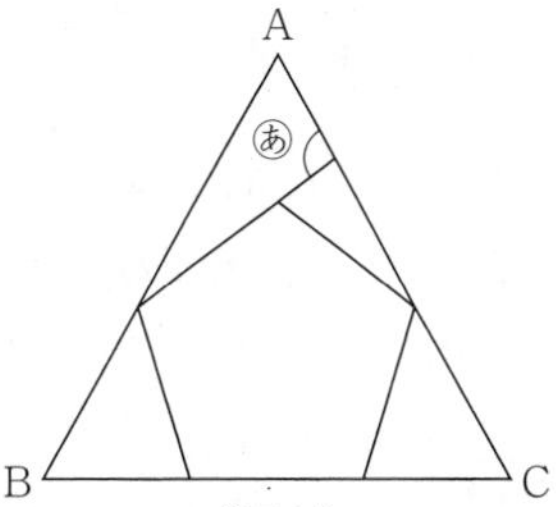

〔図１〕

(4) 〔図１〕のように正三角形ABCと正五角形があります。あの角の大きさは何度ですか。

(5) 池の周りを姉と妹が同じ地点から同時に反対まわりに進んだところ，12分後に２人は出会い，その８分後に姉は出発地点にもどりました。姉の速さが分速90mのとき，妹の速さを求めなさい。

(6) ６％の食塩水300gから何gか取り出し，代わりに同じ量の水を加えたところ，５％になりました。取り出した食塩水は何gですか。

(7) 〔図２〕は表面積が208cm^2の直方体です。図のようにAからBまで長さが最も短くなるようにひもをかけ，㋑の部分に色をぬりました。次の①，②の問いに答えなさい。

①　㋐にあてはまる数を求めなさい。

②　㋑(色のついた部分)の面積を求めなさい。

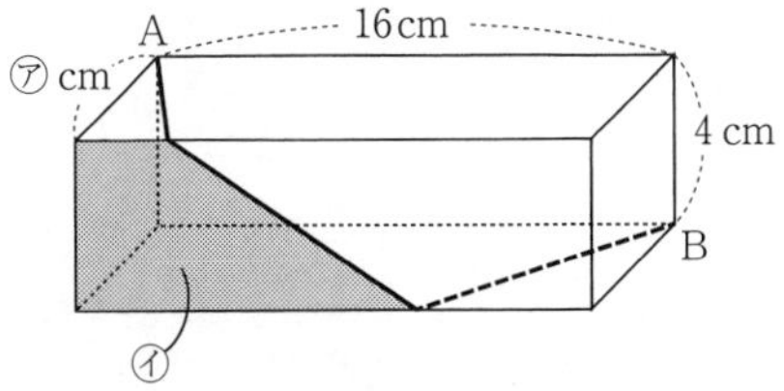

〔図２〕

(8) 〔図３〕の立体は，円柱の一部と直方体と三角柱を組み合わせたものです。この立体の体積を求めなさい。ただし，円周率は3.14とします。

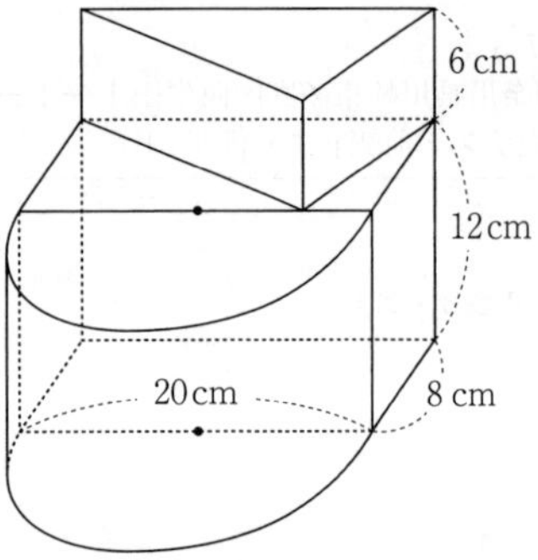

〔図３〕

Ⅲ　ある中学校の生徒400人に１日の勉強時間についてアンケートをとり，勉強時間と人数の割合を，次のような表と円グラフにまとめました。

下の(1)，(2)の問いに答えなさい。

勉強時間(分)	割合(%)
0以上～30未満	(ア)
30～60	(イ)
60～90	28
90～120	25
120～150	(ウ)
合計	100

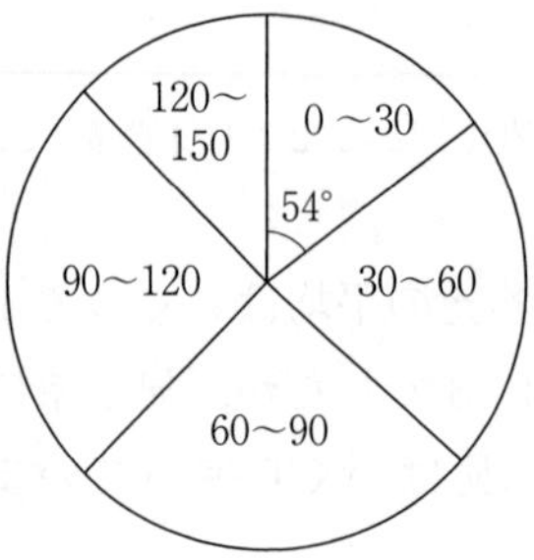

(1) (ア)にあてはまる数を求めなさい。

(2) (イ)と(ウ)の比は５：３でした。120分以上150分未満の人は何人ですか。答えを求めるための式も書きなさい。

Ⅳ　ある水そうに水を入れる管Ａ，Ｂと水を排《はい》水する管Ｃがあります。満水の状態からＡとＣの管を同時にあけると，30分で水そうは空になります。同じように，満水の状態からＢとＣの管を同時にあけると60分で水そうは空になります。また，空の水そうにＢだけで水を入れると12分で水そうは満水になります。

次の(1)，(2)の問いに答えなさい。

(1) 空の水そうにＡだけで水を入れると何分で満水になりますか。

(2) 水そうに水が半分入っています。Ａ，Ｂ，Ｃをすべて同時にあけると何分で満水，もしくは空になりますか。

Ⅴ　図の正方形ABCDにおいて4つの比(AP：PB，BQ：QC，CR：RD，DS：SA)はすべて等しく四角形PQRSは正方形です。

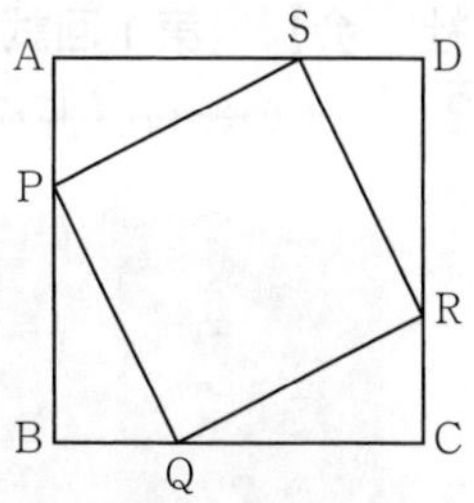

次の(1)～(3)の問いに答えなさい。

(1)　次の□をうめなさい。

4つの比がすべて1：2の場合を考えます。

例えばAP＝BQ＝CR＝DS＝1cm，PB＝QC＝RD＝SA＝2cmとすると三角形APSの面積は［　①　］cm^2，正方形ABCDの面積は［　②　］cm^2なので正方形PQRSの面積は［　③　］cm^2になります。

よって，正方形PQRSの面積は正方形ABCDの面積の［　④　］倍になります。

(2)　4つの比がすべて3：4であるとき，正方形PQRSの面積は正方形ABCDの面積の何倍ですか。

(3)　4つの比を1：2，2：3，3：4，…のように1ずつ増やしていくと正方形PQRSの面積は正方形ABCDの面積の何倍に近づいていくと考えられますか。次のア～エから選びなさい。

ア　0　　イ　$\frac{1}{5}$　　ウ　$\frac{1}{2}$　　エ　1

Ⅵ　みどりさんは7時に家を出て，分速60mの速さで学校に向かいました。姉は7時10分に家を出て，分速135mの速さで学校に向かいました。途中でみどりさんを追いこし，学校に着きましたが，忘れ物に気づき同じ道を同じ速さでもどったところ，学校から900mの地点でみどりさんとすれちがいました。グラフは，みどりさんと姉の様子を表したものです。

下の(1)，(2)の問いに答えなさい。

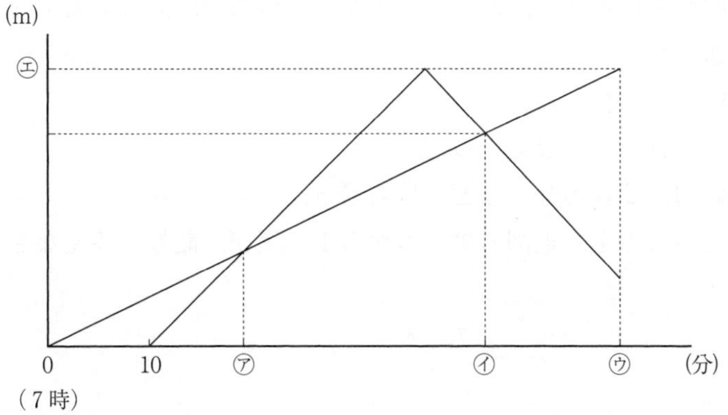

(1)　姉はみどりさんとすれちがったとき，みどりさんより何m多く歩いていますか。

(2)　グラフの㋐～㋓にあてはまる数を求めなさい。

【社　会】〈第１回試験〉（30分）〈満点：40点〉

1　下の絵は『源氏物語絵巻』の一場面です。あとの問いに答えなさい。

問１　『源氏物語』はかな文字で書かれています。当時，かな文字を使っていた人を，次のア～ウから１つ選び，記号で答えなさい。

ア：おもに男性　　イ：おもに女性　　ウ：男女どちらも

問２　『源氏物語』には，多くの女性が登場します。次の①～③のうち，日本の歴史上で女性がなったことがあるものには○を，なったことがないものには×を解答らんに書きなさい。

①　征夷大将軍　　②　内閣総理大臣　　③　天皇

問３　『源氏物語絵巻』の時代に行われていた事柄《がら》として正しくないものを次のア～エから１つ選び，記号で答えなさい。

ア：すごろく　　イ：けまり　　ウ：お月見　　エ：生け花

問４　『源氏物語絵巻』の時代の文化は，遣唐使によって伝えられた中国の文化を生かしたものでした。次の⑴～⑶に答えなさい。

⑴　遣唐使について正しく説明している文を，次のア～エから１つ選び，記号で答えなさい。

ア：１年に１回，定期的に送られた。

イ：天皇が中国の皇帝《てい》にあいさつに行った。

ウ：鑑真は中国に向かう途《と》中で目が見えなくなった。

エ：法律や歴史についての書物，仏教の経《きょう》典などを持ち帰った。

⑵　遣唐使のルートとして正しいものを，地図のア～エから１つ選び，記号で答えなさい。

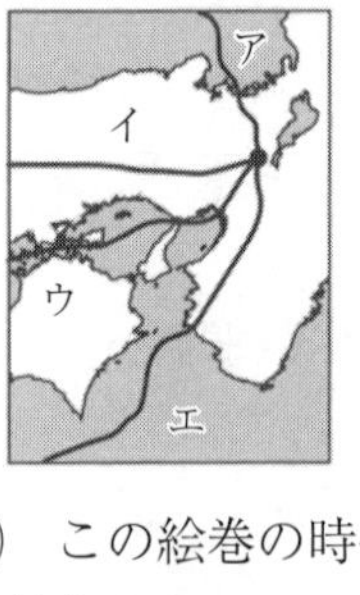

⑶　この絵巻の時代のようすを正しく説明している文を，次のア～エから１つ選び，記号で答えなさい。

ア：遣唐使は廃《はい》止され，中国との交流はまったくなかった。

イ：遣唐使は廃止されたが，中国との交流は続いていた。

ウ：遣唐使は行き来していたが，形だけのものであった。

エ：遣唐使がさかんに行き来し，中国の文化を積極的に取り入れていた。

2　次の絵は，1887年にゴッホが描《えが》いた『タンギー爺《じい》さん』という作品で，背景に複数の「日本の絵画」が描かれています。「日本の絵画」は，この作品が描かれる約50年前にはすでにヨーロッパに渡《わた》っていたようです。

この「日本の絵画」はどのようなものか説明しなさい。また，ヨーロッパに初めて渡った時，どのようなルートで渡ったと考えられるか，説明しなさい。

3　東京について，あとの問いに答えなさい。

問１　大森貝塚について説明した次の文が正しくなるように，①にあてはまる地名を答えなさい。また，②にあてはまる語句として正しいものを選び，記号で答えなさい。

> 大森貝塚は，明治時代にアメリカ人のエドワード＝モースが(　①　)と新橋を結ぶ鉄道に乗っていた時にその車窓から発見した。この貝塚からは②{ア：縄文　　イ：弥生}土器などの出土品が発掘《くつ》されている。

問２　世田谷区には野毛大塚古墳があります。古墳について正しく説明している文を，次のア～エから１つ選び，記号で答えなさい。

ア：日本の古墳はすべて前方後円墳である。

イ：日本で最も大きな古墳は世界遺産に登録されている。

ウ：関東地方には，ほとんど古墳が見られない。

エ：古墳からは，土偶《ぐう》や鏡，勾玉《まがたま》などが出土する。

問３　狛江《こまえ》市には万葉集の歌碑《ひ》があります。次の(1)と(2)に答えなさい。

(1)　万葉集に載《の》っている歌を，次のア～エから１つ選び，記号で答えなさい。

ア：この世をば　わが世とぞ思う　望月《もちづき》の　欠けたることも　なしと思えば

イ：ああおとうとよ　君を泣く　君死にたまうことなかれ

ウ：唐衣《からころも》　裾《すそ》に取りつき　泣く子らを　置きてぞ来ぬや　母なしにして

エ：五月雨《さみだれ》を　あつめて早し　最上川

(2)　この歌碑を建てる際に渋沢栄一が援《えん》助を行いました。近代日本で活躍《やく》した，①〜③の人物が行ったことを，下のア〜オからそれぞれ１つずつ選び，記号で答えなさい。

①　渋沢栄一	②　福沢諭吉	③　野口英世

ア：黄熱病の研究を行った。

イ：「天は人の上に人を造らず人の下に人を造らず」で始まる本を書いた。

ウ：自由民権運動を主導し，自由党をつくった。

エ：破傷風の治療《りょう》法を発見した。

オ：日本で最初の銀行を設立した。

問４　次の図は，17世紀前半の江戸の町とその周辺のようすを描いた屏風《びょうぶ》の一部です。⬭に描かれている人々を説明した下の文が正しくなるように，文中の①と②にあてはまる語句や文章をそれぞれ選び，記号で答えなさい。

これは①{ア：朝鮮　　イ：中国　　ウ：オランダ}からやってきた人々を描いている。
彼らは②{エ：日本の将軍が代わる　　オ：自分の国の王様が代わる}ごとに来日した。

問５　戦時中と戦後の東京について，次の(1)と(2)に答えなさい。

(1)　戦時中のこどもたちについて正しく説明している文を，次のア〜エから１つ選び，記号で答えなさい。

ア：本土への空襲《しゅう》がはじまると，小学生は地方から都市へ疎開《そかい》をした。

イ：戦争が激しくなると，中学生も工場などで働くことが義務となった。

ウ：大学生は戦争がはじまるとすぐに，兵士として戦地へ送られた。

エ：女学生は，戦争のために動員されることはなかった。

(2)　戦後，東京に連合国軍の司令部が置かれました。その指示のもと日本政府が行った改革として正しくないものを次のア〜エから１つ選び，記号で答えなさい。

ア：労働者の権利を保障するようにした。

イ：義務教育を９年間行うようにした。

ウ：小さな会社を集め，大きな会社にした。

エ：多くの農民が自分の土地をもつようにした。

問６　東京都の大田区には，外国からも注文が来る「町工場」が多くあります。大田区の「町工場」について述べた次の文のうち，正しくないものをア〜エから１つ選び，記号で答えなさい。

ア：すぐれた技術を生かして，注文に応じて新しい製品をつくることができる。

イ：多くが中小工場であり，特別なものを少量でもつくれるという良さがある。

ウ：町工場どうしが得意な技術をもちよって，製品をつくることができる。

エ：町工場で直接地元の人々に売ることで，良い製品を安く売ることができる。

問７　関東地方の１都６県の統計をグラフにしました。次の(1)～(3)に答えなさい。

(1)　右のグラフの目盛り①～③にあてはまる数字の組み合わせとして正しいものを，次のア～エから１つ選び，記号で答えなさい。

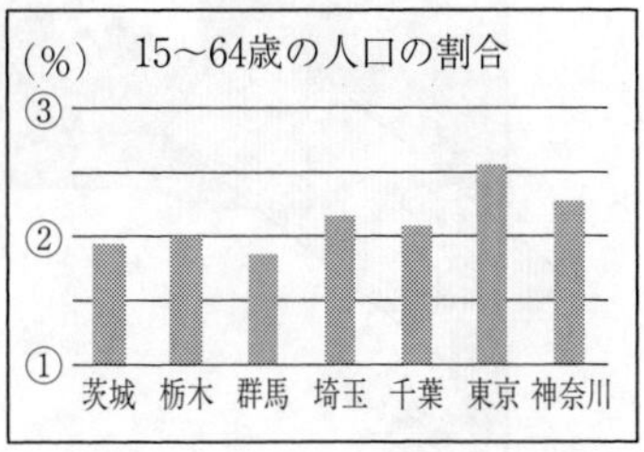

ア：①　10　②　20　③　30

イ：①　30　②　40　③　50

ウ：①　50　②　60　③　70

エ：①　70　②　80　③　90

(2)　右のグラフは，１都６県を「農業の産出額《がく》」が多い順に並べています。①～③にあてはまる県の組み合わせとして正しいものを，次のア～エから１つ選び，記号で答えなさい。

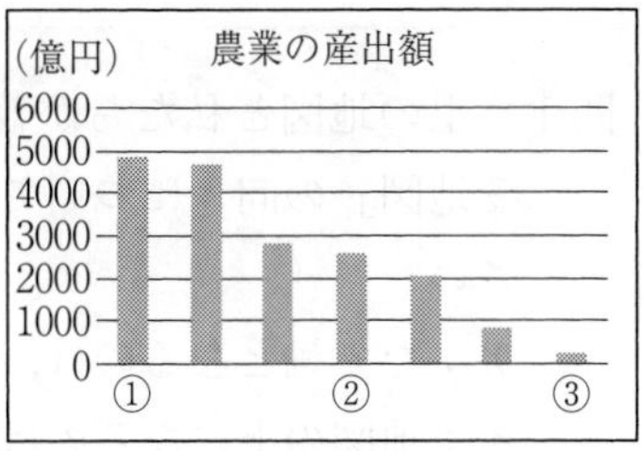

ア：①　茨城　②　群馬　③　東京

イ：①　埼玉　②　千葉　③　神奈川

ウ：①　千葉　②　茨城　③　神奈川

エ：①　群馬　②　栃木　③　東京

(3)　次のＡ～Ｆのグラフから１つ選び，そこから読み取れることを述べなさい。そして，別のグラフを１つ用いて，あなたが考えた「なぜ，そのようになるのか」という理由を説明しなさい。

A

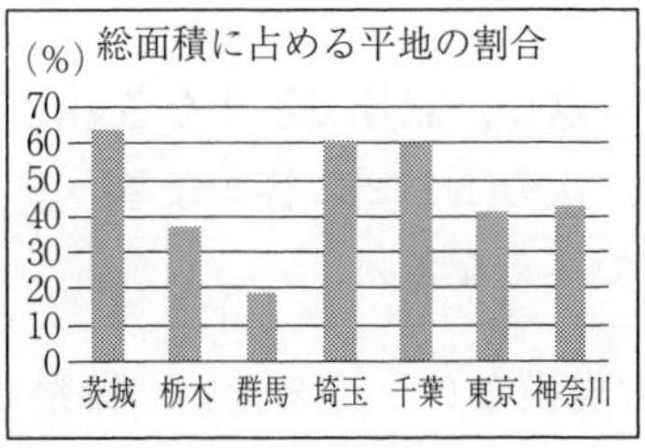

B

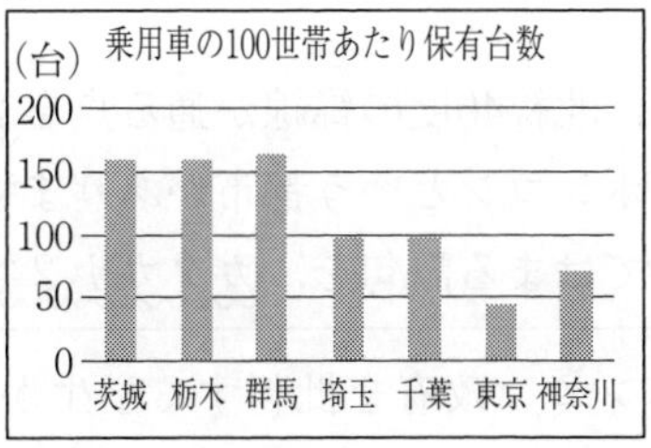

C

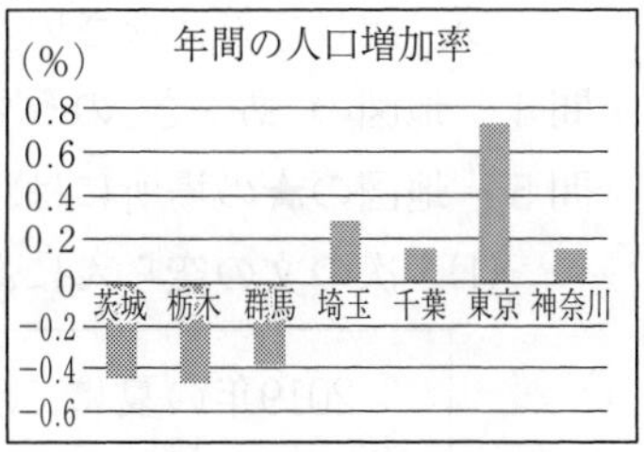

D

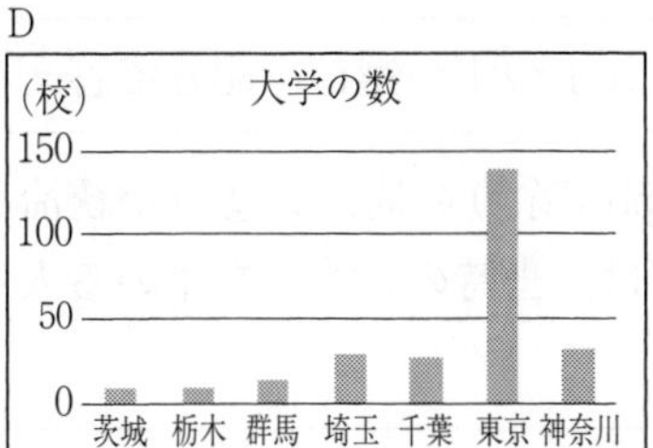

E

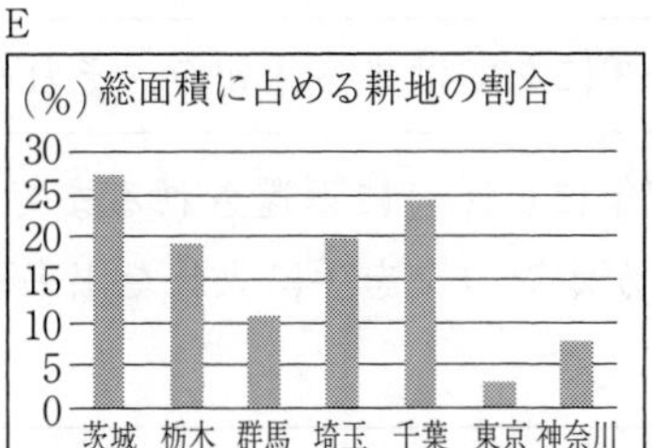

F

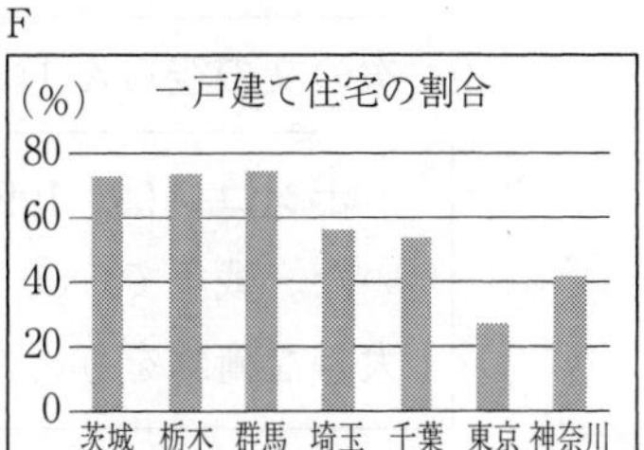

(『県勢』より作成)

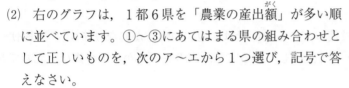

4 次の地図は，大陸から日本列島をみるように描かれています。あとの問いに答えなさい。

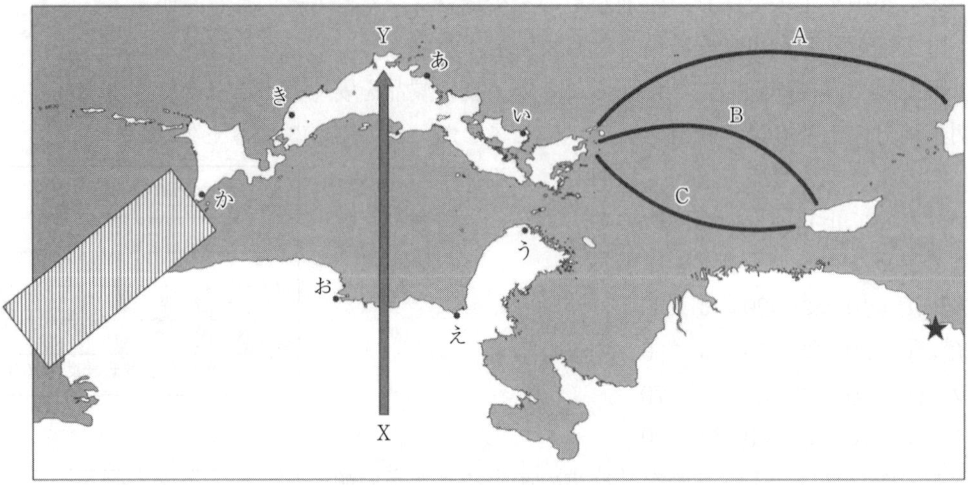

問１　上の地図と私たちが普《ふ》段使っている地図では，地図の向きが異《こと》なります。「普段使っている地図」の向きについて正しく説明している文を，次のア～エから１つ選び，記号で答えなさい。

ア：たて軸《じく》となるのは，北極点と南極点を結ぶ線である。

イ：地図の上になるのは，経度180度の地点に向かう方角である。

ウ：たて軸となるのは，経度０度線に直角に交わる線である。

エ：よこ軸となるのは，太陽がのぼる地点としずむ地点を結ぶ線である。

問２　次の語群の中から，日本海に面している国をすべて選び，○をつけなさい。

日本	アメリカ	中国	韓国	北朝鮮	ロシア	モンゴル

問３　地図のＡ～Ｃのうち，奄美《あまみ》諸島(鹿児島県)から南西諸島(沖縄県)の位置を示す線を１つ選び，記号で答えなさい。

問４　地図の あ～き のうち，北緯40度の緯線が通る点を２つ選び，記号で答えなさい。

問５　地図の★の場所には，ホンコンという都市があります。次の(1)と(2)に答えなさい。

(1)　次の文の空らんにあてはまる語句を，カタカナ２字で答えなさい。

> 2019年の夏に，ホンコン政府を批判する学生が大規模な(　　)を行い，警察と衝《しょう》突《とつ》した。

(2)　次の文の空らん①～③にあてはまる語句を，それぞれ１つずつ選び，記号で答えなさい。

> ホンコンは，1997年に(①)に返還《かん》されるまで150年余りの間，(②)が統治していた。戦争で(②)がホンコンを手に入れた出来事は，当時の(③)を率いる人々に，大きな衝撃《げき》を与《あた》えた。

①　ア：中国　イ：韓国　ウ：台湾

②　カ：中国　キ：日本　ク：イギリス

③　サ：江戸幕府　シ：明治政府　ス：国際連盟

問６　地図の ▨ で隠《かく》してある場所について正しく説明している文を，次のア～エから１つ選び，記号で答えなさい。

ア：第二次世界大戦のときに占《せん》領された，北方領土がある。

イ：大陸から伸びた大きな半島がある。

ウ：日露戦争で，半分が日本の領土となった島がある。

エ：大陸と北海道の間に，オホーツク海につながる広い海峡《きょう》がある。

問７　地図の矢印は，ある時期の季節風の風向きを表しています。季節風が，地図のＸからＹまで吹くとき，空気の状態がどのように変化するか，次のア～エを並べかえ，記号で答えなさい。

ア：上昇《しょう》して，雪を降らせる

イ：乾燥《かんそう》した空気が下降する

ウ：徐々《じょじょ》に湿度が高くなる

エ：乾燥している

問８　日本海側に広がる北陸工業地域には，金属製品を特産品とする地域があります。

(1)　次のグラフのア～ウは，「金属工業」「機械工業」「せんい工業」のいずれかです。それぞれにあてはまるものを選び，記号で答えなさい。

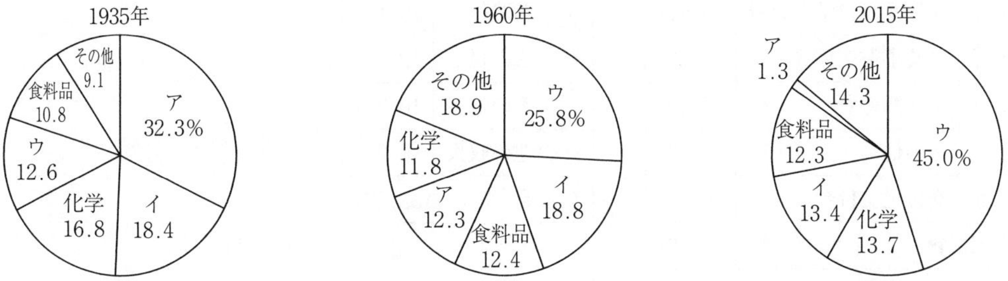

（経済産業省 資料より）

(2)　アルミ缶に付いている右のマークと同じ目的で他の製品に付いているマークが，下の４つです。［　　］で隠されている部分にあてはまる４つの素材のうち，2つ答えなさい。ただし，答え方はマークの表示そのままでなくてもかまいません。

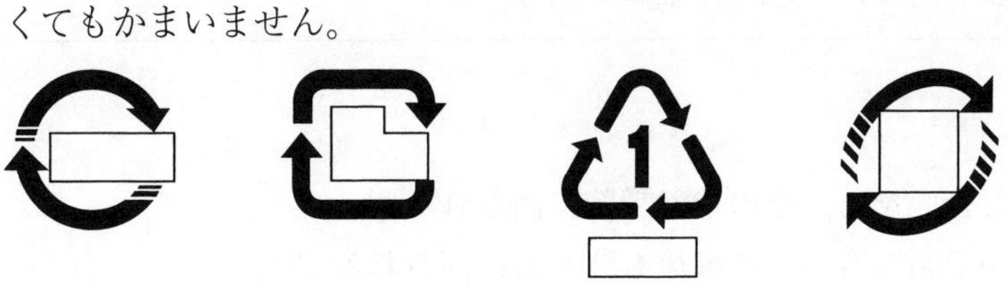

問９　次のページの図①～④は，本州の県のうち，日本海に面する12県を，山口県から順に青森県まで並べたものです。各県の幅《はば》は，下の項《こう》目ア～エについて，全体に占める割合を表しています。図①～④はそれぞれどの項目を表しているものか，ア～エから１つずつ選び，記号で答えなさい。（この問題では，「都道府県」をすべて「県」と表しています。）

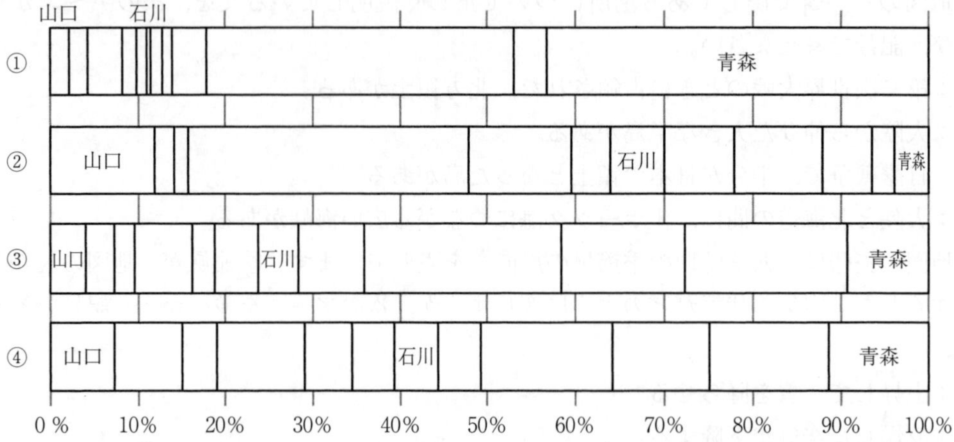

ア：面積　　イ：米の収穫《かく》量　　ウ：果実の産出額　　エ：工業製品の出荷額

5　次の表は令和元年度の予算について示したものです。あとの問いに答えなさい。

歳《さい》出内訳

一般歳出	社会保障費	33.6％
一般歳出	文教及び科学振《しん》興費	5.5％
一般歳出	公共事業関係費	6.8％
一般歳出	防衛関係費	5.2％
一般歳出	その他	9.9％
地方交付税交付金		15.8％
国債《さい》費		23.2％

歳入内訳

租《そ》税収入	所得税	19.6％
租税収入	消費税	19.1％
租税収入	法人税	12.7％
租税収入	その他	10.2％
その他の収入		6.2％
公債金		32.2％

問１　予算を決める手順を説明した次の文が正しくなるように，①～④にあてはまるものをそれぞれ１つずつ選び，記号で答えなさい。

> （ ① ）が国会に予算案を提出すると（　②　）。両議院とも（ ③ ）の賛成で予算が決まり，その予算に基づいて，（ ④ ）が仕事を行う。

① ア：国会議員
　 イ：内閣

② カ：衆議院で話し合いをし，その後参議院に回される
　 キ：衆参どちらかで話し合い，その後もう一方に回される
　 ク：衆議院と参議院が合同で話し合いをする

③ サ：過半数
　 シ：３分の２

④ タ：国会
　 チ：内閣

問２　歳出を示した円グラフとして正しいものを，次のア～エから１つ選び，記号で答えなさい。

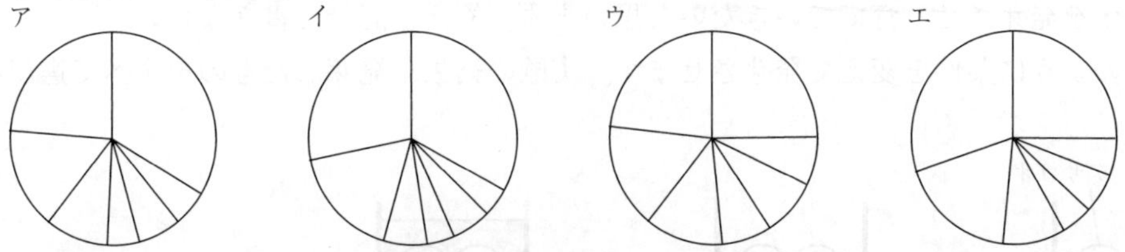

問３　予算額について正しく説明している文を，次のア～エから１つ選び，記号で答えなさい。

ア：歳出も歳入も約100億円である。

イ：歳出は約100億円だが，歳入は約70億円である。

ウ：歳出も歳入も約100兆円である。

エ：歳出は約100兆円だが，歳入は約70兆円である。

問４　歳出の「地方交付税交付金」は，国から地方自治体への補助金です。次のグラフは，都道府県の財政が，地方交付税交付金に依《い》存する割合を示しています。Ａ～Ｃの都道府県の組み合わせとして正しいものをア～カから１つ選び，記号で答えなさい。

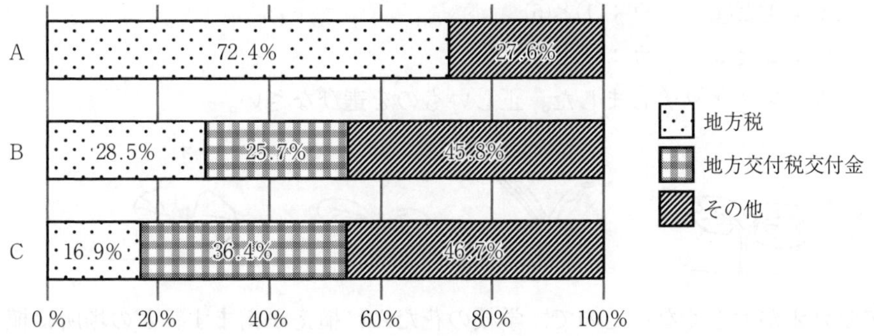

	ア	イ	ウ	エ	オ	カ
A	北海道	北海道	東京都	東京都	高知県	高知県
B	東京都	高知県	北海道	高知県	北海道	東京都
C	高知県	東京都	高知県	北海道	東京都	北海道

問５　歳入の「消費税」は，昨年の10月に10％に引き上げられましたが，一部の商品は引き続き８％の税率が適用される軽減税率の制度があります。次の文の空らんにあてはまるものを，ア～ウから１つ選び，記号で答えなさい。

［　　　　］には，軽減税率が適用される。

ア：コンビニで買うお酒

イ：スーパーで買うトマト

ウ：レストランで食べるハンバーグ

【理　科】〈第1回試験〉（30分）〈満点：40点〉

1　アサガオを発芽させ，育てていきたいと思います。答えは記号で書きなさい。

(1)　下の図のように条件を変えて発芽させます。実験の結果，発芽したものをすべて選びなさい。

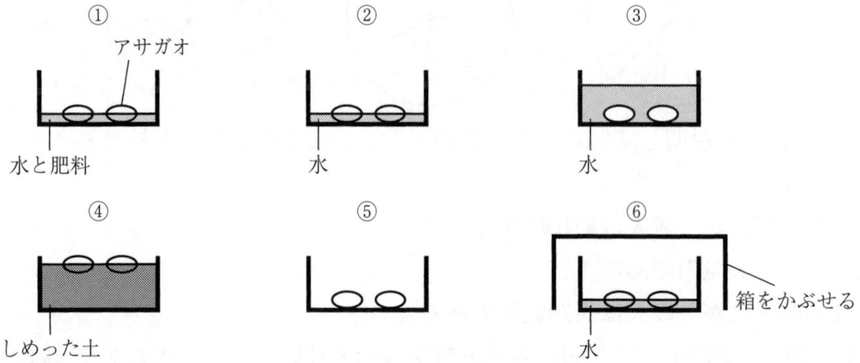

(2)　発芽に水分が必要かどうかを調べるには，(1)の図のどれとどれを比べるとよいですか。次から選びなさい。

ア：①と③　　イ：①と④　　ウ：①と⑤

エ：②と④　　オ：②と⑤　　カ：②と⑥

(3)　発芽したアサガオをスケッチしました。正しいものを選びなさい。

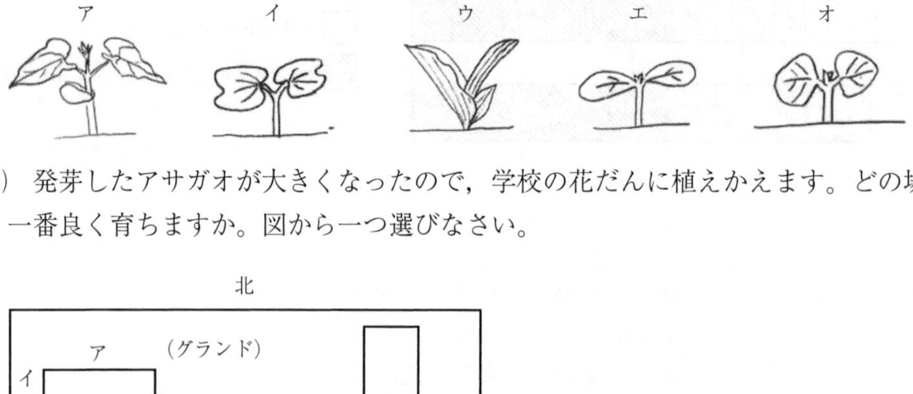

(4)　発芽したアサガオが大きくなったので，学校の花だんに植えかえます。どの場所に植えると一番良く育ちますか。図から一つ選びなさい。

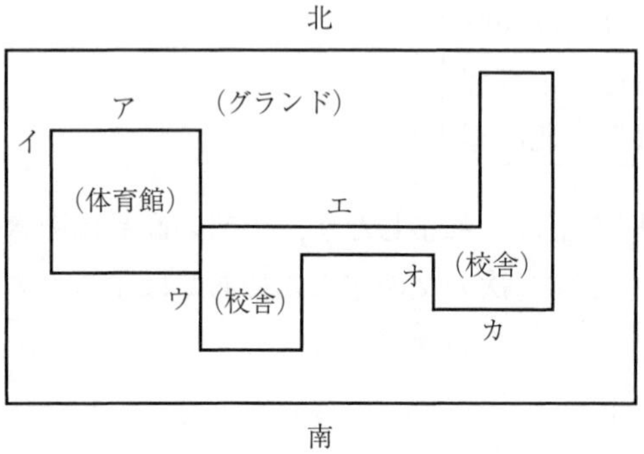

2　ヒトのからだで，だ液がどのようにはたらくか調べるために次の実験を行いました。

【実験】

①　乳ばちに少量のごはん粒《つぶ》とお湯を入れ，乳棒でよくすりつぶした。
②　A・Bの試験管を用意し，スポイトで①の上ずみ液を同じ量それぞれに入れた。
③　Aの試験管にはストローでだ液を少量入れた。Bの試験管にはだ液のかわりに水を少

量入れた。

④　ＡとＢの試験管をお湯で10分くらいあたためた。

⑤　ＡとＢの試験管にうすいヨウ素液を入れ，色の変化を確認したところ，それぞれの試験管の結果にちがいがみられた。

(1)　この実験で使うお湯の温度は何℃にするとよいですか。

ア：４℃　　イ：20℃

ウ：40℃　　エ：60℃

オ：80℃　　カ：100℃

(2)　試験管ＡとＢの⑤の実験結果をそれぞれ答えなさい。

ア：赤色に変化した

イ：青色に変化した

ウ：青むらさき色に変化した

エ：黄色に変化した

オ：変化しなかった

(3)　口からこう門までの食べ物の通り道を何といいますか。

(4)　(3)に当てはまる臓器を以下の中からすべて選び，食べ物が通る順番に並べなさい。

ア：かん臓　　イ：小腸

ウ：大腸　　エ：胃

オ：肺　　カ：食道

キ：気管

3　地層ができるようすを確かめるために，次のような実験を行いました。

【実験】

①　砂とどろを混ぜたものを水で流し，水を入れた容器に流し込んだ。

②　しばらくそのままにしておく。

③　もう一度①と同じ作業を行い，容器内の土の積もり方を調べた。

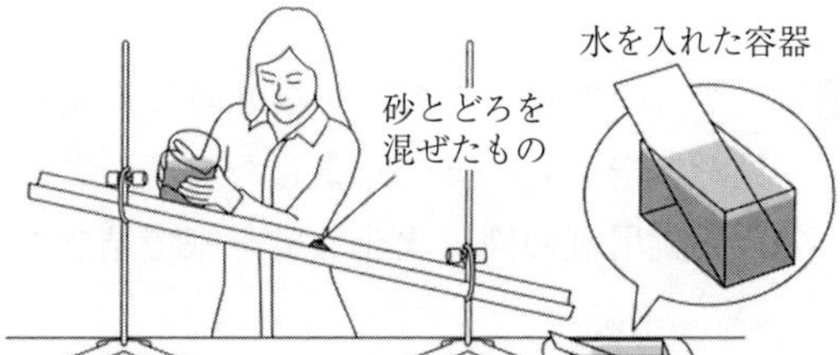

(1)　【実験】①の結果として正しい図を次の中から選びなさい。

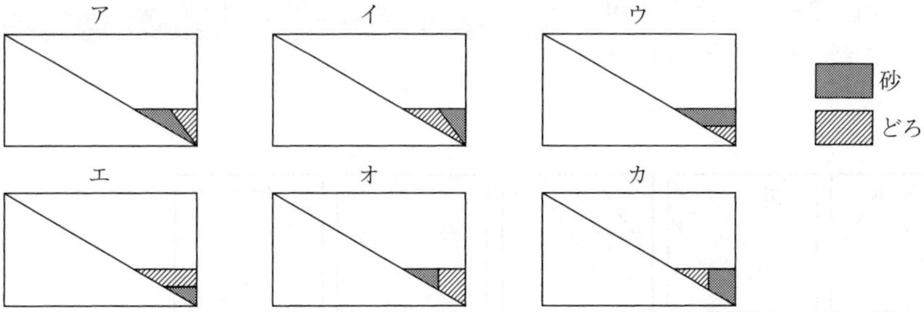

(2)　【実験】③の結果として正しい図を選びなさい。

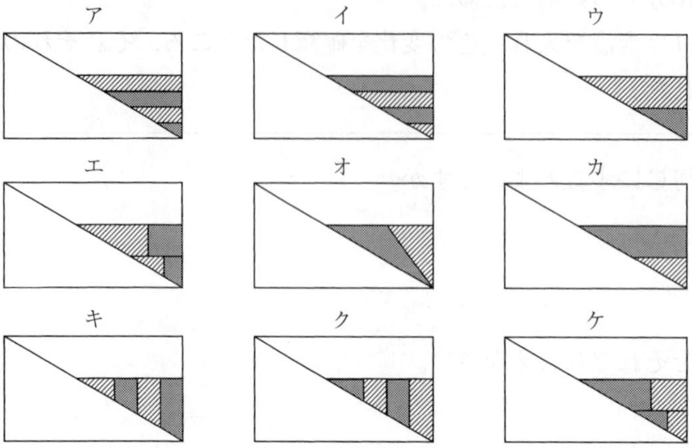

(3)　(2)の実験結果のように土が積もるのは砂とどろで何がちがうからですか。

ア：つぶの色　　イ：つぶの形　　ウ：つぶの大きさ

(4)　砂とどろが固まってできた岩石を何といいますか。

4　火山について次の問いに答えなさい。

(1)　地中深くには，どろどろに溶《と》けた高温の(　①　)がある。火山が噴《ふん》火すると(　②　)が流れ出たりする。①②に当てはまる言葉の組み合わせとして正しいものを次から選びなさい。

ア：①火山灰　②マグマ　　イ：①溶《よう》岩　　②地下水

ウ：①マグマ　②溶岩　　　エ：①地下水　②火山灰

(2)　災害が起こった場合，その地域にどれだけ危険があるかを示す地図が作られています。この地図を何といいますか。カタカナで書きなさい。

(3)　火山の熱を利用した発電方法を何といいますか。

5　７月の終わりごろ，午後８時に川崎市で見た星空をスケッチしました。

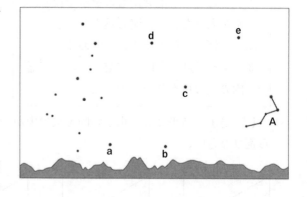

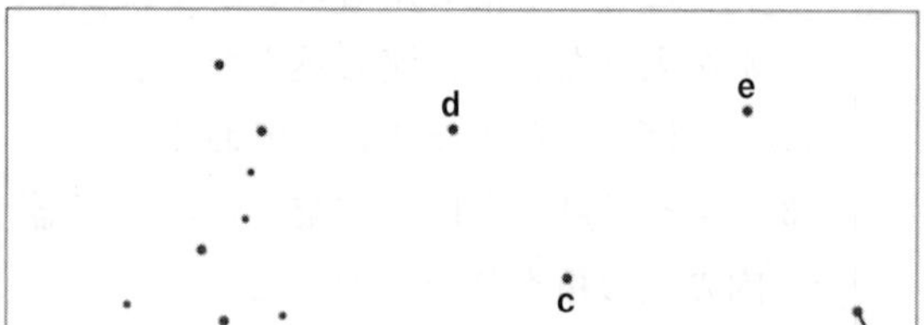

(1)　答案用紙の図に北斗七星を線で結びなさい。

(2)　**A**の星座の名前を書きなさい。

(3)　北極星はどれですか。**a**～**e**から選びなさい。

(4)　次の図は星の動きを線で示し，動く方向を矢印で示したものです。観察した方角の星の動きはどれですか。

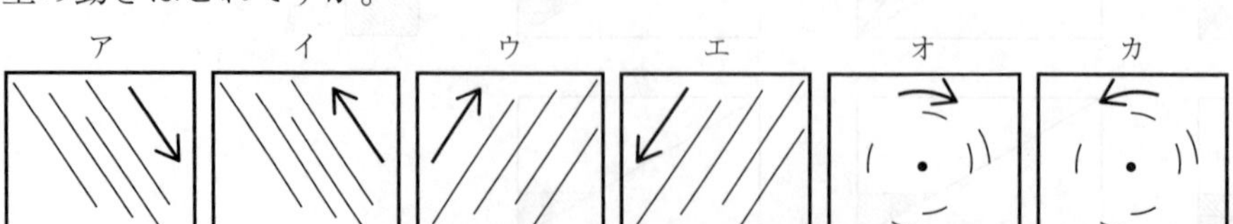

6　下の図には水と４種類の水溶《よう》液の名前が書かれています。それぞれの水溶液の名前が書かれている場所には意味があり，それぞれの水溶液の性質を表しています。

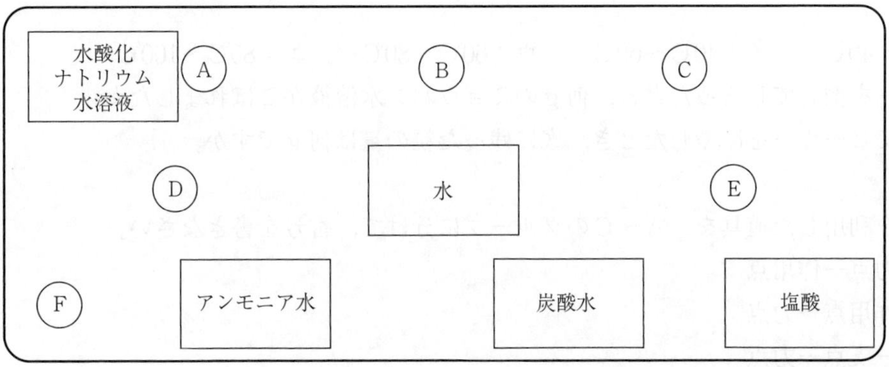

(1)　①食塩水　②石灰水　③水でうすめた酢　④ミョウバン水溶液を図中に書き入れたい。どこに書くべきかＡ～Ｆの記号で答えなさい。下の表を参考にして考えること。

	色	リトマス紙の変化	その他の特徴《ちょう》
①	無色とう明	変化なし	スライドガラスの上に数滴《てき》置いておくと白色の粒《つぶ》が残った。
②	無色とう明	赤色リトマス紙が青色になった	(　**あ**　)
③	うすい黄色とう明	青色リトマス紙が赤色になった	つんとしたにおいがした。
④	無色とう明	青色リトマス紙が赤色になった	粒の形は正八面体である。

(2)　(1)の表中にある(**あ**)に当てはまる特徴を書きなさい。

7　温度のちがう水100ｇにミョウバンが溶《と》ける量を表にまとめました。

水温(℃)	0	20	40	60	80
ミョウバンの量(ｇ)	3.0	5.9	11.7	24.8	71.0

(1)　答案用紙に100ｇの水に溶けるミョウバンの量を表す折れ線グラフを書きなさい。ただし，横じくを水温，縦じくを溶けたミョウバンの量とし，(　)中に単位を書き入れること。

(2)　ミョウバンを正確に12.1ｇはかりとるときに使う器具の名前を書きなさい。

(3)　20℃の水100ｇにミョウバンを12.1ｇ入れてかきまぜたが，溶けきれずにビーカーの底に粒《つぶ》が残った。

①　何ｇの粒が残ったか求めなさい。

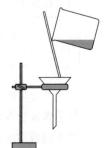

②　①のビーカーを右の図のような装置を使ってろ過したい。答案用紙の図に，正しくろ過が行えるよう，ビーカーを書き足しなさい。

③　②でろ紙に残った粒をすべて新しいビーカーにうつし，25ｇの水を入れて温めたところ，ある温度になったとき全ての粒が水に溶けた。この時の水温は何℃か答えなさい。

(4)　重さ160ｇの300mLビーカーに150ｇの水を入れ，ミョウバンを90ｇ入れて温めた。全ての粒が溶けた後にビーカーを倒《たお》して中身をこぼしてしまった。このとき，ビーカー全体の重さは320ｇだった。このビーカーを水の温度が20℃になるまで冷やすとビーカーの底に粒が現れた。

① 全てのミョウバンが溶けたとき，水温は何℃だったか次のア～エから選び記号で書きなさい。

ア：20℃～40℃　　イ：40℃～60℃　　ウ：60℃～80℃　　エ：80℃～100℃

② ビーカーを倒してしまったとき，何ｇのミョウバン水溶液がこぼれましたか。

③ 20℃までビーカーを冷やしたとき，底に残った粒の量は何ｇですか。

8　下のてこを利用した道具を，Ａ～Ｃのグループに分けて，番号を書きなさい。

Ａ　支点―力点―作用点

Ｂ　支点―作用点―力点

Ｃ　作用点―支点―力点

① ピンセット

② プルタブ

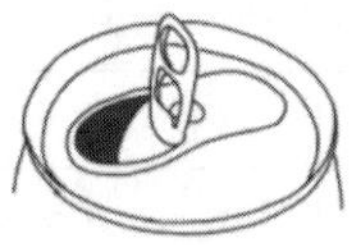

③ 穴あけパンチ

④ 洗たくばさみ

⑤ トング

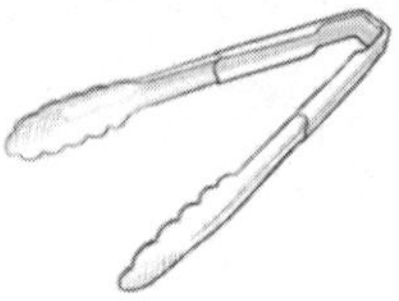

⑥ せんぬき

9　花子さんは友達５人と近所の公園にあるブランコで，20秒間に何回往復することができるか競争しました。すると全員が11回か12回のどちらかになり，回数に大きな差がでませんでした。そこで花子さんはクリップと板とおもりを使って図のようなミニブランコを作り，同じ高さからブランコを離《はな》して20秒間に往復する回数について調べる実験をしました。

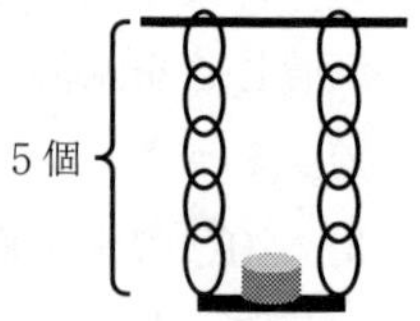

右の図のブランコでは，クリップの数を５個と数えることとし，10ｇのおもりを１個使っています。

(1) 花子さんはＡ～Ｄのように条件を変えて20秒間に往復する回数を調べました。Ａ～Ｄを20秒間で往復する回数が多い順番に並べなさい。

	Ａ	Ｂ	Ｃ	Ｄ
おもり(個)	1	2	3	4
クリップ(個)	4	12	8	16

(2) ブランコの手を離す高さを高くすると，ブランコの往復する回数はどのようになるか選び記号を書きなさい。

ア：回数が増える　　イ：回数が減る　　ウ：回数は変わらない

(3) 公園のブランコで競争をしたとき，全員の回数に大きな差がつかなかったのはなぜですか。

ティムはじっと息子の顔を見ていた。

「持って帰って、いいの？」

「もちろん」

「じゃあ、お金払う。だってミセス・パープルが怒《おこ》るだろ。今度来るときに持ってくる」

ティムがそう言うので、わたしが脇から彼を納《なっ》得させるために言った。

「気にしなくていいよ。どうせいくつ制服があるかなんて誰も数えてないんだし。それに、わたしがお直し不可能と判断した制服は捨てていいことになっているから、全然問題ない」ティムは半信半疑というような目つきでこちらに一瞥《べつ》(ちらと見ること)をくれた。

「でも、どうして僕にくれるの？」ティムは大きな緑色の瞳《ひとみ》で息子を見ながら言った。

質問されているのは息子なのに、わたしのほうが彼の目に胸を射《い》抜《ぬ》かれたような気分になって所在なく立っていると、息子が言った。

「**e**友だちだから。君は僕の友だちだからだよ」

ティムは「ありがと」と言って紙袋の中に制服を戻し、息子とハイタッチを交《か》わして玄関から出て行った。

「バーイ」

「バーイ。また明日、学校でね」

玄関の脇の窓から、シルバーブロンドの小柄《がら》な少年が高台にある公営団地に向かって紙袋を揺《ゆ》らしながら坂道を登っていく後ろ姿が見えた。

途中、右手の甲《こう》でティムが両目を擦《こす》るような仕草をした。彼が同じことをもう一度繰《く》り返したとき、息子がぽつりと言った。

「ティムも母ちゃんと一緒で花粉症《しょう》なんだよね。晴れた日はつらそう」

「うん。今日、マジで花粉が飛んでるもん。今年で一番ひどいんじゃないかな」

息子はいつまでも窓の脇に立ち、ガラスの向こうに小さくなっていく友人の姿を見送っていた。

（ブレイディみかこ「ぼくはイエローでホワイトで、ちょっとブルー」より）

㈠　（　）1～3に入る最もふさわしい二字の熟語をつぎの語群から一つずつ選び、漢字に直して書きなさい。

しんじょう　とくい　しんぱい　しせい　しこう　りかい

㈡　〈　〉ア、イに入るふさわしい二字の熟語を考えて書きなさい。同じ記号には同じことばが入ります。

㈢　――線**a**とありますが、その意味を説明している部分を三十五字で探し、はじめと終わりの四字を書きなさい。句読点もふくみます。

㈣　**b**に入る最もふさわしい一字をつぎの語群から選び、番号で書きなさい。

1　公　2　美　3　知　4　私　5　質

㈤　═線**c**と母が考えたのは、息子がこのボランティア活動でどんな経験をしたからですか。**I**の文章全体から考えて具体的に書きなさい。

㈥　**d**には息子が母に話したことばが入ります。母に伝えた「困ったこと」の内容を考えて息子のことばを書きなさい。

㈦　------線**e**とありますが、このことばを言った息子にはどのような成長が見られますか。自分のことばで書きなさい。

ん年季が入った感じに変色し、ズボンの裾《すそ》が擦《す》れてギザギザになっていたことを思い出したからだ。週末にミシンで作業していると息子が言った。

「ねえ、母ちゃんが縫ってる制服、僕が買うことは許されてるの？」

「え？　でもあんた制服は全部2枚ずつ持ってるじゃん。どっかほつれてるならいま一緒に縫っちゃうから持ってきて」

「いや、僕じゃないんだ。友だちにあげたいんだけど……」

「……ティム？」同じことを考えていたのかなと思ってたずねると息子は頷《うなず》いた。

「お兄ちゃんのお古のトレーナーを着て来るようになったんだけど、トレーナーの袖《そで》や丈《たけ》が長すぎて、笑ってるやつらとかいてムカつくんだ」

「いつもそうやって必ず笑うやつらがいるんだよね」

「もしもまた学校でけんかとかしちゃったら、今度はティム、停学とか大変なことになっちゃうかもしれないし」

息子は学級委員っぽい神妙《みょう》な顔つきで言った。

「学校に持ってっていいよ。袋の中から小さいサイズを探して持ってきて。先に縫っちゃうから。2枚ぐらい持ってってあげたらいい。あと、ズボンも」

と言うと、居間に並べてある黒いゴミ袋を開いてごそごそと中古の制服を物色し始めた。が、急に手を止め、こちらを振り返って言った。

「　**d**　」

「ああ、そうだね」

「第一、何て切り出せばいいの？」

「……」確かにそうである。「じゃあとにかく学校帰りに、うちに連れておいで」

学校帰りに息子がティムを連れてきた。息子と一緒に部屋に入ってきたティムは、制服の山に目を留めた。

「何、これ」

「母ちゃんが、制服のリサイクルを手伝い始めたんだ。ほら、ミセス・パープルがやってるやつ。不要な制服があったら持って来いって、こないだもプリント配ってたじゃん」

「ふうん」

2人はソファに腰《こし》かけてゲームを始めた。熱中している様子なので、とりあえずジュースとお菓《か》子を出し、そのままわたしもミシン作業を行っていたのだが、突《とつ》然ティムの兄から彼《かれ》の携帯に電話がかかってきた。すぐ帰ってくるように言われたという。こんなにすぐ帰るとは想定してなかったので、えっ、まだ制服を渡してないじゃん、と焦《あせ》っていると、息子も同じことを考えているようで、わたしのほうを振り向いた。ティムのためにとっておいた制服は紙袋に入れてミシンの脇に置いてある。「あれー、これティムのサイズじゃん」とかいうわざとらしい芝《しば》居をする準備もまだ全くしていなかったのである。

「母ちゃん、それ」と息子が言うので、わたしは急いで紙袋を彼に渡した。玄《げん》関のほうに歩いていくティムの後ろを袋を下げた息子が追いかけていく。

「ティム、これ持って帰る？」息子はそう言ってティムに紙袋を差し出した。

ティムは「何、これ？」と言ってそれを受け取り、中に手を入れて制服を出した。

「母ちゃんが繕ったやつ。ちょうど僕たちのサイズがあったからとっちゃったんだけど。ティムも、いる？」

力は、まんざら個人の善意のみに頼っているわけではなく、教育というシステムの中にしっかりと根付いているとも言えるだろう。

　しばらくすると息子たちの一行が戻ってきたので、わたしはコートを着てみんなに別れを告げ、息子とともに事務所の外に出た。

「どうだった？　路上にまだ座っていた人はいた？」帰り道で息子に聞くと彼は答えた。

「ううん。もう外に座っている人はいなかった。カフェとナイトクラブには何人もいたけど。ナイトクラブに座っていた人たちのために、水筒《とう》の紅茶を注いで渡すのを手伝ったよ」息子はそう言って、わたしの顔を見た。

「最初は、少し怖《こわ》かった。正直言って、匂いのきつい人もいたし、なんかちょっと酔《よ》っぱらってるのかなって感じの、目つきがうつろな人とかもいたから」

「うん」

「でも、なんか僕、かわいがられちゃった。まだ小学生ぐらいだと思われたんだろうね、『いい子だね、感心だね』とか言って、こんなのくれた人もいた」

　息子はそう言うとポケットから小さなキャンディーの包みを出した。キャンディーがいっぺん溶《と》けて変形し、また自然に固まったという感じの、そうとう年季の入った包みのように見えた。

「ホームレスの人から物を貰《もら》っちゃったりしてもいいのかな、ふつう逆じゃないのかなってちょっと思ったけど。でも、母ちゃん、これって……善意だよね？」と息子が言った。

「うん」

「善意は頼りにならないかもしれないけど、でも、あるよね」

　うれしそうに笑っている息子を見ていると、ふとエンパシーという言葉を思い出した。善意はエンパシーと繋《つな》がっている気がしたからだ。同じ意見の人々や、似た境遇《ぐう》の人々に共感するときには善意は必要ない。

　C他人の靴を履いてみる努力を人間にさせるもの。そのひとふんばりをさせる原動力。それこそが善意、いや善意に近い何かではないのかなと考えていると、息子が言った。

「明日も学校休みになるかなあ」

Ⅱ　息子が中学校に入ってからというもの、わたしはボランティア活動がしたくてうずうずしていた。そこで制服のリサイクルを行っている女性教員と保護者たちのグループを手伝うことになった。このリサイクル隊は、中古の制服を保護者たちから募《つの》り、日本円で言えば５０円とか１００円とかで販《はん》売していて、寄付された制服がほつれていたり、破れていたりすることがあるので、それらを繕《つくろ》う人を募《ぼ》集していたのだ。制服が黒いビニールのゴミ袋《ぶくろ》５つにつめられて自宅に届き、ちょっと待ってください、これ全部縫《ぬ》うんですかとたじろいでいると、車で届けに来た女性教員が言った。

「少しずつ、暇《ひま》なときに繕ってくれたらオッケーだから。たくさんあるもんね」

　息子の科学の先生で保護者面談で話したことのある彼女は、ざっくばらんな感じで一見すると教員には見えない。茶色い髪《かみ》の一部に紫《むらさき》のメッシュを入れていて、生徒たちからは「ミセス・パープル」というニックネームで呼ばれている。

　制服のリサイクル活動は、売ることが目的で行われているわけではない。だから、「制服が必要な生徒を知っていたら、販売会まで待たずとも、自由にあげていいよ」と言われた。真っ先に思いついたのは、息子の友人のティムのことだった。学校帰りにうちの息子と一緒に歩いている姿を見かけたとき、制服のトレーナーがずいぶ

「帰りたかったら帰ってもいいよ。ただ、こんな天気の日だから、わたしと一緒に帰ってくれたほうが安心ではあるけどね」

　と言うと、息子は少し考えてから答えた。

「僕も、キッチンで手伝ってもいい？」

「もちろん」と言ってわたしは息子をキッチンに連れて行った。路上生活者たちの前を横切るときに、息子の表情が少しこわばっているのがわかった。

「今年はほんとうに路上生活者の数が多い。緊縮財政で、自治体は何の緊急支援もできなくなっているから、民間がなんとかするしかない」

　パンにマーガリンを塗りながら友人が言った。

「緊縮って何？」と息子が聞くと、友人が説明を始めた。

「この国の住民は英国っていうコミュニティに会費を払《はら》っている。なぜって、人間は病気になったり、仕事ができなくなったりして困るときもあるじゃない。国っていうのは、その困ったときに集めた会費を使って助け合う互《ご》助会みたいなものなの」

「その会費って〈　イ　〉のことだよね」

「そう。ところが、緊縮っていうのは、その会費を集めている政府が、会員たちのためにお金を使わなくなること」

「そんなことしたら困っている人たちは本当に困るでしょ」

「そう。本当に困ってしまうから、いまここでみんなでサンドウィッチを作ったりしているの。互助会が機能していないから、住民たちの善意でやるしかない」

「でも、善意っていいことだよね？」

「うん。だけどそれはいつもあるとは限らないし、人の気持ちは変わりやすくて頼《たよ》りないものでしょ。だから、住民から〈　イ　〉を集めている互助会が、困っている人を助けるという本来の〈　ア　〉を果たしていかなくちゃいけない。それは善意とは関係ない確固としたシステムのはずだからね。なのに緊縮はそのシステムの動きを止める。だからこうやってみんなで集まって、ホームレスの人々にシェルターを提供したり、パトロール隊が出て行ったりしているの」

　イランでは学校の先生だった友人から息子はシティズンシップ・エデュケーションの授業を受けているようだった。託《たく》児所に通っていた頃《ころ》から息子は友人になついていて、こんな風にたくさんのことを教わったものだった。

　しばらくすると目の覚めるような長身の美女がキッチンに入ってきた。イラン人の友人の長女である。彼女は2年ほど前から親元を離《はな》れてイングランド中部の大学に通っているのだが、週末に久しぶりに戻《もど》ってきていたらしい。だが、この雪で電車が止まり、帰れなくなってしまったので、ここで手伝うことにしたのだという。退屈《くつ》そうにキッチンの流しの前に立っていた息子に、友人の娘が話しかけた。

「一緒に行く？　ちょっと寒いし、往復一時間ぐらい歩くけど、いい運動になるよ」

「行ってくれば？　ここにいてもあんまりやることもないし」とわたしも言った。

　息子は即《そく》答で「僕も行く」と言って、友人の娘と、彼女とペアを組んでパトロールしている大学生の青年がポットに紅茶をいれるのを手伝い始めた。そして大きなリュックを渡《わた》され、食品をたくさんつめてそれを背負い、大学生2人の後を追うようにして出て行った。

　こういうときの英国の草の根の機動力には驚《おどろ》かされる。地べたの助け合いの精神はとても大事だ。それこそ中学校のシティズンシップ・エデュケーションでは市民活動の意義と種類、歴史などを学んだり、実地研修も行うようなので、英国のこうした助け合いの機動の導入が〈ア〉づけられている。

「試験って、どんな問題が出るの?」と息子に聞いてみると、彼は答えた。

「めっちゃ簡単。期末試験の最初の問題が『エンパシーとは何か』だった。で、次が『子どもの権利を三つ挙げよ』っていうやつ。全部そんな感じで楽勝だったから、余裕《ゆう》で満点とれたもん」

(３)げに言っている息子の脇《わき》で、夫が言った。

「ええっ。いきなり『エンパシーとは何か』とか言われても俺《おれ》はわからねえぞ。で、お前、何て答えを書いたんだ?」

「**a** 自分で誰《だれ》かの靴《くつ》を履《は》いてみること、って書いた」

自分で誰かの靴を履いてみること、というのは英語の定型表現だ。エンパシーは「共感」、「感情移入」と訳されている言葉だが、確かに、誰かの靴を履いてみるというのはすこぶる的確な表現だ。

「そういう授業、好き?」とわたしが聞くと息子が答えた。

「うん。すごく面白《おも》い」

「エンパシーって、すごくタイムリーで、いい質問だね。いま、英国に住んでいる人たちにとって、いや世界中の人たちにとって、それは切実に大切な問題になってきていると思うから」

「うん。シティズンシップ・エデュケーションの先生もそう言ってた」と、ちょっと誇《ほこ》らしげに顎《あご》をあげてから息子は続けた。

「EU離《り》脱や、テロリズムの問題や、世界中で起きているいろんな混乱を僕《ぼく》らが乗り越《こ》えていくには、自分とは違《ちが》う立場の人々や、違う意見を持つ人々の気持ちを想像してみることが大事なんだって。これからは『エンパシーの時代』、って先生がホワイトボードにでっかく書いたから、これは試験に出るなってピンと来た」

エンパシーと混同されがちな言葉にシンパシーがある。シンパシーのほうはかわいそうな立場の人や問題を抱《かか》えた人、自分と似たような意見を持っている人々に対して人間が抱《いだ》く感情のことだから、自分で努力をしなくとも自然に出て来る。だが、エンパシーは違う。シンパシーは感情的状態、エンパシーは**b**的作業とも言えるかもしれない。

３月になって大雪が降るという年がたまにあるが、雪が降ると英国(イギリス)では様々なものがストップする。電車、バスなどの交通機関が止まるほか、保育園、学校、大学などが休みになり、中学校からは朝いちばんで休校を知らせる携《けい》帯メールが入った。一緒《しょ》に働いていたイラン人女性の友人からも電話がかかってきた。どうやらホームレス支援《えん》団体の事務所と倉庫を緊《きん》急開放して路上生活者の人々を受け入れているそうだ。聞けばボランティアも不足しているようだし、学校が休みになって家でだらだらしている息子を連れて手伝いに行くことにした。事務所の中には路上生活者の人々が４人ばかり、敷《しき》物を敷《し》いて寝《ね》転んだり、座《すわ》ったりしていた。息子はおずおずとした様子で、目が合った人に「ハロー」と挨拶《あいさつ》したりしている。友人に言われるまま食パンにマーガリンを塗《ぬ》ってハムサンドウィッチを作っていると、息子がドアを開けて外に出て行くのが見えたので、わたしも急いで後を追った。

「どうしたの? 家に帰る? 母ちゃんはもう少し手伝って行くけど」とわたしが言うと、息子が振《ふ》り返った。目が心なしか潤《うる》んでいる。

「本当に悪いと思うんだけど、でも、匂《にお》いに耐《た》えられなくって鼻で息をするのを止めてたから、息苦しくなっちゃって……」

ガンガンに暖房《ぼう》を利《き》かしていたせいもあり、内部にはアルコールと尿《にょう》の匂いが混ざったような独得の臭《しゅう》気がこもっていたのは事実だった。

なぜそう感じるのか、自分の考えを自分で知っておく。書くことはそういう時の手助けになるはずです。自分と向き合うための方法でもあるし、そうやって自分自身の内面を繰《く》り返し探《さぐ》って行くことで心が鍛《きた》えられるというのかな。若い時には思いもよらなかったことを考えていたりもするんだけど、それをとっさに口に出すのが億劫《くう》なだけで、本当はちゃんとわかってる。大人は「十五歳なんてまだ子どもだ」と思うかもしれない。でも実際はそうじゃない。たいていのことはみんな、わかってて、だけどそれをいう言葉を知らないからいわないだけで、ちゃんと心の中ではいろんなことがわかっちゃっている。君たち少年少女っていうのは、おそらく、そういうものじゃないですか。あの人は何もいわないけど、本当は気持ちの中で自分によく問いかけ、自分でよく答え、それを繰り返している。それは言葉に表さなくても、行動に表さなくても、心の中でそういうふうにしてるってことがある。**ウ**人は誰でも、誰にもいわない言葉を持ってる。沈黙《ちんもく》も、言葉なんです。

（吉本隆明「15歳の寺子屋」より）

(一) [A]には『坊っちゃん』の作者名が入ります。ふさわしい作者名をつぎの語群から選んで、記号で書きなさい。

ア　宮沢賢《みやざわけん》治　　イ　司馬遼太《りょうた》郎《ろう》
ウ　夏目漱《そう》石　　エ　谷川俊《しゅん》太郎
オ　芥《あくた》川龍之《りゅうの》介

(二) ――線**ア**とありますが、なぜ「僕《ぼく》」はこんな気持ちになるのですか。文中のことばを使って書きなさい。

(三) (　)①～④に入る最もふさわしいことばをつぎの語群から選び、記号で書きなさい。同じ番号には同じことばが入ります。

ア　当然　　イ　希望　　ウ　協調
エ　強制　　オ　共感　　カ　偶《ぐう》然

(四) [　]**a**～**e**には、[話し言葉]**ア**　[書き言葉]**イ**のどちらかが入ります。そのうち**b**・**c**・**d**にはそれぞれ**ア**、**イ**どちらが入るか選び、記号で書きなさい。

(五) [B]にはすべて同じことばが入ります。ふさわしいことばを書きなさい。

(六) [　]㋐～㋓に入る最もふさわしい二字の熟語をつぎの語群から一つずつ選び、漢字に直して書きなさい。

じっせき　　ほんしん　　くうそう　　げんじつ
えんまん　　りそう　　まごころ　　じっかん

(七) -----線**イ**とありますが、「単純な愛国心」に「水をぶっかける」とはどういうことか考えて、自分のことばで書きなさい。

(八) ――線**ウ**とありますが、「誰にもいわない言葉を持つ」とはどういう「生き方」ですか。文章全体から考えて、自分のことばで書きなさい。

二　**つぎの文章を読んで、あとの問題に答えなさい。**

I

息《むす》子の中学校では、学期ごとの通知表のようなものをネットでダウンロードできるようにしてある。5段階評価でそれぞれの教科の(１)の到《とう》達度が示され、授業に対する(２)なども評価される。で、入学以来、うちの息子が輝《かがや》かしい成績をおさめている教科が二つある。「演劇」と「ライフ・スキル教育」である。

「ライフ・スキル教育」というのは具体的には何のこと？　たずねてみると、息子はこう答えた。

「ちゃんと筆記試験があるよ。要するにそれ、『シティズンシップ・エデュケーション』(市民教育)のこと」

英国の公立学校教育では、シティズンシップ・エデュケーションも、どうせ一年も経《た》たないうちに徴《ちょう》兵検査を受けて兵隊になるんだからいいや」というような諦《あきら》めの気持ちもあった。仲のよかった同級生が中国の戦線に送られて戦死したり、同じ寮《りょう》の友達が特攻《こう》隊で亡くなったりしている中で、自分たちだけが進学を希望するのは後ろめたく感じられて、説得係のいうことはもっともに思えた。教室はしんと静まり返っていました。だけど僕は、「なんかおかしい」「なんかちがう」と思ったんです。いい方がどうも気にくわねえってこともあったなあ。それで「あなたはどんな資格でそういうことをいっているのか」とこっちも精一杯《ぱい》の理屈《くつ》で反抗《こう》したんです。「勉強したことをお国のために役立てるというやり方もあるんじゃないか」って。そうしたら、それまでみんなもしょげてきいていたのが「そうだそうだ」っていいだして、そうなると説得係の声もだんだん小さくなるし、結局は意見を引っこめてくれて、それで僕ら電気化学科の人間は上の学校に進むことができました。なぜあの時、「なんかおかしい」と反発したのか。それは僕が父親に、「やっぱり兵隊に行くべきじゃないか」って相談をした時に、こういう話をしてもらったからだと思います。

「上の学校に進みたければ進んでもいいし、兵隊になりたいっていうならそうするのも悪くないよ。おまえの好きにすればいい。ただね、名誉《よ》の戦死というけど、実際には華々《はなばな》しく死ぬことは難しいんだよ。戦場でドンパチ撃《う》ち合いをして、弾《たま》が当たって死ぬっていうのは滅多《めっ》にない。たいていは、行軍している途中で下痢《げり》が止まらなくなって遅《おく》れておきざりにされちゃったとか、攻《せ》めていこうとした時に塹壕《ざんごう》（土をほり、身をかくすためのみぞ）が崩《くず》れて土に埋《う》まって死んじゃったとか、そういうことがほとんどなんだよ」

うちの親父《おやじ》は、第一次世界大戦の時に中国の青島《チンタオ》の攻撃《こうげき》に参加していたんです。別に反戦主義者だとかそういうんじゃないんですよ。ただ、自分が戦争に行ったことがあったから、戦争で死ぬっていうことがどういうことか、㋐［　　］をよく知ってたんですね。それで具体的な話をして、こっちのイ単純な愛国心に水をぶっかけてくれた。僕はそれをきいた時にすごくショックを受けて、自分が抱《いだ》いていた若くて単純な考えというのはあんまり褒《ほ》められたもんじゃないなと感じました。どんな㋑［　　］やりくつよりも、父親のしてくれた話は具体的だったし㋒［　　］がこもっていた。だから説得係の人にいくらもっともらしいこと、正しそうなことをいわれても「なんかへんだぞ」と反発を感じたんでしょうね。

僕はいまだに「なんかおかしい」「なんかちがう」と思うと、誰がなんていったっていうことをきかないところがあります。自分でも困ったもんだなと思うけど、こればっかりはしょうがない。でもそれは、相手をいい負かして自分の意見を通したいわけじゃないんですよ。待てよ、そういいきれるだろうか。結論を急いで出そうとしないで、そこで立ち止まって考える、考え続ける。なんかよくわかんねえなって思ったら、わかったふりをしないで、わかんねえなって思ってりゃいい。そこでいいことをいおうとすると、たいていまちがいだぞっていうのがある。

近頃は、まわりの空気が読めない人のことをとやかくいいますよね。今の若い人は、自分が本当に思っていることも、まわりに遠慮《りょ》していえないんじゃないですか。若い人たちが謙虚《けんきょ》になったといえばいえますけど、へんにものわかりよくしないで、もう少し本当のことをハッキリさせた方がいいですよ。自分の㋓［　　］といっぺん向き合ってみるといい。正しそうなこと、もっともらしいことをいわれても、「なんかおかしい」「なんかちがう」と思ったら、諦めよくしないでその気持ちが何なのか、自分でもう少し掘り下げてみるといい。人にわかってもらうのは二の次でいいんです。いわなくたっていい。それを誰にもいわないでも、誰かにわかってもらわなくてもいいから、自分がんと書かなくたっていいんです。へんにかまえる必要もないし、好き勝手にわけのわからんことを書いてみるといい。そうすると、「話し言葉」ア と「書き言葉」イ っていうのはまるでちがうものだということが、きっとよくわかると思います。ふだんはまったく意識してないと思うけれど、書くことと、話して相手にそれを通じさせようとすることはまったく別のことなんですよ。［　a　］っていうのは、何か得体の知れないところがある。書いてみると、自分でも気がついていなかった自分自身の気持ちがわかることがあるし、それをもっと深く掘《ほ》り下げていくこともできる。［　b　］が相手に何かを伝えるための道具だとしたら、［　c　］は自分の心の中に降りていくための道具だといってもいい。今の学校は、どうも［　d　］を重視している気がします。意思の疎《そ》通（通じ合うこと）のための言葉、人と議論するための言葉、コミュニケーションのための言葉の大切さは教わるみたいだけど、［　e　］については、単純に作文を書くってくらいしか教わらないんじゃないですか。そのせいで、かえって書くことが苦手になっちゃったという人もいるんじゃないかなあ。

　僕は話すことに苦手意識があるので、アナウンサーみたいによどみなくしゃべる人には、憧《あこが》れがあります。だけど、すらすらとしゃべる様子に、こりゃあ、危なっかしいなあと思うことがけっこうあります。どんなにしゃべるのがうまい人でも、伝えきれないものはどうしたってあるはずです。樹《き》でいったら、地面の上に見えている枝《し》葉じゃなくって、根っこの部分が言葉にもあるんですよ。地面の下の見えてない部分がね。たとえば、人には誰にもいえない気持ちだってありますよね。心の中で思っていることだから、いいことばかりじゃない。悪いことだって考える。僕はこれを〈個人幻《げん》想〉と呼んでいます。みなさんくらいの年頃だと好きな人ができたりもするでしょう。漠《ばく》然とした異性への憧れの先には、その人と恋《こい》人になりたい、その人と家族になりたいという思いがある。僕はこれをペアの幻想、〈対《つい》幻想〉と呼んでいます。好きな人ができると、自分とその人の共通点が気になったりもするでしょう。あるいは家族に対して、親はああいうけど、自分はちがうんだよなってことが出てきたりする。〈個人幻想〉と〈対幻想〉は一致《ち》するところもあるけど、食いちがうところもあるわけです。

　つまり、あなたが「自分は［　B　］だな」と思うようになったのは、自分以外の誰かを意識するようになったからともいえる。人と比べて自分はどこがどう同じで、どうちがうのかをいろいろと考えるようになって、自分のことがだんだん見えてきたからでもある。だとしたら、相手にうまく伝わらない、誰ともわかちあえないその気持ちこそが〈自分〉じゃないですか。書くことは、それを掘り起こすための方法でもあるんですよ。将来について考えるようになれば、視野はさらに広がっていきます。〈学校〉も集団だし、〈社会〉とか〈国家〉も集団といえば、集団ですよね。同じような考えをした人が集まって集団をつくっている。僕はこれを〈共同幻想〉と呼んでいるんだけど、みんなが思い描《えが》いていることと、自分が思っていることは必ずしも一致するとは限らない。これは子どもも大人も一緒《しょ》です。大人だって、やっぱり「自分は［　B　］だな」と思いながら生きてるんですよ。でもそれはふだんは地面の下で見えていない、根っこの部分なんです。

　言葉ではうまくいえないけど「なんかおかしい」「なんかちがう」と感じることがあります。僕が工業高等学校にいた頃のことです。戦時中ですから、「今のご時世に上の学校に進学するなんて贅沢《ぜいたく》なことだ。受験する権利は返上して、みんなで兵隊に行こうじゃないか」と、学生の自治会の説得係が毎日のように来たことがありました。あの頃の学生にとって、将来の夢が兵隊さんというのはごく普《ふ》通のことでした。僕自身もいっぱしの軍国少年でしたし「進学できなかったとして

二〇二〇年度 日本女子大学附属中学校

【国　語】〈第一回試験〉（五〇分）〈満点：六〇点〉

一 **つぎの文章を読んで、あとの問題に答えなさい。**

ひとりっていうのはそんなに悪いもんじゃないぜって、僕《ぼく》は思います。僕も子どもの頃《ころ》はひとりでこもりがちでした。あんまり人と交わって、まともに語り合ったりっていうのはなかったんです。僕は東京の下町、新佃《つくだ》島というところで生まれたんですが、やんちゃでね。学校から帰ると鞄《かばん》を玄《げん》関に放り出して、すぐに外に遊びに行っちゃうような悪ガキでしたけど、しゃべるってことがどうも苦手で、自分のいうことはあんまり人には通じないんだって思いこんでいたんです。だからみなさんもよくごぞんじの小説で、[A]の『坊《ぼ》っちゃん』。あれを読むと、主人公の坊っちゃんの気持ちが、わかりすぎるくらいよくわかって泣けてくるんですよ。あの小説はこんなふうに始まります。

親譲《ゆず》りの無鉄砲《ぽう》で小供《こども》の時から損《そん》ばかりして居る。

坊っちゃんも、自分の気持ちを人に伝えるのが上手《ず》じゃないんですね。なにしろ坊っちゃんときたら、病気で寝《ね》ている母親が亡《な》くなる二、三日前に、台所でおどけてとんぼ返りをしてみせたりする。坊っちゃんとしては母親を笑わせて元気づけようとしているんだけど、そういう笑うに笑えないような、怒《おこ》るしかないようなことばかりするもんだから相手に気持ちが伝わらないんです、いつも。それでまわりからはどうしようもない悪童だと思われてる。「あなたのそこがいいところですよ」ってかばって、かわいがってくれたのは、結局、清《きよ》というお手伝いだけでした。**ア**『坊っちゃん』は痛快な青春小説だといわれているけど、今でも読んでいると泣きべそをかきたくなるくらいこたえます。あの小説を書いた[A]も「人にわかってもらえない」って経験をたくさんしてきた人なんじゃないか。『坊っちゃん』には、[A]が背負っていたもろもろの悲劇みたいなものが全部出ている気がするんです。

なんだかうまくいえない。いうにはいったけど、相手にわかってもらえた気がしない。もやもやしてやりきれない気持ちになることが、みなさんにもきっとあるでしょう。それで僕は、自分がいいたかったことを紙に書いて残すことにした。せめて文字にして残そうと。そうすれば、あとで自分で見て「あの時はこうだったな」とわかるし、もしかしたら人が読んで「ああ。こういう気持ちなら自分にもよくわかるよ」って思ってもらえるかもしれない。僕は、みなさんと同じ十五歳《さい》か十六歳の頃、詩を書きはじめました。友達とガリ版（印刷の一種）で詩集をつくったりしてね。書いたからって「こう読め」とか「こう思え」と人に（①）することはできません。そう考えると、書いたものを誰《だれ》かが読むというのは（②）と（②）が出会うことなんですね。（②）と（②）が出会って「あなたのいっていることはすごくよくわかるよ」と（③）してもらえるかどうかは、ほんとに、はかない（④）です。僕は、そういうはかない（④）でものを書きはじめて、いつの間にか物書きが仕事になっていました。詩や文学は好きでしたけど、高校は工業高等学校に通って化学の勉強をしていましたから、戦争というものがなかったら、きっとそのまま技術者になっていたと思います。書くことは、いいたいことがうまく伝えられない自分の慰《なぐさ》めのために始めたことでした。それが仕事になってるなんて、今でも不思議な気がします。

みなさんも、ためしに自分が思ったことを紙に書くということをやってみるといいですよ。別に誰に見せるわけでもないんだから、きら

2020年度

日本女子大学附属中学校 ▶解説と解答

算 数 ＜第１回試験＞（50分）＜満点：60点＞

解 答

Ⅰ (1) 20 (2) 7 (3) $2\frac{1}{3}$ (4) 3 (5) $2800cm^3$ Ⅱ (1) 90と144 (2) 37.5 (3) 5200円 (4) 96度 (5) 分速60m (6) 50g (7) ① 2 ② $32cm^2$ (8) $4284cm^3$ Ⅲ (1) 15 (2) 48人 Ⅳ (1) 15分 (2) 10分で満水 Ⅴ (1) ① 1 ② 9 ③ 5 ④ $\frac{5}{9}$ (2) $\frac{25}{49}$倍 (3) ウ Ⅵ (1) 1800m (2) ㋐ 18 ㋑ 42 ㋒ 57 ㋓ 3420

解 説

Ⅰ 計算のくふう，逆算，四則計算，単位の計算

(1) $A\times B-A\times C=A\times(B-C)$となることを利用すると，$\frac{11}{17}\times163-\frac{9}{17}\times163+\frac{2}{17}\times7=\left(\frac{11}{17}-\frac{9}{17}\right)\times163+\frac{2}{17}\times7=\frac{2}{17}\times163+\frac{2}{17}\times7=\frac{2}{17}\times(163+7)=\frac{2}{17}\times170=20$

(2) $5\div6\times(32-\square\times2)=15$より，$\frac{5}{6}\times(32-\square\times2)=15$，$32-\square\times2=15\div\frac{5}{6}=15\times\frac{6}{5}=18$，$\square\times2=32-18=14$ よって，$\square=14\div2=7$

(3) $2.5\div2-\frac{2}{3}=\frac{5}{2}\times\frac{1}{2}-\frac{2}{3}=\frac{5}{4}-\frac{2}{3}=\frac{15}{12}-\frac{8}{12}=\frac{7}{12}$より，$\frac{7}{12}\div\square\times4\frac{1}{2}=1.125$，$\frac{7}{12}\div\square=1.125\div4\frac{1}{2}=1\frac{1}{8}\div\frac{9}{2}=\frac{9}{8}\times\frac{2}{9}=\frac{1}{4}$ よって，$\square=\frac{7}{12}\div\frac{1}{4}=\frac{7}{12}\times\frac{4}{1}=\frac{7}{3}=2\frac{1}{3}$

(4) $0.7\div\left\{0.375\times\left(0.8-\frac{2}{3}\right)\right\}-11=\frac{7}{10}\div\left\{\frac{3}{8}\times\left(\frac{4}{5}-\frac{2}{3}\right)\right\}-11=\frac{7}{10}\div\left\{\frac{3}{8}\times\left(\frac{12}{15}-\frac{10}{15}\right)\right\}-11=\frac{7}{10}\div\left(\frac{3}{8}\times\frac{2}{15}\right)-11=\frac{7}{10}\div\frac{1}{20}-11=\frac{7}{10}\times\frac{20}{1}-11=14-11=3$

(5) $1L=1000cm^3$より，$3L=3000cm^3$，$1mL=1cm^3$より，$30mL=30cm^3$，$1dL=100mL$より，$0.7dL=70mL=70cm^3$となる。よって，$3L-2\times(30mL+0.7dL)=3000cm^3-2\times(30cm^3+70cm^3)=3000cm^3-2\times100cm^3=3000cm^3-200cm^3=2800cm^3$

Ⅱ 約数と倍数，平均，倍数算，角度，旅人算，濃《のう》度《ど》，長さ，相似，面積，体積

(1) ２つの数をア，イとすると，アとイの最大公約数を求める計算は右の図①のように表せる。このとき，最小公倍数は，18×○×△で求められるから，18×○×△＝720より，○×△＝720÷18＝40となる。よって，○と△の組み合わせは，（1，40），（2，20），（4，10），（5，8）のいずれかとなるが，（2，20），（4，10）は，それぞれ１以外の公約数をもつので，これらの場合，アとイの最大公約数は18よりも大きくなる。したがって，○と△の組み合わせは（1，40）か（5，8）となり，差が小さいのは，（5，8）だから，アとイは，18×５＝90と，18×８＝144である。

図①

18) ア イ
　　○ △

⑵　７の段の九九の答えをすべて足すと，７×１＋７×２＋７×３＋…＋７×９＝７×(１＋２＋３＋…＋９)＝７×{(１＋９)×９÷２}＝７×45になる。同様に，８の段の九九の答えをすべて足すと，８×１＋８×２＋８×３＋…＋８×９＝８×(１＋２＋３＋…＋９)＝８×45になる。よって，７の段と８の段の九九のすべての答えの和は，７×45＋８×45＝(７＋８)×45＝15×45となる。また，すべての答えの個数は，９＋９＝18(個)だから，すべての答えの平均は，(15×45)÷18＝37.5と求められる。

⑶　兄が弟に1200円あげる前とあげた後で，２人の持っているお金の合計は変わらないから，その合計を表す比の数を，13＋３＝16と，５＋３＝８の最小公倍数である16にそろえると，右の図②のようになる。すると，そろえた比の，13－10＝３にあたる金額が1200円となるから，そろえた比の１にあたる金額は，1200÷３＝400(円)とわかる。よって，はじめに兄が持っていた金額は，400×13＝5200(円)と求められる。

図②

	兄		弟		兄		弟
前	13	：	3	＝	13	：	3
後	5	：	3	＝	10	：	6
			×２				

⑷　正三角形の１つの内角の大きさは60度である。また，五角形の内角の和は，180×(５－２)＝540(度)だから，正五角形の１つの内角は，540÷５＝108(度)となる。よって，右の図③の四角形DECFで，角カと角キの大きさは108度，角クの大きさは60度だから，角ケの大きさは，360－108×２－60＝84(度)とわかる。したがって，㋐の角の大きさは，180－84＝96(度)と求められる。

図③

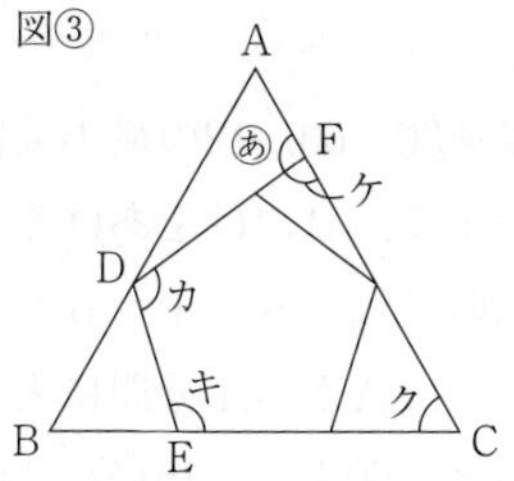

図④

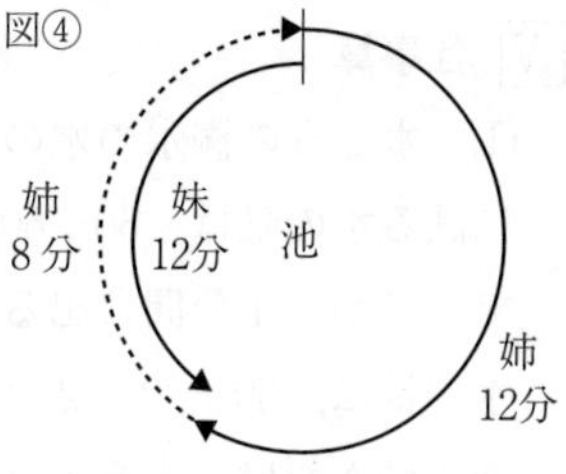

⑸　２人の進んだ様子は右上の図④のようになるので，姉が８分で進んだ道のりを妹は12分で進んだことになる。よって，妹は，90×８＝720(m)進むのに12分かかったから，妹の速さは分速，720÷12＝60(m)と求められる。

⑹　はじめ，６％の食塩水300ｇには食塩が，300×0.06＝18(ｇ)含《ふく》まれている。また，食塩水を何ｇか取り出して同じ量の水を加えたとき，食塩水の量は300ｇで変わらず，濃度が５％になったので，含まれる食塩の量は，300×0.05＝15(ｇ)になる。よって，食塩の量は，18－15＝３(ｇ)減ったので，取り出した６％の食塩水に食塩が３ｇ含まれていたとわかる。したがって，取り出した食塩水の量を□ｇとすると，□×0.06＝３(ｇ)と表せるから，□＝３÷0.06＝50(ｇ)と求められる。

⑺　①　直方体の展開図は右の図⑤のようになる。図⑤には縦と横の長さが，(４cm，16cm)，(㋐cm，４cm)，(㋐cm，16cm)の面が２つずつあるから，表面積は，(４×16＋㋐×４＋㋐×16)×２＝{64＋㋐×(４＋16)}×２＝(64＋㋐×20)×２＝128＋㋐×40(cm^2)と表せる。これが208cm^2にあたるので，128＋㋐×40＝208より，㋐＝(208－128)÷40＝２(cm)と求められる。　②　図⑤の太線部分はＡからＢまでかけたひもを表しており，長さが最も短くなるようにひもをかけたので，太線部分は一直線になる。このとき，三角形ADE，三角形AFG，三角形ACBは相似であり，その相似比は，AD：AF：AC＝２：(２＋４)：(２＋４＋２)＝２：６：８＝１：３：４だから，DE：FG：CB＝１：３：４となる。よって，DE＝16×

図⑤

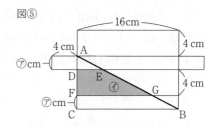

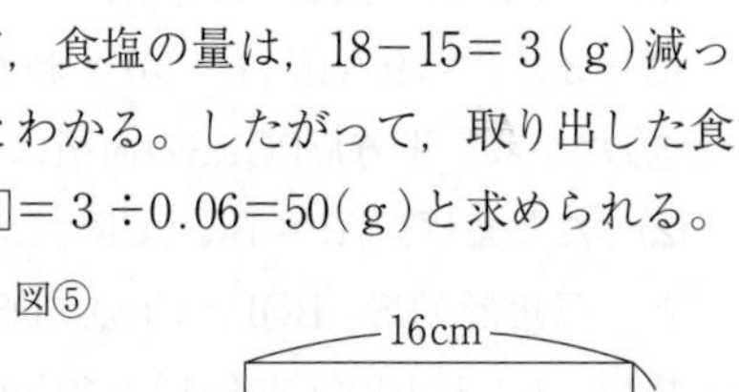

$\frac{1}{4}$＝4(cm)，FG＝16×$\frac{3}{4}$＝12(cm)だから，㋑の面積は，(4＋12)×4÷2＝32(cm^2)と求められる。

(8) 円柱の一部は，底面の半径が，20÷2＝10(cm)で，高さが12cmの円柱の半分だから，体積は，10×10×3.14×12÷2＝1884(cm^3)である。また，直方体の体積は，8×20×12＝1920(cm^3)で，三角柱は，底面積が，20×8÷2＝80(cm^2)，高さが6cmなので，体積は，80×6＝480(cm^3)となる。よって，この立体の体積は，1884＋1920＋480＝4284(cm^3)と求められる。

Ⅲ 表とグラフ―割合と比

(1) 問題文中の円グラフで，0分以上30分未満を表すおうぎ形の中心角は54度である。これは360度(全体)の，54÷360＝0.15，つまり，0.15×100＝15(%)だから，(ア)にあてはまる数は15である。

(2) 問題文中の表より，(イ)と(ウ)の合計は，100－(15＋28＋25)＝32で，(イ)と(ウ)の比は5：3だから，(ウ)＝32×$\frac{3}{5+3}$＝12となる。よって，120分以上150分未満の人数は全体の12%なので，400×0.12＝48(人)と求められる。

Ⅳ 仕事算

(1) 水そうの満水の水の量を30，60，12の最小公倍数より，60とする。BとCをあけると，1分間に減る水の量は，60÷60＝1で，Bだけをあけると，1分間に入る水の量は，60÷12＝5となるので，Cから1分間に出る水の量は，5＋1＝6とわかる。また，AとCをあけると，1分間に減る水の量は，60÷30＝2なので，Aから1分間に入る水の量は，6－2＝4である。よって，空の水そうにAだけで水を入れると，60÷4＝15(分)で満水になる。

(2) A，B，Cをすべてあけると，1分間に，4＋5＝9の水が入り，6の水が出るから，水そうの水の量は1分間に，9－6＝3だけ増える。また，水そうに水が半分入っているとき，あと，60－60×$\frac{1}{2}$＝30の水が増えると満水になるので，A，B，Cを同時にあけてから，30÷3＝10(分)で満水になる。

Ⅴ 平面図形―面積

(1) 三角形APSの面積は，1×2÷2＝1(cm^2)(…①)であり，三角形BQP，CRQ，DSRの面積も1cm^{2}となる。また，正方形ABCDの1辺の長さは，1＋2＝3(cm)なので，正方形ABCDの面積は，3×3＝9(cm^2)(…②)とわかる。よって，正方形PQRSの面積は，9－1×4＝5(cm^2)(…③)だから，正方形PQRSの面積は正方形ABCDの面積の，5÷9＝$\frac{5}{9}$(倍)(…④)になる。

(2) たとえば，AP＝BQ＝CR＝DS＝3cm，PB＝QC＝RD＝SA＝4cmとして，(1)と同様に考えると，三角形APS，BQP，CRQ，DSRの面積はそれぞれ，3×4÷2＝6(cm^2)，正方形ABCDの面積は，(3＋4)×(3＋4)＝49(cm^2)だから，正方形PQRSの面積は，49－6×4＝25(cm^2)となる。よって，正方形PQRSの面積は正方形ABCDの面積の，25÷49＝$\frac{25}{49}$(倍)とわかる。

(3) 4つの比を1：2，2：3，3：4，…のように，比の数を増やしていくとき，点P，Q，R，Sは，正方形ABCDの辺の真ん中に近づいていく。もし，点P，Q，R，Sが正方形ABCDの辺のちょうど真ん中にあるとすると，正方形PQRSの面積は正方形ABCDの面積のちょうど$\frac{1}{2}$倍となる。よって，正方形PQRSの面積は正方形ABCDの面積の$\frac{1}{2}$倍に近づいていくと考えられる。

Ⅵ グラフ―旅人算

(1) 姉とみどりさんがすれちがうまでに，姉は家から学校までよりも900m多い距離《きょり》を歩いている。

また，みどりさんは姉とすれちがうまでに，家から学校までよりも900m少ない距離を歩いている。よって，すれちがったとき，姉はみどりさんよりも，900×２＝1800(m)多く歩いている。

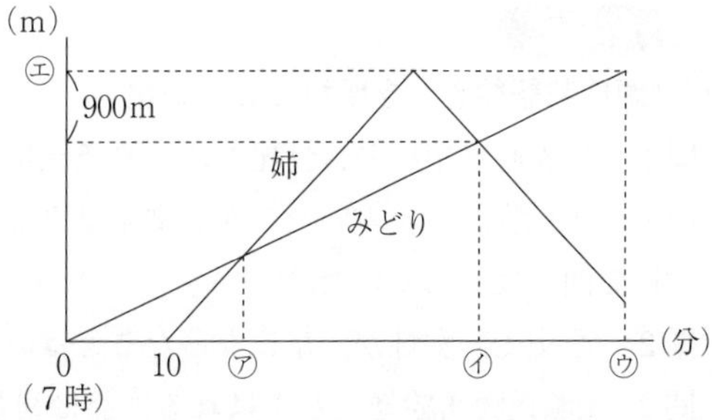

(2)　右のグラフの㋐は，姉がみどりさんを追いこしたときを表している。７時から７時10分までの10分間で，みどりさんは，60×10＝600(m)歩くので，７時10分の２人の間の距離は600mである。その後，２人の間の距離は１分間に，135－60＝75(m)の割合で縮まるから，姉は家を出てから，600÷75＝８(分後)にみどりさんを追いこす。よって，㋐は，10＋８＝18(分)である。次に，㋑は，２人がすれちがったときを表している。(1)より，㋐から㋑の間に姉はみどりさんよりも1800m多く歩き，１分間に姉はみどりさんよりも75m多く歩くので，㋐から㋑までの時間は，1800÷75＝24(分)とわかる。よって，㋑は，18＋24＝42(分)となる。また，㋒は，みどりさんが学校に着いたときを表している。みどりさんは姉とすれちがってから学校に着くまで900m歩くので，㋑から㋒までの時間は，900÷60＝15(分)となり，㋒は，42＋15＝57(分)とわかる。さらに，㋓は家から学校までの距離であり，みどりさんは家から学校まで57分かかるから，㋓は，60×57＝3420(m)と求められる。

社　会　＜第１回試験＞（30分）＜満点：40点＞

解　答

1　**問１**　イ　**問２**　①　×　②　×　③　○　**問３**　エ　**問４**　(1)　エ　(2)　ウ　(3)　イ　**2**　(例)　背景に描かれているのは江戸時代に発達した浮世絵で，この時代には長崎にオランダ商館が置かれていたので，ここからヨーロッパにもたらされた。　**3**　**問１**　①　横浜　②　ア　**問２**　イ　**問３**　(1)　ウ　(2)　①　オ　②　イ　③　ア　**問４**　①　ア　②　エ　**問５**　(1)　イ　(2)　ウ　**問６**　エ　**問７**　(1)　ウ　(2)　ア　(3)　(例)　(グラフ)Ｂ(から,)茨城・栃木・群馬の３県は，ほかの県に比べて乗用車の100世帯あたり保有台数が多い(ということを読み取ることができます。「なぜ，そのようになるのか」という理由は，グラフ)Ｃ(にあらわれていると私は考えました。それは,)茨城・栃木・群馬の３県は，ほかの県に比べて年間の人口増加率がマイナスで人口が少ないため，公共交通機関が少ない(ということです。)　**4**　**問１**　ア　**問２**　日本，韓国，北朝鮮，ロシア　**問３**　Ｂ　**問４**　え，き　**問５**　(1)　デモ　(2)　①　ア　②　ク　③　サ　**問６**　ウ　**問７**　エ→ウ→ア→イ　**問８**　(1)　**金属工業**…イ　**機械工業**…ウ　**せんい工業**…ア　(2)　スチール(鉄)，プラ(プラスチック)(PET(ペットボトル)，紙)　**問９**　①　ウ　②　エ　③　イ　④　ア　**5**　**問１**　①　イ　②　カ　③　サ　④　チ　**問２**　ア　**問３**　ウ　**問４**　ウ　**問５**　イ

解　説

1 「源氏物語絵巻」を題材にした問題

問１　平安時代中期の11世紀初め，一条天皇の中宮彰子《しょうし》に仕えた紫式部は，かな文字を使って長編小説『源氏物語』を書いた。かな文字は平安時代初期に漢字をくずしてつくられた文字で，おもに女性の間で使われていた。

問２　歴史上，女性が天皇になったことはあるが，征夷《せいい》大将軍と内閣総理大臣になったことはない。

問３　「源氏物語絵巻」とよばれる作品は複数存在するが，平安時代末期の作品がよく知られる。生け花は室町時代中期，京都六角堂の池のほとりに住んでいた僧が確立したとされ，それがのちに池坊《いけのぼう》流の名前となった。よって，エが正しくない。

問４　(1)　ア　遣唐使の派遣には莫大《ばくだい》な費用と航海の危険がともなうので，定期的には送られていなかった。　　イ　天皇自身が中国に渡ることはなかった。　　ウ　鑑真《がんじん》は唐(中国)から来日した高僧である。　　エ　遣唐使は630年の犬上御《いぬがみのみ》田鍬《たすき》を第１回とし，894年に菅原道真の進言によって廃止されるまで，およそ260年間に10数回，唐に派遣された。遣唐使によって，中国の法律や制度，仏教の経典など多くの新しい知識や文物がもたらされた。よって，正しい。　(2)　遣唐使は難波津《なにわづ》(大阪府)から瀬戸内海を経由して博多津(福岡県)へ向かったので，ウのルートが正しい。
(3)　『源氏物語』は11世紀初め，「源氏物語絵巻」は12世紀後半につくられているが，これ以前に遣唐使は廃止されている。中国では唐に代わり宋が成立し，朝廷は表向きでは中国への渡航を禁止していたものの，中国との交易は続いていた。よって，イが正しい。

2 ゴッホの作品「タンギー爺《じい》さん」を題材とした問題

ゴッホは19世紀後半に活躍《かつやく》した印象派のオランダ人画家で，代表作に「ひまわり」「糸杉」「夜のカフェテラス」などがある。ゴッホの作風には日本の浮世絵《うきよえ》の影響《えいきょう》があるとされ，資料の「タンギー爺さん」の背景には浮世絵が描かれている。浮世絵は江戸時代に発達した庶民《しょみん》的風俗画で，肉筆画と木版画がある。江戸時代後半には「錦絵」という多色刷り版画が発明されて大量生産され，庶民の間で広く愛好されるようになった。当時の日本は鎖国中で，ヨーロッパの国では唯一《ゆいいつ》，オランダと長崎の出島を通じて貿易が行われていた。最初に浮世絵に注目し，これを輸出したのは出島のオランダ商館長で，18世紀後半のことである。その後の19世紀なかば，フランスで日本の美術品が高い評判を得るようになり，パリ万国博覧会に浮世絵などが出品されたこともあって，「ジャポニスム」とよばれる一大ブームとなった。浮世絵の明るい色彩と大胆な構図，自由な画風は，ゴッホをはじめ，ルノワール，ゴーギャン，モネなど，のちに印象派とよばれる画家たちに大きな影響をあたえた。

3 東京の歴史についての問題

問１　①，②　1877年，貝などの腕足《わんそく》動物を研究するために来日したアメリカの動物学者モースは，横浜から新橋に向かう汽車に乗ったさい，大森付近を通過する列車の車窓から貝塚を発見した。のちに大森貝塚と名づけられたこの縄文時代の遺跡からは，土器や石器，貝がら，魚や動物の骨などが発掘され，日本で考古学という学問が始まるきっかけとなった。

問２　ア　古墳の形は円墳，方墳などさまざまで，このうち前方後円墳は日本独特の型といわれる。
イ　古墳は大王《おおきみ》(天皇)や豪族の墓で，３～７世紀にわたり各地に築かれた。大阪府堺市にある大山

(仁徳《にんとく》天皇陵《りょう》)古墳は，墳丘の全長が486ｍにもおよぶ日本最大の前方後円墳で，この大山古墳をふくむ「百《も》舌《ず》鳥・古市古墳群」は，2019年に世界文化遺産に登録された。よって，正しい。　ウ　関東地方にも多くの古墳が残されている。　エ　土偶は縄文時代に安産やえものが豊かであることなどを祈ってつくられたとされる土製の人形で，古墳からは出土しない。

問３　⑴『万葉集』は現存する最古の和歌集で，大伴家持《おおとものやかもち》らの編さんによって奈良時代に成立したといわれる。歌のよみ手は天皇・貴族から農民までさまざまで，約4500首が収録されている。ウは，農民がよんだ「防人《さきもり》の歌」の１つである。なお，アは藤原道長の和歌，イは与謝野晶子《よさのあきこ》の反戦詩，エは松尾芭蕉《ばしょう》の俳句。　⑵　①　渋沢栄一は明治時代に活躍した実業家で，第一国立銀行をはじめ多くの会社を設立し，日本の資本主義の発展に貢献《こうけん》した。よって，オがあてはまる。　②　福沢諭吉は明治時代に活躍した思想家・教育者で，『学問のすゝ《(す)》め』を著して人間の自由平等などを説き，当時の人々に大きな影響をあたえた。また，慶應義塾大学の創立者としても知られる。イは『学問のすゝめ』の書き出しの部分である。　③　野口英世は細菌《さいきん》学者で，アメリカで梅毒の研究を行って成果をあげたのち，アフリカに渡って黄熱病の研究を進めたが，同病に感染して亡くなった。よって，アがあてはまる。　なお，ウは板垣退助，エは北里柴三郎《しばさぶろう》。また，2024年に紙《し》幣《へい》の肖像《しょうぞう》画が変更されることになっており，１万円札が福沢諭吉から渋沢栄一，５千円札が樋口一葉から津田梅子，千円札が野口英世から北里柴三郎になる。

問４　資料の絵は，朝鮮通信使の行列とそれを見物する人々を描いたものである。朝鮮(李氏《りし》朝鮮)から江戸に派遣された朝鮮通信使は1607年に来日して以来，将軍が代がわりするごとに派遣され，第11代将軍徳川家斉《いえなり》まで12回を数えた。

問５　⑴　ア　空襲《くうしゅう》を避《さ》けるため，大都市の小学生は地方に集団疎開《そかい》させられた。　イ，エ　1944年，太平洋戦争が激しくなるなか，学徒勤労令，女子挺身《ていしん》勤労令が公布され，中学生や女学生も軍需《ぐんじゅ》工場に動員されて働かされた。よって，イは正しく，エは誤りである。　ウ　大学生の出征(学徒出陣《しゅつじん》)は1943年から行われた。　⑵　戦後，連合国軍最高司令官総司令部(GHQ)の指令によって日本の民主化政策が進められ，財閥《ざいばつ》などの大資本が解体された(財閥解体)。よって，ウが正しくない。

問６　町工場は大工場から注文を受けて製品をつくる中小の下請け工場が多く，必ずしも地元の人に製品を安く売っているわけではないので，エが正しくない。

問７　⑴　関東地方の１都６県のうち，15～64歳の生産年齢人口の割合が最も高いのは東京都で65.7％，最も低いのは群馬県で58.7％となっている。よって，ウがあてはまる。統計資料は『データでみる県勢』2019年版による(以下同じ)。　⑵　関東地方の１都６県のうち，農業産出額が最も多いのは茨城県で4903億円，最も低いのは東京都で286億円である。よって，アがあてはまる。

⑶　ＡとＥはたがいに関係の深いグラフで，平地が耕地に適していることを表している。したがって，東京に近い茨城・埼玉・千葉の各県は，近郊農業がさかんで耕地率も高くなっているが，埼玉県の耕地率がやや低いのは，東京のベッドタウンが多く，耕地の宅地化が進んでいるためと考えられる。Ｂ，Ｃ，Ｆは，茨城・栃木・群馬という北関東にある県と，埼玉・千葉・東京・神奈川という南関東にある都県の２つのグループに分けられる。前者は後者に比べて公共交通機関が少ないので，自動車保有台数が多い。また，大都市から離れているため人口増加率が低く，その代わりに地価が安いので一戸建て住宅が多いといえる。Ｄでは東京が突出して多く，これは東京が日本の首都

で，政治・経済・文化の中心地として日本や世界のあらゆる情報が集中するからと考えられる。

4　日本を取りまく地域や国々についての問題

問１　ア　私たちが普段使っている地図は北を上にして表すが，資料の地図は南東が上になっている。普段使っている地図でたて軸《じく》となる線は経線にあたり，経線は北極点と南極点を結んだ線なので，正しい。　　イ　地図の上になるのは北極，つまり緯度90度の地点で，経度180度の地点に向かうためには右，つまり東に向かうことになる。　　ウ　経度０度線だけでなく，経線に直角に交わる線は緯線で，赤道を基準にしたよこ軸の線である。　　エ　太陽がのぼる地点としずむ地点は特定できない。

問２　日本海は日本列島とアジア大陸に囲まれた海域で，これに面している国は日本・韓国・北朝鮮・ロシアである。

問３　九州南端から台湾にかけて連なる南西諸島は，太平洋側に弧《こ》を描くようにのびている。よって，Ｂがあてはまる。なお，南西諸島とは鹿児島県に属する大隅《おおすみ》諸島，吐噶喇《とから》列島，奄美《あまみ》諸島(群島)と，沖縄県に属する沖縄諸島，先島《さきしま》諸島からなるが，ここでは南西諸島のうち，沖縄県にふくまれる沖縄諸島，先島諸島をさすものとした。

問４　北緯40度の緯線は，日本では秋田県の八郎潟干拓地(大潟村)付近を通り，大陸では朝鮮半島北部を通る。よって，「え」と「き」があてはまる。

問５　(1)，(2)　ホンコン(香港)は，清(中国)がアヘン戦争(1840～42年)でイギリスに敗れたさい結ばれた南京条約によって，イギリス領となった。このアヘン戦争の情報が日本にもたらされると，江戸幕府は1842年に外国船打払令を廃止するなど，鎖国政策の転換を求められた。1997年，ホンコンは中国(中華人民共和国)に返還されたが，社会制度が異なるため，返還後50年間は社会主義制度を実施せず，これまでの体制を維持するとしてきた(一国二制度)。しかし，2019年，ホンコン政府は中国本土への犯罪者の引き渡しを可能にする条例改正案を発表した。これが可決されると，ホンコンの人々が中国本土に引き渡され，人権が侵害される恐れが出てきたため，大規模な反対デモが起こり，その後，ホンコン民主化デモへと発展した。

問６　ア　北方領土は，千島列島南部の択捉《えとろふ》島・国後《くなしり》島・色丹《しこたん》島・歯舞《はぼまい》群島からなる。　　イ　樺《から》太《ふと》は半島ではなく島である。　　ウ　北海道宗谷《そうや》岬の北にある樺太(サハリン)は，江戸時代末期に日本とロシアの混住地とされ，明治時代の1875年，樺太・千島交換条約によって樺太をロシアに譲《ゆず》る代わりに，千島列島は日本領と定められた。その後，日露戦争(1904～05年)に勝利した日本はロシアから樺太の南半分(北緯50度以南)を譲り受けた。よって，正しい。　　エ　樺太と大陸との間にある間宮海峡は，非常にせまい。

問７　地図中のＸ➡Ｙは冬に吹《ふ》く北西の季節風の風向きで，初めは乾燥《かんそう》しているが，日本海上を通るときに暖流の対馬《つしま》海流から立ちのぼる湿気をふくみ，越後山脈など日本海に面する山々にぶつかって多くの雪を降らせる。その後，山々を越えると，冷たく乾いた風となって関東平野に吹き下ろす。よって，空気の状態の変化はエ→ウ→ア→イとなる。

問８　(1)　戦前，日本の工業はせんい工業が中心であったが，戦後は機械工業の割合が高くなっている。よって，アはせんい工業，イは金属工業，ウは機械工業になる。　　(2)　図はすべてリサイクルマークで，左から順に「スチール」・「プラ」・「PET」・「紙」と書かれている。それぞれ鉄・プラスチック・ペットボトル・紙を表す。

問９　①　本州にある県のうち日本海に面しているのは，西から順に山口・島根・鳥取・兵庫・京都・福井・石川・富山・新潟・山形・秋田・青森の12府県である。グラフは山形県と青森県が大半を占《し》めるので，ウの果実の産出額になる。青森県はりんご，山形県はおうとう（さくらんぼ）と西洋なしの収穫量がそれぞれ全国第１位である。　②　兵庫県の割合が最も大きいので，エの工業製品の出荷額である。兵庫県は工業製品出荷額が全国第５位となっている。　③　新潟・山形・秋田の各県が大きな割合を占めるので，イの米の収穫量である。2017年の米の収穫量は，新潟県が全国第１位，秋田県が第３位，山形県が第５位となっている。　④　新潟・山形・秋田の各県のほか，兵庫県も割合が大きいので，アの面積があてはまる。新潟県は全国で５番目，秋田県は６番目に大きい。

5　**国と地方の予算についての問題**

問１　①　予算は内閣が作成し，国会に提出する。　②，③　予算の国会審議では衆議院に先議権があり，衆・参両議院とも本会議で出席議員の過半数の賛成で議決される。　④　内閣は国会が決めた予算にもとづいて政治を行う。

問２　資料の「歳出内訳」を見ると，社会保障費が全体のおよそ３分の１を占め，国債《こくさい》費は４分の１弱，地方交付税交付金は６分の１弱となっている。よって，アがあてはまる。

問３　令和元年（2019年）の一般会計予算は約101兆4571億円で，歳出と歳入は同額である。よって，ウが正しい。

問４　東京都は人口や事業所数が多く，自主財源である地方税による収入で財政をまかなえるので，国から地方交付税交付金の支給を受けていない。一方，高知県は過疎《かそ》化が進み，地方税収入が少ないので，歳入では地方交付税交付金の割合が高い。よって，ウがあてはまる。

問５　2019年10月に消費税が８％から10％に引き上げられたが，食料品や定期購読契約の新聞は税率が８％に据《す》え置かれた。これを軽減税率という。よって，イが正しい。お酒や外食は軽減税率の対象外である。

理　科　＜第１回試験＞（30分）＜満点：40点＞

解　答

1　(1)　①，②，④，⑥　(2)　オ　(3)　イ　(4)　カ　**2**　(1)　ウ　(2)　**A**　オ　**B**　ウ　(3)　消化管　(4)　カ，エ，イ，ウ　**3**　(1)　エ　(2)　ア　(3)　ウ　(4)　砂岩　**4**　(1)　ウ　(2)　ハザードマップ　(3)　地熱発電　**5**　(1)　解説の図を参照のこと。　(2)　カシオペヤ座　(3)　c　(4)　カ　**6**　(1)　①　B　②　A　③　E　④　C　(2)　（例）　二酸化炭素を通すと白くにごる。　**7**　(1)　解説の図①を参照のこと。　(2)　電子てんびん（上皿てんびん）　(3)　①　6.2g　②　解説の図②を参照のこと。　③　60℃　(4)　①　ウ　②　80g　③　54.1g　**8**　**A**　①，⑤　**B**　③，⑥　**C**　②，④　**9**　(1)　A→C→B→D　(2)　ウ　(3)　（例）　ブランコの長さが決まっていて，ブランコをふりこに見立てたときのふりこの長さに大きな差が生じないから。

解 説

1 アサガオの発芽と成長についての問題

⑴ アサガオの種子が発芽するために必要なのは，水分，適当な温度，空気(酸素)の３つの条件である。よって，それらがそろっている①，②，④，⑥で発芽する。③では空気，⑤では水分が不足している。なお，肥料，土，光の有無は発芽に関係しない。

⑵ 発芽に水分が必要かどうかを調べるには，水分の条件だけが異なり，ほかの条件は同じになっている組み合わせで比べる。ここでは水分の条件が不足している⑤と，それと水分以外の条件が同じになっている②で比べるとよい。

⑶ アサガオの発芽時には，イのように真ん中がくぼんだ形をしている子葉を２枚出す。

⑷ 植物の成長には光合成を行うための日光が必要となるので，１日を通して日光がよくあたる場所を選ぶ。太陽は東から出て南の空を通り西へしずむから，建物の南側で，東西方向にも近くに建物がないカの場所で一番よく育つと考えられる。

2 だ液のはたらきを調べる実験についての問題

⑴ だ液のはたらきを確かめる実験なので，だ液が最もよくはたらく体温くらいの温度のお湯を用いる。ヒトの体温は約36℃なので，ウの40℃が選べる。

⑵ だ液には，ごはん粒《つぶ》にふくまれるデンプンを消化して麦芽《ばくが》糖にかえるはたらきがある。したがって，だ液を入れた試験管Ａでは，デンプンが消化されてなくなっているため，ヨウ素液の色は変化しない。一方，だ液を入れなかった試験管Ｂでは，デンプンが消化されずに残っているので，ヨウ素液は青むらさき色に変化する。

⑶，⑷ 食べ物は，口→食道→胃→小腸→大腸→こう門の順に通っていく。これらの器官は１本の管のようにつながっており，まとめて消化管とよばれる。なお，かん臓はたん汁《じゅう》という消化液をつくるが，消化管にはふくまれない。肺と気管は呼吸に関係する器官である。

3 地層のでき方についての問題

⑴ 水中では粒の大きいものほど速くしずむので，水を入れた容器に砂とどろを流し込《こ》むと，粒の大きい砂が先にしずみ，その後，粒の小さいどろがしずんで砂の上に積もる。

⑵ 下に砂の層，上にどろの層ができた後，もう一度砂とどろを流し込むと，どろの層の上に新たな砂の層ができ，さらにその上に新たなどろの層ができて，アのようになる。

⑶ 実験のように砂とどろが分かれて積もるのは，砂の粒の方がどろの粒よりも大きく，水中では粒の大きいものほど速くしずむからである。

⑷ 海底などで土砂が積もってできるたい積岩のうち，砂とどろが固まってできた岩石を砂岩という。

4 火山についての問題

⑴ 地下の深いところにできる，岩石がどろどろに溶《と》けた高温のものをマグマという。そして，マグマが上昇《じょうしょう》して地上に噴《ふ》き出たもの(および，それが冷え固まってできた岩石)を溶岩《ようがん》という。

⑵ 火山の噴火《ふんか》や地震《じしん》・津波《つなみ》，大雨による河川のはんらんなどの自然災害が起こった場合を想定して，その地域における被害《ひがい》や危険性の予測と，避難《ひなん》に必要な情報などが示された地図をハザードマップという。

⑶　火山などの地下の熱を利用した発電方法を地熱発電という。多くは，火山の地下にある熱水や水蒸気を取り出し，その熱を利用して発電する。

5　北の空の星座についての問題

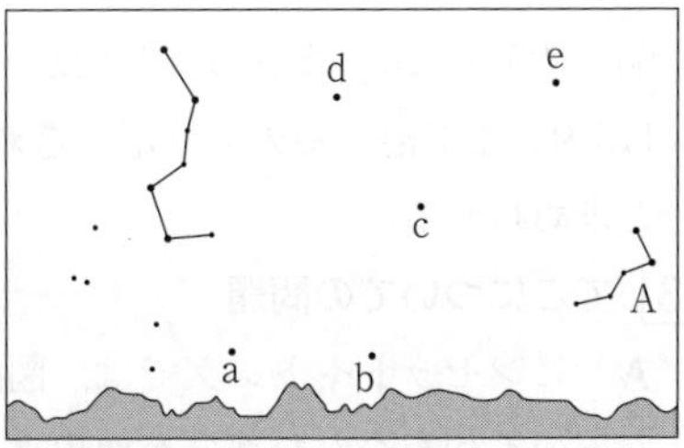

⑴　北斗七星は，右の図の左側に示された，ひしゃくのように並んだ７つの星の集まりで，おおぐま座の一部である。

⑵　W字型をしたAの星座はカシオペヤ座である。北斗七星とともに北の空に見られる。

⑶　北極星は，北斗七星とカシオペヤ座のおよそ中間に位置する。北斗七星のひしゃくの口の向きに，ひしゃくの端《はし》を約５倍のばしたところに北極星がある。

⑷　このスケッチは北の空のようすである。北の空の星は，北極星を中心として反時計まわり(左まわり)に，１日でほぼ１回転するように動いて見える。これは地球の自転によるものである。

6　水溶液の性質についての問題

⑴　図の左右方向は酸性・中性・アルカリ性について表しており，中央が中性で，右にいくほど酸性が強く，左にいくほどアルカリ性が強くなっている。また，上下方向は溶けている物質の常温での状態(気体・液体・固体)を表していて，上段が固体，中段が液体，下段が気体となっている。

①　食塩水は，固体(塩化ナトリウム)の溶けた中性の水溶液なので，Bにあてはまる。　②　石灰水は，固体(水酸化カルシウム)が溶けたアルカリ性の水溶液だから，Aにあてはまる。　③　水でうすめた酢《す》は，酢酸《さくさん》という液体の水溶液で酸性だから，Eがふさわしい。　④　ミョウバン水溶液は，固体(ミョウバン)の溶けた酸性の水溶液なので，Cとなる。

⑵　石灰水に二酸化炭素を通すと，石灰水に溶けている水酸化カルシウムが二酸化炭素と反応して，水に溶けにくい炭酸カルシウムができる。その白い小さな粒が液中に広がるため，液が白くにごる。

7　ミョウバンの溶け方についての問題

図①

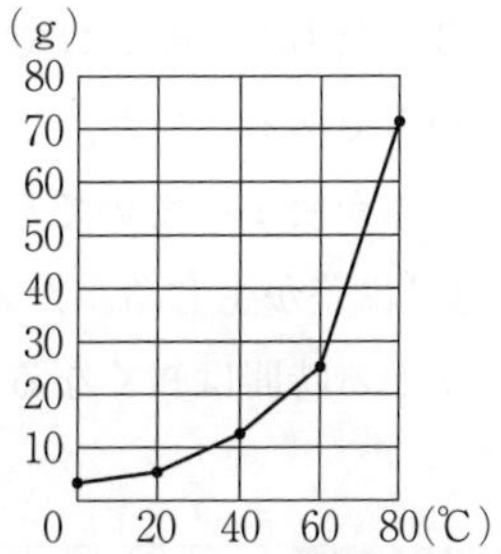

⑴　表をもとにグラフを書くと，右の図①のようになる。折れ線グラフを書くので，各点は直線で結ぶ(なめらかな曲線にする必要はない)。

⑵　ものの重さを0.1ｇの単位まで細かく正確にはかるには，電子てんびん(もしくは上皿てんびん)を用いる。

⑶　①　20℃の水100ｇにミョウバンは5.9ｇまで溶けるので，溶けきれずに残る粒の重さは，$12.1-5.9=6.2$(ｇ)となる。　②　ろ過の装置では，右下の図②のように，ろうとの管のとがった方をビーカーのかべにつける。これにより，ろ過が早く進むなどの効果がある。

③　ろ紙に残った6.2ｇの粒を25ｇの水に溶かすのは，水100ｇに，$6.2\times\frac{100}{25}=24.8$(ｇ)の粒を溶かすのと同様である。よって，表より，60℃になったときにすべて溶けたことがわかる。

図②

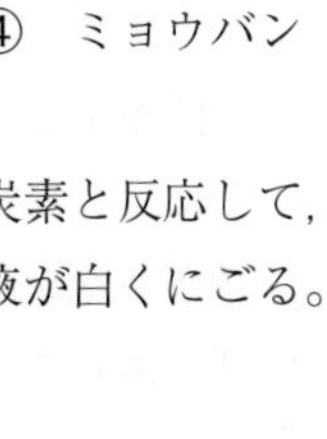

⑷　①　ミョウバン90ｇを水150ｇに溶かすのは，水100ｇに，$90\times\frac{100}{150}=60$(ｇ)のミョウバンを溶かすのと同様である。したがって，表より，すべてのミョウバンが溶けるのは60℃～80℃の間と考えられる。　②　倒《たお》す前の全体の重さは，$160+150+90=400$(ｇ)なので，こぼれたミョウバン水溶液は，$400-320=80$(ｇ)になる。　③　倒した後のミョウバン水溶液の重さは，$150+90-80=160$(ｇ)である。また，倒す前のミョウバン

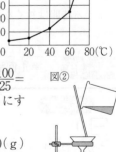

水溶液にふくまれるミョウバンと水の重さの比は，90：150＝３：５で，倒した後もその比は変わらないので，倒した後のミョウバン水溶液にはミョウバンが，$160\times\frac{3}{3+5}=60$（ｇ），水が，160－60＝100（ｇ）ふくまれる。したがって，20℃までビーカーを冷やすと，20℃の水100ｇにミョウバンは5.9ｇまで溶けるので，溶けきれなくなって現れたミョウバンの粒の重さは，60－5.9＝54.1（ｇ）と求められる。

８ てこについての問題

A　ピンセットやトングでは，図の右上の端が支点，真ん中あたりの手（指）で持つところが力点，左下のものをつかむ部分が作用点となる。

B　穴あけパンチは，レバーを手でおし下げると，レバーが手前側の支点を中心にして動き，真ん中あたりについている円柱状の刃《は》で紙に穴をあける器具である。また，せんぬきは，上の端をせんの上に置いて支点とし，真ん中の部分をせんの端に引っかけ，持ち上げるようにして使う。どちらも，支点と力点の間に作用点がある。

C　プルタブでは，指をかけて上に引っ張るところが力点，缶《かん》の中央でプルタブが缶にくっついているところが支点，飲み口の部分をおし込む部分が作用点となる。また，洗たくばさみは，指で持つところを力点とし，そこを指でおすと，真ん中が支点となって，ものをはさむ部分（作用点）が開く。

９ ブランコ（ふりこ）の運動についての問題

⑴　ブランコの動きはふりこと同様で，１往復するのにかかる時間はブランコ（ふりこ）の長さにだけ関係する。そして，その長さが長いほど，１往復するのにかかる時間も長くなる。よって，実験では，クリップの個数が少ないほど，１往復するのにかかる時間も短くなり，20秒間で往復する回数が多くなる。

⑵　ふりこが１往復するのにかかる時間は，おもりの重さやふれはばには関係しない。そのため，ブランコの手を離《はな》す高さを高くしても，ブランコの往復する回数は変わらない。

⑶　公園のブランコで競争しても回数に大きな差ができないのは，ブランコの長さが決まっているからである。なお，ふりこの長さは支点からふれるものの重心までの長さになるため，ブランコの長さが決まっていても，乗る人の重心の位置によって１往復するのにかかる時間（20秒間の往復回数）に差が生じる。たとえば，立って乗る方が座って乗るよりも，重心の位置が支点に近づくので，かかる時間は短くなる（回数が増える）。

国　語　＜第１回試験＞（50分）＜満点：60点＞

解　答

一　⑴　ウ　⑵　（例）　自分の気持ちを人に伝えるのが上手でない主人公の坊っちゃんのつらさが，わかりすぎるほどよくわかり，せつなくなるから。　⑶　①　エ　②　カ　③　オ　④　イ　⑷　**b**　ア　**c**　イ　**d**　ア　⑸　ひとり　⑹　㋐　現実　㋑　理想　㋒　実感　㋓　本心　⑺　（例）　兵隊になって名誉の戦死をすることが国のためになると単純に考えていた自分を立ち止まらせ，冷静さを取りもどさせたということ。　⑻　（例）　言葉に出すことはないが，自分と向き合い，自分自身の内面を繰り返し探り，自分でよく考える生き方。
二 ⑴ 1 理解　2 姿勢　3 得意　⑵ ア 義務　イ 税金　⑶ 自分とは～みること　⑷ 3　⑸ （例） 最初はホームレスの人を受け入れることができなかったが，最後にはホームレスの人がくれたキャンディーを善意として受け取ったから。　⑹ （例） でも，どうやって渡せばいいんだろう　⑺ （例） 貧しいティムの気持ちを傷つけることなく制服を渡す方法が思いつかず悩んでいた息子が，友人としてのティムの気持ちを想像して，善意によって行動できるようになった。

解説

一 **出典は吉本隆明《よしもとたかあき》の『15歳《さい》の寺子屋―ひとり』による。**自分自身の生い立ちや実体験にもとづきながら，「なんかおかしい」「なんかちがう」と感じたときに，その気持ちが何なのかを，自分でもう少し掘《ほ》り下げて考え続けていくことの大切さを述べている。

⑴ 夏目漱石《なつめそうせき》は，明治時代から大正時代にかけて活躍《かつやく》した作家。代表作には，『坊《ぼ》っちゃん』のほかに『吾輩《わがはい》は猫《ねこ》である』『三四郎』『こころ』などがある。

⑵ 「坊っちゃん」について筆者は，「自分の気持ちを人に伝えるのが上手じゃない」人間で，作者の夏目漱石が体験した「『人にわかってもらえない』って経験」が全部出ているのではないかと述べている。一方，筆者自身も「しゃべるってことがどうも苦手で，自分のいうことはあんまり人には通じないんだって思いこんでいた」とある。「坊っちゃん」と同じようなタイプの人間であるために，「主人公の坊っちゃんの気持ちが，わかりすぎるくらいよくわかって泣けてくる」というのである。

⑶ ① 直前の「こう読め」や「こう思え」は相手に対する命令なので，“無理におしつけること”を表す「強制」がよい。　② 強制ではなく「出会うこと」で読んでもらうのだから，“思いがけず，予測しなかったことが起こること”を表す「偶然《ぐうぜん》」が入る。　③ 直前に「あなたのいっていることはすごくよくわかるよ」とあるので，“他人の意見や感情をそのとおりだと感じること”を表す「共感」がふさわしい。　④ 直前に“不確かであてにならない”という意味の「はかない」があるので，“こうあってほしいと願うこと”を表す「希望」が合う。

⑷ 「しゃべるってことがどうも苦手」「物書きが仕事」という筆者が，「話し言葉」よりも「書き言葉」を重視していることに注意する。　a 次の一文に「書いてみると」とあるので，「書き言葉」である。　b，c 「書き言葉」は「深く掘り下げていく」ための言葉なのだから，「自分の心の中に降りていくための道具」といえるｃは「書き言葉」であり，それと対比されているｂは「話し言葉」となる。　d，e 直後に「単純に作文を書くってくらいしか教わらない」とあるｅは「書き言葉」であり，「書き言葉」に比べて今の学校で「重視」されているｄは「話し言葉」となる。

⑸ 本文の最初で筆者は，「ひとりっていうのはそんなに悪いもんじゃないぜって，僕《ぼく》は思います。僕も子どもの頃《ころ》はひとりでこもりがちでした」と，「みなさん」（君たち少年少女）によびかけている。そして，このよびかけに続く形で，一つめの空欄《くうらん》Ｂをふくむ一文で「あなた」に説明し，二つめの空欄Ｂをふくむ一文で「大人だって」と念押《ねんお》ししている。よって，空欄Ｂには「ひとり」が入る。

⑹　㋐　直後の一文に「それで具体的な話をして」とあるので，「現実」があてはまる。「具体的」は，形を備えているようす。「現実」は，いま事実として存在していることがらや状態。　㋑　直後に「りくつ」とあるので，「理想」がふさわしい。「りくつ(理屈)」は，ものごとの道理。「理想」は，考えられる最高・最上の状態。　㋒　前に「どんな理想やりくつよりも」とあるので，「理想やりくつ」とは対照的な熟語が入る。よって，“実物に接したような感じ”という意味の「実感」が合う。　㋓　前後で述べられている「自分が本当に思っていること」「自分の考え」にあたる熟語が入るので，“本当の気持ちや考え”という意味の「本心」がよい。

⑺　「単純な愛国心」とは，前の部分で筆者が述べているような，お国のために兵隊に行って名誉《めいよ》の戦死をとげるべきだといった，「若くて単純な考え」のこと。また，「水をぶっかけ」るは，“いきごんでいる人の勢いを失わせるような言動をする”ことのたとえである。これらの内容をまとめる。

⑻　少し前に「それを誰《だれ》にもいわないでも～自分の考えを自分で知っておく」とあるように，「誰にもいわない言葉」とは，「自分の考えを自分で知っておく」ということである。この内容を中心として，「生き方」につながるようにまとめればよい。

二　出典はブレイディみかこの『ぼくはイエローでホワイトで，ちょっとブルー』による。「僕」と「母ちゃん」がボランティア活動をするようすが描《えが》かれている。

⑴　**1，2**　「通知票のようなもの」に書かれることがらなので，「理解の到達《とうたつ》度」「授業に対する姿勢」とするのがふさわしい。「理解」は，ものごとの内容やりくつなどを正しくわかっていること。「姿勢」は，あるものごとに対する心がまえのこと。　**3**　すぐ前で「僕」は，試験は「余《よ》裕《ゆう》で満点とれた」と言っているので，「得意げ」とするのが合う。「得意げ」は，思いどおりになって満足そうなようすであること。

⑵　**ア**　「づけられ」「を果たし」と続くので，“人がそれぞれの立場のうえで当然しなければならないこと”という意味の「義務」がよい。　**イ**　国を互助《ごじょ》会にたとえたときに「会費」にあたるものだから，「税金」である。

⑶　「誰かの靴《くつ》」は，自分には不要だが誰かにとって大切であるもののたとえと推測できる。よって，「自分とは違《ちが》う立場の人々や，違う意見を持つ人々の気持ちを想像してみること」がぬき出せる。

⑷　「シンパシー」と「エンパシー」は混同されがちだが「違う」のだから，「感情」とは対照的な「知」を空欄ｂに入れ，「シンパシーは感情的状態，エンパシーは知的作業」と対比するのが合う。

⑸　「このボランティア活動」で「僕」がした「努力」は，「最初は，少し怖《こわ》かった」ホームレスの人に対するパトロールを手伝ったこと。そして，このとき「僕」は，ホームレスの人から貰《もら》った「キャンディー」に「善意」を感じている。これらの内容をまとめればよい。

⑹　中古の制服を渡《わた》されたさいにティムは，「でも，どうして僕にくれるの？」と理由を聞いている。中古の制服をもらったら，ティムはこのような疑問を持つだろうと，制服を物色し始めたときに気づいたため，「僕」は「困った」のだと考えられる。

⑺　中古の制服を渡されたティムが「じゃあ，お金払《はら》う」と言ったのは，自分の貧しさに同情されたくなかったからである。ティムがそのような気持ちになることを想像して，ティムが傷つかなくてすむ「友だちだから」という理由を言えるようになったところに，「僕」の成長が見られる。

当社発行物の無断使用は固くお断りいたします。御使用の前はまずご相談ください。

当社発行物には500点余の首都圏中・高過去問をはじめ、６点の学校案内、そのほかいくつかの情報誌などがございます。その多くが年度版で、限られたスタッフが来るべき受験シーズン前に余裕を持って受験生へ届けられるよう、日夜作業にあたり出版を重ねております。

その中で、最近、多くの印刷物やネット上において当社発行物からの無断使用が見受けられ、一部で係争化しているところもございます。事例といたしましては、当社の新刊発行を待ち、それを流用して毎年ネット上に新改訂として掲載していたＡ社、当社過去問から三百箇所をはぎ合わせ「自社制作につき無断転載禁止」とし、集客材としてホームページに掲載していたＢ社、当社版誌面を無断スキャンし、記述式解答は一部殆ど丸取りして動画を制作していた家庭教師グループＣ社、当社発行物の表紙を差し替え、内容を複製し配布していた塾のＤ社などほか数社がございます。

当社発行物の全部もしくは一部を無断使用することは固くお断りいたします。

当社コンテンツの中にはリーズナブルな設定でご提供している事例もたくさんございますので、ご利用されたい方はまずは、お気軽にご相談くださいますようお願いします。同時に、当社発行物を無断で使用している媒体などにつきましての情報もお寄せいただければ幸いです（呈薄謝）。

株式会社 声の教育社

2025年度用
中学スーパー過去問

■編集人 声の教育社・編集部
■発行所 株式会社 声の教育社
〒162-0814 東京都新宿区新小川町8-15
☎03-5261-5061㈹ FAX03-5261-5062
https://www.koenokyoikusha.co.jp

※本書の内容についての一切の責任は当社にあります。内容・解説・解答・その他は当社ホームページよりお問い合わせ下さい。

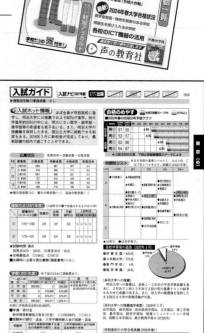

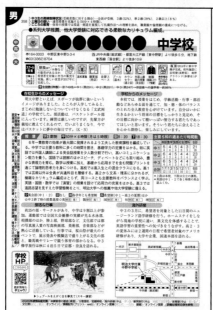

よくある解答用紙のご質問

01

実物のサイズにできない

拡大率にしたがってコピーすると，「解答欄」が実物大になります。配点などを含むため，用紙は実物よりも大きくなることがあります。

02

A3用紙に収まらない

拡大率164％以上の解答用紙は実物のサイズ（「出題傾向＆対策」をご覧ください）が大きいために，Ａ３に収まらない場合があります。

03

拡大率が書かれていない

複数ページにわたる解答用紙は，いずれかのページに拡大率を記載しています。どこにも表記がない場合は，正確な拡大率が不明です。

04

１ページに２つある

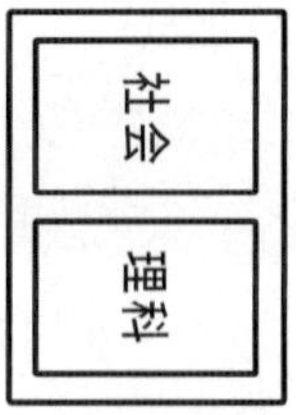

１ページに２つ解答用紙が掲載されている場合は，正確な拡大率が不明です。ほかの試験回の同じ教科をご参考になさってください。

日本女子大学附属中学校

【別冊】入試問題解答用紙編

解答用紙は本体からていねいに抜きとり、別冊としてご使用ください。

※　実際の解答欄の大きさで練習するには、指定の倍率で拡大コピーしてください。なお、ページの上下に小社作成の見出しや配点を記載しているため、コピー後の用紙サイズが実物の解答用紙と異なる場合があります。

●入試結果表

年度	回	項目	国語	算数	社会	理科	4科合計	合格者
2024	第１回	配点(満点)	60	60	40	40	200	最高点
		合格者平均点	38.4	36.9	24.7	25.1	125.1	163
		受験者平均点	36.7	31.2	22.9	22.8	113.6	最低点
		キミの得点						109
	第２回	合格者平均点	41.5	36.0	26.3	29.4	133.2	最高点 166
		受験者平均点	38.4	26.5	23.6	26.3	114.8	最低点
		キミの得点						114
2023	第１回	配点(満点)	60	60	40	40	200	最高点
		合格者平均点	41.0	36.4	25.2	31.1	133.7	166
		受験者平均点	37.2	30.1	22.6	28.8	118.7	最低点
		キミの得点						116
	第２回	合格者平均点	35.4	38.9	27.1	27.0	128.4	最高点 162
		受験者平均点	28.8	26.5	23.0	23.9	102.2	最低点
		キミの得点						111
2022	第１回	配点(満点)	60	60	40	40	200	最高点
		合格者平均点	38.3	42.8	25.2	30.6	136.9	173
		受験者平均点	35.0	35.0	23.1	28.8	121.9	最低点
		キミの得点						123
	第２回	合格者平均点	42.4	43.6	29.6	29.9	145.5	最高点 173
		受験者平均点	36.4	30.0	24.6	26.7	117.7	最低点
		キミの得点						135
2021	第１回	配点(満点)	60	60	40	40	200	最高点
		合格者平均点	40.2	43.9	22.8	28.3	135.2	172
		受験者平均点	37.2	35.6	20.3	24.5	117.6	最低点
		キミの得点						121
	第２回	合格者平均点	42.1	42.4	23.5	27.6	135.6	最高点 161
		受験者平均点	35.8	30.6	18.3	24.1	108.8	最低点
		キミの得点						123
2020	第１回	配点(満点)	60	60	40	40	200	最高点
		合格者平均点	36.6	43.0	23.0	28.4	131.0	167
		受験者平均点	32.4	35.1	20.2	24.6	112.3	最低点
		キミの得点						119

※　表中のデータは学校公表のものです。ただし、４科合計は各教科の平均点を合計したものなので、目安としてご覧ください。

声の教育社

2024年度　日本女子大学附属中学校

算数解答用紙　第１回

番号		氏名		評点	／60

I

(1)	(2)	(3)	(4)
			時間　分

II

(1)	(3)	(4)
通り		分
(2) 円	答　円	

(5)	(7)	(8)
分		cm^3
(6) 度	答　cm	

III

(1)①	②	③	④	(2)

IV

(1)	(2)	(3)
時速　km	分後	
(4)		答　分間

V

(1)	(2)	(3)㋒
毎分　cm	毎分　cm	
(3) 記号 ㋐ ／ 数	記号 ㋑ ／ 数	記号 ／ 数

VI

(1)㋐	㋑	㋒	㋓	㋔	㋕	(2)
						cm

(3)

（注）この解答用紙は実物を縮小してあります。Ｂ５→Ｂ４(141%)に拡大コピーすると、ほぼ実物大の解答欄になります。

〔算　数〕60点(推定配点)

I　各３点×４　II～VI　各２点×24<IIIの(1)，VIの(1)は完答，Vの(3)は各々完答>

２０２４年度　日本女子大学附属中学校

社会解答用紙　第１回

番号		氏名		評点	／40

1

問1　問2　問3 ①②

問4　問5　問6 ①②

問7 (1)　(2)

問8　問9 暴動名 記号　問10 語句 記号

問11

2

問1 (1)　(2) ①②　(3)

問2 (1)　(2) ①　② → → →

問3 (1)　(2)　(3) ①②

問4 (1)　(2)　問5 (1) ①②　(2)

問5 (3)

(4) ①②③　(5)

問6 ① 県　② 県　③ 県

3

問1　問2

問3 (い)(う)　問4　問5 原因 地域

問6

（注）この解答用紙は実物を縮小してあります。Ｂ５→Ｂ４(141%)に拡大コピーすると、ほぼ実物大の解答欄になります。

〔社　会〕40点(推定配点)

1 問1～問3　各1点×3＜問3は完答＞　問4　2点　問5，問6　各1点×2＜問6は完答＞　問7　(1)　1点＜完答＞　(2)　2点　問8～問11　各1点×4＜問9，問10は完答＞　2 各1点×18＜問1の(2)，問2の(2)の②，問5の(1)，(3)，(4)，問6は完答＞　3 問1　1点　問2　2点　問3～問5　各1点×3＜問3，問5は完答＞　問6　2点

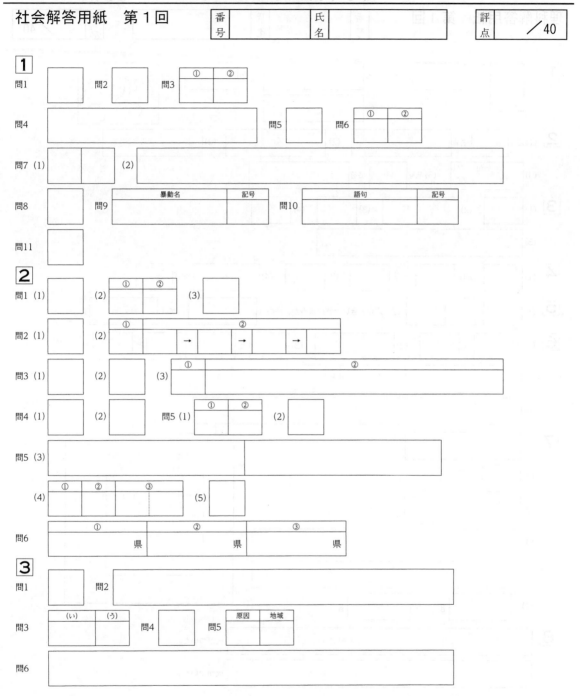

２０２４年度　日本女子大学附属中学校

理科解答用紙　第１回

番号		氏名		評点	／40

1　(1)　(2)　(3)①㋐　②　(4)
㋒

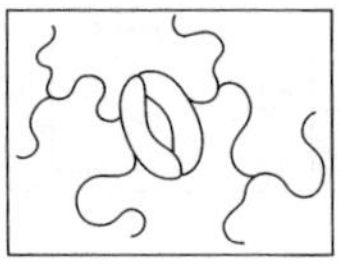

2　(1)記号　名前　(2)　(3)
(4)　(5)記号　名前

3　(1)　(2)　(3)　(4)
(5)

4　(1)　(2)①　②　(3)　(4)　記号

5　(1)　(2) 声が大きいときのほうが、糸の（　）が（　）。

6　(1) A　B　(2)　(3)　と　・　と
(4)　(5)　と
(6)

7　(1)
(2)
(3)
(4)
(5)
(7)①　g　②　g
(6)（　）
（　）

8　火がついた。
火がついた。

（注）この解答用紙は実物を縮小してあります。Ｂ５→Ｂ４(141%)に拡大コピーすると、ほぼ実物大の解答欄になります。

〔理　科〕40点(推定配点)

1～8　各 1 点×40＜2の(1)，(3)～(5)，3の(2)，4の(4)，5の(1)，6の(2)～(4)はそれぞれ完答＞

２０２４年度　日本女子大学附属中学校

国語解答用紙　第一回

番号		氏名		評点	／60

一

(一)

(二)　① みがまえる　② おがむ　③ しゅどうけん

(三)　菊池さん　　阪田

(四)

(五)

(六)

(七)　ア　イ　ウ　エ

(八)　①　②

(九)

二

(一)　a　b　c

(二)

(三)　・　人(14字)　・　人(9字)

(四)

(注) この解答用紙は実物を縮小してあります。B５→A３(163%)に拡大コピーすると、ほぼ実物大の解答欄になります。

〔国　語〕60点(推定配点)

一　(1)　2点　(2)　各1点×3　(3)　各2点×2　(4)　3点　(5)　2点　(6)　5点　(7)　各2点×4　(8)　①　2点　②　3点　(9)　8点　二　(1)　各2点×3　(2)　3点　(3)　各2点×2　(4)　7点

２０２４年度　日本女子大学附属中学校

算数解答用紙　第２回

番号　　氏名　　評点　／60

Ⅰ

(1)	(2)	(3)	(4)
			mL

Ⅱ

(1) 回　(2) cm

(3) 答 %

(4) 人　(5) 度

(6)

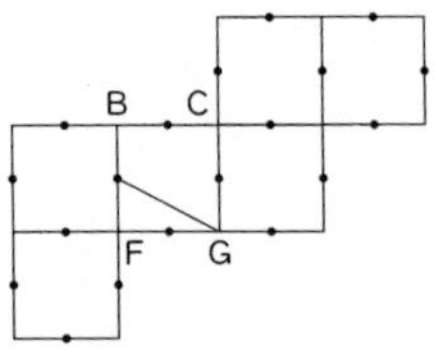

(7) m²

(8) 答 cm

Ⅲ

(1) 答 回目

(2) 回目

Ⅳ

(1)	(2)	(3)㋐	㋑
cm	cm		

Ⅴ

(1) 時速 km

(2) 時 分

(3) 時速 km

(2)

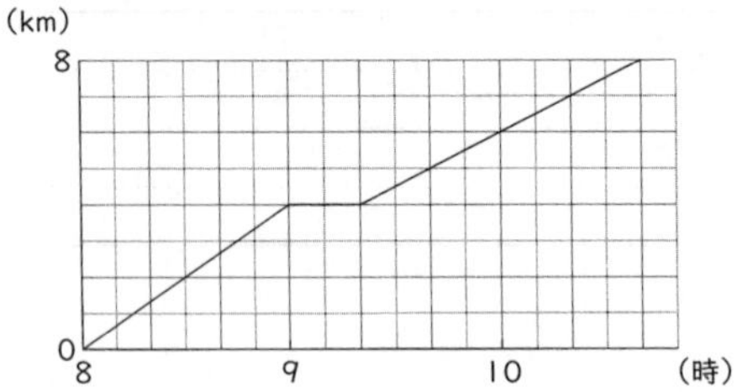

Ⅵ

(1) 答 毎秒 cm³

(2) cm³

(3)㋐　㋑　㋒　㋓

（注）この解答用紙は実物を縮小してあります。Ｂ５→Ｂ４(141%)に拡大コピーすると、ほぼ実物大の解答欄になります。

〔算　数〕60点(推定配点)

Ⅰ～Ⅲ　各３点×14　Ⅳ～Ⅵ　各２点×９<Ⅳの(3)，Ⅴの(2)，Ⅵの(3)は完答>

２０２４年度　日本女子大学附属中学校

社会解答用紙　第２回

番号		氏名	

評点	／40

1

問1 (1)　(2)　(3)　(4)　(5)

問2 (1) A B　(2)　(3)　(4) ① 前・後　② 前・後

問3 (1) ① ②　(2) ① ②　(3) → →

問4 あ い　問5

2

問1 (1) 県名 記号　(2) ① ② ③

問2 (1)　(2)

(3) ① ②

問3 (1)　(2)　(3) ① ② ③　問4

3

問1　問2　問3 (1)　(2) ① ②　問4 出生率 割合

問5　問6　問7 (1)　(2) e 高・低　f 高・低

4

問1　問2 (1)　(2)

問2 (3)

問3

（注）この解答用紙は実物を縮小してあります。Ｂ５→Ｂ４(141％)に拡大コピーすると、ほぼ実物大の解答欄になります。

〔社　会〕40点(推定配点)

1～4　各１点×40＜1の問２の(1)，問３の(2)，(3)，問４，2の問１の(1)，(2)，問３の(3)，3の問３の(2)，問４，問７の(2)は完答＞

２０２４年度　日本女子大学附属中学校

理科解答用紙　第２回

番号		氏名		評点	／40

1 (1)　(2)　(3)　(4) ①　②

2 (1)　(2)　(3)　(4)　(5)

3 (1)　(2)　(3)　(4)

4 (1)　時　分　(2)　(3)　(4)

(5) 星座　記号

5 (1)　g　(2)　g　(3)　g

6 (1)　(2)

7 (1)　(2)

8 (1)

	おもりのおもさ	糸の長さ	ふれはば
条件２			
条件３			

(2)

(3)

9 (1)　(2)

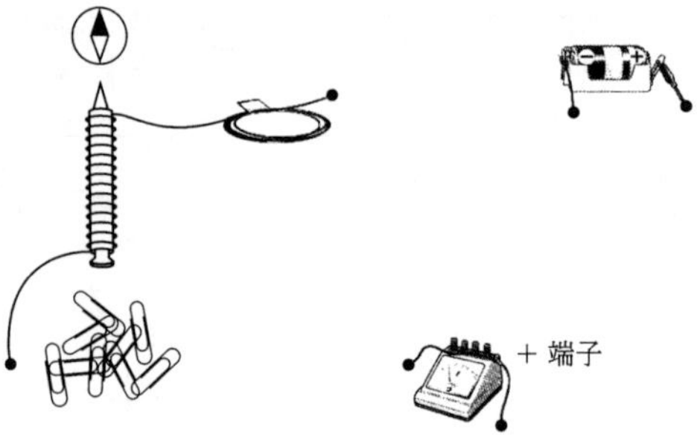

(3) ①

②

③　。

。

（注）この解答用紙は実物を縮小してあります。Ｂ５→Ｂ４（141％）に拡大コピーすると、ほぼ実物大の解答欄になります。

〔理　科〕40点（推定配点）

1～5　各１点×23＜3の(4)は完答＞　6　(1)　１点　(2)　２点　7　(1)　１点＜完答＞　(2)　２点
8　(1)　２点＜完答＞　(2)，(3)　各１点×２　9　(1)　１点　(2)　２点　(3)　各１点×４

２０２４年度　日本女子大学附属中学校

国語解答用紙　第二回

番号　　氏名　　評点 ／60

一

(一) A　B

(二) あ　い　う　え

(三)

(四) ① ひげき　② きびしい　③ もけい　④ かみひとえ

(五) ⓐ　ⓑ　ⓒ　ⓓ　ⓔ

(六)

(七)

二

(一) ア　イ　ウ　エ

(二) 1　2　3　4

(三)

(四)

(五)

（注）この解答用紙は実物を縮小してあります。Ｂ５→Ａ３（163％）に拡大コピーすると、ほぼ実物大の解答欄になります。

〔国　語〕60点(推定配点)

一 (1), (2)　各１点×6　(3)　5点　(4), (5)　各１点×9　(6)　7点　(7)　8点　二 (1), (2)　各１点×8　(3)　3点　(4)　6点　(5)　8点

２０２３年度　日本女子大学附属中学校

算数解答用紙　第１回

番号		氏名		評点	／60

Ⅰ

(1) $\left\{\left(2\frac{1}{2}-\frac{1}{3}\right)\div\left(\frac{4}{5}-\frac{3}{7}\right)-2\frac{1}{12}\right\}\times\frac{4}{5}$

＝

答

(2)	(3)

(4)
秒速　　cm

Ⅱ

(1)	(2)	(3)	(4)
通り	人	才	人

(5)

B ＼ A	行ったことがある	ない	計
行ったことがある			42
ない			
計			

(6)	(7)
度	cm^2

(8)

答　　cm

(9)			
①	人以上　　人以下	②	人

Ⅲ

(1)		(2)
ボート 時速　　km	川 時速　　km	時　　分

Ⅳ

(1)	(2)		
	①	通り	②

Ⅴ

(1)	(2)	(3)
毎分　　cm^3	cm	分　　秒

（注）この解答用紙は実物を縮小してあります。Ｂ５→Ｂ４（141%）に拡大コピーすると、ほぼ実物大の解答欄になります。

〔算　数〕60点(推定配点)

Ⅰ～Ⅲ　各３点×16＜Ⅲの(1)は完答＞　Ⅳ，Ⅴ　各２点×6

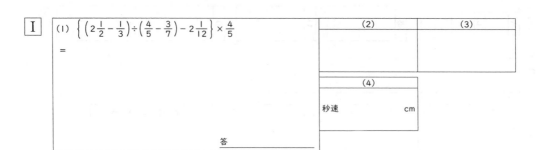

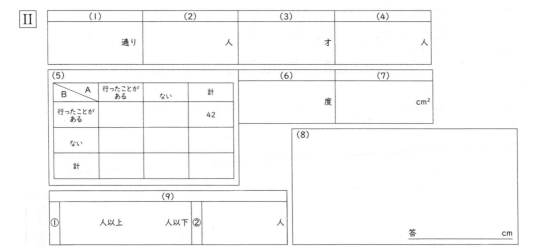

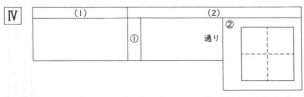

２０２３年度　日本女子大学附属中学校

社会解答用紙　第１回

番号		氏名	

評点	／40

1

問1　問2　問3 (1)　(2)

問4 (1)　(2)

2

問1　問2　問3　問4 ①　②

問5　問6 (1)

問6 (2)　(3)　(4)

3

問1 (1)　(2) ①　② 半島　(3)　(4)

問2 (1) A　B　(2)

問3 (1) → →　(2) ①　②　③　④

(3) ①　②　(4) → → →

4

問1　問2 ①　②　③　問3　問4

5

問1 記号　機関　問2 ①　②　③

問3

問4 (1) ア　イ　(2)　問5

問6

（注）この解答用紙は実物を縮小してあります。Ｂ５→Ｂ４(141%)に拡大コピーすると、ほぼ実物大の解答欄になります。

〔社　会〕40点(推定配点)

1　問１～問３　各１点×４　問４　(1)　１点　(2)　２点　2　問１～問５　各１点×５＜問１，問４は完答＞　問６　(1)　２点　(2)　１点　(3)，(4)　各１点×２　3　各１点×10＜問１の(2)，問２の(1)は完答，問３は各々完答＞　4　各１点×４＜問２は完答＞　5　問１，問２　各１点×２＜各々完答＞　問３　２点　問４，問５　各１点×３＜問４の(1)，問５は完答＞　問６　２点

２０２３年度　日本女子大学附属中学校

理科解答用紙　第１回

番号		氏名		評点	／40

1 (1) ①　②　(2)

(3)

	条件1	条件2	条件3	実ができたかどうか
H				×（実ができない）

(4)

2 (1)　(2)　(3)　(4)

3 (1) ①　②　(2)　(3) A　B　C

(4)

4 (1)　座　(2)　(3)

(4) 色　記号　(5)

5 (1)　g　(2)　g

6 (1) ①　②　(2)　(3)

7 (1)　(2)　(3) ①　②

③　性　④　性　⑤　性　⑥　性

⑦　⑧　⑨　⑩

8 (1)　(3) (　　)

(2)

(4)　分頃

(5)

(　　)

（注）この解答用紙は実物を縮小してあります。Ｂ５→Ｂ４（141%）に拡大コピーすると、ほぼ実物大の解答欄になります。

〔理　科〕40点（推定配点）

[1], [2]　各１点×9＜[1]の(3)は完答，[2]は各々完答＞　[3], [4]　各１点×9＜[3]の(1)，(3)，[4]の(4)は完答＞　[5], [6]　各２点×5＜[6]の(1)は完答＞　[7]　(1)，(2)　各１点×2　(3)　①・②　１点＜完答＞　③～⑥　１点＜完答＞　⑦～⑩　１点＜完答＞　[8]　(1)，(2)　各１点×2　(3)　２点　(4)　１点　(5)　２点

二〇二三年度　日本女子大学附属中学校

国語解答用紙　第一回

番号　　氏名　　評点　/60

一

(一) a　b　c

(二)

(三)

(四) ①衝《しょう》動に　　た。　②機嫌《げん》を　　て、

(五) 　など(2字)　　ことを学べること。(7字)

(六) ⓐ　ⓑ　ⓒ　(七)

(八)

二

(一) ①そうぞうせい　②こうきつりょく　③しめいかん

(二)

(三) ㋐　㋑　㋒　㋓　㋔

(四) ・　・　・

(五) ・　〜　ところ
・　〜　ところ

(六)

(注) この解答用紙は実物を縮小してあります。B5→A3(163%)に拡大コピーすると、ほぼ実物大の解答欄になります。

〔国　語〕60点(推定配点)

一 (1)　各1点×3　(2)　4点　(3)〜(7)　各2点×8<(5)は完答>　(8)　7点　二 (1)　各1点×3　(2)〜(5)　各2点×11　(6)　5点

２０２３年度　日本女子大学附属中学校

算数解答用紙　第２回

番号		氏名		評点	／60

I

(1) $122-4\times\left(1\frac{11}{12}+\frac{8}{15}\right)\div\frac{7}{30}$

＝

答

(2)	(3)	(4)
		cm²

II

(1)		(2)	(3)	(4)	(5)
最小	最大	回目	円	円	度

(6)	(7)	(8)			
cm³ ではなく cm²	cm³	①	急行列車 秒速 m	普通列車 m	② 秒

(9)			
①	g	②	%

III

(1)	(2)
	(　　　　)

IV

(1)

答　　　　cm²

(2)	(3)
cm	分後

V

(1)	(2)		
あ	い	う	え

（注）この解答用紙は実物を縮小してあります。Ｂ５→Ｂ４（141％）に拡大コピーすると、ほぼ実物大の解答欄になります。

〔算　数〕60点（推定配点）

I　各２点×４　II～IV　各３点×16＜IIの(1)，(8)の①は完答＞　V　各２点×２＜(2)は完答＞

２０２３年度　日本女子大学附属中学校

社会解答用紙　第２回

番号　　氏名　　評点 ／40

1

問1　問2　問3　問5

問4　①　山脈　②　③

問6

2

問1　問2　①　②　③　問3　米　畜産物　問4

問5　問6　問7

問8 (1)　(2)　イ　ウ　問9

問10(1)　①　②　③

(2)

3

問1 (1)　(2)　問2　①　②　問3 (1)

問3 (2)　①　②　問4　記号　作者名(ひらがな)　問5 (1)　Ⅰ　Ⅱ　(2)

4

問1 (1)

(2)　①　②

問2　問3 (1)　(2)

問3 (3)

問4 (1)　Ⅰ　Ⅱ　(2)　①　②　(3)　(4)

（注）この解答用紙は実物を縮小してあります。Ｂ５→Ｂ４(141%)に拡大コピーすると、ほぼ実物大の解答欄になります。

〔社　会〕40点(推定配点)

1　問1～問4　各1点×4＜問4は完答＞　問5　2点　問6　1点　2　問1～問9　各1点×10＜問2，問3，問8の(2)は完答＞　問10　(1)　1点＜完答＞　(2)　2点　3　各1点×8＜問2，問3の(2)，問4，問5の(1)は完答＞　4　問1　(1)　1点　(2)　2点＜完答＞　問2　1点　問3　(1)，(2)　各1点×2　(3)　2点　問4　各1点×4＜(1)～(3)はそれぞれ完答＞

２０２３年度　　日本女子大学附属中学校

理科解答用紙　第２回

番号		氏名		評点	／40

1　(1)　(2)　(3)

2　(1) A　B　(2) C　D

(3) ①　②　③　④　(4)　(5)

3　(1)　(2) 記号 (　　　) の方が (　　　　　　　　) から

(3)　(4)　(5)

4　(1)　(2)　(3)　(4)　(5)

5　(1)　g　(2)　g

6　(1)

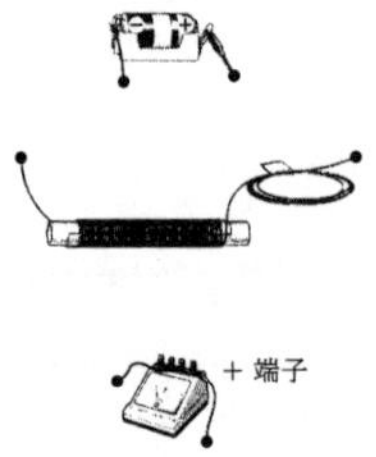

(2)

7　(1)　にあった

(2) ①

②

③

8　(1) A　B

(2) A

B

(3) A　B

9　(1)　(2)

(3) A　必要なもの

(4)

（注）この解答用紙は実物を縮小してあります。Ｂ５→Ｂ４(141%)に拡大コピーすると，ほぼ実物大の解答欄になります。

〔理　科〕40点(推定配点)

1～4　各１点×18<2の(1)～(3)，(5)はそれぞれ完答>　5～8　各２点×9<7，8は各々完答>
9　各１点×4<(3)は完答>

二〇二三年度　日本女子大学附属中学校

国語解答用紙　第二回

番号　　氏名　　評点　／60

一

(一) ①　②

(二)

(三) ①

②

(四) 「僕たちの革命は ア（5字）ためのもので、イ（3字）するためのものではない」

(五) ⓐ　ⓑ　ⓒ　ⓓ

(六) （10字）

(七)

(八)

二

(一)

(二) b_1　b_2

(三)

(四) ① しょう　② とくせつ　③ きどう　④ そっけない

（注）この解答用紙は実物を縮小してあります。B5→A3（163%）に拡大コピーすると、ほぼ実物大の解答欄になります。

〔国　語〕60点(推定配点)

一　(1), (2)　各2点×3　(3)　①　2点　②　4点　(4)～(6)　各2点×6<(4)は完答>　(7)　5点　(8)　9点　二　(1)　4点　(2)　各3点×2　(3)　8点　(4)　各1点×4

２０２２年度　日本女子大学附属中学校

算数解答用紙　第１回

番号		氏名		評点	／60

Ⅰ

(1) $\left(\frac{11}{72}-\frac{5}{48}\right)\times 1440-4.4\div 0.11\div 0.8$

=

答

(2)	(3)

(4)
dL

Ⅱ

(1)	(2)	(3)	(4)			
	cm	日	①	度	②	問

(5)	(6)	(7)
12時　分	：　：	度

(8)

答　cm²

(9)

答　cm

Ⅲ

(1)	(2)
%	g

Ⅳ

(1)

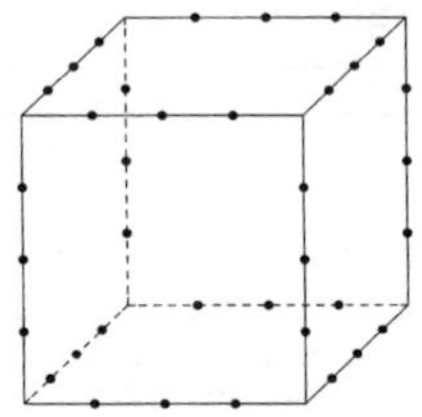

(2)	倍

Ⅴ

(1)	(2)	(3)
cm		

Ⅵ

(1)	(2)					
：	あ		い		う	

（注）この解答用紙は実物を縮小してあります。Ｂ５→Ｂ４（141%）に拡大コピーすると、ほぼ実物大の解答欄になります。

〔算　数〕60点（推定配点）

Ⅰ　各２点×４　Ⅱ　各３点×10　Ⅲ～Ⅵ　各２点×11

２０２２年度　日本女子大学附属中学校

社会解答用紙　第１回

番号		氏名		評点	／40

1

1 あてはまらないもの

2 あてはまらないもの

3 あてはまらないもの

問1

問2 ① ②

問3 記号 理由

問4

2

問1 (1) (2) (3) (4)

問2

問3 (1) (2) (3)

問4 良い点

悪い点

3

問1 ① ②

問2

問3 (1) (2)

問4

問5 ① 夏に薄着・冬に厚着 ② ③ 吸収量を増やす・排出量を減らす

問6

問7

問8

4

問1 (1) (2) ① ②

問2 (1) 貿易相手 港があった場所 (2)

問3 ① ② ③

5

問1 → → →

問2 時代 役職

問3 武士 百姓

問4 ① ②

問5

6

問1

問2 (1) (2) (3)

問3

（注）この解答用紙は実物を縮小してあります。Ｂ５→Ｂ４（141％）に拡大コピーすると、ほぼ実物大の解答欄になります。

〔社　会〕40点（推定配点）

1 各１点×7＜問１，問２，問３は完答＞ 2 各１点×10 3 各１点×8＜問１，問３，問５は完答＞ 4 各１点×5＜問１の(2)，問２の(1)，問３は完答＞ 5 各１点×5＜問１，問２，問３，問４は完答＞ 6 各１点×5＜問１は完答＞

２０２２年度　日本女子大学附属中学校

理科解答用紙　第１回

番号		氏名		評点	／40

1 (1) ア　イ　(2) ア　イ

(3)　(4)　問1　問2

2 (1)　(2)　(3)　(4)　(5)

3 (1) X　Y　(2)　(3)　(4)

(5) ①　②

4

5 (1) ①　g　②　g　③　g

(2) ①　②　(3)

6 (1)

(2) (　　)

(　　)

(3)

7 (1) ①

②

③

④ ちっ素　酸素

(2)

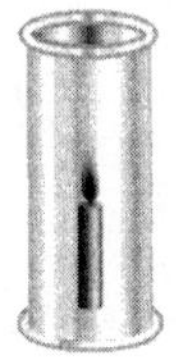

◯ ←穴はこのくらいの大きさで書く

(3)　(4)

（注）この解答用紙は実物を縮小してあります。Ｂ５→Ｂ４(141%)に拡大コピーすると、ほぼ実物大の解答欄になります。

〔理　科〕40点(推定配点)

1～5　各１点×27＜4, 5の(3)は完答＞　6　(1)　１点　(2)　２点　(3)　１点　7　(1)　各１点×5＜③は完答＞　(2)　２点　(3), (4)　各１点×2

二〇二二年度　日本女子大学附属中学校

国語解答用紙　第一回

番号　氏名　評点 ／60

一
(一) ・
(二) a b c
(三) ア イ ウ
(四) ⓐ ⓑ ⓒ
(五) ① 1 2 3
②
(六)
(七)

二
(一) ① ② ③ ④
(二) ア イ
(三) a b c d e f g h i j
(四)
(五) a て b

（注）この解答用紙は実物を縮小してあります。B5→A3（163%）に拡大コピーすると、ほぼ実物大の解答欄になります。

〔国　語〕60点(推定配点)

一 (1)〜(4)　各1点×11　(5)　①　各1点×3　②　4点　(6)　5点　(7)　7点　二 (1), (2)　各1点×6　(3)　各2点×10　(4), (5)　各1点×4

２０２２年度　日本女子大学附属中学校

算数解答用紙　第２回

番号		氏名		評点	／60

Ⅰ

(1) 4.68×12+9.36×8−46.8×2.6

＝

答

(2)	(3)

(4)
kg

Ⅱ

(1)	(2)	(3)	(4)	(5)
	通り	個	才	円

(6)

答　　　　分

(7)	(8)
度	cm^2

(9)
cm^3

Ⅲ

(1)
cm^2

(2)

答　　　　枚

Ⅳ

(1)	(2)
	個

(3)	
①	②

Ⅴ

(1)	
P 秒速　　cm	Q 秒速　　cm

(3)	(4)
秒後	秒後

(2)

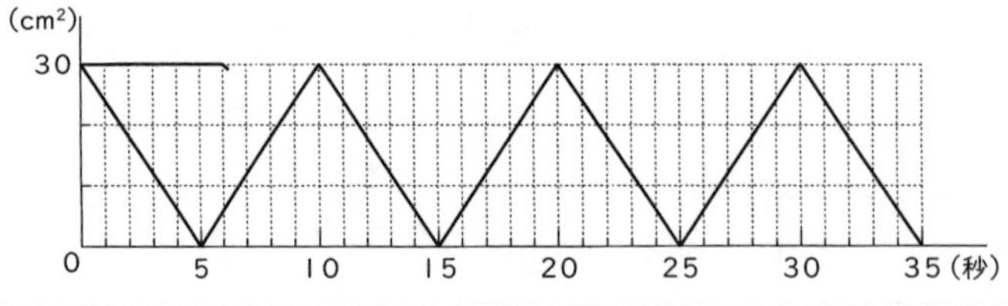

（注）この解答用紙は実物を縮小してあります。Ｂ５→Ｂ４(141%)に拡大コピーすると、ほぼ実物大の解答欄になります。

〔算　数〕60点(推定配点)

Ⅰ (1) 3点　(2)～(4) 各２点×3　Ⅱ 各２点×9　Ⅲ～Ⅴ 各３点×11

２０２２年度　日本女子大学附属中学校

社会解答用紙　第２回

番号		氏名	

評点	／40

1

1　あてはまらないもの　問1

2　あてはまらないもの　問2　問3

3　あてはまらないもの　問4

①	②

2

問1

1	2	3

問2　(　　)20度～(　　)45度、(　　)122度～(　　)153度

問3

	日本	日本以外の国
定置網を設置する		
石油タンカーで航行する		

問4

問5

島の名前	記号
島	

問6

最西端	最南端

問7　問8　問9

①	②

3

問1　問2 (1)　(2)

問3 (1)

①	②

(2)

①	②

問4　問5 (1)　(2)

問6 (1)　(2)　問7 (1)　00年前　(2)　00年前

4

問1 (1)

A	B	C

(2)

A	B	C

問2 (1)　(2)　(3)

問2 (4)　(5)

5

問1　年　月　日　問2　問3 (1)　(2)　回

問4

（注）この解答用紙は実物を縮小してあります。Ｂ５→Ｂ４(141%)に拡大コピーすると、ほぼ実物大の解答欄になります。

〔社　会〕40点(推定配点)

1　各１点×7＜問４は完答＞　2　各１点×9＜問１，問３，問５，問６，問９は完答＞　3　各１点×12＜問１は完答，問３は各々完答＞　4　各１点×7＜問１は各々完答＞　5　各１点×5

２０２２年度　日本女子大学附属中学校

理科解答用紙　第２回

番号		氏名	

評点	／40

1 (1) (2) ① ② ③ (3) (4)

2 (1) (2) ようす

(3) (4) (5)

3 (1) (2) (3) (4) ⓐ D E

4 (1) (2) (3) (4) (5)

5 (1) ① ② ③ (2) A B

(3) ① g ② g

6 (1) 手回し発電機　光電池　(2)

(3) 電気製品　センサー　と

説明

7 (1) 記号

説明 ふりこの　による違いを調べるため

(2)

(3) ① ② ③

(4) (　　)

(　　)

(5) ふりこが１往復する時間は、(　　　　　　　　　　)。

（注）この解答用紙は実物を縮小してあります。Ｂ５→Ｂ４（141％）に拡大コピーすると、ほぼ実物大の解答欄になります。

〔理　科〕40点(推定配点)

1～5　各１点×24＜2の(2)，3の(4)，5の(1)，(2)は完答＞　6　(1)，(2)　各１点×3＜(1)は各々完答＞　(3)　３点＜完答＞　7　(1)～(3)　各１点×6＜(1)は完答＞　(4)，(5)　各２点×2

二〇二二年度　日本女子大学附属中学校

国語解答用紙　第二回

番号　氏名　評点　/60

一

(一)

(二) a ～　b ～　c ～

(三) ア イ ウ

(四)

(五) 1 2 3

(六)

(七) D_1 D_2

(八)

(九)

二

(一) ア イ ウ

(二) あ い う え

(三) ～

(四) ① ② ③ ④

(五)

(六) こと。

(七)

（注）この解答用紙は実物を縮小してあります。B５→A３（163％）に拡大コピーすると、ほぼ実物大の解答欄になります。

〔国　語〕60点(推定配点)

一　(1)，(2)　各２点×４　(3)　各１点×３　(4)　６点　(5)～(8)　各１点×７　(9)　７点　二　(1)，(2)　各１点×７　(3)，(4)　各２点×５　(5)，(6)　各３点×２　(7)　６点

2021年度　日本女子大学附属中学校

算数解答用紙　第1回

番号		氏名		評点	／60

I

(1) $103-\left(6\times17-81\div3\right)\div\left(48\div16\right)$

=

答

(2)	(3)

(4)
日　時間　分　秒

II

(1)	(2)	(3)	(4)
cm	点	円	通り

(5)	(6)	(7)
A・B が　円安い（どちらかに○をつける）	g	度

(8)	(9)
cm^2	cm

III

(1)

答　分速　m

(2)	(3)
分後	分速　m

IV

あ	い	底面積
		cm^2

V

(1)		(2)		(3)	
点P 秒速　cm	点Q 秒速　cm	回	秒後	秒後	度

（注）この解答用紙は実物を縮小してあります。B５→B４(141%)に拡大コピーすると、ほぼ実物大の解答欄になります。

〔算　数〕60点（推定配点）

I　各３点×４　II　(1)～(6)　各２点×６　(7)～(9)　各３点×３　III～V　各３点×９<Vは各々完答>

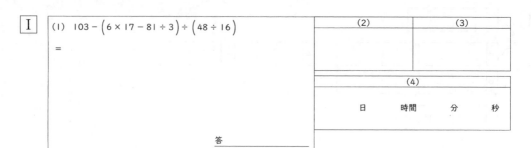

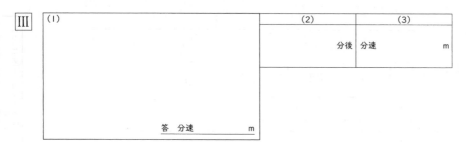

２０２１年度　　日本女子大学附属中学校

社会解答用紙　第１回

番号		氏名		評点	／40

1

問1

問2 (1) | ① | ② |　(2)

問3 | ① | ② | ③ | ④ |

問4

問5 □ → □ → □

2

問1 | ① | ② |

問2

問3 □ スピーチ

問4

問5 | 津波 | 洪水 | 火山災害 |

問6

3

問1 (1) | ① | ② | ③ |　(2)

問2 (1)　(2)　(3)

問3 (1)　(2)

問4 □ 世紀

4

問1

問2

問3

問4 | ① | ② |

①	②
前半　・　後半	前半　・　後半

問5

問6 | ① | ② |

5

問1 (1) | 北海道の大部分 | 沖縄本島 |　(2)

問2 (1) | 札幌 | 那覇 | 東京 |　(2) | 札幌 | 那覇 | 東京 |

問3 (1)　(2)

問4 | ① | ② |

問5 | ① | ② | ③ | ④ |

問6 (1) | 先住民族 | 記号 |　(2)

問7

職業	理由

職業	理由

（注）この解答用紙は実物を縮小してあります。Ｂ５→Ｂ４（141％）に拡大コピーすると、ほぼ実物大の解答欄になります。

〔社　会〕40点（推定配点）

1 各１点×7＜問１，問３，問５は完答＞　**2** 各１点×6＜問１，問５は完答＞　**3** 各１点×8＜問１の(1)は完答＞　**4** 各１点×6＜問４，問６は完答＞　**5** 各１点×13＜問１の(1)，問４，問５，問６の(1)は完答，問２，問７は各々完答＞

２０２１年度　日本女子大学附属中学校

理科解答用紙　第１回

番号		氏名	

評点	／40

1 (1)　(2)　(3)　(4)

2 (1)　(2)　(3)　(4)　(5)

3 (1)　(2)　(3) ①　日目 ②　時 ③　日目

4 (1)　(2)　(3)　(4)　(5)

5 (1)　→　(2)　→　(3)　→

6 (1)　g　(2) ①　②　g

(3) ①　②　③　g ④　g

7 (1) (ア)　(イ)　(ウ)　(エ)　(オ)　(カ)

(2) (　　)

(3)

8 (1)

(2)

(3) ①

②

③

（注）この解答用紙は実物を縮小してあります。Ｂ５→Ａ４（115%）に拡大コピーすると、ほぼ実物大の解答欄になります。

〔理　科〕40点（推定配点）

1～7　各１点×40＜2の(5)，7の(1)，(3)，8の(2)，(3)の③は完答＞

二〇二二年度　日本女子大学附属中学校

国語解答用紙　第一回

番号		氏名		評点	/60

一

(一) ア　イ　(二)

(三) 様子

(四) 3　4

(五) ～　(六) ～

(七) 1　2　3　4

(八)

(九) あ　い　う

(十)

(十一) ① ぶんぶりょうどう　② めいれいくちょう　③ はんしゃてき　④ おうぼう

二

(一) ア　イ　(二)

(三)

(四) ウ　エ

(五)

(六)

（注）この解答用紙は実物を縮小してあります。Ｂ５→Ａ３（163％）に拡大コピーすると、ほぼ実物大の解答欄になります。

〔国　語〕60点(推定配点)

一 (1)，(2)　各２点×３　(3)～(6)　各３点×５　(7)　各１点×４　(8)　４点　(9)　各１点×３　(10)　４点　(11)　各１点×４　二 (1)　各３点×２　(2)　２点　(3)　４点　(4)　各１点×２　(5)，(6)　各３点×２

2021年度　日本女子大学附属中学校

算数解答用紙　第2回

番号		氏名		評点	／60

I

(1) $\left(\frac{1}{1\times2\times3\times4}+\frac{1}{2\times3\times4\times5}+\frac{1}{3\times4\times5\times6}\right)\times3\times4$

=

答

(2)	(3)

(4)
m

II

(1)

答

(2)	(3)	(4)	(5)
人	枚	分間	分後

(6)	(7)	(8)	
度	cm^2	① cm^3	② cm

III

(1)	(2)
通り	通り

IV

(1)	(2)	
時速　km	時　分	時　分

V

(1)	(2)	(3)
枚	枚	黒・白 が　枚多い (どちらかに○をつける)

VI

(1)			(2)
①	②	③	cm

(注) この解答用紙は実物を縮小してあります。B５→B４(141%)に拡大コピーすると、ほぼ実物大の解答欄になります。

〔算　数〕60点(推定配点)

I　(1)　3点　(2)～(4)　各2点×3　II　(1)～(7)　各3点×7　(8)　各2点×2　III　各3点×2　IV～VI　各2点×10

２０２１年度　日本女子大学附属中学校

社会解答用紙　第２回

番号		氏名		評点	／40

1

問1　問2 ①　②　問3　問4 ①　②　問5

2

問1

藤原京	平城京	平安京

問2　京 だけ　にある。

問3

問4

藤原京	平城京	平安京

問5　→　→　問6　問7

問8 (1)(あ)

鎌倉	室町	江戸

(い)

鎌倉	室町	江戸

(2) この幕府は

3

問1

①	②	③

問2

問3　問4

①	②	説明

問5　→　→　→

問6　問7　問8

①	②	③

4

問1

記号	語句

問2 (1)　(2)

問3 (1)　(2)　(3)

問4 (1)　(2)　(3)

(4) 堤防の内側が川の水面よりも　いため、　水《すい》するための施《し》設が無い時代は水害が多かった。

問5 (1)

河川	源流の湖	河口がある県	天下人	流れ出る海
淀川				瀬戸内海
	諏訪湖	静岡県		

(2)

(3) 良い面は、記号　にとって、　。

悪い面は、記号　にとって、　。

（注）この解答用紙は実物を縮小してあります。Ｂ５→Ｂ４（141％）に拡大コピーすると、ほぼ実物大の解答欄になります。

〔社　会〕40点（推定配点）

1 各１点×5＜問２，問３，問４は完答＞　**2** 問１，問２　各１点×2＜各々完答＞　問３　２点　問４～問７　各１点×4＜問４，問５は完答＞　問８　(1)　各１点×2＜各々完答＞　(2)　２点　**3** 各１点×8＜問１，問４，問５，問８は完答＞　**4** 問１～問４　各１点×10＜問１，問４の(4)は完答＞　問５　(1)　２点＜完答＞　(2)，(3)　各１点×3＜(3)は各々完答＞

２０２１年度　　日本女子大学附属中学校

理科解答用紙　第２回

番号		氏名	

評点	／40

1 (1)　(2)

2 (1)　(2) ①　②　③

3 (1)　(2) A　B　C

(3)

4 ア　イ　ウ

エ　オ

5 (1)　(2) ①　②　③　(3)　(4)　(5)

6 (1)(　　)

(　　)

(2) ①　→　→　→

② 名前　理由

(3)

7 (1) ①　②　④

(2) ⑤　⑥　⑧

(3)

8 (1)　(2)　(3)

(4) ①

②

9 (1)　(2)

(3) 方法　結果

（注）この解答用紙は実物を縮小してあります。Ｂ５→Ｂ４(141%)に拡大コピーすると、ほぼ実物大の解答欄になります。

〔理　科〕40点(推定配点)

1～5　各１点×19＜1，4は各々完答，2の(1)，3の(2)，5の(2)は完答＞　6　(1)，(2)　各２点×3＜(2)は各々完答＞　(3)　１点＜完答＞　7　各１点×3＜(1)，(2)は完答＞　8　(1)　２点　(2)～(4)　各１点×4＜(2)は完答＞　9　(1)　１点　(2)，(3)　各２点×2＜(3)は完答＞

二〇二二年度　日本女子大学附属中学校

国語解答用紙　第二回

番号		氏名		評点	/60

一

(一)

(二)　　で

(三)　①　②　③　④

(四)　あ　い　う　え

(五)

(六)　a　b　c

(七)

(八)

(九)

二

(一)　①　②

(二)

(三)　あ　い

(四)　①

②

(五)　ⓐ　ⓑ

ⓒ　ⓓ　ⓔ

(六)　①　ぼうはんたいさく　②　しこう　③　さっち　④　じゅうじ

（注）この解答用紙は実物を縮小してあります。B５→A３（163%）に拡大コピーすると、ほぼ実物大の解答欄になります。

〔国　語〕60点(推定配点)

一　(1), (2)　各2点×2　(3), (4)　各1点×8　(5)　4点　(6)　各1点×3　(7)　2点　(8)　4点　(9)　5点　二　(1)～(3)　各2点×5　(4)　①　2点　②　4点　(5)　各2点×5　(6)　各1点×4

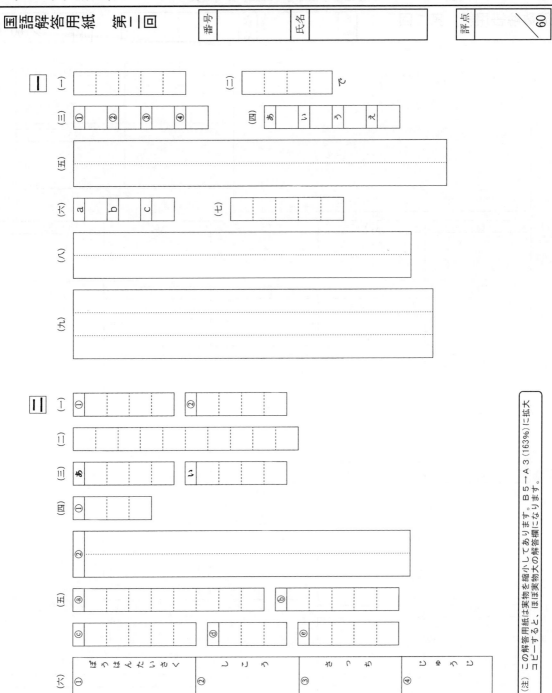

2020年度　　日本女子大学附属中学校

算数解答用紙　第1回

番号		氏名		評点	／60

Ⅰ

(1) $\frac{11}{17} \times 163 - \frac{9}{17} \times 163 + \frac{2}{17} \times 7$

＝

答＿＿＿＿＿＿

(2)	(3)

(4)	(5)
	cm^3

Ⅱ

(1)	(2)	(3)	(4)	(5)
と		円	度	分速　　m

(6)	(7)		(8)
g	①	②　　cm^2	cm^3

Ⅲ

(1)	(2)
	答＿＿＿＿＿人

Ⅳ

(1)	(2)
分	分で　満水　・　空 （どちらかに○をつける）

Ⅴ

(1)			
①	②	③	④

(2)	(3)
倍	

Ⅵ

(1)	(2)			
m	㋐	㋑	㋒	㋓

（注）この解答用紙は実物を縮小してあります。Ｂ４用紙に127％拡大コピーすると、ほぼ実物大で使用できます。（タイトルと配点表は含みません）

〔算　数〕60点（推定配点）

Ⅰ　(1)　3点　(2)～(5)　各2点×4　Ⅱ　各2点×9　Ⅲ　(1)　2点　(2)　3点　Ⅳ～Ⅵ　各2点×13
＜Ⅳの(2)は完答＞

２０２０年度　日本女子大学附属中学校

社会解答用紙　第１回

番号　氏名　評点　／40

1

問1　問2 ①②③　問3　問4 (1)　(2)　(3)

2

3

問1 ①②　問2　問3 (1)　(2) ①②③

問4 ①②　問5 (1)　(2)　問6　問7 (1)　(2)

問7 (3) グラフ(　　)から、

ということを読み取ることができます。

「なぜ、そのようになるのか」という理由は、グラフ(　　)にあらわれていると私は考えました。それは、

ということです。

4

問1　問2　日本 ・ アメリカ ・ 中国 ・ 韓国 ・ 北朝鮮 ・ ロシア ・ モンゴル

問3　問4　問5 (1)　(2) ①②③

問6　問7　→　→　→

問8 (1) 金属工業　機械工業　せんい工業　(2)

問9 ①②③④

5

問1 ①②③④　問2　問3　問4　問5

〔社　会〕40点(推定配点)

1～5　各１点×40＜3の問１，問３の(2)，問４，4の問２，問４，問５の(2)，問７，問８の(1)，(2)，問９は完答＞

２０２０年度　日本女子大学附属中学校

理科解答用紙　第１回

番号　氏名　評点　／40

1 (1)　(2)　(3)　(4)

2 (1)　(2) A　B　(3)

(4)

3 (1)　(2)　(3)　(4)

4 (1)　(2)　(3)

5 (1)

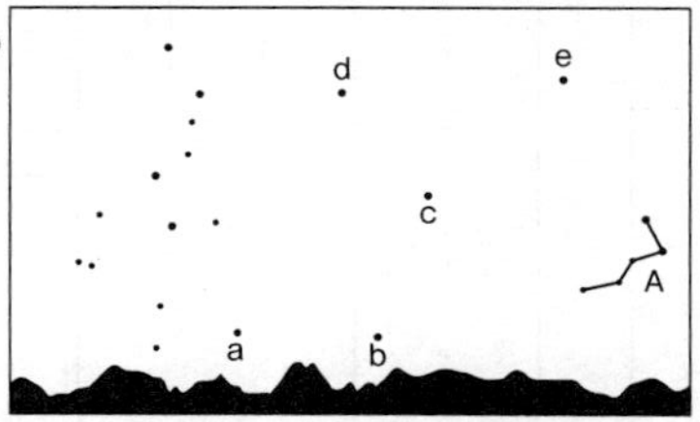

(2)　(3)　(4)

6 (1) ①　②　③　④　(2)

7 (1) (　　)

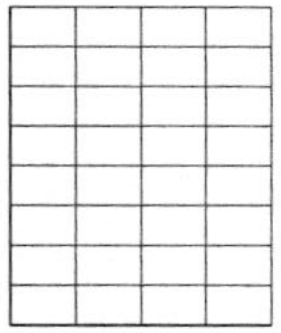

(　　)

(2)　(3) ①　g　③　℃　②

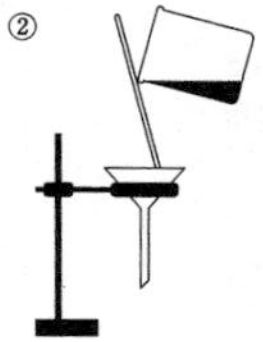

(4) ①　②　g　③　g

8 A　B　C

9 (1)　→　→　→　(2)

(3)

〔理　科〕40点(推定配点)

1～8　各１点×36＜1の(1)，2の(4)は完答，8は各々完答＞　9　(1)，(2)　各１点×2＜(1)は完答＞　(3)　２点

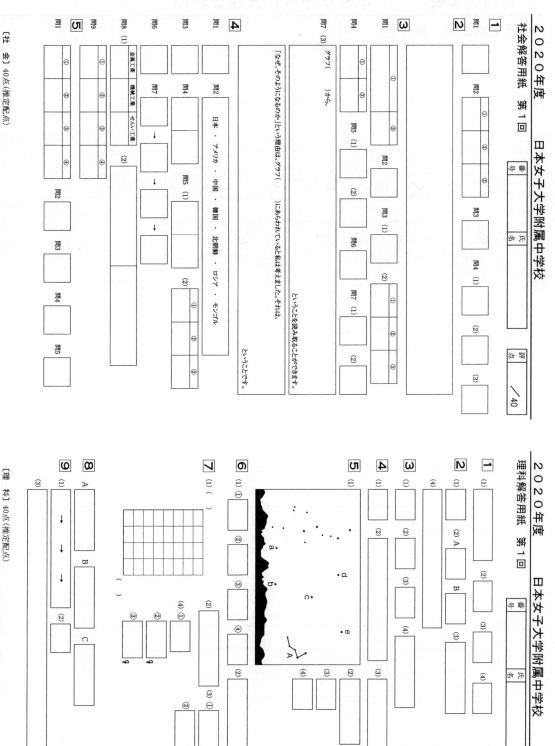

二〇二〇年度　日本女子大学附属中学校

国語解答用紙　第一回

番号　　氏名　　評点　／60

一

(一)

(二)

(三)　①　②　③　④

(四)　a　b　c　d　e

(五)

(六)　㋐　㋑　㋒　㋓

(七)

(八)

二

(一)　1　2　3

(二)　ア　イ

(三)　〜

(四)

(五)

(六)

(七)

(注) この解答用紙は実物を縮小してあります。A３用紙に159%拡大コピーすると、ほぼ実物大で使用できます。(タイトルと配点表は含みません)

〔国　語〕60点(推定配点)

一　(1)　2点　(2)　4点　(3), (4)　各1点×7　(5), (6)　各2点×5　(7)　4点　(8)　5点　二　(1), (2)　各2点×5　(3)　3点　(4)　2点　(5), (6)　各4点×8　(7)　5点